Olaf Kilian Hahn

Patient Relationship Management

GABLER EDITION WISSENSCHAFT

Olaf Kilian Hahn

Patient Relationship Management

Ein CRM-Ansatz für die pharmazeutische Industrie

Mit einem Geleitwort von Prof. Dr. Hans H. Bauer

Deutscher Universitäts-Verlag

Bibliografische Information Der Deutschen Bibliothek
Die Deutsche Bibliothek verzeichnet diese Publikation in der Deutschen Nationalbibliografie; detaillierte bibliografische Daten sind im Internet über <http://dnb.ddb.de> abrufbar.

Dissertation Universität Mannheim, 2005

1. Auflage Februar 2006

Lektorat: Brigitte Siegel / Stefanie Loyal

Der Deutsche Universitäts-Verlag ist ein Unternehmen von Springer Science+Business Media.
www.duv.de

Umschlaggestaltung: Regine Zimmer, Dipl.-Designerin, Frankfurt/Main
Druck und Buchbinder: Rosch-Buch, Scheßlitz
Gedruckt auf säurefreiem und chlorfrei gebleichtem Papier
Printed in Germany

ISBN 3-8350-0289-9

Geleitwort

In den letzten Jahrzehnten hat sich ein Wandel im Gesundheitssektor zur Sicherstellung der gesundheitlichen Versorgung der Bevölkerung auf hohem Niveau vollzogen, in dessen Gefolge Patienten stärker eingebunden werden (sollen). Zunehmende finanzielle Beteiligungen an den Kosten im Gesundheitswesen sowie die steigende Bedeutung des Gutes Gesundheit führen dazu, dass sich Patienten zu einem mündigen Konsumenten mit Einfluss auf die Therapieentscheidung entwickeln. Als Mitentscheider in Therapiefragen und somit auch bei der Verschreibung eines Medikaments müssen daher Patienten als Zielgruppe in die Marketingaktivitäten pharmazeutischer Unternehmen eingebunden werden.

Insbesondere bei chronisch Kranken, die in der Regel verschreibungspflichtige Arzneimittel beziehen, lassen sich auf Grund der Langfristigkeit und Komplexität der Erkrankung umfangreiche Maßnahmen ableiten, um eine dauerhafte Beziehung zwischen pharmazeutischem Unternehmen und Patienten aufzubauen. Allein durch die Herstellung von Arzneimitteln ist ein erfolgreicher Beziehungsaufbau nicht zu gewährleisten, das Pharmaunternehmen als bisheriger Pillenproduzent muss vielmehr den erfolgreichen Wandel zu einem Versorgungsdienstleister vollziehen und sich somit zu einem aktiven Teilnehmer in der Patientenversorgung entwickeln. Trotz der in der Literatur häufig angeführten „Konsumerisierung" des Gesundheitswesens mangelt es den pharmazeutischen Unternehmen aber bisher an einer umfassenden theoretischen und empirischen Aufarbeitung zur Bindung von Patienten.

Mit der vorliegenden Arbeit leistet Olaf Kilian Hahn einen wichtigen Beitrag zur Neuausgestaltung bzw. Initiierung dieser bislang – vor allem bei verschreibungspflichtigen Medikamenten – vernachlässigten Beziehung. Durch die Entwicklung eines patientenorientierten Beziehungsmanagements und dessen konzeptionelle Bestätigung im Rahmen einer empirischen Untersuchung schließt er eine bestehende Forschungslücke, die sich mit der direkten und von den politischen Entscheidungsträgern noch mit Unbehagen gesehenen Beziehung zwischen Patienten und Pharmaunternehmen bei verschreibungspflichtigen Medikamenten befasst.

Der Autor entwickelt in seiner Arbeit unter Managementaspekten einen ganzheitlichen Ansatz für einen langfristigen Beziehungsaufbau zum Patienten. Somit liefert er Praktikern wertvolle Hilfestellungen für die erfolgreiche Ausgestaltung eines Patient Relationship Management.

Des Weiteren bietet die Arbeit mit der Entwicklung eines Patientenbindungsmodells, seiner empirischen Überprüfung und den das Patient Relationship Management bestätigenden Untersuchungsergebnissen einen wissenschaftlichen Einstieg in das betriebswirtschaftliche Forschungsfeld patientenorientierter Marketingmaßnahmen pharmazeutischer Unternehmen. Ich bin davon überzeugt, dass es diese Veröffentlichung wert ist, in Wissenschaft und Praxis eine weite Verbreitung zu erfahren.

Univ.-Prof. Dr. Hans H. Bauer

Vorwort

Die vorliegende Arbeit wurde durch die Fakultät Betriebswirtschaftslehre der Universität Mannheim als Promotionsschrift angenommen und entstand während meiner Tätigkeit als Assistent an der Fachhochschule Ludwigshafen am Rhein. Nach dem erfolgreichen Abschluss meines Promotionsvorhabens verbleibt mir die angenehme Pflicht, einer Reihe von Personen zu danken, die durch ihre Anregungen und Unterstützung zu diesem Erfolg beigetragen haben.

Mein herzlichster Dank gilt zu allererst meinem Doktorvater Professor Dr. Hans H. Bauer. Ohne seine fachliche Förderung und die Gewährung akademischer Freiheiten wäre diese Arbeit in der vorliegenden Form nicht entstanden. Die Erstellung meiner Dissertation hat mich geprägt, mein Leben bereichert und wird meinen weiteren Werdegang sicherlich entscheidend mitbestimmen. Herrn Prof. Dr. Dr. h.c. mult. Peter Eichhorn danke ich sowohl für seine Bereitschaft, das Koreferat zu übernehmen, als auch für die zügige Erstellung des Gutachtens

Mein Dank richtet sich weiterhin an die Mitarbeiter des Lehrstuhls Allgemeine Betriebswirtschaftslehre und Marketing II von Professor Dr. Hans H. Bauer, die mir bei fachlichen Fragen immer zur Seite standen. Insbesondere Maik Hammerschmidt gebührt ein besonderer Dank für die wertvollen Gespräche hinsichtlich meiner empirischen Untersuchung. Danken möchte ich auch Prof. Dr. Uwe Hannig für die kritische Durchsicht früherer Versionen meiner Arbeit und die interessanten Gespräche sowohl über die Betriebswirtschaft als auch über die Dinge, die über die fachlichen Fragestellungen hinausgehen. Ein Dankeschön auch an die Fachbereich 1-Mannschaft an der Fachhochschule Ludwigshafen am Rhein, die mir in der heißen Phase meiner Promotion den Rücken freigehalten hat.

Ganz besonders möchte ich mich bei meinen Eltern bedanken. Sie haben mich nicht nur während meiner gesamten Ausbildung gefördert und unterstützt, sondern auch den Grundstein zu meiner persönlichen Entwicklung gelegt. Bei meinem Vater und bei meiner Freundin Nina bedanke ich mich sowohl für die unzähligen Diskussionen als auch für die ausführlichen Korrekturen an der Arbeit. Vor allem aber schulde ich meiner Freundin Dank für die Geduld, die sie aufbringen musste, auf ihren Freund an unzähligen Abenden zu verzichten. Fachliche Attacken mitten im Privatleben hat sie gelassen aufgenommen und durch geduldiges Zuhören ertragen. Ohne den von ihr gewährten Freiraum wäre wahrscheinlich entweder meine Promotion oder die Beziehung gescheitert.

Olaf Kilian Hahn

Inhaltsverzeichnis

Abkürzungsverzeichnis

AABG	Arzneimittelausgabenbegrenzungsgesetz
ABDA	Arbeitsgemeinschaft der Berufsvertretungen Deutscher Apotheker
AGFI	Adjusted Goodness of Fit-Index
AMG	Arzneimittelgesetz
AMPreisV	Arzneimittelpreisverordnung
AOK	Allgemeine Ortskrankenkasse
ApoG	Apothekengesetz
BDSG	Bundesdatenschutzgesetz
BPI	Bundesverband der Pharmazeutischen Industrie
BSSichG	Beitragssatzsicherungsgesetz
CCC	Customer Contact Center
CFI	Comparative Fit-Index
CL	Comparison Level
CL_{alt}	Comparison Level for Alternatives
CLV	Customer Lifetime Value
CRM	Customer Relationship Management
DC	District of Columbia
DEV	durchschnittlich erfasste Varianz
df	Degrees of Freedom
DRG	Diagnostic Related Group
DTC	Direct-to-Consumer
EFA	Exploratorische Faktorenanalyse
F&E	Forschung und Entwicklung
FAQs	Frequently Asked Questions
FDA	Food and Drug Administration
GFI	Goodness of Fit-Index
GG	Grundgesetz
GKV	Gesetzliche Krankenversicherung
GKV-NOG	GKV-Neuordnungsgesetz
GKV 2000	Gesetz zur Reform der gesetzlichen Krankenversicherung ab dem Jahr 2000
GMG	GKV-Modernisierungsgesetz
GRG	Gesundheitsreformgesetz

GSG	Gesundheitsstrukturgesetz
HON	Health On the Net Foundation
HWG	Heilmittelwerbegesetz
IT	Informationstechnologie
JCAHO	Joint Commission on Accreditation of Healthcare Organizations
k. A.	keine Angabe
KFA	Konfirmatorische Faktorenanalyse
KVen	Kassenärztliche Vereinigungen
LISREL	Linear Structural Relations
MS	Multiple Sklerose
OLAP	Online Analytical Processing
OTC	Over the Counter
PEC	Patient Engagement Cube
PIMS	Profit Impact of Market Strategies
PKV	Private Krankenversicherung
PLV	Patient Lifetime Value
PLZ	Patientenbeziehungslebenszyklus
PRM	Patient Relationship Management
RMR	Root Mean Residual
RMSEA	Root Mean Square Error of Approximation
SGB	Sozialgesetzbuch
SPSS	Superior Performing Software Systems
stand.	standardisiert
Suppl.	Supplement (Ergänzungsheft)
TDG	Teledienstegesetz
TKG	Telekommunikationsgesetz
ULS	Unweighted Least Squares
UWG	Gesetz gegen den unlauteren Wettbewerb
VAS	Value-Added Services
VFA	Verband Forschender Arzneimittelhersteller
WHO	World Health Organization
WZG	Warenzeichengesetz

Abbildungsverzeichnis

Tabellenverzeichnis

Teil A: Patient Relationship Management als Herausforderung für die pharmazeutische Industrie

1. Das Pharmamarketing im Wandel

1.1. Wirtschaftlichkeitsorientierung im Gesundheitswesen

Der Gesundheitsmarkt befindet sich im Umbruch. Das Spannungsfeld zwischen den Grenzen finanzieller Ressourcen und steigender Nachfrage nach Gesundheitsgütern[1] bei gleichzeitiger Ausweitung des Leistungsangebots führt unter dem Primat der Sicherstellung der gesundheitlichen Versorgung der Bevölkerung auf hohem Niveau zur Suche nach adäquaten Reformansätzen.[2] Neue Kommunikations- und Vertriebskanäle auf Basis einer modernen Informationstechnologie sowie die Entwicklung des Konsumenten zum mündigen Patienten[3] zeichnen bei gleichzeitiger Begrenztheit der finanziellen Ressourcen für eine Neuausrichtung der gesundheitspolitischen Zielsetzungen verantwortlich.

Seit den 80er Jahren versuchen die europäischen Regierungen, die **steigenden Ausgaben der Gesundheitsversorgung**[4] einzudämmen und gleichzeitig soziale Werte wie Solidarität oder Zugänglichkeit zu den Versorgungsangeboten zu erhalten. Die Einführung von Budgetierung, Diagnostic Related Groups oder Benchmarking zur Kostenkontrolle, Akkreditierungs- und Zertifizierungsmaßnahmen zur Verbesserung der Qualität der Gesundheitsversorgung und erste „Gehversuche" im Rahmen der integrierten Versorgung zur Auflösung der strikten Ab-

---

1 Gesundheitsgüter sollen den Gesundheitszustand im Falle einer Krankheit positiv beeinflussen und/oder eine Verschlechterung verhindern. Vgl. *Herder-Dorneich* (1980), S. 1. Gesundheitsgüter lassen sich in immaterielle Gesundheitsgüter (Dienstleistungen, bzw. Gesundheitsleistungen) und materielle Gesundheitsgüter (Sachleistungen) unterteilen. Vgl. *Haubrock/Peters/Schär* (1997), S. 6.

2 Vgl. *Hanika* (2003), S. 486.

3 Vgl. *Lonsert/Harms* (2004), S. 82; *Knoke* (2003), S. 33; *Harms/Drüner* (2003d); *Capgemini Ernst & Young* (2003), S. 5; *Alt/Österle/Puschmann/Barak/Huber* (2003); *July-Grolman* (2002), S. 160. Der „Nutzer des gesundheitlichen Versorgungssystems" lässt sich in Bürger, Versicherter, Kunde, Konsument oder Patient unterscheiden. Bürger weisen ein hohes Interesse an gesundheitsfördernden Lebensbedingungen und den notwendigen Versorgungsstrukturen auf. Versicherte haben hauptsächlich finanzielle Motive bezüglich des Versicherungsschutzes. Als Kunden werden Nutzer bezeichnet, die aktiv medizinische Leistungen nachfragen oder das medizinische Angebot beeinflussen. Konsumenten stehen in direktem Zusammenhang zur in Anspruch genommen Leistung. Vgl. *Schneider* (2002), S. 2. Entsprechend der Definition des *Sachverständigenrates für die Konzertierte Aktion im Gesundheitswesen* werden unter dem Begriff Patient im Folgenden alle früheren, gegenwärtigen und potenziellen Nutzer von Gesundheitsgütern verstanden. Vgl. *Hohensohn* (1998), S. 15 f. In dieser Arbeit wird der Begriff Patient in einem weiten Verständnis synonym mit dem Begriff Kunde, Verbraucher bzw. Konsument verwendet, der als früherer, gegenwärtiger oder potenzieller Verwender pharmazeutische Gesundheitsgüter in Anspruch nimmt – unabhängig davon, ob dieser gesund oder krank ist. Der semantischen Bedeutung von Patient als Erduldender oder Leidender und der sich daraus ergebenden passiven Haltung des Individuums wird in dieser Arbeit nicht mehr gefolgt. Vgl. hierzu auch *Kunz* (2001), S. 52.

4 Zu den Gründen für die Ausgabensteigerungen vgl. *Sachverständigenrat für die Konzertierte Aktion im Gesundheitswesen* (2003), S. 84 ff.; *Wille/Ulrich* (1991), S. 21 ff.

grenzung zwischen den einzelnen Pflege- und Heilsektoren verdeutlichen den Wandel europäischer Gesundheitssysteme.[1]

Vor allem die Arzneimittelausgaben stehen – auch auf Grund der Gewinnorientierung pharmazeutischer Unternehmen – wegen der im Vergleich zu anderen Sektoren hohen Datentransparenz[2] und der Option der zentralen Regulierungsmöglichkeiten im Mittelpunkt der Kostendämpfungsdiskussion.[3] Die pharmazeutische Industrie wird mehr als alle anderen Marktteilnehmer für die steigenden Gesundheitsausgaben verantwortlich gemacht, obwohl sich der tatsächliche Anteil der Arzneimittelausgaben an den gesamten Gesundheitsausgaben der gesetzlichen Krankenversicherung nur auf ca. 17 % beläuft.[4] Hieraus resultiert ein **zunehmender Druck auf die forschenden pharmazeutischen Unternehmen** und deren Produkte vor allem wegen der Substitution durch im Vergleich zu Originalpräparaten billigeren Generika.[5] Ärzte sind auf Grund der gesetzlich vorgegebenen Budgetierung vermehrt dazu angehalten, die günstigeren Nachahmerpräparate zu verschreiben. Darüber hinaus zwingen der Einsatz immer aufwendigerer Technologien in Forschung und Entwicklung[6] (z. B. Bio- und Gentechnologie[7]), kürzere effektive Patentlaufzeiten[1] sowie ein zunehmender Wettbewerb[2] auf Grund

---

[1] Vgl. *De Goijer* (2001), S. 68. In den letzten fünfzehn Jahren wurden zur Umsetzung der beschriebenen Maßnahmen in Deutschland zahlreiche Gesetze erlassen. Hierzu zählen das Gesundheitsreformgesetz (GRG) von 1989, das Gesundheitsstrukturgesetz (GSG) von 1993, das Beitragsentlastungsgesetz sowie das 1. GKV-NOG und 2. GKV-NOG von 1997, das Solidaritätsstärkungsgesetz von 1999, das GKV 2000, das Arzneimittelausgabenbegrenzungsgesetz (AABG) von 2002, das Beitragssatzsicherungsgesetz (BSSichG) von 2003 und das GKV-Modernisierungsgesetz (GMG) von 2004.

[2] Vgl. *May/Ries* (2005), S. 14; *Hermann* (2004), S. 38; *Kleinke* (2001), S. 49.

[3] Vgl. *May/Ries* (2005), S. 14; *Schulenburg/Kulp/Greiner* (2003), S. 25.

[4] Vgl. *Capgemini Ernst & Young* (2003), S. 14. Die pharmazeutische Industrie zeichnet auch im Zeitverlauf lediglich als moderater Kostentreiber für die steigenden Ausgaben im Gesundheitsmarkt verantwortlich. Unter Berücksichtigung der Ausgabenentwicklung zeigt sich, dass der Arzneimittelsektor von 1992 bis 2002 mit Ausnahme der ärztlichen Leistungen geringere Zuwachsraten aufweist als alle anderen Leistungsbereiche. Vgl. *Verband Forschender Arzneimittelhersteller* (2004); *Harms/Drüner* (2003d), S. 41 ff.; *Wille/Erbsland* (1993), S. 180. Zudem müssen die Arzneimittelausgaben unter Berücksichtigung der anderen Leistungsbereiche betrachtet werden. Ohne einen Vergleich zwischen den Therapiemaßnahmen, wie z. B. der Arzneimitteleinnahme (Input) und dem Therapieerfolg (Output), kann keine sinnvolle Aussage über die Kostensteigerungen erfolgen. Vgl. *Kessler* (2002), S. 205; *Drews* (1995), S. 308; *Wille/Erbsland* (1993), S. 181. Zu den positiven Auswirkungen innovativer Arzneimittel auf die Gesamtkosten einer Behandlung vgl. *Ulrich* (2002), S. 78 f.; *Lichtenberg* (2002); *o. V.* (2002c), S. 136; *Kleinke* (2001), S. 46 f.; *Lichtenberg* (2002); *Balkrishnan/Norwood/Anderson* (1998); *Lichtenberg* (1996); *Eichin* (1995), S. 71; *Roos* (1990), S. 12.

[5] Vgl. *Kesselhut* (2003), S. 46 ff.; *Harms/Drüner* (2003d), S. 4.

[6] Ziel der Forschung und Entwicklung (F&E) ist die Kombination neuartiger Denkprozesse zur Schaffung von Erfindungen. Alle systematischen und geplanten Aktivitäten des Unternehmens, die der Generierung neuen und verbesserten Wissens dienen, lassen sich unter dem Begriff F&E subsumieren. Vgl. *Bauer/Huber* (1997a), S. 4 f. In der chemischen Industrie, zu der die pharmazeutische Industrie gezählt wird, versteht man unter F&E jene Tätigkeit, die darauf gerichtet ist, neue Erkenntnisse für das Unternehmen hinsichtlich Stoffen, ihrer Zusammensetzung und Wirkungsweise, den Verfahren zu ihrer Herstellung sowie der Möglichkeit ihrer Anwendung einschließlich Anwendungsverfahren zu gewinnen. Vgl. *Brockhoff* (1995), S. 288.

[7] Unter Gentechnologie versteht man die gezielte Identifizierung, Isolierung und Bearbeitung von Genen mit dem Ziel, den Einsatz von veränderten Genen für den Menschen nutzbar zu machen. Unter Biotechnologie

austauschbarer Substanzen die forschende pharmazeutische Industrie dazu, die Potenziale aus bestehenden Produkten und Entwicklungsprojekten zu nutzen, um durch eine erfolgreiche Vermarktung die langfristige Existenz zu sichern.[3]

1.2. Der Patient als Mitentscheider in der Therapie

Der Gesetzgeber bindet den Patienten in den Veränderungsprozess im Gesundheitswesen mit ein. Er wird somit im Zuge einer politisch gewollten Förderung der Selbstverantwortung zunehmend an den Kosten für seine Gesundheit[4] beteiligt.[5] Die partielle Verantwortungsübernahme für die Wirtschaftlichkeit des Systems durch die Beteiligung an den Kosten und der verstärkte Einsatz von Anreizmechanismen, wie z. B. reduzierte Prämien, stellen für den Patienten einen ökonomischen Anreiz dar, auf eine effiziente Inanspruchnahme der Gesundheitsgüter zu achten und führen darüber hinaus zu steigenden Anforderungen hinsichtlich der Leistungsangebote.[6] Zudem verdeutlichen Wahlmöglichkeiten zwischen einzelnen Therapieeinrichtungen oder zwischen Kassen die größeren Freiräume aber auch die **gestiegene Verantwortung des Bürgers**. Gleichzeitig lässt sich ein Wandel zu einem stärkeren Gesundheitsbewusstsein beobachten.[7] Statt Krankheit als Schicksal wird in Zukunft Gesundheit als Voraus-

---

wird die Nutzung von Mikroorganismen, Zellkulturen und Gewebekulturen für die Herstellung von Produkten verstanden. Vgl. *Wiedmann/Küpper/Becker* (1997), S. 15. Zur Bio- und Gentechnik vgl. auch *Harms/Drüner* (2003d), S. 76 ff.

1 Vgl. *Harms/Drüner* (2003d); *Blechschmidt* (2003), S. 18; *July-Grolman* (2002), S. 159; *Eichin* (1995), S. 69 f.; *Seidl* (1995), S. 157 ff. Die Patentanmeldung erfolgt in der Regel in der F&E-Phase. Da die Zulassung zur Vermarktung zu diesem Zeitpunkt noch nicht erfolgt ist, bestimmt die Dauer bis zur Zulassung des Arzneimittels somit die Zeit, die einem Hersteller zur patentgeschützten Vermarktung seines Medikaments bleibt. Vgl. *Kiewel/Rostalski* (2000), S. 69 f. Die Zeitspanne von der Markteinführung bis zum Patentablauf wird auch als „ökonomische Nutzungszeit" oder „Patentrestlaufzeit" bezeichnet. Vgl. *Suchy* (1995), S. 249. Die durchschnittliche Entwicklungszeit eines neuen Wirkstoffs beträgt ca. 11 Jahre, der effektive Patentschutz, d. h. die Zeit der patentgeschützten Vermarktung, beläuft sich auf ca. 8 Jahre. Vgl. *Hautzinger* (2003), S. 130; *Sieben/Zäh/Scholl* (2001), S. 78.

2 Vgl. *Harms/Drüner* (2003d).

3 Vgl. u. a. *Seemann* (1995), S. 172.

4 Die WHO definiert „Gesundheit" neben der Abstinenz von Krankheit und Schmerz als einen Zustand des vollkommenen körperlichen, geistig-seelischen und sozialen Wohlbefindens. Krankheit hingegen stellt einen regelwidrigen Körper- und Geisteszustand dar, der mittels materieller und immaterieller Gesundheitsgüter behandelt werden muss. Zur Entwicklung des Gesundheit- und Krankheitsbegriff in Deutschland vgl. *Mayer* (1982), S. 53 ff. Zu den Begriffen Gesundheit und Krankheit vgl. *Becker* (2000), S. 10 f.; *Bletzer* (1998), S. 1 f.; *Wiedmann/Küpper/Becker* (1997), S. 3 f.

5 Vgl. *Weller* (2004), S. 26; *Hardt/Müller/Schüler* (2002), S. 74; *Kessler* (2002), S. 207; *Wernet* (2001), S. 48; *Hohensohn* (1998), S. 7.

6 Vgl. *Dietz* (2004), S. 27; *Baumberger* (2001), S. 209 f.; *Ryf/Badenhoop/Sattlegger* (2000), S. 126; *Neuffer* (1997), S. 114.

7 Vgl. *Dietz* (2004), S. 27; *Bletzer* (1998), S. 4; *Hohensohn* (1998), S. 8.

setzung für andere Lebensziele, Ausdruck eines bestimmten Lebensstils oder Wert an sich das Ziel des Patienten sein.[1]

Die zunehmende Komplexität des Systems auf Grund umfangreicher Wahlmöglichkeiten und ein verstärktes Gesundheitsbewusstsein manifestieren sich in einem **gestiegenen Informationsbedürfnis des Patienten.**[2] Insbesondere chronisch Kranke[3] nutzen den vereinfachten Zugang zu medizinischen Informationen über Krankheiten und mögliche Therapieformen – vorzugsweise durch das Internet – und sind in der Lage, präzise Kenntnisse über das Handeln des Arztes, Entwicklungen in der Medizin und einen bewussten Umgang mit Präventionsmaßnahmen zu erlangen.[4] Zudem führt der Drang nach Selbstentfaltung, Freiheit und Hedonismus zu einer stärkeren Gewichtung der Freizeit als Lebensbestandteil und wichtigen Element einer hohen Lebensqualität.[5] Therapieformen haben sich in dieses Lebenskonzept zu integrieren und sind nicht mehr als lästige und unangenehme Unterbrechung des Tagesablaufs aufzufassen.

Die klassische Rollenverteilung in der Arzt-Patient-Beziehung unterliegt insbesondere bei chronisch Kranken einem einschneidenden Wandel. Der ehemalige Verschreibermarkt entwickelt sich vor allem bei dieser Patientengruppe auf Grund umfassender Informations- und Serviceangebote zu einem Käufermarkt mit **mündigen Entscheidern**, die ihr Mitspracherecht bei der Therapieentscheidung einfordern und damit verstärkt Einfluss auf das Verschrei-

---

1 Vgl. *Hohensohn* (1998), S. 8 f.

2 Vgl. *Dierks/Schwartz/Walter* (2001), S. 71; *Vos* (2001), S. 201; *Hurrelmann* (2001), S. 46; *Harms/Langhein/Beske* (2000b), S. 71.

3 Patienten gelten laut Gesetzgeber als chronisch krank, wenn sie wegen derselben Erkrankung ein Jahr lang in Dauerbehandlung sind, das heißt mindestens zweimal pro Quartal ärztliche (ambulante) Behandlung in Anspruch nehmen. Der Patient muss außerdem in den vorangegangenen zwei Jahren mindestens zwei vollstationäre Behandlungen wegen derselben Erkrankung vorweisen können oder die Pflegestufe zwei oder drei zuerkannt bekommen haben. Das dritte Kriterium ist der Grad der Behinderung oder der Minderung der Erwerbsfähigkeit: Um als chronisch krank eingestuft zu werden, muss ein Patient mindestens zu 70 % behindert beziehungsweise erwerbsunfähig sein. Der Gesetzgeber unterscheidet in seiner Definition allerdings nicht zwischen chronisch Kranken, die entweder durch die Krankheit unmittelbar vom Tode bedroht sind (z. B. Krebs- oder Aids-Patienten) oder mit dieser Erkrankung bei richtiger Therapie ein relativ normales Leben führen können (Rheuma, Diabetes etc.).

4 Vgl. *Gohr* (2005), S. 64; *Lonsert/Harms* (2004), S. 82; *Hautzinger* (2003), S. 18 f.; *Wolf/Mothes* (2002), S. 120; *Kessler* (2002), S. 207; *Marona* (2001), S. 170; *Lorenz* (2001), S. 111. Im Folgenden werden unter dem Begriff Prävention die medikamentöse Vorsorge (z. B. Impfen, Einnahme von Vitaminpräparaten, Mineralien), Verhaltensänderungen sowie regelmäßige Kontrolluntersuchungen verstanden, d. h. es werden die Maßnahmen zur Krankheitsvorbeugung und Gesundheitsförderung dem Begriff subsumiert. Vgl. *Bletzer* (1998), S. 142. Zum Präventionsbegriff aus medizinischer Sicht, der sich in die primäre Prävention (Senkung der Neuerkrankungsrate), sekundäre Prävention (Verhinderung des Fortschreitens von Krankheitsfrühstadien) und tertiäre Prävention (Verhinderung des Fortschreitens bestehender Krankheiten) unterteilen lässt, vgl. ausführlich *Bürger* (2003), S. 128 ff.; *Bletzer* (1998), S. 140 f.

5 Vgl. *Becker* (2000), S. 75.

bungsverhalten des Arztes nehmen.[1] Diese Patientengruppe vertraut nicht mehr ausschließlich auf die Erfahrung des Arztes. Die Verordnung eines Präparats wird zunehmend kritisch hinterfragt. Zweitmeinungen werden eingeholt, um Informationen über Nebenwirkungen und alternative Behandlungsmethoden zu erhalten.[2] Dabei wird dieser aus dem gesellschaftlichen und sozialen Wandel resultierende Wertewandel[3] ergänzt durch eine zunehmende Involvierung gesellschaftlicher Gruppen (z. B. Selbsthilfe-, Patienten- und Angehörigengruppen bzw. Verbraucherorganisationen) in wirtschaftliche und gesundheitspolitische Prozesse, z. B. in Vermarktungsstrategien für kaufkraftarme Länder oder zur Einflussnahme auf Produktentwicklungen.[4]

Die traditionelle Rollenverteilung mit einer für den Patienten begrenzten Anzahl an Ansprechpersonen und der für ihn bedeutungslosen pharmazeutischen Industrie erfährt somit tief greifende Veränderungen. Die medizinischen Fachberufe – vor allem Arzt oder Apotheker – verlieren als Meinungsbildner und Schnittstelle zum Patienten an Wichtigkeit. Das traditionelle Marketing der pharmazeutischen Industrie mit der Konzentration auf Einzelprodukte und die Vermarktung der Präparate durch Außendienstmitarbeiter im Ärztekontakt gelangt durch den zunehmenden Einfluss des Patienten auf die Therapieentscheidung an seine Grenzen.[5] Das **ärztegerichtete Produktmarketing** ist bei Patienten, die als zukünftige Mitentscheider Therapie und Verschreibung mitbestimmen, nicht mehr der alleinige Garant für einen längerfristigen Unternehmenserfolg. Obwohl der „average return per dollar spent" der ärztegerichteten Promotionsausgaben kontinuierlich sinkt und die Werbeausgaben steigen, entfallen aber momentan noch ca. 90 % der Marketing-Budgets pharmazeutischer Unternehmen auf die Zielgruppen Ärzte, Apotheker, Krankenhäuser und Großhandel.[6]

Die Bedeutungszunahme des Verbrauchers, die erhöhte Wettbewerbsintensität aus Sicht pharmazeutischer Unternehmen, der Einfluss des Internet sowohl als Informations- und Ver-

---

1 Vgl. *Dietz* (2004), S. 26; *Pfahlert/Fürst* (2003), S. 407; *Kessler* (2002), S. 207; *Homburg/Sieben/Dietz* (2002a), S. 103; *Müller* (2002), S. 60 f.; *Marona* (2001), S. 170; *Badenhoop* (2001), S. 24; *Kunz* (2001), S. 53; *Leppin* (2000), S. 62; *Teyke/Schopen* (1999), S. 200. Unter anderem ist dies auch auf die nicht mehr eindeutig zu definierenden Grenzen zwischen Medikament, Lifestyle-Produkten und Functional Food zurückzuführen. Zum Arzneimittel im gesellschaftlichen Wertewandel vgl. *Baier* (1993).

2 Vgl. *Homburg/Sieben/Dietz* (2002a), S. 104.

3 Zum Wertewandel vgl. *Bauer/Sauer/Wagner* (2003), S. 9 ff.; *Winter* (2001), S. 14; *Becker* (2000), S. 72 ff.; *Wiedmann/Küpper/Becker* (1997), S. 18 f.; *Hilleke-Daniel* (1989), S. 43 ff.

4 Vgl. *Harms/Drüner* (2003d); *Dierks//Siebeneick/Röseler/Schienkiewitz* (2001), S. 81; *Wiedmann/Becker/Küpper* (1997), S. 18.

5 Vgl. *Sheikh* (2004), S. 56.

6 Vgl. *Hermann* (2004), S. 41; *Lonsert/Harms* (2004), S. 81; *Harms/Drüner* (2003d). Im Regelfall wird das 1,5- bis 2-fache der jährlichen F&E-Aufwendungen für Marketing- und Promotionszwecke ausgegeben. Vgl. *Bauer/Fischer/Pfahlert* (2000), S. 12; *Schweitzer* (1997), S. 43 ff.

triebskanal als auch als Ausgangspunkt für die Entstehung neuer Strukturen sowie die Entwicklungen der staatlichen Gesundheitsökonomie stellen die Marktbearbeitungsstrategie der pharmazeutischen Unternehmungen vor eine neue Herausforderung: die systematische Orientierung der Unternehmensaktivitäten am Patienten.[1]

1.3. Patientenorientiertes Beziehungsmanagement als Schlüssel eines erfolgreichen Pharmamarketing

Arzneimittelangebote bezüglich einzelner Indikationen sind nicht länger Alleinstellungsmerkmal der pharmazeutischen Industrie und Garant für den langfristigen Unternehmenserfolg. Die aus dem Konsumgütermarkt bekannten Entwicklungen, wie z. B. marginale Produktunterschiede und eine generell abnehmende Markentreue, verschärfen die Problematik für pharmazeutische Unternehmen, sich ausschließlich auf das ärztegerichtete Marketing mit der Umwerbung von Pharmazeutika zu konzentrieren und hierdurch den Unternehmenserfolg nachhaltig zu sichern. Neue Marktteilnehmer, wie z. B. kapitalstarke Finanzdienstleister oder Handels- und Telekommunikationsunternehmen, treten mit neuen Technologien und dem **direkten Zugang zum Patienten** in den Pharmamarkt als Teil des Gesundheitsmarktes ein. Gesundheitsportale und medizinische Call-Center werden initiiert oder die Beteilungen an Disease Management-Programmen angestrebt. Serviceangebote zum Therapie-Monitoring, elektronische Patientenakte oder Internetversandhandel haben sich auf diese Weise bereits am Markt etabliert.

Nicht das medizinische und pharmazeutische Wissen wird daher zukünftig für den Markterfolg verantwortlich zeichnen, sondern zunehmend der Zugang zum Patienten. Der Patient im Allgemeinen und der **chronisch Kranke** im Speziellen entwickeln sich somit zu einer **wichtigen Zielgruppe**. Vor allem bei chronischen Krankheiten bieten sich umfangreiche Möglichkeiten, neben dem Arzneimittel[2] Problemlösungsangebote zu entwickeln und den Patienten als Endabnehmer in die Marketingaktivitäten einzubeziehen.[3] Zentrale Zielsetzung hierbei ist die direkte Patientenansprache mittels technologiegestützter Informationsangebote zur Verbesserung der Hersteller-Patienten-Beziehung. Entsprechend müssen pharmazeutische Unternehmen die besonderen Interessen und Einstellungen dieser Patientengruppe als Basis unternehmerischer Entscheidungen ermitteln, um durch die Identifizierung von Markt- und

---

[1] Vgl. *Sieben/Zäh/Scholl* (2001), S. 78.
[2] Synonym finden in dieser Arbeit auch die Begriffe Medikament, Präparat, Erzeugnis und Pharmakon Verwendung.
[3] Vgl. *Lonsert/Harms* (2004), S. 84; *Badenhoop* (2001), S. 24.

Kundenpotenzialen die Wettbewerbsfähigkeit zu sichern[1] und den Patienten als Mitentscheider in der Therapie durch Beziehungsmanagementmaßnahmen zur wiederholten Verschreibung und zur Inanspruchnahme von Zusatzleistungen zu stimulieren.[2]

Unter Berücksichtigung der vorherrschenden rechtlichen Rahmenbedingungen hinsichtlich der von der Zielgruppe der chronisch Kranken benötigten verschreibungspflichtigen Arzneimittel ist die Vermarktung von Präparaten und Therapieformen durch umfassende Kommunikationsmaßnahmen, Informations- und Serviceangebote zu unterstützen, um eine **langfristige Bindung profitabler Patienten an das Unternehmen** und eine Optimierung des Patientenportfolios zu erreichen.[3] Da davon auszugehen ist, dass sich das Kundenbeziehungsmanagement bzw. Customer Relationship Management (CRM) „...in einem reifen Pharmamarkt und einem kostenregulierten Gesundheitswesen zu *der* erfolgsdeterminanten Wettbewerbsdimension ...“[4] entwickeln wird, implizieren die angeführten Entwicklungstendenzen für die pharmazeutische Industrie die Einführung eines patientenorientierten Beziehungsmanagement respektive Patient Relationship Management (PRM).[5]

Die Notwendigkeit der Entwicklung eines PRM belegt auch ein Blick in die Fachliteratur. Der Patient wird im Rahmen des Pharmamarketing zwar als neue Zielgruppe angeführt, konkrete Hinweise zur Ausgestaltung einer Hersteller-Patienten-Beziehung finden sich aber nur selten. Ein ganzheitlicher Ansatz eines Patient Relationship Management ist nicht bekannt.[6]

Der Arzt wird weiterhin eine wichtige Rolle für die pharmazeutische Industrie einnehmen. Allerdings müssen Patientengruppen, die bei der Therapieauswahl mitentscheiden, als für den zukünftigen Markterfolg wichtige Zielgruppe in den Fokus der unternehmensseitigen Maßnahmen rücken.[7] Nicht nur Arzt, Apotheke oder auch Kliniken stellen demnach wichtige Kunden der Pharmaindustrie dar, sondern insbesondere chronisch Kranke als Patienten und Verbraucher. Entsprechende Implikationen ergeben sich für das Marketing. Die Positionierung der Unternehmensleistungen im Markt und im Bewusstsein des Verbrauchers, die

---

[1] Vgl. *Harms/Drüner* (2003d); *Kreyher/Harms* (2002b), S. 64 f.; *Harms/Bruckschl/Drüner/Rohmann* (2001a), S. 42 f.

[2] Vgl. *Harms/Bruckschl/Drüner/Rohmann* (2001a), S. 46.

[3] Vgl. *Jost* (1998), S. 26.

[4] *Seiter/Badenhoop/Zeiner* (2003), S. 736 (Hervorhebung im Original).

[5] Vgl. *Sieben/Scholl/Vanselow* (2001), S. 172; *Leppin* (2000), S. 62.

[6] Vgl. *Hautzinger* (2003), S. 248; *Becker* (2000), S. 24 f.; *Hohensohn* (1998), S. 138 ff.

[7] Vgl. hierzu auch *Gohr* (2005), S. 64; *July-Grolman* (2002), S. 160; *Dierks/Siebeneick/Röseler/Schienkiewitz* (2001), S. 81; *Kunz* (2001), S. 112; *Lorenz* (2001), S. 113; *Pfahlert* (2001), S. 164; *Leppin* (2000), S. 62; *Ryf/Badenhoop/Sattlegger* (2000), S. 126; *Teyke/Schopen* (1999), S. 200; *Roberts* (1997), S. 380; *Crisand* (1996), S. 11; *Thiess* (1988), S. 426 ff.

Bedürfnisse der Patienten sowie politische und gesellschaftliche Faktoren sind im gesamten Entwicklungsprozess – von der Forschung über die klinischen Phasen bis hin zur Markteinführung – zu berücksichtigen und im Rahmen eines Patient Relationship Management umzusetzen.[1]

2. Forschungsfragen und Gang der Untersuchung

Der Gesetzgeber nimmt sukzessive eine strukturelle Reformierung des deutschen Gesundheitssystems vor. Die angestoßenen Reformprojekte zielen insbesondere auf eine Wirtschaftlichkeitsorientierung ab, an der sich auch die Unternehmensaktivitäten pharmazeutischer Unternehmen auszurichten haben. Während auf der einen Seite die Hauptzielgruppe Arzt durch die Reformen zunehmend genötigt wird, Markenpräparate durch billigere Generika zu ersetzen, wodurch die ärztegerichteten Marketingaktivitäten der Pharmaindustrie zunehmend ineffizienter werden, erfordern auf der anderen Seite die Patienten als Mitentscheider in Therapiefragen eine Neugestaltung der Marktbearbeitungsaktivitäten pharmazeutischer Unternehmen.

Die Umsetzung einer ausgeprägten Patientenorientierung und hoher Patientenbindung sind die wesentlichen Ziele des Patient Relationship Management. Vor dem Hintergrund des Einflusses des Patienten als Mitentscheider bei der Verschreibung, respektive der Therapie, liegt das Ziel der vorliegenden Untersuchung darin, durch die Beantwortung der folgenden drei Forschungsfragen neue Erkenntnisse über Steuerung der Patientenbindung zu erarbeiten und hierdurch einen Beitrag zur erfolgreichen Gestaltung eines patientenorientierten Beziehungsmanagement bzw. Patient Relationship Management zu leisten. Die Kernfragen sind:

1. Welche Möglichkeiten bieten sich in Deutschland zur Umsetzung eines Patient Relationship Management?
2. Welche Ausprägungen hat ein erfolgreiches Patient Relationship Management aufzuweisen?
3. Welchen Beitrag liefern einzelne Teilleistungsqualitäten eines Patient Relationship Management zur Erhöhung der Patientenbindung?

In **Teil B** folgt die Darstellung der Kernleistung Arzneimittel (Kapitel 1.1.), eine Vorstellung des Pharmamarkts und der für diese Arbeit relevanten Marktpartner (Kapitel 1.2.). Um die

---

[1] Vgl. *Gohr* (2005), S. 64.

Zielgruppe Patient zu verstehen und eine Rechtfertigung für ein marktorientiertes Kundenmodell und damit für ein PRM zu erarbeiten, muss berücksichtigt werden, dass unterschiedliche Erkrankungen unterschiedliche Verhaltensmuster generieren und somit auch das Verhalten dieses Marktteilnehmers beeinflussen. Anhand der Beziehung Arzt-Patient wird der Wandel vom passiven und in einem Abhängigkeitsverhältnis stehenden Patienten zum Partner im Behandlungsprozess aufgezeigt und die Bedeutung der neuen Patientenrolle für die Pharmaindustrie vor allem bei chronischen Erkrankungen beschrieben (Kapitel 1.3.).

Im Anschluss erfolgt die Identifikation des mündigen Patienten als primäre Zielgruppe des PRM. Darauf aufbauend werden die aus dem mündigen Patienten resultierenden Potenziale zur Effizienz- und Effektivitätssteigerung im Gesundheitswesen dargelegt. Die anschließenden Ausführungen befassen sich mit den Möglichkeiten, als pharmazeutisches Unternehmen die Nutzung der Effizienz- und Effektivitätspotenziale im Gesundheitswesen durch patientenorientierte Aktivitäten zu unterstützen (Kapitel 2.1.). Darüber hinaus werden die Möglichkeiten zur Beurteilung von Gesundheitsinformationen durch die Patientengesamtheit (Kapitel 2.2.) im Vergleich zu chronisch Kranken und die Folgen für die Informationsübermittlung von Gesundheitsinformationen durch kommerzielle Anbieter aufgezeigt (Kapitel 2.3.) sowie Qualitätssicherungsmaßnahmen bei Gesundheitsinformationen zur Sicherstellung qualitativ hochwertiger Gesundheitsinformationen dargestellt. Dabei wird ermittelt, ob durch die beschriebenen Verfahren Möglichkeiten bestehen, auch bei kommerziellen Anbietern die Übermittlung qualitativ hochwertiger Gesundheitsinformationen sicherzustellen (Kapitel 2.4.).

Abgeleitet vom Konzept des Customer Relationship Management (CRM) werden in **Teil C** nach einer Darstellung der Bedeutungszunahme des Beziehungsmanagement (Kapitel 1.1.) und seiner theoretischen Fundierung (Kapitel 1.2.) ein patientenbezogener Beziehungsmanagement-Ansatz – also ein Patient Relationship Management (PRM) – entwickelt und die Möglichkeiten und Restriktionen im deutschen Gesundheitswesen erarbeitet. Nach der Erörterung der Definition des PRM (Kapitel 1.3.) erfolgt neben der Begründung für das PRM und der Identifikation der Zielgruppe (Kapitel 1.4.) die Beschreibung der grundlegenden unternehmensinternen Voraussetzungen zur erfolgreichen Umsetzung eines PRM (Kapitel 2.1.).

Nach einer Diskussion der Bedeutung individueller Patienteninformationen und Möglichkeiten der Generierung und Verarbeitung dieser Daten werden ausgewählte Analyseinstrumente als Ausgangsbasis der patientenindividuellen Marktbearbeitung vorgestellt. Neben einer Patientensegmentierung wird dabei auch ein durchaus kontrovers zu diskutierender Ansatz zur

Ermittlung des Patientenwertes als Ausgangspunkt patientenindividueller Marktbearbeitungsaktivitäten entwickelt (Kapitel 2.2.). Darüber hinaus erfolgt – unter Berücksichtung der Patientensegmentierung und des Patientenwertes – die Konzeption eines Instruments zur Bestimmung der patientenindividuellen strategischen Ausrichtung des PRM auf Basis der vorliegenden spezifischen Patienteninformationen und eine damit verbundene systematische Verknüpfung mit operativen Marketingmaßnahmen. (Kapitel 2.3.). Nach einer ausführlichen Darstellung der operativen PRM-Maßnahmen (Kapitel 2.4.) werden abschließend die Möglichkeiten zur Überprüfung der Effektivität und Effizienz der PRM-Aktivitäten skizziert (Kapitel 2.5.).

In **Teil D** erfolgt die Entwicklung eines Modells zur Ermittlung der Patientenbindung zwischen Pharmaunternehmen und Patient. Da zahlreiche empirische Befunde aus der Geschäftsbeziehungsforschung die überragende Bedeutung der Qualität der (Dienst)Leistungen für die Schaffung von Kundenzufriedenheit und Kundenbindung bestätigen, ist von zentraler Bedeutung, ob über die Qualität der Kernleistung Arzneimittel hinausgehende Leistungsqualitäten eines pharmazeutischen Unternehmens die Beziehung zwischen Patient und Pharmaunternehmen beeinflussen und letztendlich seine Bindung an das Pharmaunternehmen determinieren. Dabei wird diese Untersuchung auch als Überprüfung des vorgestellten PRM-Ansatzes aufgefasst. Nur wenn über das Arzneimittel hinausgehende Leistungsqualitäten einen Einfluss auf die Patientenbindung aufweisen, lässt sich der Einsatz eines PRM entsprechend der im Folgenden ausführlich beschriebenen konzeptionellen Ausrichtung rechtfertigen.

Hierzu wird ein allgemeingültiges Messinstrument zur kontinuierlichen Überprüfung des Leistungsangebots eines pharmazeutischen Unternehmens entwickelt (Kapitel 1.). Die aufgestellte Hypothesenstruktur wird mit Hilfe eines linearen Strukturgleichungsmodells bei Diabetikern im Rahmen einer schriftlichen Befragung überprüft (Kapitel 2.). Die anschließenden Ausführungen legen dar, in wie weit durch das entwickelte Basismodul Aussagen über den Einfluss einzelner Teilleistungsqualitäten des pharmazeutischen Leistungsangebots auf die Patientenbindung getroffen werden können (Kapitel 3.). Abschließend werden in **Teil E** die sich aus der Betrachtung des Patientenbindungsmodells und des entwickelten PRM-Ansatzes für die Marketingforschung (Kapitel 1.) und -praxis (Kapitel 2.) ergebenden Implikationen diskutiert. Abbildung 1 veranschaulicht zusammenfassend die Bestandteile der Arbeit sowie die gewählte Vorgehensweise.

Teil B:

Darstellung der Rahmenbedingungen und Marktteilnehmer des Pharmamarktes

- Vorstellung des Pharmamarkts und der relevanten Marktteilnehmer

Ausprägungen und Eigenschaften der Zielgruppe Patient

- Beschreibung des Wandels des Patienten zum Partner im Behandlungsprozess
- Ermittlung der Potenziale zur Effizienz- und Effektivitätssteigerung im Gesundheitswesen durch den mündigen Patienten und die pharmazeutische Industrie
- Untersuchung der Beurteilungsfähigkeit von Gesundheitsinformationen hinsichtlich Patientengesamtheit und chronisch Kranken
- Darstellung von Qualitätssicherungsmaßnahmen bei Gesundheitsinformationen

Teil C:

Entwicklung eines Patient Relationship Management-Ansatzes unter Berücksichtigung der nationalen Gesetzgebung

- Ableitung des PRM vom Customer Relationship Management
- Begründung für ein PRM und Ermittlung der Zielgruppe
- Beschreibung der grundlegenden Voraussetzungen für die Umsetzung eines PRM
- Darstellung ausgewählter Analyseinstrumente als Ausgangsbasis der patientenindividuellen Marktbearbeitung
- Entwicklung eines Instruments zur Bestimmung der patientenindividuellen strategischen Ausrichtung und der daraus abzuleitenden operativen Maßnahmen auf Basis spezifischer Patienteninformationen
- Beschreibung von operativen PRM-Maßnahmen
- Überprüfung von Effektivität und Effizienz der PRM-Aktivitäten

Teil D:

Überprüfung der Beziehung Patient-Pharmaunternehmen

- Entwicklung eines Modells zur Ermittlung der Patientenbindung zwischen Pharmaunternehmen und Patient
- Überprüfung der aufgestellten Hypothesenstruktur mit Hilfe eines linearen Strukturgleichungsmodells
- Ermittlung des Einflusses der Teilleistungsqualitäten auf die Patientenbindung

Teil E:

Schlussbetrachtung

- Implikationen des PRM-Ansatzes und des Patientenbindungsmodells für die Forschung und Praxis

Abb. 1: Vorgehensweise und Bestandteile der Arbeit

Quelle: Eigene Darstellung.

Teil B: Rahmenbedingungen des Patient Relationship Management

1. Der Pharmamarkt in Deutschland

1.1. Das Arzneimittel als zentrales Leistungselement eines pharmazeutischen Unternehmens

1.1.1. Abgrenzung des Arzneimittelbegriffs

Zu den Gesundheitsgütern, die zur Erhaltung bzw. Wiederherstellung der Gesundheit auf dem Gesundheitsmarkt erbracht werden, zählen alle Produkte, Verfahren und Methoden, die durch Prävention, Diagnose, Therapie und Nachsorge der Gesundheit förderlich sind.[1] Auf dem Pharmamarkt als Teilsegment des Gesundheitsmarkts wird die Kernleistung[2] Arzneimittel vertrieben. Der Arzneimittelbegriff ist gesetzlich festgelegt und umfasst „... Stoffe oder Zubereitungen aus Stoffen, die nach der allgemeinen Verkehrsauffassung dazu dienen oder nach Art und Form des Inverkehrbringens dazu bestimmt sind, bei Anwendung am oder im menschlichen oder tierischen Körper

1. Krankheiten, Leiden, Körperschäden oder krankhafte Beschwerden zu heilen, zu lindern, zu verhüten oder zu erkennen,
2. die Beschaffenheit, den Zustand oder die Funktionen des Körpers oder seelische Zustände erkennen zu lassen,
3. vom menschlichen oder tierischen Körper erzeugte Wirkstoffe oder Körperflüssigkeiten zu ersetzen,
4. Krankheitserreger, Parasiten oder körperfremde Stoffe abzuwehren, zu beseitigen oder unschädlich zu machen oder
5. die Beschaffenheit, den Zustand oder die Funktionen des Körpers oder seelische Zustände zu beeinflussen."[3]

Vom Arzneimittelbegriff sind die Begriffe „Hilfs- und Heilmittel" abzugrenzen. Heilmittel stellen physikalische therapeutische Leistungen, Logopädie und Ergotherapie dar.[4] Hilfsmittel sollen eventuell drohenden Behinderungen entgegenwirken, den Erfolg einer Heilbehandlung absichern oder eine Behinderung kompensieren, wie z. B. durch Seh- und Hörhilfen (Brille

---

[1] Vgl. *Friesewinkel* (1992), S. 160 ff.
[2] Zu Absatzobjekten, die Bündel von Kernleistungen und zusätzlichen (Dienst)Leistungen darstellen, vgl. *Bauer/Hammerschmidt* (2004a), S. 96 ff. Siehe hierzu insbesondere Teil E, Kapitel 1.2.1.2.
[3] § 2 AMG Abs. 1.
[4] Vgl. *Wiedmann/Küpper/Becker* (1997), S. 5.

und Hörgerät) oder durch Körperersatzstücke (Prothesen).[1] Der Kern eines Arzneimittels besteht aus einer chemischen Substanz oder mehreren kombinierten chemischen Substanzen, den so genannten Wirkstoffen. In Abhängigkeit der Anzahl der enthaltenen Wirkstoffe stellen Arzneimittel Mono- oder Kombinationspräparate[2] dar. Darüber hinaus enthält ein Arzneimittel sonstige Bestandteile, so genannte Hilfsstoffe.[3] Innerhalb der Gruppe der Arzneimittel wird zwischen Human- und Veterinärarzneimitteln unterschieden, wobei im Folgenden nur die humanpharmazeutischen Produkte unter besonderer Berücksichtigung der **Fertigarzneimittel**[4] betrachtet werden.

Des Weiteren kann der Arzneimittelbegriff nach rechtlichen Gesichtspunkten differenziert werden. Als Klassifikationskriterium dient die Risikobehaftung des jeweiligen Arzneimittels. Das Arzneimittelgesetz unterscheidet, ob ein Medikament der **Verschreibungspflicht** unterliegt oder freiverkäuflich ist. Freiverkäufliche, d. h. rezeptfreie Präparate, dürfen ohne ärztliches Rezept an den Verbraucher abgegeben werden. Dieser OTC-Verkauf der freiverkäuflichen Arzneimittel in Apotheken sowie der Verkauf über – von Apotheken unabhängige – Geschäfte des Einzelhandels bilden zusammen den Selbstmedikationsmarkt.[5] Rezeptpflichtige bzw. ethische Arzneimittel hingegen dürfen nur in Apotheken gegen Vorlage einer ärztlichen Verschreibung abgegeben werden.[6] Möglich ist jedoch auch, dass ein Patient ein Arzneimittel vom Arzt verschrieben bekommt, das nicht der Verschreibungspflicht unterliegt, also rezeptfrei ist.[7]

Arzneimittel lassen sich zudem nach der **Erstattungsfähigkeit** differenzieren: in erstattungsfähige, deren Kosten von der Krankenkasse übernommen werden (abgesehen von einer Zu-

---

1 Vgl. § 33 SGB V Abs. 1 S. 1.
2 Ein Kombinationspräparat enthält mindestens zwei therapeutisch wirksame Substanzen.
3 Vgl. *Gedenk* (1987), S. 17 ff.
4 Fertigarzneimittel sind „... Arzneimittel, die im Voraus hergestellt und in einer zur Abgabe an den Verbraucher bestimmten Packung in den Verkehr gebracht werden." § 4 Abs. 1 AMG. Die Herstellung eines Arzneimittels auf Grundlage eines Rezeptes in einer Apotheke findet in dieser Arbeit keine Berücksichtigung. Der Stellenwert dieser Produkte hat immens abgenommen. Vgl. *Wiedeler* (2002), S. 102.
5 Alle eigenverantwortlichen Maßnahmen mit rezeptfreien Arzneimitteln zur Erhaltung der Gesundheit und zur Behandlung von Gesundheitsstörungen werden unter dem Begriff der Selbstmedikation subsumiert. Vgl. *Golücke* (2001), S. 103. Die Selbstmedikation ist ein Teil des Selbstmanagement. Unter Selbstmanagement sind die Maßnahmen zu subsumieren, die ohne Konsultation eines Arztes durch den Patienten ergriffen werden, um das gesundheitliche Wohlbefinden wieder herzustellen. Vgl. *Hautzinger* (2003), S. 143. Selbstmanagement wird häufig auch als Selbstkontrolle bezeichnet und beschreibt die Kompetenz einer Person, „... when in the relative absence of immediate external constraints, he engages in behavior whose previous probability has been less than that of alternatively behaviors." *Manz/Sims* (1980), S. 362.
6 Vgl. *Jost* (1998), S. 12. Die Verschreibungspflicht ergibt sich aus den §§ 48 und 49 AMG. Vgl. *Engler/Geserich/Räpple/Rieger* (2000), S. 44.
7 Vgl. *Kunz* (2001), S. 60; *Wähling* (1996), S. 10.

zahlung[1]) und in nicht erstattungsfähige, deren Kosten der Patient selbst zu tragen hat (vgl. Abbildung 2).

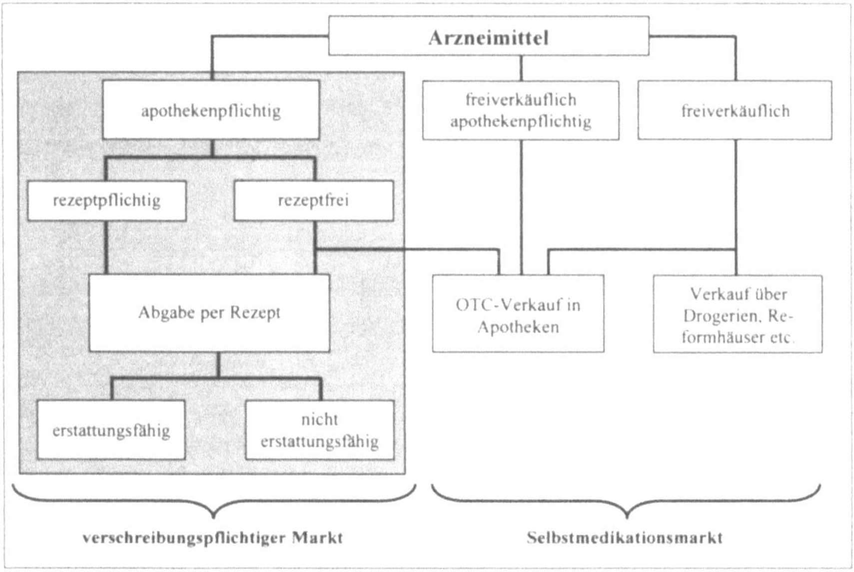

Abb. 2: Klassifikation der Arzneimittel
Quelle: In Anlehnung an *Jost* (1998), S. 13.

Auf der einen Seite gibt es Produkte am Markt, die zwar der Verschreibungspflicht unterliegen, von der Krankenkasse aber in der Regel nicht erstattet werden (z. B. *Viagra, Propecia*), auf der anderen Seite können freiverkäufliche Arzneimittel auch erstattungsfähig sein, wenn

[1] Der Patient trägt bei ethischen erstattungsfähigen Präparaten nur einen Bruchteil der Kosten für das Arzneimittel – die Zuzahlung. Diese soll neben dem Finanzierungsbeitrag für das Gesundheitssystem auch eine Steuerungswirkung bei der Inanspruchnahme von Leistungen entfalten (Reduktion der Nachfrage und/oder Substitution durch preiswertere Medikamente). Vgl. *Pfaff/Busch/Rindsfüßer* (1994), S. 60. Seit den GMG sind die Zuzahlungen nicht mehr von der Packungsgröße, sondern vom Verkaufspreis abhängig (minimal 5 €, maximal 10 €). Vgl. § 61 SGB V. Für Medikamente mit einem Preis zwischen 5 und 50 € gilt die 10 %-ige Selbstbeteiligung mit einer Untergrenze von 5 €, so dass für dieses Preissegment faktisch eine feste absolute Zuzahlung (Gebühr) besteht. Da der Patient nicht mehr bezahlen soll als das Medikament kostet, gilt für einen Preis unter 5 €, dass der Patient das Präparat komplett zu zahlen hat. Vgl. Art. 1 Nr. 18 i. V. m. Nr. 39 GMG. Preisunterschiede bei vergleichbaren Medikamenten machen sich beim Patienten demnach nur bei Arzneimitteln zwischen 50 € und 100 € bemerkbar (Proportionalzone). Eine Umstellung von einer absoluten Zuzahlung auf eine prozentuale Selbstbeteiligung findet also für einen großen Teil der Arzneimittel nicht statt. Vgl. *Kern et al.* (2003), S. 35. Chronisch Kranke können sich von Zuzahlungen befreien lassen. Grundsätzlich gilt bei dieser Gruppe, dass bis zu 1 % des Einkommens die Gesundheitskosten selbst zu bezahlen sind. Alle anderen Versicherten müssen die Kosten bis zu 2 % ihres Bruttoeinkommens selbst zahlen. Vgl. § 62 Abs. 1 S. 2 SGB V.

diese vom Arzt verschrieben werden. Unter den angeführten Klassifizierungsmerkmalen konzentriert sich die folgende Arbeit auf **ethische, erstattungsfähige Arzneimittel**[1].

Der Markt für ethische Arzneimittel lässt sich in drei Segmente unterteilen:[2]

- **Innovatives Segment**: Innovative Arzneimittel bzw. Originalpräparate werden von der Krankenkasse – abgesehen von einer Zuzahlung des Patienten – voll erstattet, sofern sie einen erkennbaren therapeutischen Zusatznutzen bieten.[3] Diese Gruppe von Medikamenten verfügt durch den Patentschutz über eine zeitlich begrenzte Monopolstellung. Hierdurch soll dem Unternehmen die Möglichkeit zuteil werden, die mit hohen Risiken und Investitionen verbundenen Forschungs- und Entwicklungskosten durch entsprechende Finanzrückflüsse zu sichern.[4] Bei diesen Präparaten ist eine freie Preissetzung möglich. In Deutschland entfallen ca. 30 % aller GKV-Ausgaben für Arzneimittel auf innovative Arzneimittel mit therapeutischem Fortschritt.
- **Me-too-Segment**: Die Wirkstoffe dieser neuen Originale, die ebenfalls Patentschutz genießen, sind in ihrer chemischen Struktur miteinander verwandt, ähneln sich hinsichtlich der Wirkung auf den menschlichen Organismus und stellen lediglich eine Molekülvariation von schon bekannten Wirkstoffen dar.[5] Der Innovationsgrad dieser Analogpräparate ist begrenzt. Experten sprechen in diesem Zusammenhang auch von „Pseudo-Innovationen".[6] Diese Medikamente unterliegen zur Förderung „echter" Innovationen durch das GMG der Festbetragsregelung[7], so dass eine freie Preisgestaltung quasi ausgeschlossen ist.[1] Ca.

---

[1] Die Konzentration auf ethische, erstattungsfähige Arzneimittel erfolgt auf Grund der konzeptionellen Ausrichtung der Arbeit: Die im Folgenden zu identifizierende Zielgruppe des PRM bezieht in der Regel verschreibungspflichtige und erstattungsfähige Medikamente.

[2] Vgl. *Crisand* (1996), S. 120 ff.

[3] Die Verwendung des Begriffs Innovation ist im Zusammenhang mit Arzneimitteln umstritten. Unterschiedliche Ansätze der Definition des Innovationsbegriffs führen zu unterschiedlichen Bewertungen der therapeutischen Qualität neuer Präparate und damit zu Problemen hinsichtlich der Transparenz und Nachvollziehbarkeit der solidarischen Finanzierungsnotwendigkeit einer Innovation. Vgl. *Kiewel/Rostalski* (2000), S. 69. Zu unterschiedlichen Definitionen des Innovationsbegriff vgl. ausführlich *Harms/Drüner* (2003d), S. 89 ff.; *Kiewel* (2002), S. 44 ff.; *Kiewel/Rostalski* (2000), S. 67 ff.; *Schröder/Selke* (2000), S. 220 f.; *Erbsland/Ulrich/Wille* (2000), S. 169 ff.; *Kaesbach/Schleert* (2000), S. 195 ff.

[4] Vgl. *Schmidt* (2000), S. 21 f. Bei der Entwicklung eines neuen medizinischen Wirkstoffes (New Chemical Entity) fallen in der Entwicklung bis zu 500 Millionen € an. Vgl. *Harms/Drüner* (2003d), S. 73; *Bauer/Fischer/Pfahlert* (2000), S. 1; *Geursen* (1997), S. 4; Für die USA werden Kosten von 802 Mio. US-Dollar für das Jahr 2000 angeführt Vgl. *DiMasi/Hansen/Grabowski* (2003); *Fink-Anthe* (2002a), S. 23.

[5] Vgl. *Guminski/Rauland* (2002), S. 234. Als Me-too-Präparat wird ein Produkt bezeichnet, „... dessen Wirkstoff erst nach der weltweit erstmaligen Markteinführung des ersten vermarkteten Arzneimittels mit einem Wirkstoff der gleichen Stoff-/Molekülklasse patentiert worden ist." *Münnich* (2000), S. 129.

[6] Vgl. *Verband Forschender Arzneimittelhersteller* (2004). Vgl. hierzu auch *Fink-Anthe* (2002c), S. 147 f.

[7] Vgl. hierzu § 35 SGB V. Über den Festbetrag hinausgehende Beträge sind durch den Patienten selbst zu zahlen und werden von der Krankenkasse nicht erstattet. In diesem Fall ist der Hersteller quasi dazu gezwungen, den Arzneimittelpreis an den Festbetrag (= maximale Erstattungshöhe von Seiten der GKV) anzupassen, da

30 % aller GKV-Ausgaben für Arzneimittel werden für diese Medikamente aufgewendet, die keinen therapeutischen Fortschritt im Vergleich zu bereits existierenden Präparaten aufweisen.

- **Standard-Segment**: Im standard-therapeutischen Bereich, d. h. im Bereich aller nicht patentgeschützten Wirkstoffe, konkurrieren die (mittlerweile) patentfreien Original-Arzneimittel und die Generika. Generika stellen Nachahmerprodukte dar, die nach Patentablauf für einen bestimmten Wirkstoff auf den Markt gebracht werden. In der Regel weisen generische Arzneimittel die gleiche Zusammensetzung wie das Originalpräparat auf, werden jedoch zu einem niedrigeren Preis auf dem Markt angeboten.[2] Auch diese Medikamente unterliegen der Festbetragsregelung. In den letzten Jahren hat die Bedeutung des generischen Wettbewerbs stark zugenommen.[3] Der Ablauf eines Patents führt in der Regel bei Eintritt aggressiver Nachahmer zu erheblichen Umsatzeinbußen und Rückgang der Gewinnmargen beim Anbieter des Originalpräparats durch einen einsetzenden Preiskampf.[4] Forschenden Arzneimittelherstellern verbleibt daher weniger Zeit, die Investitionen für die F&E neuer Medikamente zu amortisieren.[5]

---

davon ausgegangen werden muss, dass der Patient nicht bereit ist, diese über den Festbetrag anfallenden Kosten zu übernehmen. Nahezu alle Pharmaunternehmen passen den Preis für Medikamente in der Festbetragsgruppe dem Festbetrag an und unterliegen somit in diesem Bereich einer Quasi-Arzneimittelpreisregulierung. Vgl. *Kotzian* (2003), S. 102; *Oberender/Hebborn/Zerth* (2002), S. 73 f.; *Kiewel/Rostalski* (2000), S. 67; *Bletzer* (1998), S. 9; *Vogelbruch* (1992), S. 26 f.

1 Die Reaktion des Gesetzgebers kann durchaus nachvollzogen werden, da in den vergangenen Jahren der Anteil des Festbetragssektors ständig zurückging. Erfasste die Festbetragsregelung Anfang 1997 noch 60 % des Arzneimittelumsatzes in der GKV, lag dieser Anteil Mitte 2002 noch bei 37 %. Der Marktanteil des patentgeschützten Marktes am Umsatz erhöhte sich innerhalb von zehn Jahren von 14 % auf 40 % in 2002. Verantwortlich hierfür zeichnen sicherlich therapeutisch innovative Präparate, aber eben auch patentgeschützte Mittel, deren therapeutischer Zusatznutzen nicht erkennbar ist, die jedoch wegen des Patentschutzes bislang nicht unter die Festbetragsregelung fielen. Vgl. *Glaeske/Klauber/Lankers/Selke* (2003), S. 15.

2 Vgl. *Wiedmann/Küpper/Becker* (1997), S. 9 f. Generika werden entweder unter der Wirksubstanz oder deren Abkürzung, unter einem Markennamen (Branded Generics) oder als Nachahmerprodukt mit eigenem Warenzeichen vertrieben (generischer Name und Zusatz eines Herstellernamens). Vgl. *Hohensohn* (1998), S. 15; *Hilleke-Daniel* (1989), S. 154.

3 Vgl. *Schuler* (2004), S. 64. Von den 250 wichtigsten Medikamenten (90 % des Arzneimittelbedarfs der westlichen Welt) sind 75 % als Generika erhältlich. In Deutschland beträgt der Umsatz mit Generika gemessen am gesamten Pharmaumsatz ca. 40 %. Hinsichtlich der verordneten Packungen beläuft sich der Anteil der Generika auf ca. 57 %. Vgl. *Harms/Drüner* (2003d), S. 37.

4 Vgl. *Seiter/Badenhoop/Zeiner* (2003), S. 730 f.; *Capgemini Ernst & Young* (2003), S. 5; *Bauer/Fischer/Pfahlert* (2000), S. 13; *Schmidt* (2000), S. 22 f. Innerhalb von sechs Monaten nach Patentablauf fallen die Preise auf 20-70 % des Ausgangspreises des früheren Originalanbieters. Vgl. *Harms/Rohmann/Drüner* (2003), http://www.medizin-2000.de/pharmaoekonomie/texte/profis/pt/2003/maerkte-wandel1.html [01.09.2005].

5 Vgl. *Schmidt* (2000), S. 27 f.

1.1.2. Der Produktlebenszyklus einer pharmazeutischen Wirksubstanz

Entwicklungsprojekte der Pharmaindustrie zählen zu den risikoreichsten Projekten. Die „Time-to-Market" beträgt durchschnittlich zwölf Jahre.[1] Von ursprünglich ca. fünf bis zehntausend Substanzen erreicht nur durchschnittlich eine das Stadium der Marktreife und 0,3 die Gewinnschwelle.[2] In der **F&E-Phase** haben Substanzen die Grundlagenforschung[3] und angewandte Forschung[4], die Präklinik[5], die klinischen Testphasen I-III[6] sowie die Zulassungsphase zu durchlaufen.[7] Durch Standardisierung und den verstärkten Einsatz moderner Informationstechnologien hat sich die Geschwindigkeit des F&E-Prozesses von Arzneimitteln nachhaltig erhöht. Hieraus resultieren niedrigere Markteintrittsbarrieren auf Grund der technologisch bedingten Vereinfachungen. International tätige IT-Unternehmen, wie z. B. *IBM* oder *Oracle*, tätigen mittlerweile IT-Investitionen für die Pharmaforschung. Für die Pharmaindustrie reduzieren sich entsprechend nachhaltige und verteidigungsfähige Wettbewerbsvorteile gegenüber der Konkurrenz. Die Folgen sind eine Intensivierung des Wettbewerbs, geringere branchenspezifische Renditen sowie sinkende Produktentwicklungszeiten.[8]

In der **Vermarktungsphase** bietet sich dem Unternehmen vor allem in der Zeit der patentgeschützten Vermarktung die Möglichkeit, das in der F&E investierte Kapital am Markt zurück

---

[1] Vgl. *Hautzinger* (2003), S. 130; *Fink-Anthe* (2002a), S. 23.

[2] Vgl. *Harms/Drüner* (2003d), S. 73; *PhRMA* (2003), S. 2; *Hautzinger* (2003), S. 127; *Grabowski/Vernon/DiMasi* (2002); *Harms/Brucksch/Drüner/Rohmann* (2001a), S. 46; *Pfahlert* (2001), S. 162; *Harms/Grosse-Wichtrup* (2000a), S. 150; *Schröder/Selke* (2000), S. 222.

[3] Die Grundlagenforschung umfasst die Erarbeitung von Erkenntnissen, die nicht unmittelbar auf die Entwicklung eines neuen Arzneimittels gerichtet sind (z. B. Entschlüsselung von Erbinformationen). Die Grundlagenforschung dient als Wissensbasis zur späteren angewandten Forschung.

[4] Die angewandte Forschung befasst sich mit dem Erstellen von Substanzen zur Lösung spezifischer Krankheitsmuster. Hierzu zählt vor allem die Analyse des pharmakologischen Verhaltens einer Substanz (pharmakokinetische und pharmakodynamische Eigenschaften) zur Ermittlung der Entwicklungspotenziale für die Synthese von Arzneimitteln (Screening). Bei positivem Verlauf erfolgt die Patentanmeldung.

[5] Die Phase vor Aufnahme der pharmakologischen Testverfahren am Menschen wird als Präklinik bezeichnet. In Tierversuchen werden Ergebnisse über Toxizität, Hauptwirkungen, Nebenwirkungen, Dauer und Wirkung der Aktivsubstanz erarbeitet. Ergebnisse dieser Phase sind Aussagen über die Darreichungsformen und Therapieverfahren sowie die Prüfung chemischer Produktionsprozesse zur Vervielfältigung der Wirksubstanz.

[6] In der klinischen Testphase I erfolgt die Erprobung der Wirksubstanz am Menschen (90 bis 120 Personen) auf Verträglichkeit, Dosierung und Wirkungsweise, um den therapeutischen Nutzen einer Substanz bei einer bestimmten Erkrankung zu ermitteln. In Phase II werden 20 bis 350 Personen hinsichtlich ihres Reaktionsverhaltens bei Verabreichung der Substanz beobachtet und Studien über das Verhältnis zwischen Dosierung, Wirkung und Toleranzgrenzen erstellt, um den genauen Wirkungsverlauf der Substanz und weitere Informationen über die optimale Dosierung zu gewinnen. In Phase III werden die ermittelten Behandlungsverfahren an bis zu mehreren tausend erkrankten Personen getestet, um eine statistisch abgesicherte Aussage über die Wirksubstanz hinsichtlich Wirkung, Sicherheit und Wirtschaftlichkeit erhalten zu können.

[7] Im Anschluss an die Zulassung erfolgt die Phase IV. In dieser Phase können u. a. Anwendungsbeobachtungen oder pharmaökonomische Untersuchungen durchgeführt werden. Vgl. *Bertsch* (2002), S. 302. Zu den Anwendungsbeobachtungen vgl. auch *Wink* (2003); *Jost* (1998), S. 30. Zu den einzelnen klinischen Testphasen vgl. *Trilling* (2003), S. 118.

[8] Vgl. *Schmidt* (2000), S. 23 f.

zu gewinnen.[1] Voraussetzung ist dabei eine freie Preisgestaltung und damit die Entwicklung innovativer Präparate, die einen therapeutischen Zusatznutzen aufweisen. Ein idealtypischer Gesamtlebenszyklus einer pharmazeutischen Wirksubstanz ist in Abbildung 3 dargestellt.

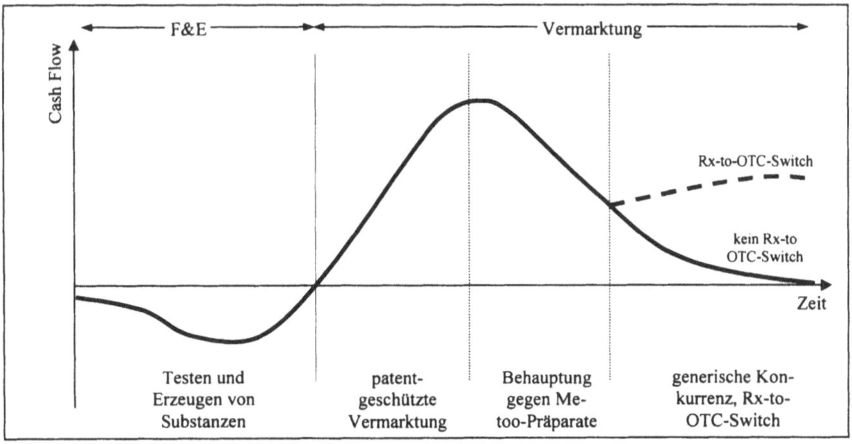

Abb. 3: Idealtypischer Gesamtlebenszyklus einer pharmazeutischen Wirksubstanz

Quelle: In Anlehnung an Dreger (2000), S. 41.

Mit dem in der Vergangenheit zunehmend schnelleren Markteintritt von Me-too-Präparaten wird die Refinanzierung aber durch einen in der Regel frühzeitig einsetzenden Preiskampf erschwert.[2] Nach Ablauf des Patenschutzes bieten sich dem Unternehmen zwei Möglichkeiten: Erstens einen Rx-to-OTC-Switch[3] realisieren, d. h. das Pharmakon vom verschreibungspflichtigen in den freiverkäuflichen Markt zu überführen oder zweitens das Produkt weiterhin durch Preisanpassungen (Regelfall), Molekülvariationen, Produktpalettenerweiterungen (Line Extensions)[4], Ausweitung der Indikation, Patentschutz auf das Herstellungsverfahren, rechtliche Schritte zur Verzögerung der Markteinführung der Generika (Patent Busting bzw. Patent Fencing) oder durch die Partizipation am Generika-Markt (z. B. durch Aufkauf eines Generi-

---

[1] Vgl. *Kotzian* (2003), S. 82; *Guminski/Rauland* (2002), S. 229. Die jährlichen Forschungsetats belaufen sich auf 10-16 % des Umsatzes. Vgl. *Verband Forschender Arzneimittelhersteller* (2003), S. 28; *Geursen* (1997), S. 4.

[2] Vgl. *Dreger* (2000), S. 12; *Becker* (2000), S. 109 f.

[3] Vgl. *Kohout* (2002), S. 87 ff.; *Fröhlich/Peper* (2002), S. 144 f.; *Bletzer* (1998), S. 12 f.

[4] Line Extensions sind – meist patentierbare – Modifikationen einer Originalsubstanz, wie z. B. neue Galeniken (z. B. Retardform) oder spezielle Drug Delivery Systeme (z. B. Disc Haler bei Asthmapräparaten). Vgl. *Fröhlich/Peper* (2002), S. 143 f. *Bauer/Fischer/Verspagen* identifizieren drei Arten der Line Extension: Kombination des Wirkstoffs mit einem anderem, Veränderungen der Darreichungsform und Variation der Dosierung. Vgl. *Bauer/Fischer/Verspagen* (1999), S. 769 ff.

ka-Anbieters oder Kooperation mit einem Generika-Anbieter) im ethischen Sektor zu vermarkten.[1]

1.2. Der deutsche Pharmamarkt

1.2.1. Ein Modell des Pharmamarktes unter Berücksichtigung der GKV

Der Pharmamarkt als Teilsegment des Gesundheitsmarktes weist im Vergleich zu den Eigenschaften eines Konsumgütermarkts deutliche Unterschiede auf, obwohl das Kernprodukt Arzneimittel zu den Konsumgütern zu zählen ist.[2] Staatliche Interventionen und Reglementierungen üben einen zentralen Einfluss auf diesen Sektor aus. Die unternehmerische Freiheit der Marktpartner, die wettbewerblichen Regelungsmechanismen sowie die Präferenzsysteme der einzelnen Marktteilnehmer werden insbesondere durch die **restriktiven Rahmenbedingungen der politisch-rechtlichen Regulierungen** beeinflusst.[3] Dies lässt sich insbesondere darauf zurückführen, dass das Arzneimittel als Kernleistung auf dem Pharmamarkt der Erhaltung des Gesundheitszustandes bzw. der Vermeidung oder Behebung eines Krankheitszustandes dient und dadurch eine öffentliche Aufgabe erfüllt. Da eine adäquate Verabreichung von Arzneimitteln den Behandlungserfolg bedingt, besitzt das Arzneimittel eine besondere Stellung in der Gesundheitsversorgung.[4] Aus der Beeinflussung der Funktionsweise des menschlichen Organismus bei Einnahme eines Arzneimittels besteht für den Verbraucher ein erhöhtes Risiko im Vergleich zu anderen Gütern auf anderen Märkten.[5]

Im Gegensatz zum Konsumgütermarkt wird im Pharmamarkt (noch) angenommen, dass der Patient i. d. R. nicht über das notwendige Wissen verfügt, Anbieter von schlechter Qualität zu identifizieren. Strenge gesetzliche Restriktionen, wie z. B. komplexe Zulassungsverfahren, sollen daher eine hohe Produktqualität des pharmazeutischen Präparats sicherstellen. Während der Nachfrager im Konsumgütermarkt normalerweise frei entscheiden kann, ob Leistungen in Anspruch genommen werden, ist der Patient im Pharmamarkt bei entsprechender Indikation dazu angehalten, die verordneten Medikamente zu sich zu nehmen. Kommt der Patient

---

1 Vgl. *Schuler* (2004), S. 65; *Fröhlich/Peper* (2002), S. 143 ff.; *Guminski/Rauland* (2002), S. 237; *Dreger* (2000), S. 41 ff. Zum Produktlebenszyklus eines Arzneimittels vgl. auch *Kesselhut* (2003), S. 44 ff.; *Fröhlich/Peper* (2002), S. 142 f.

2 Versorgungsobjekte lassen sich nach einer gängigen Einteilung anhand des Verwendungszwecks und der Verwendungsdauer klassifizieren. So werden neben Konsumgütern Produktivgüter differenziert. In Abhängigkeit der Verwendungsdauer werden Konsumgüter in Gebrauchs- und Verbrauchsgüter unterteilt. Arzneimittel sind hierbei zu den Verbrauchsgütern zu zählen. Vgl. *Kunz* (2001), S. 99. Zur Einteilung des Arzneimittels zu den Konsumgütern siehe Teil C, Kapitel 1.3.2.

3 Vgl. *Crisand* (1996), S. 5.

4 Vgl. *Wiedeler* (2002), S. 36.

5 Vgl. *Jost* (1998), S. 13 f.

der Einnahme des Arzneimittels nicht nach, kann im schlimmsten Fall der Tod die Folge sein. Zudem stehen sich auf Grund der notwendigen ärztlichen Verschreibung Anbieter und Nachfrager bei den ethischen Arzneimitteln nur eingeschränkt gegenüber.

Während auf dem Konsumgütermarkt der Bezug eines Produktes im Wesentlichen von der Finanzkraft des jeweiligen Individuums abhängt und die Wertschätzung dem Produkt gegenüber vor allem durch den Arbeitseinsatz oder den Preis determiniert wird, übernimmt im verschreibungspflichtigen Markt die Solidargemeinschaft bis auf die Zuzahlung die Kosten der ethischen Präparate. Daher weist der Patient keine hohe Wertschätzung dem Pharmakon gegenüber auf.[1] Der Marktmechanismus, in dem Angebot und Nachfrage den Preis bestimmen, ist quasi außer Kraft gesetzt. In den Gesundheitsmarkt in seiner Gesamtheit wird regulatorisch eingegriffen und ein effektives Wirken der Marktkräfte verhindert.[2] Tabelle 1 zeigt die wesentlichen Unterschiede zwischen dem „klassischen" Konsumgütermarkt und dem Pharmamarkt bei ethischen Präparaten.

Produktmerkmale	Konsumgütermarkt	Pharmamarkt
Ethik der Produkte	qualitativ geringwertige Produkte werden akzeptiert informierter Nachfrager sorgt für Selektion qualitativ hochwertiger Produkte	strenge Regelungen zur Sicherung einer hohen Güte, Effektivität und Verträglichkeit des Produkts Selektion qualitativ hochwertiger Produkte durch Patienten i. d. R. nicht möglich
Zulassung der Produkte	Zulassungsbedingungen vorhanden, jedoch von relativ niedriger Komplexität (z. B. Crash-Test, Hygiene)	Zulassungsbedingungen von hoher Komplexität
Wahlfreiheit des Produkts	freie Auswahl unter allen Produkten	zwingender Bedarf des Medikaments, eingeschränkte Möglichkeit zur freien Auswahl
Finanzierbarkeit des Produkts	abhängig von der eigenen finanziellen Leistungsfähigkeit	Finanzierung durch die Solidargemeinschaft (abgesehen von der Zuzahlung)
Wertschätzung des Produkts	im Wesentlichen vom Preis oder Arbeitseinsatz abhängig (zusätzlich: Aktualität, Innovation, Statussymbolik, Emotionalität)	geringe Wertschätzung durch nahezu kostenlosen Bezug

Tab. 1: Zentrale Unterschiede von Konsumgütermarkt und Pharmamarkt
Quelle: in Anlehnung an *Limmroth* (2002), S. 225 ff.

---

1 Vgl. *Wähling* (1996), S. 20 f.

2 Das nicht existente Steuerungsinstrument Preis führt zu opportunistischem Verhalten und zu einer großen Nachfrage nach umfangreichen und bestmöglichen Leistungen. Die Folgen sind eine unkontrollierte Zunahme der Leistungsmenge, eine geringere Produktivität bei der Leistungserbringung sowie falsche Anreize und Defizite bei der Qualitätssicherung und Prävention und daraus resultierend Effizienzverluste. Vgl. *Kunz* (2001), S. 58.

Die **wichtigsten Akteure auf dem Pharmamarkt** stellen die Pharmaindustrie, der Großhandel, die Apotheken, die Ärzte, die Krankenkassen und der Patient als direkte Interaktions- und Austauschpartner (Umwelt I) dar.[1] Alle Marktteilnehmer verfolgen das gemeinsame Ziel des Erhaltes bzw. der Wiederherstellung des Gesundheitszustandes der Bevölkerung.[2] Die indirekten Einflusssektoren (Umwelt II) auf die Umwelt I bilden das technologische Umfeld, wie z. B. neue Forschungsmethoden oder Produktionsverfahren, das gesellschaftliche Umfeld, wie z. B. allgemeine Anforderungen, Tendenzen und Werthaltungen, das politisch-rechtliche Umfeld, wie z. B. Gesetze, Verordnungen oder Erstattungsrichtlinien sowie das ökonomische und ökologische Umfeld (z. B. Rezessionserscheinungen, umweltverträgliche Forschungs- und Produktionsmethoden).[3] Abbildung 4 zeigt die wichtigsten Realgüterströme zwischen den Interaktions- und Austauschpartnern des Pharmamarktes bei verschreibungspflichtigen Medikamenten.[4]

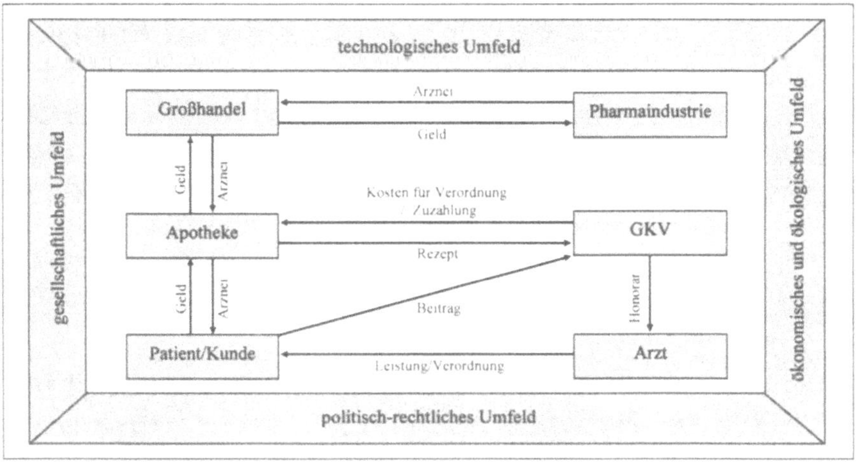

Abb. 4: Ein Marktmodell des Pharmamarktes bei ethischen Präparaten unter Berücksichtigung der GKV

Quelle: Eigene Darstellung.

---

[1] Auch Krankenhäuser stehen in direkter Austauschbeziehung zu den restlichen Akteuren auf dem Pharmamarkt. Vgl. hierzu *Crisand* (1996), S. 11. In der weiteren Untersuchung werden diese vernachlässigt, da sie keine direkte Relevanz für das zu entwickelnde PRM aufweisen.

[2] Vgl. *Newzella* (2003), S. 81.

[3] Vgl. hierzu ausführlich *Crisand* (1996), S. 10 ff. Zur Unterscheidung von Umwelt I und Umwelt II vgl. *Raffée* (1979), S. 4 ff.

[4] Vgl. *Wiedmann/Küpper/Becker* (1997), S. 24 f.

Die obige Abbildung verdeutlicht, dass sich der Pharmahandel durch einen indirekten Distributionsweg auszeichnet. Die pharmazeutische Industrie produziert Arzneimittel, die hauptsächlich über Großhändler an Apotheken verteilt werden. Die Apotheken geben die im Falle der ethischen Präparate vom Arzt verschriebenen Medikamente gegen Rezept an den Patienten ab. Die Krankenkasse vergütet bei Verschreibungspflicht die vom Patienten bezogenen Arzneimittel abzüglich der vom Patienten zu tragenden Zuzahlung, während der Patient für diese Leistungen einen regelmäßigen Beitrag an die Krankenkasse zahlt.[1]

1.2.2. Akteure auf dem Pharmamarkt

1.2.2.1. Die pharmazeutische Industrie

Der Begriff „pharmazeutische Industrie" subsumiert alle sich mit Forschung, Entwicklung, Produktion und Vertrieb von Pharmazeutika befassenden Unternehmen.[2] Die pharmazeutische Industrie ist ein Bestandteil der chemischen Industrie.[3] Gemessen an der Wertschöpfung zählt sie zu den größten und profitabelsten Industriezweigen der Welt und gilt als forschungsintensivste Branche nach der Luftfahrzeugbranche.[4] Auf Grund der Finanzierung von Gesundheitsgütern auf den Säulen der Subsidiarität[5] und Solidarität[6] befinden sich pharmazeutische Unternehmen als Produzent von Gesundheitsgütern im **Spannungsfeld zwischen Solidarität und Wettbewerb**, das bei den Marketingaktivitäten berücksichtigt werden muss. Vor

---

1 Vgl. *Becker* (2000), S. 14.

2 Vgl. *Keller* (1995), S. 82.

3 Vgl. *Schmidt* (2000), S. 21. Europäische Pharmaunternehmen unterscheiden sich in ihrem Aufbau deutlich von den US-amerikanischen Pharmaunternehmen. In Europa sind im Gegensatz zu den USA viele Firmen Chemiekonglomerate. Dies begründet sich vor allem durch die frühzeitige Konzentration auf die Kernkompetenzen. Im Vergleich zu den Amerikanern erzielen die zehn größten europäischen Pharmaunternehmen nur die Hälfte ihres Umsatzes durch pharmazeutische Produkte. Vgl. *Harms/Rohmann/Drüner* (2003), http://www.medizin-2000.de/pharmaoekonomie/texte/profis/pt/2003/maerktewandel1.html [01.09.2005].

4 Vgl. *Harms/Drüner* (2003d), S. 87; *Becker* (2000), S. 16; *Eichin* (1995), S. 67. Im Jahr 2003 hat die pharmazeutische Industrie ca. 3,56 Mrd. € in Forschung und Entwicklung investiert. Vgl. *Bundesverband der Pharmazeutischen Industrie* (2004), S. 12.

5 Das Subsidiaritätsprinzip definiert die Rangfolge von Hilfeleistungen in der Form, dass dem Einzelnen staatlicherseits nur dann geholfen wird, wenn er sich selbst nicht helfen kann, d. h. die Vorrangigkeit der Selbstverantwortung bzw. Nachrangigkeit staatlicher Hilfe. Vgl. *Kunz* (2001), S. 38.

6 Mit dem Solidaritätsprinzip der GKV soll die wechselseitige Verbundenheit der Versicherten zum Ausdruck kommen. Beiträge, die der Versicherte für seinen Krankenversicherungsschutz zu entrichten hat, richten sich nach seiner finanziellen Leistungsfähigkeit. Die Beiträge werden nach einem Prozentsatz des Bruttoeinkommens bis zur Jahresarbeitsentgeltgrenze bemessen. Jedes Mitglied erhält in Abhängigkeit seiner Bedürftigkeit Leistungen seitens der GKV. Das Leistungsspektrum ist für alle gleich. Vgl. *Oberender/Hebborn/Zerth* (2002), S. 35; *Spickschen/Crisand* (1999), S. 85; *Wähling* (1996), S. 44. Jüngere Mitglieder subventionieren somit durch ihre Beiträge die Ausgaben für ältere Versicherte, die auf Grund ihrer erhöhten Krankheitsanfälligkeit höhere Kosten verursachen. Vgl. *Oberender/Hebborn/Zerth* (2002), S. 36. Zum Solidaritätsprinzip vgl. ausführlich *Sachverständigenrat für die Konzertierte Aktion im Gesundheitswesen* (2003), S. 48 ff. Zum Bedarfs- und Paritätsprinzip, die als weitere „Eckpfeiler" das deutsche Gesundheitssystem determinieren vgl. *Becker* (2000), S. 92; *Wiedmann/Küpper/Becker* (1997), S. 20 f.

allem die aus dem Arzneimittel resultierende Kombination aus ethischen und marktorientierten Elementen zeichnet hierfür verantwortlich.[1] So haben die Unternehmen der Pharmabranche auf der einen Seite Einfluss auf marktpolitisch entscheidende Entwicklungen zu nehmen, auf der anderen Seite teilt sich die Pharmaindustrie gemeinsam mit den nationalen Zulassungsbehörden, der Ärzteschaft, den Apothekern und anderen Institutionen die Verantwortung für die Prävention, Diagnose und Therapie und ist daher in besonderem Maße der Allgemeinheit verpflichtet.[2]

Die Wettbewerbsintensivierung auf dem Pharmamarkt vor allem durch die Substitution der Generika auf Grund des Kostendrucks im Gesundheitswesen und die Bedeutungszunahme der kostenintensiven Bio- und Gentechnologie führt zu Unternehmensübernahmen und Fusionen.[3] Abbildung 5 zeigt die weltweit zehn größten Arzneimittelhersteller gemessen am Umsatz mit verschreibungspflichtigen Medikamenten im Jahr 2003.[4]

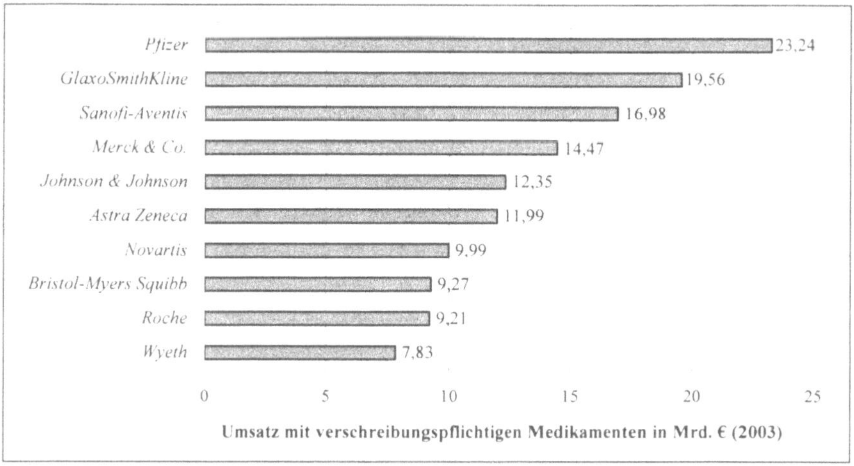

Abb. 5: Die weltweit zehn größten Arzneimittelhersteller im Jahr 2003

Quelle: Eigene Darstellung.

---

1 Vgl. *Hohensohn* (1998), S. 12.

2 Vgl. *Harms/Drüner* (2003d), S. 202; *Hautzinger* (2003), S. 18; *Reinhardt* (2001), S. 137; *Keller* (1995), S. 84 f.

3 Vgl. *Hautzinger* (2003), S. 124.

4 Zu einem Überblick über den weltweiten Pharmamarkt hinsichtlich den größten Unternehmen nach Außendienst, Mitarbeiter, Ausgaben für F&E, Wachstumsprognosen etc. vgl. ausführlich *Harms/Drüner* (2003d), S. 15 ff. Zur Entwicklung der pharmazeutischen Industrie seit Mitte des 19. Jahrhunderts vgl. *Hautzinger* (2003), S. 116 ff.

Durch horizontale Unternehmenszusammenschlüsse und strategische Allianzen versuchen die Pharmaunternehmen das Produktportfolio zu optimieren, Marktmacht zu kumulieren, die Risiken der eigenen Anstrengungen zu verteilen und eine wettbewerbsfähigere Unternehmensgröße zu sichern.[1] Während 1996 die fünf größten Pharmaunternehmen nur ca. 19 % des Weltmarktes bestimmten, stieg ihr Anteil bis 2000 durch Fusionen und Akquisitionen auf ca. 28 %.[2] Trotzdem dominiert bisweilen kein Unternehmen auf dem internationalen Markt den Verkauf von Medikamenten.[3]

In Deutschland gibt es etwa 1.100 pharmazeutische Unternehmen.[4] Im Jahr 2003 beschäftigte die pharmazeutische Industrie 118.720 Mitarbeiter.[5] Siebzehn Großunternehmen dominieren den Markt und vereinen ca. 70 % des Gesamtumsatzes auf sich, wobei drei Viertel der Produkte exportiert werden.[6] Die Struktur der deutschen Pharmaindustrie ist durch mittelständische Unternehmen geprägt: Ca. 90 % der Arzneimittelhersteller beschäftigen weniger als 500 Mitarbeiter.[7] Der heimische Markt ist für diese Unternehmen von elementarer Bedeutung, da der größte Teil des Umsatzes im Inland erwirtschaftet wird. Durch die gesundheitspolitischen Reformen zeichnen sich Umsatzeinbußen ab, die auf Grund der Produktion für den heimischen Markt nicht durch Exporte kompensiert werden können.[8]

Während Deutschland zu Anfang der neunziger Jahre noch drittgrößter Produzent von Arzneimitteln war (nach USA und Japan), lag es im Jahr 2002 auf Platz fünf (nach USA, Japan, Frankreich und Großbritannien). Hierfür zeichnet verantwortlich, dass das nationale Engagement eines Unternehmens weitgehend von der Ausgestaltung der jeweiligen nationalen Gesundheitssysteme beeinflusst wird.[9] Vor allem in Ländern, die bewusst die Forschung und Entwicklung gefördert haben, profitieren die pharmazeutischen Unternehmen in Form einer erhöhten Produktion pharmazeutischer Erzeugnisse. Angemessener Patentschutz, freie und hohe Preise für neue Arzneimittel, direkte Rückerstattung und eine ausgewogene Gesundheits- und Industriepolitik sind für die Standortfrage forschender pharmazeutischer Unter-

---

1 Vgl. *July-Grolman* (2002), S. 159; *Becker* (2000), S. 1.
2 Vgl. *Baur et al.* (2002), S. 48. zu einer Übersicht über die weltweiten Fusionen und Akquisitionen in der pharmazeutischen Industrie von 1989 bis 2000 vgl. *Schmidt* (2000), S. 38 f.
3 Vgl. *Harms/Drüner* (2003d), S. 75; *o. V.* (2002a), S. 231.
4 Vgl. *Becker* (2000), S. 18.
5 Zusätzlich existieren mittlerweile ca. 350 Biotechnologieunternehmen in Deutschland. Vgl. *Bundesverband der Pharmazeutischen Industrie* (2004), S. 6.
6 Vgl. *Gohr* (2005), S. 62.
7 Vgl. *Bundesverband der Pharmazeutischen Industrie* (2004), S. 6.
8 Vgl. *Wiedeler* (2002), S. 68 f.
9 Vgl. *Bletzer* (1998), S. 21.

nehmen ausschlaggebend.[1] In Deutschland hingegen bestehen Defizite in der biomedizinischen Grundlagenforschung und klinischen Forschung sowie in der Vernetzung von akademischer und industrieller Forschung. Überregulierung und zu wenig Wettbewerb dominieren den Pharmamarkt.[2] Auch wenn Deutschland als Vertriebsstandort eine noch attraktive Größe vorweisen kann, spielen Arzneimittelforschung und -entwicklung im internationalen Vergleich nur noch untergeordnete Rollen.[3] Im internationalen Vergleich hat die Produktion pharmazeutischer Erzeugnisse in Deutschland seit 1990 einen entsprechenden Rückgang zu verzeichnen (vgl. Abbildung 6).

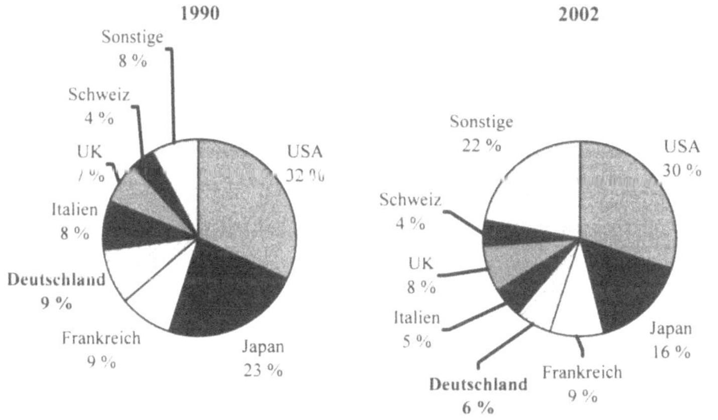

Abb. 6: Nationaler Produktionsanteil pharmazeutischer Erzeugnisse gemessen am Produktionswert (Angaben in Prozent)

Quelle: *Verband Forschender Arzneimittelhersteller* (2004).

Der Pharmamarkt ist hinsichtlich der Pharmaunternehmen in sich heterogen. Die Gesamtheit der pharmazeutischen Industrie lässt sich in vier Unternehmenstypen unterscheiden:

1. Unternehmen, die eine breite Grundlagenforschung betreiben und v. a. international agieren,

---

1 Vgl. *Fink-Anthe* (2003b), S. 99.
2 Vgl. *Rahner* (2002a), S. 20 f.; *Fink-Anthe* (2001b), S. 42 f.
3 Vgl. *Rahner* (2002a), S. 20; *o. V.* (2002b), S. 94.

2. Unternehmen, die in einem eng definierten therapeutischen Gebiet forschen und v. a. national tätig sind,
3. Unternehmen, die lediglich schon bekannte Wirkstoffe weiterentwickeln, jedoch keine Grundlagenforschung betreiben und
4. Unternehmen, die patentfreie Wirkstoffe unter neuem Markennamen anbieten, ohne eigene Forschung zu betreiben.[1]

Während die beiden ersten Unternehmen als forschende, innovative Originalpräparatehersteller bezeichnet werden können, fallen in die beiden letzten Kategorien die nicht-forschenden Pharmaunternehmen. Diese stellen vor allem Nachahmerprodukte (Generika) her. Die folgende Arbeit konzentriert sich auf **forschende, innovative Originalpräparatehersteller**, die die bereits angeführten **ethischen und erstattungsfähigen Arzneimittel** produzieren, also Unternehmen des Typs 1 und 2. Eine eindeutige Unterscheidung zwischen Original- und Generika-Hersteller fällt allerdings schwer.[2] Der reine Generika-Hersteller ist am Markt kaum noch anzutreffen, da Originalhersteller ihre Produktpalette sowohl um lizenzierte Originalpräparate als auch um generische Produkte erweitert haben.[3] Zudem existieren beispielsweise Unternehmen, die zwar der letzten Gruppe zugeordnet werden, sich aber auch mit der galenischen Weiterentwicklung beschäftigen.[4]

1.2.2.2. Ärzte

Der Arzt übernimmt im Pharmamarkt die Rolle des Vermittlers zwischen Patient und Pharmaindustrie und ist bei verschreibungspflichtigen Medikamenten neben der zunehmenden Einflussnahme des Patienten auf die Verschreibung und Therapiewahl der Entscheidungsträger bei der Auswahl der pharmazeutischen Produkte und der Medikation. Allerdings schränken Arzneimittelbudgets[5] und die den Ärzten bei Überschreitung des Budgets drohende Selbstbe-

---

[1] Vgl. *Hilleke-Daniel* (1989), S. 106. Zu vergleichbaren Klassifikationen vgl. *Wiedmann/Küpper/Becker* (1997), S. 30 f.

[2] Vgl. *Wiedmann/Küpper/Becker* (1997), S. 32.

[3] Vgl. *Kesselhut* (2003), S. 47 f.; *Becker* (2000), S. 117; *Mehnert* (1998), S. 81.

[4] Vgl. *Hilleke-Daniel* (1989), S. 107. Ausschlaggebend für die Einordnung eines Unternehmens in eine der Gruppen sollte daher der Schwerpunkt der Unternehmenstätigkeit sein. Vgl. *Wiedmann/Küpper/Becker* (1997), S. 32. Für die pharmazeutische Industrie spielen folgende Verbände eine entscheidende Rolle: (1) der *Bundesverband der Pharmazeutischen Industrie* (*BPI*) als Dachverband der Pharmaindustrie; (2) der *Verband Forschender Arzneimittelhersteller* (*VFA*) für die Interessen der „traditionellen" forschenden Pharmahersteller; (3) der *Bundesfachverband der Arzneimittelhersteller* (*BAH*) als Interessenvertreter für Hersteller von Arzneimitteln der Selbstmedikation; (4) der *Verband aktiver Pharmaunternehmen* (*VAP*) als Interessenvertreter der Generika-Hersteller. Vgl. *Eickermann* (1995), S. 982.

[5] Zum Arzneimittelbudget vgl. ausführlich *Kiewel* (2002), S. 92 ff.; *Oberender/Hebborn/Zerth* (2002), S. 71 ff.; *Schneider et al.* (2000), S. 69; *Specke* (2000), S. 24; *Schönbach* (1993), S. 204 ff.

teiligung die Therapiefreiheit und damit die Auswahl der Medikamente ein.[1] Das Verschreibungsverhalten der Ärzte wird daher zunehmend von wirtschaftlichen Kriterien beeinflusst.[2] Da der Patient bei rezeptpflichtigen Arzneimitteln nur durch die ärztliche Verschreibung an die für ihn notwendigen Medikamente gelangt, stellen Ärzte für den verschreibungspflichtigen Markt auf Grund dieser Gatekeeper-Funktion eine Hauptzielgruppe der pharmazeutischen Industrie dar.[3] Das ärztegerichtete Marketing dominiert das Marketingbudget der meisten Pharmaunternehmen: Ca. 50-60 % der Gesamtmarketingkosten fließen in den Außendienst.[4]

1.2.2.3. Krankenversicherungen

Als Schutz des Einzelnen gegen wirtschaftliche Folgen von Krankheit sowie zur finanziellen Sicherung der Gesundheitssystems gilt seit 1884 das System der Krankenversicherung, das jeden Staatsbürger verpflichtet, sich für den Krankheitsfall zu versichern, um bei Erkrankung Gesundheitsgüter in Anspruch nehmen zu können.[5] Es existieren zwei verschiedene Formen der Kostenträger: die gesetzliche Krankenversicherung (GKV) und die private Krankenversicherung (PKV[6]). In der GKV sind ca. 88,5 % der Deutschen gesetzlich versichert. Im Vergleich dazu sind ca. 9 % privat krankenversichert, 2,4 % genießen anderweitigen Versicherungsschutz und ca. 0,2 % haben keine Versicherung.[7] Die GKV ist hinsichtlich ihrer Leistungen, die überwiegend aus Sachleistungen bestehen, an das Fünfte Buch des Sozialgesetzbuches (SGB V) gebunden. Auf Grund der dominierenden Stellung der GKV im Krankenversicherungsmarkt wird im Folgenden nur auf diese eingegangen.

Die Finanzierung der Aufwendungen der GKV erfolgt hauptsächlich über die Mitgliedsbeiträge der Versicherten und zu einem kleinen Teil aus staatlichen Zuwendungen. Als Grundprinzip der gesetzlichen Krankversicherung hat der gesetzlich Versicherte Anspruch auf unentgeltliche Behandlung (abgesehen von einer möglichen Zuzahlung). Der Leistungserbringer erhält die Gegenleistung dann direkt von der jeweiligen Krankenversicherung (Sachleistungs-

---

1 Vgl. *Kunz* (2001), S. 44.

2 Vgl. *Hautzinger* (2003), S. 122.

3 Vgl. *Newzella* (2003), S. 86.

4 Vgl. *Seemann* (1995), S. 45; *Gehrig* (1992), S. 124. Ärzte werden durch die kassenärztlichen Vereinigungen (KVen) und durch facharztgruppenspezifische Fachverbände vertreten. Vgl. *Wiedmann/Küpper/Becker* (1997), S. 41. Aufgabe der KVen ist es, eine wirtschaftliche Behandlungsweise zu überprüfen, die Verteilung der Gesamtvergütung an die Kassenärzte zu sichern und die kassenärztlichen Pflichten zu kontrollieren. Vgl. *Wiedmann/Küpper/Becker* (1997), S. 39 f.; *Wähling* (1996), S. 70.

5 Vgl. ausführlich zur von *Bismarck* initiierten gesetzlichen Krankenversicherung *Arnold* (1995), S. 39 ff.

6 In die PKV können Selbständige oder freiberuflich Tätige sowie Personen mit einem Jahreseinkommen oberhalb der Krankenversicherungsgrenze eintreten. Vgl. *Kunz* (2001), S. 55.

7 Vgl. *Schöffski* (2002), S. 6.

prinzip).[1] Die GKV setzt sich aus den *Allgemeinen Ortskrankenkassen* (*AOK*), den *Betriebskrankenkassen* (*BKK*), den *Innungskrankenkassen* (*IKK*), der *See-Krankenkasse*, der *Landwirtschaftlichen Krankenkasse* und der *Bundesknappschaft* (Träger der knappschaftlichen Krankenversicherung) zusammen. Repräsentiert werden die Krankenkassen durch die Spitzenverbände der Krankenkassen.

1.2.2.4. Patienten

Der Patient als Kunde und Endabnehmer steht am Ende der Distributionskette von Arzneimitteln. Der Markt für ethische Präparate zeichnet sich im Gegensatz zu der Nachfrage nach Konsumgütern durch eine Dreiteilung der Nachfrage aus: Der Arzt verschreibt, die Krankenkasse zahlt, der Patient konsumiert.[2] Der ursprünglich passive Patient verändert sich aber immer mehr zu einem aktiven Partner auf dem Pharmamarkt. Diese Veränderungstendenz ist auch gesetzlich gewollt, so zielten die Reformen der letzten Jahre – vor allem bei den gesetzlichen Krankenkassen – u. a. darauf ab, das Verantwortungsbewusstsein der Patienten zu stärken.

Patienten müssen nunmehr umfassende Eigenleistungen (u. a. Zuzahlungen bei Zahnersatz) erbringen. Zudem werden immer mehr Indikationsgebiete aus der Erstattungspflicht der Krankenkassen herausgenommen. Das gestiegene Gesundheitsbewusstsein, aber auch die finanzielle Beteiligung stärken den Wunsch seitens der Patienten nach detaillierteren Informationen und einer intensiveren Aufklärung sowie einer zunehmenden Teilnahme an der Therapieentscheidung.[3] Darüber hinaus werden auf internationaler Ebene Netzwerke und Allianzen innerhalb und zwischen Ländern gebildet.[4] Den Patienten wird als relevante Zielgruppe wegen der zunehmenden Entscheidungssouveränität seitens der anderen Marktteilnehmer eine wachsende Bedeutung beigemessen. Dieser Bedeutungszuwachs wirkt sich auch auf die Marktbearbeitungsaktivitäten der Pharmaindustrie aus, so dass Patienten zunehmend in den Fokus der Marketingaktivitäten pharmazeutischer Unternehmen rücken.

---

[1] Die Alternative zum Sachleistungsprinzip ist die Kostenerstattung in der PKV. Bei der Kostenerstattung stellt der Arzt die Rechnung direkt an den Patienten. Der Patient bezahlt die Rechung und reicht sie zur Kostenerstattung bei seiner Krankenkasse ein. Vgl. *Kunz* (2001), S. 55.

[2] Vgl. *Harms/Drüner* (2003d); *Hautzinger* (2003), S. 120; *Schöffski* (2002), S. 14; *Keller* (1995), S. 81.

[3] Vgl. *Wiedmann/Küpper/Becker* (1997), S. 43 f.

[4] Mittlerweile dürfte die Zahl aller lokalen und teilweise anonymen Selbsthilfegruppen in Deutschland bei ca. 60.000 liegen. Vgl. *Roberts* (1997), S. 380.

1.2.2.5. Großhändler

Der pharmazeutische Großhandel stellt das Bindeglied zwischen Pharmaindustrie und Apotheken dar und weist die Funktion des Zwischennachfragers gegenüber der Industrie und die Funktion des Zwischenanbieters gegenüber dem Einzelhandel auf. Der Großhandel übernimmt die Grobdistribution sowie die Entlastung der Einzelhandelslager.[1] Der überwiegende Teil der Waren wird über den Großhandel an die Apotheken geliefert, der den größten Teil des Lager- und Kapitalrisikos trägt.[2] Hauptaufgabe des pharmazeutischen Großhandels ist die Lieferung der benötigten Arzneimittel an die Apotheken (Verteilungsfunktion). Hierbei agiert der Großhandel durch Lagerung des kompletten Sortiments an vorhandenen und beziehbaren Arzneimitteln in Deutschland als Puffer zwischen Angebot und Nachfrage.[3] Der Großhandel sichert die stetige Versorgung der Bevölkerung mit Arzneimitteln durch mehrmals tägliche Belieferung der Kunden bzw. Apotheken (im Durchschnitt 2,9-mal pro Tag mit zum Teil bis zu sechsmaliger Belieferung der Apotheke pro Tag).[4] Durch die Lagerhaltung bei kurzfristiger Auslieferungsmöglichkeit und durch die Kreditierung der Lieferungen erfüllt der Großhandel zudem eine Finanzierungsfunktion für die Apotheken.[5]

Wegen der Gefahr der Direktbelieferung der Apotheken durch die Pharmaunternehmen sind auch die Großhändler dazu angehalten, sich durch besondere Serviceleistungen von den Wettbewerbern zu differenzieren, um eine bessere Kundenbindung bei den Apotheken zu erreichen (z. B. durch Fortbildungsangebote für Apotheker oder besondere Zahlungsmodalitäten).[6] Die gesetzlich fixierte Preisbindung für apothekenpflichtige Arzneimittel beschränkt den Großhandel in seiner Handlungsfreiheit, so dass sich hier in den letzten Jahren verstärkt ein Konzentrations- und (Rückwärts)Integrationsprozess vollzog.[7] Vor allem zwischen Großhandel und Generika-Herstellern bestehen mittlerweile enge Verbindungen.[8]

---

1 Vgl. *Hautzinger* (2003), S. 120 f.; *Gehrig* (1992), S. 118.

2 Vgl. *Glaeske/Klauber/Lankers/Selke* (2003), S. 18. Ca. 80 % der Arzneimittel werden über den Großhandel an die Apotheken geliefert, ca. 4 % der Arzneimittel liefern die Hersteller direkt an die Apotheken und ca. 16 % der Arzneimittel werden an Krankenhäuser abgegeben. Vgl. *Dobmeyer* (2002), S. 27.

3 Vgl. *Dambacher/Schöffski* (2002), S. 245.

4 Vgl. *Wiedeler* (2002), S. 96 f.

5 Vgl. *Hilleke-Daniel* (1989), S. 108.

6 Vgl. *Newzella* (2003), S. 107 f.; *Hautzinger* (2003), S. 121. Die angebotenen Serviceleistungen stehen teilweise in Konkurrenz zu den Angeboten des pharmazeutischen Außendienstes. Vgl. *Wiedmann/Küpper/Becker* (1997), S. 34.

7 Vgl. *Wiedeler* (2002), S. 98 ff.

8 Vgl. *Wiedmann/Küpper/Becker* (1997), S. 36. In Deutschland existieren 16 vollsortierte Pharmagroßhändler, die im *Bundesverband des Pharmazeutischen Großhandels* (*PHAGRO*) zusammengeschlossen sind. Dem teilsortierten Großhandel kommt eine nur untergeordnete Bedeutung zu. Vgl. *Dambacher/Schöffski* (2002),

1.2.2.6. Apotheken

Apotheken stehen in der Pflicht, als Organ der Arzneimitteldistribution die Arzneimittelversorgung der Bevölkerung zu gewährleisten.[1] Sie verfügen über eine Monopolstellung beim Handel apothekenpflichtiger[2] und damit auch ethischer Arzneimittel, die mit dem Argument der Qualitätssicherung begründet wird.[3] Sie nehmen bei der Arzneimittelversorgung der Bevölkerung eine Schlüsselposition ein. Seit dem GMG ist der Versandhandel von Arzneimitteln gestattet[4], wobei auch diese Angebotsform auf dem Angebotsmonopol für die Abgabe von apothekenpflichtigen Arzneimitteln basiert.[5] Vor allem für chronisch Kranke bietet sich der Versandhandel als Alternative zur bisherigen Apotheke „um die Ecke an“, da die Erkrankung in der Regel einen planbaren Arzneimittelbezug ermöglicht.[6]

Während der Apotheker in der Vergangenheit auch für die Herstellung von Arzneimitteln zuständig war, konzentriert sich seine Tätigkeit heutzutage auf die Abgabe der Medikamente an den Verbraucher.[7] Der Apotheker weist als Arzneimittelexperte eine Beratungs- und Kontrollfunktion auf. Obwohl die Entscheidungsmacht bei der Arzneimittelwahl im Segment der verschreibungspflichtigen Medikamente beim Arzt liegt[8], kann der Apotheker bei der Arzneimittelabgabe an den Patienten durch die Aut-Idem-Regelung stärker als bisher mitwirken. Vermerkt der verschreibende Arzt auf dem Rezept lediglich einen Wirkstoff anstatt eines Medikaments, kann der Apotheker das entsprechende preisgünstige Präparat aussuchen. Lässt der Arzt das Aut-Idem-Feld auf dem Rezept frei, gestattet dieser die Substitution seines verschriebenen Arzneimittels. Der Apotheker steht in der Pflicht, das verschriebene Medikament

---

S. 245. Die drei größten Unternehmen (*Phönix*, *GEHE* und *Anzag*) decken 66 % des Marktes ab, gemeinsam mit *Sanacorp* und *Noweda* beträgt der Marktanteil über 85 %. Vgl. *Glaeske/Klauber/Lankers/Selke* (2003), S. 19.

1 Vgl. § 1 Abs. 1 ApoG.

2 Zur gesetzlich definierten Apothekenpflicht vgl. § 43 Abs. 1 AMG.

3 Vgl. *Keller* (1995), S. 94.

4 Vgl. § 11a und § 11b ApoG.

5 Bestellkataloge im Internet dienen lediglich der Vorbestell- oder Reservierungsmöglichkeit. Der Auftrag zur Abgabe der Arzneimittel erfolgt erst nach Einsendung oder Vorlage des Rezepts im Original. Vgl. *Apermann* (2004), S. 223.

6 Wie die anderen Marktteilnehmer unterliegen auch die Apotheken unzähligen Gesetzen und Sonderregelungen. Hier sind insbesondere das Fremdbesitzverbot, die Apothekenbetriebsordnung und die Arzneimittelpreisverordnung zu nennen. Das Fremdbesitzverbot soll dem Schutze des Verbrauchers dienen, indem nur zugelassene, approbierte Apotheker eine Apotheke besitzen dürfen. Vgl. § 1 Abs. 2 ApoG in Verbindung mit § 2 Abs. 1 ApoG. Durch die teilweise Aufhebung des Mehrbesitzverbots für Apotheken darf jeder Apotheker im Besitz von drei Apotheken sein. Vgl. § 1 Abs. 2 ApoG. Durch die Begrenzung der Anzahl auf drei soll die Bildung von Apothekenketten und somit das Entstehen einer Marktmacht seitens der Apotheken unterbunden werden.

7 Vgl. *Hautzinger* (2003), S. 121; *Hohensohn* (1998), S. 20.

8 Vgl. *Kunz* (2001), S. 50.

durch ein preiswertes, wirkstoffgleiches Arzneimittel zu ersetzen.[1] Apotheken werden daher verstärkt in die Marketingaktivitäten pharmazeutischer Unternehmen eingebunden.

Ca. 21.000 Apotheken (in 2003) sichern die Versorgung der deutschen Bevölkerung durch einen Mindestbestand ab. Das Angebot von Apotheken umfasst neben den apothekenpflichtigen Arzneimitteln (verschreibungspflichtig oder frei verkäuflich) auch das Ergänzungssortiment mit nicht apothekenpflichtigen Arzneimitteln und apothekenüblichen Waren (z. B. Körperpflege oder Diätnahrung), wobei die apothekenpflichtigen Waren für ca. 90 % des Umsatzes der Apotheken verantwortlich zeichnen.[2] 78,5 % der apothekenpflichtigen Medikamente waren 2003 verschreibungspflichtig, 21,5 % der Medikamente rezeptfrei erhältlich. Das Gesamtvolumen verschreibungspflichtiger (24,1 Mrd. €) und apothekenpflichtiger Arzneimittel (6,6 Mrd. €) betrug 2003 ca. 30,7 Mrd. € zu Apothekenverkaufspreisen ohne Mehrwertsteuer (inklusive freiverkäuflicher Arzneimittel sowie dem apothekenüblichen Ergänzungssortiment ca. 33,6 Mrd. Euro).[3]

1.3. Die Arzt-Patient-Beziehung als Grundlage der Beziehung Patient-Pharmaunternehmen

1.3.1. Die neue Rolle des Patienten

Im Gesundheitswesen sieht sich der Patient einer Vielzahl verschiedener Anbieter von Gesundheitsgütern gegenübergestellt. Die Arzt-Patient-Beziehung und deren Entwicklung kann beispielhaft für andere Beziehungen zwischen Anbietern von Gesundheitsgütern und dem Patienten Verwendung finden. Typische Modelle zur Erklärung dieser Verbindung sind das paternalistische und das partnerschaftliche Modell, die im Folgenden näher erläutert werden, um Unterschiede und Entwicklungstendenzen der Patienten- und der in Kapitel 1.3.2. beschriebenen Arztrolle aufzuzeigen sowie Schlussfolgerungen für die Beziehung Patient-Pharmaunternehmen abzuleiten.[4]

---

1 Vgl. § 129 Abs. 1 S. 1 SGB V. Der Apotheker hat eines der fünf preiswertesten Präparate aus dem unteren Drittel der Preisdifferenz zwischen günstigstem und teuerstem Anbieter mit gleichem Wirkstoff und gleicher Dosierung abzugeben. Vgl. *Kesselhut* (2003), S. 49; *Borowy* (2003), S. 83 ff.

2 Vgl. *Kunz* (2001), S. 47.

3 Vgl. *Phagro* (2005), http://www.phagro.de [01.09.2005]. Die Apotheker organisieren sich über die *Bundesvereinigung Deutscher Apothekerverbände* (*ABDA*), die sich aus 17 Landesapothekenkammern der *Bundesapothekenkammer (BAK)* (Zwangsmitgliedschaft) und 17 Landesapothekenverbänden des *Deutscher Apothekerverbandes* (*DAV*) (freiwillige Mitgliedschaft) zusammensetzt. Vgl. *Newzella* (2003), S. 92 f.

4 Zu alternativen Modellen der Arzt-Patient-Beziehung vgl. *Holzem* (1998), S. 283 ff. Zu der geschichtlichen Entwicklung der Arzt-Patient-Beziehung vgl. ausführlich *Engelhardt* (1996), S. 22 ff.

In der Arzt-Patient-Beziehung nach dem **paternalistischen Modell** verhält sich der Patient passiv und steht in einem Abhängigkeitsverhältnis.[1] Er wird – wenn überhaupt – nur partiell in die Therapieentscheidung eingebunden. Eine transparente Darstellung von Diagnose, Therapie und dem anvisierten Ziel der Behandlung erfolgt nicht. Die Mitwirkung besteht nur dahingehend, dass der Patient dem Arzt die notwendigen Informationen über die Beschwerden bereitstellt und die ärztlichen Anweisungen befolgt.[2] Das paternalistische Modell der Arzt-Patient-Beziehung spricht dem Patienten die Fähigkeit ab, medizinische Zusammenhänge auf Grund der Komplexität und des fehlenden Fachwissens korrekt einschätzen zu können. Zudem wird in diesem Zusammenhang die Ansicht vertreten, dass insbesondere schwer erkrankte Patienten eine Aufklärung über die Erkrankung nicht verarbeiten können und die Therapie dadurch eventuell negativ beeinflusst wird. Auch wenn das paternalistische Modell vor allem hinsichtlich der Beratungsqualität des Arztes zunehmend kritisiert wird, dominiert diese Form der Arzt-Patient-Beziehung im deutschen Gesundheitswesen.[3]

Die Gesellschaft kann aber nicht als feststehender Wertekomplex betrachtet werden, sondern unterliegt ständigen Änderungen. So vollzog sich eine Entwicklung hin zur pluralistisch-multikulturellen Gesellschaft, die sich durch politische Liberalität und Wertepluralismus auszeichnet. Eindeutige Moral- und Ethikposition sind demnach auch auf dem Gebiet der Medizin nur schwer zu bestimmen. Säkularisierungstendenzen in der Medizin – z. B. die Diskussion um den Tabubruch des menschlichen Klonens – und die Infragestellung der ärztlichen Traditionen, die Beachtung des Wirtschaftlichkeitsprinzips sowie die Anonymisierung der Arzt-Patient-Beziehung durch Spezialisierung[4] führen zu gesellschaftlichen Diskussionen und zu Kritik über das Ansehen des Mediziners. Der Arzt als „Halbgott in Weiß“ wird zunehmend hinterfragt.[5]

---

1 Zu den verschiedenen Ausprägungsformen des Paternalismus vgl. *Holzem* (1998), S. 99 f.

2 Vgl. *Dierks/Martin/Schienkiewitz* (2001), S. 89.

3 Vgl. *Kiewel* (2002), S. 112 ff. Die Schwäche der Patientenposition in der Arzt-Patient-Beziehung (Mikroebene) ist dabei auch auf die fehlende Mitgestaltungsmöglichkeit der Bürger auf der Meso- und Makro-Ebene zurückzuführen. Vgl. *Sachverständigenrat für die Konzertierte Aktion im Gesundheitswesen* (2003), S. 187. Zur Notwendigkeit der Bürgerpartizipation auf der Ebene der Systemgestaltung sowie zu Problemen und Hindernissen vgl. auch *Sachverständigenrat für die Konzertierte Aktion im Gesundheitswesen* (2003), S. 199 ff. Zu internationalen Erfahrungen mit der Beteiligung der Bürger auf der Ebene der Systemgestaltung sowie den nur schwach ausgeprägten Elementen in Deutschland vgl. *Sachverständigenrat für die Konzertierte Aktion im Gesundheitswesen* (2003), S. 207 ff.

4 Auf Grund der Spezialisierung hat ein Patient mehrere Stationen zu durchlaufen und kommt mit mehreren Leistungserbringern in Kontakt – dies aber meist nur oberflächlich. Die Bindung an einen einzelnen Arzt, der die Verantwortung für die Behandlung übernimmt, ist daher rückläufig. Vgl. *Holzem* (1998), S. 269.

5 Vgl. *Holzem* (1998), S. 265 f. Dass das paternalistische Modell im deutschen Gesundheitswesen bislang noch stark vertreten ist, scheint nicht weiter verwunderlich; rechtfertigen doch Institutionen, wie z. B. die KVen,

Die Stellung des Patienten wird im Gegenzug aufgewertet.[1] Unterstützend wirkt dabei ein verstärktes Anspruchsverhalten der Konsumenten, das aus der allgemeinen Entwicklung zur Dienstleistungsgesellschaft resultiert.[2] Jüngere Patientengenerationen sind in zunehmendem Maße informiert, konsumorientiert, kritisch, mobil, reklamationsfreudig und umweltbewusst, haben eine abgeschwächte Bindungsbereitschaft und wünschen sich individuelle Problemlösungen.[3] Während sich ältere Patienten tendenziell noch in die passive, abhängige Position in Bezug auf den Arzt begeben, suchen jüngere Patienten vermehrt die gleichberechtigte Beziehung und Mitentscheidung bei der Arztkonsultation.[4] Unterstützung finden die Patienten durch die Medien, die den aktiven Konsumenten durch ein zunehmend breites Angebot an Gesundheitsinformationen fördern.[5]

Die Aufwertung der Patientenseite in der Arzt-Patient-Beziehung verdeutlicht die Entwicklung zum **partnerschaftlichen Modell** mit dem Patienten als gleichberechtigtem Partner im Behandlungsprozess und der Möglichkeit, Kontrolle auf den Leistungserstellungsprozess auszuüben.[6] Eine intensive Kommunikation zwischen Arzt und Patient spielt hierbei eine entscheidende Rolle und wird aus Sicht der Patienten als wichtiger Bestandteil der Behandlungsqualität definiert.[7] Diese kann den Aufbau von Vertrauen unterstützen und zur Intensivierung der Geschäftsbeziehung beitragen, die Leistungsbereitschaft und Motivation innerhalb der Partnerschaft fördern, die Patientenzufriedenheit erhöhen, sich positiv auf die Compliance[8] auswirken und somit zu einer Sicherung der angestrebten Qualität der Leistungserstellung führen.[9] Dabei unterstützt eine in der Arzt-Patient-Beziehung kooperativ getroffene und auf

weiterhin die Notwendigkeit der ärztlichen Vormachtstellung in der Arzt-Patient-Beziehung und finden sich auch in der Lehre keine Ansätze, den Entwicklungstendenzen auf Patientenseite durch eine partnerschaftliche Arzt-Patient-Beziehung Rechnung zu tragen. Das paternalistische Modell kann aber bei verschiedenen Patientengruppen nicht umgangen werden. „Inkompetente" Individuen ohne Mandatsträger (geistig Behinderte etc.) müssen geführt werden. Vgl. *Holzem* (1998), S. 98 f.

1 Vgl. *Weise* (1987), S. 357.

2 Vgl. *Ebner* (2002), S. 153.

3 Vgl. *Deutz* (1999), S. 20.

4 Vgl. *Hopp* (2000), S. 112 f.

5 Vgl. *Baur et al.* (2002), S. 46; *Hardt/Müller/Schüler* (2002), S. 75.

6 Vgl. *Rosenbrock* (2001), S. 27 f.; *Badura* (2001), S. 66. Das Bedürfnis des Patienten nach mehr Kontrolle zeichnet sich momentan vor allem in den USA ab und wird dort als „Mastery Seeking" bezeichnet. Vgl. *Dullinger* (2001), S. 65.

7 Vgl. *Kiewel* (2002), S. 115.

8 Compliance wird als Bereitschaft eines Patienten zur aktiven Mitwirkung an therapeutischen Maßnahmen aufgefasst. Somit ist im Folgenden unter dem Begriff der Compliance die nachfragerbezogene Compliance zu verstehen. Zum Begriff der Compliance vgl. ausführlich *Dullinger* (2001), S. 24 ff. Non-Compliance bedeutet dementsprechend das nicht-therapiegerechte Verhalten des Patienten. Vgl. *Bletzer* (1998), S. 107.

9 Vgl. *Keller* (2002), S. 66 ff.; *Dullinger* (2001); *Baum/Donner-Banzhoff/Spangenberg/Platt* (1996), S. 137. Als Grund für bessere gesundheitliche Ergebnisse werden die stärkere Berücksichtigung persönlicher Präfe-

Vertrauen basierende Entscheidung den effektiven und qualitativ hochwertigen Einsatz der vorhandenen Mittel im Vergleich zu einer Arzt-Patient-Beziehung, die durch Bevormundungsversuche seitens des Arztes dominiert wird.[1]

Betrachtet man die Patientengesamtheit nicht als homogene Masse, ist das partnerschaftliche Modell vor allem bei Patienten mit chronischen Erkrankungen anzutreffen.[2] Interaktionsintensive Leistungen wie Information, Beratung und Schulung[3] spielen eine wichtige Rolle für ein Leben mit der chronischen Erkrankung, so dass in einer sich unter Umständen über das gesamte Leben erstreckenden Arzt-Patient-Beziehung nur eine partnerschaftliche Kommunikation eine tragfähige Grundlage darstellt.[4]

1.3.2. Die neue Rolle des Arztes

Im **paternalistischen Modell** verfügt der Arzt als dominierender Experte über das Monopol auf Informationen zu Diagnose und Therapie(alternativen), Leistungserbringern und Behandlungskosten.[5] Die Kommunikation in der Arzt-Patient-Beziehung steuert der Arzt, der durch eine dem Patienten oft nicht verständliche Fachsprache und durch sein Redevorrecht die Machtstellung in der Beziehung demonstriert und Anweisungen zur Umsetzung von Therapiemaßnahmen erteilt.[6] Das Fachwissen rechtfertigt die Entscheidungskompetenz des Arztes wodurch auch Entscheidungen gegen den Willen des Patienten denkbar sind.[7] Das paternalistische Modell der Arzt-Patient-Beziehung ist somit gleichbedeutend mit einer Einschränkung des Patientenrechts auf eine selbstbestimmte Entscheidung.[8]

Die auf dem paternalistischen Modell basierende Annahme, dass der Arzt als Interessenvertreter des Patienten nach der ärztlichen Berufsethik agiert und aus Patientensicht eine optimale Entscheidung trifft, ist auf Grund des komplexen Zielsystems des Arztes in der Praxis

---

renzen, die wahrgenommene Selbständigkeit und Beteiligung des Patienten an Entscheidungen angeführt. Vgl. *Ebner* (2002), S. 157.

1 Vgl. *Burton et al.* (2001), S. 153; *Reibnitz* (2001), S. 270; *Baumberger* (2001), S. 102.

2 Vgl. *Keller* (2002), S. 71; *Reibnitz* (2001), S. 271; *Holzem* (1998), S. 285.

3 Hauptkomponenten von Patientenschulungen sollen u. a. sein: Aufklärung durch Wissensvermittlung und Förderung des Krankheits- und Therapiewissens, Aufbau einer angemessen Einstellung zur Erkrankung und ihrer Bewältigung zur Erhöhung der Therapiemotivation und zur Übernahme von Eigenverantwortung, Sensibilisierung der Körperwahrnehmung und Förderung des Selbstmanagement Vgl. *Müller-Mundt/Schaeffer* (2001), S. 226 ff.

4 Vgl. *Badura* (2001), S. 66; *Dierks/Siebeneick/Röseler* (2001), S. 12.

5 Vgl. *Bürger* (2003), S. 154.

6 Vgl. *Bürger* (2003), S. 19; *Schwartz* (1997), S. 86.

7 Vgl. *Dierks/Siebeneick/Röseler* (2001), S. 8; *Stosberg* (1996), S. 72 f.; *Irrgang* (1995), S. 13.

8 Vgl. *Holzem* (1998), S. 221.

kaum zu bestätigen.[1] Da im paternalistischen Modell angenommen wird, dass der Patient weder die komplexen medizinischen Zusammenhänge in allen Details kennt noch abschätzen kann, durch welche Zielsetzungen der Leistungserbringer zu eventuellen Handlungsweisen motiviert wird, ergibt sich für den Leistungserbringer der Anreiz, die Leistungserstellung möglicherweise auf Basis von Parametern zu optimieren, die nicht im Sinne des Patienten sind.[2] Denkbare, die Nutzenfunktion des Leistungserbringers beeinflussende Größen sind z. B. finanzielle Anreize sowie das Image im Kollegenkreis oder in der Öffentlichkeit.[3]

Das **partnerschaftliche Modell** sieht den Arzt und den Patienten als gleichberechtigt an. Der Arzt muss seine Fachkompetenz zwar weiterhin einsetzen, ist aber auf die Mitwirkung des Patienten angewiesen, um den Heilungserfolg zu erzielen. Der Arzt fungiert in dem partnerschaftlichen Modell nunmehr als Berater des Patienten und ermöglicht ihm eine autonome, selbstbestimmte Entscheidung für die durchzuführende Therapie im Sinne eines „Shared Decision Making" – einer Mitentscheidung des Patienten auf Basis von Informationen.[4] Das neue Rollenverständnis bedingt den Einsatz kommunikativer Mittel auf beiden Seiten.[5] Nicht nur der Patient muss in der Lage sein, die wesentlichen Fragen zu stellen, sondern er muss diese auch in adäquater Weise (d. h. allgemein verständlich) vom Arzt beantwortet bekommen.[6] Verfügt der Patient über krankheitsbezogene Informationen, wird die Entscheidungsfreiheit des Patienten bzw. dessen Einbindung in die Entscheidungsfindung im Sinne einer partnerschaftlichen Arzt-Patient-Beziehung gefördert.[7] Da durch die Zunahme der chronischen Krankheiten und alterstypischen Erkrankungen eine institutionalisierte Integration des Patienten in den Leistungserstellungsprozess erforderlich und die aktive Mitarbeit des Patienten unerlässlich wird, sind die Leistungserbringer gefordert, ihre kommunikativen und interaktiven Kompetenzen auf- und auszubauen und dem Patienten die notwendigen Gesundheits-

---

[1] Vgl. *Kiewel* (2002), S. 122 f.

[2] Vgl. *Holzem* (1998), S. 255.

[3] Vgl. *Neuffer* (1997), S. 42. Ein weiteres Beispiel hierfür sind die ärztlichen Fortbildungskurse zur „Optimierung" der Abrechnung. Vgl. *Kranich* (2001), S. 282.

[4] Vgl. *Grausgruber* (2002), S. 19; *Engelhardt* (1996), S. 45. Der europäisch geprägte Begriff „Shared Decision Making" geht über den US-amerikanischen Begriff „Informed Consent", d. h. des Zustimmens auf Basis von Informationen, hinaus: Der Patient soll nicht nur zustimmen, sondern mitentscheiden. Vgl. *Husslein* (2003), S. 4. Zum „Informed Consent" vgl. *Dagi/Mayes* (1998), S. 297; *Holzem* (1998), S. 155 ff. Zur Entwicklungsgeschichte des „Informed Consent" vgl. ausführlich *Beauchamp/Childress* (1994), S. 142.

[5] Vgl. *Ebner* (2002), S. 157; *Reibnitz* (2001), S. 270; *Lang/Kupfer* (1996), S. 12.

[6] Vgl. *Haubrock/Meiners/Albers* (1998), S. 145.

[7] Zu einer kritischen Auseinandersetzung über die Grenzen der Aufklärung des Patienten, um eine Verängstigung und eine mögliche Non-Compliance des Patienten auf Grund psychisch belastender Informationen zu vermeiden vgl. *Kurcz* (2002), S. 116; *Holzem* (1998), S. 96 f.; *Schlagenhaufer* (1996), S. 27 ff.

informationen zu übermitteln.[1] Die gestiegenen Anforderungen an die kommunikative Kompetenz der Ärzte machen Schulungen notwendig, um der geforderten Beraterfunktion des Arztes gerecht zu werden.[2]

Erfolgt eine Übertragung der Rolle des Arztes als Anbieter von Gesundheitsleistungen auf andere Anbieter, wie z. B. der Pharmaindustrie, implizieren die obigen Ausführungen zur Arzt-Patient-Beziehung insbesondere bei chronisch Kranken eine gleichberechtigte Anbieter-Nachfrager-Beziehung. Dabei ist vor allem die Bedeutung einer **intensiven Kommunikation zwischen dem Nachfrager Patient und dem Anbieter** von Gesundheitsgütern anzuführen, um dem Patienten eine autonome, selbstbestimmte Therapiemitentscheidung auf Basis von Informationen zu ermöglichen. Hieraus werden der Aufbau von Vertrauen und die Intensivierung der Geschäftsbeziehung ermöglicht. Ferner lassen sich die Leistungsbereitschaft und Motivation und damit die Compliance steigern, wodurch eine Sicherung der angestrebten Qualität der Leistungserstellung erreicht und eine effiziente und effektive Leistungserbringung im Gesundheitswesen ermöglicht wird.

2. Patientenbezogene Gesundheitsinformationen

2.1. Der mündige Patient als Erfolgsfaktor für Effizienz- und Effektivitätssteigerungen im Gesundheitswesen

2.1.1. Der chronisch Kranke als Ideal des mündigen Patienten

Gesundheitsinformationen über Vorsorge, Prävention, Therapie und Kontrolle von Krankheiten sind die Voraussetzung für einen hohen Wissensstand des Patienten und müssen diesem entsprechend bereitgestellt werden.[3] **Informationen** im Sinne von zweckorientiertem Wissen **bilden die Grundlage für rationale Entscheidungen** und sind für Individuen eine Entscheidungsgrundlage und Orientierungshilfe.[4] Sie stellen somit die Basis dar, auf derer der Patient Verantwortung für die eigene Gesundheit zu übernehmen sowie eine (selbst)kritische Abwägung und selbstbestimmte Entscheidung für oder gegen einen Eingriff vorzunehmen hat. Nur mittels Informationen kann der Patient die Bedeutung und die Folgen seines Handelns verste-

---

[1] Vgl. *Lang/Kupfer* (1996), S. 12.

[2] Vgl. *Kiewel* (2002), S. 125; *Hurrelmann* (2001), S. 35 f.; *Eichhorn* (1996), S. 124; *Siegrist* (1995), S. 254.

[3] Darüber hinaus sind neben den krankheitsbezogenen Informationen u. a. die Darstellung von Leistungsinformationen und -vergleichen bei Ärzten oder Kliniken hinsichtlich einer Behandlung und die Präsentation von Erfolgsquoten (Mortalitätsrate, Patientenzufriedenheit etc.) vorzunehmen. Zur Notwendigkeit einer Dokumentation und Berichterstattung über die Qualität erbrachter Leistungen und deren verständliche Darstellung für Patienten vgl. *Badura* (2001), S. 65; *Dierks/Schwartz/Walter* (2001), S. 76.

[4] Vgl. *Mühlbacher* (2002), S. 223.

hen, sich der Verantwortlichkeit seiner Handlungen bewusst werden und in diesem Rahmen selbständig handeln, d. h. eine selbstbestimmte Entscheidung treffen.[1]

Zeichnet sich das Handeln des Patienten durch Selbständigkeit und eine aktive Mitarbeit in der Therapieentscheidung und im Informationsbeschaffungsprozess aus, d. h. agiert der Patient auch unabhängig von den Empfehlungen des Arztes – aber immer in einem vernünftigen, den Körper nicht schädigenden Rahmen –, wird dieser im Folgenden als **mündiger Patient** bezeichnet.[2] Den Ausführungen entsprechend definiert sich die Mündigkeit des Patienten über zwei Größen:

- **Aktiver Informationsbezug**: Der Patient ist bestrebt, aktiv arztunabhängige Informationen zu beziehen, da ein unabhängiges Handeln vom Wort des Arztes nur über die Aufklärung mittels arztunabhängiger Informationen zu realisieren ist.
- **Beeinflussung der Therapiewahl**: Der Patient übernimmt Verantwortung für die eigene Gesundheit im Rahmen einer (selbst)kritischen Abwägung und der daraus resultierenden selbstbestimmten Entscheidung für oder gegen eine Therapie.[3]

Patienten zeichnen sich allerdings – wie Konsumenten auf anderen Märkten – hinsichtlich der Patientengesamtheit durch unterschiedliche Ausprägungen aus, d. h. die Patientengesamtheit kann in heterogene Unterkategorien mit jeweils homogenen Patienteneigenschaften unterteilt werden. Hinsichtlich der Einflussnahme auf die Therapieentscheidung im Sinne einer selbstbestimmten Entscheidung unter Berücksichtigung eines aktiven Informationsbezugs kann nicht von „dem Patienten" gesprochen werden. Eine selbstbestimmte Entscheidung ist nur dann möglich, wenn der Patient diese weitgehend rational treffen kann.[4] Eine rationale Entscheidung, d. h. eine individuelle nutzenmaximierende Nachfrageentscheidung des Patienten,

---

1 Vgl. *Holzem* (1998), S. 94 f.

2 Der Begriff der Mündigkeit stammt aus der Rechtssprache. Der Mündige hatte die rechtliche Befugnis, seine eigenen Interessen selbständig wahrzunehmen und verbindliche Rechtsgeschäfte zu tätigen. In der Literatur finden sich bereits Ende der 80er Hinweise auf den Patienten als mündigen Markteilnehmer. Vgl. *Reinhardt* (1988), S. 158.

3 Zum Begriff der Mündigkeit und den verschiedenen Sichtweisen vgl. ausführlich *Schlagenhaufer* (1996), S. 44 ff. Eine Abgrenzung des „mündigen Patienten" zum oft verwendeten „Empowerment des Patienten" soll in dieser Arbeit nicht erfolgen, da das Resultat des Empowerment starke Überschneidungen mit der Mündigkeit aufweist. Menschen die „empowered" (d. h. befähigt) sind, stellen handlungsfähige Experten in eigener Sache dar, d. h. sie besitzen Kenntnisse, Möglichkeiten sowie das Selbstbewusstsein, für sich und ihre Bedürfnisse einzutreten. Vgl. *Sachverständigenrat für die Konzertierte Aktion im Gesundheitswesen* (2003), S. 184 f. Zum Empowerment-Konzept vgl. insbesondere *Rappaport* (1985). Zu den empirisch bestätigten Dimensionen der Mündigkeit „Intensität des Informationsverhaltens", „Ausmaß des Wissens" und „Grad der Mitbestimmung" vgl. ausführlich *Homburg/Dietz* (2005).

4 Vgl. *Francke/Hart* (1999), S. 22.

ist jedoch auf Grund der **eingeschränkten Fähigkeit zur rationalen Entscheidung** limitiert. In Abhängigkeit des aus der individuellen Erkrankung resultierenden Gesundheitszustandes variieren die Möglichkeiten des Patienten, Informationen vollständig aufzunehmen, auszuwerten und eine rationale Entscheidung treffen zu können (vgl. Abbildung 7).[1]

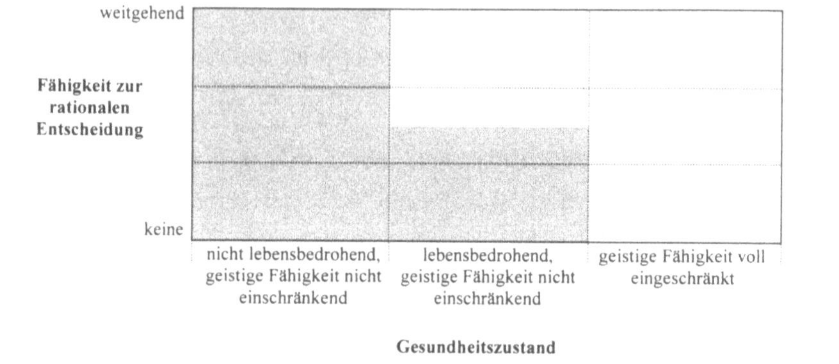

Abb. 7: Die Fähigkeit zur rationalen Entscheidung in Abhängigkeit des Gesundheitszustandes

Quelle: Eigene Darstellung.

Insbesondere bei Beziehungen zwischen Patienten und gewinnorientierten Anbietern auf dem Pharmamarkt muss die Fähigkeit zur rationalen Entscheidung Berücksichtigung finden. Nur bei den Nachfragern, die diese Fähigkeit aufweisen, lässt sich eine derartige Geschäftsbeziehung rechtfertigen, da nur in diesem Falle davon auszugehen ist, dass der Patient im Vergleich zu anderen Konsumgütermärkten nicht übermäßig stark durch den Anbieter beeinflusst werden kann. Entsprechend lassen sich folgende Schlussfolgerungen für die drei typischen Gesundheitszustände eines Patienten ableiten.

Ein **bewusstloser oder geistig kranker Patient**, d. h. ein Individuum mit vollständig eingeschränkter geistiger Fähigkeit, kann selbst bei nicht lebensbedrohender Krankheit keine selbstbestimmte Entscheidung hinsichtlich der in Anspruch zu nehmenden Gesundheitsgüter treffen. Die Übermittlung von Gesundheitsinformationen ist für die Patientengruppe mit voll-

---

[1] Vgl. hierzu auch *Breyer/Zweifel/Kifmann* (2003), S. 173; *Dierks/Schwartz/Walter* (2001), S. 71; *Dierks/Siebeneick/Röseler* (2001), S. 18.

ständiger Einschränkung der geistigen Fähigkeiten weder möglich noch sinnvoll. Informationsquellen haben für diese Patientengruppe keine Relevanz, und eine Beeinflussung durch einen gewinnorientierten Anbieter ist nicht realisierbar. Diese Nachfrager sind als unmündig zu bezeichnen.[1]

Ebenso ist für Patienten, die unter einer lebensbedrohenden Krankheit leiden (z. B. maligner Tumor), eine rationale Entscheidung oftmals nicht möglich, auch wenn der Patient über uneingeschränkte geistige Fähigkeiten verfügt.[2] **Psychische und/oder physische Ausnahmezustände** erschweren eine Abwägung von Vor- und Nachteilen einer Therapiealternative. Da das Patientenverhalten und die Patienteneinstellung umso stärker beeinflusst werden können, je größer die ausgelöste Angst und Befürchtung des Patienten ist, erweist sich eine Informationsübermittlung bei dieser Patientengruppe auf Grund der eingeschränkten Fähigkeit zur rationalen Entscheidung als relativ problematisch.[3] Unseriöse Anbieter können dazu tendieren, den Zustand der Patienten aus rein ökonomischem Interesse ausnutzen.

Der „überraschend“ und schwer erkrankte Patient befindet sich sogar in der Arzt-Patient-Beziehung in einem starken Abhängigkeitsverhältnis, da nicht davon ausgegangen werden kann, dass der Patient ohne medizinische Vorbildung bei einer plötzlichen Erkrankung die medizinischen Zusammenhänge identifizieren kann. Der Patient wird in der Regel den Empfehlungen des Arztes Folge leisten. Auch bei fortgeschrittener Krankheit und nach einem eventuellen Verarbeiten des „Schocks“ über den Krankheitseintritt bleibt diese Gruppe beeinflussbar. Lebensbedrohliche Erkrankungen, wie z. B. maligne Tumore, sind im Bewusstsein der Patienten oftmals existent, selbst wenn sich ein temporärer Behandlungserfolg einstellt und beeinträchtigen die rationale Entscheidungsfähigkeit des Individuums. Diese Gruppe von Patienten ist auf Grund der Schwere der Erkrankung und der daraus resultierenden Zustimmung zu einer vom Arzt empfohlenen Behandlung als tendenziell unmündig zu bezeichnen.[4]

Eine weitgehende Fähigkeit zur rationalen und damit selbstbestimmten Entscheidung weisen **chronisch Kranke** auf, bei denen die Erkrankung bei adäquater Behandlung nicht zwangsläufig durch die Erkrankung selbst zum Tode führt (Rheuma, Diabetes etc.). Die geistige Fähigkeit ist nicht eingeschränkt und die Krankheits- und Behandlungsereignisse, wie z. B. Bedro-

---

1 Mögliche Entscheidungsvertreter des Patienten, wie z. B. Verwandte als Informationsempfänger, werden auf Grund des Umfangs dieses Themenkomplexes in dieser Arbeit nicht untersucht.

2 Vgl. *Ulrich* (2002), S. 68.

3 Vgl. *Petermann/Mühlig* (1998), S. 93; *Reschke* (1990), S. 468.

4 Vgl. *Schlagenhaufer* (1996), S. 111.

hung der Körperintegrität (Schmerz, Behinderung, Bedrohung des Lebens etc.), Ungewissheit über die zukünftige Leistungsfähigkeit, Störung des emotionalen Gleichgewichts sowie die Anpassung an die Umwelt, stellen im Rahmen des Krankheitsbewältigungsprozesses (Coping[1]) bei therapiegerechtem Verhalten für den Patienten keine dominierende Größe dar. Die Umgestaltung des Lebensrhythmus in Verbindung mit Selbstbild und Zukunftsperspektive ist bei Einhaltung der Therapievorschriften ohne Gefahr für das Leben realisierbar. Der Patient kann – auch wenn die vollständige Genesung ausgeschlossen werden muss – ein relativ normales Leben führen.[2]

Die geringe Ausprägung der psychischen und/oder physischen Ausnahmezustände ermöglichen eine rationale Abwägung von Vor- und Nachteilen einer Therapiealternative und damit eine selbstbestimmte Entscheidung. Da bei dieser Patientengruppe von einem überdurchschnittlichen Informationsbedarf hinsichtlich Krankheitsbewältigung, Behandlungs- und Betreuungsstrategien ausgegangen werden kann[3], stellen chronisch Kranke unter den Voraussetzungen einer selbstbestimmten Entscheidung und dem aktiven arztunabhängigen Bezug von Informationen das Ideal des mündigen Patienten dar.[4]

2.1.2. Patientenkompetenz und Complianceförderung durch Gesundheitsinformationen

Mündige Patienten stellen die Basis für Effizienz- und Effektivitätssteigerungen[5] im Gesundheitswesen dar. Sie können stärker bei Gesundheitsentscheidungen mitwirken und so zu einem besseren und kosteneffektiverem Ergebnis ihrer Behandlung beitragen.[6] Patienteninformationen führen zum Aufbau einer Patientenkompetenz hinsichtlich krankheitsbezogener Fragestellungen, fördern die positive Auseinandersetzung mit der Erkrankung und motivieren

---

1 Coping beschreibt Reduktion, Ausgleich oder Verarbeitung bestehender oder zu erwartende Belastungen durch die Krankheit auf Basis zielgerichteten Handelns oder innerpsychischer Prozesse. Zum Coping vgl. ausführlich *Hopp* (2000), S. 91 ff.; *Bletzer* (1998), S. 175 ff.; *Hohensohn* (1998), S. 70 ff.; *Siegrist* (1995), S. 218 ff.

2 Vgl. *Güttinger/Haldner* (2001), S. 88.

3 Vgl. *Hardt/Müller/Schüler* (2002), S. 77.

4 Zu dieser Patientengruppe zählen auch die Nachfrager von Routineleistungen (z. B. bei einer Grippeerkrankung). Auch wenn, z. B. bei einer Grippe, vor allem bei älteren Patienten per se nicht von einer ungefährlichen Krankheit gesprochen werden darf, so haben die daran erkrankten Patienten in der Regel ausreichend Erfahrung über Behandlungsmöglichkeiten. Der Patient erlebt diese Situation nicht als lebensbedrohend und kann – sofern noch nicht dem Fieberwahn erlegen – eine weitgehend rationale Entscheidung treffen. Auf Grund des Umfangs dieser Arbeit erfolgt jedoch eine Konzentration auf die Gruppe der chronisch Kranken.

5 Effektivität wird als Grad der Zielerreichung definiert und ist eine Maßgröße für den Output („Die richtigen Dinge tun"). Die Effizienz als mögliches Unterziel der Effektivität stellt eine Relation von Input und Output dar und kann als Maßstab für die Ressourcenwirtschaftlichkeit dienen („Die Dinge, die getan werden, richtig tun.").

6 Vgl. *Fink-Anthe* (2000), S. 225; *Segal* (1998), S. 31 ff.

zu einer aktiven Selbstbeteiligung. Hierdurch wird die Compliance des Patienten gefördert und letztendlich eine Optimierung der Behandlungsergebnisse erreicht.[1]

Um den Aufbau der Patientenkompetenz und die Förderung der Compliance zu bewerkstelligen, muss gewährleistet werden, dass ohne größeren zeitlichen und finanziellen Aufwand der Zugriff auf qualitativ hochwertige und für den Patienten **verständliche Informationen** möglich ist.[2] Informationen über Gesundheitsförderung, Prävention, Krankheitsursachen, Symptome, Behandlungsmöglichkeiten einschließlich der Qualität der Leistungserbringung sind dem Patienten zur Verfügung zu stellen, um die effiziente und bedarfsgerechte Nutzung des Gesundheitswesens durch den Patienten zu gewährleisten.[3] Die Informationsinhalte sollten sich dabei nicht nur auf medizinische und pharmakologische Wirksamkeit, sondern auch auf den subjektiven Nutzen des medizinischen Verfahrens, wie z. B. die Auswirkungen auf die Lebensqualität, Beschwerdefreiheit, Verbesserungen oder Beeinträchtigungen der Funktionstüchtigkeit oder berufliche und soziale Folgen konzentrieren.[4] Dies impliziert auch, dass durch die Patienteninformationen nicht nur reines Wissen, sondern auch verhaltensorientierte Aspekte vermittelt werden.[5]

Informationen und Übermittlungselemente der Informationen, wie z. B. Beratungen und Schulungen tragen in erheblichem Maße dazu bei, für Transparenz auf dem Gesundheitsmarkt zu sorgen, den Patienten zu einem selbstbestimmten Handeln und zur kritischen Nutzung von Gesundheitsleistungen zu befähigen sowie den effizienteren Umgang mit Ressourcen und die Verbesserung der Versorgungsqualität sicherzustellen.[6] Patienteninformationen über die Qualität von Behandlungen und das Angebot von Leistungserbringern befähigen den Patienten, **objektive Prüfungen der Versorgungsangebote** im Gesundheitswesen vornehmen zu kön-

---

1 Vgl. *Reibnitz* (2001), S. 270; *Francke/Hart* (1987), S. 10 f.

2 Vgl. *Sachverständigenrat für die Konzertierte Aktion im Gesundheitswesen* (2003), S. 270.

3 Vgl. *Preuß* (2002), S. 57; *Badura* (2001), S. 65; *Reibnitz* (2001), S. 265.

4 Vgl. *Kreyher/Harms* (2002b), S. 72 f.

5 Vgl. *Stock/Pfahlert* (2001), S. 190. Im Folgenden werden daher den an die Patienten zu übermittelnden Informationen sowohl die Elemente der Wissensvermittlung als auch verhaltensorientierte Aspekte zugeschrieben.

6 Vgl. *Sachverständigenrat für die Konzertierte Aktion im Gesundheitswesen* (2003), S. 220; *Seidman* (2002), S. 225; *Kern/Troche/Beske* (1999), S. 35. Bei Patientenschulungen zur Erhöhung der Compliance kann davon ausgegangen werden, dass für jede investierte Geldeinheit im Durchschnitt mit eingesparten Folgenkosten von drei bis vier Geldeinheiten gerechnet werden kann. Vgl. *Roberts* (1997), S. 378; *Bartlett* (1995), S. 87 ff. Als besonders profitabel erweisen sich nach einer Studie von *Roter et al.* (1998) dabei die Maßnahmen zur Förderung der Compliance von chronisch Kranken. Zu den positiven Effekten von Typ I-Diabetes-Schulungen vgl. *Pfahlert/Fürst* (2003), S. 412; *Berger/Mühlhauser/Jörgens* (2002), S. 296 ff. Darüber hinaus verbessern Patientenschulungen die klinischen Ergebnisse, die Lebensqualität, das Krankheits- und Behandlungswissen sowie das Selbstmanagement des Patienten. Vgl. *Schulz et al.* (2001), S. 189 ff.

nen. Entscheidet der Patient über die Auswahl des Leistungserbringers und die Therapieauswahl, müssen Anbieter mit qualitativ minderwertigen Leistungen – wenn sie nicht in der Lage sind, ihre Qualität zu steigern – ihre Kapazitäten abbauen und sich langfristig aus dem Markt zurückziehen, während die Anbieter von qualitativ hochwertigen Leistungen stärker konsultiert werden.[1] In der Folge steigen die Qualität der Leistungserbringung und das Versorgungsniveau im Gesundheitswesen.[2]

Nicht jede Leistungsinanspruchnahme[3] im Gesundheitswesen gilt als unvermeidbar und absolut notwendig. Auf der einen Seite suchen uninformierte Patienten den Hausarzt auf, obwohl diese Konsultation unter medizinischen Gesichtspunkten nicht unbedingt notwendig ist, auf der anderen Seite lassen sich durch die Auswahl der optimalen Instanz – also den richtigen Arzt oder die adäquate Einrichtung – durch das Vermeiden eines unnötigen Doctor Hopping Ausgaben im Gesundheitswesen reduzieren.[4] Entscheidungen bezüglich des Für und Wider eines Arztbesuches oder des Auswählens der **optimalen Instanz im Gesundheitswesen** kann der mündige Patient zur Vermeidung unnötiger Leistungsinanspruchnahmen (z. B. Arzt- und Apothekenbesuche) wirksam unterstützen. Kommt es zur Leistungsinanspruchnahme, können aktiv an der Krankheit beteiligte Patienten vielfach von kosteneffektiveren Entscheidungen überzeugt werden und den Leistungserbringer bei der Diagnose durch exakte Informationen unterstützen.[5]

Das **Selbstmanagement** weist vor allem bei chronisch Kranken als wichtige Komponente neben der Versorgung durch die eigentlichen Leistungserbringer eine hohe Bedeutung auf.[6] Viele Komponenten einer Krankheit sind nicht immer planbar. So erfordern plötzliche Symptome eine möglichst schnelle Behandlung (z. B. Hypoglykämie bzw. Unterzucker, Asthmaanfall). Eine Leistungserbringung durch eine andere Instanz als den Patienten (z. B. Arzt oder weiterer Dienstleister) ist in einer Vielzahl der Fälle ökonomisch nicht sinnvoll und wird daher nicht realisiert oder ist unter Qualitätsgesichtspunkten für den Gesundheitszustand des Patienten und unter Kostengesichtspunkten für das Gesundheitssystem von Nachteil. Die

---

1 Vgl. *Göbl* (2003), S. 266 f.; *Glaeske* (2002), S. 9; *Harms/Langhein/Beske* (2000b), S. 71; *Lankers* (1997), S. 28 f.; *Neuffer* (1997), S. 131; *Schwartz* (1997), S. 77.

2 Vgl. *Kiewel* (2002), S. 121.

3 Der Bezug der Kernleistung Arzneimittel wird im Folgenden nicht als Kauf sondern als Inanspruchnahme der unternehmerischen Leistungen bezeichnet. Insofern findet der Begriff Leistungsinanspruchnahme als Substitut zum Begriff Kauf Verwendung.

4 Vgl. *Bürger* (2003), S. 166.

5 Vgl. *Aydincioglu/Lauterbach* (2001), S. 298; *Holzem* (1998), S. 91.

6 Vgl. *Waltz/Hazard* (2002), S. 259; *Waltz/Kriegel/Bosch* (2002), S. 316.

durch Schulungen übermittelten Fähigkeiten zur Selbstkontrolle und Eigentherapie können den Willen des Patienten zur Eigenleistung fördern und dazu beitragen, durch Nichtinanspruchnahme des Leistungserbringers und der erhöhten Wahrscheinlichkeit eines stabilen Gesundheitszustandes die Effizienz und Effektivität des Gesundheitssystems nachhaltig zu steigern.[1]

Empirische Ergebnisse belegen, dass patientenorientierte Informationen vor Ausbruch einer Erkrankung im Rahmen von Präventionsmaßnahmen ein gesundheitsbewussteres Verhalten fördern, das Entstehen von Zivilisationskrankheiten verhindern bzw. verzögern und dadurch die Ausgaben im Gesundheitssektor reduzieren.[2] Des Weiteren konnte nachgewiesen werden, dass die aus der Bereitstellung von qualitativ hochwertigen Patienteninformationen resultierende gesteigerte Patientenkompetenz in Bezug auf eine Krankheit zu einer besseren Compliance, geringeren Leistungsinanspruchnahme und dadurch geringeren Ausgaben im Gesundheitswesen führt.[3] Die Compliance-Verbesserung führt auf der Anbieterseite zu einer Senkung der direkten Dienstleistungskosten (z. B. weniger und zeitlich kürzere Konsultationen) mit der Folge von geringeren Gesamtkosten für das Gesundheitssystem und einem geringeren anbieterseitigen Aufwand im Sinne eines **Produktivitätsfortschritts**. Vermieden wird entsprechend die sich aus einer Non-Compliance ergebende schlechtere Qualität der Leistungserbringung mit daraus resultierenden Folgekosten (z. B. wiederholte Konsultation), die das Gesundheitssystem belasten.[4]

2.1.3. Die Übermittlung von Gesundheitsinformationen durch die pharmazeutische Industrie

Die **Medikation** wurde in zahlreichen Studien als wesentliche Gefahr für eine zu geringe Patienten-Compliance identifiziert.[5] Patienten sind sich häufig nicht der Bedeutung der Therapie bewusst, kennen die Arzneimittelwirkungen nicht, sind mit der Einnahme verschiedener Arz-

---

[1] Vgl. *Rittweger/Daugs* (2004), S. 163; *Müller-Mundt/Schaeffer* (2001), S. 226; *Corsten* (2000), S. 153 f.

[2] Vgl. *Lang/Kupfer* (1996), S. 12. Insbesondere die durch das persönliche Verhalten, durch Fehlanreize oder durch Belastungen aus der sozialen und physischen Umwelt resultierenden chronischen Krankheiten können so im jungen Alter vermieden oder hinausgezögert werden. Zu der Reduktion der Kosten durch die Verschiebung von Phasen mit chronischen Erkrankungen in höhere Lebensabschnitte vgl. ausführlich *Lauterbach/Stock* (2001), S. 8 f.

[3] Vgl. *Kiewel* (2002), S. 116 ff.; *Pfeiffer* (2002), S. 117; *Fink-Anthe* (2000), S. 225; *Jäckel/Schollmayer/Dudeck* (1999), S. 5.

[4] Vgl. *Dullinger* (2001), S. 113 f.

[5] Vgl. *Heuer/Heuer* (1999), S. 54 ff.; *Petermann/Warschburger* (1997), S. 376; *Kruse* (1996), S. 92; *Haynes* (1986), S. 69 ff. So werden 35-40 % aller verordneten Medikamente nicht eingenommen, und die regelmäßige Einnahme der Medikamente liegt unter 50 %. Vgl. *Badenhoop/Sattlegger/Seiter* (2003), S. 211; *Geisler* (2002), S. 161. 30 % nehmen die verordneten Arzneimittel so falsch ein, dass ernste Gesundheitsschäden auftreten. Vgl. *Heilmann* (1988).

neimittel zu unterschiedlichen Zeitpunkten überfordert (d. h. sie nehmen die Medikamente aus Sicherheitsaspekten zu lange oder auf Grund von Sparsamkeit nicht häufig genug), haben Angst vor Nebenwirkungen oder verknüpfen die Entscheidung zur Medikamenteneinnahme mit der subjektiven Befindlichkeit.[1] Die Anzahl der Medikamente, die Häufigkeit und die Form der Verabreichung sowie das damit verbundene Kennen, Können und Wollen des Patienten beeinflussen in erheblichem Maße die Patienten-Compliance und zeichnen somit für Effizienz- und Effektivitätspotenziale im Gesundheitswesen verantwortlich.

Arzneimittelbedingte Zwischenfälle zählen in Deutschland zu den häufigsten Todesursachen.[2] Die Zahl der durch Arzneimittelgebrauch bedingten Einweisungen in Krankenhäuser liegt nach diversen Untersuchungen bei mindestens 5 %.[3] In Deutschland ist mit 8.000 bis 16.000 arzneimittelbedingten Todesfällen pro Jahr und einem jährlichen Schaden von ca. fünf bis zehn Mrd. € auf Grund mangelhafter Compliance zu rechnen.[4] Vor allem chronisch Kranke halten sich übermäßig oft nicht an Therapieanweisungen.[5] Häufig lassen sich als Gründe des nicht-therapiegerechten Verhaltens eine Abneigung gegenüber unerwünschten und lebenslang durchzuführenden Tätigkeiten, ein zu geringer Leidensdruck aber auch eine nicht einsetzende Zustandsverbesserung oder sogar eine Beeinträchtigung der Lebensqualität trotz Therapie anführen.[6]

Insbesondere auf dem Gebiet der Medikation kann die **pharmazeutische Industrie als Lieferant von Gesundheitsinformationen** das therapiegerechte Verhalten des Patienten durch die Übermittlung von Gesundheitsinformationen erhöhen. Das pharmazeutische Unternehmen muss die kritischen Elemente einer erfolgreichen Compliance identifizieren und dem Patienten verständlich machen, um die unerwünschten Arzneimittelnebenwirkungen zu reduzieren und das Verhalten des Patienten den Therapieanforderungen entsprechend positiv zu beeinflussen. Leistungsangebote von pharmazeutischen Unternehmen, die über das Arzneimittel hinaus vor allem die Compliance des Patienten fördern und sicherstellen, sind somit sinnvoll, um die Effektivitäts- und Effizienzpotenziale im Gesundheitswesen nutzen zu können.

---

1 Vgl. *Fink-Anthe* (2002d), S. 166; *Bletzer* (1998), S. 109 f.
2 Vgl. *Hirrlinger* (2004), S. 164 f.
3 Bis zu 30 % aller Krankenhauseinweisungen lassen sich auf die falsche Arzneimitteleinnahme zurückführen. Vgl. *Heilmann* (1988).
4 Vgl. *Kiewel* (2002), S. 52 ff.; *Fink-Anthe* (2002d), S. 166; *Jobelius/Lichte* (1998), S. 820 f. Es ist davon auszugehen, dass ca. 30 % der unerwünschten Arzneimittelnebenwirkungen vermeidbar sind und in Zusammenhang mit der Compliance stehen. Vgl. *Kiewel* (2002), S. 54; *Badura* (2001), S. 67.
5 Die Quote der Patienten, die sich nicht an die Therapieanweisungen halten, liegt bei ca. 50 % und kann beim Typ II-Diabetes bis zu 93 % betragen. Vgl. *Fink-Anthe* (2002d), S. 165 f.
6 Vgl. *Bletzer* (1998), S. 110.

Vor allem bei der **Patientengruppe der chronisch Kranken** lässt sich nach den Ausführungen zur Mündigkeit der Patienten die Übermittlung von Gesundheitsinformationen auch durch alternative – d. h. über den Arzt hinausgehende – Informationsquellen rechtfertigen. Mit eingeschlossen sind dabei auch kommerzielle Anbieter von Gesundheitsinformationen und damit auch pharmazeutische Unternehmen. Da chronisch Kranke eine weitgehend rationale Entscheidung treffen können, ist das Konsumentenverhalten dieser Patientengruppe mit dem Verhalten von Nachfragern auf anderen konsumorientierten und durch kommerzielle Anbieter hinsichtlich der Informationsübermittlung beeinflussten Märkten vergleichbar. Ein ökonomisch orientiertes Kundenmodell auf dem Gesundheitsmarkt ist bei der Gruppe der chronisch Kranken möglich, da sich diese als in der Regel mündige Patienten nicht in einer unmittelbaren physischen oder psychischen Abhängigkeit von den Anbietern der Gesundheitsgüter befinden.[1]

2.2. Klassifikation von Gesundheitsinformationen hinsichtlich der Patientengesamtheit

2.2.1. Klassifikation der Gesundheitsinformationen nach Qualitätseigenschaften

Um eine weitere Fundierung für ein marktorientiertes Kundenmodell zu erarbeiten, erfolgt ein Vergleich von chronisch kranken Patienten, bei denen die Erkrankung bei adäquater Behandlung nicht zwangsläufig durch die Erkrankung selbst zum Tode führt (Rheuma, Diabetes etc.) und der Patientengesamtheit bzw. dem „Standardpatienten“. Ziel ist die **Überprüfung der Evaluationsmöglichkeiten von Gesundheitsinformationen** durch die Patientengesamtheit und das Patientensegment der chronisch Kranken. Die Einführung eines Patient Relationship Management lässt sich nur rechtfertigen, wenn Patienten Gesundheitsinformationen sachgerecht bewerten können, da hierdurch Glaubwürdigkeitsprobleme im Rahmen der Informationsübermittlung und das Risiko des anbieterseitigen Opportunismus vor allem bei kommerziellen Anbietern reduziert werden können.[2]

Als Referenzmodell zur Beschreibung und Operationalisierung der Qualität klinischer Dienstleistungen gilt das von *Donabedian* entwickelte Qualitätsmodell.[3] Die Qualitätsbeurteilung kann auf Basis der Qualitätsdimensionen sowohl subjektiv als auch objektiv erfolgen. Die Qualitätsdimensionen der Dienstleistungsqualität teilt *Donabedian* in die Struktur-, Prozess- und Ergebnisqualität auf und orientiert sich damit an der Gesundheitsversorgung als Produk-

---

1 Vgl. *Hoy/Wicks/Forland* (1996), S. 26 ff.

2 Die folgenden Überlegungen zur Klassifikation von Gesundheitsinformationen hinsichtlich der Patientengesamtheit orientieren sich an den Ausführungen von *Bürger* (2003).

3 Vgl. *Donabedian* (1980), S. 79 ff.

tionsprozess (Aufnahme, Diagnose, Therapie, Rehabilitation und Nachsorge). Bei der Beurteilung von Eigenschaften struktureller Gegebenheiten, innerhalb derer die medizinische Dienstleistung erbracht wird, handelt es sich um die **Strukturqualität**. Auf Basis der qualitativen als auch quantitativen Strukturbeschaffenheit zählen dazu die Attribute der materiellen und personellen Ressourcen sowie die Organisationsstruktur.[1] Da für die Strukturqualität relativ objektive Beurteilungskriterien vorliegen, kann diese durch den „Standardpatienten" leicht evaluiert werden. Der Strukturqualität wird durch die Dienstleistungsbesonderheiten eine hohe Bedeutung zuteil, da sie nicht nur einen relativ großen Anteil an der Gesamtmenge der Qualitätsinformationen ausmacht, sondern bei den nachfolgend beschriebenen Erfahrungs- und Vertrauensdienstleistungen als Surrogateigenschaften für Qualitätsmerkmale des Produktionsprozesses und die Produktionsergebnisse oder als Schlüsselinformationen für die Gesamtqualität dient.[2]

Unter dem Begriff der **Prozessqualität** wird die qualitative Eigenschaftsausprägung der während der Leistungserstellung ergriffenen Maßnahmen subsumiert. Mit Beginn der Prozessphase erfolgt der tatsächliche Faktoreinsatz des Anbieters.[3] Dem Patienten eröffnen sich Möglichkeiten zur Einsicht in das Qualitätsbemühen des Anbieters, das bisher nur aus einem Leistungsversprechen bzw. zugesagtem Einsatz bestand. Viele Prozesse können allerdings von der Patientengesamtheit – trotz der Einbindung dieser in die Leistungserstellung – auf Grund mangelnder Transparenz und fehlenden Expertenwissens nicht bzw. nur eingeschränkt beurteilt werden. Erschwerend kommt hinzu, dass kein eindeutig anerkanntes medizinisches Verfahren oder Handlungsschema als Norm der ärztlichen Vorgehensweise vorliegt, das die Bewertung der Leistungserstellung vereinfachen würde (z. B. Richtlinien).

Die Auswirkung der Leistungserstellung auf den Kunden – hier auf den Gesundheitsstatus des Patienten – fasst *Donabedian* unter der **Ergebnisqualität** zusammen. Dazu gehören neben einer vollständigen Heilung oder der Verbesserung des Gesundheitszustandes auch die Verbesserungen des Patientenwissens.[4] Die Beurteilung der Ergebnisqualität durch den „Standardpatienten" erweist sich auf Grund einer Vielzahl von Komponenten, aus der sich eine

---

1 Vgl. *Bauer/Keller/Hahn* (2002), S. 8.

2 Vgl. *Bezold* (1996), S. 75. Die Surrogateigenschaft bezeichnet das Auskunftspotenzial eines Merkmals über andere Qualitätsmerkmale. Die Schlüsselinformationseigenschaft ist gegeben, wenn ein Merkmal andere Informationen bündelt und somit für die Gesamtbeurteilung der Qualität besonders wichtig ist. Vgl. *Hentschel* (1992), S. 67.

3 Vgl. *Bauer/Keller/Hahn* (2002), S. 8.

4 Vgl. *Bauer/Keller/Hahn* (2002), S. 8.

Krankheit zusammensetzt (soziologisch, psychisch und physisch), als problematisch. Mehrere Einflussfaktoren (Multimorbidität, soziale Probleme etc.) erschweren die Bewertung des Behandlungsergebnisses aus Sicht der Patientengesamtheit. Erst nach Jahren beurteilbare Behandlungserfolge von diversen Krankheiten sowie über den Zeitverlauf neu entstandene Faktoren (z. B. Einführung neuer Medikamente) können zusätzlich zu einer Ergebnisverzerrung führen.

Die zu erwartende Qualität der Gesundheitsleistung kann somit vom „Standardpatienten" auf Grund des fehlenden fachspezifischen Wissens weder vor bzw. während noch nach der Leistungserstellung evaluiert werden. Die Individualität der Leistungserbringung erschwert einen Qualitätsvergleich durch den Konsum von gleichartigen Gesundheitsgütern anderer Anbieter sowie den Erfahrungsaustausch mit Freunden oder Bekannten. Ob der Behandlungserfolg anderen Faktoren (z. B. Selbstheilungskräften) und nicht der Behandlung selbst zuzuschreiben ist oder sich eventuell nicht dauerhaft einstellt, kann durch diesen Patienten in der Regel nicht ermittelt werden.[1]

2.2.2. Klassifikation der Gesundheitsinformationen nach Gütereigenschaften

Bei der Klassifikation nach Gütereigenschaften hinsichtlich der Evaluierbarkeit aus Sicht des Nachfragers lassen sich die Gesundheitsgüter nach Such-, Erfahrungs- und Vertrauenseigenschaften einteilen. Suchgüter (Search Goods) und Erfahrungsgüter (Experience Goods) gehen auf den Erklärungsansatz zur Beschreibung der Leistungsqualität von *Nelson* zurück.[2] *Darby/Karni* fügten die Kategorie der Vertrauensgüter (Credence Goods) hinzu.[3] Nach *Zeithaml* weisen Sachleistungen aufgrund ihrer Merkmale vor allem Such- und teilweise auch Erfahrungsqualitäten auf, während Dienstleistungen vor allem Vertrauens- aber auch Erfahrungsqualitäten aufweisen (vgl. Abbildung 8).[4]

Sucheigenschaften können durch die Patientengesamtheit ex ante, d. h. vor der Inanspruchnahme, relativ einfach durch Informationssuche oder Inspektion ermittelt werden, da diese eindeutig einschätzbare Kriterien aufweisen und vielfach tangibel sind.[5] Die Glaubwürdigkeit der anbieterseitigen Informationen ist vom Patienten hinsichtlich der Sucheigenschaften überprüfbar, ein opportunistisches Verhalten des Anbieters daher ausgeschlossen. Allerdings las-

---

1 Vgl. *Schwartz* (1997), S. 69.
2 Vgl. *Nelson* (1970), S. 312 f.
3 Vgl. *Darby/Karni* (1973), S. 68 f.
4 Vgl. *Zeithaml* (1984), S. 192.
5 Vgl. *Bezold* (1996), S. 34 ff.; *Adler* (1996), S. 41.

sen die ermittelten Sucheigenschaften keinen Rückschluss auf das zu erwartende Ergebnis der Leistungserbringung zu. Sie spiegeln aber das Ergebnis der Leistungserbringung früherer Transaktionen wider (Reputation/Image des Anbieters) und können als Indikatoren für die zu erwartende spätere Qualität des Behandlungsergebnisses gelten.

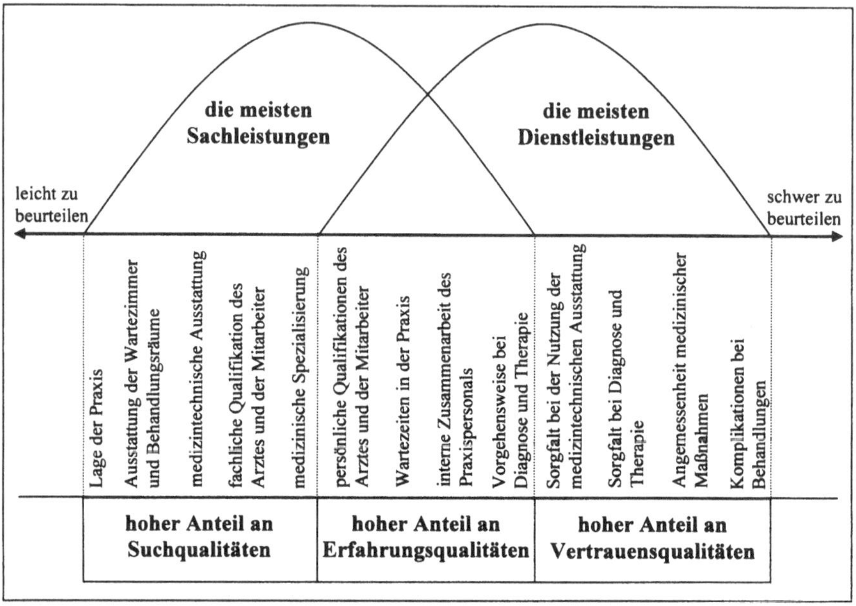

Abb. 8: Such-, Erfahrungs- und Vertrauensqualitäten der medizinischen Leistungserstellung
Quelle: In Anlehnung an *Zeithaml* (1984), S. 192.

Bei **Erfahrungseigenschaften** erweist sich die Bestimmung der Gütereigenschaften zumindest vor der Inanspruchnahme als nicht durchführbar. Ein Qualitätsurteil ist hier erst nach Inanspruchnahme (ex post) durch Erfahrung möglich – der „Standardpatient" muss sich zunächst auf die Richtigkeit der Anbieterinformationen verlassen.[1] Da davon auszugehen ist, dass die Anbieter ihre Gesundheitsgüter möglichst positiv darzustellen versuchen und der Patient die Qualität ex ante nicht beurteilen kann, ist ein opportunistisches Verhalten der Anbieter denkbar.[2] Die Patientengesamtheit kann aber ex post die Leistungsqualität beurteilen.

[1] Vgl. *Weiber/Adler* (1995), S. 54. Zu den Erfahrungseigenschaften zählt auch, wenn der Konsument sich zwar potenziell informieren kann, die Informationskosten aber so hoch sind, dass ein uninformierter Kauf im Vergleich zum informierten Kauf vorteilhafter ist. Vgl. *Nelson* (1970), S. 311 ff.

[2] Vgl. *Weiber/Adler* (1995), S. 54; *Kaas* (1995b), S. 28.

Deshalb ist es für den Leistungserbringer bei häufig in Anspruch genommenen Leistungen und einem vorausgesetzten Lerneffekt beim Nachfrager von Vorteil, qualitativ hochwertige Leistungen anzubieten und entsprechende Gesundheitsinformationen zu übermitteln.[1]

Als praktisch nicht ermittelbar erweisen sich für die Patientengesamtheit sowohl vor als auch nach der Inanspruchnahme die Güter mit **Vertrauenseigenschaften**. Eine Qualitätsbestimmung ist weder ex ante noch ex post möglich, sondern ausschließlich durch Vertrauensbildung.[2] Insbesondere bei individuellen Gesundheitsleistungen, bei denen das Ergebnis von der aktiven Teilnahme des Patienten abhängt und bei denen auf Grund der mangelhaften physischen Prüfmöglichkeit vor Kauf bzw. Nutzung – im Gegensatz zu Sachgütern – objektive Prüfungen durch Glauben bzw. Vertrauen ersetzt werden, kann von der Patientengesamtheit in der Phase vor der Leistungsinanspruchnahme kaum eine Aussage über die Qualität der Dienstleistung getroffen werden.[3] Zudem besteht auf Grund der Individualität der Leistungserstellung keine Möglichkeit, auf die Erfahrung anderer zurückzugreifen, die das Gesundheitsgut schon einmal in Anspruch genommen haben.

Der „Standardpatient" muss den Informationen des Anbieters von Gesundheitsleistungen vertrauen und sieht sich daher einem hohen Risiko für ein opportunistisches Verhalten der Anbieter von Gesundheitsgütern ausgesetzt.[4] Als Folge der mangelhaften Differenzierungsfähigkeit zwischen guter und schlechter Qualität durch den „Standardpatienten" können Anbieter von Gesundheitsleistungen dazu verleitet werden, ein im Vergleich zu anderen Anbietern hohes Qualitätsniveau zu reduzieren.[5] Zudem besteht die Gefahr, dass der Anbieter die vorhandene Informationsasymmetrie zwischen ihm und dem „Standardpatienten" zu seinem eigenen Vorteil ausnutzt (Moral Hazard[6]) und Leistungen erstellt, die hinsichtlich Art, Qualität und/oder Quantität nicht dem Patienteninteresse entsprechen.[7] Abbildung 9 stellt zusammen-

---

1 Vgl. *Musil* (2003), S. 45.

2 Vgl. *Meffert/Bruhn* (2003), S. 89; *Adler* (1996), S. 43.

3 Vgl. *Becker* (2002), S. 710; *Güthoff* (1995), S. 4.

4 Vgl. *Kaas* (1995b), S. 28 ff.

5 Vgl. *Musil* (2003), S. 11; *Akerlof* (1970), S. 489. Diese Problematik wird als adverse Selektion bezeichnet. Vgl. ausführlich *Schneider* (2002), S. 24 ff.; *Adler* (1996), S. 31 ff. Der Anbieter hat aber als besser informierte Marktseite die Möglichkeit, durch die Investition in für den Patienten leicht erkennbare und in direktem Zusammenhang mit der gewünschten Eigenschaft stehende Signale eine hohe Qualität zu suggerieren. Hierzu zählen z. B. Zeugnisse, Beurteilungen und Gütesiegel. Vgl. *Musil* (2003), S. 11 f.; *Spremann* (1987), S. 30 ff. Der Nachfrager wiederum kann Informationen über die Eigenschaften des Anbieters beziehen (z. B. durch ein Gutachten oder Ranking). Vgl. *Musil* (2003), S. 12.

6 Zum Moral Hazard vgl. ausführlich *Schneider* (2002), S. 27 ff.; *Adler* (1996), S. 33.

7 Vgl. *Musil* (2003), S. 13; *Schwartz* (1997), S. 83 ff. Die Wahrscheinlichkeit einer Über- und Unterversorgung sowie einer qualitativ mangelhaften oder auch nicht geeigneten Gesundheitsleistung steigt somit bei sinkendem Informationsniveau des Patienten. Vgl. *Bürger* (2003), S. 77.

fassend die Informationslage der Patientengesamtheit und die Glaubwürdigkeit der anbieter-seitigen Informationen respektive das Risiko eines opportunistischen Verhaltens der Anbieter in Abhängigkeit der Gütereigenschaften dar.

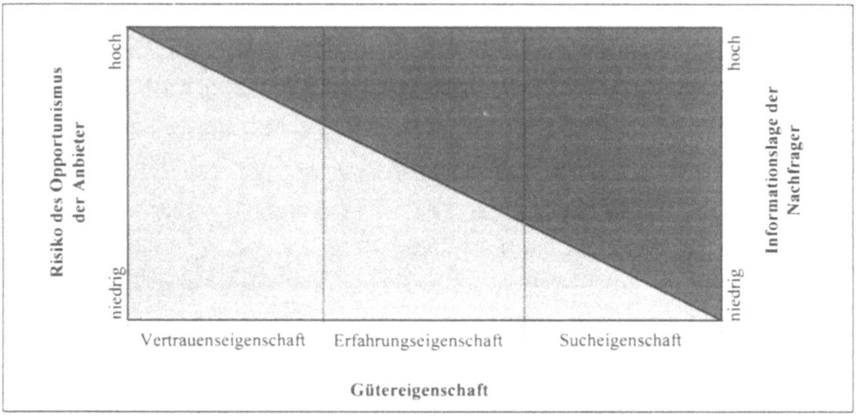

Abb. 9: Informationslage der Patientengesamtheit und Risiko des Opportunismus der Anbieter in Abhängigkeit der Gütereigenschaften

Quelle: Eigene Darstellung.

2.3. Klassifikation von Gesundheitsinformationen hinsichtlich chronisch Kranker

Die bei der Patientengesamtheit angeführten eingeschränkten Evaluationsmöglichkeiten von Gesundheitsinformationen hinsichtlich der Qualitäts- und Gütereigenschaften sowie das Risiko des opportunistischen Verhaltens der Anbieter von Gesundheitsgütern trifft nicht bei allen Nachfragergruppen im Gesundheitswesen zu. Oftmals resultiert bei chronisch Kranken durch die Tatsache einer lebenslangen Erkrankung und dem hohen Aktivitätsgrad des Patienten ein hoher Wissensstand hinsichtlich konventioneller und innovativer Therapiemöglichkeiten. Chronisch Kranke, die bestimmte **Prozesse regelmäßig absolvieren** und deshalb entsprechend detaillierte Informationen über die Behandlung vorweisen können und diese durch eigene Erfahrungen oder durch Erfahrungsaustausch mit Dritten in Selbsthilfegruppen kommunizieren, sind durchaus in der Lage, den Zusammenhang der Krankheitssymptome, Diagnose und Therapie zu bewerten und nachzuvollziehen.[1]

---

[1] Vgl. *Neuffer* (1997), S. 42.

Hat sich der chronisch kranke Patient über das Internet informiert oder die notwendigen Informationen, z. B. in Form von Schulungen, erhalten, kann dieser über ein beachtliches Wissen verfügen, das unter Umständen sogar den Wissensstand des Hausarztes übertrifft und eine Bewertung der Behandlungsergebnisse und -prozesse ermöglicht.[1] Diese Patientengruppe kann den Leistungserstellungsprozess evaluieren und ist daher auch in der Lage, zumindest ex post eine Aussage über die Qualität der Leistungserstellung zu treffen.[2] Ob der Behandlungserfolg anderen Faktoren oder der Behandlung selbst zuzuschreiben ist, kann auf Grund umfassender Erfahrung sowie verfügbarer Informationen ermittelt werden (z. B. Insulininjektion nach erfolgter Blutzuckermessung). Da davon ausgegangen werden kann, dass sich der Anteil der Such-, Erfahrungs- und Vertrauenskategorien mit **zunehmender Erfahrung** im Laufe der Zeit verschiebt, muss bei chronisch Kranken auf Grund des umfangreichen Wissens im Umgang mit der Krankheit eine Neueinteilung der Such-, Erfahrungs- und Vertrauenskategorien vorgenommen werden.[3]

Auch wenn der chronisch Kranke ex ante keine Beurteilung der unter den Vertrauenseigenschaften aufgeführten Elemente vornehmen kann, ist es ihm auf Grund der Erfahrung und des daraus resultierenden Wissensstandes möglich, ex post eine Bewertung vorzunehmen. So ist z. B. der Diabetes-Patient durchaus in der Lage, die an ihm vorgenommene Therapie in Form von Insulininjektionen anhand einer Blutzuckerspiegelmessung **kontrollieren und bewerten** zu können. Zudem ist es einem erfahrenen Diabetiker bei jahrelanger Konfrontation mit der Krankheit möglich, auch ohne Messung die Notwendigkeit einer Insulininjektion abschätzen zu können. Die gesammelte Erfahrung und die Sensibilität, körpereigene Warnzeichen wahrzunehmen, ermöglicht hier eine rechtzeitige Therapie in Form einer Injektion und die Kontrolle durch eine eventuelle Blutzuckerspiegelmessung oder die richtige Einschätzung des körperlichen Wohlbefindens. Neben dem Einschätzen des Behandlungserfolges kann der chronisch Kranke auf Grund seines Wissenstandes auch die Angemessenheit diagnostischer und therapeutischer Maßnahmen sowie deren sorgfältigen Einsatz durch den Leistungserbringer bewerten und Komplikationen im Rahmen der Behandlung identifizieren. Vertrauensei-

---

[1] Vgl. *Schulze* (2003), S. 117; *Seiter/Badenhoop/Zeiner* (2003), S. 732; *Harms/Drüner* (2003d), S. 250; *Grausgruber* (2002), S. 22; *Dullinger* (2001), S. 78; *Marona* (2001), S. 170; *Toepffer* (1997), S. 59.
[2] Vgl. *Musil* (2003), S. 45.
[3] Vgl. *Kuhlmann* (2001), S. 220 f.; *Haller* (1998), S. 65 f.

genschaften müssen bei dieser Patientengruppe daher den Erfahrungseigenschaften zugeordnet werden (vgl. Tabelle 2).[1]

	Sucheigenschaft	Erfahrungseigenschaft	Vertrauenseigenschaft
Ergebnisqualität		• **Behandlungserfolg** • **Komplikationen bei Behandlungen** • **Angemessenheit diagnostischer und therapeutischer Maßnahmen** ←	• Behandlungserfolg • Komplikationen bei Behandlungen • Angemessenheit diagnostischer und therapeutischer Maßnahmen
Prozessqualität	• Sprechzeiten des Arztes • Hausbesuche • Zusammenarbeit mit externen Einrichtungen und anderen Ärzten	• Wartezeiten in der Praxis • interne Zusammenarbeit des Praxispersonals • Einsatz medizinischer Hilfsmittel • Vorgehensweise bei Diagnose und Therapie • **Sorgfalt bei Diagnose und Therapie** • **Sorgfalt bei der Nutzung der medizintechnischen Ausstattung** ←	• Sorgfalt bei Diagnose und Therapie • Sorgfalt bei der Nutzung der medizintechnischen Ausstattung
Strukturqualität	• medizinische Spezialisierung des Arztes • zusätzliche fachliche Qualifikationen des Arztes • fachliche Qualifikation der Mitarbeiter und des Arztes • Berufserfahrung des Arztes • Ausstattung der Wartezimmer und Behandlungsräume • medizintechnische Ausstattung • Lage der Praxis • finanzielle Gegebenheiten	• persönliche Qualifikation des Arztes und der Mitarbeiter • Informations- und Beratungskompetenz des Arztes • Kommunikationsverhalten der Mitarbeiter	

Tab. 2: Elemente von Gesundheitsgütern nach Qualitäts- und Gütereigenschaften bei chronisch Kranken in der Arzt-Patient-Beziehung

Quelle: In Anlehnung an *Bürger* (2003), S. 50.

In Tabelle 2 wird der Zusammenhang zwischen der Klassifikation von Gesundheitsgütern nach Qualitätseigenschaften und Gütereigenschaften an der Beziehung Arzt-Patient beispielhaft dargestellt. Gesundheitsgüter, die sich durch Sucheigenschaften auszeichnen, können teilweise mit Elementen der Struktur- und Prozessqualität übereinstimmen. Selbiges gilt für

[1] Vgl. hierzu auch *Toepffer* (1997), S. 34 ff., der Erkältungsmittel oder Kopfschmerztabletten Gütern mit Erfahrungseigenschaften zuordnet und damit zeigt, dass sich bei Gesundheitsgütern die ursprünglich dominierenden Vertrauenseigenschaften im Laufe der Zeit zu Erfahrungseigenschaften transformieren.

Gesundheitsgüter, die sich durch Erfahrungseigenschaften bzw. Vertrauenseigenschaften auszeichnen. Sie können deckungsgleich mit Elementen der Struktur- und Prozessqualität bzw. Prozess- und Ergebnisqualität sein. Wie angeführt, sind bei chronisch Kranken im Vergleich zur Patientengesamtheit Vertrauenseigenschaften nicht mehr existent, so dass diese den Erfahrungseigenschaften zugerechnet werden müssen, woraus eine aus Patientensicht abgeschwächte Evaluationsproblematik bei der Prozess- und Ergebnisqualität resultiert.

Die neue Kategorisierung hinsichtlich der Gesundheitsgüter hat **Folgen für die Informationsübermittlung**. Entsprechend den Ausführungen besteht das größte Risiko eines opportunistischen Verhaltens der Anbieter bei Vertrauenseigenschaften, die bei den chronisch Kranken nicht mehr existent sind. Glaubwürdigkeitsprobleme im Rahmen der Informationsübermittlung sind bei dieser Nachfragergruppe im Vergleich zu der Patientengesamtheit zwar weiterhin vorhanden, aber in abgeschwächter Form. Auch wenn die Anbieter ihre Gesundheitsgüter mit Erfahrungseigenschaften möglichst positiv darzustellen versuchen und die Übermittlung der Gesundheitsinformationen entsprechend Glaubwürdigkeitsprobleme aufweisen kann, muss der Patient dem Leistungserbringer nicht mehr blind vertrauen, da ex post eine Evaluation möglich ist. Somit verbessert sich auf der einen Seite die Informationslage der Nachfrager, während sich auf der anderen Seite die Gefahr des opportunistischen Verhaltens der Anbieter durch die Beurteilung der Leistungserbringung durch den chronisch Kranken verringert (vgl. Abbildung 10).

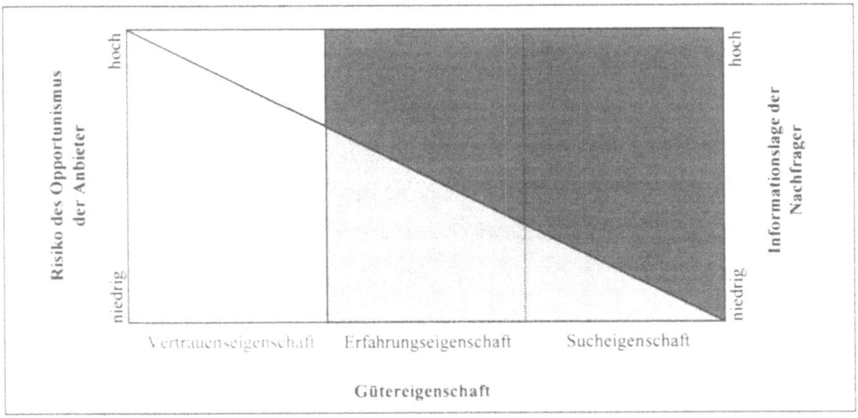

Abb. 10: Informationslage der chronisch Kranken und Risiko des Opportunismus der Anbieter in Abhängigkeit der Gütereigenschaften

Quelle: Eigene Darstellung.

Die Beurteilungsfähigkeit von Gesundheitsinformationen ist mit den entsprechenden Folgen für die anbieterseitige Übermittlung von Gesundheitsinformationen vom Patiententyp abhängig. Vor allem chronisch Kranke können die Informationen besser evaluieren als die Patientengesamtheit. Hieraus resultieren geringere Glaubwürdigkeitsprobleme im Rahmen der Informationsübermittlung und ein entsprechend niedrigeres Risiko des anbieterseitigen Opportunismus. Entsprechend ist zu folgern, dass bei chronisch Kranken auch kommerziellen Anbietern von Gesundheitsinformationen die Möglichkeit zuteil werden muss, Gesundheitsinformationen zu übermitteln. Die Gefahr der übertrieben positiven Darstellung der Leistungen ist durch die Evaluationsmöglichkeiten des chronisch Kranken vermindert und die Informationsübermittlung vergleichbar mit der von kommerziellen Anbietern auf anderen konsumorientierten Märkten.

2.4. Qualitätssicherung von Gesundheitsinformationen

2.4.1. Zur Notwendigkeit der Qualitätssicherung von Gesundheitsinformationen

Die optimale Einbindung des Patienten in den Leistungserstellungsprozess erfordert die dazu notwendige Leistungsfähigkeit des Patienten. Der zunehmend souveräne, kritische und anspruchsvolle Patient in einem sich entwickelnden kundenorientierten Gesundheitsmarkt muss die Möglichkeit haben, sich mit dem geforderten Maß an **„Role Readiness“**[1] ausstatten zu können. Der Qualität der Gesundheitsinformation wird dabei eine zentrale Rolle zugeordnet.[2] Hochqualitative Gesundheitsinformationen stellen die notwendige Voraussetzung dar, den Patienten als Mitproduzenten im Leistungserstellungsprozess optimal einzubinden und die Basis für ein effizientes und effektives Gesundheitssystem zu schaffen.[3] Zur Überprüfung der Informationsqualität lassen sich die in Tabelle 3 dargestellten Qualitätskriterien identifizieren.

Vor allem die Qualitätssicherung von **Gesundheitsinformationen im Internet** wird zukünftig von hoher Bedeutung sein, da anzunehmen ist, dass dieses Medium eine entscheidende Rolle bei dem Bezug von Patienteninformationen spielen wird, da hier eine Vielzahl von Anbietern Gesundheitsinformationen offerieren. Für die Patientengesamtheit als Informationsempfänger erweist es sich als nahezu unmöglich, zwischen den wissenschaftlich fundierten,

---

1 *Mills/Morris* (1986), S. 731.

2 Vgl. *Ebner* (2002), S. 159.

3 Vgl. *Reibnitz* (2001), S. 272. Qualitativ minderwertige Informationen können u. a. zu körperlichen Schäden durch falsch durchgeführte Behandlungen oder Nicht-Behandlung, finanziellen Mehrausgaben durch die Inanspruchnahme von unangemessenen Leistungen und negativen Auswirkungen auf die Arzt-Patient-Beziehung auf Grund falscher Erwartungen seitens des Patienten führen. Vgl. *Mayer* (2004), S. 323.

qualitativ hochwertigen und den weniger hochwertigen Informationen zu differenzieren.[1] Dabei zeigen Untersuchungen, dass ein großer Teil der in unterschiedlichen Formen existierenden Gesundheitsinformationen nicht fundiert, irreführend und/oder veraltet ist und nicht der besten wissenschaftlichen Evidenz entspricht. Es fehlt an der Transparenz über Reichweiten, Zielgruppen und Intention der einzelnen Informationen. Zudem existiert im Gegensatz zu Printmedien, bei denen ein Lektor oder eine Redaktion für die Korrektheit der Informationen Sorge trägt, im Internet keine derartige Instanz.[2]

Kategorie	**Dimensionen**	**Ausprägung**
innere Qualität	Genauigkeit, Objektivität, Vertrauenswürdigkeit	Quellenangabe, Erstellungsdatum
Zugangsqualität	Zugänglichkeit, Sicherheit	Bereitschaft und sicherer Zugang zu einem Server
kontextuelle Qualität	Bedeutung, Mehrwert, Zeitgerechtheit, Vollständigkeit, Informationsgehalt	evidenzbasierte Informationen[3]
Darstellungsqualität	Interpretierbarkeit, Verständlichkeit, Knappheit, Durchgängigkeit	patientengerechte Übermittlung der Informationen
Qualität der Metainformationen	Existenz, Angemessenheit	Angaben zum Lieferanten bzw. Produzenten der Information
Qualität der Strukturierung	Existenz, Angemessenheit	einfache Navigation durch das Informationsangebot

Tab. 3: Qualitätskriterien zur Beurteilung der Informationsqualität von Gesundheitsinformationen

Quelle: In Anlehnung an *Königer/Reithmayer* (1998), S. 92.

Die schnelle Verbreitung der im Internet angebotenen Informationen verstärkt die Gefahr einer unkontrollierten Veröffentlichung von qualitativ fragwürdigen Gesundheitsinformationen. Daher erfährt die **qualitative Beurteilung von Internetinformationen** insbesondere vor dem

---

1 Vgl. *Mayer* (2004), S. 322; *Hebenstreit/Güntert* (2001), S. 279.

2 Vgl. hierzu auch *Hebenstreit/Prümel-Philippsen* (2004), S. 91. *Gretchen et al.* (2001) untersuchten die Qualität von 14 Suchmaschinen und 25 Gesundheitswebsites auf die Verständlichkeit der gebotenen Information u. a. am Beispiel von Brustkrebs und Adipositas. Als Ergebnis wurde in jeder Hinsicht schlechte Qualität festgestellt. Ebenso wurde bei einer Studie zur Qualität von Websites zum Thema Unfruchtbarkeit von der *Boston University's School of Public Health* ein Mangel an Qualität festgestellt. Nur 2 % der untersuchten Webpages erfüllten die untersuchten Qualitätskriterien zu Aktualität der Informationen, Verantwortlichkeiten (Herausgeber und Autor), Referenzen, Informationen über Eigentümer sowie Sponsoren oder Spenden. Vgl. *Dobson* (2002), S. 408.

3 Vgl. hierzu *Hurrelmann* (2001), S. 46; *Maienborn* (2001), S. 259; *Lerch/Dierks* (2001), S. 119; *Dierks/Schwartz/Walter* (2001), S. 76 f. Evidenzbasierte Informationen greifen auf Daten der Evidenzbasierten Medizin zurück. *Sacket/Kunz* definieren die Evidenzbasierte Medizin als „... den bewussten, gewissenhaften und angemessenen Einsatz der gegenwärtig besten Evidenz bei Entscheidungen über die medizinische Versorgung einzelner Patienten. Evidenzbasierte Medizin zu praktizieren bedeutet, die individuelle klinische Erfahrung mit den zur Verfügung stehenden externen Nachweisen aus der systematischen Forschung zu integrieren." *Sacket/Kunz* (1999), S. 2. Zur evidenzbasierten Medizin vgl. *Falk-Ytter/Lang/Antes* (2004), S. 143 ff.; *Schrappe/Lauterbach* (2001), S. 58 ff.; *Schell/Lauterbach* (2002), S. 38 f.; *Konrad/Vetter* (2002), S. 190 f.

Hintergrund der zunehmenden Bedeutung dieses Mediums eine verstärkte Beachtung. Auf Grund der heterogenen Qualität der Gesundheitsinformationen werden national und international verschiedene Verfahren der Qualitätssicherung entwickelt. Vor allem die im Vergleich zu anderen Medien überproportionale Entwicklung des Internet mit seinen Möglichkeiten und Risiken bei der Informationsbeschaffung und -weitergabe haben auf diesem Gebiet zu vielfältigen Ansätzen der Qualitätssicherung geführt. Auch wenn sich die im Folgenden angeführten Verfahren nur auf die Qualität von Gesundheitsinformationen im Internet beziehen, sind diese Qualitätssicherungsmaßnahmen dennoch auf die anderen Medien übertragbar.[1]

2.4.2. Gesetzliche Regelung

Die gesetzlichen Regelungen zur Qualitätssicherung von Gesundheitsinformationen auf nationaler Ebene erweisen sich als wenig effektiv. Durch den technologischen Fortschritt der Informationsübermittlung ergeben sich Probleme, die durch nationale Gesetze kaum zu regeln sind. Die grenzüberschreitende Funktion des Internets verhindert i. d. R. die Durchsetzung der von der Legislative beschlossenen Gesetze. Die Kontrollmöglichkeiten über Angebot und Nutzung dieses Mediums erweisen sich auf Grund der globalen Reichweite des Internet als schwierig. Den einzelstaatlichen Bemühungen zur Regulierung von Webinhalten sind daher enge Grenzen gesetzt.[2]

Um länderübergreifend tätig zu werden, hat der europäische Rat im Jahr 2000 beschlossen, durch die europäische Kommission in Zusammenarbeit mit den Mitgliedsstaaten Qualitätskriterien für gesundheitsbezogene Angebote im Internet entwickeln zu lassen. Im Jahr 2002 wurde das entsprechende Schriftstück „eEurope 2002: Quality Criteria for Health related Websites" präsentiert.[3] Allerdings beschränken sich die Kriterien auf die Vorlage von Leitlinien zur Entwicklung von nationalen Gütesiegeln, Zertifizierungsverfahren und Verfahren zur freiwilligen Selbstkontrolle. Eine zentrale Implementierung von qualitätssichernden Verfahren, z. B. durch ein europäisches Gütesiegel oder eine europäische Zertifizierung von Websites, ist nicht geplant.[4]

---

[1] Vgl. *Seidman* (2002), S. 225; *Lerch/Dierks* (2001), S. 140 ff.
[2] Vgl. *Hebenstreit/Güntert* (2001), S. 281.
[3] Vgl. *Rolfes* (2003), S. 88 f.
[4] Vgl. *Hebenstreit/Schug/Güntert* (2002), S. 39.

2.4.3. Freiwillige Selbstkontrolle

Im Gegensatz zu der gesetzlichen Regelung steht die Selbstverpflichtung der Anbieter von Gesundheitsinformationen zur freiwilligen Selbstkontrolle. Mit dem Einsatz von Ethik-Codes bzw. Guidelines verpflichten sich die Betreiber von Websites zur Einhaltung der jeweiligen Regelungen.[1] Beispiele sind die Standards nach dem *e-Health Code of Ethics*[2], die Initiative *Health Internet Ethics*[3], die Leitlinien der *American Medical Association*[4] oder der *Code of Conduct* der *Health-on-the-Net-Foundation* (*HON-Code*[5]).

Alle Ansätze haben die Förderung einer effektiven Internetnutzung für medizinische Zwecke zum Ziel. Neben dem bekanntesten Ansatz zur freiwilligen Selbstkontrolle, dem *HON-Code,* zählen hierzu unter anderem die Veröffentlichung medizinischer Informationen ausschließlich durch medizinisch/gesundheitswissenschaftlich qualifizierte Fachleute[6] und die entsprechende Darstellung der Referenz (Quelle bzw. Link) einschließlich der Anzeige des letztmaligen Änderungsdatums sowie die Möglichkeit für Interessenten, mit dem Anbieter in Kontakt treten zu können (z. B. zur Überprüfung der Registrierung). Ferner sind eventuelle Sponsoren ebenso wie die Finanzierung der Website durch Werbeeinnahmen klar zu kennzeichnen. Informationen über Nutzen und Wirksamkeit einer Therapie, eines Produktes oder Dienstes müssen durch wissenschaftliche Beweise unterstützt werden.[7] Orientiert sich der Anbieter von Gesundheitsinformationen an den ihm vorgegebenen Verhaltensprinzipien, darf er das entsprechende Logo des *HON-Code* auf seiner Website publizieren.[8] Die Einhaltung von derzeit acht Prinzipien wird durch die *Health-on-the-Net-Foundation* regelmäßig überwacht. Bei Verletzung der Prinzipien drohen dem Betreiber der entsprechenden Website Sanktionen, wie z. B.

---

1 Vgl. *Hebenstreit/Güntert* (2001), S. 280.

2 Die *e-Health Code of Ethics*-Initiative besteht aus einer Gruppe von 50 internationalen Experten, die anlässlich des e-Health Ethics Summit im Jahr 2000 in Washington DC unter Mitwirkung der *Internet Healthcare-Coalition (IHC)* die Grundlagen für den *e-Health Code of Ethics* entwickelten. Vgl. *Internet Healthcare-Coalition* (2005), http://www.ihealthcoalition.org/ethics/ethics.html [01.09.2005]; *Hebenstreit/Prümel-Philippsen* (2004), S. 92 f.

3 *Health Internet Ethics* ist eine Initiative von derzeit 17 kommerziellen Websites. Vgl. hierzu ausführlich *Health Internet Ethics* (2005), http://www.hiethics.com [01.09.2005]; *Hebenstreit/Prümel-Philippsen* (2004), S. 92.

4 Die Leitlinien wurden primär für bestehende und hinzukommende Websites der *American Medical Association* entwickelt, die aber auch als Leitlinien für andere Anbieter und als Orientierungshilfe für Nutzer von Online-Informationen gelten. Vgl. hierzu ausführlich *American Medical Association* (2005), http://www.ama-assn.org [01.09.2005].

5 Vgl. *Health On the Net Foundation* (2005), http://www.hon.ch/HONcode/Conduct.html [01.09.2005]; *Hebenstreit/Prümel-Philippsen* (2004), S. 91 f.

6 Nicht von Fachleuten stammende Informationen müssen entsprechend gekennzeichnet werden.

7 Vgl. *Pfeiffer* (2002), S. 118; *Lerch/Dierks* (2001), S. 141.

8 Vgl. *Maienborn* (2001), S. 260 f.

eine Mitteilung über die Verletzung der Prinzipien an alle Mitglieder der Initiative bis hin zu rechtlichen Schritten.[1]

2.4.4. Eigenbewertungsansatz

Beim Eigenbewertungsansatz erfolgt die Evaluation der Gesundheitsinformationen durch den Patienten selber. Ein Beispiel für ein Eigenbewertungssystem ist *Discern*[2], das aus von dem Patienten zu bewertenden Qualitätskriterien besteht, durch die sich das Informationsangebot zu Behandlungsalternativen qualitativ beurteilen lässt.[3] Der *Discern*-Ansatz wurde 1996/1997 in Großbritannien im Rahmen eines Projekts zur Entwicklung eines Instrumentes zur Bewertung von gedruckten Patienteninformationen entwickelt und eignet sich darüber hinaus zur qualitativen Bewertung von Internetinformationen sowie zur Evaluation von telefonischen und persönlichen Beratungsgesprächen.[4]

Das validierte Instrument besteht aus sechzehn Fragen. Während sich die ersten acht Fragen auf die Zuverlässigkeit und Vertrauenswürdigkeit der Information im Allgemeinen beziehen, befassen sich sieben Fragen mit bestimmten Einzelheiten der Information selber.[5] Die letzte Frage dient der zusammenfassenden Bewertung.[6] Mittlerweile liegt auch eine deutsche Version dieses Ansatzes vor. Die *Ärztliche Zentralstelle Qualitätssicherung (ÄZQ)* bewertet anhand des *Discern*-Instrumentes Internetinformationsangebote und veröffentlicht die Ergebnisse auf einer eigenen Website.[7]

2.4.5. Fremdbewertungsansatz

Neben der gesetzlichen Regelung, der freiwilligen Selbstkontrolle und dem Eigenbewertungsansatz ist auch ein Fremdbewertungsansatz bzw. „Third-Party Rating" zur Qualitätssicherung von Gesundheitsinformationen im Internet präsent. Es lassen sich dabei drei unterschiedliche Ansätze unterscheiden: Akkreditierung (z. B. *American Accreditation HealthCare Commission, URAC*[8]), Zertifizierung (z. B. *Quality of Medical Information and Communication* oder

---

[1] Vgl. *Hebenstreit/Güntert* (2001), S. 280.
[2] Vgl. *DISCERN* (2005a), http://www.discern.de [01.09.2005].
[3] Vgl. *Maienborn* (2001), S. 259. Zum *Discern*-Ansatz vgl. auch *Preuß* (2001), S. 232.
[4] Vgl. *Hebenstreit/Güntert* (2001), S. 283; *Maienborn* (2001), S. 259; *Charnock* (2000), S. 2.
[5] Vgl. *Lerch/Dierks* (2001), S. 144.
[6] Zu den Messkriterien des *Discern*-Ansatzes vgl. *DISCERN* (2005b), http://www.discern.de/instrument.htm [01.09.2005].
[7] Vgl. *Brey* (2004), S. 204; *Falk-Ytter/Lang/Antes* (2004), S. 145; *Preuß* (2002), S. 60. Vgl. hierzu ausführlich *Ärztliche Zentralstelle für Qualitätssicherung* (2005), http://www.patienten-information.de [01.09.2005].
[8] Vgl. hierzu ausführlich *American Accreditation HealthCare Commission* (2005), http://www.urac.org [01.09.2005].

AFGIS[1]) und Peer Review (z. B. *MedCertain*). Zusammenfassend beschreiben und bewerten bei den Fremdbewertungsansätzen Dritte die Inhalte einer Website und machen diese Informationen verfügbar.[2] Im Folgenden wird der Ansatz von *MedCertain* vorgestellt.

Das von der Europäischen Kommission unterstützte Projekt *MedCertain*[3] der Forschungsgruppe *Cybermedizin und e-Health* der *Universität Heidelberg* beschäftigt sich mit der Erstellung von Qualitätskriterien und Richtlinien und der dafür notwendigen organisatorischen und technischen Infrastruktur. Experten, wie z. B. medizinische Fachgesellschaften oder Rating-Agenturen, beurteilen und zertifizieren als externe Instanz die Qualität von Gesundheitsinformationen im Internet per Gütesiegel und stellen die ermittelten Informationen dem Patienten online zur Verfügung. Zur Bewertung der Qualität wurde ein mehrstufiges Verfahren entwickelt. Während in der ersten Stufe keine externe Bewertung vorgesehen ist und Verbraucher den Angaben der Anbieter vertrauen müssen, werden in der zweiten Stufe diese Angaben durch einen externen nicht-medizinischen Experten geprüft. In der dritten Stufe erstellen unabhängige medizinische Experten oder Fachgesellschaften ein Gutachten über die inhaltliche Qualität der Website.[4] Die von den Experten hinterlegten Informationen sind dynamischer Natur und werden nach der Patientenanfrage direkt von einer Datenbank geladen und dargestellt. Der Webmaster der vom Patienten betrachteten Homepage hat somit keinen Einfluss auf die Anzeige des Labels. Beschwerden oder Bedenken von Experten können kontinuierlich eingepflegt werden, so dass dieses Verfahren dem Patienten eine aktuelle Übersicht über das Expertenurteil zu den angebotenen Gesundheitsinformationen bietet.[5]

---

1 Vgl. hierzu ausführlich *Aktionsforum Gesundheitsinformationssystem* (2005), http://www.afgis.de [01.09.2005]; *Hebenstreit/Prümel-Philippsen* (2004), S. 96 f.; *Sachverständigenrat für die Konzertierte Aktion im Gesundheitswesen* (2003), S. 250 f.

2 Bewertungskriterien sind zum einen beschreibende Daten (z. B. Qualifikation des Autors und Finanzierung der Seiteninhalte) sowie bewertende Daten (z. B. Konformität mit Ethik-Standards und qualitative Merkmale des Inhalts). Vgl. *Hebenstreit/Güntert* (2001), S. 282.

3 Vgl. *MedCertain* (2005), http://www.medcertain.org [01.09.2005].

4 Vgl. *Hebenstreit/Schug/Güntert* (2002), S. 40.

5 Vgl. *Bürger* (2003), S. 294; *Maienborn* (2001), S. 261 f. Aufbauend auf *MedCertain* beschäftigt sich das von der europäischen Union geförderte Projekt *MedCircle* ebenfalls mit der Bewertung von Gesundheitsinformationen im Internet. *MedCircle* bindet dabei zusätzlich Portale/Bewertungseinrichtungen europaweit aktiv mit ein. *MedCircle* soll semantische Abfragen über Gesundheitsinformationen im Internet ermöglichen. Die Qualitätssicherung erfolgt durch Selbstbeurteilung, Beurteilung der Projektpartner und Beurteilung durch ausgewiesene Experten. Vgl. *MedCircle* (2005), http://www.medcircle.org [01.09.2005]. Zum *MedCertain* und *MedCircle* vgl. auch *Hebenstreit/Prümel-Philippsen* (2004), S. 95. Für den Patienten besteht zudem die Möglichkeit, beim Nutzen des Internets Filter (vgl. *Internet Content Rating Association* (2005), http://www.icra.org [01.09.2005]) oder Gateways (vgl. *healthfinder* (2005), http://www.healthfinder.gov [01.09.2005]; *OMNI* (2005), http://www.omni.ac.uk [01.09.2005]) zu verwenden, die eine selektive Nutzung von Internetangeboten ermöglichen. Vgl ausführlich *Hebenstreit/Schug/Güntert* (2002), S. 42. Zu weiteren

Zur Qualitätssicherung von Gesundheitsinformationen existiert somit **eine Vielzahl an Verfahren und Methoden**. Versuche, einen Standard im Bereich von digitalen Gesundheitsinformationen flächendeckend zu etablieren, sind an methodischen Problemen oder an mangelnder Akzeptanz der Informationsanbieter gescheitert, so dass sich bislang noch keine effektive und übergreifende Qualitätssicherung etabliert hat.[1] Eine internationale Verbreitung weist in einem gewissen Rahmen lediglich der *HON-Code* auf.[2] Die einfache Selbstverpflichtung ohne eine neutrale Kontrollinstanz gilt aber auf Grund ökonomischer Interessen der Informationsanbieter als unsicher und anfällig für Missbrauch. Langfristig müssen auf dem Gebiet der Qualitätssicherung von Gesundheitsinformationen feste Standards etabliert werden, um die notwendige Objektivität und Grundlage der Vergleichbarkeit verschiedener Informationsangebote zu garantieren. Entsprechend wird diskutiert, ob sich die Formalbeschreibung von Internet-Dokumenten an den Kriterien des wissenschaftlichen Publizierens zu orientieren hat.[3]

Zusammenfassend kann konstatiert werden, dass die insbesondere bei gewinnorientierten Anbietern bestehende Gefahr der subjektiven, einseitig geprägten Darstellung von Gesundheitsinformationen über Gesundheitsgüter mit dem Ziel der Absatzförderung durch die bestehenden Qualitätssicherungsmaßnahmen von Gesundheitsinformationen reduziert werden kann. Auch wenn momentan keine rechtliche Verpflichtung zur Nutzung einer der vorgestellten Ansätze existiert, bestehen für pharmazeutische Unternehmen umfangreiche Möglichkeiten, durch Nutzung eines der Qualitätssicherungsverfahren das Angebot qualitativ hochwertiger Gesundheitsinformationen sicherzustellen und der Öffentlichkeit das Bemühen um qualitätsgesicherte Gesundheitsinformationen zu demonstrieren. In Zukunft ist zu erwarten, dass sich durch die Verbreitung von Qualitätssicherungsmaßnahmen auch kommerzielle Anbieter durch die existierenden Bewertungskriterien als glaubwürdige Lieferanten von Gesundheitsinformationen am Markt positionieren können. Eine negative Beeinflussung der Nachfrager durch unter Umständen gewinnorientierte Ziele des Informationsanbieters kann somit wirkungsvoll reduziert werden.

Instrumenten zur Bewertung der Qualität von Internetinformationen vgl. *Sachverständigenrat für die Konzertierte Aktion im Gesundheitswesen* (2003), S. 252.

1 Vgl. *Kaiser* (2004), S. 191.

2 Vgl. *Hebenstreit/Prümel-Philippsen* (2004), S. 92.

3 Vgl. *Sachverständigenrat für die Konzertierte Aktion im Gesundheitswesen* (2003), S. 253. Es existieren auch kritische Stimmen, die sich gegen alle Versuche wehren, Gesundheits-Websites zu evaluieren und mit Gütezeichen zu versehen. Es wird argumentiert, dass diese Vorhaben dem Grundgedanken des Internet widersprechen und es kein vergleichbares Medium gibt, dass einer ebenso intensiven Qualitätskontrolle unterzogen wird. Vgl. *Delamothe* (2000), S. 843 f.

In Teil B wurde nach der Vorstellung des Pharmamarktes und seiner für diese Arbeit relevanten Marktteilnehmer verdeutlicht, dass die sich aus dem modernen Verständnis der Arzt-Patient-Beziehung abzuleitende gleichberechtigte Partnerschaft zwischen dem insbesondere chronisch kranken **Patienten und dem Pharmaunternehmen eine intensive Interaktion** erfordert, um die Effizienz- und Effektivitätspotenziale im Gesundheitswesen realisieren zu können. Des Weiteren zeigen die Ausführungen, dass chronisch Kranke im Gegensatz zur Patientengesamtheit in der Lage sind, Leistungen von Anbietern auf dem Gesundheitsmarkt adäquat zu beurteilen und daher mit Nachfragern auf anderen Konsumgütermärkten vergleichbar sind. Die Übermittlung von Patienteninformationen bei chronisch Kranken als Ideal des mündigen Patienten kann somit auch durch kommerzielle Quellen bzw. die pharmazeutische Industrie erfolgen. Um die Übermittlung qualitativ hochwertiger Informationen sicherzustellen, existieren mittlerweile vielfältige Verfahren, die eine Beurteilung dieser Informationen gestatten und insofern eine Sicherstellung von qualitativ hochwertigen Informationen zur Nutzung der Effizienz- und Effektivitätsreserven im Gesundheitswesen ermöglichen. Demzufolge kann zusammenfassend konstatiert werden, dass auf Grund der in diesem Kapitel erarbeiteten Ergebnisse ein marktorientiertes Kundenmodell und somit ein PRM bei chronisch Kranken eine Berechtigung hat.

Teil C: Ein Patient Relationship Management-Ansatz

1. Notwendigkeit und theoretische Grundlagen des Patient Relationship Management

1.1. Vom transaktionsorientierten Marketing zum Beziehungsmanagement

Maßnahmen der anbieterseitigen Marktbearbeitung konzentrierten sich in der Vergangenheit hauptsächlich auf die Maximierung der Anzahl von Geschäftsabschlüssen mit dem Fokus auf dem Absatz der Unternehmensleistungen und der Konzentration auf den einzelnen Kontrakt sowie dem Ziel, neue Kunden zu akquirieren.[1] Neben der Darstellung der Leistung beschränkte sich das Angebot in der Regel auf einen standardisierten Leistungsaustausch mit Konzentration auf die Produkteigenschaften unter Berücksichtigung des Produktlebenszyklus. Die Beziehung zwischen Anbieter und Nachfrager galt nach getätigtem Geschäft als beendet, so dass diesem sich auf die einzelne Transaktion beschränkenden Marketing die investive und längerfristige Perspektive fehlte.[2] Der einzelne Kunde wurde auf Grund der geringen Anzahl von Anbietern und der hohen Anzahl von Nachfragern als unbedeutend und passiv innerhalb einer anonymen Masse angesehen.[3] Entsprechend erfolgte nur ein unregelmäßiger Kontakt zwischen Unternehmen und einem Kunden, der keinen Einfluss auf die Transaktion ausüben konnte.

In den letzten Jahren wird im Marketing von einem Paradigmenwechsel[4] von dem oben beschriebenen transaktionsorientierten[5] zum beziehungsorientierten Marketing und damit zu langfristigen Geschäftsbeziehungen gesprochen.[6] Für die Ausrichtung der Unternehmensaktivitäten auf langfristige Kundenbeziehungen zeichnen die aus der Deregulierung und der überregionalen bzw. internationalen Öffnung der Märkte resultierende steigende Wettbewerbsintensität, der Wandel im Käuferverhalten mit zunehmend kritischen Kunden, der technologische Fortschritt vor allem in der Informations- und Kommunikationstechnologie sowie zunehmende Austauschbarkeit des Leistungsangebotes verantwortlich.[7] Die Bedeutungszunahme der Beziehungsorientierung stellt aber keine Neudefinition des Marketinggedankens dar,

---

1 Vgl. *Wicher* (2003a), S. 105 f.
2 Vgl. *Hennig-Thurau* (1999), S. 92.
3 Vgl. *Ford* (2003), S. 4.
4 Unter einem Paradigma werden die von Vertretern eines wissenschaftlichen Fachgebietes weitgehend geteilten wissenschaftlichen Problemlösungsmuster verstanden. Vgl. *Kroeber-Riel/Weinberg* (2003), S. 21.
5 Unter einer Transaktion ist der (einmalige) einfache Austauschakt von Werten zwischen zwei Parteien zu verstehen. Dieser Begriff geht auf *Thibaut/Kelley* (1959) zurück.
6 Vgl. hierzu u. a. *Sheth/Parvatiyar* (1995b); *Grönroos* (1994).
7 Vgl. *Bruhn* (2003b), S. 2; *Stahl* (2000), S. 105 f.; *Sharma/Sheth* (1997), S. 93; *Pine* (1993), S. 54; *Müller/Riesenbeck* (1991), S. 67 f.; *Jud* (1990), S. 37.

sondern „... eine konsequente Weiterentwicklung des traditionellen Marketing mit dem Fokus auf die Pflege von (lukrativen) Kundenbeziehungen."[1]

Im Gegensatz zu einer einzelnen Transaktion zeichnen sich Geschäftsbeziehungen[2] durch einen Vergangenheits- und Zukunftsbezug aus, d. h. der bisherige Verlauf der Geschäftsbeziehung beeinflusst maßgeblich die folgenden Transaktionen, die den weiteren Verlauf der Beziehung determinieren.[3] Die **Kundenorientierung**[4] stellt im Management von Geschäftsbeziehungen das Leitprinzip dar.[5] Anstatt der Produkteigenschaften und des Produktlebenszyklus stehen der Kunde und der kundenindividuelle Lebenszyklus der Anbieter-Nachfrager-Beziehung im Mittelpunkt unternehmerischer Aktivitäten. Da die Befriedigung der Kundenbedürfnisse hauptsächlich im Anschluss an den eigentlichen Kaufakt erfolgt, sind die Kundenerwartungen und -erfahrungen während aller Kontaktphasen mit dem Produkt oder der Dienstleistung, d. h. von der Beschaffung bis zur Entsorgung durch das Unternehmen, mit den verfügbaren Instrumenten zum Ziele der langfristigen Kundenbindung[6] aktiv zu gestalten.[7] Aus der Berücksichtigung der Kundenbedürfnisse resultieren neben der Erstellung kundenindividueller Leistungen und Produkte eine gesteigerte wechselseitige Abhängigkeit beider Marktpartner, eine im Laufe der Geschäftsbeziehung zunehmende gegenseitige Toleranz und Interaktion sowie eine verstärkte Auskunfts- und Beschwerdebereitschaft des Nachfragers.[8]

---

1 *Bruhn* (2003b), S. 7. Vgl. ähnlich *Meffert/Bruhn* (2003), S. 73; *Becker* (2002), S. 628; *Bruhn* (2001a), S. 12.

2 Unter einer Geschäftsbeziehung wird im Folgenden „... eine Folge von Markttransaktionen zwischen einem Anbieter und einem Nachfrager, die nicht zufällig ist[.]" verstanden. *Plinke* (1989), S. 307.

3 Vgl. *Eckel* (1997), S. 52. Der Ausgangspunkt für die Abkehr von Einzeltransaktionen hin zu einem Management von Geschäftsbeziehungen liegt im Investitionsgütermarkt. Hier erforderten komplexe Systemgüter die Integration unterschiedlicher Komponenten, Zubehör und Services und machten die Pflege der Hersteller-Kunden-Beziehung notwendig. Vgl. *Shapiro/Posner* (1979).

4 Kundenorientierung wird im Folgenden definiert als „... die umfassende, kontinuierliche Ermittlung und Analyse der individuellen Kundenerwartungen sowie deren interne und externe Umsetzung in unternehmerische Leistungen sowie Interaktionen [...] mit dem Ziel, langfristig stabile und ökonomisch vorteilhafte Kundenbeziehungen zu etablieren." *Bruhn* (2003b), S. 15. Zur Abgrenzung der Markt- von der Kundenorientierung, die als erweitertes Konstrukt als Ausrichtung des Unternehmens auf sämtliche Marktteilnehmer verstanden werden kann vgl. *Bruhn* (2003b), S. 10 ff.

5 Zu den Beziehungsfeldern im Rahmen des Management von Geschäftsbeziehungen vgl. *Diller* (1994), S. 2.

6 Kundenbindung lässt sich in eine anbieterbezogene Perspektive (Kundenbindung mit tendenziell instrumentellem Charakter, d. h. Maßnahmen zur Herstellung und Intensivierung der Bindung von Kunden im Rahmen eines Kundenbeziehungsmanagement) und eine nachfragerorientierte Perspektive (verhaltensorientierte Interpretation der Kundenbindung und demnach gleichzusetzen mit dem Begriff der Treue bzw. Loyalität) unterteilen.). Vgl. *Weinberg/Terlutter* (2003), S. 43. Während die Kundenbindung sowohl die nachfrager- als auch die anbieterbezogene Perspektive umfasst, betrachtet die Kundenloyalität nur die nachfragerbezogene Perspektive. Vgl. *Giering* (2000), S. 18 f. Die Begriffe der Kundenloyalität und der Kundenbindung werden in der Literatur häufig synonym verwendet. Vgl. *Weißenberger* (1998).

7 Vgl. *Wicher* (2003a), S. 105.

8 Vgl. *Herrmann/Huber/Fischer* (2000), S. 17.

Langfristige Kundenbeziehungen zeichnen sich durch loyale und in der Mehrheit zufriedene Kunden[1] aus und stellen damit einen **wichtigen Einflussfaktor auf den Unternehmensgewinn** durch eine reduzierte Wechselwahrscheinlichkeit des Nachfragers dar.[2] Eine steigende Rentabilität mit zunehmender Beziehungsdauer ist auf eine höhere Kauffrequenz (Wiederkaufrate) und Kaufintensität (Mehrkaufrate) sowie auf die Bereitschaft zur Weiterempfehlung (Mund-zu-Mund-Kommunikation[3]) und damit zur erleichterten Akquisition von Neukunden zurückzuführen.[4] Zudem lassen sich geringere Verwaltungs- und Vertriebskosten durch ausführliche Informationen über die Kundenbedürfnisse und daraus resultierenden geringeren Streuverlusten bei Marketingaktionen realisieren[5]

Bei längerfristigen Geschäftsbeziehungen muss allerdings angenommen werden, dass Kunden dazu neigen, insbesondere wegen der Kontinuität in der Geschäftsbeziehung Rabatte und günstigere Zahlungsbedingungen einzufordern.[6] Bei allen Kundenbeziehungen ist der optimale Einsatz von Kundenbindungsmaßnahmen demzufolge vor dem Hintergrund der **Profitabilität der einzelnen Kunden** vorzunehmen.[7] Der Anbieter hat im Sinne von betriebswirtschaftlich zu bearbeitenden Investitionsfeldern jene Kundenbeziehungen zu wählen, die eine Produktivität des eingesetzten Kapitals sicherstellen.[8] Da die Annahme einer marginalen Abwanderungsrate profitabler Kunden und die daraus resultierende Vernachlässigung der Neukundengewinnung trotz umfangreicher Kundenbindungs- und Kundenselektionsmaßnahmen als unrealistisch eingeschätzt werden kann[9], bedingt ein langfristig optimales Kundenportfo-

---

1 Siehe hierzu ausführlich Teil E.

2 Vgl. *Bruhn* (2001a), S. 4 f. Zu den empirischen Studien zum positiven Kausalzusammenhang zwischen Kundenbindung und dem monetären Unternehmenserfolg vgl. *Matzler/Stahl* (2000); *Homburg* (2000); *Stauss* (1999); *Anderson/Fornell/Lehmann* (1994).

3 Unter Mund-zu-Mund-Kommunikation wird die „... zweckorientierte Übermittlung von unternehmens- und leistungsspezifischen Informationen und Bedeutungsinhalten durch Kunden eines Dienstleistungsunternehmens mit der Folge der Beeinflussung von Meinungen, Einstellungen, Erwartungen und Verhaltensweisen der Adressaten verstanden." *Meffert/Bruhn* (2003), S. 124. Diese Form der Kommunikation zwischen den Kunden stellt daher oftmals den wichtigsten Faktor bei der Akquisition neuer Patienten dar. Vgl. *Jones/Sasser* (1995), S. 94. Sehr zufriedene Kunden geben ihre positiven Erfahrungen fast immer und durchschnittlich an vier bis acht Personen weiter. Vgl. *Schneider* (2000), S. 40. Zu den positiven Effekten der Mund-zu-Mund-Kommunikation vgl. auch *Algesheimer/Herrmann/Dimpfel* (2004), S. 177.

4 Vgl. *Reichheld/Sasser* (2003), S. 152; *Hippner/Wilde* (2003a), S. 11; *Herrmann/Huber/Fischer* (2000), S. 18; *Homburg/Sieben* (2000), S. 10; *Diller* (1994), S. 9.

5 Vgl. *Hippner/Wilde* (2003a), S. 11. Zudem kann die Kenntnis über die vom Kunden gewünschte Leistungsqualität zu Rationalisierungspotenzialen, z. B. im F&E-Bereich, führen. Vgl. *Dichtl/Schneider* (1994), S. 7.

6 Vgl. *Dowling/Uncles* (1997), S. 8.

7 Vgl. *Hippner/Wilde* (2003a), S. 9; *Gerd* (2001), S. 110. Unter der Profitabilität des Kunden wird im Folgenden der kundenindividuelle Gewinn verstanden. Vgl. *Rapp* (2000), S. 46.

8 Vgl. *Storbacka* (2003), S. 96; *Hennig-Thurau/Hansen* (2000), S. 6; *Schütze* (1992), S. 17; *Reichheld/Sasser* (1990).

9 Vgl. *Bach* (2000), S. 21.

lio[1] auch die gezielte Neukundenakquisition und die Rückgewinnung profitabler Kunden.[2] Tabelle 4 stellt abschließend die wesentlichen Unterschiede zwischen dem transaktionsorientierten Marketingverständnis und dem kundenorientierten Beziehungsmanagement dar.

Dimension	transaktionsorientiertes Marketing	Beziehungsmanagement
Zielorientierung	• Akquisition neuer Kunden	• Aufbau, Erhalt und Wiedergewinnung langfristiger Kundenbeziehungen
Strategische Ausrichtung	• Leistungsdarstellung	• dialogorientierte Ausrichtung der Leistung an den individuellen Kundenwünschen
Zeithorizont	• kurzfristig • aktionistisch • episodenhaft	• langfristig • evolutiv • zukunftsorientiert
Abhängigkeit der Marktpartner voneinander	• tendenziell niedrig	• tendenziell hoch
Möglichkeit der gegenseitigen Einflussnahme	• nur vom Anbieter aus • einseitige Transaktion • standardisierter Leistungsaustausch	• wechselseitige Einflussnahme möglich • selektive Kundenbetreuung nach Wertigkeit • individualisierte Leistungsgenerierung
Kontaktintensität zwischen den Marktpartnern	• unregelmäßiger, geringer Kundenkontakt	• häufiger kontinuierlicher Kundenkontakt
Stärke der Interaktionsfokussierung	• Konzentration auf Vorkaufphase • Produktlebenszyklus als Fokus mit Konzentration auf Produkteigenschaften	• gesamter Kaufprozess mit Betonung der Nachkaufphase • Kundenbeziehungslebenszyklus als Fokus unter Berücksichtigung des individuellen Kundenwerts
Interaktionsdimension	• ergebnisbezogen • ökonomische Ausrichtung	• prozessbezogen • ökonomische und soziale Ausrichtung

Tab. 4: Wesentliche Unterschiede zwischen transaktionsorientiertem Marketing und Beziehungsmanagement

Quelle: Eigene Darstellung.

---

[1] „Jedes Portfolio ist allgemein die (zweidimensionale) Gegenüberstellung einer unternehmensbezogenen und einer Markt bezogenen Größe hinsichtlich von Beurteilungsobjekten, deren Positionen im Portfolio optimiert werden sollen." *Pepels* (2003b), S. 251. Die beiden populärsten Portfolios stammen von der *Boston Consulting Group* (Marktanteils-Marktwachstums-Portfolio) und von *McKinsey* (Wettbewerbsvorteils-Marktattraktivitäts-Portfolio). Vgl. *Walther* (1995). Ein Kundenportfolio stellt eine Variante des Portfolioansatzes dar. Anstatt strategischer Geschäftseinheiten werden Kunden(segmente) in der Portfoliomatrix positioniert. Kundenportfolios sind ein methodisches Hilfsmittel zur Steuerung der Aktivitäten gegenüber dem Kunden und können vor allem unter Investitionsgesichtspunkten zur Visualisierung der Kundenbedeutung herangezogen werden. Vgl. *Rieker* (1995), S. 71. In Abhängigkeit der Positionierung der Kundengruppen in dem Portfolio kann für jedes Segment ein entsprechender Maßnahmenkatalog festgelegt werden. Vgl. *Link* (1995), S. 110. Zur Kundenportfolioanalyse vgl. auch *Meffert/Bruhn* (2003), S. 176 ff.; *Plinke* (1989), S. 316 ff.

[2] Allerdings weisen die notwendigen Kundenbindungsmaßnahmen im Vergleich zur Neukundengewinnung verhältnismäßig geringere Kosten auf. Vgl. *Schneider* (2000), S. 43; *Griffin* (1997), S. 11. Die Kosten der Neukundengewinnung sind um ca. vier bis fünfmal höher, als Bindung eines Stammkunden an das Unternehmen. Vgl. *Eggert* (2003), S. 139; *Schneider* (2000), S. 43. Der Erhalt bestehender Kundenbeziehung kann daher als zentrale Aufgabe angesehen werden. Vgl. *Wicher* (2003a), S. 106.

Um geschäftliche Austauschbeziehungen zwischen ausgewählten Interaktionsgruppen theoretisch zu fundieren, können unterschiedliche Forschungsrichtungen genutzt werden, um implizite Teilaspekte genauer zu beleuchten und zu verstehen.[1] Das Beziehungsmanagement umfasst in seinem theoretischen Bezugsrahmen eine Vielzahl an bereits bestehenden Modellen und Theorien, die sich mit der Analyse und Erfassung von Geschäftsbeziehungen beschäftigen. Neben den Forschungsgebieten, die an der Betriebswirtschaftslehre angesiedelt sind (Kooperationstheorie, Kontrakt- und Investitionsgütermarketing, vertikales und Nachkaufmarketing, Theorie des persönlichen Verkaufs), ist der Bezugsrahmen sehr weit gespannt: Soziologie und Sozialpsychologie, Verhandlungsforschung, Spiel- und Systemtheorie sowie die Institutionenökonomie stellen Forschungsgebiete dar, die sich mit der theoretischen Durchdringung des Beziehungsmanagement befassen.[2] Ausgewählte theoretische Bezugspunkte werden im Folgenden näher betrachtet: der Transaktionskostenansatz im Rahmen der Neuen Institutionenökonomie sowie im Rahmen der Sozialpsychologischen Interaktionstheorie die Equity-Theorie, die Soziale Austauschtheorie und der Resource Dependence-Ansatz.

1.2. Theoretische Fundierung des Beziehungsmanagement

1.2.1. Transaktionskostenansatz

Bei der Koordination handelnder Wirtschaftssubjekte entstehen Transaktionskosten, die Informations- und Kommunikationskosten der Anbahnung (Informationsbeschaffung über potentielle Geschäftspartner und deren Konditionen etc.), Vereinbarung (Verhandlung, Vertragsformulierung etc), Kontrolle (Sicherstellung der Einhaltung von Vereinbarungen etc.) und Anpassung (Durchsetzung von Änderungen während der Laufzeit der Vereinbarung) von Austauschprozessen darstellen.[3] Der Transaktionskostenansatz befasst sich mit den Ursachen für die Entstehung von Transaktionskosten, den die Höhe der Transaktionskosten determinie-

---

[1] Vgl. *Bruhn/Bunge* (1994), S. 10. *Bruhn* ordnet die Erklärungsansätze des Relationship Marketing drei Paradigmata der Marketingforschung zu: dem neoklassischen, dem neoinstitutionellen und dem neobehavioristischen Paradigma. Vgl. ausführlich *Bruhn* (2001a), S. 17 ff. *Bauer/Leach/Grether* führen die Interorganisationalen Beziehungen, die Geschäftsbeziehungen zwischen Herstellern von Produkten und Händlern, Organisationale Ansätze und Geschäftsbeziehungen zwischen Kunden und Händlern als die vier relevanten Forschungsrichtungen im Relationship Marketing an. Vgl. *Bauer/Leach/Grether* (1998), S. 10 ff. Beispiele für die Beeinflussung der Forschungsrichtungen im Relationship Marketing durch theoretische Ansätze finden sich auch bei *Homburg* (2000), S. 133 ff.

[2] Vgl. hierzu *Diller* (1994), S. 12 ff. Zu einer Übersicht der theoretischen Fundierung des Beziehungsmanagement vgl. auch *Eckel* (1997), S. 65 ff. Zu einem kurzen Einblick in das Gebiet der Rechtswissenschaften zur theoretischen Fundierung des Beziehungsmanagement vgl. *Bauer/Leach/Grether* (1998), S. 15.

[3] Vgl. *Kaas* (1992), S. 10; *Picot/Dietl* (1990), S. 178 ff.; *Albach* (1988), S. 1160; *Arrow* (1969), S. 48. Diese Kosten lassen sich auch als Betriebskosten des ökonomischen Systems bezeichnen Vgl. *Kaas* (1995a), S. 4.

renden Faktoren, den Wechselwirkungen zwischen Transaktionskosten und Institutionen[1] sowie dem Entwurf effizienter institutioneller Arrangements zur Abwicklung von Transaktionen.[2] Zwei zentrale Verhaltensannahmen stellen die Basis für die Aussagen der Transaktionskostentheorie dar: beschränkte Rationalität und opportunistisches Verhalten der Individuen.[3]

Vor allem die Dimensionen der Spezifität und der Grad der Unsicherheit charakterisieren eine Transaktion.[4] Austauschpartner tätigen transaktionsspezifische Investitionen, z. B. in Human- oder Sachkapital. Das Ausmaß der transaktionsspezifischen Investition beschreibt die **Spezifität** einer Transaktion.[5] Die Bindung eines Beziehungspartners in Geschäftsbeziehungen fällt dabei umso höher aus, je höher die Spezifität ist. Dies resultiert aus dem Anteil der potenziell versunkenen Kosten (Sunk Costs) am Wert einer Investition, der bei alternativer Nutzung entstehen würde.[6] Die Investitionen stellen Abhängigkeiten und damit Austrittsbarrieren für den jeweiligen Transaktionspartner dar. Dadurch erhöht sich der Spielraum für opportunisti-

---

1 Unter dem Begriff Institution verstehen die Vertreter der Neuen Institutionenökonomie ein „... auf ein bestimmtes Zielbündel abgestelltes System von Normen einschließlich deren Garantieinstrumente." *Richter* (1990), S. 572. Neben dem Unternehmen und seiner organisatorischen Regelungen umfasst der Institutionenbegriff „... z. B. auch den Markt, das Geld, die Sprache sowie soziale Normen und rechtliche Einrichtungen wie etwa Verfassungen, Vertragsformen und das Eigentum." *Picot* (1991), S. 144. Die Neue Institutionenökonomie befasst sich mit den rechtlichen und institutionellen Rahmenbedingungen ökonomischen Handelns und der vertraglichen Gestaltung ökonomischer Beziehungen unter unvollkommener Information. Zur Neuen Institutionenökonomie werden der Transaktionskostenansatz, die Informationsökonomik, die Prinzipal-Agenten-Theorie und der Property-Rights-Ansatz gezählt. Vgl. *Kaas* (1995a), S. 3 f. Zu einer alternativen Einteilung der Forschungsgebiete der Neuen Institutionenlehre vgl. *Williamson* (1990), S. 62 ff. Während sich die Neoklassik bzw. Mikroökonomie mit der Koordination der dezentralisierten Entscheidungen der Markteilnehmer unter Berücksichtigung der individuellen Nutzenmaximierung auseinandersetzt und die Koordination der Austauschprozesse nur über den Markt mittels des Preismechanismus erfolgt, untersucht die Neue Institutionenökonomie genau die Elemente, die den Markt – als alleinig zu lösendes Koordinationsproblem in der Neoklassik – beeinflussen. Hierzu zählen die Annahme der unvollkommenen Märkte, der Aspekt der Unsicherheit und die unvollkommene Information über das Verhalten der Wirtschaftssubjekte und der Umwelt. Vgl. *Weiber/Adler* (1995), S. 64 f. Zu den Annahmen der Neoklassik und zur Kritik vgl. *De Alessi* (1983), S. 64 ff.; *Hax* (1991), S. 54.

2 Vgl. *Kaas* (1995a), S. 4. *Commons* und *Coase* gelten als die Begründer des Transaktionskostenansatzes, der von *Williamson* in seine heutige Form weiterentwickelt wurde. Vgl. *Williamson* (1991); *Williamson* (1985); *Williamson* (1981a); *Williamson* (1981b); *Williamson* (1979); *Williamson* (1975); *Coase* (1937); *Commons* (1931). Zur Entwicklungsgeschichte der Transaktionskostentheorie vgl. *Wiechmann* (1995), S. 190 ff.

3 Vgl. *Bauer/Leach/Grether* (1998), S. 13; *Bogaschewsky* (1995), S. 165 f.; *Hildebrandt* (1990), S. 153.

4 Vgl. *Williamson* (1979), S. 241. Zudem determiniert die Wiederholungshäufigkeit die Transaktion. Diese wird allerdings nicht als alleiniges Entscheidungskriterium für oder gegen eine bestimmte Art der Geschäftsbeziehung angesehen und weist demnach nur einen unterstützenden Charakter auf. Vgl. *Wolf* (1996), S. 50.

5 Es wird eine Unterscheidung in ex ante Spezifität (z. B. spezifische Investitionen) und ex post Spezifität (z. B. Fähigkeiten und Kompetenzen auf Grund häufig wiederkehrender Leistungsbeziehungen) vorgenommen. Zu den unterschiedlichen Formen der Spezifität von Transaktionen vgl. *Williamson* (1984), S. 214 f.

6 Vgl. *Wolf* (1996), S. 49; *Williamson* (1996), S. 59. Unter „Sunk Costs" werden vordisponierte Kosten oder Investitionen in die Geschäftsbeziehung verstanden, die bei anderweitiger Verwendung einen Wertverlust nach sich ziehen. Vgl. *Plinke* (1997), S. 35 f.

sches Verhalten. Ein Anstieg der Transaktionskosten in Form von Informations-, Verhandlungs-, Vertrags- und Kontrollkosten ist die Folge.[1]

Zudem beeinflusst **Unsicherheit** die Transaktionskosten.[2] Während die Umweltunsicherheit (Event Uncertainty) die rechtliche und politische Stabilität oder die Prognosemöglichkeiten des Nachfragerverhaltens betrifft, besteht bei Verhaltensunsicherheit (Market Uncertainty) die Gefahr eines opportunistischen Verhaltens der Akteure und die Problematik der Überprüfung hinsichtlich der Erfüllung der vereinbarten Leistung.[3] Beide Unsicherheiten führen zu erhöhten Transaktionskosten durch intensivierte Formen der Informationsaktivität, zusätzliche Vertragsverhandlungen oder -anpassungen sowie durch die Implementierung von Anreiz- und Kontrollmechanismen. Derartige Anpassungs- und Kontrollkosten führen letztlich zu erhöhten Transaktionskosten.[4]

Die Transaktionskostentheorie zielt darauf ab, die Koordinationsform zu ermitteln, die bei bestimmten Arten von Transaktionen unter bestimmten Bedingungen am kostengünstigsten abgewickelt und organisiert werden kann.[5] Unter Umständen ist die Koordination dabei nicht über den Markt abzuwickeln, sondern im Unternehmen zu realisieren, d. h. dem Marktmechanismus (Transaktion über den Preis) wird die in den Unternehmen vorherrschende Hierarchie (Transaktion durch Weisungen) vorgezogen.[6] Neben diesen idealtypischen Koordinationsformen führt *Williams* zudem eine **Hybridform** an, die „... long-term contracting, reciprocal trading, regulation, franchising and the like ...“[7] umfasst, also alle Arten langfristiger Geschäftsbeziehungen.[8]

Langfristige Beziehungen können durch Verhaltensmuster und Lerneffekte die Kommunikation und Koordination einzelner Transaktionen optimieren und dadurch die Kosten der Suche,

---

1 Vgl. *Klein/Crawford/Alchian* (1978).
2 Vgl. *Williamson* (1990), S. 64 ff.
3 Vgl. *Ebers/Gotsch* (1993), S. 221.
4 Vgl. *Williamson* (1985), S. 64 ff.
5 Vgl. *Williamson* (1985), S. 41.
6 Vgl. *Rindfleisch/Heide* (1997), S. 31. Dies ist vor allem bei hohen Transaktionskosten – also hoher Spezifität und hoher Unsicherheit – der Fall. Die hierarchische Integration bietet einen besseren Informationsfluss, eine bessere Lösung von Konflikten, eine bessere Kontrolle des Transaktionspartners und eine leichtere Abstimmung verschiedener Interessen. Vgl. *Giering* (2000), S. 43. Im Gegensatz dazu ist bei geringer Spezifität und Unsicherheit der Markt vorzuziehen. Vgl. *Bauer/Leach/Grether* (1998), S. 13.
7 *Williamson* (1991), S. 280.
8 Vgl. *Bradach/Eccles* (1989); *Williamson* (1991), S. 280. Die Hybridform ist unter Effizienzgesichtspunkten bei mittlerer Spezifität und Sicherheit die zu wählende Koordinationsform, da „... as compared with the market, the hybrid sacrifices incentives in favor for superior coordination. As compared with the hierarchy, the hybrid sacrifices cooperativeness in favor of greater incentive intensity.“ *Williamson* (1991), S. 283.

Aushandlung und Kontrolle in Austauschprozessen reduzieren. Zudem können sie die Basis für Vertrauen bilden, zum Schutz vor opportunistischem Verhalten beitragen und durch die Unsicherheitsreduktion indirekt die Transaktionskosten verringern. Da die Gefahr des opportunistischen Verhaltens vor dem Hintergrund der Spezifität der Investition eine Absicherung der spezifischen Ressourcen erfordert, stellt die enge Kooperation der Geschäftspartner eine mögliche Lösung dar, das Spezifitätsrisiko und die Transaktionskosten zu reduzieren und in Zukunft weitere spezifische Investitionen im Laufe der Geschäftsbeziehung zu tätigen.[1]

1.2.2. Sozialpsychologische Interaktionstheorie

1.2.2.1. Equity-Theorie

Interaktionsansätze befassen sich mit dem wechselseitigen Verhalten in zwischenmenschlichen Beziehungen.[2] Sie sind Bestandteil der Sozialpsychologie[3] und ziehen Schlüsse aus ökonomischen Tauschbeziehungen.[4] Die Interaktionstheorie von *Homans* stellt die Grundlage sozialpsychologischer Verhaltenstheorien dar. Dieser definiert die Interaktion folgendermaßen: „When we refer to the fact that some unit of activity of some man follows, or [...] is stimulated by some unit of activity of another, [...], then we are referring to interaction."[5] Die soziale Interaktion wird in dieser Theorie als Austausch von materiellen und immateriellen Gütern beschrieben. Interaktionspartner richten ihr soziales Handeln ausschließlich an den Kosten-Nutzen-Überlegungen aus und **sanktionieren das Verhalten der Interaktionspartner** negativ oder positiv.[6] Die in die Beziehung involvierten Partner werden demnach die Geschäftsbeziehung nur so lange aufrechterhalten, wie sie aus dieser Gewinn realisieren können.[7] *Homans* stellt auf dieser Grundlage aufbauend fünf Grundthesen auf:[8]

- Erfolgshypothese: „Je öfter eine Person innerhalb einer gewissen Zeitperiode die Aktivität einer anderen Person belohnt, desto öfter wird jene sich dieser Aktivität zuwenden."

---

1 Vgl. *Plinke/Söllner* (2003), S. 72 ff. Zur Kritik am Transaktionskostenansatz vgl. *Picot/Dietl* (1990), S. 183; *Schneider* (1985), S. 1237 ff.

2 Vgl. ausführlich *Eckel* (1997), S. 71; *Hansen* (1990), S. 279 ff. Zur Kritik vgl. *Kern* (1990), S. 5; *Bornewasser* (1986), S. 130 f.

3 Die Sozialpsychologie befasst sich mit den Reaktionen des Individuums auf soziale Beeinflussungen. Vgl. *Thomas* (1991), S. 6.

4 Vgl. *Söllner* (1993), S. 94.

5 *Homans* (1950), S. 36.

6 Vgl. *Kern* (1990), S. 10.

7 Vgl. *Homans* (1972a), S. 10 ff. Unter Gewinn versteht *Homans* eine psychische Größe als Differenz zwischen Belohnung und Kosten. Die Kosten werden dabei als Wert der mit einer alternativen Aktivität verbundenen Belohnung interpretiert, auf die zugunsten der gegebenen Aktivität verzichtet wurde. Vgl. *Homans* (1972c), S. 100.

8 Vgl. *Homans* (1972c), S. 62 ff.

- Reizhypothese: „Wenn eine Aktivität einer Person während einer bestimmten Reizsituation belohnt wurde, wird sich diese jener oder einer ähnlichen Aktivität um so wahrscheinlicher wieder zuwenden, je mehr die gegenwärtige Reizsituation der früheren gleicht."
- Werthypothese: „Je wertvoller für eine Person eine Aktivitätseinheit ist, die sie von einer anderen Person erhält, desto häufiger wird sie sich Aktivitäten zuwenden, die von der anderen Person mit dieser Aktivität belohnt werden."
- Entbehrungs-Sättigungs-Hypothese: „Je öfter eine Person in jüngster Vergangenheit von einer anderen Person eine belohnende Aktivität erhielt, desto geringer wird für sie der Wert jeder weiteren Einheit jener Aktivität sein."
- Frustrations-Aggressions-Hypothese: „Je krasser das Gesetz der distributiven Gerechtigkeit zum Nachteil einer Person verletzt wird, desto wahrscheinlicher wird sie emotionales Verhalten an den Tag legen, das wir Ärger nennen."

Vor allem die letzte dieser Hypothesen weist einen nachhaltigen Einfluss auf die sozialpsychologische Forschung auf. *Mikula* versteht unter dem Gesetz der **distributiven Gerechtigkeit**, dass eine sich in einer Austauschbeziehung mit einer anderen befindlichen Person Gewinne jeder Person proportional zu ihren Investitionen erwartet (Equity). Sofern eine dritte Instanz die Personen belohnt, erwartet die Person die Beibehaltung der angeführten Relation durch die dritte Instanz.[1] Austauschbeziehungen werden demnach durch die Entsprechung der erhobenen Erwartungen bewertet.

Kernelement ist hierbei die vergleichende Bewertung von Gewinnen und Investitionen verschiedener Personen, d. h. ein sozialer Vergleich. Dabei sind Beziehungen zwischen Interaktionspartnern als Austausch von Belohnungen aufzufassen, wobei die aus den vergangenen Prozessen gesammelten Erfahrungen die aktuellen Handlungen mit dem Ziel beeinflussen, einen möglichst hohen Nutzen aus der Beziehung zu ziehen.[2] Ist nicht davon auszugehen, dass eine Person, die in einer Austauschbeziehung mit einer anderen Person steht, Gewinne proportional zu ihren Investitionen erwartet (Inequity), werden bei dem Individuum Handlungstendenzen aktiviert, die auf eine Vermeidung von Ungerechtigkeit und die Realisierung von Gerechtigkeit in Austauschprozessen abzielen.[3] Das Individuum wird

---

[1] Vgl. *Mikula* (1985), S. 281.

[2] Vgl. *Homans* (1972b), S. 59 ff.

[3] Zudem sind unterschiedliche Einschätzungen der Belohnungen, Kosten und Investitionen dafür verantwortlich, dass verschiedene Personen konkrete Prozesse anders beurteilen und als gerecht wahrnehmen. Vgl. *Homans* (1972c), S. 90 ff. Weiterführend vgl. *Boger* (1986).

entsprechend versuchen, z. B. durch den Abbruch der Geschäftsbeziehung oder eine Reduktion des Inputs, Gerechtigkeit wieder herzustellen.[1] Aus der Equity-Theorie lässt sich für das Beziehungsmanagement ableiten, dass das Unternehmen dafür Sorge zu tragen hat, dass der Kunde die Anbieter-Nachfrager-Beziehung als eine gleichberechtigte Partnerschaft wahrnimmt, d. h. dass der Kunde in der Austauschbeziehung Gewinne der Beziehungspartner proportional zu den jeweiligen Investitionen erwartet.

1.2.2.2. Soziale Austauschtheorie

Thibaut/Kelley haben den Ansatz von *Homans* durch die soziale Austauschtheorie weiterentwickelt, die das Entstehen kooperativer Beziehungen zwischen Organisationen auf das Nutzenkalkül der Akteure zurückführt.[2] Der Austausch als eine freiwillige Aktivität zum Zwecke einer besseren Zielerreichung wird von zwei oder mehreren Organisationen nur dann realisiert, wenn die Kosten geringer ausfallen als der Nutzen. Jeder Interaktionspartner verfügt über eine Anzahl von **Verhaltensalternativen**. Jede Verhaltensalternative stellt für die Beteiligten einen bestimmten Wert im Sinne eines Nutzens (Rewards) oder im Sinne von Kosten (Costs) dar.[3] Die Attraktivität bzw. die Adäquanz des Wertes einer Beziehung und die Abhängigkeit von der Beziehung unter Berücksichtigung von Alternativen lassen sich aus Sicht der Beziehungspartner durch das Kosten-Nutzenverhältnis als soziale Vergleichsprozesse anhand zweier Maßstäbe bewerten.

Aus den Erfahrungen des Kunden leitet sich der erste Maßstab (Comparison Level, CL[4]) ab. Der CL stellt einen **Vergleichsmaßstab zur Messung der Leistungen** (Kosten und Nutzen) einer aktuellen Beziehung dar. Dieser Vergleichsmaßstab wird durch die gesammelten Erfahrungen aus der bisherigen Beziehung, aus Erfahrungen aus anderen vorherigen, ähnlichen Beziehungen sowie durch aktuelle Rahmenbedingungen bestimmt. Während positive Erfahrungen den CL erhöhen und negative diesen reduzieren, wirken jüngere Erfahrungen stärker als ältere auf diesen Vergleichsmaßstab zur Messung der Leistung.[5] Der CL stellt durch den Einfluss situativer Faktoren kein konstantes Konstrukt dar und zeichnet sich durch eine sub-

---

1 Vgl. *Jeschke* (1994), S. 153 f.
2 Vgl. *Staehle* (1991), S. 283 ff.
3 Nach *Schütze* sind Kosten und Nutzen nicht als ökonomische oder materielle Ergebnisse i. e. S. aufzufassen, sondern als Reflexionen der beteiligten Individuen über Einstellungen, Gefühle und Werte. Vgl. *Schütze* (1992), S. 85.
4 Vgl. *Thibaut/Kelley* (1959), S. 21.
5 Vgl. *Plinke/Söllner* (2003), S. 69.

jektive Wahrnehmung aus.[1] Somit liefert der CL im Vergleich mit dem wahrgenommenen Nutzen einen Maßstab für die Zufriedenstellung durch aktuelle Leistungen.[2]

Der zweite Maßstab, der „Comparison Level for Alternatives" (CL_{alt}), zeichnet für den **Fortbestand oder den Abbruch einer Geschäftsbeziehung** verantwortlich. Der CL_{alt} stellt das niedrigste Niveau der erhaltenen Leistungen einer Beziehung dar, das unter Berücksichtigung der zur Verfügung stehenden alternativen Möglichkeiten gerade noch akzeptiert wird. Als Alternative wird dabei auch das Nichteingehen einer Beziehung betrachtet.[3] Der CL_{alt} beschreibt somit den zweiten Maßstab als Vergleich zwischen Kosten und Nutzen der bestmöglichen alternativen Geschäftsbeziehung und der sich daraus ergebenden Zufriedenheit.[4] Aus der Relation zwischen wahrgenommenem Nutzen und CL_{alt} ergibt sich daher die Abhängigkeit eines Austauschpartners.[5] Eine Beziehung ist attraktiv, wenn das erzielte Ergebnis größer als der CL und der CL_{alt} ist, und abhängig, wenn der CL_{alt} kleiner als der CL ist.[6] Die Gegenüberstellung der erzielten Leistungen mit dem CL und dem CL_{alt} ermöglicht somit eine Aussage über die Attraktivität und die Abhängigkeit von der Geschäftsbeziehung.[7]

Zusammenfassend betont die soziale Austauschtheorie die Zufriedenheit als zentrales Konstrukt des Beziehungsmanagement. Zur Gestaltung und Steuerung langfristiger Beziehungen im Rahmen des Beziehungsmanagement sind die Zufriedenheit des Beziehungspartners und damit die Aufrechterhaltung der Beziehung durch den Einsatz adäquater Maßnahmen sicherzustellen. Die soziale Austauschtheorie bezieht sich allerdings nur auf Beziehungen mit ausgeglichenem Machtverhältnis. Bei Machtasymmetrie findet der aus der sozialen Austauschtheorie weiterentwickelte Resource Dependence-Ansatz Verwendung.[8]

1.2.2.3. Resource Dependence-Ansatz

Zu den Begründern des Resource Dependence-Ansatzes zählen *Pfeffer*, *Aldrich* und *Salancik*.[9] Dieser mit der Systemtheorie[1], insbesondere der Theorie der offenen Systeme[2] in

---

[1] Vgl. *Wolf* (1996), S. 41.
[2] Vgl. *Schütze* (1992), S. 85; *Thibaut/Kelley* (1959), S. 81.
[3] Vgl. *Schütze* (1992), S. 87.
[4] Vgl. *Thibaut/Kelley* (1959), S. 21.
[5] Vgl. *Anderson/Narus* (1984), S. 63.
[6] Vgl. hierzu ausführlich *Eckel* (1997), S. 73; *Söllner* (1993), S. 94 ff.
[7] Vgl. *Plinke/Söllner* (2003), S. 70; *Bauer/Leach/Grether* (1998), S. 16 f.
[8] Vgl. *Sydow* (1993), S. 195 ff.
[9] Vgl. *Pfeffer/Salancik* (1978); *Aldrich/Pfeffer* (1976); *Aldrich* (1976); *Pfeffer* (1972).

engem Zusammenhang stehende Ansatz beschäftigt sich mit der **Erhaltung der Überlebensfähigkeit einer Organisation**[3] und betrachtet die Beziehung zwischen den Systemen Organisation und Umwelt.[4] Der Resource Dependence-Ansatz geht von knappen Ressourcen aus. Die Umwelt ist als Eigner von Ressourcen für das Überleben der Organisation notwendig. Daher hängt das Bestehen von den Fähigkeiten der Organisation ab, die benötigten Ressourcen von der Umwelt im Rahmen eines Austauschs zu beziehen.[5]

Im Mittelpunkt der Theorie steht das Ziel, die Abhängigkeit der Organisation zu vermeiden und unter dem Machtaspekt den Zugang zu Ressourcen zu schützen. Drei Determinanten bestimmen im Wesentlichen den Grad der Abhängigkeit eines Unternehmens: die Wichtigkeit der Ressource für den Fortbestand der Unternehmung, der Zugang zu der Ressource und die Existenz zur Verfügung stehender Alternativen zum Bezug dieser Ressource.[6] Um auf die Abhängigkeit von externen Gruppen in der Umwelt, die über die entsprechenden Ressourcen verfügen, zu reagieren, besteht die Möglichkeit, aktiv durch den Versuch einer **engen Zusammenarbeit mit den Ressourceneignern** die Überlebensfähigkeit zu sichern (Bridging Strategies).[7] Es existieren zwei grundsätzliche Alternativen mit unterschiedlichen Ausprägungen. Zum einen sind Maßnahmen der vertikalen Integration zur Verschmelzung des Ressourceneigners mit der Organisation denkbar.[8] Als zweite Alternative bietet sich eine **enge Beziehung zum Eigner** an, um eine größtmögliche Kontrolle über die benötigten Ressourcen zu erlangen (Kooperation).[9]

Der Resource Dependence-Ansatz, dem eine organisationstheoretische Betrachtungsweise zu Grunde liegt, findet häufig zur theoretischen Fundierung von Austauschbeziehungen zwischen Unternehmungen Verwendung. Da die Ursprünge dieses Ansatzes auf der sozialen Austauschtheorie aufbauen, deren Ziel die Untersuchung der Austauschprozesse zwischen Einzelpersonen in einem sozialen Umfeld ist, kann der Resource Dependence-Ansatz auch

---

1 Die Systemtheorie setzt sich auf Basis vielfältiger Beziehungen und gegenseitiger Beeinflussungen mit anderen Systemen und seiner Umwelt mit der Überlebensfähigkeit eines Systems auseinander. Vgl. hierzu *Lehmann* (1992), S. 1844.

2 Unter offenen Systemen sind Systeme zu verstehen, „... in die Elemente „von außen“ eintreten und aus denen ebenso Elemente „nach außen“ treten können.“ *Bauer/Leach/Grether* (1998), S. 13 f. Vgl. hierzu auch *Bertalanffy* (1949); *Wiener* (1948).

3 Vgl. *Kast/Rosenzweig* (1972), S. 456 f.

4 Vgl. *Han* (1992), S. 3.

5 Vgl. *Sydow* (1993), S. 196.

6 Vgl. ausführlich *Pfeffer/Salancik* (1978), S. 45 f.

7 Vgl. *Scott* (1992), S. 197 ff.

8 Vgl. *Pfeffer/Salancik* (1978), S. 118 ff.

9 Vgl. *Bauer/Leach/Grether* (1998), S. 14; *Scott* (1992), S. 180 ff.; *Pfeffer/Salancik* (1978), S. 143 ff.

zur episodenübergreifenden Analyse von Geschäftsbeziehungen Verwendung finden, um ihren Fortbestand bei asymmetrischen Machtverhältnissen zu erklären. Ein Kunde wird danach umso stärker um eine enge Geschäftsbeziehung bemüht sein, je größer seine empfundene Abhängigkeit, d. h. die Bedeutung des Produkts und die Verfügbarkeit von Alternativen, ausgeprägt ist. Zwingende Voraussetzung einer engen Geschäftsbeziehung ist dabei die Loyalität des Kunden.[1]

1.3. Vom Customer Relationship Management zum Patient Relationship Management

1.3.1. Zum Begriff Patient Relationship Management (PRM)

Beziehungsmanagement oder der synonym verwendete Begriff Relationship Marketing bzw. Management[2] kann als Prozess zur **bewussten Herbeiführung und Gestaltung von Transaktionen** verstanden werden. Das Relationship Marketing umfasst im weitesten Sinne die Abgrenzung, Erklärung und Gestaltung von Geschäftsbeziehungen.[3] *Berry* definiert im Hinblick für den in dieser Arbeit relevanten Bereich des Konsum- und Dienstleistungssektors: „Relationship Marketing is attracting, maintaining and – in multi-service organizations – enhancing customers relationships."[4] Ebenso versteht *Jackson* unter Relationship Marketing die Gewinnung, den Aufbau und den Erhalt starker und dauerhafter Kundenbeziehungen.[5] *Payne/Rapp* subsumieren dem Begriff des Relationship Marketing die Entwicklung und Verbesserung bestehender Kundenbeziehungen während ihrer gesamten Lebenszeit.[6]

Andere Autoren betonen im Gegensatz dazu nicht nur die Konzentration auf die Anbieter-Kunden-Beziehung[7], sondern beziehen jegliche Interaktion mit internen und externen Bezugsgruppen in den Relationship Marketing-Ansatz mit ein.[8] *Plinke* definiert das Relationship

---

1 Vgl. *Giering* (2000), S. 50 f.

2 Vgl. *Schmid/Däppen* (2004), S. 40; *Finsterwalder/Reinecke* (2003), S. 34. Relationship Marketing und Relationship Management werden in der Literatur im Allgemeinen synonym verwendet. Vgl. *Ludwig* (2000), S. 131 f. Ebenso fasst *Bruhn* Relationship Marketing als einen Managementansatz auf. Vgl. *Bruhn* (2001a), S. 11.

3 Vgl. *Berry* (1983), S. 25; *Gummesson* (1987), S. 11.

4 *Berry* (1983), S. 25.

5 Vgl. *Jackson* (1985), S. 165.

6 Vgl. *Payne/Rapp* (2003), S. 4.

7 Die Konzentration auf die Beziehungen zu aktuellen und potenziellen Kunden kann auch als Beziehungsmanagement oder Relationship Marketing im engeren Sinne bezeichnet werden. Vgl. *Bruhn* (2001a), S. 10. Vgl. hierzu u. a. *Shani/Chalasani* (1992), S. 34; *Diller/Kusterer* (1988), S. 211 ff.; *Berry* (1980), S. 25.

8 In diesem Falle kann von Beziehungsmanagement im weiteren Sinne gesprochen werden. Vgl. *Bruhn* (2001a), S. 11. Vgl. hierzu u. a. *Specht* (1996), S. 11; *Parvatiyar/Sheth* (1994), S. 1; *Gummesson* (1994), S. 5; *Morgan/Hunt* (1994), S. 22; *Bruhn/Bunge* (1994), S. 48; *Grönroos* (1990a). Auch *Payne/Rapp* sehen in ihrem Sechs-Märkte-Modell den Kunden im Mittelpunkt, gehen aber auch auf weitere Märkte (Lieferantenmärkte, interne Märkte, Personalbeschaffungsmärkte etc.) ein. Vgl. *Payne/Rapp* (2003), S. 7 ff.

Marketing als „... Gesamtheit der Grundsätze, Leitbilder und Einzelmaßnahmen zur langfristig zielgerichteten Selektion, Anbahnung, Steuerung und Kontrolle von Geschäftsbeziehungen ...".[1] Auch *Tomczak* versteht unter Relationship Marketing „... die explizite Orientierung an langfristigen Geschäftsbeziehungen ...".[2] Nach *Morgan/Hunt* bezieht sich das Relationship Marketing „... auf sämtliche Marketingaktivitäten, die darauf ausgerichtet sind, erfolgreiche Austauschbeziehungen zu schaffen, zu entwickeln und zu pflegen."[3] *Specht* definiert das Relationship Marketing als Auswahl und Aufbau von Beziehungen (Beziehungsinitiierung), deren Ausgestaltung und Erhaltung (Beziehungspflege) und die Analyse der Erfolgswirksamkeit und des Erfolgspotenzials sowie die darauf abgestimmte Steuerung (Beziehungscontrolling).[4]

Die in den angeführten Definitionen nur indirekt Berücksichtigung findende Profitabilitätsorientierung als wesentliches Element der langfristigen Überlebenssicherung einer Unternehmung heben andere Autoren stärker hervor. So nennt *Backhaus* die Segmentierung und Bedienung der Kunden nach ihrer Profitabilität als wesentliches Element des Relationship Marketing.[5] *Grönroos* betont die Ausrichtung des Relationship Marketing auf den Aufbau und den Erhalt profitabler Geschäftsbeziehungen mit ausgewählten Kunden.[6] Ebenso differenziert *Gummesson* bei seinem Relationship Marketing-Ansatz zwischen unprofitablen und profitablen Kunden.[7]

Somit unterscheiden sich die angeführten Definitionen des Relationship Marketing hinsichtlich der involvierten Beziehungspartner vom Kunden bis hin zu allen Anspruchsgruppen des Unternehmens sowie der Betonung der Profitabilitätsorientierung, die direkt oder zumindest indirekt Berücksichtigung findet. Allen Definitionen ist jedoch gemeinsam, dass der Neukundenakquisition nur teilweise und der Wiedergewinnung von Kunden keine explizite Bedeutung zuteil wird. Eine Ausnahme hinsichtlich der Wiedergewinnung von Beziehungspartnern bildet *Bruhn*, für den Relationship Management „... sämtliche Maßnahmen der Analyse, Planung, Durchführung und Kontrolle, die der Initiierung, der Stabilisierung, Intensivierung und Wiederaufnahme von Geschäftsbeziehungen zu den Anspruchsgruppen – insbesondere zu den

---

1 *Plinke* (1992), S. 841.
2 *Tomczak* (1994), S. 195.
3 *Morgan/Hunt* (1994), S. 22.
4 Vgl. *Specht* (1996), S. 10.
5 Vgl. *Backhaus* (1997), S. 16 f.
6 Vgl. *Grönroos* (1990b), S. 138.
7 Vgl. *Gummesson* (1997), S. 268.

Kunden – des Unternehmens mit dem Ziel des gegenseitigen Nutzens dienen[.]"[1], umfasst. Die Wiedergewinnung von Kunden und die Beziehungsinitiierung werden hier explizit betont.

Folgt man der eingangs angeführten synonymen Verwendung der Begriffe „Beziehungsmanagement", „Relationship Marketing" bzw. „Relationship Management", ist der Begriff des Customer Relationship Management (CRM) semantisch als kundenbezogenes Relationship Marketing bzw. Kundenbeziehungsmanagement aufzufassen. Allerdings lassen sich zwischen dem Relationship Marketing und dem CRM Unterschiede identifizieren:

Im weitesten Sinne können alle Maßnahmen als CRM bezeichnet werden, die mit dem Ziel des **Erschließens und Ausschöpfens von Kundenpotenzialen** zu einer erfolgreichen Herstellung und Aufrechterhaltung der Kundenbeziehungen führen.[2] Nach *Helmke* umfasst das CRM die ganzheitliche Bearbeitung der Beziehungen eines Unternehmens zu seinen Kunden.[3] *Hippner/Wilde* und *Frielitz et al.* beschreiben CRM als eine kundenorientierte Unternehmensphilosophie[4], „... die mit Hilfe moderner Informations- und Kommunikationstechnologien versucht, auf lange Sicht profitable Kundenbeziehungen durch ganzheitliche und differenzierte Marketing-, Vertriebs- und Servicekonzepte aufzubauen und zu festigen."[5] Auch *Sexauer* betont, dass langfristige und erfolgreiche Kundenbeziehungen durch die Sammlung von Kundenwissen auf Basis integrierter, kundenorientierter Informationssysteme[6] entstehen.[7] Ebenso betont *Link* die Verbindung der Gedanken der Kundenbindung mit den Möglichkeiten der kundenorientierten IT. Er definiert CRM als „... informationstechnologisch gestützte Herstellung, Aufrechterhaltung und Nutzung von Kundenbeziehungen ..."[8]. *Rapp* betont die Be-

---

1 *Bruhn* (2001a), S. 9. Der Nutzen liegt für den Kunden in der Erfüllung seiner Bedürfnisse durch das Unternehmen. Für das Unternehmen resultiert der Nutzen aus der Profitabilität beziehungsweise Wertschöpfung durch die Kundenbeziehung. Vgl. *Meffert/Bruhn* (2003), S. 73.

2 Vgl. *Finsterwalder/Reinecke* (2003), S. 34; *Schmidt* (2001), S. 236; *Wehrmeister* (2001), S. 16; *Schneider* (2000), S. 13 f.

3 Vgl. *Helmke* (2000), S. 36.

4 Die im Rahmen der Unternehmensphilosophie getroffenen Vorgaben tangieren die gesamte Unternehmung und können als Wertebasis unternehmerischen Denkens und Handelns interpretiert werden. Im Gegensatz zu den noch anzuführenden und hinsichtlich des Ausmaßes und des zeitlichen Bezugs klar spezifizierten Unternehmenszielen manifestiert sich die Unternehmensphilosophie in zeitlich unbestimmten Vorgaben. Diese Vorgaben bestehen aus einer Ansammlung von allgemeinen Zwecken, Zielen, Potenzialen und Verhaltensweisen. Vgl. *Nieschlag/Dichtl/Hörschgen* (2002), S. 74. Zur Unternehmensphilosophie vgl. auch *Kreutzer/Jugel/Wiedmann* (1986).

5 *Hippner/Wilde* (2003a), S. 6; *Frielitz et al.* (2000), S. 102. Vgl. hierzu auch *Winkelmann* (2002), S. 42.

6 Informationssysteme werden als Systeme aufgefasst, bei denen die Elemente aus Informationen, Menschen und/oder technischen Komponenten existieren und zwischen diesen Elementen Beziehungen bestehen. Vgl. *Griese* (1993), Sp. 1768.

7 Vgl. *Sexauer* (2002), S. 220.

8 *Link* (2001), S. 3.

ziehung zwischen Unternehmen und Kunde sowie die Steigerung des Unternehmens- und Kundenwerts durch das systematische Management der existierenden Kunden als Kerngedanken des CRM.[1]

Eine umfangreiche Definition liefern *Homburg/Sieben* (2000): „Das CRM umfasst die Planung, Durchführung, Kontrolle und Anpassung aller Unternehmensaktivitäten, die zu einer Erhöhung der Profitabilität der Kundenbeziehung und damit zu einer Optimierung des Kundenportfolios beitragen. CRM beinhaltet dabei folgende charakteristische Prinzipien:

- Kundenorientierung: Die konsequente Ausrichtung aller Unternehmensaktivitäten (Leistungen, Prozesse etc.) an den Bedürfnissen des Kunden.
- Wirtschaftlichkeitsorientierung: Die differenzierte Bearbeitung des Kunden in Abhängigkeit von der Kundenwertigkeit.
- Systematisierung: Die unternehmensübergreifende und langfristige Orientierung der Kundenbearbeitung über den gesamten Kundenbeziehungslebenszyklus hinweg.
- Individualisierung: Die Ausrichtung aller Aktivitäten des Unternehmens gezielt auf einzelne Kunden(segmente).
- IT-Anwendung: Die kontinuierliche, systematische und gezielte Aufnahme sowie zentrale Verarbeitung von Markt- und Kundeninformationen."[2]

Im Gegensatz zum Relationship Marketing betont das CRM stärker die Ausrichtung der Unternehmensaktivitäten an der Profitabilität des Kunden und die Unterstützung der Aktivitäten durch die moderne Informationstechnologie.[3] Allerdings erfolgt auch bei den angeführten Definitionen keine explizite Berücksichtigung der Kundenakquisition und Wiedergewinnung abgewanderter Kunden als Zielgröße des CRM-Ansatzes. Dabei bietet das CRM durch seine analytische Wissensentwicklung eine optimale Plattform zur gezielten Kundenakquisition[4] aber auch -rückgewinnung.

Bei der Übertragung eines allgemeingültigen CRM auf ein **branchenspezifisches patientenorientiertes Beziehungsmanagement** bzw. Patienten Relationship Management (PRM) ver-

---

1 Vgl. *Rapp* (2000), S. 42.
2 *Sieben* (2003), S. 299; *Homburg/Sieben* (2000), S. 7 f.
3 Vgl. *Gerd* (2001), S. 110; *Rapp* (2000), S. 46; *Homburg/Sieben* (2000), S. 8; *Steidle* (2000), S. 40. Die Betonung der Profitabilität ist aber wie beim Relationship Management/Marketing nicht eindeutig. Auch bei der Beschreibung des CRM existieren Definitionen, die die Profitabilität der Kundenbeziehung ausklammern. Vgl. hierzu z. B. *Stengl/Sommer/Ematinger* (2001), S. 24 f.
4 Vgl. *Rapp* (2003), S. 61.

deutlichen die wenigen Definitionsversuche zum PRM den engen Zusammenhang zum CRM. *Stock/Pfahlert* definieren PRM als „... einen umfassenden Prozess zur systematischen Pflege der Kundenbeziehungen eines Pharma-Unternehmens zu den Endverbrauchern."[1] Auch *Badenhoop/Ryf* führen Elemente des CRM an und definieren PRM als „... ein innovatives Management für den Aufbau und Erhalt langfristiger, profitabler Kundenbeziehungen."[2] Die Anpassung des CRM an den Pharmamarkt mit dem Patienten als Zielgruppe liefert somit eine allgemeingültige und auch auf andere Märkte übertragbare Definition.

Die auf dem Pharmamarkt bestehenden spezifischen Rahmenbedingungen und Besonderheiten in der Beziehung zwischen Patient und pharmazeutischem Unternehmen, die bei der Ausgestaltung des PRM berücksichtigt werden müssen und entsprechend die Elemente des PRM beeinflussen, tangieren nicht die grundsätzliche Ausgestaltung eines patientenorientierten Beziehungsmanagement. Die PRM-Definition wird daher wie folgt gewählt: Das Patient Relationship Management (PRM) umfasst die Planung, Durchführung, Kontrolle und Anpassung der Unternehmensaktivitäten zur Profitabilitätssteigerung potenzieller, bestehender und wieder aufzunehmender Beziehungen zu Patienten und somit zur Optimierung des Patientenportfolios. Die Unternehmensaktivitäten sind zur Schaffung langfristig profitabler Anbieter-Nachfrager-Beziehungen IT-gestützt und in Abhängigkeit des individuellen Patientenwertes an den Patientenbedürfnissen auszurichten.

1.3.2. Einordnung des PRM in das Dienstleistungsmarketing

Pharmazeutische Hersteller bieten Marktleistungen an, die sich in der Regel aus materiellen Gütern und Dienstleistungen zusammensetzen.[3] Die materiellen Güter bzw. Sachleistungen werden in Form von Tabletten, Dragees, Pulver, Salben, Tropfen etc. vermarktet. Der Verwendungszweck ist der Konsum durch den Verbraucher respektive Patienten, so dass Arzneimittel zu den Konsumgütern zu zählen sind.[4]

Die Kernleistung Arzneimittel stiftet beim Konsumenten den Kernnutzen, z. B. in Form einer Linderung bestimmter Symptome oder einer Wiederherstellung der Leistungsfähigkeit des Patienten.[5] Das Arzneimittel als Sachleistung (materielles Gesundheitsgut) stellt dabei nur das Hilfsmittel zur Erreichung des gewünschten Dienstleistungsergebnisses (immaterielles Ge-

---

1 *Stock/Pfahlert* (2001), S. 187.
2 *Badenhoop/Ryf* (2001), S. 7.
3 Vgl. *Bundesverband der Pharmazeutischen Industrie* (1995), S. 63 ff.
4 Vgl. *Meissner* (2004), S. 34.
5 Vgl. *Bletzer* (1998), S. 61.

sundheitsgut bzw. Gesundheitsleistung) dar.[1] Die Inanspruchnahme der Leistung „Therapieunterstützung durch das Pharmakon" zur Wiederherstellung der Leistungsfähigkeit des Patienten zeichnet sich daher durch die „klassischen" Eigenschaften einer Dienstleistung[2] aus:

- Die Anwendung des Arzneimittels erfordert die Mitwirkung des Patienten (Integration des externen Faktors).[3]
- Die Wirkung des Medikaments ist weder transport- noch lagerfähig.[4]
- Der Vorgang der Bedürfnisbefriedigung bzw. Wirkung des Arzneimittels ist identisch mit der Produktion der Leistung (uno-actu-Prinzip).[5]
- Die vom Pharmakon entfaltete Wirkung ist immateriell und vor Anwendung bzw. Nutzung nicht einwandfrei greif- oder sichtbar und demnach nicht mit allen Sinnesorganen wahrnehmbar (Intangibilität).[6]

Darüber hinaus besteht die Leistung des pharmazeutischen Unternehmens aus weiteren, die Kernleistung Arzneimittel unterstützenden materiellen Gesundheitsgütern (z. B. Blutzuckermessgeräten, Stechhilfen) und produktbegleitenden Dienstleistungen bzw. Gesundheitsleistungen (z. B. Informationsangeboten). Das Leistungsangebot des pharmazeutischen Unternehmens besteht daher aus einer Problemlösungskombination – einem **Verbund aus Sach-**

---

1 Vgl *Bruhn* (2003b), S. 96; *Hilke* (1989), S. 14 f.

2 Im Folgenden wird sich an der Definition von *Meffert/Bruhn* orientiert, die Dienstleistungen als selbstständige, marktfähige Leistungen beschreiben, die mit der Bereitstellung und/oder dem Einsatz von Leistungsfähigkeiten verbunden sind (Potenzialorientierung). Dabei werden sowohl interne als auch externe Faktoren im Rahmen des Erstellungsprozesses mit dem Ziel kombiniert (Prozessorientierung), durch den Einsatz der Faktorkombination des Dienstleistungsanbieters – in diesem Fall – an Menschen nutzenstiftende Wirkungen zu erzielen (Ergebnisorientierung). Vgl. *Meffert/Bruhn* (2003), S. 30. Zur Übersicht über die Produktionsfaktoren im Rahmen der Dienstleistungserstellung vgl. ausführlich *Corsten* (1990), S. 98 ff. Zum Überblick über Ansätze, Dienstleistungen anhand unterschiedlicher Kriterien zu beschreiben und voneinander abzugrenzen vgl. *Lovelock* (2001), S. 33 ff. Der Dienstleistungsbegriff wird sowohl in der englischsprachigen als auch der französischen Literatur als „Service" bezeichnet. Zu den Begriffen Service und Dienstleistung besteht kein einheitliches Begriffsverständnis. In der Literatur wird der Dienstleistungsbegriff häufig ganz oder teilweise mit „Service" gleichgesetzt. Zum Dienstleistungsbegriff vgl. *Meffert/Bruhn* (2003), S. 27 ff.; *Kleinaltenkamp* (2001), S. 32; *Haller* (1998), S. 51. Zur Geschichte des Dienstleistungsmarketing und der Bedeutungszunahme dieses Marketingbereichs seit Mitte der 70er Jahre vgl. *Fisk/Brown/Bitner* (1993).

3 Vgl. *Morra* (1996), S. 27 f.; *Raffée/Fritz/Wiedmann* (1994), S. 31. Für den Anbieter von Gesundheitsleistungen ergibt sich daraus die Konsequenz, dass er in Bezug auf die zu erbringende Leistung nur ein bestimmtes Versprechen abgeben kann, weil der Zustand des externen Faktors nicht genau bekannt (vgl. *Meyer/Mattmüller* (1987), S. 189) und daher schlecht kontrollierbar ist. Vgl. *Parasuraman/Zeithaml/Berry* (1985), S. 42; *Corsten* (1988), S. 82.

4 Vgl. *Deutz* (1999), S. 29; *Güthoff* (1995), S. 5; *Raffée/Fritz/Wiedmann* (1994), S. 31. Medizinische Teilleistungen oder (Teil)Ergebnisse können dagegen materiell und damit lagerfähig sein. Das Festhalten von Befunden nach Diagnosestellung oder der an einen Arzt übermittelte Arztbrief sind als lagerfähige Trägermedien einzustufen. Vgl. *Kleinaltenkamp* (2001), S. 35; *Schmutte* (1998), S. 7. Zu Ausnahmen des uno-actu-Prinzips bei Dienstleistungen vgl. auch *Haller* (2002), S. 6 f.; *Maleri* (1994), S. 88 f.

5 Vgl. *Raffée/Fritz/Wiedmann* (1994), S. 31; *Dézsy/Schwanzer* (1993), S. 133 f.

6 Vgl. *Haller* (2002), S. 5; *Bieger* (2000), S. 8; *Güthoff* (1995), S. 4.

und Dienstleistungen.[1] Die unterschiedlichen Kombinationsmöglichkeiten von Dienst- und Sachleistungsanteilen von Unternehmensleistungen pharmazeutischer Unternehmen lassen sich anhand eines Kontinuums verdeutlichen (vgl. Abbildung 11).

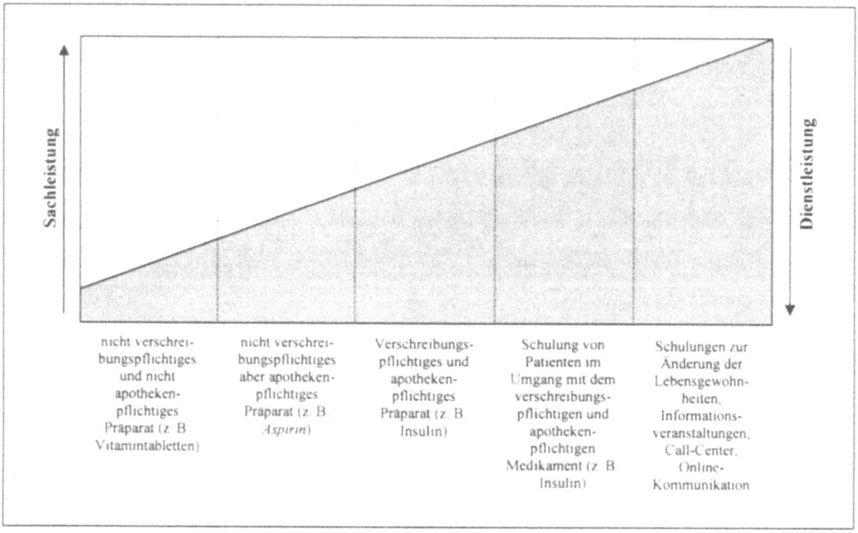

Abb. 11: Einordnung des Marketing pharmazeutischer Unternehmen
Quelle: In Anlehnung an *Hilke* (1989), S. 8.

Die in dieser Arbeit relevanten verschreibungspflichtigen Arzneimittel weisen im Vergleich zu nicht-verschreibungspflichtigen oder nur apothekenpflichtigen Medikamente ein hohes Potenzial für Dienstleistungskomponenten auf. Hierzu zählen z. B. Verschreibung durch den Arzt, Beratung durch den Apotheker, detaillierte Informationen (über Anwendung, Nebenwirkungen etc.) sowie Schulungen im Umgang mit Präparaten oder Hilfsmitteln. Da Leistungen, die zu mehr als 50 % aus immateriellen Bestandteilen bestehen, als Dienstleistungen be-

[1] Vgl. *Bletzer* (1998), S. 40 ff. Zu einer Klassifikation des Produktprogramms pharmazeutischer Unternehmen nach Hardware (Wirksubstanz, Nebenwirkungen, Wirkdauer etc) und Software (produktbegleitende Elemente) vgl. *Uhlmann* (1989), S. 72.

zeichnet werden können[1], lässt sich das Marketing pharmazeutischer Unternehmen hinsichtlich ethischer Präparate dem Dienstleistungsmarketing zuordnen.[2]

1.4. Begründung für ein patientenorientiertes Beziehungsmanagement

1.4.1. Vertrauen als Grundlage eines stabilen Patient Relationship Management

Aus den Besonderheiten von gesundheitsbezogenen Dienstleistungen, die unter Umständen einen Einfluss auf das weitere Leben des Patienten haben, resultiert ein erhöhtes Risikoempfinden des Nachfragers.[3] Da der Nachfrager die Kernleistung des Herstellers im Sinne einer Vorleistung (Verschreibung) in Anspruch nimmt, die Wirkung der Medikamente – also die Gegenleistung des Anbieters – aber nur zeitverzögert eintritt[4], wird diese **mit Unsicherheit behaftete Transaktion** nur erfolgreich sein, wenn in der Beziehung Patient-Pharmaunternehmen Vertrauen existiert.[5]

Vertrauen erfüllt die Funktion der Komplexitätsreduktion in zwischenmenschlichen Beziehungen und beschreibt die Bereitschaft des Kunden, sich auf das Unternehmen im Hinblick auf dessen zukünftiges Verhalten ohne weitere Prüfung zu verlassen.[6] Durch den Aufbau von Vertrauen wird das wahrgenommene Risiko des Patienten reduziert[7], so dass eine wiederholte Leistungsinanspruchnahme durch das Individuum sowie eine daraus resultierende Maximie-

---

1 Alle anderen Leistungen werden entsprechend als Sachleistungen bezeichnet. Vgl. hierzu *Johnson/ Scheuning/Gaida* (1986), S. 12 f.

2 Nur wenige Dienstleistungen, wie z. B. Beratungsdienste, weisen ausschließlich einen immateriellen und intangiblen Charakter auf. In der Regel kommen materielle oder sinnlich erfassbare Leistungskomponenten hinzu. Vgl. *Haller* (2002). S. 6; *Maleri* (1994), S. 88 f. Die Unterstützung der Therapie als Kernaufgabe durch das Leistungsprogramm eines pharmazeutischen Unternehmens ist hierbei als konsumtive Dienstleistung einzuordnen. Zur Unterscheidung von konsumtiver und investiver Dienstleistung vgl. *Bletzer* (1998), S. 48 f.

3 Vgl. *Bruhn* (2003b), S. 80.

4 Vgl. *Meyer/Bartelt* (1999), S. 44 f.; *Sheth/Parvatiyar* (1995a), S. 408. Des Weiteren sind Umtausch oder Rückgabe sowie die Aussonderung von fehlerhaften Produktionsergebnissen nur unter negativen Einflüssen auf die Gesundheit des Nachfragers realisierbar (z. B. Ersatz eines Medikaments mit schwerwiegenden Nebenwirkungen), Nachbesserungen unter Umständen bei bereits vorgenommenen Leistungen nicht mehr möglich (z. B. Amputation). Vgl. *Dierks/Siebeneick/Röseler* (2001), S. 19; *Haller* (1998), S. 64; *Hentschel* (1992), S. 62 f.

5 Vgl. *Göbl* (2003), S. 16; *Kesselhut* (2003), S. 43; *Kleinaltenkamp/Kühne* (2003), S. 22; *Weinberg/Terlutter* (2003); *Rapp* (2000), S. 169; *Bauer/Roscher* (2000), S. 29; *Arrow* (1973), S. 439. Nach *Hakansson/Wootz* (1979) kommt dem Vertrauen in den Geschäftspartner vor allem in Entscheidungssituationen mit hoher Unsicherheit eine erhebliche Bedeutung zu. Dabei kann auch das Vertrauen als spezifische Investition im Sinne einer riskanten Vorleistung durch den Patienten bezeichnet werden. Vgl. *Rippberger* (1998), S. 85 f.

6 Vgl. *Morgan/Hunt* (1994), S. 23. Zum Vertrauensbegriff siehe insbesondere Teil E.

7 Vgl. *Morgan/Hunt* (1994). Gleichzeitig wird die Risikobereitschaft des Konsumenten erhöht. Vgl. *Mayer/ Davis/Schoormann* (1995).

rung des ökonomischen Erfolgs eines Unternehmens bei positiven Deckungsbeiträgen der Transaktionen anzunehmen ist.[1]

Die hohe Bedeutung des Wiederherstellens von Gesundheit bzw. der Beseitigung oder Linderung der Krankheitssymptome führt beim Patienten zu einer erhöhten Nachfrage nach Gesundheitsinformationen über unterschiedliche Therapie- und Diagnoseverfahren, die richtige Leistungserbringerwahl und den zu erwartenden Qualitätsstandard der Leistungserbringung etc.[2] Dabei ist ein Vergleich der Leistungserbringung mit anderen Patienten im individuellen Krankheitsfalle nur begrenzt möglich, so dass von einer **hohen transaktionsspezifischen Investition** und somit von einer hohen Spezifität der Transaktion ausgegangen werden muss. Hierunter lassen sich beispielsweise die Erfahrungen mit der Wirkung eines Arzneimittels oder die dem Arzt in diesem Zusammenhang übermittelten Informationen zusammenfassen, die bei einem Präparatewechsel verloren gingen. Neben den Kosten der Informationssuche resultieren hieraus auch Vereinbarungskosten mit dem verschreibenden Arzt bei Auswahl eines neuen Medikaments sowie Anpassungskosten bei Einsatz eines neuen Arzneimittels.

Für das pharmazeutische Unternehmen bietet es sich an, mit dem Patienten – der seinerseits zur Reduktion des wahrgenommenen Risikos als Voraussetzung einer erfolgreichen Kundenbindung vermehrt nach Informationen sucht[3] – in Interaktion zu treten und im Rahmen einer individualisierten und engen Beziehung sachverständige bzw. glaubwürdige Informationen zur Verfügung zu stellen. Die beim Patienten entstehenden **Kosten der Informationssuche sowie die Vereinbarungs- und Anpassungskosten** werden durch eine individuelle Gestaltung des Leistungserstellungsprozesses und das anbieterseitige Interaktionsverhalten des pharmazeutischen Unternehmens reduziert. Zudem signalisiert das Unternehmen den Willen zu einer langfristigen Geschäftsbeziehung, indem durch die Interaktion und Informationsübermittlung auch nach der Entscheidung zur Leistungsinanspruchnahme Investitionen in die Geschäftsbeziehung getätigt werden.[4] Dem Patienten wird hierdurch eine Absicherung der von ihm in die Beziehung getätigten Investitionen signalisiert und damit sein Spezifitätsrisiko verringert.

---

1 Vgl. *Kleinaltenkamp/Kühne* (2003), S. 22 f. Vgl. hierzu und zu weiteren Auswirkungen durch den Aufbau von Vertrauen *Bauer/Neumann/Huber/Hölzing* (2004), S. 5 f.

2 Vgl. *Dierks/Schwartz/Walter* (2001), S. 71.

3 Vgl. *Kleinaltenkamp* (2003), S. 365; *Walsh* (2002).

4 Vgl. *Dullinger* (2001), S. 104 f.; *Kern/Troche/Beske* (1999), S. 36. Beispielsweise zeigt sich, dass mit zunehmender Informiertheit des Patienten über Arzneimittelnebenwirkungen die Einschätzung von Nebenwirkungen als schwerwiegend und schwer behebbar abnimmt. Vgl. *Ortwein* (1993), S. 311.

Die Interaktion und Übermittlung krankheitsspezifischer Informationen als anbieterseitige Gestaltung des Leistungserstellungsprozesses fördern die Patientenkompetenz und reduzieren das wahrgenommene Risiko bzw. die Unsicherheit des Patienten. Aus dieser verstärkten Kooperation zwischen Anbieter und Nachfrager resultieren ein gesteigertes patientenseitiges Vertrauen in den Anbieter sowie ein sich aus der zunehmenden Patientenkompetenz ergebender positiver Einfluss auf die Compliance des Patienten und somit auf das Dienstleistungsergebnis.[1]

Das Vertrauen des Patienten in das Unternehmen senkt zudem dessen Sicherungs- und Kontrollmechanismen gegen opportunistisches Verhalten des Anbieters. Neben den Such-, Vereinbarungs- und Anpassungskosten im Vorfeld der Leistungsinanspruchnahme werden folglich auch die Kontrollkosten vermindert.[2] Dies führt insgesamt zu einer **Reduktion der Transaktionskosten bei weiteren Transaktionen** mit demselben Anbieter. Das entstandene Vertrauen des Patienten in das Unternehmen stellt bei einem Wechsel des Unternehmens durch höhere Transaktionskosten – wie z. B. Informationsbezug über Vertrauenswürdigkeit, Maßnahmen gegen opportunistisches Verhalten – eine Wechselbarriere dar[3], so dass das Unternehmen seinerseits mit einer schnelleren, d. h. unkomplizierteren Entscheidung, und einer wiederholten Leistungsinanspruchnahme des Individuums bzw. mit einem loyalen Kunden rechnen kann.[4]

Fasst man die Überlegungen zusammen, lässt ein Vertrauensaufbau auf Basis eines Beziehungsmanagement zwischen Patient und Pharmaunternehmen positive **Auswirkungen auf die Effizienz und Effektivität der Zusammenarbeit** zwischen Unternehmen und Kunden erwarten.[5] Neben der Unsicherheitsreduktion ist eine Verminderung der Transaktionskosten auf Grund der geringeren Such-, Anbahnungs-, Anpassungs- und Kontrollkosten aus Patientensicht zu erwarten. Das pharmazeutische Unternehmen kann seinerseits mit einer wiederholten Leistungsinanspruchnahme des Patienten und – bei positiven Deckungsbeiträgen der Transaktionen – einer Maximierung des ökonomischen Erfolgs rechnen.

Für das Management von Transaktionen hinsichtlich der Beziehung zwischen Patient und pharmazeutischem Unternehmen lassen sich hieraus wichtige Implikationen ableiten. Zeich-

---

1 Vgl. *Weinberg/Terlutter* (2003); *Baumberger* (2001), S. 168.
2 Vgl. *Picot* (1982), S. 270 ff.; *Williamson* (1981a), S. 558 ff.
3 Vgl. *Preß* (1997), S. 81.
4 Vgl. *Wesemeier* (2002), S. 78.
5 Vgl. *Harms/Drüner* (2003d), S. 194; *Wesemeier* (2002), S. 5; *Berry* (1995), S. 242.

net sich eine Anbieter-Nachfrager-Beziehung durch eine hohe Unsicherheit und Spezifität aus, muss eine individuelle Lösung mit dem Fokus auf einer langfristigen Geschäftsbeziehung zwischen dem Nachfrager und einem vertrauensvollen Zulieferer auf Grund der aus Kundensicht problematischen Transaktion zur Anwendung kommen. Die obigen Ausführungen in Bezug auf die Beziehung zwischen Patient und Pharmaunternehmen implizieren somit die individuelle Bearbeitung und Bindung der Patienten an das pharmazeutische Unternehmen als vertrauensvollen Anbieter von Gesundheitsleistungen durch ein patientenorientiertes Beziehungsmanagement – also ein Patient Relationship Management (PRM).

1.4.2. Chronisch Kranke als Zielgruppe eines erfolgreichen PRM

Die Zielgruppe für ein Patient Relationship Management leitet sich aus den in Teil B gewonnenen Erkenntnissen ab. Die Aufnahme einer langfristigen Geschäftsbeziehung erfordert eine sorgfältige **Partnerselektion.**[1] Asymmetrische Bindungen mit der Dominanz eines Partners sind zu vermeiden, da der dominierende Partner zu einem opportunistischen Verhalten neigen und aus der Abhängigkeit des Anderen Vorteile ziehen kann.[2] Um die Gefahr einer Beziehung mit asymmetrischer Informationsverteilung zu mindern, müssen Kunden identifiziert werden, die nicht dem opportunistischen Verhalten des Anbieters ausgesetzt sind, der unter Umständen keinen Wert auf die Beziehung legt bzw. den Kunden schädigt und seinen eigenen Nutzen maximiert.[3]

Unter Berücksichtigung der Schwere einer Erkrankung, die positiv mit der Beeinflussbarkeit des Informationsempfängers korreliert[4], eignen sich für ein PRM nur Patienten, die nicht auf Grund vorherrschender Ängste und Befürchtungen in ihrem Verhalten und in ihrer Einstellung beeinflusst werden können. Die bei eingeschränkter rationaler Entscheidungsfähigkeit bestehende Gefahr der Vernachlässigung patientenspezifischer Interessen und Maximierung der eigenen Nutzenfunktion (z. B. Gewinnorientierung) des Anbieters führt ein PRM unter ethischen und moralischen Gesichtspunkten ad absurdum. Nur der Patient, der die Bedeutung und die Folgen seiner Handlung verstehen und einschätzen kann und sich der Verantwortlichkeit seiner Handlungen bewusst ist, eignet sich für ein PRM.[5] Dies führt letztendlich zu der

---

[1] Vgl. *O'Neal* (1989), S. 59.
[2] Vgl. *Williamson* (1985).
[3] Vgl. *Williamson* (1975), S. 46.
[4] Vgl. *Bürger* (2003), S. 303.
[5] Vgl. *Holzem* (1998), S. 94 f.

Zielgruppe der chronisch Kranken, die sich nicht in einer unmittelbaren physischen oder psychischen Abhängigkeit von einem Anbieter pharmazeutischer Produkte befinden.[1]

Diese Patientengruppe zeichnet sich hinsichtlich ihrer Krankheit und den Behandlungsmöglichkeiten durch einen **hohen Wissensstand** aus, weist die Fähigkeit zu **nahezu rationaler Entscheidung** auf und kann daher als Konsument nach Gesundheitsleistungen – vergleichbar mit anderen konsumorientierten Branchen – als **gleichberechtigter Partner** des pharmazeutischen Unternehmens angesehen werden. Der chronisch Kranke ist nicht von dem pharmazeutischen Unternehmen abhängig (ein Anbietermonopol ausgeschlossen) und kann die unternehmensseitigen Leistungen auf Grund des hohen Wissensstandes adäquat beurteilen. Das Wissen über die Qualität von Behandlungen und das Angebot von Leistungserbringern befähigen den Patienten, objektive Prüfungen der Versorgungsangebote im Gesundheitswesen vornehmen zu können. Die Gefahr eines opportunistischen Verhaltens des Anbieters bzw. ein Ausnutzen der Geschäftsbeziehung ist somit relativ gering. Ein derartiger Versuch würde die Abwanderung des chronisch Kranken zur Konkurrenz nach sich ziehen.

Chronisch Kranke sind auf Grund von verbrauchsintensiven Gesundheitsbedürfnissen eine attraktive Zielgruppe für pharmazeutische Unternehmen. Ca. 40-50 % der Bevölkerung leiden an mindestens einer chronischen Erkrankung.[2] Die *WHO* geht davon aus, dass bis zum Jahr 2020 die chronischen Erkrankungen die führende gesundheitliche Beeinträchtigung in der Welt darstellen werden.[3] Nach Feststellung der Krankheit weisen chronisch Kranke im Gegensatz zu akuten Erkrankungen einen kontinuierlichen Bedarf an Medikamenten auf. Da der chronisch Kranke mit seiner Krankheit bis zum Ende seines Lebens auskommen muss[4], stellt die erfolgreiche Bindung des Patienten an das Unternehmen durch die kontinuierliche Leistungsinanspruchnahme eine **langfristig kalkulierbare Erfolgsgröße** für das Unternehmen dar.

Die besondere Stellung der chronisch Kranken in der Therapie zeigt sich auch bei einem **Vergleich der Patientenrolle** im paternalistischen Modell mit der Patientenrolle im partnerschaftlichen Modell. Während der Arzt im paternalistischen Modell die Therapieentscheidung

---

[1] Vgl. *Hoy/Wicks/Forland* (1996), S. 26 ff.

[2] Vgl. *Rittweger/Daugs* (2004), S. 162.

[3] Vgl. *Fink-Anthe* (2002d), S. 165. Während chronische Krankheiten, wie z. B. Diabetes, weit verbreitet sind, existieren aber auch Erkrankungen, wie z. B. Multiple Sklerose, mit deutlich geringerem Anteil in der Bevölkerung. Trotzdem scheint auch hier ein PRM auf Grund des hohen Individualisierungsgrades und der hohen Verbrauchsintensität sinnvoll. Zu den Zielgruppen für ein PRM vgl. auch *Golücke* (2001), S. 105.

[4] Vgl. *Badenhoop/Ryf* (2001), S. 19.

respektive Verschreibung vornimmt, der Apotheker durch Auslieferung und Beratung unterstützend tätig wird und der Patient die Anweisungen des Arztes ausführt, dreht sich Beziehung zwischen diesen Anspruchsgruppen im partnerschaftlichen Modell und damit vor allem bei chronisch Kranken um. Der Patient hat konkrete Bedürfnisse, informiert sich (z. B. über das Internet[1] oder Selbsthilfegruppen), sucht mit diesen Bedürfnissen den Arzt auf und erwartet – im partnerschaftlichen Einverständnis – eine den Informationen entsprechende Verschreibung des für eine **chronische Erkrankung i. d. R. ethischen Präparats**, das durch die Apotheke an den Patienten abgegeben wird. Abbildung 12 verdeutlicht, dass durch die prozessuale Neuausrichtung der Arzt-Apotheker-Patienten-Beziehung der chronisch Kranke an Einfluss hinsichtlich der Therapieentscheidung gewinnt und neben dem Arzt als Verschreiber und den Apothekern in das Zentrum der Marketingmaßnahmen eines pharmazeutischen Unternehmens rücken muss.[2]

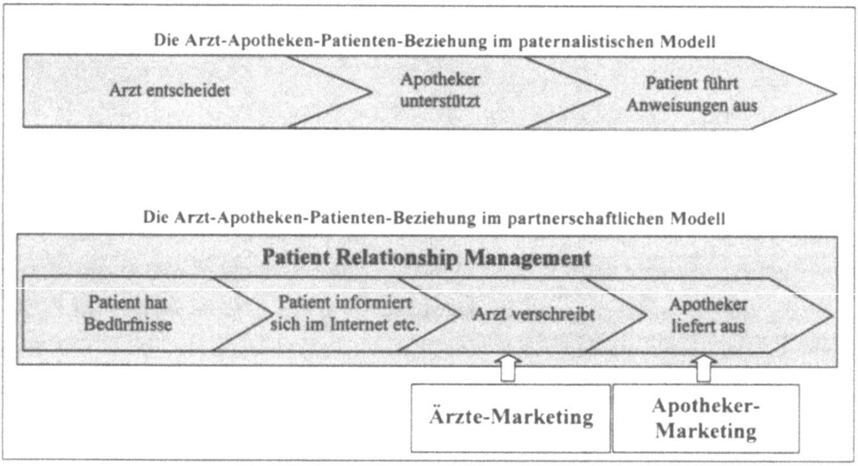

Abb. 12: Die Arzt-Apotheker-Patienten-Beziehung
Quelle: Eigene Darstellung.

Die Begründung für chronisch Kranke als Zielgruppe des PRM lässt sich auch anhand der Ausprägungen von Erkrankungen darstellen. Erkrankungen zeichnen sich durch **unterschiedliche Schwierigkeits- und Komplexitätsgrade** in der von dem Patienten zu erfüllenden Rol-

1 Zur Veränderung der Arzt-Patient-Beziehung von der paternalistischen zur partnerschaftlichen Arzt-Patient-Beziehung durch das Internet vgl. auch *Cueni* (2001), S. 152.
2 Vgl. *Badenhoop* (2001), S. 16 f.; *Gehrig* (1992), S. 120.

le aus.[1] Ein akut Erkrankter hat durch die kurzzeitige und regelmäßige Einnahme von Medikamenten, wie z. B. Antibiotika, vergleichsweise einfache Leistungen gemäß der Dosierungsanleitung zu erbringen und beansprucht lediglich Standardinformationen, die die Bekämpfung der Symptome betreffen.[2] Bei Patienten mit chronischer Erkrankung sind die geforderten Eigenleistungen wesentlich schwieriger und komplexer. So muss beispielsweise der Diabetiker neben der Messung des Blutzuckerspiegels auch neue Verhaltensweisen erlernen, um die Stoffwechsellage zu optimieren sowie die Wahrnehmung trainieren, um eventuell eine Hypoglykämie festzustellen und rechtzeitig die notwendigen Gegenmaßnahmen ergreifen zu können.[3] Ebenso müssen Multiple Sklerose-Patienten neue Verhaltensweisen (z. B. Ernährungsumstellung) und motivationale Elemente zur Complianceförderung übermittelt und im Rahmen von Schulungen die korrekte Injektion des Arzneimittels sichergestellt werden.

Während somit der Extremfall einer akuten Erkrankung (z. B. Schnittverletzung einer Arterie) sofortige Hilfe erfordert und Zusatzleistungen vernachlässigbar sind, bieten sich bei chronischen Erkrankungen (z. B. Rheuma, MS) umfangreiche Zusatzleistungen zur Förderung der Patientenkompetenz an, um durch eine optimierte Compliance die langfristig angelegte Behandlung und komplexe Therapie erfolgreich durchführen zu können. Zwischen diesen Extremfällen liegen innerhalb eines Kontinuums weitere Erkrankungen, die zwar Möglichkeiten für Zusatzleistungen bieten (z. B. Neurodermitis bei chronischen Krankheiten) die Krankheitseigenschaften eine PRM-Eignung jedoch fraglich erscheinen lassen (vgl. Abbildung 13).

Um das persönliches Risiko zu senken und die komplexe Therapie und langfristige Behandlung durch zusätzliche Patientenkompetenz erfolgreich durchzuführen, wird der chronisch Kranke daher im Vergleich zum akut Kranken anbieterseitige Angebote zur Erhöhung der **Patientenkompetenz respektive zur Complianceförderung** einfordern. Es ist davon auszugehen, dass durch die Einbindung des Patienten in die Leistungserstellung, dieser als „Contributor to his/her own Satisfaction“[4] die Zufriedenheit mit seinen eigenen Leistungsbeiträgen auch auf die Zufriedenheit mit den Leistungen des pharmazeutischen Unternehmens überträgt.[5] Verhält sich der Patient in seiner Rolle als Co-Produzent therapiegerecht, ist tendenziell von einer erfolgreichen Therapie und damit von einem höheren Wohlbefinden des Pati-

---

1 Vgl. *Dullinger* (2001), S. 123.
2 Vgl. *Alt/Österle/Puschmann/Barak/Huber* (2003); *Mehlan* (2001), S. 61.
3 Vgl. *Lennecke* (1999), S. 189 f.; *Petermann/Wendt* (1997), S. 297 f.
4 Vgl. *Zeithaml/Bitner* (2000); *Mills/Chase/Margulies* (1983), S. 302.
5 Bei Misserfolg hingegen tendiert der Patient dazu, den Leistungserbringer – und weniger sich selbst – für den schlechten Zielerreichungsgrad verantwortlich zu machen. Vgl. *Bitner et al.* (1996), S. 295 f.

enten auszugehen. Ein erhöhtes Zufriedenheitsurteil des Patienten mit den Leistungen des pharmazeutischen Unternehmens ist entsprechend zu erwarten. Um ein therapiegerechtes Verhalten des Patienten zu erreichen, bieten sich dem pharmazeutischen Unternehmen auf dem Gebiet der Value-Added Services[1] Möglichkeiten, neben der Kernleistung der Therapieunterstützung durch das Pharmakon Zusatzleistungen zu offerieren. Über die Befriedigung der Patientenbedürfnisse durch Zusatzleistungen in Form von Informationen zur Therapieunterstützung und Complianceförderung kann Vertrauen als Basis eines erfolgreichen PRM aufgebaut, die Zufriedenheit gefördert und der Patient an das Unternehmen gebunden werden.[2]

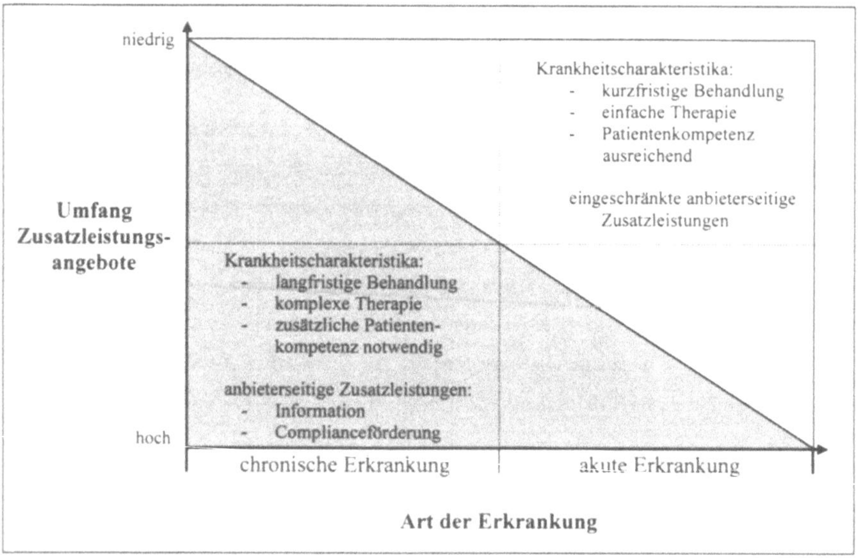

Abb. 13: Zusatzleistungsangebote in Abhängigkeit der Erkrankung
Quelle: Eigene Darstellung.

Auch unter ökonomischen Gesichtspunkten kann das pharmazeutische Unternehmen von der Informationsübermittlung und Förderung der Compliance profitieren. Verhält sich der Patient der Therapieempfehlung entsprechend und bricht die Behandlung weder ab noch vergisst er

---

[1] Der Begriff Value-Added Services „... steht prinzipiell für alle Arten von Dienstleistungen, die ergänzend zu einer Kernleistung angeboten werden und aus Sicht des Kunden nutzensteigernd wirken." *Thomaschewski* (2003), S. 371. Zusatzleistungen und Value-Added Services werden im Folgenden synonym verwendet, da angenommen wird, dass alle zu einer Kernleistung ergänzend angebotenen Leistungen – also sowohl materielle als auch immaterielle Zusatzleistungen – aus Sicht des Kunden nutzensteigernd wirken.

[2] Vgl. *Kreyher/Harms* (2002a), S. 173; *Badenhoop/Ryf* (2001), S. 19; *Golücke* (2001), S. 107.

die regelmäßige Einnahme der Arzneimittel, resultiert daraus die optimale und im Vergleich zum Therapieabbruch oder der nicht regelmäßigen Einnahme gesteigerte Verwendung des Medikaments. Das therapiegerechte Verhalten weist zudem einen positiven Einfluss auf den Markterfolg auf, da die Bereitschaft des Patienten, die Therapieentscheidung (mit dem Arzt) – also eine selbstbestimmte Entscheidung – zu treffen, **vom Gesundheitszustand abhängig** ist. Relativ gesunde Verbraucher fordern eine aktivere Rolle als Erkrankte, d. h. das Bestreben, eine selbstbestimmte Entscheidung zu treffen, nimmt mit der Schwere der Krankheit ab.[1]

Chronisch Kranke, die sich compliant verhalten, weisen in der Regel einen Gesundheitszustand auf, der ein relativ normales Leben ohne übermäßige Einschränkung durch die Krankheit ermöglicht. In diesem Fall ist davon auszugehen, dass das Bedürfnis nach Informationen und danach, selbstbestimmte Entscheidungen zu treffen, zunimmt. Somit kann das pharmazeutische Unternehmen durch Maßnahmen zur **Förderung der Compliance** das Bedürfnis, selbstbestimmte Entscheidung zu treffen, unterstützen.[2] Nimmt der Patient das pharmazeutische Unternehmen als vertrauenswürdige Informationsquelle wahr und bezieht Informationen zur Förderung der Compliance, steigt die Wahrscheinlichkeit einer selbstbestimmten Entscheidung hinsichtlich der Verschreibung weiterer und zukünftiger Leistungen im Rahmen der Arztkonsultation und führt so zu einer Bindung des Patienten an das Unternehmen.

2. Patient Relationship Management bei verschreibungspflichtigen Medikamenten

2.1. Voraussetzungen zur Verwirklichung eines PRM-Konzepts

2.1.1. Patientenbindung als zentrales PRM-Ziel

Die Einführung eines Beziehungsmanagement ist in der Praxis häufig mit Problemen verbunden.[3] Ungefähr die Hälfte aller Projekte erzielt nicht die erhofften Resultate.[4] Als Ursache zeichnet vor allem die Technologiefokussierung mit Konzentration auf die IT unter Vernachlässigung einer vorherigen Bestimmung der strategischen Ausrichtung und systematischen Planung des Beziehungsmanagement verantwortlich.[5] Aber auch die fehlende Begleitung

---

1 Vgl. *Dierks/Martin/Schienkiewitz* (2001), S. 96.

2 Die Menge der zur Verfügung stehenden Informationen korreliert positiv mit dem Vertrauen in die Angemessenheit des eigenen Urteils. Somit ist anzunehmen, dass die mittlerweile vielfältigen Informationsangebote (vor allem Internet) einen positiven Einfluss auf die selbstbestimmte Entscheidung des Patienten aufweisen. Vgl. *Lerch/Dierks* (2001), S. 146.

3 Vgl. *Stadelmann/Wolter* (2003), S. 65; *Thyen/Wolf* (2003), S. 99 f.; *Becker* (2003), S. 160 f.

4 Vgl. *Becker* (2003), S. 160.

5 Vgl. *Stadelmann/Wolter* (2003), S. 65; *Thyen/Wolf* (2003), S. 102 f.; *Lisi* (2003), S. 215; *Bruhn* (2003b), S. 285; *Gerd* (2001), S. 104; *Homburg/Sieben* (2000).

durch das Top-Management, zu hohe Erwartungen, eine nicht vorhandene kundenorientierte Unternehmenskultur[1], das Unterschätzen des Investitionsbedarfs, die mangelhafte Integration und Schulung der Mitarbeiter sowie das Fehlen einer adäquaten Erfolgskontrolle führen oftmals zum Scheitern des Projekts.[2] Um das PRM-Konzept erfolgreich einzuführen, sind grundlegende unternehmensinterne Voraussetzungen erforderlich, damit die Erfolgspotenziale ausgeschöpft werden können.

Die **Formulierung von operationalen Marketingzielen** stellt einen wesentlichen Bestandteil der konzeptionellen Planung dar und erfüllt vor allem eine Kontrollfunktion (Überprüfung der Zielerreichung), eine Koordinationsfunktion (gemeinsame Ausrichtung der Marketingziele an den Oberzielen des Unternehmens und an der Unternehmensmission) und eine Motivationsfunktion (Vorgabe sinnvoller und erreichbarer Ziele).[3] Die zu formulierenden Zielgrößen haben den Anforderungen an Zielbestimmungen, -inhalt, -ausmaß- und -zeitbezug zu entsprechen und sind in das bestehende Zielsystem der Unternehmung zu integrieren.[4] Neben der Definition von Zielen auf der Produktebene müssen hierbei auch eindeutige Zielsetzungen auf Patientenebene festgelegt, die Marktbearbeitung und -entwicklung der Patienten hinsichtlich Zielsetzung, Vorgehensweise und Zeitraum determiniert sowie Erfolgsgrößen zur Messung der Effektivität und Effizienz der Patientenbearbeitung festgelegt werden.[5]

Da der Arzt auf Grund von Budgetrestriktionen tendenziell daran interessiert ist, das günstigere und damit im Zweifelsfall das Nachahmerpräparat zu verschreiben, muss es das Ziel des pharmazeutischen Unternehmens sein, über eine individualisierte und bedürfnisorientierte Ansprache eine für den Patienten zentrale Rolle einzunehmen und bei diesem Präferenzen zu schaffen, um bei dem Arzt auf die Verschreibung eines bestimmten Medikaments hinzuwir-

---

1 Der Begriff Unternehmenskultur umfasst „... die Grundgesamtheit gemeinsamer Werte- und Normvorstellungen sowie Denk- und Verhaltensmuster [...] die die Entscheidungen, Handlungen und Aktivitäten der Mitarbeiter eines Unternehmens prägen." *Bruhn* (2003b), S. 297. Vgl. hierzu auch *Heinen/Dill* (1990), S. 17. Die Umsetzung der durch die Unternehmensphilosophie festgelegten Verhaltenspositionen gegenüber den Anspruchsgruppen des Unternehmens schlägt sich in der Unternehmenskultur nieder. Somit beschreibt die Unternehmenskultur die „Persönlichkeit" eines Unternehmens hinsichtlich der Denkschemata und Problemlösungsmuster. Vgl. *Nieschlag/Dichtl/Hörschgen* (2002), S. 76. Zur kundenorientierten Unternehmenskultur vgl. *Heger* (2003), S. 268; *Kehl/Rudolph* (2001), S. 261 f.

2 Vgl. *Bruhn* (2003b), S. 291; *Kehl/Rudolph* (2001), S. 259 ff.

3 Vgl. *Thyen/Wolf* (2003), S. 113; *Meffert/Bruhn* (2003), S. 186; *Bruhn* (2001a), S. 91. Zu den Marketing-Zielen vgl. auch *Raffée* (1984), S. 67, der diese als generell präferierte Zustände in der Zukunft bezeichnet, die ein Unternehmen mittels systematischen Marketing in Bezug auf seine verschiedenen Zielgruppen zu erreichen versucht.

4 Vgl. *Homburg/Bruhn* (2003), S. 16.

5 Vgl. *Homburg/Sieben* (2000), S. 23.

ken (Pull-Marketing), weitere Unternehmensleistungen in Anspruch zu nehmen und sich langfristig an das pharmazeutische **Unternehmen zu binden.**[1]

Die aus der Individualisierung im Rahmen des Interaktionsprozesses resultierende intensivere Integration der Marktpartner in den Leistungserstellungsprozess lässt sich nur durch die Bereitschaft zu partnerschaftlichem Verhalten und damit zu einer **langfristigen Kooperation** realisieren.[2] Hiermit eng verbunden ist der sich aus der Beziehung ergebende **Informationsaustausch**, der den Abbau von Informationsasymmetrien zwischen Anbieter und Nachfrager unterstützt und dem bei Leistungserstellungen, die eine Einbindung des Patienten erfordern, eine hohe Bedeutung zukommt.[3]

Während auf der einen Seite das pharmazeutische Unternehmen auf der Basis von Patienteninformationen ein umfassendes Verständnis für die Marktsituation, das Verhalten und die Bedürfnisse der (potenziellen) Patienten zu entwickeln hat[4], ist auf der anderen Seite die Compliance des Patienten durch patientenorientierte Zusatzleistungen positiv zu beeinflussen, um **Vertrauen als Basis eines erfolgreichen PRM** aufzubauen. Durch die Optimierung des therapiegerechten Verhaltens ist ein höheres Wohlbefinden und daraus resultierend eine höhere **Zufriedenheit des Patienten mit den Leistungen** des pharmazeutischen Unternehmens anzustreben sowie die vom Gesundheitszustand abhängige selbstbestimmte Entscheidung des Patienten zu fördern, um hierdurch die Loyalität des Patienten sicherzustellen.[5]

Verbunden mit dem Wissen über die Bedürfnisse und Erwartungen der Nachfrager kommt somit der mit der Patientenbindung in engem Zusammenhang stehenden **Patientenzufriedenheit** und der **Vertrauenspartnerschaft** eine elementare Bedeutung zu, um langfristige Beziehungen – d. h. die Bindung des Patienten als einen bedeutsamen Einflussfaktor auf den Unternehmensgewinn – zu ermöglichen. Den Überlegungen entsprechend sind Kooperations-, Informations-, Zufriedenheits- und Vertrauenspotenziale beim Patienten aufzubauen (psychografische Ziele), um die Loyalität der Patienten sicherzustellen und letztlich **Synergieeffekte**,

---

1 Vgl. *Badenhoop/Ryf* (2001), S. 6.

2 Vgl. *Eckel* (1997), S. 105.

3 Vgl. *Bruhn* (2001a), S. 15. Die Interaktion ermöglicht Lernprozesse sowohl beim Anbieter als auch beim Nachfrager und ist somit für beide Marktpartner vorteilhaft. Vgl. *Ilge/Brinkmann* (2001), S. 95.

4 Vgl. *Stadelmann/Wolter* (2003), S. 57; *Kahle/Hasler* (2001), S. 215.

5 Das PRM erfüllt durch die Complianceförderung auch ein zentrales gesellschaftliches Ziel. Maßnahmen zur Aufklärung und Propagierung gesundheitlicher Verhaltensweisen sowie eine gesteigerte Compliance der Patienten durch eine entsprechende Herstellerkommunikation führen zu sinkenden Gesundheitsausgaben und somit zu einer Optimierung der volkswirtschaftlichen Zielerreichung hinsichtlich des Erhalts, des Förderns und des Wiederherstellens von Gesundheit. Eine Akzeptanz der patientenbezogenen Aktivitäten in der Gesellschaft kann hierdurch erreicht werden. Vgl. *Hohensohn* (1998), S. 145 f.

wie z. B. geringere Transaktionskosten[1], Zeitersparnisse[2], optimierte Leistungsinanspruchnahme, höherer Marktanteil, und daraus resultierend einen höheren Umsatz, Deckungsbeitrag, Gewinn oder Aktienkurs zu erreichen (ökonomische Ziele).[3]

2.1.2. Anforderungen an die PRM-Strategie

Auf den Zielen aufbauend sind **Marketingstrategien** zu formulieren, die im Hinblick auf die Erreichung der Unternehmensziele den Einsatz der Marketing-Mix-Instrumente kanalisieren.[4] *Bruhn* beschreibt die grundsätzliche Aufgabe des strategischen Marketing als „... die Identifizierung von schwerpunktmäßigen Stoßrichtungen hinsichtlich Initiierung, Aufbau und Intensivierung von Kundenbeziehungen."[5] Ein wesentlicher Faktor, der bei einer Einführung des PRM berücksichtigt werden muss, ist die am Patienten ausgerichtete Unternehmensstrategie, um die Integration einer PRM-Strategie als zentrales **Bindeglied zwischen den PRM-Zielen und den PRM-Instrumenten** zu ermöglichen.[6]

Da das Kundenbeziehungsmanagement nicht als Ersatz oder neues Paradigma, sondern als Re-Fokussierung und Erweiterung des klassischen Marketing aufzufassen ist, orientieren sich die Strategien des PRM an den klassischen Marketingstrategien.[7] *Becker* unterscheidet vier Strategieebenen: Marktfeld-, Marktareal-, Marktstimulierungs- und Marktparzellierungsstra-

---

1 Geringere Transaktionskosten resultieren beispielsweise aus den Lerneffekten bei der Koordination und einem vereinfachten Informationsaustausch, die durch gleichartige Transaktionen zu einer Reduktion der Schnittstellenkosten sowie zu einer Fixkostendegression und damit zu sinkenden Transaktionskosten führen. Vgl. *Grönroos* (1990a), S. 5.

2 Die Vorbereitung, Durchführung und Nachbereitung einer Transaktion lässt sich durch die gegenseitige Kenntnis über die Bedürfnisse und Wünsche des Marktpartners in kürzerer Zeit realisieren. Der Planungshorizonts kann erweitert und damit eine (Planungs- und) Beziehungssicherheit gefördert werden. Zur Beziehungssicherheit vgl. ausführlich *Diller/Kusterer* (1988), S. 212.

3 Vgl. u. a. *Knoke* (2003), S. 16. Marketing-Ziele lassen sich in Ober- und Unterziele priorisieren und inhaltlich in ökonomische Ziele und psychografische Ziele unterscheiden. Vgl. *Bruhn* (2001a), S. 91 f.; *Eckel* (1997), S. 103 f. Zu alternativen Klassifikationen von Zielkategorien vgl. *Bruhn* (2001a), S. 88 ff.; *Meffert/Bruhn* (2003), S. 187 f. Zu den Problemen eines multidimensionalen Zielsystems, den Möglichkeiten der Analyse von Zielbeziehungen und der Vermeidung von Zielkonflikten vgl. *Becker* (2002), S. 19 ff.; *Nieschlag/Dichtl/Hörschgen* (2002), S. 162 ff.; *Heinen* (1976), S. 109.

4 Vgl. *Becker* (2002), S. 141.

5 *Bruhn* (2001a), S. 113. *Nieschlag/Dichtl/Hörschgen* (2002), S. 1313 definieren Strategieentscheidungen als „... mittel- bis langfristig wirkende Grundsatzentscheidungen mit Instrumentalcharakter ...". Strategien haben folgende Anforderungen zu erfüllen: Aufzeigen von Hinweisen zur Realisierung der festgelegten Ziele, Identifizierbarkeit von zu bearbeitenden Markt- und Kundensegmenten, Kanalisierung des Mitteleinsatzes und zielführende Steuerung des Instrumenteneinsatzes, Bestimmung der aus der Strategie resultierenden Konsequenzen hinsichtlich Mitteleinsatz, Organisation und Personal, Überprüfbarkeit bezüglich des Zielerreichungsgrades anhand von Indikatoren. Vgl. *Bruhn* (2001a), S. 114.

6 Vgl. *Brunner* (2003), S. 85; *Thyen/Wolf* (2003), S. 102; *Homburg/Sieben* (2000), S. 23.

7 Vgl. *Finsterwalder et al.* (2003), S. 363; *Bruhn* (2001a), S. 114.

tegien.[1] Während Marktfeldstrategien (Marktdurchdringungs-, Marktentwicklungs-, Produktentwicklungsstrategie und Diversifikation) im Rahmen einer Produkt-Markt-Kombination festlegen, welche Produkte und/oder Leistungen auf welchen Märkten angeboten werden, erfolgt durch Marktarealstrategien die Bestimmung des räumlich geografischen Marktes. Beide Strategieebenen haben nur einen indirekten Einfluss auf das Kundenbeziehungsmanagement, da sowohl die gewählte Produkt-Markt-Kombination als auch der Absatzraum nahezu unabhängig vom Kernkonzept des PRM sind.[2]

Einen starken Einfluss hingegen weist die **Präferenzstrategie** als Ausprägung der Marktstimulierungsstrategie im Rahmen des PRM auf.[3] Die Zielsetzung der Präferenzstrategie mit dem Fokus auf alle nicht-preislichen Aktionsparameter besteht in der Bildung mehrdimensionaler Präferenzstrukturen. Sie unterstützt die Erreichung der bereits angeführten PRM-Ziele durch die Ausrichtung der Unternehmensaktivitäten auf die Patientenbedürfnisse. Durch diese abnehmergerichtete Strategie können Leistungs- bzw. Differenzierungsvorteile und damit Wettbewerbsvorteile z. B. durch Innovations-, Programmbreiten und Markierungsvorteile zur Steigerung des Patientennutzens realisiert werden.[4] Ebenso kommt bei der Marktparzellierungsstrategie eine Ausprägung – die **Marktsegmentierung** – im Rahmen des PRM zur Anwendung.[5] Innerhalb der identifizierten Patienten(gruppen) erfolgt ein differenziertes Vorgehen, um einzelne Kunden in Abhängigkeit von vorab definierten Parametern zu klassifizieren und entsprechend auf unterschiedlichen Niveaus des Patientenbeziehungsmanagement zu bearbeiten.

2.1.3. Unternehmenskultur und Führungsphilosophie

Das PRM führt zu einer Veränderung der bisherigen Denkmuster. Nicht die kostenintensive Gewinnung von Patienten mit geringer Firmentreue, sondern die langfristig profitablen Pati-

---

[1] Vgl. hierzu ausführlich *Becker* (2002), S. 147 ff. Eine fünfte Strategie stellt die konkurrenzorientierte Strategie in Anlehnung an *Porter* dar. Vgl. hierzu *Porter* (1999). Diese Strategie wird auf Grund des CRM-Ziels, komparative Wettbewerbsvorteile zu erlangen, implizit bei den anderen vier Strategien berücksichtigt.

[2] Vgl. *Eckel* (1997), S. 114.

[3] Marktstimulierungsstrategien lassen sich grundsätzlich in die Preis-Mengen-Strategie und die Präferenzstrategie unterteilen. Die Preis-Mengen-Strategie verzichtet weitestgehend auf präferenzpolitische Maßnahmen. Vgl. hierzu auch *Becker* (2002), S. 214. Diese Strategie zeichnet sich in der Regel durch homogene Standardprodukte bzw. -leistungen aus, die durch den günstigen Preis über eine standardisierte Zielgruppenansprache vermarktet werden. Vgl. *Meffert* (1984), S. 218. Die Preis-Mengen-Strategie lässt sich daher mit dem CRM nur schwer vereinbaren.

[4] Vgl. *Meffert* (2003), S. 134 ff. Bei den Wettbewerbsvorteilen muss es sich aus Patientensicht um wichtige Merkmale handeln, die vom Patienten wahrgenommen werden und den Angeboten der Konkurrenz dauerhaft überlegen sind. *Meffert/Bruhn* (2003), S. 251; *Plinke* (2000), S. 90 f.; *Backhaus* (1999), S. 34 ff.

[5] Die Marktparzellierungsstrategie lässt sich in Massenmarktstrategie und Marktsegmentierung unterscheiden. Vgl. hierzu *Becker* (2002), S. 238 ff.

entenbeziehungen stehen beim PRM im Mittelpunkt.[1] Diese Betrachtungsweise wirkt sich auf die Patientenbearbeitungsmaßnahmen aus und erfordert im Gegensatz zu einer bislang produktgeführten eine kundengeführte Kontaktplanung.[2] Nachfragerorientiertes Verhalten und eine patientenorientierte Einstellung der Mitarbeiter stellen wichtige Determinanten des Erfolgs beim Verbraucher dar.[3]

Die erfolgreiche Einführung eines PRM erfordert demzufolge, die Patientenfokussierung durch eine **patientenorientierte Unternehmenskultur** als Konkretisierung der Unternehmensphilosophie im Unternehmen zu verankern, da die Leistungsfähigkeit und -bereitschaft der Mitarbeiter im Rahmen des Interaktionsprozesses zu großen Teilen von der Unternehmenskultur determiniert wird.[4] Diese hat durch Werte, Verhaltensnormen und Artefakte jene Elemente aufzuweisen, die eine klare Ausrichtung der Unternehmensaktivitäten an den Bedürfnissen des Patienten erkennen lassen.[5] Hierdurch sollen ein gemeinsames Verständnis bei den Mitarbeitern von den Tätigkeitsgebieten und dem Rollenverhalten des Unternehmens erreicht und ein Handlungsrahmen und Verhaltenskodex bei der täglichen Aufgabenerfüllung aufgestellt werden.[6]

Ein patientenorientiertes Handeln zeigt sich aber nicht nur in der Kommunikation mit den Verbrauchern, sondern auch im Verhalten der Mitarbeiter untereinander und mit den Vorgesetzten.[7] Eine patientenorientierte Unternehmenskultur wird erst dann erfolgreich sein, wenn Mitarbeiter und Führungskräfte das Patientenbeziehungsmanagement als selbstverständliche Aufgabe ansehen bzw. die Bedeutung der Patientenorientierung verinnerlichen und in der

---

[1] Vgl. hierzu *Hippner/Wilde* (2003a), S. 7; *Peppers/Rogers* (1993), S. 5.

[2] Vgl. *Stadelmann/Wolter* (2003), S. 54; *Homburg/Sieben* (2000), S. 23 f.

[3] Vgl. *Homburg/Sieben/Dietz* (2002b), S. 130; *Homburg/Sieben* (2000), S. 24.

[4] Vgl. *Meffert/Bruhn* (2003), S. 640 f.; *Raffée/Wiedmann* (1993), S. 47. Die Einführung einer Patientenorientierung hängt von der Verankerung dieser in der bereits vorhandenen Unternehmenskultur ab. Die wesentlichen Elemente einer veränderungsfreundlichen Unternehmenskultur wurden in einer empirischen Untersuchung von *Clifford/Cavanagh* (1985) ermittelt. *Doppler/Lauterburg* leiteten daraus fünf Faktoren ab: kreative Unruhe, Konfliktfähigkeit, Zusammengehörigkeitsgefühl, Sinnvermittlung und Kommunikation. Vgl. hierzu ausführlich *Doppler/Lauterburg* (1995), S. 54 ff.

[5] Vgl. *Thyen/Wolf* (2003), S. 105; *Heger* (2003), S. 267 f. Während Werte in Form von grundsätzlichen Zielsetzungen über Leitsätze oder Visionen vermittelt werden, stellen Normen explizite oder implizite Regeln über gewünschte Verhaltensweisen, z. B. als Verhaltensregeln für Mitarbeiter dar. Artefakte weisen eher einen symbolischen Charakter auf (z. B. Erzählungen, Rituale, Sprache) – beispielsweise auch in Form von Auszeichnungen für besonders kundenorientierte Mitarbeiter. Vgl. *Bruhn* (2003b), S. 301; *Homburg/Sieben/Dietz* (2002b), S. 130; *Homburg/Sieben* (2000), S. 23.

[6] Vgl. *Eckel* (1997), S. 152.

[7] Vgl. *Homburg/Sieben/Dietz* (2002b), S. 130.

täglichen Arbeit patientenorientiert handeln.[1] Demnach kommt auch der **Führungsphilosophie** eine tragende Rolle bei der Implementierung eines PRM-Systems zu. Das Top-Management hat das PRM-Projekt als strategisch wichtige Herausforderung zu definieren und über die gesamte Laufzeit zu unterstützen.[2] Dem Managementpersonal obliegt die Aufgabe, als positive Multiplikatoren vorab auf die Veränderungsmaßnahmen hinzuwirken und die unternehmensinterne Infrastruktur entsprechend vorzubereiten und anzupassen. Ferner sind bei Durchführung des Projekts die Soft-Skills von Bedeutung, um auf die betroffenen Mitarbeiter positiv einzuwirken und diese zu einer offenen aktiven aber auch kritischen Mitarbeit zu animieren.[3] Neben dem Vorleben der Zielvorstellungen in Bezug auf die anzustrebende Unternehmenskultur durch einzelne Personen (z. B. Führungspersönlichkeiten) kann der gewünschte Wandel auch durch die Partizipation aller Mitarbeiter eingeleitet werden (z. B. gemeinsame Erarbeitung eines neuen Unternehmensleitbildes).[4]

2.1.4. Integration und Qualifikation der Mitarbeiter

Verschiedene Autoren vertreten die Meinung, dass die unbefriedigende Erfolgsquote von kundenorientierten Beziehungsmanagement-Projekten vor allem aus der mangelnden Akzeptanz der Mitarbeiter resultiert.[5] Bereits getroffene Maßnahmen oder anstehende Entscheidungen werden – obwohl unter Umständen sogar dringend notwendig – von Mitarbeitern abgelehnt, erzeugen nicht unmittelbar ersichtliche Bedenken oder werden durch passives Verhalten unterlaufen. Dieser **Widerstand gegen Veränderungen** bei Individuen, einzelnen Gruppen oder der gesamten Belegschaft gilt als ein alltägliches Phänomen in der Arbeitswelt.[6] Zum einen resultiert dieser Widerstand aus der Angst, einen Verlust an Sicherheit durch eine neue und ungewisse Situation zu erleiden, zum anderen befürchten die Mitarbeiter eine Ver-

---

[1] Vgl. *Thyen/Wolf* (2003), S. 102; *Homburg/Sieben* (2000), S. 23. Somit ist im Rahmen eines internen Marketing nicht nur auf eine Patienten-, sondern auch auf eine Mitarbeiterorientierung zu achten. Mitarbeiterzufriedenheit und -loyalität auf der einen und Patientenzufriedenheit und -loyalität auf der anderen Seite weisen einen wechselseitigen Kausalzusammenhang auf und korrelieren jeweils positiv miteinander. Vgl. *Stadelmann/Wolter* (2003), S. 58; *Bruhn* (2003b), S. 110; *Holtz* (1997), S. 88 ff. Zum internen Marketing vgl. ausführlich *Clark et al.* (2003b); *Collins/Payne* (2003); *Weber* (2003b); *Bruhn* (1999); *Varey* (1995); *Grönroos* (1990b), S. 235 ff.

[2] Vgl. *Bauer/Leach/Grether* (1998), S. 7 f.; *Kehl/Rudolph* (2001), S. 260.

[3] Vgl. *Doppler/Lauterburg* (1995), S. 114 ff.

[4] Vgl. *Bruhn* (2003b), S. 299.

[5] Vgl. hierzu *Helmke/Brinker/Wessoly* (2003), S. 307. Zur Bedeutung der Ressource Humankapital vgl. auch *Meffert* (1994); *Staffelbach* (1994), S. 296 f.

[6] Vgl. *Doppler/Lauterburg* (1995), S. 293.

schlechterung der persönlichen Situation in Form von Kompetenz- und Prestigeverlust oder sozialen Verlusten auf Grund einer neuen Arbeitsorganisation.[1]

Für die **Schaffung von Akzeptanz** hinsichtlich der anstehenden Veränderungen müssen die Machtstrukturen im Unternehmen analysiert werden, um Befürworter und Gegner der geplanten Maßnahmen zu identifizieren. Während Widerständen mit umfassenden Kommunikationsmaßnahmen zu begegnen ist, haben die der Veränderung gegenüber positiv eingestellten Mitarbeiter die Aufgabe der unternehmensinternen Vermarktung der angestrebten Umgestaltungsmaßnahmen.[2] Die Mitarbeiter sind von Beginn an aktiv an dem Veränderungsgeschehen und den Entscheidungen zu beteiligen und frühzeitig zu informieren, um Fehldeutungen bezüglich der Ziele und Inhalte des PRM zu vermeiden.[3]

Durch **mitarbeiterorientierte Anreizsysteme**, die die Leistungsbereitschaft der Mitarbeiter durch Leistungsorientierung fördern, kann das notwendige Umdenken der Mitarbeiter initiiert bzw. gefördert und die kundenorientierte Verhaltensweise gesichert werden.[4] Darüber hinaus gilt es, den weiteren Zielgruppen (z. B. Anteilseignern) die Maßnahmen rechtzeitig mitzuteilen und die Vorteile und Konsequenzen aufzuzeigen. Auch hier baut eine kontinuierliche, zielgerichtete und vom Umfang her abgestimmte Kommunikation Widerstände ab und hilft, das notwendige Vertrauen für eine erfolgreiche Umsetzung des PRM-Projekts zu gewährleisten.[5]

Der Erfolg des Unternehmens am Markt wird neben der Qualifikation des Managements auch durch die **Qualifikation der Mitarbeiter** bestimmt.[6] Die für die Erbringung der Dienstleistung notwendige Qualifikation der Mitarbeiter als wichtigste Schnittstelle zwischen Unternehmen und Patienten schützt vor Imitationen durch Wettbewerber.[7] Insbesondere bei chronisch Kranken, die Experten auf ihrem Gebiet darstellen, sind qualifizierte Mitarbeiter unerlässlich, um dem Patienten ein ebenbürtiger Partner zu sein.[8] Das Kompetenzspektrum der Mitarbeiter muss erweitert werden, um die im Rahmen der Kundenorientierung notwendige

---

1 Vgl. *Schreyögg* (2000), S. 27 f.; *Bruhn* (1995), S. 44 f. Zur Entstehung und zu den Motiven für Widerstand gegen Veränderungen vgl. ausführlich *Schreyögg* (2000); *Doppler/Lauterburg* (1995).
2 Vgl. *Helmke/Brinker/Wessoly* (2003), S. 309 ff.
3 Vgl. *Meffert/Bruhn* (2003), S. 514. Zur Mitarbeiterintegration vgl. auch *Kehl/Rudolph* (2001), S. 263 f.
4 Vgl. *Bruhn* (2003b), S. 98 f.; *Thyen/Wolf* (2003), S. 106.
5 Vgl. *Thyen/Wolf* (2003), S. 112.
6 Vgl. *Seliger* (2003), S. 191.
7 Vgl. *Meffert/Bruhn* (2003), S. 391.
8 Vgl. *Rapp* (2000), S. 225.

Autonomie in der jeweiligen Entscheidungssituation zu erfüllen.[1] Entsprechend ihrer Qualifikation sind die individuellen Fähigkeiten und Stärken der Mitarbeiter zu mobilisieren, um ein kompetentes, freies und verantwortungsvolles Denken und Handeln zu realisieren.[2] Die Fachkompetenz der Mitarbeiter muss durch gezielte Aus- und Weiterbildungsmaßnahmen ausgebaut und durch Feedback-Gespräche überprüft werden.[3] Schwächen auf dem Gebiet der Sozialkompetenz und der kommunikativen Fähigkeiten können durch Verhaltenstrainings bzw. Personalentwicklungsmaßnahmen begegnet werden.[4]

2.1.5. Organisationsabläufe und -strukturen

Die Implementierung eines PRM erfordert die **Optimierung interner Koordinationsprozesse.**[5] Organisationsabläufe und -strukturen sind durch Tests, Kontrollen und Bewertungen von PRM-Maßnahmen und durch die Erfassung der Kontaktpunkte in der Geschäftsbeziehung aus der Sicht des Nachfragers an den patientenorientierten Prozessen auszurichten, um u. a. ein funktionsorientiertes Denken „bis zur Schreibtischkante" zu vermeiden.[6] Dies impliziert auch einen abteilungsübergreifenden Informationsfluss, um patientenindividuelle Spezifika (Patientenbedürfnisse, Patientenhistorie etc.) als eine wichtige Ressource des Unternehmens allen betroffenen Mitarbeitern zeitnah zur Verfügung zu stellen. Hieraus resultieren erhöhte Koordinationsmaßnahmen zur Sicherstellung der funktionsübergreifenden horizontalen Prozesse im Unternehmen.[7] Durch die Bildung dezentraler Einheiten und der Reduktion der Hierarchiestufen lassen sich – im Gegensatz zu den traditionellen Organisationsformen mit klaren Kompetenzverteilungen und geringem Koordinationsbedarf – die Komplexität verringern, der

---

1 Vgl. *Thyen/Wolf* (2003), S. 114; *Lisi* (2003), S. 234; *Bowen/Lawler* (2003).

2 Vgl. *Stadelmann/Wolter* (2003), S. 58; *Bruhn* (2003b), S. 295.

3 Vgl. *Bruhn* (2003b), S. 97 f.

4 Vgl. *Bruhn* (2003b), S. 97; *Homburg/Sieben* (2000), S. 24; *Eckel* (1997), S. 173. Zur richtigen Wortwahl im Kundengespräch, um das Denken, Fühlen und Handeln des Nachfragers positiv zu beeinflussen vgl. *Kroeber-Riel/Meyer-Hentschel* (1982), S. 158 ff. Zu allgemeinen Verhaltensempfehlungen an die im Kundenkontakt stehende Person vgl. *Dommann* (1993), S. 759 ff.

5 Vgl. *Homburg/Sieben* (2000), S. 25.

6 Vgl. *Clark et al.* (2003a), S. 31 f.; *Heger* (2003), S. 266; *Thyen/Wolf* (2003), S. 102; *Bruhn* (2003b), S. 293 f.; *Gerd* (2001), S. 108 f.; *Kahle/Hasler* (2001), S. 216; *Sattlegger* (2001), S. 74 ff.; *Homburg/Sieben* (2000), S. 22 f.; *Rapp* (2000), S. 104. Um die Prozesse an Patientenbedürfnissen auszurichten, ist zu ermitteln, welchen Wert welche Produkte für den Patienten aufweisen, wie sich die Leistungen in den persönlichen Lebensstil des Individuums integrieren lassen, wie diese Leistungen Probleme des Patienten lösen und Zusatzwerte schaffen und einen individuellen Nutzen stiften. Vgl. *Rapp* (2000), S. 105.

7 Vgl. *Thyen/Wolf* (2003), S. 105 f. Zu kundenorientierten Organisationsformen vgl. ausführlich *Wicher* (2003b); *Bruhn* (2002).

Informationsfluss verbessern und die Flexibilität zur Lösung spezifischer Probleme des Patienten optimieren.[1]

Vor allem die schnelle Erfassung von Marktsignalen und die daraus resultierende Anpassung der Unternehmensleistung können beim Verbraucher Zusatznutzen generieren und für das Unternehmen einen Wettbewerbsvorteil darstellen. Um dies zu gewährleisten, müssen alle Bereiche der Unternehmensorganisation (von der Forschung bis zum Vertrieb und Service) sowohl zeitlich als auch inhaltlich optimal aufeinander abgestimmt sein.[2] Eine Ausweitung und Dezentralisierung von Verantwortlichkeiten, die patientenorientierte Einstellung, das patientenorientierte Verhalten der Mitarbeiter sowie vereinfachte und schnellere Entscheidungsabläufe stellen elementare Voraussetzungen dar, um die organisatorischen Herausforderung bewältigen zu können.[3]

2.2. Patienten- und Leistungsinformationen als kritische Erfolgsfaktoren des PRM

2.2.1. Die Einwilligung des Patienten als Voraussetzung für ein PRM

Die persönliche Identifikation des Kunden stellt die zentrale Voraussetzung für das PRM dar, kundenindividuelle Leistungen und Services auf Basis der kundenspezifischen Bedürfnisse und der Beziehungshistorie anzubieten, um eine effektive Bindung der Patienten an das Unternehmen zu erzielen und den Bedürfnissen der Patienten gerecht zu werden.[4] Da die auf dem Pharmamarkt durch die Marktforschung zugänglichen Informationen keine Rückschlüsse auf den individuellen Arzneimittelkonsum des Patienten oder seine Bedürfnisse gestatten, sind personenbezogene Daten[5] über persönliche oder sachliche Verhältnisse der betroffenen Person notwendig.[6]

Das Erheben, Verarbeiten und Nutzen personenbezogener Daten in dateigebundener Form unterliegt **datenschutzrechtlichen Bestimmungen** (Bundesdatenschutzgesetz (BDSG)[7]), die das Unternehmen verpflichten, den Betroffenen hinsichtlich Art, Umfang, Ort, Zweck der

---

1 Vgl. *Bruhn* (2002), S. 138.
2 Vgl. *Thyen/Wolf* (2003), S. 107.
3 Vgl. *Homburg/Sieben* (2000), S. 25.
4 Vgl. *Bauer/Neumann/Huber/Hölzing* (2004), S. 5 f.; *Schmitt* (2003), S. 74; *Rapp/Decker* (2003), S. 200; *Thyen/Wolf* (2003), S. 101; *Ritter* (2003), S. 200 f.; *Homburg/Sieben/Dietz* (2002a), S. 103 f.; *Badenhoop* (2001), S. 18.
5 Unter Daten sind Zeichen zu verstehen, die in einer bestimmten Art strukturiert bzw. formatiert sind. Aus den Daten werden Informationen, „... wenn sie den Erkenntnisstand eines Subjekts über ein Objekt in einer gegebenen Situation zur Erfüllung einer Aufgabe verbessern." *Uebel* (2003), S. 343 f.
6 Zu den unterschiedlichen Marktforschungsinstrumenten im Gesundheitswesen vgl. ausführlich *Hartmann* (2002a), S. 212 ff.; *Dobmeyer* (2002), S. 24 ff.; *Göthel* (2002), S. 43.
7 Zum BDSG vgl. ausführlich *Wronka* (2002).

Erhebung[1], Verarbeitung und Nutzung seiner persönlichen Daten zu unterrichten.[2] Da nach dem BDSG jedes Individuum davor zu schützen ist, dass es durch den Umgang mit seinen personenbezogenen Daten in seinem Persönlichkeitsrecht beeinträchtigt wird (§ 1 Abs. 1 BDSG), ist die Verarbeitung und Nutzung von Daten verboten, es sein denn, **der Betroffene hat seine Einwilligung erklärt**.[3] Dies gilt nach dem Datenschutzrecht insbesondere für sensitive Daten, zu denen auch Angaben über die Gesundheit, wie z. B. einzelne Messwerte, Angaben über Medikamentenbezüge oder die Mitgliedschaft in einer Selbsthilfegruppe, zählen.[4]

Dabei besagt die aus dem allgemeinen Persönlichkeitsrecht abgeleitete informationelle Selbstbestimmung, dass es Recht jedes einzelnen Individuums ist, grundsätzlich selbst zu entscheiden, wann und in welchem Umfang andere Gruppen von dem persönliche Lebensverhalten erfahren sollen und wer welche Informationen zu welchem Zweck bearbeitet und Dritten zur Verfügung stellt.[5] Der Auskunftsgebende hat immer das unabdingbare Recht, Auskunft über seine Daten zu erhalten, diese berichtigen, sperren oder löschen zu lassen.[6] Nichtöffentlichen Stellen und damit auch Unternehmen ist es somit gestattet, personenbezogene Daten der Kunden zu verarbeiten und zu nutzen, wenn die Daten nach Treu und Glauben und auf rechtmäßige Weise erhoben wurden, d. h. im Regelfall unter freiwilliger Mitwirkung bzw. Zustimmung des Betroffenen. Vergleichbare Regelungen gelten auch für die **Inhalte der Telekommunikation** einschließlich der bei der Telekommunikation anfallenden Verbindungsdaten (Fernmeldegeheimnis nach der Telekommunikations-Datenschutzverordnung (TDSV)). Die Kontaktierung des Patienten durch das Unternehmen ist ebenso wie das Verarbeiten und Nutzen personenbezogener Daten nur dann zulässig, wenn der Patient sein Einverständnis abgegeben hat.[7] Hinsichtlich der **Zustimmung des Patienten** ist dabei folgendes zu beachten:

---

1 Nach dem Grundsatz der Zweckbindung der Daten dürfen die Daten nur für den Zweck, für den sie erhoben wurden, Verwendung finden. Dabei muss bei der Verwendung der Daten die Verhältnismäßigkeit gewahrt bleiben, d. h. es dürfen nur die Daten eingesetzt werden, die bei der Durchführung einer Analyse zur unmittelbaren Zielerreichung notwendig sind (Need-to-Know). Bei der Verwendung der Daten ist mit der entsprechenden Sorgfalt vorzugehen und es muss sichergestellt werden, dass keine fehlerhaften Daten verarbeitet werden. Vgl. *Belser* (2001), S. 143; *Ackermann/Nippe* (2003), S. 132.

2 Vgl. *Schmidt* (2001), S. 242.

3 Vgl. *Schotthöfer* (2001), S. 288.

4 Vgl. *Schotthöfer* (2001), S. 291; *Belser* (2001), S. 141.

5 Vgl. *Belser* (2001), S. 140.

6 Vgl. § 6 i.V.m. §§ 34 und 35 BDSG.

7 Vgl. *Belser* (2001), S. 142; *Schotthöfer* (2001), S. 280; *Neuffer* (1997), S. 145. Zu den Ausnahmen, die das Speichern, Verändern und Übermitteln von personenbezogenen Daten gestatten vgl. *Wronka* (2002). Ausnahmen müssen durch Rechtsvorschriften geregelt werden. Generell gilt: Wird der Umgang mit personenbezogenen Daten ausdrücklich erlaubt oder angeordnet, muss keine Einwilligung des Betroffenen vorliegen

- Die Einwilligung des Patienten bedarf der Schriftform und damit der eigenhändigen Unterschrift des Betroffenen.[1]
- Der Patient ist über die Tragweite seiner Einwilligung aufzuklären (z. B. den Zweck der Speicherung), aber auch über die Folgen, falls dieser nicht einwilligt (z. B. Ansprüche, die verloren gehen).[2]
- Erfolgt der Kontakt zum Patienten über das Internet, muss neben der Sicherstellung der Vertraulichkeit durch Verschlüsselungsmechanismen auch für die Verwendung digitaler Signaturverfahren Sorge getragen werden.[3]

Da die Kontaktierung des Unternehmens durch den Patienten keinen Beschränkungen unterworfen ist, impliziert dies als eine zentrale Voraussetzung für das PRM die aktive Kontaktierung des pharmazeutischen Unternehmens durch den Patienten, der seinerseits die Kontaktierung durch das Unternehmen gestattet und sich zur Verarbeitung und Nutzung seiner personenbezogenen Daten bereit erklärt.[4] Um den Patienten zur Kontaktaufnahme mit dem pharmazeutischen Unternehmen zu motivieren, müssen **Responseelemente** in die patientenorientierten Kommunikationsmaßnahmen integriert werden. So können beispielsweise durch Aufbau und Pflege der Beziehungen zu Selbsthilfegruppen Kontaktierungsmöglichkeiten hinterlegt werden. Des Weiteren bietet es sich an, als zusätzliche Packungsbeilage ein Rücksendeformular für umfangreichere Informationen über die zu behandelnde Erkrankung anzubieten oder auf der Unternehmenshomepage im Internet die Kontaktierungsmöglichkeiten (E-Mail, Hotline etc.) für weitergehende Informationen anzuführen.[5]

Die Zustimmung des Patienten zur Verarbeitung und Nutzung sowie zur Kontaktierung durch das pharmazeutische Unternehmen wird aber nur zu realisieren sein, wenn der Patient dem Unternehmen vertraut und er einen Nutzen, z. B. in Form von personalisierten Produkt- und Dialogangeboten aus der Überlassung der persönlichen Daten ziehen kann.[6] Das pharmazeutische Unternehmen wird als vertrauensvoller Anbieter angesehen werden, wenn die Beziehung zwischen Patient und Pharmaunternehmen nicht einseitiger Natur ist, sondern auch dem Pati-

---

(z. B. Wertpapierdienstleistungsgesetz zur Aufbewahrungspflicht für Kundenaufträge und -anweisungen) Vgl. *Schotthöfer* (2001), S. 289.

1 Besondere Umstände gestatten eine andere Form der Einwilligung. So kann im Telekommunikationsbereich die Einwilligung auch im Rahmen eines elektronischen Verfahrens erfolgen. Vgl. hierzu § 89 Abs. 10 TKG.

2 Vgl. *Schotthöfer* (2001), S. 289.

3 Vgl. *Belser* (2001), S. 143.

4 Vgl. *Siegert* (1997).

5 Vgl. *Hardt/Müller/Schüler* (2002), S. 81.

6 Vgl. *Bauer/Neumann/Huber/Hölzing* (2004), S. 5; *Link* (2001), S. 20; *Dullinger* (2001), S. 79; *Link* (2001), S. 20 ff.

enten spürbare Vorteile aus dem PRM erwachsen.[1] Nur durch ein sinnvolles und dem Patienten vermittelbares **Gleichgewicht zwischen Unternehmens- und Patienteninteressen** vor dem Hintergrund der gesetzlichen Rahmenbedingungen kann ein PRM erfolgreich sein. Ist der Mehrwert für den Patienten ersichtlich, kann die Forderung nach Personalisierung sogar vom Patienten ausgehen, der dann unter Umständen bereit ist, für die individualisierte Leistungserbringung ein Entgelt zu entrichten.[2] Patientendaten als Gegenleistung für patientenindividuelle und nutzenorientierte Unternehmensleistungen stellen somit die Voraussetzung für ein erfolgreiches PRM dar. Dies bedingt eine Abkehr vom bisherigen Verhalten des pharmazeutischen Unternehmens, gemäß dem Motto: „Ihr sagt uns nichts, wir fragen Euch nichts und alles Weitere regelt der Arzt."[3]

Eindeutige und transparente Regeln im Hinblick auf die Bearbeitung von Kundendaten sind PRM-immanenter Bestandteil.[4] Vor allem im Pharmamarkt ist auf Grund des in der Öffentlichkeit bestehenden negativen Image pharmazeutischer Unternehmen mit den Datenschutzanforderungen proaktiv umzugehen.[5] Gegenüber den Patienten hat das **Prinzip der vollständigen Transparenz** zu gelten. Neben den gesetzlichen Verpflichtungen, Personen Auskunft über die gespeicherten Daten zu geben[6], hat das Unternehmen aktiv zu belegen, dass sich die Datenverarbeitung hinsichtlich Datenumfang und eingesetzter Mittel und Verfahren auf das Notwendige beschränkt.[7] Patienten werden dem Unternehmen nur vertrauen und der Bereitstellung ihrer Daten zustimmen, wenn institutionalisierte Prozesse durch den Patienten selbst identifiziert werden können, die dem Datenschutz Rechnung tragen.[8] Regelmäßige externe Gutachten oder eine Arbeitsgruppe Datenschutz, die die Verarbeitung von Patientendaten einer entsprechenden Prüfung hinsichtlich Datenschutz und Wahrung von Patienteninteressen

---

1 Vgl. *Lorenz* (2001), S. 114.
2 Vgl. *Rapp* (2000), S. 206.
3 Vgl. *Weller* (2004), S. 27.
4 Vgl. *Lisi* (2003), S. 234.
5 Vgl. *Ackermann/Nippe* (2003), S. 132.
6 Hierzu zählen: Zweck der Datenbearbeitung, Kategorien der bearbeiteten Daten, Empfänger der Daten, Herkunft der Daten, logischer Aufbau der automatisierten Verarbeitung und die Tatsache, ob eigene Daten verarbeitet werden. Vgl. *Belser* (2001), S. 144. Zu weiteren Anforderungen für den datenschutzkonformen Umgang mit personenbezogenen Informationen vgl. *Belser* (2001), S. 143 f.
7 Vgl. *Janson/Heller* (2003), S. 284; *Belser* (2001), S. 144 f.
8 Denkbar wäre beispielsweise, dass vor einer Verarbeitung von Patientendaten eine unabhängige Institution eine entsprechende Prüfung hinsichtlich Datenschutz und Wahrung von Patienteninteressen vornimmt.

unterziehen, können das Vertrauen von Patienten stärken, sensitive Daten dem pharmazeutischen Unternehmen zur Verfügung zu stellen.[1]

2.2.2. Database Marketing als informationstechnische Basis des PRM

Unter Database Marketing wird „... ein Marketing auf der Basis kundenindividueller, in einer Datenbank gespeicherter Informationen[.]“[2] verstanden. Hierdurch wird die kontinuierliche Aufnahme und systematische Analyse individueller und zielgruppenspezifischer Patienten- und Leistungsinformationen ermöglicht, um patientenindividuelle Produkte und Dienstleistungen zu entwickeln, die Kommunikation an den Gewohnheiten der Patienten auszurichten und eine wertorientierte Bindung von Patienten zu realisieren.[3] Dem Database Marketing kommt im Rahmen des PRM eine wichtige Funktion zu. Der Kenntnisstand über die Kunden des pharmazeutischen Unternehmens zur individuellen Patientenbearbeitung beschränkt sich auf Grund der Vielzahl an Patienten auf den Informationsstand bzw. den Datenbestand in einer Patientendatenbank. Somit ermöglicht erst der Einsatz einer modernen IT auf Massenmärkten wie dem Pharmamarkt, Patienten differenziert anzusprechen und auf die Bedürfnisse abgestimmte Produkte und Dienstleistungen anzubieten.[4]

Kernelement eines Database Marketing sind in einem Data Warehouse[5] gesammelte, aufbereitete und ausgewertete Daten aus internen und externen Quellen über (potentielle) Kunden,

---

[1] Vgl. *Ackermann/Nippe* (2003), S. 133. Zudem ist zu überdenken, ob im Sinne eines Permission Marketing dem Patienten die Möglichkeit eingeräumt wird, zu jeder Zeit entscheiden zu können, Botschaften des Anbieters zu erhalten oder die Kommunikation mit dem Anbieter anonym durchzuführen. Vgl. *Link* (2001), S. 20. Zum Permission Marketing vgl. insbesondere *Godin* (2001).

[2] *Link* (2001), S. 8. *Kahle/Hasler* definieren Database Marketing als einen Regelkreis, „... in dem Kundenreaktionen auf Marketingaktionen in die Datenbank einfließen und als Grundlage für eine weiterführende, noch gezieltere und individuellere Kundenansprache dienen.“ *Kahle/Hasler* (2001), S. 217. Datenbanken beinhalten einen Datenbestand und verwalten diese Daten im Rahmen einer systematisch strukturierten, physischen Sammlung von quantitativen Daten und qualitativen Informationen. Vgl. *Rudolph/Rudolph* (2000), S. 79.

[3] Vgl. *Schmitt* (2003), S. 78 f.; *Thyen/Wolf* (2003), S. 112; *Kahle/Hasler* (2001), S. 216; *Schmidt* (2001), S. 236; *Güttinger/Haldner* (2001), S. 88; *Lorenz* (2001), S. 113; *Schüpbach* (2001), S. 129; *Specht* (1996), S. 11. Trotzdem besteht in der Praxis häufig ein Informationsdefizit hinsichtlich wichtiger Kundendaten. Diese sind häufig nicht vorhanden, unvollständig oder nicht aktuell. Vgl. *Werner/Beutin* (2000), S. 23.

[4] Vgl. *Brunner* (2003), S. 91; *Otto/Surmont* (2003), S. 455; *Hippner/Wilde* (2003a), S. 5 f.; *Link* (2001), S. 8; *Sheth/Parvatiyar* (1995a), S. 408. Auf die Hard- und Softwareauswahl sowie die Einbindungsproblematik einer geeigneten PRM-Software in eine bestehende IT-Architektur soll in dieser Arbeit nicht eingegangen werden. Vgl. hierzu ausführlich *Stadelmann/Wolter* (2003), S. 59 f.; *Martin* (2003), S. 70 ff.; *Fochler* (2001); *Dastani* (2001); *Komischke* (2001); *Kehl/Rudolph* (2001), S. 268 ff. Zu den Anforderungen an eine qualitätsgesicherte und zukunftsorientierte Datenhaltung, z. B. durch Definition der Rechte für den Datenzugriff, der Bestimmung des Detaillierungsgrades der Informationen, der Regelung der Dateneingabe und Aktualisierung der Informationen vgl. *Albach* (2003), S. 157; *Stadelmann/Wolter* (2003), S. 61; *Thyen/Wolf* (2003), S. 112; *Kehl/Rudolph* (2001), S. 265 f.; *Rudolph/Rudolph* (2000), S. 75; *Homburg/Sieben* (2000), S. 20 f.

[5] Wesentlicher Bestandteil eines Data Warehouse ist eine Datenbank, die von den operativen Systemen der Datenverarbeitung und anderen externen Datenquellen getrennt ist. Vgl. *Krahl/Windheuser/Zick* (1998), S. 50; *Hannig* (1996). Im Gegensatz zu den Bewegungsdaten des operativen Systems (z. B. Bestellungen)

Wettbewerber und das Marktumfeld des Unternehmens.[1] Die Integration aller patientenspezifischen Informationen stellt die Basis für einen differenzierten Dialog mit dem Patienten an allen Kontaktpunkten zwischen ihm und dem Unternehmen dar, um reaktionsschnell die individuellen Bedürfnisse und Erwartungen des Patienten erfüllen zu können.[2] Während interne Schnittstellen zum Patienten (z. B. Call-Center), die Bestandsverwaltung und Daten aus Marketingaktionen die internen Datenquellen darstellen, werden Marktdaten und externe Patientendaten als externe Datenquellen bezeichnet. **Interne Datenquellen** beinhalten die bei der Registrierung der Patienten[3] sowie bei weiteren Kontakten im Rahmen der Geschäftsbeziehung über den Kunden des pharmazeutischen Unternehmens gesammelten Informationen. Hierzu zählen neben den „harten" Daten wie z. B. Art und Menge der in Anspruch genommenen Leistungen und Anzahl der Transaktionen auch „weiche" Daten (z. B. soziodemografische Eigenschaften, Patientenbedürfnisse oder Patientenzufriedenheit).[4]

Daten, die nicht direkt durch das Unternehmen ermittelt, sondern durch externe Datenanbieter erhoben werden, bezeichnet man als **externe Datenquellen**.[5] Marktdaten – z. B. über Wirtschaftsforschungsinstitute – dienen als Indikator für Trends in einzelnen Branchen oder zur Beurteilung der wirtschaftlichen Gesamtentwicklung, um eine frühzeitige Anpassung der Unternehmensaktivitäten an die zu erwartenden Entwicklungen vornehmen zu können.[6] Externe Patientendaten lassen sich ebenfalls über externe Dienstleister ermitteln. Die zu beziehenden Informationen betreffen dabei normalerweise nicht nur die unternehmenseigenen Patienten, sondern auch potentielle Patienten im Hinblick auf eine Neukundengewinnung im Sinne eines Abwerbens der Patienten von der Konkurrenz.[7]

---

enthält das Data Warehouse statistische Daten. Das Data Warehouse ist eine vom operativen Geschäft unabhängige Datensammlung aus unterschiedlichen Quellen (Call-Center, Internet etc.) und ermöglicht den dazu berechtigten Anwendern mit den entsprechenden Werkzeugen selbständige Analysen, Datenqualifizierung und Prognosen zu erstellen. Vgl. *Rudolph/Rudolph* (2000), S. 141; *Rapp* (2000), S. 74.

1 Vgl. *Zipser* (2001), S. 40; *Rudolph/Rudolph* (2000), S. 75.

2 Vgl. *Hippner/Wilde* (2003a), S. 12; *Heger* (2003), S. 266 f.

3 Vgl. *Brey* (2004), S. 203; *Lonsert* (1995), S. 350 f. Vgl. als Beispiel für die Realisierbarkeit einer Patientenregistrierung *MS-Life* (2005), http://www.ms-life.de [01.09.2005]. Vgl. alternativ auch *cancerfacts.com* (2005), http://www.cancerfacts.com [01.09.2005]. Hier werden vom Patienten individuelle Krankheitsdaten hinterlegt, um auf Basis einer datenbankgestützten Analyse, Therapiemöglichkeiten zu eruieren (what-if-Szenarien) und diese dem Patienten zu übermitteln. Vgl. *Lenz* (2004), S. 99 ff.

4 Vgl. *Ackermann/Nippe* (2003), S. 145.

5 Vgl. *Ackermann/Nippe* (2003), S. 145.

6 Vgl. *Rudolph/Rudolph* (2000), S. 95.

7 Vgl. *Ackermann/Nippe* (2003), S. 145. Zu den unterschiedlichen Quellen der Datensammlung vgl. ausführlich *Zipser* (2001), S. 39 f. Es empfiehlt sich, interne und externe Datenquellen kombiniert einzusetzen, um die Qualität der Aussagen durch Vergleich oder Konkretisierung der jeweiligen Informationen zu erhöhen. Hinsichtlich Informationsgehalt und -qualität weisen interne und externe Datenquellen spezifische Nachteile auf,

Um auf Basis der beschriebenen internen und externen Datenquellen ein patientenindividuelles, zeitlich und inhaltlich abgestimmtes Informations- und Leistungsangebot zu gewährleisten, ist eine systematische Strukturierung der Daten notwendig. Eine Strukturierung kann dabei nach Grunddaten, Potenzialdaten, Aktionsdaten und Reaktionsdaten erfolgen (G-A-P-R-Modell).[1] Langfristig konstante Parameter zur Identifikation und Beschreibung des Patienten werden als **Grunddaten** bezeichnet und sind unabhängig von der (Häufigkeit der) Leistungsinanspruchnahme (z. B. soziodemografische, geografische und psychografische Informationen). Hierunter sind u. a. Name, Anschrift, Geschlecht, Alter, Ausbildung, Beruf, Hobbies, Anamnesedaten, Kassenzugehörigkeit und Hausarzt zusammenzufassen. **Potenzialdaten** enthalten Angaben über den geplanten Bedarf des Patienten zu bestimmten Zeitpunkten.[2] Art und Häufigkeit der Leistungsinanspruchnahme, Zeitpunkt der letzten Leistungsinanspruchnahme, über die Kernleistung Arzneimittel hinausgehende Leistungsinanspruchnahmen, Compliance und Substitutionsoptionen stellen mögliche Potenzialdaten dar. Des Weiteren zählen hierzu seine Zahlungsbereitschaft bei Zusatzleistungen oder Serviceanforderungen.[3]

Alle unternehmensseitigen patientenspezifischen Maßnahmen werden in einer Historie als **Aktionsdaten** subsumiert.[4] Hierunter lassen sich Art, Intensität, Zeitpunkte und Kosten der Patientenbearbeitung durch das Erfassen von Besuchs- und Kontaktdaten, Mailings und Angebotsdaten zusammenfassen.[5] Die Patientenreaktionen auf die Unternehmensaktionen werden in den **Reaktionsdaten** erfasst.[6] Hierzu zählen z. B. die Inanspruchnahme von Unternehmensleistungen, Anfragen – auch als Reaktion auf unternehmensseitige Aktivitäten – sowie Beschwerden. Wegen der natürlichen Schwankungen der Leistungsinanspruchnahme auf Grund der individuellen Erkrankungsparameter und dem daraus resultierenden variierenden Bedarf des Patienten müssen die Potenzialdaten kontinuierlich gepflegt werden.[7] Aber auch weitere Patientendaten, wie z. B. Adressänderung oder eine Änderung der in Anspruch ge-

---

die durch die Kombination der Quellen verringert werden können. Vgl. hierzu *Ackermann/Nippe* (2003), S. 146.

[1] Vgl. *Homburg/Sieben/Dietz* (2002a), S. 104; *Link* (2001), S. 9; *Rudolph/Rudolph* (2000), S. 83.

[2] Vgl. *Link* (2001), S. 8.

[3] Vgl. *Homburg/Sieben/Dietz* (2002a), S. 104.

[4] Vgl. *Hippner/Wilde* (2003a), S. 15; *Gerd* (2001), S. 113; *Rudolph/Rudolph* (2000), S. 82.

[5] Vgl. *Homburg/Sieben/Dietz* (2002a), S. 104; *Rudolph/Rudolph* (2000), S. 82 f.

[6] Vgl. *Link* (2001), S. 10; *Gerd* (2001), S. 113.

[7] Vgl. *Rudolph/Rudolph* (2000), S. 82.

nommenen Unternehmensleistungen sowie unternehmensseitige Maßnahmen müssen ständig aktualisiert, d. h. angepasst und erweitert werden.[1]

Um Informationen aus dem Data Warehouse zur patientenindividuellen Ansprache nutzen zu können, sind einzelne **strukturierte Datenauszüge** bzw. Datenwürfel (so genannte Data Marts) nach Bedarf den jeweiligen Abteilungen (z. B. Call-Center) zur Verfügung zu stellen.[2] Die Analyse des Datenbestandes kann neben einem Direktzugriff ohne vorherige Auswertung auch über die i. d. R. Verwendung findenden Analyse-Werkzeuge OLAP (Online Analytical Processing) und Data Mining erfolgen. Abbildung 14 verdeutlicht die Zusammenhänge und Elemente des Database Marketing.

Zur Analyse multidimensionaler Datenbestände wurde von *Codd* das OLAP-Konzept entwickelt.[3] Dem Begriff lassen sich mehrdimensionale Werkzeuge auf Endbenutzerebene subsumieren, mit denen auf das Data Warehouse zugegriffen werden kann.[4] Betriebswirtschaftlich relevante Daten (z. B. Absatz, Umsatz, Kosten, Deckungsbeitrag) bilden einen **multidimensionalen Datenwürfel**. Die Dimensionen des Datenwürfels werden durch betriebswirtschaftliche Gliederungskriterien definiert (Produktgruppe, Patientensegment, Patientenwert etc.).[5] Mittels OLAP lassen sich Datenbestände mehrdimensional in unterschiedlichen Aggregationsstufen analysieren.[6] Die verschiedenen Blickwinkel ermöglichen es den unterschiedlichen Anspruchsgruppen, auf den jeweiligen Aufgabenbereich zugeschnittene Informationen zu erhalten.[7] OLAP ermöglicht somit die Bündelung, Auswertung und Bereitstellung relevanter Daten für das PRM.[8]

---

1 Vgl. *Ackermann/Nippe* (2003), S. 129; *Wehrmeister* (2001), S. 248.
2 Vgl. *Rudolph/Rudolph* (2000), S. 75.
3 Vgl. *Codd et al.* (1993).
4 Vgl. *Brunner* (2003), S. 91.
5 Vgl. *Hippner/Wilde* (2003a), S. 16.
6 Vgl. *Ackermann/Nippe* (2003), S. 128 f.; *Hippner/Wilde* (2003a), S. 17.
7 Vgl. *Hippner/Wilde* (2003a), S. 17. Vgl. hierzu und zu einem Beispiel für eine klassische mehrdimensionale OLAP-Abfrage auch *Zipser* (2001), S. 42 f.
8 Vgl. *Brunner* (2003), S. 91. Zu in der Praxis bewährten Analysen und Anwendungen vgl. *Brunner* (2003), S. 91 f. Zu den Nachteilen von OLAP, wie z. B. Notwendigkeit einer Definition von a priori-Hypothesen über die relevanten Merkmale und die Art des Zusammenhangs, vgl. *Rapp/Guth* (2003), S. 167; *Hippner/Wilde* (2003a), S. 18.

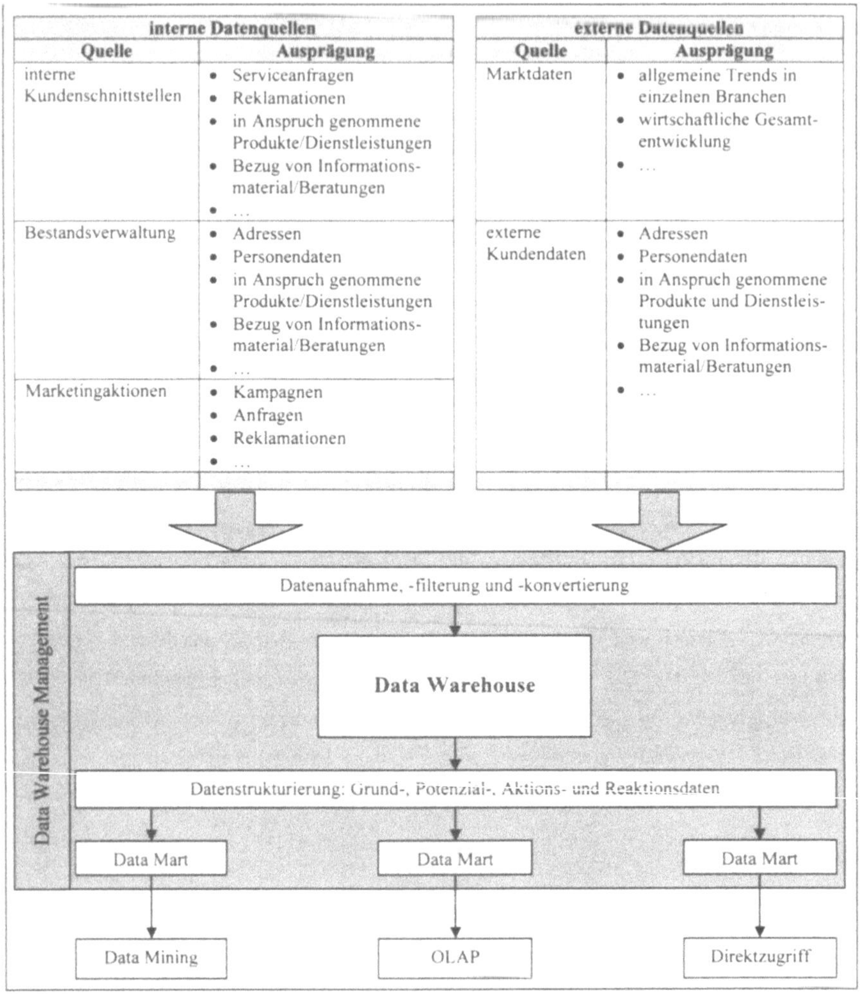

Abb. 14: Elemente und Zusammenhänge des Database Marketing

Quelle: Eigene Darstellung.

Während OLAP die tabellarische bzw. grafische Darstellung von Datenbankabfragen ermöglicht, können durch Data Mining autonom[1] Regelmäßigkeiten, Strukturen und Muster in Da-

[1] Unter Autonomie wird das selbstständige Durchsuchen eines Lösungsraums verstanden. Vgl. *Rapp/Guth* (2003), S. 167.

ten identifiziert werden. Somit kann Data Mining als Instrument zur Identifikation der Ursachen für den Ist-Zustand („Warum") und OLAP als Instrument zur Darstellung des Ist-Zustandes bezeichnet werden („Was").[1]

Ziel des Data Mining ist das **Entdecken nicht bekannter und nicht trivialer Informationen** aus großen Datenbeständen.[2] Eine Vielzahl von Analyseverfahren gestatten unterschiedliche Auswertungsmöglichkeiten gemäß vordefinierter Zielsetzungen. Während das Aufzeigen von Mustern oder Regeln zwischen in Beziehung stehenden Objekten beispielsweise das Ableiten aus Patientensicht idealer Produktbündel gestattet[3], lassen sich Objekte auch bislang unbekannten Kategorien zuweisen, um z. B. ähnliche Patienten zu identifizieren, die auf Grund spezifischer Patienteneigenschaften als hoch profitabel einzuschätzen sind.[4] Ferner können unbekannte Ausprägungen eines Merkmals auf der Basis bekannter Ausprägungen anderer Merkmale ermittelt werden, um beispielsweise Prognosen hinsichtlich des Volumens der zukünftigen Leistungsinanspruchnahme des Patienten auf Basis der bisherigen Leistungsinanspruchnahme zu bestimmen.[5] Ebenfalls sind ereignisgesteuerte Programme für vordefinierte Reaktionen bei Eintritt eines festgelegten Ereignisses denkbar, um z. B. auffällige Patientenaktivitäten zu ermitteln (wiederholte Beschwerde, Anfrage etc.) und durch adäquate Maßnahmen deren Loyalität zu sichern.[6]

---

[1] Vgl. *Steidle* (2000), S. 113. *Zipser* bezeichnet OLAP auch als nutzergesteuertes „Top-Down"-Analyseverfahren und Data Mining als datengetriebenes „Bottom-Up"-Analyseverfahren, das unbekannte oder nicht offensichtliche Datenzusammenhänge erkennt. Vgl. *Zipser* (2001), S. 42.

[2] Vgl. *Brunner* (2003), S. 92; *Hippner/Wilde* (2003a), S. 18; *Rapp/Guth* (2003), S. 166; *Zipser* (2001), S. 44; *Rudolph/Rudolph* (2000), S. 144. Zum Begriff Data Mining und den Phasen eines idealtypischen Data Mining-Prozesses vgl. ausführlich *Rapp/Guth* (2003), S. 167 f.; *Hippner/Wilde* (2003b), S. 216 ff.; *Zipser* (2001), S. 44 ff.

[3] Vgl. *Rapp/Guth* (2003), S. 174; *Hippner/Wilde* (2003b), S. 219; *Zipser* (2001), S. 48; *Rudolph/Rudolph* (2000), S. 144.

[4] Vgl. *Rapp/Guth* (2003), S. 171 f.; *Hippner/Wilde* (2003b), S. 219 f.

[5] Vgl. *Hippner/Wilde* (2003b), S. 220.

[6] Vgl. *Ackermann/Nippe* (2003), S. 136; *Hippner/Wilde* (2003b), S. 219. Die Methoden des Data Mining lassen sich auch im Internet anwenden. Das Web Mining bezeichnet die Anwendung von Verfahren des Data Mining auf Datenstrukturen im Internet. Seiteninhalte oder die Struktur einer Website können analysiert und Nutzeraktivitäten (z. B. durch Logfiles), personenbezogene Daten (z. B. Logins, Befragungen) sowie externe Daten untersucht werden. Vgl. *Englbrecht/Hippner/Wilde* (2004), S. 356; *Hippner/Wilde* (2003c), S. 464; *Schmidt* (2001), S. 247 f.; *Bensberg* (2000), S. 166. Zur Optimierung der unternehmensseitigen Angebote können Leistungsinanspruchnahme, Informationsbezug sowie die Gestaltung der Homepage an die individuellen Patientenpräferenzen angepasst werden Vgl. *Schmitt* (2003), S. 79; *Schmidt* (2001), S. 242; *Frielitz et al.* (2000), S. 28; *Tiedtke* (2001), S. 124 f. Zudem ermöglicht das Text Mining eine automatische Analyse von Textdokumenten. Hierdurch lassen sich z. B. Beschwerden automatisch an den zuständigen Sachbearbeiter weiterleiten und Kunden in Segmente in Abhängigkeit vom Beschwerdeverhalten einteilen. Vgl. *Hippner/Wilde* (2003a), S. 20. Zu den Methoden des Data Mining vgl. auch *Krahl/Windheuser/Zick* (1998).

2.2.3. Ausgewählte Analyseinstrumente des PRM

2.2.3.1. Patientensegmentierung

Unter der Patientensegmentierung wird „... die Aufteilung sämtlicher potenzieller und aktueller Kunden in bezüglich ihrer Marktreaktion intern homogene, untereinander heterogene Untergruppen (Kundensegmente) sowie die Bearbeitung eines oder mehrerer dieser Kundensegmente verstanden."[1] Für die homogenen Patientengruppen werden Produkte und Dienstleistungen entwickelt, die den spezifischen Wünschen der Kundensegmente entsprechen. Hierdurch können die differenzierten Patientenwünsche durch eine hohe Entsprechung des Angebots genauer befriedigt werden.[2] Segmentspezifische Leistungsangebote bilden die Voraussetzung für langfristig angelegte Marketingprogramme bzw. Investitionen in die Kundenbeziehung und ermöglichen eine höhere Kundenorientierung bei gleichzeitig effizienterem Ressourceneinsatz durch geringere Streuverluste.[3]

Die pharmazeutische Industrie segmentiert bisweilen hauptsächlich nach Indikation oder Produkten. Die über das Pharmakon hinausgehenden Bedürfnisse oder Probleme des Patienten sind hingegen kaum bekannt.[4] Die Inanspruchnahme medizinischer Leistungen hängt aber neben der Krankheit auch von weiteren Faktoren ab, die in der Person des Versicherten und seinen Zugangsmöglichkeiten zum Gesundheitsversorgungssystem liegen.[5] Im Folgenden gilt es, im Rahmen des PRM (potenzielle) Patienten in homogene Gruppen zu unterteilen, die auf

---

[1] *Sieben/Scholl/Vanselow* (2001), S. 172. Zu einem Überblick über die Segmentierungskriterien vgl. ausführlich *Meffert/Bruhn* (2003), S. 142 ff. Neben den personenbezogenen Segmentierungskriterien lassen sich auch verhaltensbezogene Segmentierungskriterien identifizieren. Während den personenbezogenen Segmentierungskriterien die geografischen, demografischen, soziografischen und psychografischen Faktoren zu subsumieren sind, handelt es sich bei den verhaltensbezogenen Faktoren um aktivierende und kognitive Prozesse des Patienten. Die verhaltensbezogenen Segmentierungskriterien werden somit auf der einen Seite durch andere (personenbezogene) Faktoren erklärt. Auf der anderen Seite können diese gleichzeitig als eigenständige Segmentierungskriterien Verwendung finden. Vgl. *Freter* (1983), S. 87. Eine vergleichende Beurteilung der Eignung von Segmentierungskriterien für konsumtive Dienstleistungen findet sich bei *Freter* (2001). Zu den Anforderungen an Segmentierungskriterien (u. a. Messbarkeit, Erreichbarkeit, Handlungsfähigkeit, Wirtschaftlichkeit und zeitliche Stabilität) vgl. *Bruhn* (2001a), S. 96 f.; *Rapp* (2000), S. 67.

[2] Vgl. *Bauer/Neumann/Hoffmann* (2004), S. 62.

[3] Vgl. *Stadelmann/Wolter* (2003), S. 54 f.; *Homburg/Sieben* (2000), S. 10; *Rapp* (2000), S. 65.

[4] Vgl. *Sieben/Scholl/Vanselow* (2001), S. 173 f.; *Badenhoop/Ryf* (2001), S. 10.

[5] Vgl. *Brenner/Kerek-Bodden* (1993), S. 94.

Aktivitäten des Unternehmens ähnlich reagieren.[1] Hierzu sind die Patienten nach zu definierenden Kriterien einzelnen Patientensegmenten zuzuordnen.[2]

Um die Marktbearbeitung individuell auszurichten sind **nutzenorientierte Kundensegmente** zu bilden (Benefit Segmentation), die sich an den spezifischen Bedürfnissen der Patienten orientieren (z. B. auf Basis von Zufriedenheitsurteilen, Anforderungen und Wünschen der Kunden).[3] Homogene Patientengruppen, die gleichartige Bedürfnisse, z. B. hinsichtlich des Produkts, der Dienstleistung oder der Kommunikation aufweisen, bilden somit die Grundlage kundenzentrierter Aktionen und stellen die Voraussetzung für die effektive Bearbeitung der jeweiligen Bedürfnisstruktur im Vergleich zum undifferenzierten Massenmarketing dar.[4] Hierdurch wird die Grundlage zur gezielten Gestaltung der Kundenbeziehung gelegt: Der Patient erhält seinen funktionalen Grundnutzen in Form des Arzneimittels und den individuellen Zusatznutzen in Form von über die Kernleistung hinausgehenden Zusatzleistungen.[5]

Auf Grund der besonderen Rahmenbedingungen auf dem Pharmamarkt muss als erstes ermittelt werden, welche Patienten eine potenzielle Zielgruppe des PRM darstellen, die mittels patientengerichteter Aktivitäten zu bearbeiten sind. Hierbei ist von entscheidender Bedeutung, dass der Patient die Therapieentscheidung mit dem Arzt zusammen fällt. Nur wenn der Patient diese Entscheidung mitträgt oder sogar dominiert, kann eine langfristige Patientenbindung durch die PRM-Aktivitäten erreicht werden. Zudem müssen die Patienten auf Grund der rechtlichen Restriktionen von sich aus mit dem Pharmaunternehmen in Kontakt treten, d. h. ein aktives und arztunabhängiges Informationsbeschaffungsverhalten aufweisen.

---

1 Auf Konsumgütermärkten erscheint die Einzelkundenbetrachtung auf Grund der im Vergleich zum Investitionsgütermarketing verhältnismäßig vielen Kundenbeziehungen unter Kosten-Nutzen-Aspekten nicht sinnvoll. Vgl. *Meyer/Oevermann* (1995), Sp. 1347. Die Einzelkundenbetrachtung wird daher durch die Analyse von Kundengruppen ersetzt werden. Vgl. hierzu auch *Werner/Beutin* (2000), S. 25.

2 Vgl. *Mohn* (2001), S. 219 f. Der Ansatz einer Klassifikation von Patienten zur Erschließung von Kostensenkungspotentialen setzt sich zunehmend im Gesundheitswesen durch. So werden im stationären Bereich Patienten mit ähnlichen Eigenschaftsbündeln, die gleichartige Leistungen benötigen, in Fallgruppen zusammengefasst. Durch definierte Fallgruppen (z. B. nach Art, Schwere und Stadium der Krankheit, Eigenschaften des Patienten und etwaigen weiteren Krankheiten) sollen durch einen möglichst homogenen Ressourcenverbrauch gesundheitspolitische und kostendämpfende Ziele verfolgt werden. Vgl. *Morra* (1996), S. 37 ff.

3 Vgl. *Thyen/Wolf* (2003), S. 104; *Stadelmann/Wolter* (2003), S. 54 f.; *Ackermann/Nippe* (2003), S. 126 f.; *Güttinger/Haldner* (2001), S. 88; *Homburg/Sieben* (2000), S. 10; *Hohensohn* (1998), S. 217; *Ried* (1993), S. 224.

4 Vgl. *Ciocarelli/Anderegg* (2003), S. 252; *Hippner/Wilde* (2003a), S. 24; *Ackermann/Nippe* (2003), S. 142; *Bruhn* (2001a), S. 111.

5 Vgl. *Güttinger/Haldner* (2001), S. 88.

Um die Patienten in intern homogene und untereinander heterogene Kundensegmente zu unterteilen, empfiehlt sich die Orientierung an zwei wesentlichen Stellgrößen.[1] Auf der einen Seite beeinflusst die **Kontrollüberzeugung des Patienten** als affektive Größe das Ausmaß seiner Überzeugung, durch aktives Handeln und seine Persönlichkeit sein eigenes Schicksal selbst zu bestimmen (internal kontrollierte Personen) oder sich durch den Zufall oder Andere fremd bestimmen zu lassen (external kontrollierte Personen).[2] Es ist davon auszugehen, dass die tendenziell internal kontrollierten Patienten dazu neigen werden, die Entscheidung zur Therapie mit zu beeinflussen, um aktiv das eigene Schicksal selbst zu bestimmen bzw. mitzubestimmen. External kontrollierte Personen werden sich eher in eine passive Rolle im Rahmen der Arzt-Patient-Beziehung begeben und daher einen nur geringen Einfluss auf die Therapieentscheidung bzw. auf die Wahl des Medikaments haben.

Als zweite Stellgröße soll neben der affektiven Größe im Sinne eines Bereitschafts- und Motivationsgrads des Patienten zur Teilnahme an der Therapie eine verhaltensbezogene Größe Verwendung finden. Neben der Frage, ob sich der Patient an der Therapieauswahl beteiligt und somit die Entscheidung der Leistungsinanspruchnahme mitträgt, ist für die Beziehung zwischen Patient und Unternehmen von Bedeutung, wie der **aktive Informationsbezug des Patienten** ausgeprägt ist. Je höher der aktive und vom Arzt unabhängige Informationsbezug ausgeprägt ist, desto eher ist mit einer Interaktion zwischen Pharmaunternehmen und Patient zu rechnen.[3]

Zeichnet sich der Patient als internal kontrollierte Person und durch ein aktives Informationsverhalten aus, wird dieser die Therapieentscheidung mittragen und neben den Informationen des Arztes auch auf alternative Informationsquellen zurückgreifen. Diese in Teil B angeführten und als mündige Patienten zu bezeichnenden Personen stellen für das pharmazeutische

---

[1] Diese zwei Stellgrößen orientieren sich an den in Teil B, Kapitel 2.1.1. ermittelten Kriterien des Mündigkeitsbegriffs. Zu einem alternativen mehrdimensionalen Segmentierungsansatz, der neben psychografischen Charakteristika (Einstellungen, Bedürfnisse, Kundenverhalten) als wesentliche Dimensionen zur Abgrenzung der Segmente auch das Nutzungsverhalten und die spezifischen Erkrankungsparameter integriert vgl. *Sieben/Scholl/Vanselow* (2001), S. 172 ff. Dieser Ansatz beinhaltet die im PRM noch vorzunehmende Patientenbearbeitung nach Profitabilität (= Nutzungsverhalten) und Bearbeitung des Patienten in Abhängigkeit des Kundenbeziehungslebenszyklus (= spezifische Erkrankungsparameter). Zu psychografisch beschriebenen Kundensegmenten bezüglich des Kaufs von Arzneimitteln vgl. *Ziff* (1971). Zu einer Patientensegmentierung hinsichtlich Patientensouveränität und Grundeinstellung vgl. *Bonnemann/Reibnitz* (2001), S. 207 ff. Zur Segmentierung der Patienten nach Persönlichkeit, Lebensstil, Nutzungsverhalten und soziodemografischen Merkmalen vgl. *Pfahlert/Fürst* (2003), S. 412. Zu einer Übersicht über weitere patientenorientierte Segmentierungsansätze vgl. *Hohensohn* (1998), S. 220 ff.

[2] Vgl. *Rotter* (1966), S. 21 ff.

[3] Vgl. auch *Hohensohn*, die die Patienten hinsichtlich ihrer verwendeten Informationsquellen mittels einer Clusteranalyse segmentiert. Vgl. *Hohensohn* (1998), S. 208 ff.

Unternehmen die interessanteste Zielgruppe für ein patientengerichtetes Beziehungsmarketing dar und werden in dieser Arbeit Gegenstand der weiteren Untersuchungen sein. Im Gegensatz dazu wird der eher external kontrollierte Patient den Entscheidungen des Arztes glauben schenken. Ist der Informationsbezug des Patienten zusätzlich schwach ausgeprägt bzw. nicht existent, ist von einem unmündigen Patienten zu sprechen, der über das ärztegerichtete Marketing indirekt zu beeinflussen ist und keine Zielgruppe des PRM darstellt.[1]

Problemfälle des PRM stellen die beiden anderen Segmente dar. Der an weiteren Informationen uninteressierte aber selbstbestimmte Patient wird auf Grund der noch anzuführenden rechtlichen Rahmenbedingungen nur schwer anzusprechen und zu beeinflussen sein. Langfristig ist dieses Patientensegment aber bei Änderung der gesetzlichen Restriktionen zu kontaktieren und von der Inanspruchnahme weiterer, über den Arzt hinausgehender Leistungsangebote zu überzeugen. Das aktive Suchverhalten des Patienten nach Gesundheitsinformationen muss angeregt werden, z. B. durch eine „Ausschilderung" der Suchwege oder Kriterien zur Beurteilung der Informationsqualität.[2]

Der aktiv Informationen beziehende aber fremdbestimmte Patient ist grundsätzlich an Informationen interessiert, die über die des Arztes hinausgehen. Tendenziell ist zu erwarten, dass diese Patientengruppe den Kontakt zum Pharmaunternehmen aufnehmen wird. Da der Patient aber die Entscheidung für die Therapie dem Arzt überlässt, müssen hier Anstrengungen unternommen werden, diese Patientengruppe zur selbstbestimmten Entscheidung zu „erziehen". Das pharmazeutische Unternehmen hat bei den beiden zuletzt angeführten Segmenten die Patientenbedürfnisse zu analysieren und anschließend die Patienten motivationsadäquat anzusprechen, um die bisherige Einstellung so zu transformieren, dass eine Entwicklung zum

---

1 Vgl. *Capgemini Ernst & Young* (2003), S. 25. Aktiv nach Informationen suchende und sich an Entscheidungen hinsichtlich diagnostischer und therapeutischer Verfahren beteiligende Patienten lassen sich auch als so genannte „Monitors" bezeichnen (hier: mündiger Patient). Im Gegensatz dazu sind die „Blunters" von der aktiven Rolle überfordert und bevorzugen eine passive Rolle ohne selbständigen Informationsbezug oder die Beteiligung an Entscheidungen (hier: unmündiger Patient). Vgl. *Dierks/Martin/Schienkiewitz* (2001), S. 94; *Haase/Schwefel* (1995), S. 39. Der unmündige Patient ist auch auf Grund einer weiteren Tatsache eine eher unattraktive Zielgruppe: External kontrollierte Personen, die keinen aktiven Informationsbezug aufweisen, sind vermehrt Personen mit einem niedrigen Bildungsniveau, Arbeitslose, Ältere sowie Personen mit einem niedrigen Einkommen. Im Gegensatz dazu zählen die jüngeren Individuen und Personen aus höheren sozialen Schichten mit einer höheren Schulbildung eher zu der Gruppe der internal Kontrollierten, die die Therapieentscheidung mit beeinflussen und einen ausgeprägten aktiven Informationsbezug aufweisen. Vgl. *Dierks/Martin/Schienkiewitz* (2001), S. 95 f.; *Lerch/Dierks* (2001), S. 146 f. Zudem nehmen Angehörige der oberen Sozialschichten weniger Medikamente ein als die Angehörigern der unteren Sozialschichten. Zum Zusammenhang zwischen sozialer Schicht und der Inanspruchnahme von Medikamenten vgl. ausführlich *Siegrist* (1995), S. 204; *Brenner/Kerek-Bodden* (1993).

2 Vgl. *Sachverständigenrat für die Konzertierte Aktion im Gesundheitswesen* (2003), S. 218.

mündigen Patienten erreicht werden kann. Abbildung 15 stellt die ermittelten Patientensegmente in einem zweidimensionalen Achsenkreuz dar.

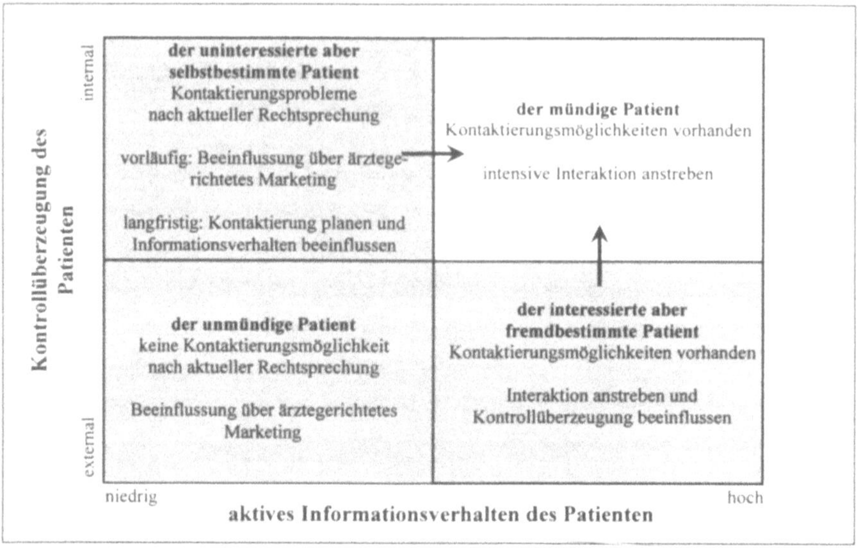

Abb. 15: Segmentierung der Patienten nach Kontrollüberzeugung und Informationsverhalten
Quelle: Eigene Darstellung.

Die vorgestellte Patientensegmentierung kann als erste **Grobsegmentierung** dienen. Um die jeweiligen Segmente – und vor allem das Segment der mündigen Patienten – optimal anzusprechen, sind diesen vier ermittelten Segmenten unterschiedliche Patiententypen zuzuordnen, die differenzierte Bedürfnisse aufweisen und mittels differenzierter Kommunikationsmaßnahmen und Leistungsangeboten anzusprechen sind. Die Patientenbedürfnisse hinsichtlich bestimmter Leistungsangebote lassen sich dabei aus beobachtbaren Patienteneigenschaften ableiten.[1]

In Anlehnung an den **motivationstheoretischen Ansatz**[2] von *Correll*, der u. a. bei der Schulung des Außendienstes in der pharmazeutischen Industrie zur Identifikation unterschiedlicher

---

[1] Vgl. *Capgemini* (2004a); *Bürger* (2003), S. 102 f.

[2] Motivation kann als hypothetisches Konstrukt aufgefasst werden, mit dem man die Antriebe bzw. Ursachen des menschlichen Verhaltens erklären will. Vgl. *Kroeber-Riel/Weinberg* (2003), S. 141. Die Motivation eines Individuums zählt zu den entscheidenden Fragestellungen der Konsumentenforschung und kann als wichtiges Element bei der Beschreibung menschlichen Verhaltens angesehen werden. Vgl. *Hall/Lindzey* (1978), S. 23.

Ärzte-Typen Verwendung findet, lassen sich fünf hierarchisch angeordnete Grundbedürfnisse bzw. Motivationen identifizieren: soziale Anerkennung, Sicherheit/Geborgenheit, Vertrauen, Selbstachtung sowie Unabhängigkeit/Verantwortung. Die Befriedigung des an der Spitze stehenden Bedürfnisses hat für das Individuum vorrangige Bedeutung. Die Hierarchie der Bedürfnisse ist dynamisch, d. h. sobald das wichtigste Bedürfnis erfüllt wurde, fällt es auf eine niedrigere Dringlichkeitsstufe, so dass ein anderes Bedürfnis an die erste Position rückt.[1]

Die Patienten lassen sich hinsichtlich ihres wichtigsten Grundbedürfnisses **fünf Motivationstypen** zuordnen. Beobachtbare Patienteneigenschaften – die beispielsweise im Rahmen der Patientenregistrierung mittels eines kurzen Fragebogens erfasst werden können – geben hierbei die Hinweise auf die verschiedenen Motivationstypen. Auf Basis der beobachtbaren Patienteneigenschaften lässt sich ein Raster zur Motivationsdiagnose erstellen, aus dem sich die Möglichkeiten zur segmentspezifischen Patientenansprache ableiten lassen.[2]

Während nach sozialer Anerkennung strebenden Patienten insbesondere prestigeträchtige Angebote zu offerieren sind (z. B. ein Blutzuckermessgerät im Miniaturformat), bevorzugen Nachfrager, bei denen Vertrauen als zentrales Bedürfnis im Mittelpunkt steht, persönliche Erfahrungen, z. B. von Experten, unabhängigen Instituten oder anderen Betroffenen. Patienten, bei denen Unabhängigkeit/Verantwortung das an der Spitze stehende Bedürfnis darstellt, sind sachliche, realistische und ökonomisch orientierte Informationen zu übermitteln (z. B. arzneimittelbezogene Kosten-Nutzen-Analysen). Ist das dominierende Bedürfnis Selbstachtung, hat sich das pharmazeutische Unternehmen vor allem auf die Übermittlung von Detailinformationen zu konzentrieren. Bei Sicherheit/Geborgenheit als zentrales Bedürfnis sind insbesondere Serviceleistungen in den Vordergrund zu stellen, wie z. B. die Erinnerung zur Medikamenteneinnahme (vgl. Tabelle 5).

Die Ermittlung der zentralen Motivation von Zielgruppen ermöglicht die Abstimmung des Angebots und der Argumentation auf die jeweilige Zielgruppe. Vgl. *Bänsch* (1998), S. 69 ff. Zum Motivationsbegriff vgl. *Kroeber-Riel/Weinberg* (2003), S. 141 ff.

1 Zu den fünf Grundbedürfnissen vgl. ausführlich *Correll* (1991), S. 28 ff.; *Correll* (1990), S. 32 ff.

2 Vgl. *Correll* (1991), S. 43.

		beobachtbare Patienteneigenschaften				Patienten-ansprache
		Freizeit/Hobby	Verhalten in der Gruppe (z. B. Selbsthilfegruppe)	Verhalten gegenüber dem Arzt	Verhalten zur Zukunft	
dominierendes Patientenbedürfnis/Motivationstypen	soziale Anerkennung	mondäne Clubs, extravaganter Sport, ausgefallene Reisen, aparte Frauen	Führungsanspruch, Wortführer	opportunistisch, profilierend, ohne Standpunkt	naiv-optimistisch, sorglos	prestigeträchtige Leistungsangebote anbieten
	Sicherheit und Geborgenheit	unauffällige Hobbys (Gartenpflege, Heimwerker, Modellbau, Briefmarken, Wandern), Urlaub auf dem Bauernhof oder in einfacher Pension	Anpasser, risikoscheu, zurückhaltend	unterordnend, gefügig	absichernd, ängstlich, vorsorgend, vorausdenkend	über Serviceleistungen profilieren und die Qualität in den Vordergrund stellen
	Vertrauen	Vereinsmitglied, Engagement in karitativen Organisationen, Familie, Kegelclub, Stammkneipe	kompromissbereit, abhängig von Bezugspersonen	persönlichen Bezug zum Arzt anstrebend, arztloyal	Absicherung durch persönliche Kontakte	persönliche Erfahrung verkaufen (z. B. von Experten und unabhängigen Instituten oder Patienten)
	Selbstachtung	politisch engagiert, neigt zu Fanatismus, ausgefallener Sammler	kompromisslos, intolerant und dadurch isoliert, fanatisch	distanziert, rechthaberisch, unnachgiebig	pessimistisch, skeptisch, ungläubig	extrem genau erklären und genaue Detailkenntnisse übermitteln
	Unabhängigkeit und Verantwortung	Einzelsportler mit Risiko, Individualreisen	Führungsanspruch, aufgeschlossen, konstruktiv, tolerant	sachlich, realistisch, ideenreich	positiv, optimistisch, realistisch	sachliche, realistische und ökonomisch orientierte Informationen übermitteln (z. B. Kosten-Nutzen-Analyse)

Tab. 5: Raster der Motivationsdiagnose zur bedürfnisorientierten Patientenansprache

Quelle: In Anlehnung an *Correll* (1991), S. 43.

Im Anschluss an die Segmentierung als Voraussetzung einer gezielten Bearbeitung der Patienten mit Hilfe zielgruppenspezifischer Marketingaktivitäten werden diese hinsichtlich des Patientenwertes eingeteilt. Die Reihenfolge dieser zwei Analysemethoden (Segmentierung und die im folgenden Kapitel angeführte Bestimmung des Patientenwertes) lässt sich wie folgt begründen. Die Patientensegmentierung stellt die Voraussetzung dar, zielgerichtete und auf das Segment optimal abgestimmte Marketingmaßnahmen ohne Streuverluste vornehmen zu können. Die Unterscheidung der Kunden hinsichtlich ihres Verhaltens stellt die Voraussetzung zur zielgerichteten Beeinflussung der Patienten in Abhängigkeit ihres Wertes dar.[1] Während die Patientensegmentierung die adäquate Ansprache des Patienten sichert, lässt sich aus den Maßnahmen zur Bestimmung der Wertigkeit der Beziehung die Intensität der patientenbezogenen Aktivitäten unter Kosten-Nutzen-Gesichtspunkten planen und durchführen.

---

[1] Vgl. *Rapp* (2000), S. 83 f. Vgl. hierzu auch *Herrmann/Huber/Fischer* (2000), S. 20, die im Anschluss an eine Kundensegmentierung hinsichtlich Wahrnehmung und Beurteilung von Leistungen der Kunden die Klassifikation hinsichtlich des Kundenwertes anführen.

2.2.3.2. Patientenwertanalyse

Nicht jeder Patient stellt unter ökonomischen Gesichtspunkten einen attraktiven Kunden dar, d. h. der Patientenwert und das daraus resultierende Wertschöpfungspotenzial können je nach Patient variieren.[1] Eine Patientenwertermittlung ist notwendig, um profitable von unprofitablen Patienten zu unterscheiden und diese entsprechend ihrer Wertigkeit individuell bearbeiten bzw. den Umfang und die Ausgestaltung der PRM-Maßnahmen präzise und zielgerichtet vornehmen zu können.[2]

Um profitable von unprofitablen Patienten zu unterscheiden, erfolgt die Ermittlung des Kundenwerts mittels des an den Customer Lifetime Value (CLV) orientierten **Patient Lifetime Value (PLV)**, der sich anhand des Gewinns mit dem Patienten über die gesamte Dauer der Patientenbeziehung bemisst.[3] Der PLV basiert auf der dynamischen Investitionsrechnung[4] und beschreibt „... the present value of a future stream of next contributions to overhead and profit."[5] Der Wert des Patienten bemisst sich aus den bereits getätigten und den erwarteten Ein- und Auszahlungsströmen – abgezinst auf einen einheitlichen Bezugszeitpunkt – die dem Verbraucher im Verlauf der gesamten Lebensdauer der Geschäftsbeziehung direkt zugerechnet werden können.[6] Die patientenspezifische Verweildauer im Kundenstamm wird im Sinne einer ganzheitlichen Betrachtungsweise auf der Basis der Barwerte[7] der Patientendeckungsbeiträge in die Berechnung des Patientenwerts miteinbezogen.[8]

---

1 Vgl. *Stadelmann/Wolter* (2003), S. 54.

2 Vgl. *Pepels* (2003b), S. 265 f.; *Stadelmann/Wolter* (2003), S. 54; *Bruhn* (2003b), S. 149; *Gierl/Kurbel* (1997); *Eckel* (1997), S. 115. Unter Beachtung des investiven Charakters einer Geschäftsbeziehung bedeutet dies, dass Investitionen, „... die keinen Wertzuwachs für das betrachtete Unternehmen erbringen bzw. sogar zu einer Wertvernichtung beitragen, eingestellt werden (sollten)." *Günter/Helm* (2003), S. 47.

3 Zu ausgewählten Modellen zur Bestimmung des CLV vgl. *Dwyer* (1989). Zur alternativen Berechnung des Patientenwerts durch das in der Praxis weite Verbreitung findende Scoring-Modell vgl. *Homburg/Sieben* (2000), S. 14; *Rieker* (1995), S. 68. Zur Kritik am Scoring-Modell vgl. *Plinke* (1989), S. 317; *Jeschke* (1994), S. 219. Zur Kundenwertermittlung durch das statische Verfahren der ABC-Analyse vgl. u. a. *Link* (2001), S. 3; *Werner/Beutin* (2000), S. 23; *Rieker* (1995), S. 53 ff.; *Jeschke* (1994), S. 217; *Wolter* (1985), S. 50.

4 Zu den Verfahren der dynamischen Investitionsrechnung vgl. *Olfert* (2003); *Blohm/Lüder* (1995); *Rolfes* (1992).

5 *Jackson* (1992), S. 44.

6 Vgl. *Albach* (2003), S. 145; *Bruhn* (2003b), S. 150; *Link* (1995).

7 Unter dem Barwert wird der Gegenwartswert einer Zahlungsreihe im Planungszeitpunkt unter Berücksichtigung des gültigen Kalkulationszinssatzes verstanden.

8 Vgl. *Riekeberg* (1995), S. 264. Zur Berechnung des Kundendeckungsbeitrages auf Basis des Teilkosten- und Vollkostenansatzes sowie auf Basis einer Prozesskostenrechnung vgl. *Köhler* (2003), S. 399 ff.; *Homburg/ Sieben* (2000), S. 12 f.; *Eckel* (1997), S. 119; *Haag* (1992), S. 28. Wie bei der Portfolioanalyse bietet es sich an, bei einer hohen Kundenzahl die Bestimmung des PLV eher auf Kundensegmente als auf einzelne Kunden zu beziehen. Vgl. *Werner/Beutin* (2000), S. 27.

Der PLV als Zielgröße im PRM unterstreicht die Forderung, unternehmensseitige und auf den Patienten abzielende Maßnahmen nicht am kurzfristig erzielbaren Erfolg auszurichten, sondern den Fokus auf den **langfristigen Wert einer Patientenbeziehung** zu richten.[1] Durch den PLV werden kurzfristige Maximierungsbestrebungen verhindert. So ist es z. B. denkbar, dass Patienten aktuell stark positive Deckungsbeiträge aufweisen, in Zukunft aber negative Deckungsbeiträge erwarten lassen. Durch den PLV können das zukünftige Potenzial des Patienten(segments) abgeschätzt und dadurch ineffiziente Marketingaktionen vermieden werden.[2]

Für das PRM erfolgt die Ermittlung des PLV über die Erlöse aus Arzneimitteln und zuzahlungspflichtigen Zusatzleistungen abzüglich der Herstellkosten für die Produktion der Medikamente und der zuzahlungspflichtigen Zusatzleistungen sowie der kundenindividuellen Vertriebskosten. Das Ergebnis liefert den individuellen Patientendeckungsbeitrag. Berücksichtigung finden zudem die Wechselwahrscheinlichkeit des Patienten und die Wahrscheinlichkeit, dass der Patient die Beziehung beendet, d. h. die Therapie abbricht. Die bereits erzielten und die erwarteten Deckungsbeiträge, die dem Patienten im Verlauf der gesamten theoretischen Lebensdauer der Kundenbeziehung direkt zugerechnet werden können, werden unter Berücksichtigung beider Wahrscheinlichkeiten auf einen einheitlichen Bezugszeitpunkt abgezinst (vgl. Abbildung 16).

Die Ermittlung des Patientenwerts hängt in entscheidendem Maße von der zukunftsbezogenen Schätzung der Kosten und dem Nutzen einer Beziehung zwischen Patient und Pharmaunternehmen ab.[3] Um die zukünftigen Behandlungsprozesse abbilden zu können, bietet sich ein *Markov*-Modell an, das Simulationen an einer hypothetischen Kohorte von Patienten ermöglicht, um Aussagen über Kosten und Krankheitsverlauf bei bestimmten Therapieformen tref-

---

1 Vgl. *Schwetz* (2000), S. 222.

2 Vgl. *Hippner/Wilde* (2003a), S. 24. Neben ökonomischen Größen können auch vorökonomische, bzw. qualitative Größen in die Berechnung mit aufgenommen werden, die entsprechend quantifiziert werden müssen, um diese zur Ermittlung des Kundenwerts mit einbeziehen zu können. Vgl. *Storbacka* (2003), S. 108; *Cornelsen* (2001), S. 58. Die Miteinbeziehung von Kunden in Innovationsprozesse stellt das Innovationspotenzial dar. Vgl. *Homburg/Schnurr* (1998), S. 173. Bietet sich eine langfristige Zusammenarbeit mit dem Kunden an, die über die normale Anbieter-Nachfrager-Beziehung hinausgeht (z. B. strategische Allianzen) spricht man von dem Kooperationspotenzial. Vgl. *Wolter* (1985), S. 50. Darüber hinaus können das Referenzpotenzial des Kunden als Meinungs- oder Imageführer in die Nutzenbetrachtung mit einfließen. Vgl. *Schmöller* (2001), S. 125 f.; *Homburg/Schnurr* (1998), S. 174; *Stevenson* (1980), S. 133. Zu weiteren qualitativen Größen zur Berechnung des PLV vgl. *Hennig-Thurau* (1999), S. 98; *Homburg/Schnurr* (1998), S. 173; *Rieker* (1995), S. 58.

3 Vgl. *Pepels* (2003b), S. 238; *Keller* (1994), S. 337. Darüber hinaus muss das Rechnungswesen die Ermittlung des PLV ermöglichen. Vgl. hierzu *Pepels* (2003b), S. 246; *Thyen/Wolf* (2003), S. 109; *Homburg/Bruhn* (2003), S. 26; *Bruhn* (2003b), S. 151; *Gummesson* (1997), S. 253 f.; *Riezler* (1996); *Plinke* (1989).

fen zu können und diese mit Alternativtherapieformen zu vergleichen.[1] Basierend auf aktuellen Anamnesedaten des Patienten kann eine individuelle **Prognose des Risikos für Folgeerkrankungen**, der direkten und indirekten Kosten sowie der Potenziale, diese Risiken durch Erreichen individueller Therapieziele zu senken, bestimmt werden. Aus dem Einfluss einzelner Risikofaktoren auf die Prognose des Patienten lassen sich vor allem bei chronisch Kranken eine Priorisierung der Therapie sowie die individuellen Therapieziele ableiten.[2]

$$\text{Patientenwert} = \sum_{i=0}^{m} \frac{((DM \times EpM + EZL) - (DM \times HKpM + HKZL + VKpK))_i \times (1-(WW + BW)_i)}{(1 + r_i)^i}$$

DM:	Dosierungsmenge
EpM:	Erlös pro Mengeneinheit
EZL:	Erlöse zuzahlungspflichtiger Zusatzleistungen
HKpM:	Herstellkosten pro Mengeneinheit
HKZL:	Herstellkosten zuzahlungspflichtiger Zusatzleistungen
VKpK:	Vertriebskosten pro Kunde
WW:	Wechselwahrscheinlichkeit
BW:	Beendigungswahrscheinlichkeit
r:	Abzinsrate
i:	Jahr
m:	theoretische Behandlungsdauer

Abb. 16: Berechnung des Patientenwerts auf Basis des PLV
Quelle: Eigene Darstellung.

Anhand des *Markov*-Modells lassen sich die Patienten einzelnen Risikoklassen mit unterschiedlichen zukünftigen Gesundheitsausgaben zuordnen.[3] Für den individuellen Patienten können auf Basis der vorhandenen Daten des *Markov*-Modells und der Wahl der Therapieform in Kombination mit den patientenindividuellen Informationen Aussagen über den wahrscheinlichen Krankheitsverlauf und die **zukünftige Leistungsinanspruchnahme** (Arzneimittelkonsums und Zusatzleistungen) getroffen werden. Diese Datengrundlage erlaubt somit eine

---

1 Vgl. *Pfahlert/Emminger* (2003), S. 53 f.; *Bauer/Roscher* (2000), S. 25 ff.; *Tosteson* (1998), S. 1108. Für die Berechnung dieser medizinischen und ökonomischen Konsequenzen wird die aktuelle wissenschaftliche Evidenz zur Erkrankung in ein mathematisches Modell transformiert. Vgl. *Schweppe/Ziegenhagen* (2003), S. 178. Basis der Simulation sind charakteristische Daten der Patientenpopulation zum Startpunkt der Simulation, wie z. B. Alter, Geschlecht, krankheitsbezogene Daten sowie Angaben über die geplante Therapie und deren Ziele. Weiterhin können beispielsweise Eingaben zur körperlichen Aktivität, zum Raucherverhalten oder zum Alkoholkonsum gemacht werden. Zum *Markov*-Modell vgl. *Sonnenberg/Beck* (1993).

2 Vgl. *Strauss/Corbin* (1988), S. 143 f. Das *Mellibase*-System von *Roche* dechiffriert beispielsweise die Komplexität bei der Erkrankung Diabetes in valide Aussagen über die Prognose diabetesbedingter Folgeerkrankungen. Vgl. *Schweppe/Ziegenhagen* (2003), S. 178.

3 Vgl. *Donges* et al. (2002), S. 59.

Aussage über die zukünftige Leistungsinanspruchnahme des Patienten und liefert wichtige Informationen zur Bestimmung des PLV.[1]

Die Patientenwertanalyse impliziert eine **bewusste Ungleichbehandlung von Patienten**, oder wie *Rust/Zeithaml/Lemon* ausführen: „... not all customers are worth attracting and keeping."[2] Während sich die Förderung gewinnbringender Patienten für das pharmazeutische Unternehmen durch individuelle Leistungsangebote und eine intensivierte und individualisierte Ansprache als realisierbar erweist, ist es allerdings nahezu unmöglich, Patienten mit einem geringen oder negativen Patientendeckungsbeitrag unter Berücksichtigung einer konsequenten Gewinnorientierung vollständig „auszugrenzen"[3]. Die Patientenbearbeitungsmaßnahmen können für langfristig unprofitable Patienten zwar eingeschränkt bzw. eingestellt werden, letztendlich verfügt aber auch der Arzt über die Freiheit, „unprofitablen Patienten" die Leistungen des pharmazeutischen Unternehmens über die Verschreibung zukommen zu lassen.

Zudem dürfte die aktive Ausgrenzung von Patienten nicht mit der Unternehmensphilosophie eines pharmazeutischen Unternehmens kompatibel sein, da sie **in der Öffentlichkeit zu erheblichen Widerständen** führen wird.[4] Das pharmazeutische Unternehmen kann demnach nur eine Nicht-Ausgrenzung des Patienten realisieren: Trotz bekannter Unprofitabilität wird die Geschäftsbeziehung ohne Reduktion der Kernleistung (Therapieunterstützung durch das Pharmakon) aufrecht erhalten und durch PRM-Maßnahmen entweder versucht, den Patientenwert in Zukunft zu steigern, oder bei nicht realisierbarer Patientenwertsteigerung die anbieterseitigen Maßnahmen hinsichtlich der Zusatzleistungen auf ein Minimum zu reduzieren.[5]

---

1 Zur Bestimmung des PLV kann unterstützend die Datenquelle *MediPlus* herangezogen werden, die für den deutschen Markt die Möglichkeit bietet, u. a. Informationen zu Diagnose und Therapie (u. a. Präparat, Dosierung) sowie anonymisierte Patienteninformationen (z. B. Verordnungsfrequenz, Alter, Gewicht und Risikofaktoren) zu beziehen. Die Daten ermöglichen Aussagen zur Krankheitsentwicklung und zu dem daraus resultierenden Therapiebedarf des Patienten. Durch einen Vergleich der Patienteneigenschaften aus der Datenquelle *MediPlus* mit den beim Pharmaunternehmen registrierten Patienten kann der erwartete Krankheitsverlauf eines individuellen Patienten und der zukünftige Therapiebedarf als wesentliches Element des PLV ermittelt werden. Basis der Datenquelle *MediPlus* sind komplette Abrechnungsdaten von ca. 870 Ärzten, deren Diagnose- und Verordnungsdaten seit 1989 erfasst werden. Zu *MediPlus* vgl. ausführlich *Dobmeyer* (2002), S. 31 ff.

2 *Rust/Zeithaml/Lemon* (2000), S. 187. Vgl. hierzu auch *Thyen/Wolf* (2003), S. 104; *Pepels* (2003b), S. 241; *Link* (2001), S. 3; *Eckel* (1997), S. 115.

3 Zu verschiedenen Definitionen der Beendigung von Geschäftsbeziehungen (von der vorsichtigen Formulierung der „Kundenausgrenzung" bis hin zum „Fire Your Customer") vgl. *Günther/Helm* (2003), S. 50 f.

4 Vgl. hierzu *Rudolf-Sipötz/Tomczak* (2001), S. 79.

5 *Baxter* bezeichnet das Anzeigen des Anbieters über das Beendigungsinteresse einer Geschäftsbeziehung durch versteckte Anspielungen, wie z. B. verringerte Kontakthäufigkeit, als versteckten Rückzug („Disguised Exit"). Zu den weiteren Beendigungsstrategien vgl. *Baxter* (1985), S. 247 ff. Zu den drei Basisstrategien zur Beendigung von Kundenbeziehungen (Nicht-Ausgrenzung, Teilausgrenzung und Totalausgrenzung) vgl.

So wäre es z. B. denkbar im Rahmen der **kommunikationspolitischen Aktivitäten** bei Patienten mit einem relativ geringen Patientenwert, kostenintensive Kontakte zum Verbraucher (z. B. Einladungen zu Unternehmensveranstaltungen, persönliche Schulungen, Direct-Mailings) einzustellen und auf kostengünstigere Kundenkontakte umzuschwenken (z. B. Newsletter) oder den Kontakt anbieterseitig gänzlich abzubrechen.[1] Die freigesetzten Ressourcen können dann an anderer Stelle – z. B. bei Patienten mit hohem Patientenwert oder neuen attraktiven Kundenbeziehungen – zielgerichtet investiert werden.

Bei einer Reduktion des Aktivitätenniveaus sind die Maßnahmen stets so durchzuführen, dass kein Schaden bei dem jeweiligen Patienten entsteht, um Imageschäden, negative Meinungsmultiplikation oder Widerstand im Falle der Wiederaufnahme der Geschäftsbeziehung zu vermeiden.[2] Die Beendigung von Kundenbeziehungen muss auch unter **Kostengesichtspunkten** betrachtet werden. Die Kündigung der Geschäftsbeziehung mit unprofitablen Patienten hat auch Auswirkungen auf die Profitabilität des restlichen Kundenstamms. Kommt es zu einer Kündigung der unprofitablen Kundengruppe, müssen die bisher auf diese angerechneten Gemeinkosten umverteilt werden. Unter Umständen werden dadurch bislang profitable Patienten durch die Gemeinkostenumverteilung ebenfalls unattraktiv, d. h. unprofitabel.[3]

2.3. Anforderungen an die Patientenbearbeitung

2.3.1. Die segmentspezifische Patientenbearbeitung

Auf Basis einer kontinuierlichen und systematischen Analyse und nachfolgender Optimierung der Patientenstruktur erfolgt die Entwicklung segmentspezifischer Strategien der Patientenbearbeitung.[4] Eine Möglichkeit zur Bestimmung der segmentspezifischen Strategie besteht durch die Einteilung der Patienten mittels der zwei Dimensionen „Patientenattraktivität" und „Wettbewerbsposition des Anbieters" in einer Vierfeld-Matrix.[5] Die Größe der Patientensegmente entspricht der Fläche der einzelnen Segmente im Portfolio.[6] Die Patientenattraktivität spiegelt den Wert der Patientenbeziehung aus Anbietersicht wider, der sich an den in Kapi-

---

Tomczak/Reinecke/Finsterwalder (2000), S. 413 ff. Zu den flankierenden Maßnahmen des Beendigungsmanagement vgl. *Günter/Helm* (2003), S. 65 f.

1 Vgl. *Günter/Helm* (2003), S. 55. *Rapp* sieht allerdings bei einem derartigen Verhalten die Gefahr, dass der Patient dies mit arrogantem und unprofessionellem Verhalten gleichsetzt. Die Folge kann eine Imageschaden sowie negative Mund-zu-Mund-Kommunikation sein. Vgl. *Rapp* (2000), S. 190.

2 Vgl. *Pepels* (2003b), S. 267; *Rapp* (2000), S. 190.

3 Vgl. *Storbacka* (2003), S. 97 f.; *Günter/Helm* (2003), S. 56; *Rapp* (2000), S. 90.

4 Vgl. *Homburg/Sieben* (2000), S. 15.

5 Vgl. *Rudolph/Rudolph* (2000), S. 121.

6 Vgl. *Bruhn* (2003b), S. 113 f.; *Werner/Beutin* (2000), S. 23 ff.; *Homburg/Sieben* (2000), S. 16.

tel 2.2.3.2. definierten Kriterien des PLV misst.[1] Dieser entspricht dem drohenden Verlust von Erfolgspotenzialen, wenn der Patienten abwandert.[2] Die Wettbewerbsposition des Anbieters wird in der Regel über die Patientendurchdringungsrate[3] oder die relative Lieferantenposition des Unternehmens[4] bestimmt[5] und lässt sich aus den patientenindividuellen Daten zum Krankheitsbild und Leistungsinanspruchnahmeverhalten ableiten. Die Anbieterposition stellt damit eine Art „patientenbezogenen Marktanteil" dar.[6] Abbildung 17 zeigt die Strategie der Patientenbearbeitung und Instrumente zur Patientenbearbeitung für die jeweiligen Patientensegmente.

Während die Star-Patienten eine hohe Attraktivität bei gleichzeitig guter eigener Wettbewerbsposition aufweisen und daher durch eine Exklusivierung der Leistungserstellung (z. B. durch Serviceleistungen oder Statusprogramme) gehalten werden sollen, ist bei den Fragezeichen-Patienten eine Schlüsselentscheidung zu treffen. Die Geschäftsbeziehung ist entweder zu intensivieren (Big Step, z. B. durch Produkt-Bundling oder Bonusprogramme), um die Entwicklung zu einem Star-Patienten zu fördern oder zu beenden (Out), falls eine derartige Entwicklung nicht erwartet werden kann.[7] Bei den Potenzial-Patienten sind Investitionen in die Beziehung zu tätigen, um die anbieterseitige Wettbewerbsposition zu verbessern (z. B. Einsatz einer patientenindividuellen Ansprache anstatt eines standardisierten Newsletter). Da die Patientendurchdringung in diesem Quadranten relativ gering ist, muss versucht werden, durch Überzeugung und Vertrauensaufbau die Penetration des Patientensegments zu erhöhen.[8] Bei den Mitnahme-Patienten ist die Wirtschaftlichkeit des Patientensegments zu überprüfen und gegebenenfalls die Geschäftsbeziehung hinsichtlich der Zusatzleistungen unter-

---

1 Vgl. hierzu und zu möglichen weiteren Dimensionen zur Bestimmung der Kundenattraktivität *Homburg/Sieben/Dietz* (2002a), S. 105; *Homburg/Sieben* (2000), S. 16; *Hentschel* (1991), S. 26; *Plinke* (1989), S. 317.

2 Vgl. *Plinke* (1989), S. 316.

3 Die Patientendurchdringungsrate beschreibt den Marktanteil des Unternehmens hinsichtlich eines Produktes oder einer Produktgruppe bei seinem Patienten. Vgl. *Rudolph/Rudolph* (2000), S. 121. Diese Maßgröße kann vor allem zum Vergleich der eigenen Leistung mit der von Konkurrenzunternehmen herangezogen werden. Vgl. *Gerd* (2001), S. 111; *Gummesson* (1997), S. 253.

4 Die relative Lieferantenposition bezeichnet das Verhältnis aus dem Umsatz eines Anbieters mit einem Patienten und dem Umsatz seines größten Konkurrenten mit dem Patienten. Die relative Lieferantenposition orientiert sich an der Größe des relativen Marktanteils. Vgl. *Bruhn* (2001a), S. 217; *Homburg/Werner* (1998), S. 130.

5 Die Dimension der relativen Wettbewerbsposition kann durch weitere Größen, wie z. B. das Unternehmensimage oder das Produktimage, erweitert werden. Vgl. *Link* (1995), S. 110.

6 Vgl. *Homburg/Sieben/Dietz* (2002a), S. 105. Zur Operationalisierung der Kundendurchdringungsrate bzw. relativen Lieferantenposition vgl. *Link/Hildebrandt* (1993), 25.

7 Vgl. *Homburg/Sieben/Dietz* (2002a), S. 105.

8 Vgl. *Homburg/Sieben* (2000), S. 16.

nehmensseitig zu beenden (z. B. durch Reduktion der Serviceleistungen oder modifizierte Pricingmaßnahmen im Bereich der Zusatzleistungen).[1]

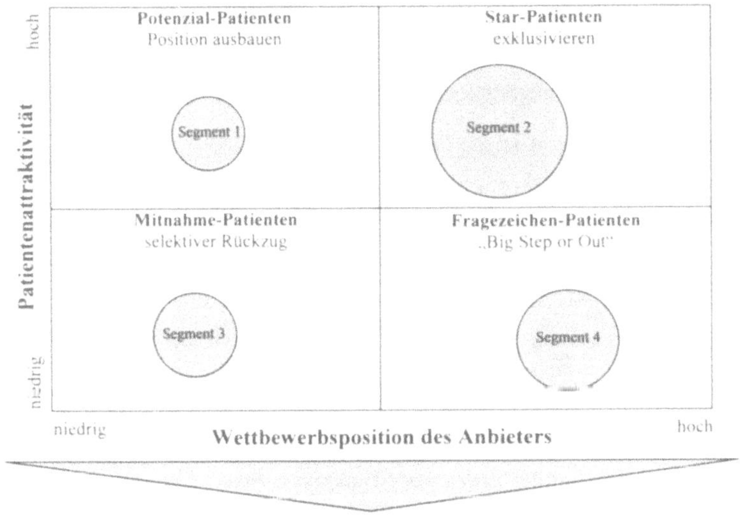

Segment	Strategie der Patientenbearbeitung	Instrument
1	Position ausbauen • Bereitstellung relevanter Informationen • Bestätigung der Produktwahl	• individuelle Mailings • Telefonmarketing
2	exklusivieren • Aufbau emotionaler Barrieren • Schaffung von Austrittsbarrieren	• exklusive Zusatzleistungen • Statusprogramme
3	selektiver Rückzug • Begrenzung der Patientenbetreuungsaktivitäten	• Reduktion des Service • Modifikation des Pricing bei Zusatzleistungen
4	„Big Step or Out" • gezielte Reaktivierungsmaßnahmen • Einstellen der Serviceleistungen	bei Reaktivierungschance • Bonusprogramme • Produkt-Bundling

Abb. 17: Beispiel einer segmentspezifischen Patientenbearbeitung
Quelle: Eigene Darstellung.

Die vier identifizierten Segmente beinhalten jeweils Patientengruppen, die sich hinsichtlich der Patientenattraktivität und der Wettbewerbsposition des Anbieters ähneln. Allerdings werden sich die den Segmenten zugeordneten Patienten hinsichtlich des Patientenverhaltens un-

[1] Vgl. *Werner/Beutin* (2000), S. 25. Zur Kritik am Portfolio-Ansatz vgl. *Pepels* (2003b), S. 253; *Schulz* (1995), S. 141.

terscheiden. Um eine optimale Ansprache der Patienten in den einzelnen Patientensegmenten in Abhängigkeit der Attraktivität und der relativen Lieferantenposition zu erreichen, sind die segmentspezifischen Instrumente am vorgestellten Raster der Motivationsdiagnose (siehe Kapitel 2.2.3.1.) zur bedürfnisorientierten Patientenansprache auszurichten.

2.3.2. Die lebenszyklusorientierte Patientenbearbeitung

2.3.2.1. Zur Systematisierungsproblematik des Marketing-Mix

Die im vorangegangenen Kapitel zur Patientenbearbeitung zum Einsatz kommenden Instrumente werden durch den Marketing-Mix definiert.[1] Dieser stellt die zielorientierte, strategieadäquate Kombination der taktisch-operativen Marketing-Instrumente im Sinne einer vollständigen und konkret zu realisierenden Marketing-Konzeption dar. Unter Marketing-Instrumenten werden jene Aktionsinstrumente verstanden, mit denen am Markt agiert und auch reagiert werden kann, um gesetzte Ziele und daraus abgeleitete Strategien zu realisieren.[2]

Im Rahmen des Transaktionsmarketing prägt der Marketing-Mix das traditionelle Konzept, die **Marketingplanung auf den Zielen und Strategien aufbauend umzusetzen**. Beim PRM hingegen wird die Patientenbeziehung zum Ausgangspunkt der Betrachtung.[3] Der Marketing-Mix verliert im Vergleich zum Transaktionsmarketing an Bedeutung, da eine Konzentration auf die operativen Marketingaktivitäten zu einer Produktions- bzw. Leistungsorientierung führt, das Patientenverhalten dadurch einseitig beeinflusst und Beziehungen zwischen Patienten und Unternehmen vernachlässigt oder zumindest stark vereinfacht werden.[4] Die Instrumente des Marketing-Mix dienen nunmehr als unterstützende Parameter dem zentralen Ziel, Patientenbeziehungen zu erschließen und auszuschöpfen.[5] Dies bedeutet jedoch nicht, dass der Marketing-Mix beim PRM hinfällig wird – dieser ist weiterhin wichtiger Bestandteil der Marketing-Konzeption. Allerdings erfolgt der Einsatz nach Art und Form differenziert in Abhängigkeit der Wirtschaftlichkeit der Patientenbeziehung und den individuellen Patienteneigenschaften.

---

[1] Vgl. *Homburg/Sieben* (2000), S. 17. Zum Wesen und zu den Dimensionen des Marketing-Mix vgl. ausführlich *Becker* (2002), S. 481 ff.

[2] Vgl. *Becker* (2002), S. 485. Der Begriff Marketing-Mix bzw. seine Ausdeutung geht auf *Borden* zurück, der damit das Phänomen beschreibt, dass Marketing-Ziele bzw. Marktleistungen am Markt erst dann realisiert werden können, wenn eine Reihe von Marketing-Instrumenten koordiniert eingesetzt werden. Vgl. *Borden* (1964).

[3] Vgl. *Bruhn* (2003b), S. 6.

[4] Vgl. *Finsterwalder/Reinecke* (2003), S. 31 f.; *Bruhn* (2001a), S. 9; *Gummesson* (1997), S. 338 f.

[5] Vgl. *Finsterwalder/Reinecke* (2003), S. 38; *Finsterwalder et al.* (2003), S. 363; *Gummesson* (1994), S. 9.

In der Literatur findet sich zur Systematisierung der Marketing-Instrumente eine Vielzahl von Ansätzen. Im Wesentlichen lassen sich drei bzw. vier Marketing-Instrumentalbereiche (Marketing-Aktionsfelder) identifizieren, denen die spezifischen Marketing-Instrumente zugeordnet werden können.[1] Zurückgehend auf *McCarthy* erfolgt im angelsächsischen die Einteilung der absatzpolitische Instrumentarium nach den **„Four P's"** (Product, Price, Place und Promotion).[2] In der deutschsprachigen wissenschaftlichen Marketing-Literatur hat sich dieses 4er System weitgehend durchgesetzt. Produkt- und Programmpolitik, Preispolitik, Distributionspolitik und Kommunikationspolitik sind die vier Bereiche, nach denen sich die auf die (Absatz)Märkte gerichteten Marketing-Aktivitäten unterscheiden.[3]

Es existieren aber auch Ansätze, denen eine **3er Systematik** zu Grunde liegt. Distributions- und Kommunikationspolitik entsprechen zwar der 4er Systematik, anstelle der Preis- sowie der Produkt- und Programmpolitik wird aber die Produkt-, Leistungs- oder Angebotspolitik inklusive der Preisgestaltung gesetzt. Dies wird damit begründet, dass Preisentscheidungen in hohem Maße mit Produkt- und Programmentscheidungen verknüpft sind und Entscheidungen immer über Preis/Leistungsverhältnisse gefällt werden.[4] Auch wenn beispielsweise *Nieschlag/Dichtl/Hörschgen* den eigentlichen Aktionsparameter der Preispolitik nicht nur als die Höhe der monetären Preisforderung, sondern als die komplexe Gestaltungsgröße des Preis/Leistungsverhältnisses definieren, ist bei dieser Definition entscheidend, dass sie nicht nur das Produkt oder die Dienstleistung als Leistungskomponente ansehen, sondern unter dem Preis/Leistungsverhältnis den engen Zusammenhang zwischen dem Preis und den übrigen (leistungsbildenden) Instrumentalbereichen verstehen (also auch Distributions- und Kommunikationspolitik).[5] Der Marketing-Instrumenteneinsatz erfolgt i. d. R. kombiniert (daher auch „Marketing-Mix") und steht damit für die funktionalen, zeitlichen und hierarchischen Beziehungen zwischen den eingesetzten Instrumenten, die verschiedenartig ausgeprägt sind und beachtet werden müssen.[6] In Abhängigkeit von der jeweiligen Situation in der Praxis lassen sich daher immer Gründe für ein Zusammenfassen von Instrumentalbereichen finden.

---

1 Vgl. *Becker* (2002), S. 487.
2 Vgl. *Nieschlag/Dichtl/Hörschgen* (2002), S. 579; *McCarthy* (1975), S. 23 f.
3 Vgl. *Becker* (2002), S. 487; *Koch* (1999), S. 173 ff.
4 Vgl. *Becker* (2002), S. 487 f. Im Gegensatz zu *Becker* begründet *Specht* beispielsweise die enge Verflechtung von Preispolitik und Distributionspolitik und nicht von Preis- sowie Produkt- und Programmpolitik über die Abhängigkeit des Preises von dem jeweiligen Distributionskanal. Vgl. *Specht* (1998), S. 199 f.
5 Vgl. *Nieschlag/Dichtl/Hörschgen* (2002), S. 739.
6 Vgl. *Becker* (2002), S. 647 ff. Der Marketing-Mix beschäftigt sich nicht mit der Optimierung eines Instruments, sondern vielmehr mit der optimalen Mittelkombination des Instrumentariums. Die Gestaltung des

In der Literatur zum Dienstleistungsmarketing findet sich u. a. auch eine **Erweiterung der 4er Systematik**[1] um die Instrumentalbereiche „Personal“, „physische Einrichtungen“ und „Prozessmanagement“.[2] Dieser Ansatz folgt der Annahme, dass im klassischen Marketing-Mix nicht alle Ressourcen erfasst werden können, die während der Erstellung einer Dienstleistung auf die Beziehung zwischen Leistungserbringer und -nehmer Einfluss nehmen.[3] Diese Aktionsfelder liefern aber weder Maßnahmen noch Instrumente, die sich nicht auch einem der klassischen vier Instrumentalbereiche zuordnen lassen. Zudem sind neue Erkenntnisse durch die Erweiterung nicht zu erwarten.[4] Darüber hinaus widerspricht dieser erweiterte Marketing-Mix der klassischen Marketingdefinition, lediglich Aktivitäten zur Verhaltensbeeinflussung des (externen) Kunden zu berücksichtigen.[5] Vor dem Hintergrund der Zielsetzung eines PRM mit dem Patienten als primäre Zielgruppe erfolgt in dieser Arbeit daher die Verwendung der **klassischen 4er Systematik**.

2.3.2.2. Die phasenorientierte Ausrichtung der Marketing-Mix-Instrumente

2.3.2.2.1. Das Patientenlebenszykluskonzept

Der chronisch Kranke wird ein Leben lang mit seiner Krankheit auskommen müssen. Da Beziehungen mit chronisch kranken Patienten einen dynamischen Charakter mit unterschiedlichen Phasen im Rahmen der Patientenbeziehung aufweisen und sich die Bedürfnisse des Patienten im Laufe der Zeit verändern, hat die Unternehmung ein diversifiziertes Gesundheitsversorgungspaket anzubieten, welches jeden Aspekt und jeden Lebensabschnitt in einer bestimmten therapeutischen Kategorie umfasst. Das pharmazeutische Unternehmen kann hierdurch eine kontinuierliche und langfristige Beziehung zum Verbraucher aufbauen und diesen in Abhängigkeit der spezifischen Phasen der Geschäftsbeziehung begleiten.[6] Die Marketing-Mix-Maßnahmen sind nach den vorangegangenen Ausführungen daher nicht nur nach den Marketing-Mix-Instrumentalbereichen zu strukturieren und nach den identifizierten Patientensegmenten auszugestalten, sondern auch in Abhängigkeit der Phase der Patientenbezie-

---

Marketing-Mix kann dabei als komplexes Optimierungs- und Allokationsproblem aufgefasst werden. Da der Marketing-Einsatz i. d. R. kombiniert erfolgt (Marketing-Mix), bedeutet dies, dass zwischen den eingesetzten Instrumenten Beziehungen bestehen, die beachtet werden müssen. Vgl. hierzu ausführlich *Kuß/Tomczak* (2002), S. 230 ff.; *Becker* (2002), S. 647 ff.; *Pepels* (2000), S. 359 f.; *Koch* (1999), S. 177; *Scheuch* (1996), S. 432 ff.; *Hüttner/Pingel/Schwarting* (1994), S. 278 ff. Zur methodengestützten Ermittlung der optimalen Kombination aller Marketing-Mix-Maßnahmen vgl. u. a. *Becker* (2002), S. 791 ff.; *Pepels* (2000), S. 364 ff.

[1] Vgl. *Kotler* (1986); *Booms/Bitner* (1982).

[2] Vgl. *Meffert/Bruhn* (2003), S. 355.

[3] Vgl. *Grönroos* (1990a), S. 4.

[4] Vgl. *Meffert* (1994), S. 530.

[5] Vgl. *Meffert/Bruhn* (2003), S. 355.

[6] Vgl. *Badenhoop* (2001), S. 17.

hung, in der sich ein Patient bzw. Patientensegment befindet, zielgruppengerecht einzusetzen.[1]

Das Lebenszykluskonzept bietet die Möglichkeit, diese Phasen darzustellen und zu analysieren.[2] Der an den Produktlebenszyklus angelehnte Patientenbeziehungslebenszyklus (PLZ) beschreibt die Intensität einer Patientenbeziehung in Abhängigkeit der Beziehungsdauer und stellt mit dem Ziel der langfristigen Steuerung der Geschäftsbeziehung eine wichtige Größe für die durchzuführenden Marketingmaßnahmen dar.[3] Da die möglichen Ansatzpunkte zur Patientenkontaktierung mit dem Stand des Patienten im PLZ variieren, hat das Unternehmen **in Abhängigkeit von der Lebensphase der Beziehung differenzierte Leistungen** für die unterschiedlichen Ansprüche und Werte der Patienten bereitzustellen.[4] Eine Win-Win-Situation resultiert dabei aus den bedürfnisorientierten Unternehmensleistungen für jede Phase der Beziehung (Patientensicht) und den zielgerichteten Investitionen in profitable und langfristige Beziehungen (Unternehmenssicht).[5]

Auf Basis eines zu modellierenden idealtypischen Verlaufs der Geschäftsbeziehung und den daraus abzuleitenden Phasen der Geschäftsbeziehung lassen sich potenzielle Kontaktpunkte zwischen Unternehmen und Patienten identifizieren.[6] Die Kontakte sind dabei nicht isoliert, sondern in der für den Patienten logischen Abfolge von Ereignissen im Kontext seines gesamten Dienstleistungsereignisses aufzufassen. Die Aktivitäten des PRM müssen daher konsequent an den vom Patienten wahrgenommenen Kontakten mit der Unternehmung ausgerichtet werden.[7] Die patientenorientierte Unternehmensgestaltung ist so zu konzipieren, dass die Aktivitäten der kundennahen Unternehmensbereiche (z. B. Marketing, Vertrieb, Kundenservice) alle Phasen des PLZ auf durchgängige und konsistente Art und Weise abdecken.[8] Dabei ermöglicht eine proaktive Patientenansprache, **potenziellen Verunsicherungs- und Destabilisierungstendenzen** bei kritischen Ereignissen in der Geschäftsbeziehung durch direkte Kon-

---

1 Vgl. *Bruhn* (2001a), S. 143. Zu Marketing-Mix-Instrumenten, die phasenunabhängig zu gestalten sind, wie z. B. Qualitätsmanagement, interne Kundenorientierung und Beschwerdemanagement, vgl. ausführlich *Bruhn* (2001a), S. 170 ff.
2 Vgl. *Bruhn* (2001a), S. 43.
3 Vgl. *Meffert/Bruhn* (2003), S. 73; *Bruhn* (2003b), S. 7; *Bruhn* (2001a); *Klee* (2000).
4 Vgl. *Finsterwalder/Reinecke* (2003), S. 35; *Homburg/Sieben* (2000), S. 18. Zum Phasenablauf von Geschäftsbeziehungen vgl. auch *Finsterwalder/Reinecke* (2003), S. 35 f.; *Dwyer/Schurr/Oh* (1987).
5 Vgl. *Rapp* (2000), S. 105.
6 Vgl. *Homburg/Sieben* (2000), S. 18 f.
7 Vgl. *Eckel* (1997), S. 96.
8 Vgl. *Stadelmann/Wolter* (2003), S. 55; *Thyen/Wolf* (2003), S. 104.

taktierung, wie z. B. bei der erstmaligen Leistungsinanspruchnahme, aktiv zu begegnen, um eine mögliche Patientenabwanderung zu vermeiden und die Patientenloyalität zu erhöhen.[1]

Im Gegensatz dazu basiert die reaktive Patientenansprache auf einem kontinuierlichen Vergleich zwischen dem idealtypischen und dem tatsächlichen Verlauf des PLZ, um Phasen zu identifizieren, die aus Sicht des Unternehmens Gefährdungspotenziale in der Geschäftsbeziehung darstellen.[2] Informationen über eine nicht wiederholte Leistungsinanspruchnahme durch das **Verstreichen der krankheitsüblichen (Ersatz)Beschaffungsintervalle**[3] oder Reklamationsdaten können wichtige Informationen über mögliche Veränderungen in der eigenen Wettbewerbsfähigkeit liefern und Ansatzpunkte für erforderliche Gegenmaßnahmen bieten.[4] Ferner kann die Veränderung der Patientenloyalität auf einen Wandel des Wettbewerbsumfeldes oder veränderte Wechselbarrieren hindeuten. Die Patientendurchdringungsrate oder die Cross Selling[5]-Quote geben ebenso Hinweise auf eine mögliche (De)Stabilisierung der Patientenbeziehung. Die Abweichungen können sowohl auf Chancen (Optimierungspotenziale) und Risiken (Gefahr der Patientenabwanderung) der Patientenbeziehung hinweisen. Mittels einer selektiven Patientenansprache gilt es, die Differenz zwischen idealtypischem und dem tatsächlichem Verlauf des PLZ zu minimieren.[6]

Aus dem in Abbildung 18 dargestellten idealtypischen, tatsächlichen und auf den Arzneimittelkonsum beschränkten Verlauf des PLZ lassen sich Zielsetzung, Maßnahmen, Zielgruppen und potentielle Kontaktpunkte für die jeweilige Phase der Geschäftsbeziehung ableiten.[7] Der auf den Arzneimittelkonsum beschränkte PLZ unterstellt eine idealtypisch gleich bleibende Beziehungsintensität[8] im Sinne einer optimalen Compliance. Die Differenz zwischen dem idealtypischen und dem auf den Arzneimittelkonsum beschränkten PLZ verdeutlicht selbst bei

---

1 Vgl. *Homburg/Sieben* (2000), S. 19.
2 Vgl. *Finsterwalder/Reinecke* (2003), S. 35.
3 Zu den Beschaffungsintervallen als Indikator für mögliche Abwanderungstendenzen des Kunden vgl. *Cornelsen* (2000), S. 135.
4 Vgl. *Gerd* (2001), S. 111 f.
5 Während Cross Selling das Benutzen einer bestehenden Kundenverbindung zum Verkauf weiterer ergänzender Produkte oder Dienstleistungen bezeichnet, ist mit Up-Selling das Verkaufen von höherwertigen Produkten bzw. Dienstleistungen gemeint.
6 Vgl. *Homburg/Sieben* (2000), S. 19 f.
7 Vgl. *Georgi* (2003), S. 225 f.; *Bruhn* (2001a), S. 48 ff. Zu den Phaseneinteilungen und -bezeichnungen des Kundenbeziehungslebenszyklus vgl. auch *Stauss* (2000); *Homburg/Sieben* (2000), S. 19; *Dwyer/Oh/Schurr* (1987).
8 Die durch den PLZ beschriebene Intensität einer Patientenbeziehung in Abhängigkeit der Beziehungsdauer lässt sich durch den PLV operationalisieren. Vgl. *Meffert/Bruhn* (2003), S. 74 f.; *Bruhn* (2001a), S. 227. Zur empirischen Bestätigung des Kundenbeziehungslebenszyklus vgl. *Palmer/Bejou* (1994). Zur Kritik am Kundenbeziehungslebenszyklus vgl. *Günter/Helm* (2003), S. 57 f.

therapiegerechtem Verhalten des Patienten das Optimierungspotenzial des pharmazeutischen Unternehmens durch Zusatzleistungen im Rahmen des PRM.

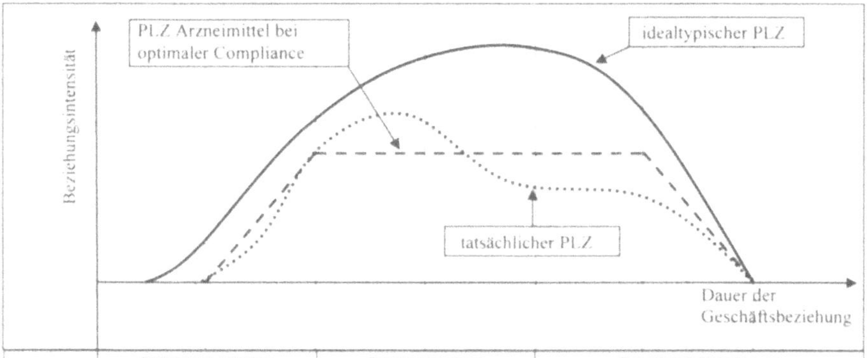

	Patientenakquisition		Patientenbindung		Patientenrückgewinnung		
Phase	Anbahnung	Sozialisation	Wachstum	Reife	Gefährdung	Auflösung	Abstinenz
	Vorsorge/ Diagnose	Erstver- wendung	Therapie	Therapie	Therapie	Therapie Alternativ- anbieter/ Abbruch	Therapie Alternativ- anbieter/ Abbruch
Zielsetzung	Patienten- gewinnung	Patienten- eingewöhnung	Patienten- bindung	Patienten- bindung	(psycho- logische) Patientenrück- gewinnung	faktische Patientenrück- gewinnung	faktische Patientenrück- gewinnung
Maßnahmen	Informationen zur Gesundheits- vorsorge, Krankheits- prävention Informationen zur Krankheit und Therapie sowie zu Arzt- Such-Services Einbindung von Experten Sicherstellung der Zugangs- möglichkeiten Zusammen- arbeit mit Beratungs- stellen	Überzeugung der Patienten durch Informationen z. B. zur Krankheit und Therapie, Anwendungs- und Motivations- unterstützung, Selbsthilfe- gruppen Schulungen Bestätigung der Qualität des Arzneimittels (z. B. durch unabhängige Experten)	Cross Selling, z. B. Arzneimittel für weitere Erkrankungen Up Selling, z. B. verbessertes Pharmakon Kundenclub Individuali- sierung und Optimierung, z. B. Erinnerung zur Arznei- mittelein- nahme Schulungen Steigerung der Lebensqualität	Wechsel- barrieren, z. B. Online- Daten- auswertung der Körperwerte Standardi- sierung der Leistungs- erstellung (z. B. standardisierte Kommunika- tion) Informations- übermittlung Effizienz- steigerung durch Wissen über Patienten	Fehleranalyse Fehler- elimination Wiedergut- machung	Analyse des Ab- wanderungs- grundes Stimulierung (Rück- gewinnungs- angebote) Überzeugung (Schaffung eines Mehrwerts, Individuali- sierung)	Stimulierung (Rück- gewinnungs- angebote) Überzeugung (Schaffung eines Mehrwerts, Individuali- sierung)
Zielgruppe	potenzielle Kunden	Neukunden	Stammkunden	Stammkunden	Gefährdungs- kunden	Gefährdungs- kunden	abgewanderte Kunden
Mögliche Kontakt- punkte	allgemeine Anfragen Informations- kampagnen	erste Lieferung	besondere Ereignisse Service- nutzung	besondere Ereignisse Service- nutzung	Beschwerden Patienten- befragung	Beschwerden Patienten- befragung	ausbleibende Leistungsinan- spruchnahme Patienten- befragung

Abb. 18: Der Patientenbeziehungslebenszyklus im PRM

Quelle: In Anlehnung an *Bruhn* (2001a), S. 49.

2.3.2.2.2. Akquisitionsphase

Die Phase der Akquisition umfasst die Initiierung der Beziehung zwischen Anbieter und Nachfrager und lässt sich in eine Anbahnungs- und Sozialisationsphase unterteilen.[1] In der **Anbahnungsphase** erfolgen eine Zielgruppenidentifikation und -ansprache, das Abwickeln und Beantworten von Kundenanfragen sowie die Durchführung von Beratungsaktivitäten und die Erstellung kundenspezifischer Angebote.[2] Hierzu zählen das Wecken des Patienteninteresses für das Unternehmen und seine Leistungen, das Erzielen von Aufmerksamkeit und Bekanntheit bezüglich der Leistungen sowie das Erreichen von Präferenzen und einem positiven Image auf Seiten des Patienten. Ziel ist die Steuerung des Informationsverhaltens zur Initiierung von Dialog und Interaktion und die Steuerung des Verhaltens zur Leistungsinanspruchnahme zur Optimierung der ökonomischen Zielgrößen.[3]

Zielgruppengerechte Informationen über die Krankheitsprävention, Gesundheitsvorsorge, Krankheit und Therapieansätze, Arztsuchservices, Zusammenarbeit mit Beratungsstellen sowie Auswirkungen der Krankheit auf das tägliche Leben sind dem Patienten bei Anforderung mitzuteilen.[4] Zudem bieten sich für Patienten im Falle einer Krankheitsdiagnose Beratungen in Zusammenarbeit mit Ärzten (und deren Angehörige) zu Akzeptanz und Umgang mit der chronischen Erkrankung an. Um die Überzeugung und die Stimulierung des Patienten im Falle einer Krankheitsdiagnose sicherzustellen, sind die Kontaktkanäle bereitzustellen und die Kommunikationsinhalte so abzustimmen, dass der Patient – neben der Wahrnehmung der Vorteile dieser Beziehung im Vergleich zu anderen Beziehungen – Sicherheit gewinnt und Vertrauen zum Unternehmen aufbauen kann.[5]

In der **Sozialisationsphase** kommt es zur ersten Leistungsinanspruchnahme und zur Gewöhnung der Beziehungspartner aneinander.[6] Der Patient ist nach der erstmaligen Leistungsinanspruchnahme aufmerksam zu betreuen und in seiner Entscheidung zur Auswahl des Pharmaunternehmens zu bestärken.[7] Ziel ist der Aufbau von Vertrauen des Patienten in das Unternehmen.[8] Hierzu sind dem Patienten ebenfalls Informationen zu Krankheit und Therapie zu übermitteln sowie Angebote zur Anwendungs- und Motivationsunterstützung bereitzustellen.

---

[1] Vgl. *Bruhn* (2001a), S. 48.
[2] Vgl. *Pepels* (2003b), S. 239; *Finsterwalder/Reinecke* (2003), S. 36; *Finsterwalder et al.* (2003), S. 370.
[3] Vgl. *Meffert/Bruhn* (2003), S. 206.
[4] Vgl. *Capgemini* (2004a); *Becker* (2003), S. 156.
[5] Vgl. *Rapp* (2000), S. 189. Zur Anbahnungsphase vgl. ausführlich *Bruhn* (2001a), S. 145 ff.
[6] Vgl. *Georgi* (2003), S. 236; *Finsterwalder et al.* (2003), S. 370.
[7] Vgl. *Stauss* (2000), S.17.
[8] Vgl. *Finsterwalder et al.* (2003), S. 370.

Zudem können Kontakte zu Selbsthilfegruppen forciert sowie Schulungen zur Förderung von Selbstmanagementtechniken und Kommunikation der Kunden untereinander initiiert werden. Die Qualität der Leistungsinanspruchnahme kann dabei durch unabhängige Experten bestätigt und somit die Glaubwürdigkeit des Unternehmens gesteigert werden. Auf Grund der Komplexität der Leistung und der notwendigen Integration des Patienten in den Leistungserstellungsprozess ist von einer hohen Bedeutung dieser Phase im Rahmen des PLZ auszugehen. Während der Patient erste Erfahrungen mit den Unternehmensleistungen sammelt, kann der Anbieter Informationen über den Patienten als Voraussetzung für eine spätere individualisierte Leistungserstellung gewinnen. Die Akquisitionsphase ist in der Regel für das Unternehmen auf Grund der anfallenden „Startkosten" unter ökonomischen Gesichtspunkten negativ.[1]

Im Vergleich zum CRM unterliegt die **Patientenakquisition im PRM Beschränkungen**. In diese Phase fallen sowohl das Abwerben von Kunden der Konkurrenz sowie die Gewinnung von bisherigen Nichtverwendern.[2] Während das Abwerben von Patienten auch analog auf das PRM übertragen werden kann[3], bestehen bei dem zweiten Element – die Gewinnung von Nichtverwendern – nur eingeschränkte Möglichkeiten, diesen Prozess aktiv zu beeinflussen. Im PRM kann nicht davon ausgegangen werden, dass sich Individuen durch das Wecken latenter oder unbefriedigter Bedürfnisse beeinflussen lassen, die Kernleistung des Unternehmens (Medikament) in Anspruch zu nehmen. Ein gesundes Individuum kann nicht zur Leistungsinanspruchnahme aktiviert werden, wenn keine entsprechende Indikation vorliegt. Das Potenzial bezüglich des Indikationsfeldes eines Produktes, d. h. die Menge der möglichen Verwender eines Präparates, und die durch den Arzt festzulegende Bedarfsintensität, müssen daher als fix angesehen werden.[4]

Allerdings sind Maßnahmen zur Steigerung des Absatzes durch die **Stimulierung der Bevölkerung** denkbar, indem durch Aufklärungskampagnen in Zusammenarbeit mit dem Gesundheitsministerium oder durch das Sponsoring von Organisationen (z. B. mit Selbsthilfeverbänden) Vorsorgeuntersuchungen propagiert werden. Bei Vorliegen einer entsprechenden chroni-

---

[1] Vgl. *Bruhn* (2001a), S. 48; *Reichheld/Sasser* (1990).

[2] Vgl. *Finsterwalder/Reinecke* (2003), S. 36.

[3] Hierbei gilt es, den chronisch Kranken von den relativen Vorteilen der Unternehmensleistung zu überzeugen und diesen zu einem Anbieterwechsel zu bewegen. In diesem Zusammenhang müssen die Bestimmungsfaktoren der Kundenbindung und Wechselgründe vor dem Hintergrund des richtigen Zeitpunktes bei dem Abwerben von Kunden von der Konkurrenz berücksichtigt werden. Vgl. *Stauss* (2000), S. 17. Da sich das pharmazeutische Unternehmen als vertrauensvolles Unternehmen darzustellen hat, bietet es sich an, Präferenzen über ein positives Image oder eine glaubwürdige Informationsstrategie zu generieren. Vgl. *Meffert/Bruhn* (2003), S. 245.

[4] Vgl. *Hohensohn* (1998), S. 150.

schen Erkrankung erhöht sich die Wahrscheinlichkeit, beim Patienten als vertrauensvoller Lieferant der Gesundheitsleistung Arzneimittel im Evoked Set präsent zu sein, so dass der Erkrankte beim Arzt eine Verschreibung des Präparats von der Unternehmung fordert, von der die Aufklärungskampagne initiiert wurde. Der Patient wird durch diese Maßnahme über die Krankheiten informiert, zur Vorbeugung motiviert und bei vorliegender Erkrankung in seinem Entscheidungs- und Auswahlprozesses hinsichtlich der unternehmenseigenen Therapie beeinflusst.[1] Der Aufruf zu Vorsorgeuntersuchungen im Sinne eines Social Marketing unterstützt dabei das Image des pharmazeutischen Unternehmens, zum Wohle der Gesellschaft zu handeln – auch wenn eigennützige Ziele mit im Vordergrund stehen. Dass bei rechtzeitiger Therapie unter Umständen nicht mehr, sondern weniger Medikamente zum Einsatz kommen, kann als gesellschaftlich verantwortungsbewusstes Handeln kommuniziert werden.[2]

2.3.2.2.3. Bindungsphase

Die Maßnahmen in der Bindungsphase – unterteilt in Wachstums- und Reifephase – dienen der Sicherstellung einer positiven Qualitätswahrnehmung sowie einer hohen Patientenzufriedenheit und dem Vertrauen des Patienten in das Unternehmen. Hieraus ist durch eine Erhöhung der Patientenbindung der Aufbau stabiler Kundenbeziehungen als Basis für eine Optimierung der ökonomischen Erfolgsgrößen sicherzustellen.[3] Die **Wachstumsphase** umfasst die Sicherstellung der Loyalität des Patienten durch anbieterseitige Maßnahmen, um einen Wechsel des Patienten zur Konkurrenz zu verhindern und somit eine kontinuierliche Leistungsinanspruchnahme des Patienten zu gewährleisten.[4] Diese Zielsetzung hat vor allem vor dem Hintergrund der anhaltenden Kostendiskussion im Gesundheitswesen eine hohe Bedeutung, da der Arzt oftmals versucht – weniger aus therapeutischen als aus Kostengründen – einen Produktwechsel vorzunehmen.[5]

Zudem gilt es, unter der Berücksichtigung rentabler Patientenbeziehungen in der Wachstumsphase Kundenpotenziale auszuschöpfen.[6] Hierzu zählen die Erhöhung der wiederholten Leistungsinanspruchnahme durch die Optimierung der Compliance (z. B. durch die Erinnerung

---

[1] Vgl. *Reibnitz* (2001), S. 266.
[2] Vgl. *Becker* (1992), S. 41 f. Derartige Marketing-Programme, die keine Steigerung, sondern eine Reduktion der Nachfrage nach bestimmten Leistungen bezwecken, lassen sich mit dem Begriff Demarketing umschreiben. Vgl. *Nieschlag/Dichtl/Hörschgen* (2002), S. 1273.
[3] Vgl. *Meffert/Bruhn* (2003), S. 206.
[4] Vgl. *Finsterwalder/Reinecke* (2003), S. 36; *Pepels* (2003b), S. 240; *Finsterwalder et al.* (2003), S. 370.
[5] Vgl. *Hohensohn* (1998), S. 151.
[6] Vgl. *Kirchner* (2003), S. 273.

zur Arzneimitteleinnahme)[1], das Up Selling durch das Ausnutzen von Preisbereitschaften, d. h. eine erhöhte Zuzahlung oder vollständige Kostenübernahme durch den Patienten, z. B. für ein höherwertiges Pharmakon oder neuartige Verabreichungsformen (Inhalieren des Insulins oder nicht-invasive Messmethoden), sowie das Cross Selling (z. B. Arzneimittel für weitere Erkrankungen[2]).[3] Zur Individualisierung der Kundenbeziehung können zudem bei den Zusatzleistungen unter Berücksichtigung von Pricingmaßnahmen (z. B. Preisdifferenzierung, nutzenorientierte Preisgestaltung oder Preisbündelung) patientenindividuelle Informationen zur Krankheit, zu Therapiemöglichkeiten, zur Anwendungs- und Motivationsunterstützung[4] oder zu Selbsthilfegruppen übermittelt, Patientenschulungen durchgeführt oder Kundenzeitschriften[5] und Lifestyle-Programme zur Verbesserung der Lebensqualität angeboten werden.[6]

In der anschließenden **Reifephase** sind die Kundenpotenziale in der Regel ausgeschöpft, so dass das Unternehmen eine Stabilisierung der Erlöse auf dem erreichten Niveau anzustreben hat.[7] In der Reifephase ist eine Vereinheitlichung der Leistungserstellung durch eine standardisierte Kommunikation mittels kostengünstiger Medien, wie z. B. Call-Center oder Internet zu realisieren und Wechselbarrieren aufzubauen.[8] Neben der emotionalen Kundenbindung oder auch Verbundenheit (z. B. über Kundenzufriedenheit) kann das pharmazeutische Unter-

---

1 Allerdings kann das pharmazeutische Unternehmen die Frequenz und Intensität der wiederholten Leistungsinanspruchnahme nicht beeinflussen, da diese beiden Elemente durch den verschreibenden Arzt unter Berücksichtigung der Indikation festgelegt werden. Vgl. *Ulrich* (2002), S. 67.

2 Diabetiker benötigen beispielsweise in 80 % der Fälle auch Präparate zur Cholesterinsynthesehemmung (z. B. Statine) zur Behandlung einer Fettstoffwechselstörung. Vgl. *Bausch* (2000), S. 138. Des Weiteren leiden insbesondere Typ II-Diabetes-Patienten an Übergewicht. Bei diesen Patienten bietet sich die Vermarktung von verschreibungspflichtigen aber nicht erstattungsfähigen Arzneimitteln zur Gewichtsreduktion an (z. B. *Xenical*).

3 Vgl. *Finsterwalder/Reinecke* (2003), S. 37.

4 Bei Patienten sind Anreize zu setzen, um diese zur Mitarbeit zu motivieren, d. h. die Compliance zu fördern und „... ihnen die Rolle als Koproduzent deutlich zu machen ...". *Meyer/Blümelhuber* (1994), S. 27.

5 Nach § 7 Abs. 1 HWG sind Kundenzeitschriften als Gegenstände mit geringem Wert zulässig. Vgl. *Borowy* (2003), S. 68. Ein Verstoß gegen § 7 HWG liegt allerdings vor, wenn der Empfänger der Leistung die Verteilung der Zeitschrift in einen Zusammenhang mit einem oder mehreren bestimmten Heilmitteln setzt und deren Herstellern zurechnet. In diesem Fall ist die Gefahr einer unsachlichen Beeinflussung gegeben. Vgl. *Engler/Geserich/Räpple/Rieger* (2000), S. 42. Zum Gestaltungsprozess einer neuen Kundenzeitschrift vgl. *Tobisch-Kohlbecker* (1995).

6 Vgl. *Becker* (2003), S. 156; *Bletzer* (1998), S. 87. Zur Wachstumsphase vgl. ausführlich *Bruhn* (2001a), S. 154 ff.

7 Vgl. *Georgi* (2003), S. 236; *Bruhn* (2001a), S. 48.

8 Während der Kunde beim Geschäftsbeziehungsaufbau insbesondere bei komplexen Gütern Vertrauen zum Anbieter aufbauen muss und sich daher persönliche Gespräche zur Informierung und Initiierung eines Dialogs anbieten, kann im Lauf der Beziehung durch bereits aufgebautes Vertrauen die Hersteller-Kunden-Kommunikation durchaus standardisiert und kostengünstiger realisiert werden (z. B. Call-Center, Internet). Vgl. *Rapp* (2000), S. 189.

nehmen eine ökonomische, technisch-funktionale und vertragliche Kundenbindung im Rahmen der Zusatzleistungen über den Aufbau von Wechselbarrieren erreichen (Gebundenheit).[1]

Bei der **ökonomischen Kundenbindung** werden durch eine individualisierte Leistungserstellung ökonomische Wechselbarrieren geschaffen, die bei Abwanderung des Patienten für diesen ein finanzielles Verlustpotenzial repräsentieren.[2] Verbunden mit finanziellen, sozialen oder psychologischen Risiken und zeitlichen Verpflichtungen fallen Wechselkosten, z. B. in Form von Informations- und Anbahnungskosten, sowie kognitiven Anstrengungen an, die einen Anbieterwechsel wirtschaftlich unvorteilhaft erscheinen lassen.[3] Eine umfangreiche und offene Informationspolitik über aktuelle und in der Forschungs- bzw. Zulassungsphase befindliche Medikamente kann dazu beitragen, dem Patienten einen Informationsvorsprung in Bezug auf die eigenen Arzneimittel zu offerieren, die dieser bei Konkurrenzunternehmen nicht beziehen kann. Hierdurch können beim Patienten subjektiv wahrgenommene Wechselkosten durch den aufwendigeren Informationsbezug über Alternativpräparate und das damit verbundene Risiko der Wirkung und Nebenwirkung entstehen.[4]

Die **technisch-funktionale Kundenbindung** wird durch die Errichtung von technisch-funktionalen Wechselbarrieren erreicht. Dabei gilt es im Rahmen einer Leistungsbündelung, das Angebot so zu konzipieren, dass der Patient eine spezifische Leistung des Unternehmens nur dann sinnvoll nutzen kann, wenn er darüber hinaus eine andere Leistung des Unternehmens in Anspruch nimmt.[5] So ist es beispielsweise denkbar, dass bei MS-Patienten nur bestimmte Injektionshilfen für das Arzneimittel oder zur Überprüfung des Blutzuckerspiegels bei Diabetikern nur bestimmte Blutzuckerteststreifen Verwendung finden können. Für das pharmazeutische Unternehmen eröffnen sich weitere Möglichkeiten, den Patienten durch Zu-

---

1 Vgl. *Meffert/Bruhn* (2003), S. 246. Während Verbundenheit einen Bindungszustand auf Grund psychologischer Ursachen beschreibt, bezeichnet Gebundenheit einen Bindungszustand, der für einen bestimmten Zeitraum fixiert ist. Vgl. *Meyer/Oevermann* (1995); *Georgi* (2003), S. 227 ff. Vgl. hierzu auch *Bliemel/Eggert* (1998). Zur Typologisierung von Bindungsursachen vgl. auch *Weinberg/Terlutter* (2003), S. 44; *Meffert* (2003), S. 137 ff.; *Homburg/Bruhn* (2003), S. 10 f.; *Krafft* (2002), S. 23 ff.; *Meyer/Oevermann* (1995).

2 Vgl. *Georgi* (2003), S. 230.

3 Vgl. *Bruhn* (2003b), S. 115 f. Neben den direkten Kosten (Suche, Anbahnung und Vereinbarung einer neuen Geschäftsbeziehung) bestehen die Wechselkosten aus Opportunitätskosten (entgangener Nutzen einer Andersverwendung von Ressourcen) und „Sunk Costs". Vgl. *Kleinaltenkamp* (2003), S. 363. Je intensiver und vertrauensvoller sich eine Geschäftsbeziehung darstellt, desto höher fallen die direkten Kosten aus. Die Opportunitätskosten korrelieren positiv mit der Zufriedenheit des Kunden mit den Leistungen des Anbieters durch einen entsprechend höheren Nutzenentgang bei Abbruch der Geschäftsbeziehung. Vgl. *Schütze* (1992), S. 114 ff.

4 Vgl. *Rapp/Decker* (2003), S. 205.

5 Vgl. *Georgi* (2003), S. 230.

satzleistungen wie z. B. eine Online-Datenauswertung[1] (Blutwerte, Ernährungs- und Therapiedaten etc.) langfristig an das Unternehmen zu binden.[2] Die hierfür notwendige Infrastruktur zur Herstellung der technischen Kompatibilität muss der Patient zusätzlich erwerben.

Zudem kann der Patient durch Zusatzleistungen, wie z. B. Erinnerung zur Arzneimitteleinnahme mittels eines Anrufs oder einer SMS mit dem Ziel der Compliance-Optimierung, an das Unternehmen gebunden werden.[3] Im Gegensatz zur Kernleistung Arzneimittel können diese Zusatzleistungen ebenso wie weitere Value-Added Services (z. B. Kundenzeitschriften, Kundenclub) durch Komponenten der **vertraglichen Kundenbindung** ergänzt werden (Jahresabonnement für Kundenzeitschrift, Online-Datenauswertungen oder für die Erinnerung zur Arzneimitteleinnahme etc.), um den Patienten langfristig an das Unternehmen zu binden.[4]

Neben einer Standardisierung der Geschäftsbeziehung und dem Aufbau von Wechselbarrieren ist in der Reifephase die **Effizienz der Kundenbeziehung** durch Nutzung der sich aus der Kundenbeziehung ergebenden Erfahrung zu steigern.[5] Dabei ist von einer weniger ressourcenintensiven Kommunikation durch die Orientierung der Kommunikationsinhalte an dem bisherigen Patientenverhalten und dem Wissen über den Patienten auszugehen.[6] Hieraus resultieren

---

1 Die standardisierte Erfassung der patientenbezogenen individuellen Daten ermöglicht im Zusammenhang mit den bereits hinterlegten individuellen Patienteninformationen einen langfristigen Vergleich und eine Prognose der gesundheitlichen Entwicklung. Veränderungen im Zeitablauf können hierdurch festgestellt, beobachtet und erklärt werden. Vgl. *Bletzer* (1998), S. 131. Eine individuelle Therapieoptimierung und Therapieunterstützung wird durch dieses complianceförderne Instrument gewährleistet. Spezialisten kontaktieren den Patienten regelmäßig oder bei auffälligen Abweichungen und raten diesem zu einem Arztbesuch. Vgl. *Bertsche/Schulz* (2004); *Hanika* (2003), S. 486 f.; *Pfahlert/Emminger* (2002), S. 51; *Stock/Pfahlert* (2001), S. 192; *Kruse* (1996), S. 93. Außerdem kann der Patient bei Zugriff auf seine Krankheitsdaten diese auch anderen Ärzten zur Verfügung stellen, um beispielsweise Doppelverordnungen wegen Unkenntnis des Arztes über ein Medikamentenprofil zu vermeiden. Vgl. *Harms/Bruckschl/Drüner/Rohmann* (2001c), S. 124. Unterstützend kann auch eine Risiko-Prüfung bei der Arzneimittelabgabe über ein in der Apotheke zu installierendes System erfolgen. Vgl. hierzu *Siebert* (2004).

2 Vgl. *Badenhoop/Ryf* (2001), S. 19; *Hanika* (2003), S. 486 f. In den USA sind beispielsweise Pilotprogramme bei Asthmatikern initiiert worden, bei denen die Inhalatoren mit eingebauten Monitoren die Dosierung und Zeiten kontrollieren und die Daten an eine zentrale Datenbank übertragen werden. Auf der Datenbank ausgeführte Algorithmen identifizieren Anzeichen möglicher Asthmaanfälle und die medizinischen Eingriffe zur Verhütung der Anfälle. Vgl. *PWC Deutsche Revision* (2000), S. 19.

3 Vgl. *Kruse* (1996), S. 94. Die Erinnerung zur Medikamenteneinnahme kann durch die unternehmensseitige Übernahme von Aktivitäten, die mit Erstellungsrisiken behaftet sind, zu einer Reduktion des wahrgenommenen Risikos bei der Leistungsinanspruchnahme führen. Vgl. *Meffert/Bruhn* (2003), S. 375.

4 Die ökonomische, technisch-funktionale und vertragliche Kundenbindung weisen allerdings Risiken auf, da der Entscheidungsspielraum des Patienten eingeengt wird. Bei entstehender Unzufriedenheit in der Geschäftsbeziehung wird langfristig die Abwanderung nicht zu verhindern sein. Von daher sollten sich Kundenbindungsmaßnahmen vornehmlich auf die emotionale Kundenbindung konzentrieren, da diese grundsätzlich auf einer freien Entscheidung des Kunden basiert. Vgl. *Bruhn* (2003b), S. 117; *Meffert/Bruhn* (2003), S. 246 f. Zudem ist davon auszugehen, dass Verbundenheit einen stärkeren Einfluss auf die Kundenbindung aufweist als Gebundenheit. Vgl. *Bliemel/Eggert* (1998), S. 43; *Lijander/Strandvik* (1995).

5 Vgl. *Bruhn* (2001a), S. 160.

6 Vgl. *Rapp* (2000), S. 189.

ein reduzierter Informations- und Koordinationsbedarf des Patienten, so dass das Unternehmen Kostensenkungspotenziale realisieren kann.[1] Zudem führen in der Wachstumsphase angebotene Patientenschulungen in der Reifephase zu einer Standardisierung des Kundenverhaltens und zu einer Reduktion des individuellen Einflusses des externen Faktors Patient auf das Behandlungsergebnis.[2] Die aus der Integration des Patienten resultierenden klassischen Ausprägungen des Dienstleistungserstellungsprozesses (individualistisch, personalintensiv und schwer standardisierbar) werden entsprechend reduziert.[3] Es ist davon auszugehen, dass die Verbesserung der Compliance und eine sich daraus ergebende optimale Arzneimittelinanspruchnahme sowie die regelmäßige Inanspruchnahme von Value-Added Services (z. B. Online-Datenauswertung) bei gleichzeitig geringerem Betreuungsaufwand die Effizienz der Kundenbearbeitung steigern lässt.

2.3.2.2.4. Rückgewinnungsphase

Droht der Patient abzuwandern, muss im Rahmen eines Patientenrückgewinnungsmanagement dieser Tendenz entgegengewirkt werden.[4] Die Rückgewinnungsphase gliedert sich in die Gefährdungsphase (in Betracht ziehen der Beendigung der Geschäftsbeziehung), die Auflösungsphase (offene oder geheime Kündigung der Geschäftsbeziehung) und die Abstinenzphase (keine Nutzung der Unternehmensleistungen).[5] Elementare Ziele in der Rückgewinnungsphase sind neben der eigentlichen Patientenrückgewinnung und der Vermeidung der Patientenabwanderung die Identifizierung von Abwanderungsgründen (Informationsziel) sowie die Verhinderung einer negativen Mund-zu-Mund-Kommunikation (Kommunikationsziel), um den Umsatz und die Cross- und Up Selling-Möglichkeiten aufrecht zu erhalten (Profitabilitätsziel).[6]

Auf Grund der hohen Kosten zu Beginn der Kundenbeziehung kommt der Rückgewinnungsphase durch anfängliche Investitionen in die Geschäftsbeziehung eine hohe Bedeutung zu. Zudem liegen die **Kosten für die Rückgewinnung** von Patienten erheblich unter den Akquisitionskosten einer Neukundengewinnung.[7] Inaktiv gewordene Patienten, die sich potenziell

---

[1] Vgl. *Werner/Beutin* (2000), S. 26.
[2] Vgl. *Meffert/Bruhn* (2003), S. 243.
[3] Vgl. *Meffert/Bruhn* (2003), S. 57.
[4] Vgl. *Finsterwalder et al.* (2003), S. 370.
[5] Vgl. *Bruhn* (2001a), S. 50 f.; *Meffert/Bruhn* (2003), S. 247.
[6] Vgl. *Meffert/Bruhn* (2003), S. 249.
[7] Vgl. *Sauerbrey/Henning* (2000), S. 7. In einer Studie der *FH Hannover* wurde ermittelt, dass bei 90 % der Unternehmen aus der Dienstleistungsbranche die Kosten der Neukundenakquisition mindestens doppelt so hoch als die Kosten der Kundenrückgewinnung waren. Vgl. *Sauerbrey/Henning* (2000), S. 18. Zudem weisen

rentabel entwickeln und damit ein hohes Erfolgspotenzial einer erneuten Akquisition aufweisen, sind durch entsprechende Marketingmaßnahmen zu reaktivieren.[1] Die Bearbeitung der Patienten hat somit in Abhängigkeit des Patientenwertes zu erfolgen, um einen effizienten Ressourceneinsatz zu gewährleisten.[2]

Unternehmensseitig können entsprechend dem idealtypischen Beziehungslebenszyklus in der Gefährdungsphase proaktive Maßnahmen zur emotionalen Rückgewinnung abwanderungsgefährdeter und in der Auflösungs- und Abstinenzphase reaktive Maßnahmen zur faktischen Rückgewinnung bereits abgewandeter Patienten ergriffen werden.[3] Während in der Gefährdungsphase die **Fehlerkorrektur bzw. Wiedergutmachung** (z. B. Kundenschulung bei fehlerhafter Leistungsnutzung, kostenloser Bezug exklusiver Informationen) als wesentliche Aufgaben angeführt werden können, gilt es in der Auflösungs- und Abstinenzphase, den Patienten zu überzeugen und zur erneuten Leistungsinanspruchnahme zu stimulieren. Hierzu bietet sich das **Schaffen eines Mehrwerts** durch leistungsbezogene oder kommunikationsbezogene Individualisierung an, z. B. durch die kostenlose Erinnerung zur Arzneimitteleinnahme und die Übermittlung individueller krankheitsspezifischer Informationen.[4] Die hierdurch erreichte Verbesserung der Qualitätswahrnehmung und des Images bewirken eine erneute Weckung des Interesses und der Präferenzen beim abgewanderten Patienten sowie eine Wiederaufnahme der Beziehung und in der Folge höhere Umsätze und Gewinne.[5]

Unabhängig davon, ob der Patient wieder zurück gewonnen werden kann, gilt es, die Gründe für den Abbruch der Geschäftsbeziehung zu ermitteln. Aus den Kündigungsgründen lassen sich weitere abwanderungsgefährdete Patienten identifizieren.[6] Die für eine Patientenabwanderung ermittelten Informationen können dazu beitragen, **Präventionsmaßnahmen** einzuleiten, um durch möglicherweise zu eliminierende innerbetriebliche Fehler und Schwächen das zukünftige Abwandern weiterer Patienten zu vermeiden.[7] Exemplarisch können Patienten per E-Mail befragt und extrem unzufriedene Kunden anschließend telefonisch kontaktiert werden,

---

zurück gewonnene Kunden eine höhere Profitabilität auf als permanent treue Kunden. Vgl. *Homburg/Schäfer* (1999), S. 2 f. In empirischen Studien wurde die Möglichkeit der langfristigen Steigerung des Gewinns pro Kunde von bis zu 100 % bei einer Verhinderung der Kundenabwanderung um 5 % nachgewiesen. Vgl. *Reichheld* (2003), S. 81 f.

1 Vgl. *Cornelsen* (1998), S. 2; *Kirchner* (2003), S. 273.
2 Vgl. *Bruhn* (2001a), S. 121.
3 Vgl. *Finsterwalder/Reinecke* (2003), S. 36 f.; *Pepels* (2003b), S. 240 f.; *Bruhn* (2001a), S. 119.
4 Zur Kundenrückgewinnungsphase vgl. ausführlich *Bruhn* (2001a), S. 160 ff.
5 Vgl. *Meffert/Bruhn* (2003), S. 206.
6 Ein Verfahren zur Ermittlung abwanderungsgefährdeter Kunden findet sich bei *Grootenhuis* (2003), S. 274 f.
7 Vgl. *Reichheld/Sasser* (2003), S. 156.

um die Ursachen der Unzufriedenheit zu ermitteln und gegebenenfalls zu beheben.[1] Kann ein Patient nicht zurück gewonnen werden, sind Maßnahmen zu ergreifen, um die Unzufriedenheit des abgewanderten Patienten zu minimieren. Diese **Schadenminimierung** ist vor allem bei abgewanderten Meinungsführern durch eventuelle negative Mund-zu-Mund-Propaganda essentiell für das Unternehmen, da hierdurch Umsatzeinbußen für das Unternehmen drohen.[2]

2.3.3. Der Patient Engagement Cube (PEC)

Fasst man die Überlegungen zur Systematisierung der Marketingmaßnahmen, zur segmentspezifischen Patientenbearbeitung und zum PLZ zusammen, existieren drei Dimensionen, die die operativen Maßnahmen der Patientenbearbeitung determinieren. Die erste Dimension stellen die **4 P´s** dar, die als strukturierendes Element das Konglomerat einzelner Marketingmaßnahmen nach den Bereichen der Produkt- und Programm-, Kommunikations-, Preis- und Distributionspolitik klassifizieren, um gesetzte Ziele und daraus abgeleitete Strategien zu erreichen.

Die zweite Dimension sind die segmentspezifischen Strategien der Patientenbearbeitung **in Abhängigkeit der Patientenwertigkeit und -durchdringungsrate** als Basis einer effektiven und effizienten Kundenbearbeitung. Als dritte Dimension muss sich die Patientenbearbeitung am PLZ ausrichten, um **in Abhängigkeit der Phase der Kundenbeziehung**, Marketing-Mix-Maßnahmen zielgruppengerecht einzusetzen und je nach Lebensphase der Beziehung durch differenzierte Leistungen die unterschiedlichen Patientenbedürfnisse zu befriedigen. Abbildung 19 fasst diese drei Dimensionen zu einem segmentspezifischen patientenbeziehungslebenszyklusorientierten Maßnahmenwürfel zusammen. Um die weitere Auseinandersetzung mit dem beschriebenen Modell zu vereinfachen, wird im Folgenden vom Patient Engagement Cube, dem PEC gesprochen.

Die Umsetzung der PRM-Maßnahmen erfolgt durch den Marketing-Mix, wobei die operativen Maßnahmen durch die Strukturierung der 4 P´s, die strategischen Elemente der segmentspezifischen Patientenbearbeitung in Abhängigkeit der segmentspezifischen Strategie sowie durch den Stand im PLZ determiniert werden. Die drei Dimensionen (4 P´s, segmentspezifische Strategie und PLZ) fungieren als **Verknüpfung zwischen strategischem und operativem Management**. Der Patient Engagement Cube (PEC) bietet die Möglichkeit, strategische

---

[1] Vgl. *Grootenhuis* (2003), S. 274.
[2] Vgl. *Sauerbrey/Henning* (2000), S. 7 f.

Komponenten mit operativen Maßnahmen zu verbinden und stellt den Handlungsrahmen für die jeweiligen segment- und lebenszyklusspezifischen Marketingmaßnahmen und somit eine Entscheidungshilfe zur optimalen Marktbearbeitung dar. Die Lücke zwischen Strategie und Maßnahmen wird mit dem Ziel der langfristigen Steuerung der Geschäftsbeziehung geschlossen.

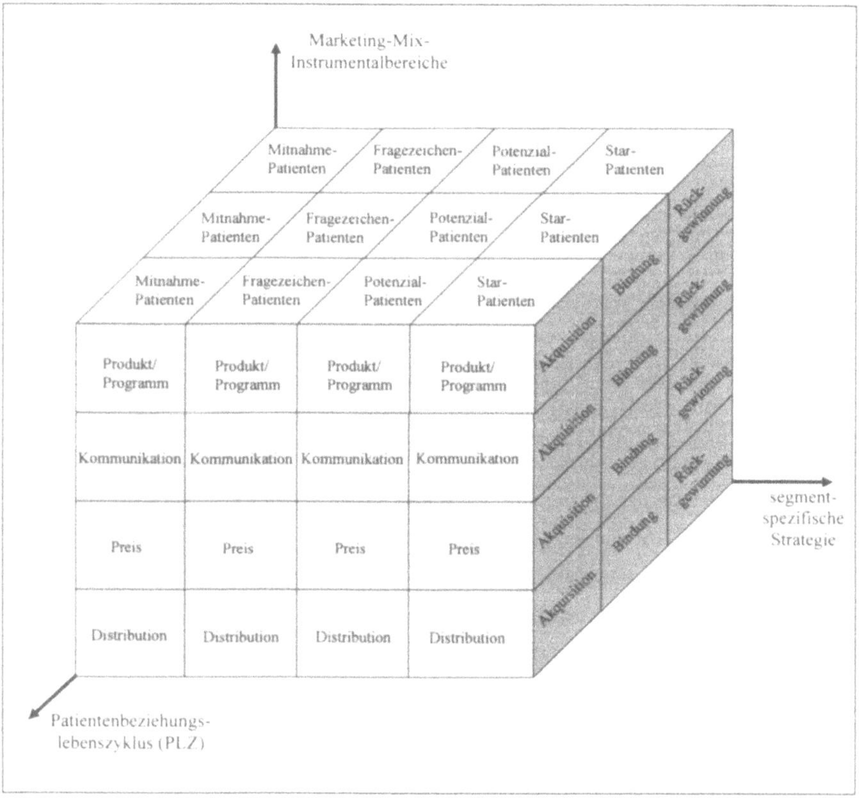

Abb. 19: Der Patient Engagement Cube (PEC)
Quelle: Eigene Darstellung.

Im Rahmen dieser Arbeit wird auf Grund des Umfangs nicht auf eine detaillierte Ausgestaltung der Marketing-Mix-Maßnahmen in Abhängigkeit der Patientensegmente und dem Stand des Patienten im PLZ eingegangen. Die Marketingmaßnahmen sind differenziert für jede

Schnittmenge auszugestalten und ergeben entsprechend der Abbildung 19 48[1] bzw. 112[2] unterschiedliche Ausprägungen der vier Marketing-Instrumentalbereiche in Abhängigkeit der segmentspezifischen Strategie und der Phase des PLZ. Die Umsetzung des PEC sollte vorzugsweise mit Unterstützung der IT realisiert werden. Entsprechende Anwendungen existieren in Form des OLAP-Würfels, so dass über einen mit Daten „gefütterten" PEC die spezifischen Maßnahmen unkompliziert abgeleitet werden können.

In den folgenden Kapiteln werden die vier Marketing-Instrumentalbereiche vorgestellt und auf den Markt für verschreibungspflichtige Arzneimittel übertragen. Im Vergleich zu kommerziellen Unternehmen, die nicht auf dem Pharmamarkt agieren, stellt sich die Gewichtung der einzelnen Instrumentalbereiche für Unternehmen differenziert dar: Kommunikations- und Produkt- und Programmpolitik weisen durch die rechtlichen Rahmenbedingungen einen wesentlich höheren Stellenwert auf als Distributions- und Preispolitik.[3]

2.4. Operationalisierung des Patient Relationship Management durch den Marketing-Mix

2.4.1. Produkt- und Programmpolitik

2.4.1.1. Langfristige Kundenbeziehungen durch individuelle Problemlösungen

Das zentrale Element des Marketing-Mix ist die Produkt- und Programmpolitik, die Art und Umfang der durch das Unternehmen angebotenen Leistungen definiert.[4] Vor allem für technologiegetriebene Märkte wie den Pharmamarkt, auf dem die Entwicklung innovativer Wirkstoffe einen großen Einfluss auf das Umsatzwachstum forschender pharmazeutischer Unternehmen aufweist, kann die Produktleistung als das **„Herz" des Marketing** bezeichnet werden.[5] Dieses Marketing-Instrument steht damit am Anfang jeglicher Marktgestaltung. Ohne

---

1 In der Abbildung werden zur vereinfachten Darstellung nur die drei PLZ-Phasen Akquisition, Bindung und Rückgewinnung exemplarisch dargestellt. Hieraus resultieren die 48 Varianten des Marketing-Mix.

2 Eine detaillierte Ausarbeitung der Marketing-Mix-Maßnahmen hat sich an den sieben Unterkategorien des PLZ auszurichten (Anbahnung, Sozialisation, Wachstum, Reife, Gefährdung, Auflösung, Abstinenz). Entsprechend resultieren hieraus die 112 Varianten des Marketing-Mix.

3 Vgl. *Deutz* (1999), S. 10.

4 Vgl. *Nieschlag/Dichtl/Hörschgen* (2002), S. 579; *Tscheulin/Helmig* (2000), S. 211.

5 Vgl. *Becker* (2002), S. 490; *Dreger* (2000), S. 12; *Jost* (1998), S. 21; *Kaas/Uhlmann* (1989). Zum Produktbegriff vgl. *Nieschlag/Dichtl/Hörschgen* (2002), S. 579 ff.; *Kotler/Bliemel* (1999), S. 670 ff. Diese Arbeit folgt der Auslegung, das Produkt im Rahmen der kunden- und nutzenbezogenen Produktdefinition aus Sicht der Abnehmer als ein Bündel aus verschiedenen nutzenstiftenden Eigenschaften zu charakterisieren. Vgl. *Nieschlag/Dichtl/Hörschgen* (2002), S. 581. Der Nutzen eines Produkts wird dabei als das Maß an Bedürfnisbefriedigung aufgefasst, „... das ein Individuum durch die Verwendung oder den Verzehr eines Gutes bzw. die Inanspruchnahme einer Dienstleistung erfährt." *Nieschlag/Dichtl/Hörschgen* (2002), S. 1299. Nach der Nutzentheorie bildet ein Wirtschaftssubjekt eine Reihenfolge von verfügbaren Handlungsalternativen und wählt unter den bestehenden Umständen die bestmögliche Alternative aus. Vgl. *Hochreiter* (1976), S. 45 f.

sie können alle anderen Teilleistungen nicht wirksam werden.[1] Der programmpolitische Entscheidungsbereich umfasst dabei neben der Diversifikation die Auswahl und Einführung neuer Leistungen (Innovationen), die bedarfsgerechte Modifizierung[2] (Variation/Differenzierung) bereits vorhandener Leistungen sowie die Bereinigung des Leistungsprogramms (Elimination) des Unternehmens.[3]

Die Leistungsprogramme von Unternehmen beruhen auf den so genannten Hauptleistungen, die die eigentliche Problemlösungsleistung i. e. S. bieten. Die Kernleistung eines Produktes – aus der der Grundnutzen resultiert und die wesentlich vom wissenschaftlichen Kenntnisstand sowie den medizinischen und rechtlichen Restriktionen geprägt wird – reicht zur **Profilierung eines Anbieters** vielfach nicht mehr aus.[4] Qualitätsunterschiede auf Grund der strengen Entwicklungs- und Zulassungsvorschriften sind kaum vorhanden und eignen sich daher nicht zur Differenzierung vom Wettbewerb.[5] Die pharmazeutischen Produkte werden innerhalb der einzelnen Substanzklassen zunehmend austauschbar.[6] Nicht selten werden daher – angetrieben durch die Kostendiskussion im Gesundheitswesen – die Originalpräparate durch kostengünstigere Generika ersetzt.[7] Ferner bietet die Gestaltung der materiellen Ausstattung (Arzneimittel) hinsichtlich verständlicher Benutzerführung (Beipackzettel) oder optischen Erscheinungsbilds (Verpackung) auf Grund der rechtlichen Rahmenbedingungen nur geringfügige Differenzierungsmöglichkeiten.[8]

Des Weiteren wird der Patient zunehmend anspruchsvoller und fordert auf ihn abgestimmte Therapien.[9] Für die Zukunft ist entsprechend davon auszugehen, dass ganzheitliche Behand-

---

1 Vgl. *Becker* (2002), S. 490. Im Dienstleistungsbereich müssen viele Aufgaben der eigentlichen Produkt- und Programmpolitik durch die Kommunikationspolitik übernommen werden. Hierzu zählt vor allem die Aufgabe der Visualisierung oder die anders geartete Verdeutlichung der immateriellen Leistung. Vgl. *Corsten* (1990), S. 189 f. Dies erschwert die Differenzierung zwischen kommunikationspolitischen Maßnahmen und der eigentlichen Leistungserstellung. Vgl. *Meffert/Bruhn* (2003), S. 428.

2 Zur Modifizierung zählen auch Veränderungen hinsichtlich Art und Umfang der Einbeziehung des Patienten, die als Externalisierung, d. h. Zunahme der Aktivitäten des Patienten (z. B. verbessertes Selbstmanagement), oder Internalisierung, d. h. Übernahme der bisher vom Patienten durchgeführten Aktivitäten durch das Unternehmen (z. B. Erinnerung zur Medikamenteneinnahme), konzipiert werden kann. Vgl. *Meffert/Bruhn* (2003), S. 375 f.

3 Vgl. *Nieschlag/Dichtl/Hörschgen* (2002), S. 692 ff.; *Fritz/Oelsnitz* (2001), S. 123 ff.

4 Vgl. *Meffert/Bruhn* (2003), S. 361; *Hohensohn* (1998), S. 23.

5 Vgl. *Keller* (1995), S. 120.

6 Vgl. *Harms/Drüner* (2003d), S. 6; *Müller* (2002), S. 63; *Winter* (2001), S. 18; *Janßen* (2001), S. 118; *Huber/Wandschneider* (2001), S. 46; *Ryf/Badenhoop/Sattlegger* (2000), S. 126.

7 Vgl. *Harms/Drüner* (2003d), S. 6 f.; *Harms/Brucksch/Drüner/Rohmann* (2001a), S. 44.

8 Vgl hierzu auch § 10 AMG, dass zahlreiche Angaben auf der Arzneimittelpackung und dem so genanten Primärbehältnis (u. a. Zulassungsnummer, Chargennummer, Darreichungsform, Angaben der wirksamen Bestandteile) erforderlich macht.

9 Vgl. *Badenhoop/Ryf* (2001), S. 19.

lungskonzepte, wie z. B. das Disease Management[1], die Entwicklung integrierter Systemlösungen forcieren werden, um das akquisitorische Potenzial des Unternehmens zu steigern bzw. eine höhere Patientenorientierung und Patientenbindung zu erzeugen.[2] Darüber hinaus wird die **Pharmakogenetik**[3] im Gegensatz zur Arzneimitteltherapie für den Durchschnittspatienten durch die Abstimmung des Arzneimittels auf das genetische Profil des individuellen Patienten ein mehr an Serviceangeboten erfordern, um diese umfassende Individualtherapie durchführen zu können (z. B. Diagnosehilfen, Monitoringinstrumente, Patienten-Services und Trainingseinheiten).[4] Es ist zu erwarten, dass neuartige Behandlungspakete und Dienstleistungen entwickelt werden, die auf den individuellen Patienten und sein spezifisches Krankheitsstadium abgestimmt sind, bei denen das eigentliche Produkt Arzneimittel zukünftig nur noch für einen Teil der gesamten Dienstleistung des pharmazeutischen Unternehmens steht.[5]

Die dominierende Strategie in der Vergangenheit – Herstellung und Vertrieb von Arzneimitteln – bedarf somit für die Zukunft einer Anpassung.[6] Um die Hauptleistung zu nutzen, werden Serviceleistungen – die einen starken Einflussfaktor auf die Entscheidung zur Leistungsinanspruchnahme aufweisen – von den Patienten in zunehmendem Maße erwartet.[7] Das pharmazeutische Unternehmen muss demnach das **marktadäquate Serviceprogramm**

---

1 Zum Disease Management als integriertem Behandlungsansatz, der eine sektorenübergreifende medizinische Versorgung über den gesamten Krankheitsverlauf einer bestimmten Patientengruppe koordiniert und unter Qualitäts- und Kostengesichtspunkten optimiert vgl. *Kirchgeorg/Haffner* (2004), S. 170; *Meyer-Lutterloh* (2004), S. 179; *Rittweger/Daugs* (2004), S. 163; *Wiechmann* (2003), S. 62; *Konrad/Vetter* (2002), S. 191; *Baumberger* (2001), S. 78 ff.; *Szathmary* (1999); *Lauterbach* (1997), S. 171 f.; *Neuffer* (1997), S. 156 ff.; *Bernard* (1995), S. 49 f. Obwohl die pharmazeutische Industrie über die wissenschaftliche Kompetenz in spezifischen Indikationsgebieten verfügt, Disease Management-Konzepte entwickelt hat und somit zum Aufbau moderner Versorgungskonzepte einen großen Beitrag zur Steigerung der Effizienz und Effektivität der medizinischen Versorgung leisten kann, ist auf Grund der rechtlichen Rahmenbedingungen nur der konzeptuelle und operative Beistand der Unternehmen möglich. Vgl. *Biter* (2004); *Badenhoop/Sattlegger/Seiter* (2003), S. 211; *Harms/Brucksch/Drüner/Rohmann* (2001a), S. 46; *Spickschen/Crisand* (1999), S. 86 f.; *Smigielski* (1997), S. 370; *Porsche* (1996), S. 467.

2 Vgl. *Thomaschewski* (2003), S. 375; *Pfahlert/Emminger* (2002), S. 52; *Becker* (2002), S. 507 ff.; *Maag* (2000), S. 101; *Jost* (1998), S. 21 f.; *Hohensohn* (1998), S. 23. Hierdurch kann zudem das negative Image des Unternehmens auf Grund der bisherigen Konzentration auf die Vermarktung von Arzneimitteln („Verdienen am menschlichen Leid") durch die Sorge um die Gesundheit im Rahmen integrierter Lösungen aufgebessert und die Risiken der „Verwundbarkeit" durch sich ändernde politische Rahmenbedingungen auf Grund der Streuung der Aktivitäten reduziert werden. Vgl. *Schulz/Tiby* (1995), S. 486.

3 Die Pharmakogenetik untersucht die Unterschiede des individuellen Ansprechens auf Arzneimittel auf Grund erblich bedingter Faktoren, vor allem in der klinischen Praxis. Zur Pharmakogenomik vgl. *Harms/Drüner* (2003d), S. 128 ff.

4 Vgl. *Lonsert/Harms* (2004), S. 82; *Burri* (2003), S. 26; *July-Grolman* (2002), S. 159; *Labbé* (2002), S. 374; *Puschmann/Alt* (2001); *Badenhoop/Ryf* (2001), S. 21; *Badenhoop* (2001), S. 24. Nahezu jedes dritte neue Medikament entstammt mittlerweile gentechnischer Herstellung. Vgl. *Strüngmann* (2002), S. 104.

5 Vgl. *Lonsert/Harms* (2004), S. 81; *Burri* (2003), S. 26 f.; *Badenhoop* (2001), S. 17.

6 Vgl. *Güttinger/Haldner* (2001), S. 81.

7 Vgl. *July-Grolman* (2002), S. 160.

bestimmen und Value-Added Services als zusätzliche Leistungen anbieten, um neben der Erhöhung der Kontinuität der Nachfrage, dem Aufbau von Wechselbarrieren und der Erzielung von Cross- und Up Selling-Effekten zur Steigerung der Patientenzufriedenheit und damit zur Patientenbindung beizutragen.[1]

Die Orientierung der Ausgestaltung des Leistungsprogramms wird sich zukünftig verstärkt **am Kundennutzen orientieren**.[2] Die bisherige Ausrichtung an den Verschreibern oder den vorhandenen Produkten im Portfolio wird entsprechend an Einfluss verlieren.[3] Vor allem dem Bedürfnis der Patienten nach patientenindividuellen produktergänzenden Dienstleistungen, die einer Verbesserung der Compliance dienen und zudem eine individuelle Lebensführung bei gleichzeitiger Steigerung der Lebensqualität erlauben, muss die Pharmaindustrie entsprechen.[4] Dieser Ansatz ist gleichbedeutend mit einer einschneidenden Veränderung für das pharmazeutische Unternehmen. Das Unternehmen als reiner Verkäufer von Produkten erfährt einen Wandel zum Versorgungsdienstleister und damit zum aktiven Teilnehmer in der Patientenversorgung.[5]

In welcher Form die Patienten die Leistungen des pharmazeutischen Unternehmens wahrnehmen können, lässt sich anhand des Drei-Komponenten-Ansatzes nach *Kano* verdeutlichen. Die Aussage dieses Drei-Komponenten-Ansatzes besteht darin, dass in einem modernen Marketingverständnis Absatzobjekte Bündel von technischen Kernleistungen und zusätzlichen (Dienst)Leistungen um diese herum darstellen.[6] Die Kernleistung ist gesetzlich vorgeschrieben und wird in Form des Medikaments und des Beipackzettels in gleich bleibender Qualität vom Kunden vorausgesetzt.[7] Diese **Mindestleistungen** generieren als so genannte Hygienefaktoren beim Patienten keine Zufriedenheit. Darüber hinaus bestehen aber mittels Differenzierungsleistungen weitere Optionen, sich von den Mitbewerbern abzusetzen und bei dem Patienten Nutzen zu stiften. Diese Leistungen werden vom Patienten erwartet und als Ver-

---

1 Vgl. *Thomaschewski* (2003), S. 372; *Beutin* (2003a), S. 296; *Seiter/Badenhoop/Zeiner* (2003), S. 734; *Capgemini Ernst & Young* (2003), S. 6; *Harms/Drüner* (2003d); *Badenhoop/Ryf* (2001), S. 5; *Badenhoop* (2001), S. 17; *Huber/Wandschneider* (2001), S. 46; *Rapp* (2000), S. 57 f.; *Crisand* (1996), S. 86.

2 Vgl. *Meffert/Bruhn* (2003), S. 361; *Bruhn* (2003b), S. 133; *Becker* (2002), S. 491.

3 Vgl. *Badenhoop* (2001), S. 17.

4 Vgl. *Hippner/Wilde* (2003a), S. 5; *Güttinger/Haldner* (2001), S. 81. Auf Grund der Integration des externen Faktors Patient und der heterogenen Leistungserstellung weisen die individuellen Bedürfnisse des Patienten bei der Leistungserstellung eine hohe Bedeutung auf. Vgl. *Meffert/Bruhn* (2003), S. 472.

5 Vgl. *Schmitt* (2001), S. 55.

6 Vgl. *Bauer/Hammerschmidt* (2004a), S. 96 ff.

7 Zu den gängigen Materialien der Patientenansprache zählen auch Gesundheits- und Blutdruckpässe, Notfallausweise, Dosierungs- und Terminblöcke, Merkzettel, Informationsbroschüren und Therapiebegleitbücher. Vgl. *Hohensohn* (1998), S. 134.

gleichsmaßstab gegenüber dem Konkurrenzangebot herangezogen. Ein höheres Maß an Unternehmensleistungen stiftet beim Patienten ein „Mehr" an Zufriedenheit (**„je mehr desto besser"-Leistung**). Hierfür kann das pharmazeutische Unternehmen beispielsweise Informationen im Internet anbieten, Experten in einen Call-Center einbinden sowie Patientenschulungen, Workshops oder Symposien durchführen. Neben der Befriedigung der Patientenbedürfnisse nach krankheitsbezogenen Informationen wird die Compliance des Patienten durch eine Standardisierung des Patientenverhaltens verbessert und die effiziente und effektive Erbringung von Gesundheitsleistungen gefördert.

Erwartet der Patient bestimmte Leistungen nicht a priori – erhöhen diese aber den Wert der Produkt-/Dienstleistung – weisen derartige Angebote in Form von Beziehungs- oder Zusatzleistungen einen überproportionalen Einfluss auf die Patientenzufriedenheit und damit auf die Kundenbeziehung auf.[1] Hier wären beispielsweise aktuelle Statusinformationen während der Leistungsinanspruchnahme durch eine Online-Datenauswertung (z. B. Blutwerte, Ernährungs- und Therapiedaten), die Erinnerung zur Arzneimitteleinnahme oder eine Darstellung der Krankheitshistorie zu nennen. Des Weiteren ist eine Ortung des Patienten im Notfall mittels GPS anzuführen. Derartige Leistungen beinhalten neben einer Informationskomponente – und der damit verbundenen positiven Effekte auf die Leistungserbringung und Bedürfnisbefriedigung des Patienten – auch emotionale Aspekte und weisen einen deutlich positiven Einfluss auf die Kundenbeziehung auf (**Begeisterungsleistung**). Abbildung 20 verdeutlicht diese Zusammenhänge.[2]

Anstatt sich auf nur eine Dimension einer Krankheit zu beschränken, kann ein Pharmaunternehmen in Anlehnung an den PLZ und den Drei-Komponenten-Ansatz eine Reihe von Behandlungsmethoden über therapeutische Grenzen hinweg entwickeln, um durch ein **indikationsbezogenes Sortiment** verwandte Krankheiten und Risikofaktoren abzudecken und ein dauerhaftes Verhältnis zu dem Patienten aufzubauen.[3] Die hierzu notwendigen Leistungen bieten ein hohes strategisches und finanzielles Potenzial und erfordern eine Optimierung des Portfolios durch Produktakquisition, Ein- und Auslizenzierung, Tausch von Substanzen mit

---

1 Vgl. *Thomaschewski* (2003), S. 373; *Rapp* (2000), S. 108 f.
2 Vgl. hierzu *Bauer/Keller* (2000), S. 52 f.; *Kano* (1984).
3 Vgl. *Fröhlich/Peper* (2002), S. 139.

anderen Anbietern sowie Co-Marketing- und Co-Promotion-Aktivitäten[1] und strategische Allianzen.[2]

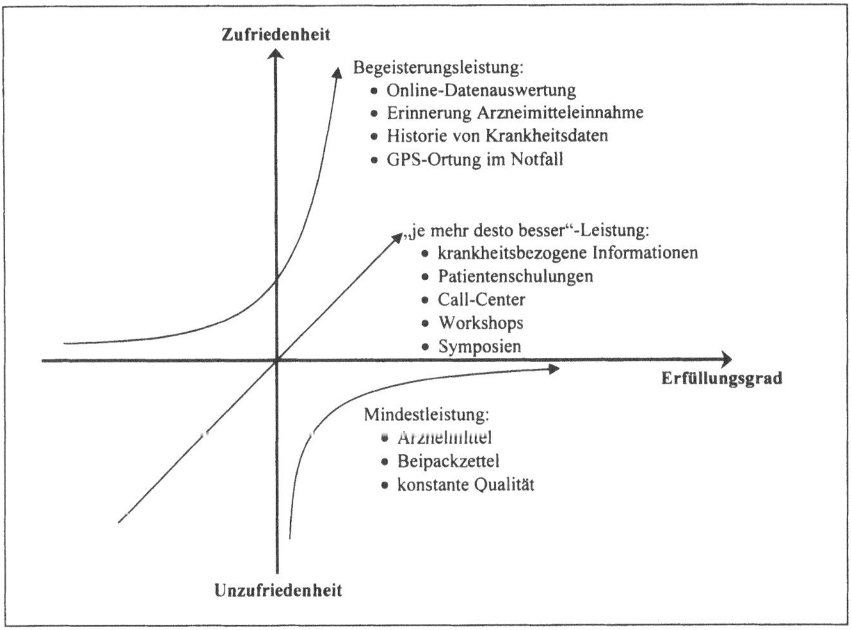

Abb. 20: Patientenzufriedenheit und Unternehmensleistungen im Drei-Komponenten-Ansatz nach *Kano*

Quelle: In Anlehnung an *Bauer/Keller* (2000), S. 52.

Das Pharmaunternehmen hat auf der einen Seite die Förderung des Gesundheitsbewusstseins und die Erhöhung des Bekanntheitsgrades von Erkrankungen durch Aufklärungskampagnen in den Medien (Call-Center, Internet, Informationssendungen) hinsichtlich der Krankheit, den Risikofaktoren und Vorbeugemaßnahmen sowie den potenziell damit in Verbindung stehenden Erkrankungen zu forcieren. Auf der anderen Seite können – oftmals in Zusammenarbeit

---

[1] Grundsätzlich kann zwischen zwei Kooperationsformen bei strategischen Allianzen auf horizontaler Ebene unterschieden werden: Beim Co-Marketing arbeiten zwei Unternehmen mit zwei unterschiedlichen Marken zur Vermarktung einer identischen Substanz zusammen. Co-Marketing-Vereinbarungen werden i. d. R. für neu einzuführende und unter Patentschutz stehende Produkte getroffen. Bei der Co-Promotion vertreiben zwei oder mehrere Unternehmen ein Arzneimittel unter einer Marke. Diese Maßnahme findet vor allem zur Einführung von Produkten in wettbewerbsintensiven Märkten und bei geringen Ressourcen des Innovators Anwendung. Vgl. hierzu ausführlich *Volk* (2002), S. 340 ff.

[2] Vgl. *Fröhlich/Peper* (2002), S. 140 ff. Zu strategischen Allianzen siehe Kapitel 2.4.1.4.

mit Leistungserbringern angebotene – Diagnoseinstrumente zur Identifikation der möglichen Krankheiten, wie z. B. Blutzuckerschnelltests oder mobile Einheiten zur Diagnose des diabetischen Fußes oder Instrumente zur Diagnose von Venenerkrankungen zum Einsatz kommen.[1] Darüber hinaus sind unterstützende Produkte zur Förderung des Selbstmanagement in das Angebotsprogramm zu integrieren (z. B. Blutdruckmessgeräte oder Blutzuckermessgeräte). Ferner sind Schulungsangebote und medizinische Informationen zur Compliance-Verbesserung, zum Verständnis von Therapiemaßnahmen und ihrer Bedeutung im Gesamttherapiekonzept, aber auch gesellschaftliche Aspekte, wie z. B. Kosten und Nutzen des Arzneimittels, im Zusammenhang mit den übrigen Leistungen zu kommunizieren.[2] Abbildung 21 zeigt dieses ganzheitliche Krankheitsverständnis am Beispiel der chronischen Erkrankung Diabetes, die oftmals mit Bluthochdruck sowie den aus der Diabetes resultierenden Augenerkrankungen (diabetische Retinopathie, grauer und grüner Star) einhergeht.[3]

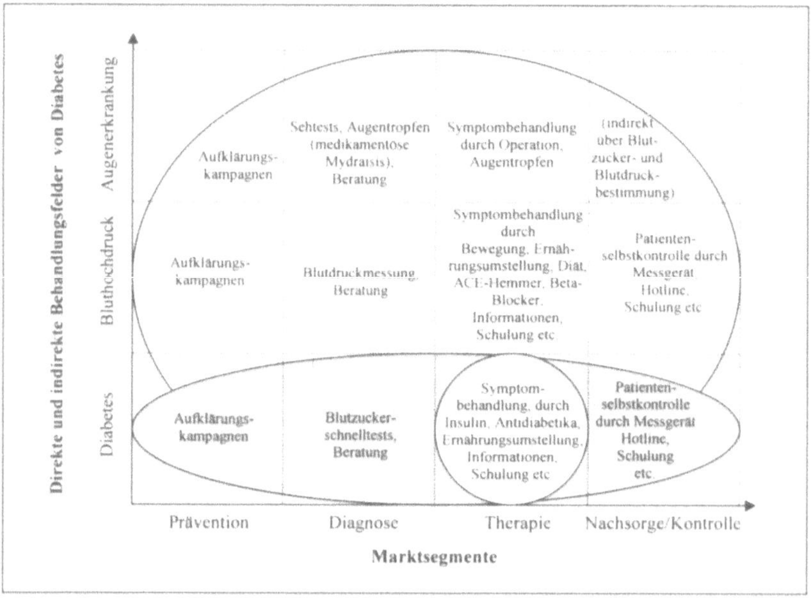

Abb. 21: Direkte und indirekte Behandlungsfelder und Marktsegmente am Beispiel Diabetes

Quelle: Eigene Darstellung.

---

1 Vgl. *Bletzer* (1998), S. 127.

2 Vgl. *Capgemini Ernst & Young* (2003), S. 32.

3 Alternativ könnte als weiteres Behandlungsfeld in der Abbildung 21 auch die erektile Dysfunktion angeführt werden, die bei Diabetikern verhäuft anzutreffen ist.

Durch die ganzheitliche Betrachtung einer Krankheit im Sinne einer Problemlösung bietet sich dem Unternehmen die Möglichkeit, ein besseres Verhältnis zu den Patienten aufzubauen, eine verbesserte Vermarktung von Informationen und Wissen zu erreichen sowie **eine Differenzierung vom Wettbewerb** zu erzielen.[1] Während sich auf der einen Seite der Prozess der Leistungsinanspruchnahme für den Patienten durch die anbieterseitigen Zusatzleistungen deutlich vereinfacht, da der Kontakt zu weiteren Anbietern entfällt, ergibt sich auf der anderen Seite für das pharmazeutische Unternehmen die Möglichkeit, durch integrierte Lösungen den Gesamtbedarf des Patienten über den gesamten PLZ abschöpfen. Individualisierte Leistungsvereinbarungen und -differenzierungen unter Berücksichtigung der Effektivität (patientengerechte Individualisierung) und Effizienz (Wirtschaftlichkeit) unterstützen dabei den Aufbau von Vertrauen zwischen Anbieter und Nachfrager.[2] Das Unternehmen kann frühzeitig auf Therapiegewohnheiten einwirken, den Umsatz respektive Absatz des Arzneimittels durch eine verbesserte Patienten-Compliance steigern, Kernkompetenzen im Umgang mit einer bestimmten Indikation demonstrieren und das Firmenimage optimieren sowie dadurch letztlich – unterstützt durch anbieterseitige Zusatzleistungen – die Bindung des Patienten an das Unternehmen verbessern.[3]

2.4.1.2. Patientenorientiertes Innovationsmanagement

Die **überlegene Innovationskraft** wird als wesentliche Voraussetzung der internationalen Wettbewerbsfähigkeit von Unternehmen angesehen.[4] Dies gilt auch für pharmazeutische Unternehmen, die nach Patentablauf mit einem schnellen Preisverfall und zahlreichen Wettbewerbern konfrontiert werden.[5] Das Marktwachstum im Pharmamarkt resultiert neben einer reinen Mengenausweitung – immer wieder kurzfristig von gesetzgeberischen Eingriffen unterbrochen – vor allem aus Innovationen.[6] Innovationen und professionelles Innovationsmarketing weisen somit eine hohe Bedeutung für den zukünftigen Markterfolg forschender pharmazeutischer Unternehmen auf und tragen in erheblichem Maße zur Wertschöpfung und damit zur Existenzsicherung der Unternehmen bei.[7]

---

1 Vgl. *Güttinger/Haldner* (2001), S. 83; *Harms/Brucksch/Drüner/Rohmann* (2001a), S. 46 f.; *Claes/Mahlfeld* (1999), S. 47 f.

2 Vgl. *Eckel* (1997), S. 134; *Kleinaltenkamp* (1996), S. 34.

3 Vgl. *Claes/Mahlfeld* (1999), S. 58.

4 Vgl. *Söllner* (2003), S. 178 ff.; *Bauer/Huber* (1997a), S. 17 ff.

5 Vgl. *Dreger* (2000), S. 11; *Schmalensee* (1982), S. 349 f.

6 Vgl. *Roberts* (1997), S. 374 f.

7 Vgl. *Kreyher/Harms* (2002b), S. 67; *Homburg/Sieben/Dietz* (2002b), S. 129; *Badenhoop/Ryf* (2001), S. 14; *Ilge/Brinkmann* (2001), S. 94; *Gatter/Hassan* (1995), S. 187. U. a. bestätigte die PIMS (Profit Impact of Mar-

Innovationen entstehen durch die Umsetzung von Wissen in vermarktete Produkte und Dienstleistungen, die „... die mittelbare und/oder unmittelbare Erarbeitung einer aus Unternehmens- und Kundensicht neuen Idee des Leistungsangebotes ...“ umfassen „... mit dem Ziel, diese Idee erfolgreich am Markt durchzusetzen und somit in der Folge den Kundennutzen nachhaltig zu steigern.“[1] Innovationen lassen sich im Hinblick auf den Pharmamarkt in Produktinnovationen, wie z. B. innovative Arzneimittel oder neue Dienstleistungen (z. B. Disease Management-Konzepte) und in mit den Produktinnovationen oftmals in Verbindung stehenden Prozessinnovationen unterscheiden (Verfahrensweisen in der Leistungserstellung).[2] Dabei charakterisieren das Innovationsmanagement alle in der Innovationsphase anfallenden Aufgaben und Aktivitäten zur erfolgreichen Vermarktung einer Neuerung.[3]

Das Verständnis biochemischer Prozesse gestattet es zunehmend, proaktiv nach Medikamenten mit bestimmten Eigenschaften zu suchen.[4] Zukünftige Entwicklungen im Bereich der Bio- und Gentechnologie in Richtung der individualisierten Medizin lassen erwarten, dass ein an den Patientenbedürfnissen ausgerichteter und somit zielorientierter F&E-Prozess entsteht, der den gesamten Pharmamarkt nachhaltig verändern wird.[5] Der oftmals strikten Trennung zwischen Entwicklung und Vermarktung und dem geringen Einfluss des Marketing bis zur Zulassung eines Arzneimittels muss mit einer verstärkten **Zusammenarbeit zwischen F&E und**

Market Strategies)-Studie, dass sich durch Produktinnovationen Marktanteil und Umsatz wesentlich steigern lassen. Vgl. *Buzzell/Gale/Greif* (1989), S. 87. Ca. 50 % des Umsatzes pharmazeutischer Unternehmen wird durch Präparate erzielt, die vor einer Dekade noch nicht zugelassen waren. Vgl. *Harms/Drüner* (2003d), S. 188. Zudem kann davon ausgegangen werden, dass lediglich die ersten drei Präparate einer neuen Substanzklasse die aufgewendeten F&E-Kosten wieder einspielen können. Vgl. *Guminski/Rauland* (2002), S. 229; *Münnich* (2000), S. 124. Arzneimittel mit ähnlicher Wirksubstanz ohne medizinisch signifikanten Vorteil gegenüber den bereits vorhandenen Medikamenten stellen allerdings den Normalfall des therapeutischen Fortschritts dar. Vgl. *Gohr* (2005), S. 63; *Harms/Drüner* (2003d), S. 6; *Hautzinger* (2003), S. 127; *Kiewel* (2002), S. 45; *Harms/Bruckschl/Drüner/Rohmann* (2001a), S. 44; *Bletzer* (1998), S. 8; *Ried* (1993), S. 228. Entsprechend verharrt die Innovationsquote – als Verhältnis der als neuartig eingestuften Substanzen oder Wirkprinzipien zu der Anzahl der vorhandenen Wirkstoffe – seit Jahren auf einem niedrigen Niveau. Vgl. *Fibig/Hutt* (2003), S. 200; *Capgemini Ernst & Young* (2003), S. 5; *Labbé* (2002), S. 369; *July-Grolman* (2002), S. 159; *Harms/Brucksch/Drüner/Rohmann* (2001a), S. 44; *Bausch* (2000), S. 140; *Geursen* (1997), S. 4.

1 *Bruhn* (2003b), S. 192. Zu weiteren Definitionen des Innovationsbegriffs vgl. *Hauschildt* (2004), S. 3 ff.; *Dreger* (2000), S. 11.

2 Vgl. *Harms/Drüner* (2003d), S. 169.

3 Vgl. *Bauer/Huber* (1997a), S. 5. Innovationsmanagement impliziert die Fähigkeit, verschiedene Bereiche und Aktivitäten (vor allem in F&E und Marketing) integriert aus einer ganzheitlichen Perspektive zu steuern. Vgl. *Zahn* (1991), S. 124 ff. Zum Innovationsmanagement vgl. *Bruhn* (2003b), S. 195 ff.; *Harms/Drüner* (2003d), S.171 ff.; *Bauer/Huber* (1997a), S. 3 f. Zu den Erfolgsfaktoren des Innovationsmanagement vgl. ausführlich vgl. *Harms/Drüner* (2003d), S. 183 ff. Zu den Gründen für das Scheitern von Innovationen vgl. *Backhaus* (1999), S. 328.

4 Vgl. *Blechschmidt* (2003), S. 19.

5 Vgl. *Pfahlert* (2001), S. 163; *Keller* (1995), S. 118.

Marketing begegnet werden, um suboptimale Leistungsangebote zur Befriedigung der Patientenbedürfnisse zu vermeiden.[1]

Insbesondere die **Kundenorientierung** zeichnet für die erfolgreiche Einführung von Innovationen verantwortlich.[2] Um Innovationen erfolgreich im Markt einzuführen, bedeutet dies, im Rahmen der Kundenorientierung latent existente Bedürfnisse und Erwartungen der (potenziellen) Kunden zu identifizieren und durch entsprechende Leistungsangebote zu befriedigen.[3] Für den Pharmamarkt kann diese kundenbezogene Sichtweise als zentraler Erfolgsfaktor des Innovationsmanagement angesehen werden, da marktgetriebene Innovationen vor dem Hintergrund der Unsicherheit bei der Leistungsinanspruchnahme höhere Erfolgschancen durch die niedrigeren psychologischen Barrieren bei kundenorientierten Innovationen aufweisen.[4] Lifestyle-Präparate, wie z. B. *Xenical* gegen Fettleibigkeit oder *Propecia* gegen Haarausfall sind ein deutliches Anzeichen dafür, dass sich eine zunehmende Fokussierung auf die Patientenbedürfnisse durchsetzt.[5] Zur Identifikation der zukünftigen Patientenbedürfnisse und zur Steigerung der Patientenorientierung bietet sich vor allem das Lead User-Konzept an.

Patienten, die zukünftige Leistungsanforderungen und Produkteigenschaften antizipieren und artikulieren können, sind geeignet, sich an der Gestaltung neuer Produkte zu beteiligen. Derartige Kunden werden als **Lead User**[6] bezeichnet und in den Innovationsprozess[7] mit einbezogen. Die speziellen Fähigkeiten des Patienten – vor allem seine direkte Erfahrung mit der

---

[1] Vgl. *Lonsert/Harms* (2004), S. 79; *Harms/Drüner* (2003d), S. 3; *Kessler* (2002), S. 204 f.; *Bauer/Huber* (1997a), S. 11 ff. Zu ausgewählten Instrumenten zur Verbesserung der Interaktion zwischen F&E und Marketing vgl. ausführlich *Bauer/Huber* (1997a), S. 23 ff.

[2] Vgl. *Kreyher/Harms* (2002b), S. 67.

[3] Vgl. *Harms/Drüner* (2003d), S. 169; *Bruhn* (2003b), S. 191; *Kleinaltenkamp/Staudt* (1991), S. 61.

[4] Vgl. *Meffert/Bruhn* (2003), S. 384; *Dreger* (2000), S. 2; *Haedrich/Tomczak* (1996), S. 151 f.

[5] Vgl. *Hautzinger* (2003), S. 164. Eine rein kundenorientierte, bzw. „Market Pull" Sichtweise wird aber oftmals kritisch hinterfragt. Zahlreiche Autoren führen an, dass technologieinduzierte Innovationen („Technology Push") dem kundenorientierten Ansatz überlegen sind, um durch die Generierung einer neuartigen Anbieterleistung eine Veränderung in den Bedürfnisstrukturen der Anwender herbeizuführen. Vgl. *Bruhn* (2003b), S. 199 f.; *Wolfrum* (1994), S. 1016; *Herzhoff* (1991), S. 43; *Schumpeter* (1987), S. 100. Häufig wird auch die Kombination der kundenorientierten und der technologieinduzierten Sichtweise propagiert. Vgl. *Harms/Drüner* (2003d), S. 169; *Gatter/Hassan* (1995), S. 189; *Wolfrum* (1994), S. 1016. Innovationen haben aber auf ein latentes Marktbedürfnis zu treffen, um sich nicht als erfolgloses weil nicht benötigtes Produkt zu erweisen. Demnach müssen Innovationen ein aus Kundensicht optimales Problemlösungsangebot darstellen. Diese Notwendigkeit eines erfolgreichen Innovationsmanagement spricht für die Betonung der kundenorientierten Sichtweise unter Berücksichtigung des technologischen Erkenntnisfortschrittes im Rahmen des PRM.

[6] „Lead Users are individuals or firms who have needs which are not now prevalent among users of a given product, but which can be predicted to become general and to constitute a commercially interesting market in the future." *Hippel* (1984), S. 8. Zum Lead User-Ansatz vgl. auch *Matzler/Bailom* (1999), S. 162 ff. Auf Grund des aus der Nachfragersicht höheren Risikos der Leistungsinanspruchnahme im Vergleich zu Standardleistungen auf anderen Märkten ist ein gesteigertes Interesse an der Kooperation mit dem Unternehmen zu erwarten. Vgl. *Bruhn* (2001a), S. 82.

[7] Zum Innovationsprozess vgl. *Harms/Drüner* (2003d), S. 176 ff.

Erkrankung und den Therapiealternativen – sind vom pharmazeutischen Unternehmen zu aktivieren bzw. zu nutzen und können als eine zentrale Ressource angesehen werden.[1] Entsprechend sind durch eine enge Zusammenarbeit und Einbindung des Patienten die Erfahrungen mit der Erkrankung, der Arzneimittelgebrauch sowie die Bedürfnisse zu ermitteln, um die Kernleistung der Therapieunterstützung durch das Arzneimittel sowie die Value-Added Services zu verbessern.[2] Beispielsweise können die Leiter von Selbsthilfegruppen als Lead User in den Innovationsprozess integriert werden, sofern diese Personen selbst Betroffene sind. Sie weisen häufig ein hohes krankheitsbezogenes Involvement[3] und überdurchschnittliches Wissen hinsichtlich der Erkrankung auf, setzen sich auch privat mit den Produkten auseinander, kennen die Bedürfnisse der Patienten ihrer Gruppe und sind relativ leicht zu identifizieren und zu kontaktieren. Die in den Innovationsprozess eingebundenen Patienten können zudem als positive Multiplikatoren das Unternehmensimage beeinflussen sowie die Akzeptanz eines neuen Präparates oder neuer Value-Added Service im Rahmen der anschließenden Vermarktungsphase forcieren.

Durch die Beteiligung des Patienten am Innovationsmanagement entsteht eine **Win-Win-Situation.**[4] Auf der einen Seite erfahren die Patienten durch diese Art der Anbieter-Nachfrager-Interaktion das Gefühl der aktiven Einbeziehung in den Planungs- und Entscheidungsprozess des Pharmaunternehmens, erhalten die von ihnen verlangte Art der Leistung und befriedigen damit ihre zukünftigen Bedürfnisse.[5] Auf der anderen Seite kann das Pharmaunternehmen die Kontakte nutzen, um durch die patientenbezogenen Informationen bedürfnisorientierte Leistungsangebote zur Differenzierung im Wettbewerb zu konzipieren. Des Weiteren lassen sich durch die Informationen individuelle Patientenprofile erstellen, um den Kunden gezielt Informationen über das Unternehmen und seine Leistungen zukommen zu lassen und die in der Regel existierenden Informationsasymmetrien abzubauen.[6]

Darüber hinaus ist davon auszugehen, dass sich die **frühzeitige Einbindung des Patienten** in die Entwicklung innovativer Unternehmensleistungen zu einem kritischen Erfolgsfaktor für die schnelle Einführung innovativer Medikamente und Services in einem kundenbestimmten

---

1 Vgl. *Dullinger* (2001), S. 107.
2 Vgl. *Knoke* (2003), S. 34; *Capgemini Ernst & Young* (2003), S. 42; *Bruhn* (2003b), S. 201; *Güttinger/ Haldner* (2001), S. 87; *Marona* (2001), S. 171.
3 Involvement kann als Aktivierungsgrad bzw. Motivstärke zur objektgerichteten Informationssuche, -aufnahme, -verarbeitung und -speicherung aufgefasst werden. Vgl. *Trommsdorff* (2004).
4 Vgl. *Thyen/Wolf* (2003), S. 113.
5 Vgl. *Herstatt/Lüthje/Lettl* (2002), S. 54.
6 Vgl. *Badenhoop/Ryf* (2001), S. 11; *Eckel* (1997), S. 132.

Markt entwickeln wird.[1] Vor allem die im Vergleich zur Konkurrenz beschleunigte Markteinführung pharmazeutischer Produkte hat einen entscheidenden Einfluss auf den wirtschaftlichen Erfolg des Unternehmens.[2] Das Time-to-Market-Konzept gewinnt dementsprechend vor dem Hintergrund der raschen Bedürfnisbefriedigung der Patienten durch adäquate Leistungsangebote und der reduzierten Zeitspanne zwischen der Einführung des ersten Produkts einer neuen Substanzklasse und der im Forschungswettbewerb nur Zweitplatzierten zunehmend an Bedeutung.[3]

Zur Optimierung der Markteinführung einer Innovation ist daher die Berücksichtigung der Patienten als Engpassfaktor im Rahmen der klinischen Prüfungen notwendig, um die unter Umständen verzögerte Gewinnung der Patienten für diese Prüfungen zu beschleunigen, die Durchführungsdauer entsprechend zu reduzieren und das Pharmakon zeitnaher zu vermarkten. Das **Patienten-Recruitment** entwickelt sich dadurch – vor allem bei seltenen Krankheiten mit gleichzeitig begrenzter Lebenserwartung – zu einer strategischen Herausforderung.[4] Umfangreiche Informationen über Sinn und Zweck sowie Nutzen und Risiken der klinischen Prüfungen können den Aufbau von Vertrauen und Sicherheit sowie die Mitarbeit bei der Studiendurchführung unterstützen und den Erfolg des Innovationsmarketing pharmazeutischer Unternehmen durch eine Patientenorientierung sichern.[5] Zudem sind Patientengruppen mittlerweile in der Lage, durch die öffentliche Wahrnehmung ihrer Krankheit und der Sammlung finanzieller Mittel für die Forschung den Zulassungsprozess zu verkürzen (Beispiel AIDS, Brustkrebs).[6] Die Integration der Patientengruppen in das Innovationsmanagement kann daher die beschleunigte Zulassung von Medikamenten bzw. eine verkürzte Time-to-Market bewirken und die effektive Patentlaufzeit erhöhen.

---

1 Vgl. *Harms/Drüner* (2003d), S. 189; *Harms/Brucksch/Drüner/Rohmann* (2001a), S. 44.

2 Vgl. *Mak/Hörrmann/Tiby* (1995), S. 132; *Eichin* (1995), S. 72.

3 Vgl. *July-Grolman* (2002), S. 159; *Sieben/Zäh/Scholl* (2001), S. 78; *Windeck/Peters* (1996), S. 57. Waren es Ende der 70er noch Jahre (über zehn Jahre bei *Inderal* und der Folgeinnovation *Lopressor*) so bewegt sich der Vorsprung bei modernen Mitteln im Bereich von Monaten (ca. vier Monate bei *Invirase* und der Folgeinnovation *Norvir*). Vgl. *Fibig/Hutt* (2003), S. 200; *Roberts* (1997), S. 375. Schon eine verspätete Einführung des Arzneimittels von sechs Monaten kostet ca. ein Drittel des mit dieser Substanz am Markt zu erzielenden Gesamtgewinns. Vgl. *Geursen* (1997), S. 5.

4 Vgl. *Fink-Anthe* (2002b), S. 182. Für 750 im Rahmen einer klinischen Studie geeignete Patienten sind ca. 21.000 Personen zu motivieren und zu untersuchen. Vgl. *Fink-Anthe* (2002b), S. 182. Jeder Tag Verzögerung kostet das Unternehmen bei einem Blockbuster-Präparat ca. eine Mio. US-Dollar. Vgl. *Vrettos/Steiner* (1998), S. 1025. In den USA ist es bei 86 % aller klinischen Studien nicht gelungen, die erforderliche Patientenanzahl in der vorgesehen Zeit zu gewinnen. Der Beginn der Studien verzögerte sich um durchschnittlich 366 Tage. Vgl. *Fink-Anthe* (2002b), S. 182.

5 Vgl. *Harms/Drüner* (2003d), S. 189; *o. V.* (2003), S. 91; *Rahner* (2002a), S. 21.

6 Vgl. *Alt/Österle/Puschmann/Barak/Huber* (2003); *Wiedmann/Küpper/Becker* (1997), S. 44.

Der Innovationswettbewerb hat folglich lange vor dem Markteintritt durch **Premarketingmaßnahmen** zu beginnen. Trotz rechtlicher Restriktionen beim Bewerben verschreibungspflichtiger Medikamente ist die Berichterstattung in den Medien zu nutzen, um die Öffentlichkeit vorab über Neuerungen zu informieren und eine positive Erwartungshaltung bei potenziellen Konsumenten zu schaffen.[1] Im Rahmen dieser Maßnahmen sind eindeutig definierte Nutzenvorteile der Innovation herauszustellen, um die Bereitschaft der Patienten zu erhöhen, diese sowohl vor der Zulassung als auch in der Nutzungsphase in den Innovationsprozess integrieren zu können.[2]

In der Pharmaindustrie hat ein entsprechendes Umdenken stattzufinden. Die Abschottung gegenüber der Zielgruppe Patient bis auf das Notwendigste bzw. gesetzlich Vorgeschriebene muss aufgegeben und der Dialog aktiv angestrebt werden, um die sich ändernden Anforderungen des Marktes frühzeitig zu erkennen und darauf reagieren zu können.[3] Die Integration des Patienten in das Innovationsmanagement ist vor allem dann gefordert, wenn im Gegensatz zur bisherigen Strategie der produktorientierten Vermarktung von Blockbustern[4] individuelle und ganzheitliche Lösungen an den Patientenbedürfnissen ausgerichtet und am Markt angeboten werden sollen.

2.4.1.3. Markenbildung

Momentan beherrscht der Markenartikel in den Industriestaaten weithin das Angebot von Ver- und Gebrauchsgütern.[5] Obwohl die Pharmaindustrie die Bedeutung des Markenaufbaus erkannt hat, scheinen viele Unternehmen bei der Entwicklung ihrer Marke[6] noch am Anfang zu stehen.[7] Gründe für die Bedeutungszunahme der Marke sind neben den Patienten als aufgeklärte Verbraucher und Mitentscheider bei Gesundheitsfragen[8] zukünftig erwartete, sukzessiv fallende Werbebeschränkungen sowie die Attraktivität der Lifestyle-Präparate – die nicht

---

1 Vgl. *Blechschmidt* (2003), S. 20; *Guminski/Rauland* (2002), S. 233; *Münnich* (2000), S. 123 f.

2 Vgl. *Homburg/Sieben/Dietz* (2002b), S. 129.

3 Vgl. *Lonsert/Harms* (2004), S. 79.

4 Blockbuster sind Medikamente, die ein Umsatzvolumen von mindestens einer Mrd. US-Dollar pro Jahr erzielen. Vgl. *Pfahlert* (2001), S. 162; *Schmidt* (2000), S. 36. Die weltweit führenden Pharmaunternehmen erwirtschaften mehr als 60 % ihres Umsatzes mit ihren ersten fünf Produkten. Vgl. *Dubois/Haeger* (2001), S. 151.

5 Vgl. *Dichtl* (1992), S. 4 ff.

6 Im Gegensatz zur Umgangssprache und der betriebswirtschaftlichen Literatur spricht der Gesetzgeber nicht von Marken, sondern von (Waren)zeichen. Darunter versteht man ein Kennzeichen, das es dessen legitimem Verwender (Inhaber oder Lizenznehmer) erlaubt, seine Ware(n) im Sinne eines Exklusivrechtes von denen der Wettbewerber abzuheben. Rechtsgrundlage bildet das WZG. Vgl. *Dichtl* (1992), S. 6.

7 Vgl. *Gohr* (2005), S. 65; *Hardt/Müller/Schüler* (2002), S. 83; *Baur et al.* (2002), S. 47. Zu den Vorschriften des AMG, HWG und UWG, die ein restriktives System zur Verhinderung irreführender Arzneimittelbezeichnungen bilden vgl. ausführlich *Heßhaus/Pannenbecker* (2001).

8 Vgl. *Unger* (2003), S. 225.

verschrieben, sondern verkauft werden.[1] Trotzdem sind sowohl im Selbstmedikationsbereich als auch bei den ethischen Arzneimitteln **starke Marken nur selten anzutreffen**. Neben *Aspirin* und *Viagra* existieren kaum wirkliche Weltmarken auf dem Pharmamarkt. Im verschreibungspflichtigen Bereich ist neben den rechtlichen Beschränkungen auf dem Gebiet der Kommunikationspolitik dafür vor allem verantwortlich, dass über die Auswahl der ethischen Präparate für den Patienten bislang vorrangig der Arzt auf Basis seiner Kenntnisse über die Wirksamkeit und die Nebenwirkungen und weniger markengestützt entschied.[2]

Dem Aufbau von **Kompetenz- bzw. Vertrauensmarken** kommt bei komplexen Dienstleistungen im Gesundheitswesen, bei denen Patienten ein subjektiv höheres Risiko bei der Leistungsinanspruchnahme empfinden, eine hohe Bedeutung zu. Im Zusammenhang mit schwer bewertbaren Dienstleistungen, deren Inanspruchnahme in hohem Maße von Erfahrungs- und unter Umständen auch von Vertrauenseigenschaften abhängt, spielt die Markenbildung eine wichtige Rolle, da Glauben und Vertrauen durch die nur schwer beurteilbaren Dienstleistungen zumindest vor der erstmaligen Leistungsinanspruchnahme als Substitut für objektive Prüfungen dienen.[3] Die Qualitätsprüfung des Produkts wird daher oftmals durch eine Marke ersetzt.[4]

Unternehmen sollten den Erwartungen der Patienten nach **Orientierungshilfe bei der Entscheidung zur Leistungsinanspruchnahme** nachkommen sowie den Beweis von Kompetenz bzw. Sicherheit und Zuverlässigkeit durch den Aufbau einer Marke antreten, um im Sinne eines Nutzenversprechens Wirksamkeit und Verträglichkeit des Präparats zu signalisieren.[5] Insbesondere bei Leistungen, bei denen ein Patient bis zur wiederholten Leistungsinanspruchnahme nicht feststellen kann, ob ein Anbieter seine Qualitätszusagen eingehalten hat, schenkt die Marke Vertrauen und reduziert das wahrgenommene Risiko des Konsumenten. Die Minimierung des Risikos durch die Marke aus Nachfragersicht kann auch bei Innovationen unterstützend wirken, um bei Neueinführungen die notwendige Akzeptanz zu erzielen, das Vertrauen bei potenziellen Verbrauchern in das Produkt zu erhöhen und das Vertrauenskapital,

---

1 Vgl. *Baur et al.* (2002), S. 44 f.
2 Vgl. *Janßen* (2001), S. 119.
3 Vgl. *Meffert/Bruhn* (2003), S. 394.
4 Vgl. *Meissner* (2004), S. 35.
5 Vgl. *Müller* (2002), S. 62; *Homburg/Sieben/Dietz* (2002b), S. 129.

das bei Kunden durch die bisherige Leistungsinanspruchnahme aufgebaut wurde, auf die Folgeleistungen zu übertragen.[1]

Zudem unterstützt die Marke beim Nachfrager die Identitätsbildung und dient der Kommunikation von Werthaltungen.[2] Der Konsument kann auf Grund der implizit hohen Qualität der Marke und der einfachen Rechtfertigung einer Leistungsinanspruchnahme eines Markenpräparats seine ursprünglich extensive Entscheidung zur **Leistungsinanspruchnahme habitualisieren**.[3] Dies führt zu einer kognitiven Entlastung des Nachfragers und zu einer positiven Beeinflussung der Wiederauswahl der bisherigen Institution.[4] Aber auch im Rahmen von Aufklärungskampagnen und Maßnahmen zur Gesundheitsvorsorge ist konsequent auf die Darstellung der Unternehmensmarke zu achten, um bei eventueller Krankheitsdiagnose im Evoked Set des Patienten präsent zu sein und bei Erstverwendern die Entscheidung nicht nur dem Arzt zu überlassen.

Aus Anbietersicht bewirkt die Marke auf Grund des prägnanten Erscheinungsbildes eine höhere Aktivierung beim Umworbenen, ermöglicht eine schnellere Aufnahme und Verarbeitung der relevanten Schlüsselreize, kann das Image der Institution oder des Produkts leichter übermitteln und führt somit zu einer höheren Werbeeffizienz sowie zu einer **dominierenden Stellung in der Psyche des Patienten**.[5] Die Marke eröffnet zudem die Möglichkeit, die Markentreue und damit die Patientenbindung zu fördern, sich gegenüber der Konkurrenz auf einem Markt mit zunehmend austauschbaren Produkten zu differenzieren und als Unternehmen zu profilieren sowie eine Markteintrittsbarriere gegenüber potenziellen Wettbewerbern aufzubauen.[6] Zudem sind Markenartikel häufig Träger des technischen Fortschritts.[7] Tabelle 6 zeigt zusammenfassend die Funktionen von Marken aus Sicht des pharmazeutischen Unternehmens und aus Sicht des Patienten.

---

1 Vgl. *Meffert/Bruhn* (2003), S. 405. *Müller* (2002), S. 63 f. Durch die Komplexität der Leistungserbringung tendieren Individuen vor allem bei Neuproduktentscheidungen dazu, sich zur Reduktion des persönlichen Risikos auf bekannte Hersteller zu verlassen und den Entscheidungsprozess hierdurch zu vereinfachen. Vgl. *Hilleke-Daniel* (1989), S. 51.

2 Vgl. hierzu und zu den negativen Aspekten der Marke *Bauer/Rösger/Valtin* (2004), S. 299 f.

3 Zu extensiven und habitualisierten Entscheidungen vgl. *Kroeber-Riel/Weinberg* (2003), S. 249; *Kuß* (1993), S. 172; *Becker* (1992), S. 52 ff.

4 Vgl. *Bauer/Huber* (1998a), S. 38; *Bauer/Huber* (1997b), S. 7.

5 Vgl. *Homburg/Sieben/Dietz* (2002b), S. 129; *Bauer/Huber* (1998b), S. 42.

6 Vgl. *Bauer/Rösger/Valtin* (2004), S. 300; *Müller* (2002), S. 63; *Homburg/Sieben/Dietz* (2002b), S. 129.

7 Vgl. *Dichtl* (1992), S. 21 f.

pharmazeutisches Unternehmen	Patient
• Kommunikationsfunktion • Profilierungsfunktion • Imageträgerfunktion • Innovationsfunktion • Stabilisierungsfunktion	• Orientierungsfunktion • Informationsfunktion • Vertrauensfunktion • Identifikationsfunktion • Qualitätssicherungsfunktion • Risikominimierungsfunktion • Kundenbindungsfunktion

Tab. 6: Funktionen von Marken für das pharmazeutische Unternehmen und den Patienten

Quelle: In Anlehnung an *Bruhn* (2003a), S. 398; *Müller* (2002), S. 62.

Vor allem bei anstehenden Veränderungen, wie z. B. bei Ablauf des Patentschutzes und dem Markteintritt günstigerer Nachahmerpräparate, sowie einem Rx-to-OTC-Switch wird die hohe Bedeutung der Marke betont, um durch eine Stärkung dieser das Produkt durch loyale Patienten vor Nachahmerpräparaten zu schützen.[1] Eine starke Marke und der daraus resultierende Loyalitäts- und Vertrauensaufbau beim Patienten fördert ein Markenbewusstsein, das die Marktmacht der Generika durch eine vom Patienten gesteuerte **Beeinflussung des Arztes bei der Verschreibung** einschränkt.[2] Marken weisen somit eine präferenzbildende Funktion auf und können im PRM die Verschreibung dahingehend beeinflussen, dass Patienten auf einer Verschreibung des Markenpräparats bestehen und der Arzt eine Aut-Idem-Substitution ausschließt.[3] Zudem kann eine ausgeprägt Markenloyalität dazu führen, dass der Patient im Sinne eines Preispremiums die erhöhte Zuzahlung oder im Falle eines Ausschlusses aus der Erstattung den Gesamtbetrag selbst übernimmt.[4]

Bei Indikationen, die eine langfristige Arzneimitteleinnahme erfordern – wie z. B. bei chronisch Kranken – kommt der Kundenbindung durch die Marke eine zentrale Bedeutung zu.[5]

---

1 Vgl. *Meissner* (2004), S. 36; *Lonsert* (1995), S. 344.

2 Vgl. *Unger* (2003), S. 226.

3 Vgl. *Homburg/Sieben/Dietz* (2002b), S. 129. Um den Wert des Patents während der Patentlaufzeit auf die Marke zu übertragen und nach Ablauf des Patentschutzes vom „Patentnutzen" zu profitieren, werden für patentgeschützte Präparate oftmals Wortschöpfungen kreiert, die unabhängig vom Wirkstoff des Medikaments sind. Da der Markenname ausschließlich für das Originalpräparat verwendet werden darf und die generische Konkurrenz die Nachahmerpräparate i. d. R. unter dem Wirkstoffnamen oder leichten Abweichungen davon am Markt platziert, unterstützt eine vom Wirkstoff unabhängige Markierung nach Ablauf des Patentschutzes den Wiedererkennungswert des Arzneimittels. Vgl. *Guminski/Rauland* (2002), S. 238; *Keller* (1995), S. 95 f.

4 Vgl. *Müller* (2002), S. 63; *Homburg/Sieben/Dietz* (2002b), S. 129. So wird beispielsweise trotz Wirkstoffgleichheit im Selbstmedikationsmarkt nicht immer das günstigste Präparat gekauft. Vgl. *Baur et al.* (2002), S. 48; *Müller* (2002), S. 63. Die Zuzahlungsregelung verringert allerdings bei Erstattungsfähigkeit des ethischen Präparats in der Regel die Preisdifferenz zwischen Markenprodukt und Generikum auf die Differenz des Zuzahlungsbetrags für das Markenprodukt im Vergleich zum Generikum.

5 Vgl. *Meissner* (2004), S. 36.

Auf Grund der rechtlichen Restriktionen bei der Umwerbung eines ethischen Produkts[1] sollten hinsichtlich der Markenstruktur **Firmenmarken als Dachmarken-Konzepte** gewählt werden, um Kompetenz und Vertrauen für eine ganze Institution aufzubauen.[2] Die Produktmarken sind eng mit der Darstellung der Dachmarke zu verbinden (z. B. identischer Namensbestandteil). Diese so genannte Transferstrategie bietet sich an, wenn das Unternehmen von einem Set- oder Systemgedanken durch die Kombination aus Arzneimitteln, arzneimittelbezogenen Services sowie arzneimittelübergreifenden Dienstleistungen profitieren (z. B. auch bei Disease Management-Programmen) und auch hinsichtlich der Zusatzleistungen – deren Preisgestaltung frei ist – eine höhere Preisbereitschaft des Verbrauchers auf Grund einer starken Pharmamarke nutzen kann.

Vor allem chronisch Kranke, die über Jahrzehnte hinweg gebunden werden sollen, werden während ihres Lebens durch Veränderungen des Krankheitsverlaufs, neuartigen Wirkstoffen oder Verabreichungsformen in der Regel mehrere verschiedene medizinische Leistungen in Anspruch nehmen, die sich mitunter deutlich unterscheiden. Ein Dachmarken-Konzept kann auf der einen Seite dem Patienten helfen, die Vielzahl an Produkten und Serviceangeboten dauerhaft einem Unternehmen zuzuordnen und auf der anderen Seite das Unternehmen in der Zielsetzung unterstützen, den Patienten unabhängig von technischen und therapeutischen Trends oder Veränderungen im Krankheitsverlauf an das Unternehmen zu binden.[3]

2.4.1.4. Ganzheitliche Problemlösungsangebote durch strategische Allianzen

Unter einer strategischen Allianz versteht *Gummesson* „… eine formell oder informell organisierte und einvernehmliche Beziehung zwischen Parteien …“[4] mit dem Ziel, Synergieeffekte, z. B. in Form von „Economies of Scale“ sowie „Economies of Scope“ zu erschließen.[5] Strategische Allianzen pharmazeutischer Unternehmen haben in den letzten Jahren immer mehr zugenommen. Der steigende Wettbewerbsdruck auf Grund austauschbarer Präparate innerhalb einer Substanzklasse führt zu hohen Vermarktungskosten, so dass eine Neueinführung oft-

---

[1] Siehe hierzu ausführlich Kapitel 2.4.2.3.2.

[2] Vgl. *Becker* (2002), S. 711; *Hilleke-Daniel* (1989), S. 252. Zu einer Übersicht über markenstrategische Optionen im Dienstleistungsmarketing (Dachmarken-, Markenfamilien-, Einzelmarken-, Mehrmarken-, Markentransfer- und Tandemmarkenstrategie) vgl. ausführlich *Meffert/Bruhn* (2003), S. 403 ff. Zum Dachmarkenkonzept für pharmazeutische Unternehmen vgl. auch *Badenhoop* (2001), S. 23; *Ilge/Brinkmann* (2001), S. 95. Dabei muss berücksichtigt werden, dass sich negative Effekte, wie z. B. die *Contergan*-Affäre, durch den Imagetransfer von der Produktmarke auf die Unternehmensmarke entsprechend auf die ganze Institution auswirken. Zu unterschiedlichen Modellen der Markenführung im Pharmamarkt vgl. *Prill* (2004), S. 30 ff.

[3] Vgl. *Unger* (2003), S. 226; *Badenhoop* (2001), S. 23.

[4] *Gummesson* (1997), S. 180.

[5] Vgl. *Gummesson* (1997), S. 180.

mals nur mit einem strategischen Partner durch Co-Marketing und Co-Promotion-Aktivitäten durchgeführt werden kann.[1] Zudem resultiert aus den biotechnologischen Verfahren eine **zunehmende Diversifizierung und Komplexität**. Selbst große pharmazeutische Unternehmen sind nicht mehr in der Lage, sämtliche Entwicklungen im eigenen Hause durchzuführen. Auf nationaler und internationaler Ebene kommt es daher zur Forschungskooperation mit mehreren Unternehmen und Wirtschaftsverbänden im vorwettbewerblichen Bereich.[2] Zahlreiche Unternehmen in der pharmazeutischen Industrie verfügen daher über einen umfassenden Erfahrungsschatz hinsichtlich strategischer Allianzen, Beteiligungsverhältnissen oder Marketing und Vertrieb eines Arzneimittels durch ein anderes Unternehmen.[3]

Neue Versorgungsstrukturen im Gesundheitswesen (z. B. Disease Management) und die Entwicklung im Bereich der IT führen zu neuen Angebots- und Nachfragestrukturen.[4] Die zunehmende Komplexität innerhalb des Pharmamarktes erfordert den Einbezug der relevanten Bezugsgruppen sowie die Abstimmung des unternehmerischen Beziehungsgeflechts. Die Prüfung einer möglichen Kooperation mit anderen Marktteilnehmern ist notwendig, da ein einzelnes Unternehmen nicht in der Lage ist, das **gesamte Angebot zu einem Indikationsgebiet** bzw. Themenfokus wie bei Disease Management-Programmen abzudecken. Systemlösungen, die Produkte und Dienstleistungen über therapeutische Grenzen hinweg beinhalten, erfordern die Zusammenarbeit mit anderen Leistungsanbietern. Unternehmen, die zu den strategischen Kernkompetenzen, den Zielkunden und dem neuen therapeutischen Fokus der eigenen Unternehmung passen, sind zur erfolgreichen Umsetzung der Problemlösungsangebote mit einzu-

---

1 Vgl. *Volk* (2002), S. 339 f.

2 Hierzu zählen u. a. eine Vertrags- oder Kontraktforschung, bei der private oder öffentliche Einrichtungen die F&E-Arbeit für einen Auftraggeber übernehmen (z. B. Hochschulen, Forschungsinstitute oder hochspezialisierte Kleinunternehmen (*Contract Research Organizations* (*CROs*)), die Zusammenarbeit mit Biotech-Unternehmen, um als Pharmaunternehmen auf biotechnologisches Wissen und Verfahren zuzugreifen sowie die Zusammenarbeit mit Produktionspartnern (*Contract Manufacturing Organsations* (*CMOs*). Vgl. *Sheth/Sisodia* (2003), S. 134; *July-Grolman* (2002), S. 159. Zu Beispielen strategischer Allianzen vgl. *Thierolf* (2002), S. 359. Die Arzneimittelentwicklung erfolgt auch zunehmend über Internetplattformen (z. B. *Ninesigma* und *Innocentive*). Unternehmen der chemischen und der pharmazeutischen Industrie können dort F&E-Aufträge ausschreiben und Wissenschaftler sowie kommerzielle Labore Vorschläge zur Problemlösung einreichen.

3 Vgl. *Dreger* (2000), S. 10. Unternehmen arbeiten vor allem hinsichtlich einzelner Indikationsgebiete intensiver zusammen. *Novartis* und *Merck* schlossen beispielsweise zur gemeinsamen Vermarktung des oralen Antidiabetikums *Starlix* in Europa und einigen Ländern Afrikas, Südostasiens sowie Lateinamerikas eine Kooperation ab. Auf der einen Seite profitierte *Novartis* – die das Produkt entwickelten – von der bereits vorhandenen Kompetenz der Firma *Merck* auf diesem Indikationsgebiet auf Grund des oralen Antidiabetikums *Glucophage*, auf der anderen Seite konnte *Merck* nunmehr zwei Arzneimittel mit komplementärer Wirkungsweise zur Behandlung des Typ II-Diabetes anbieten. Vgl. *Guminski/Rauland* (2002), S. 237.

4 Vgl. *Schmidt* (2000), S. 34.

binden.[1] Das PRM fördert demnach die Bildung von Netzwerken zwischen Geschäftspartnern und führt zu einer Verknüpfung unternehmensübergreifender Geschäftsprozesse.

Zur glaubhaften Vertrauensbildung gegenüber Patienten auf neuen Tätigkeitsfeldern des Unternehmens sind strategische Partnerschaften zu forcieren, um bestimmte Indikationsgebiete von der Prävention bis zur Rehabilitation, Nachsorge und Pflege im Sinne **integrierter Gesundheitslösungen** abdecken zu können.[2] Problemlösungsorientierte indikationsbezogene Serviceprogramme und Therapiesysteme, wie z. B. Angebote, die aus unterschiedlichen Arzneimitteln oder Hilfsmitteln, der Unterstützung durch ein Call-Center und der Überwachung von Messdaten über ein mobil einsatzfähiges und über GPS ortungsfähiges Endgerät bestehen, erfordern Kooperationen mit anderen Pharmaunternehmen, Krankenkassen, Ärztenetzwerken und Apothekerketten sowie Kommunikationspartnerschaften mit Content-Providern für Internet-Auftritte.

Zudem gewinnt durch die begrenzten Möglichkeiten der Patientenansprache die Zusammenarbeit mit externen Anspruchsgruppen, wie z. B. Patientenorganisationen, Medien, Ärzten, Apothekern, Fachgesellschaften, Krankenkassen, Gesundheitsbehörden, an Bedeutung.[3] Sie dienen als Informationskanäle und Multiplikatoren der Botschaften der Pharmaindustrie, um **Gehalt und Glaubwürdigkeit der Pharmakommunikation** zu steigern, Vertrauen in der Öffentlichkeit aufzubauen und mögliche Kritiker in die Kommunikationsaktivitäten zu integrieren.[4] Durch den Aufbau strategischer Allianzen bietet sich dem pharmazeutischen Unternehmen die Möglichkeit, Objektivität bei der Informationsübermittlung zu erzielen und einen Vertrauensaufbau zu fördern, der anderen und aus Patientensicht unabhängig agierenden Institutionen (z. B. Ärzten, Apothekern) verwehrt bleibt. Es ist davon auszugehen, dass durch die von mehreren unabhängigen Marktpartnern übermittelten Informationen einen Vertrauensvorsprung beim Patienten gegenüber den Informationen einer einzigen, nicht vollkommen überprüfbaren Informationsquelle (z. B. Arzt oder Apotheker) aufgebaut werden kann.

---

1 Vgl. *Becker* (2000), S. 235.

2 Vgl. *Knoke* (2003), S. 35; *Harms/Drüner* (2003d), S. 213 ff.; *Kreyher/Harms* (2002a), S. 173 ff.; *Badenhoop* (2001), S. 21 f.; *Güttinger/Haldner* (2001), S. 88; *Claes/Mahlfeld* (1999), S. 71; *Lepping* (1996), S. 146.

3 Vgl. *Roth* (2002), S. 15; *Kreyher/Harms* (2002a), S. 174; *Bletzer* (1998), S. 152; *Becker* (1992), S. 49. So kann es sich beispielsweise anbieten, eine enge Kooperation mit dem Arzt oder Apotheker einzugehen, um damit das HWG zu umgehen (zum HWG siehe Kapitel 2.4.2.3.2.) und durch Arzt oder Apotheker dem Patienten umfangreiche Informationen, z. B. über neue Produkte und Therapien, zu übermitteln. Allerdings muss kritisch abgewogen werden, ob derartige Engagements von Erfolg sind, da davon auszugehen ist, dass der Arzt oder Apotheker in der Öffentlichkeit bei Durchführung derartiger Programme als durch die pharmazeutische Industrie beeinflussbar angesehen wird und sich daher oftmals diesen Programmen entzieht.

4 Vgl. *May/Ries* (2005), S. 13. Ein Beispiel ist die von *Bayer*, *AOK*, *ABDA*, *Bundesärztekammer* und *ZDF* durchgeführte Vorsorgeaktion zur Früherkennung urologischer Erkrankungen durch einen Selbsttest.

Dem bisher vorhandenen Vertrauensvorsprung des Arztes bzw. Apothekers oder der Krankenkassen im Vergleich zum pharmazeutischen Unternehmen kann somit durch eine offene und durch mehrere Institutionen getragene Kommunikation begegnet werden, um z. B. über eine unabhängige themenspezifische Gesundheitsplattform die Glaubwürdigkeit unternehmensseitiger Maßnahmen zu erhöhen und den Aufbau von Vertrauen in das Unternehmen zu fördern.[1] Da eine interessenfreie Beratung im Gesundheitswesen nicht existent ist und jeder Akteur – also auch Krankenkassen, Ärzte oder Verbraucherberatungsstellen etc. – die Ziele der Kundenbindung zur Sicherung finanzieller Mittel und Arbeitsplätze verfolgt, können Kooperationsmodelle mit Leistungserbringern, Industrie, Handel und weiteren Dienstleistern die Glaubwürdigkeit fördern, ohne die Zielsetzung der erfolgreichen Vermarktung bedürfnisorientierter Unternehmensleistungen negativ zu beeinflussen.[2]

Vor allem Selbsthilfe-, Patienten-, Angehörigengruppen bzw. Verbraucherorganisationen erlangen bei chronisch Kranken zunehmend eine wichtige Rolle bei der Meinungsbildung.[3] Nicht selten tritt der Patient als Teil eines gut informierten und organisierten Interessenverbandes auf.[4] Patienten beziehen durch die Selbsthilfegruppen umfangreiche Informationen über neue Arzneimittel, Therapiemöglichkeiten etc.[5] Die **Zusammenarbeit mit Patientenorganisationen** durch die Unterstützung bei der Gründung oder durch Sponsoring kann die Übermittlung von unternehmensseitigen Informationen und Betreuungskonzepten fördern und die direkte Kontaktaufnahme mit den Betroffenen ermöglichen.[6] Im Rahmen langfristiger Kooperationen kann auf der einen Seite krankheitsbezogenes Know-how über Diagnose und Therapie zur Verfügung gestellt werden, auf der anderen Seite lassen sich die Bedürfnisse der Zielgruppe besser ermitteln, um diese zielgruppenspezifisch ansprechen zu können.[7]

Eine besondere Stellung nehmen dabei die Leiter von Selbsthilfegruppen ein. Im Rahmen der interpersonalen Kommunikation, der bei risikoreichen Entscheidungen, wie z. B. bei der Ent-

---

[1] Vgl. *Badenhoop/Ryf* (2001), S. 19. Ein Beispiel für die Zusammenarbeit mit weiteren Marktpartnern stellt das virtuelle Competence Center dar, auf das in Kapitel 2.4.2.3.3. eingegangen wird.

[2] Vgl. *Kiewel* (2002), S. 150.

[3] Patienten, Selbsthilfeorganisationen, Grundlagenforscher und Ärzte werden, z. B. über das *Epposi*-Netzwerk (*European Platform for Patients' Organisations, Science and Industry*), als Verbindungsplattform für Interessengruppen in der Arzneimitteltherapie mit der Pharmaindustrie zusammengebracht. Des Weiteren kooperieren u. a. der *VFA* in Deutschland oder die Gruppe *PPBH* (*Pharmaceutical Partners for Better Healthcare*) international mit Selbsthilfegruppen.

[4] Vgl. *Harms/Brucksch/Drüner/Rohmann* (2001b), S. 86; *Rahner* (2000), S. 206.

[5] Vgl. *Hardock* (2004), S. 102.

[6] Vgl. *Trilling* (2003), S. 92; *Harms/Drüner* (2003d), S. 215 f.; *Kreyher/Harms* (2002a), S. 175; *Hardt/Müller/Schüler* (2002), S. 82.

[7] Vgl. *Wernet* (2001), S. 48; *Sattlegger* (2001), S. 70; *Rahner* (2000), S. 206.

scheidung zur Leistungsinanspruchnahme eines Arzneimittels eine hohe Bedeutung zukommt, können diese Personen als Referenzgeber und kompetente externe Ratgeber vertrauensvolle und glaubwürdige Informationen an die Mitglieder der Selbsthilfegruppe übermitteln, die ihrerseits weniger zeit- und kostenintensiv an die für sie relevanten Informationen gelangen. Die Diffusion marketingspezifischer Informationen kann durch die Leiter von Selbsthilfegruppen erfolgen, die als so genannte **Market Mavens**[1] im Gegensatz zu Meinungsführern und Frühadoptoren auch über Produktinnovationen hinaus Informationen über den gesamten Marketing-Mix (Dienstleistungen oder Produkte, wie z. B. Sortimentsergänzungen etc.) verbreiten. Die Fähigkeit der Market Mavens, zu den Produkten und Aspekten des Marktes kompetent Auskunft zu geben, resultiert aus ihrem Interesse an Gesprächen mit anderen Verbrauchern. Insofern kann die Zusammenarbeit mit dieser Personengruppe als Diffusionsagenten zur effektiven Verbreitung von Informationen genutzt werden, um aus umfangreichen Produkt- und Marktinformationen die wichtigsten für die Patienten herauszufiltern und weiterzuvermitteln.[2]

2.4.2. Kommunikationspolitik

2.4.2.1. Patientenkommunikation der Hersteller in der Praxis

Bei der Kommunikationspolitik handelt es sich um den bekanntesten und häufig allein mit dem Marketing identifizierten Marketing-Bestandteil. *Kroeber-Riel* definiert Kommunikationspolitik als Summe aller Maßnahmen des Unternehmens, „... die darauf gerichtet sind, Informationen über das Angebot und das Marketing eines Unternehmens zu vermitteln und die Empfänger im Dienste des Marketing zu beeinflussen."[3] Eine kommunikationspolitisch gestützte Produkt- und Markenführung kann als **Schlüsselfaktor erfolgreicher Marketing-**

---

[1] *Feick/Price* definieren den Market Maven als „Individuals who have information about many kinds of products, places to shop, and other facets of the markets, and initiate discussions with consumers and respond to requests from consumers for market information." *Feick/Price* (1987), S. 85.

[2] Vgl. *Walsh* (1999), S. 418 ff. Analog sind neben den Leitern von Selbsthilfegruppen auch die in die Kommunikationsmaßnahmen eingebundenen Experten (Ärzte, Gesundheitsberater etc.) als Market Mavens aufzufassen. Zur Einbindung von Experten in die Kommunikationsmaßnahmen siehe insbesondere Kapitel 2.4.2.2. und Kapitel 2.4.2.3.3.

[3] *Kroeber-Riel* (1991), S. 164. Kommunikation wird definiert als „... Übermittlung von Informationen und Bedeutungsinhalten zum Zweck der Steuerung von Meinungen, Einstellungen, Erwartungen und Verhaltensweisen bestimmter Adressaten gemäß spezifischer Zielsetzung." *Bruhn* (2003b), S. 1. Zum Kommunikationsbegriff und weiteren Definitionen vgl. *Merten* (1977). Zu Kommunikationsmodellen vgl. insbesondere *Lasswell* (1960); *Shannon/Weaver* (1969). Die Kommunikation kann in direktem oder indirektem Kontakt zum Empfänger und dabei persönlich oder unpersönlich erfolgen. Ferner kann sie sowohl einseitiger als auch zweiseitiger Art sein. Vgl. hierzu und zu den Systematisierungsansätzen kommunikationspolitischer Instrumente *Bruhn* (2003a), S. 267 ff. Zur nonverbalen Kommunikation als weitere Kommunikationsform, die nicht auf der symbolischen (vor allem sprachlichen) Informationsübertragung basiert vgl. *Kroeber-Riel/Weinberg* (2003), S. 526.

Konzeptionen angesehen werden.[1] So sprechen *Nieschlag et al.* (2002) von der „Kommunikationspolitik als Sprachrohr des Marketing.“[2]

Die Instrumente der Kommunikationspolitik dienen im PRM sowohl als Mittel zur gesundheitspolitischen Verhaltensbeeinflussung als auch als einzelwirtschaftliches Instrument im Rahmen eines marktorientierten Umfeldes. Auf der einen Seite gilt es, die Individuen als entscheidenden Faktor für den Gesundheitszustand und die durch Krankheiten verursachten volkswirtschaftlichen Kosten durch die Vermittlung von Wissenselementen und verhaltensorientierten Aspekten positiv zu beeinflussen. Hierdurch sollen die drei gesundheitspolitischen Ziele Erhalt, Förderung und Wiederherstellen von Gesundheit erfüllt und die Ressourcennutzung im Gesundheitswesen reduziert werden, wodurch das Unternehmen die Problematik umgeht, von verschiedenen Anspruchsgruppen (vor allem den Kostenträgern) mit der bewussten Mengenausweitung konfrontiert zu werden.[3] Auf der anderen Seite hat sich das Unternehmen als vertrauensvoller Anbieter von Gesundheitsleistungen durch die kommunikationspolitischen Instrumente vom Wettbewerb zu differenzieren und Patienten zu akquirieren, an das Unternehmen zu binden und Abwanderung zu vermeiden.[4] Aus Herstellersicht lassen sich hieraus wesentliche **Ziele für die Patientenkommunikation** des PRM ableiten:

- Annäherung an die Patienten auf kommunikativem Wege,
- Verbesserung der Wettbewerbsposition durch eine eindeutige Positionierung der Unternehmensleistungen,
- Verbesserung des Images und Aufbau von Vertrauen auf Grund des hohen subjektiven Risikos der Leistungsinanspruchnahme aus Patientensicht sowie der Gewinnorientierung pharmazeutischer Unternehmen[5],
- Steigerung der Compliance zur Erhöhung des Medikamentenverbrauchs bei gleichzeitiger Reduktion der volkwirtschaftlichen Gesamtkosten,
- Förderung der Mund-zu-Mund-Kommunikation von erfahrenen Produktnutzern und hierdurch Gewinnung neuer Patienten sowie Abwehr von Generika.

---

1 Vgl. *Becker* (2002), S. 565.
2 *Nieschlag/Dichtl/Hörschgen* (2002), S. 985.
3 Vgl. *Ryf* (2001), S. 39; *Hohensohn* (1998), S. 145. Dies impliziert neben der Vermittlung der erforderlichen Fähigkeiten bzw. des erforderlichen Wissens auch motivationale Elemente zur Ausübung der Fähigkeiten. Vgl. *Waltz/Hazard* (2002), S. 270 f.
4 Vgl. *Bürger* (2003), S. 15 ff.
5 Vgl. *Bürger* (2003), S. 289; *Burkard* (2002), S. 254.

Somit hat die Kommunikationspolitik durch eine ehrliche, offene, verantwortungsbewusste, kompetente und dialogorientierte Übermittlung von patientenindividuellen Informationen[1] zur Gesundheitsvorsorge, zum Krankheitsbild, zu Produkten und konkreten Therapien sowie zum Umfeld der Erkrankung (Ernährung, Sport etc.) eine Informationsfunktion zur Verdeutlichung des Leistungsumfangs und der Leistungserstellung zu erfüllen (kognitiv-orientierte Ziele).[2] Durch die Unterstützung des Patienten bei der Bewältigung der Ausnahmesituation Krankheit und der Integration der Krankheit in den Alltag durch einen kontinuierlichen Dialog soll bei dem Rezipienten ein größtmöglicher Nutzen gestiftet und ein positives Image zur Schaffung von Vertrauen aufgebaut werden (affektiv-orientierte Ziele).[3] Um eine Einstellungsänderung des Patientenverhaltens – d. h. eine Förderung der Compliance und eine Einstellung des Patienten bezüglich der Unternehmensleistungen – zu erreichen und durch die Kommunikationsbotschaft die erstmalige oder wiederholte sowie therapiegerechte Leistungsinanspruchnahme auszulösen, hat das pharmazeutische Unternehmen durch Förderung der Selbstverantwortung sowie des selbständigen Krankheitsmanagement (z. B. Selbstkontrolle der Körperwerte) mit dem Patienten bedürfnisgerecht zu kommunizieren und eine positive Mund-zu-Mund-Kommunikation anzustreben (konativ-orientierte Ziele).[4]

Um die Kommunikationsmaßnahmen zu optimieren, ist die Zielgruppe der Patienten nicht isoliert, sondern unter **Berücksichtigung der weiteren Zielgruppen** – insbesondere Ärzte – durch integrierte Kommunikationsmaßnahmen anzusprechen. Dies impliziert eine Abstimmung der patientenorientierten Ansprache (Pull-Effekt) mit den ärztegerichteten Kommunikationsmaßnahmen (Push-Effekt).[5] Vor allem der Arzt als Mitentscheider über die Therapie und Verschreibung muss als aktiver Empfehler und nicht als Gegner der vom Patienten erwünschten Therapie gewonnen und über die dem Patienten übermittelten Informationsinhalte unterrichtet werden.[6] Da der Arzt neben dem Patienten als zweite Instanz bei der Entscheidung zur Leistungsinanspruchnahme zu berücksichtigen ist, unterscheidet sich die Kommunikation

---

1 Auf Grund zunehmend homogener und ausgereifter Produkt- und Dienstleistungsangebote unter verschärften Wettbewerbsbedingungen kommt der auf den Dialog mit dem Verbraucher fokussierten Kommunikation eine wesentliche Bedeutung zu, um bei dem Kunden als gleichberechtigtem Partner das Bedürfnis nach Selbstverwirklichung, Dialog und Interaktion zu befriedigen und Kundenzufriedenheit, -bindung und Vertrauen aufzubauen. Die in der Vergangenheit dominierende Push-Kommunikation durch die Instrumente der Massenkommunikation erfährt entsprechend einen Bedeutungsverlust. Vgl. *Bruhn* (2003b), S. 255 ff.; *Janßen* (2001), S. 122; *Arenz* (1994), S. 7.

2 Vgl. *Reymann/Dastyari* (2003), S. 123; *Burkard* (2002), S. 254.

3 Vgl. *Pfahlert/Fürst* (2003), S. 412; *Hohensohn* (1998), S. 148.

4 Vgl. *Meffert/Bruhn* (2003), S. 440 f.; *Bürger* (2003), S. 135; *Hohensohn* (1998), S. 153.

5 Vgl. *Homburg/Sieben/Dietz* (2002b), S. 128.

6 Vgl. *Capgemini* (2004b), S. 39; *Trilling* (2003), S. 92; *Seiter/Badenhoop/Zeiner* (2003), S. 732; *Hardt/Müller/Schüler* (2002), S. 84; *Hohensohn* (1998), S. 136; *Becker* (1992), S. 235.

zwischen pharmazeutischem Unternehmen und Patient von der Kommunikation im klassischen Konsumgütermarkt. Bezieht das pharmazeutische Unternehmen den Arzt nicht in die Kommunikationsmaßnahmen mit ein, besteht die Gefahr, dass sich dieser als Mitentscheider und Kompetenzquelle übergangen fühlt. Ein bewusstes Nicht-Verschreiben kann die Folge sein.[1]

Auch wenn von der Pharmaindustrie unabhängige externe Informationen auf Grund der geringeren Gefahr der persönlichen Nutzenmaximierung des Informationsanbieters eine beim Patienten höhere Akzeptanz und Glaubwürdigkeit aufweisen als anbieterseitige Informationen von pharmazeutischen Unternehmen, fordern Patienten **mehr Interaktion mit der pharmazeutischen Industrie**, um vor allem Informationen über Arzneimittel und Behandlungsmethoden zu beziehen.[2] Im Gegensatz zum bislang bei ethischen Präparaten dominierenden ärztegerichteten Marketing weist der patientengerichtete Kommunikationswettbewerb eine nur geringe Kommunikationsintensität auf und eröffnet den pharmazeutischen Unternehmen ein höheres kommunikatives Potenzial.[3] Die auf anderen Märkten zunehmende Informationsüberlastung der Konsumenten[4] und erhöhte Reizschwellen für wirksame patientenorientierte Kommunikationsmaßnahmen sind auf dem Pharmamarkt nicht zu erwarten. Dass die direkt an den Patienten übermittelten Gesundheitsinformationen eine momentan nur untergeordnete Bedeutung aufweisen (vgl. Abbildung 22), kann insbesondere darauf zurückgeführt werden, dass exogene Einflussgrößen in Form rechtlicher Restriktionen die Interaktion zwischen Patient und Pharmaunternehmen verhindern und die Politik durch eine Änderung der rechtlichen Rahmenbedingungen den Patientenbedürfnissen nach verstärkter Interaktion nicht nachkommt.[5]

Im Hinblick auf die Bedeutung der **Kommunikationsinhalte** im Laufe der Geschäftsbeziehung und für die Compliance des Patienten ist davon auszugehen, dass diese sich **in Abhängigkeit des PLZ** verschieben. Während bei Zielgruppen, die ein hohes Wissensdefizit und Interesse an Informationen aufweisen (vor allem kürzlich Erkrankte), eine sachliche Darstel-

---

1 Vgl. *Wiedmann/Küpper/Becker* (1997), S. 43 f. Darüber hinaus sind auch Apotheker auf Grund der möglichen Aut-Idem-Regelung und die Krankenkassen als zahlende Einheit zu berücksichtigen. Vgl. *Fröhlich/Peper* (2002), S. 133.

2 Vgl. *Kroeber-Riel/Weinberg* (2003), S. 511; *Capgemini Ernst & Young* (2003); *Longchamp/Leuenberger* (2001). Dabei wird den Vertretern der Pharmaindustrie nach den Ärzten die zweithöchste Kompetenz hinsichtlich allgemeiner Fragen im Gesundheitswesen zugesprochen. Vgl. *Hautzinger* (2003), S. 133.

3 Vgl. *Janßen* (2001), S. 122; *Lerch/Dierks* (2001), S. 123; *Hohensohn* (1998), S. 24.

4 Vgl. *Nieschlag/Dichtl/Hörschgen* (2002), S. 989.

5 Vgl. hierzu auch *Kirchgeorg/Haffner* (2004), S. 167 f.; *Roth* (2002), S. 14.

lung von Informationen hinsichtlich der Erkrankung, Therapiealternativen, Vorbeugemaßnahmen etc. zu erfolgen hat[1], weist ein im Hinblick auf seine Erkrankung erfahrener Patient dagegen bei gleich bleibender Medikation nur ein geringeres Bedürfnis nach Informationen auf, die sich auf Wirkmechanismus, Einsatzweise, Verabreichung oder Therapie und Nebenwirkungen beziehen.

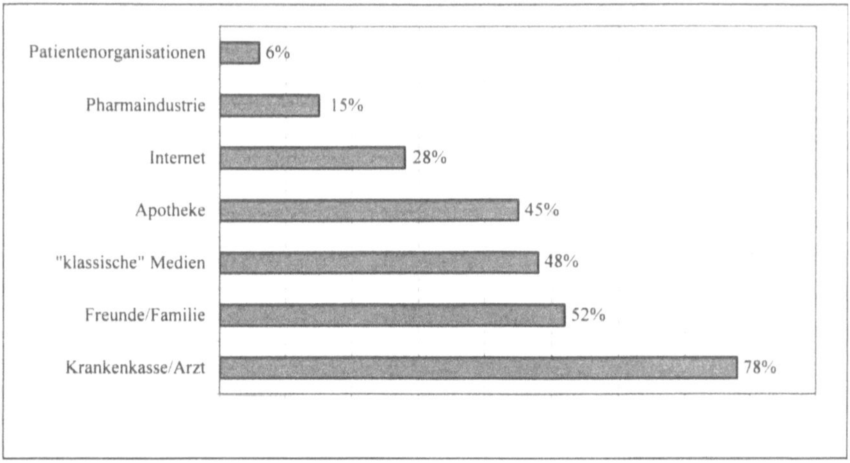

Abb. 22: Von Patienten bevorzugte Quellen zum Bezug von Gesundheitsinformationen
Quelle: In Anlehnung an *Capgemini* (2004b), S. 22.

Bezüglich der Informationsübermittlung muss die Kommunikation bei erfahrenen chronisch Kranken mehr auf der emotionalen Ebene stattfinden, da sich die Eigenschaften des Medikaments im Vergleich zu den in Frage kommenden Alternativen in der Regel nicht wesentlich voneinander unterscheiden, bzw. dem Kunden bereits bekannt sind, und die sachliche und funktionale Qualität als Selbstverständlichkeit angesehen wird.[2] Im Laufe der Zeit gewinnen daher vor allem Value-Added Services als zielgruppenspezifische und interaktive Anwendun-

---

[1] Da die Leistungsfähigkeit des pharmazeutischen Unternehmens nicht darstellbar ist, sind vor allem spezifische Dienstleistungskompetenzen und das Fähigkeitspotenzial zu dokumentieren (z. B. Informationsübermittlung durch unabhängige Experten rund um die Uhr). Hierbei werden gleichzeitig interne Faktoren (die Experten) präsentiert, auf die sich das pharmazeutische Unternehmen auf Grund der Nichtstandardisierbarkeit der Leistungserstellung konzentrieren sollte. Vgl. *Meffert/Bruhn* (2003), S. 423. Aus der Immaterialität der Leistungserstellung hat das Unternehmen zudem eine Materialisierung der Leistungen und Visualisierung einzelner Leistungselemente vorzunehmen (z. B. durch Darstellung eines Produktes aus der Medizintechnik). Vgl. *Bruhn* (2003b), S. 90. Zum Vertrauensaufbau ist auch der Einsatz von Ethik-Codes bzw. Guidelines im Rahmen der Informationsbereitstellung denkbar.

[2] Vgl. *Becker* (1992), S. 117.

gen zur emotionalen Unterstützung der Patienten, wie z. B. Informationen zu Selbsthilfegruppen, Schulungen und Diskussionsforen sowie zur Online-Datenauswertung an Bedeutung.[1]

Unter Berücksichtigung der rechtlichen Rahmenbedingungen hat das Pharmaunternehmen die produkt-, unternehmens- und markenbezogenen **Informationen emotional aufzuladen**, um beim Verbraucher die erforderliche Aufmerksamkeit zu erzeugen, Vertrauen zu generieren und ein Lebensgefühl zu übermitteln, das mit der Nutzung des jeweiligen Medikaments in Verbindung steht.[2] Der Patient hat den subjektiv erlebten und durch das Produkt oder die Dienstleistung vermittelten Beitrag zu seiner Lebensqualität im Sinne eines produktspezifischen Erlebniswertes als zentrale Eigenschaft des Produktes/der Dienstleistung zur Profilierung des Angebots aufzufassen.[3] Erlebniswelten, Lifestyles, Lebens- und Wertetrends der Patienten sind entsprechend zu berücksichtigen.[4] Auf der einen Seite geht es demnach um den sachverständigen Austausch von Diagnosen und Therapien, auf der anderen Seite kommt der Emotionalisierung im Laufe der Geschäftsbeziehung eine hohe Bedeutung zu. Das bedeutet, dass die Kommunikationsmaßnahmen bei ethischen Pharmazeutika sowohl informativen als auch emotionalen Charakter aufweisen sollten.[5]

Die Patienten sind zur **optimalen Penetration der Zielgruppe** segmentspezifisch und in Abhängigkeit des Patientenwerts auf Basis des PEC anzusprechen. Je nach Situation kann das Unternehmen nach den Vorgaben des PEC auf unterschiedliche Kommunikationskanäle und -inhalte zurückgreifen, um einen segmentspezifischen Mehrwert zu generieren.[6] Die Auswahl hat in Abhängigkeit der Kundenattraktivität und den mit der einzelnen Kontaktform verbundenen Kosten bei den Outbound-Aktivitäten[7] sowie der Patientendurchdringungsrate zu erfolgen.[8] Die Ansprache des Patienten sollte dabei in Abhängigkeit von der Patientensegmentierung in Anlehnung an das Motivationsraster von *Correll* erfolgen, da mit zum Teil erheblichen Gegenreaktionen des Kunden gerechnet werden muss, wenn die Informationen und an-

---

1 Vgl. *Lenz* (2004), S. 99; *Hautzinger* (2003), S. 159; *Denz* (2001), S. 2252.
2 Vgl. *Janßen* (2001), S. 122.
3 Vgl. *Weinberg/Gröppel* (1988), S. 190 ff.
4 Vgl. *Hohensohn* (1998), S. 136.
5 Vgl. *Becker* (2000), S. 121 f. Zur informativen und emotionalen Ausrichtung der Kommunikationsaktivitäten vgl. *Kroeber-Riel/Esch* (2004). Zur Sicherung der Compliance mittels kognitiver bzw. problemorientierter (z. B. Einnahme von Arzneimitteln) und emotionsorientierter Aktivitäten (z. B. das Erlernen von Beruhigungstechniken) vgl. auch *Folkman/Lazarus* (1980), S. 219 ff.
6 Vgl. *Pfahlert/Fürst* (2003), S. 414; *Schmitt* (2003), S. 80; *Wehrmeister* (2001), S. 146; *Wehrmeister* (2001), S. 122.
7 Bei der Kommunikationsrichtung wird zwischen einer Inbound- (Initiative vom Nachfrager, z. B. Anfragen) und einer Outbound-Orientierung (Initiative von der Unternehmensseite, z. B. Telefonkampagnen) unterschieden. Vgl. *Zapf* (2003), S. 363.
8 Vgl. *Wehrmeister* (2001), S. 123; *Gerd* (2001), S. 106.

gebotenen Leistungskomponenten nicht auf die Konsumgewohnheiten abgestimmt sind.[1] Dies impliziert im Sinne des PEC auch die Berücksichtigung des PLZ. Die Kommunikationsmaßnahmen haben sich ebenso wie sämtliche Unternehmensleistungen an den Bedürfnissen der Patienten zu orientieren, d. h. diese sollten dem spezifischen Gesundheitszustand des Patienten entsprechen, nicht zuletzt auch, um dem Eindruck entgegenzuwirken, dass das Unternehmen nur am finanziellen Erfolg der Beziehung interessiert ist.[2]

2.4.2.2. Das Customer Contact Center als Schnittstelle zwischen Patient und Unternehmen

Eine multimediale Kommunikationsschnittstelle zwischen Patienten und Unternehmen zur direkten Patientenkontaktierung stellt das Customer Contact Center (CCC) dar.[3] Das CCC unterstützt neben dem telefonischen Kontakt weitere Kommunikationskanäle, wie z. B. (Mobile) Internet, E-Mail, Fax, Post und SMS, so dass der Patient durch das CCC über mehrere Kommunikationskanäle, d. h. im Rahmen einer Multikanalstrategie angesprochen bzw. auf Anfragen reagiert werden kann.[4]

Um die Übermittlung von widersprüchlichen Informationen auf Grund der Bedeutung des Arzneimittels und der möglichen Folgen bei Fehlanwendung zu vermeiden, sind eine **integrierte Steuerung** und entsprechende Vernetzung sowie die zeitliche, inhaltliche und kundenbezogene Abstimmung zwischen den einzelnen Kommunikationskanälen sicherzustellen, ohne dass der Patient die Schnittstellen zu den einzelnen Unternehmensbereichen wahrnimmt (One Face to the Customer).[5] Unabhängig von der Kanalwahl des Patienten sind dadurch schnelle, zuverlässige und kompetente Outbound-Aktivitäten (Kontaktierung des Patienten zur Übermittlung von Informationen) als auch Inbound-Aktivitäten (Beantwortung von Patientenanfragen) des Unternehmens realisierbar.[6] Dem Patienten sollte ein persönlicher Berater als fester Ansprechpartner zur Verfügung stehen, um durch individualisierte Kommunikati-

---

1 Vgl. hierzu auch *Janson/Heller* (2003), S. 293; *Schmitt* (2003), S. 79; *Ilge/Brinkmann* (2001), S. 95.

2 Vgl. *Kreyher/Harms* (2002a), S. 173; *Poensgen/Larsson* (2001), S. 11.

3 Vgl. *Mennicken/Grebe/Jereb* (2003), S. 375; *Sattlegger* (2001), S. 69; *Hippner/Wilde* (2003a), S. 14 f.; *Brucksch* (2004), S. 264; Ein Customer Contact Center (alternativ Customer Interaction Center, Customer Service Center oder Communication Center) stellt eine Weiterentwicklung des klassischen Call-Center dar. Vgl. *Martin* (2003), S. 75; *Zapf* (2003), S. 359.

4 Vgl. *Hippner/Wilde* (2003a), S. 29 f.

5 Vgl. *Janson/Heller* (2003), S. 292; *Schmitt* (2003), S. 78; *Zapf* (2003), S. 366; *Otto/Surmont* (2003), S. 454; *Finsterwalder et al.* (2003), S. 377; *Bruhn* (2003b), S. 261 ff.; *Stadelmann/Wolter* (2003), S. 55; *Hippner/Wilde* (2003a), S. 12; *Andrade/Andiel* (2003), S. 192; *Wolf/Mothes* (2002), S. 121; *Kessler* (2002), S. 208; *Kehl/Rudolph* (2001), S. 265; *Link* (2001), S. 4 f.; *Gerd* (2001), S. 105; *Sattlegger* (2001), S. 70; *Bauer/Roscher* (2000), S. 31. Die Abstimmung der Inhalte, Kanäle und Zeitpunkte unter Kundengesichtspunkten wird auch als integrierte Beziehungskommunikation oder integrierte Kommunikation bezeichnet. Vgl. *Rapp* (2000), S. 192; *Meffert/Bruhn* (2003), S. 431 ff.; *Kotler/Bliemel* (1999), S. 1137.

6 Vgl. *Hippner/Wilde* (2003a), S. 30; *Harms/Rittinghaus/Baukmann/Drüner* (2002), S. 97; *Moser* (1999), S. 89.

onsstrukturen und personalisierte Kommunikationsinhalte neben einer Erhöhung der sozialen und emotionalen Bindung auch die Kommunikationseffizienz zu steigern.[1]

Dem Patienten muss durch den **Multikanalansatz** die Möglichkeit zu Teil werden, sich zu jedem beliebigen Zeitpunkt über jeden Kanal mit dem Unternehmen in Verbindung setzen zu können, damit er das adäquate Informations- und Leistungsangebot über den spezifisch präferierten Kommunikationskanal im erwarteten Kommunikationsstil zum richtigen Zeitpunkt empfangen kann.[2] Hierzu sind u. a. Call-Back-Buttons auf der Homepage[3], E-Mail-Formulare[4] und FAQs anzubieten sowie Servicenummern zu kommunizieren, die in Abhängigkeit vom Kundensegment kostenpflichtig sein können.[5] Bei telefonischen Patientenanfragen ist ein interaktives Computerprogramm vorzuschalten, um durch eine Qualifizierung der Patientenanfrage den Kunden dem entsprechenden Mitarbeiter zuzuordnen.[6] Werden Zusagen an den Patienten in zeitlicher Hinsicht nicht erfüllt, erfolgt durch die kontinuierliche Überwachung der IT die Benachrichtigung des Mitarbeiters oder die automatische Weitergabe der Aufgabe an eine übergeordnete Abteilung (Eskalation) zur Sicherung einer hohen Servicequalität.[7]

Vor allem in Krisensituationen ist eine **professionelle Bearbeitung von Patientenanfragen** ein zentrales Element. Drohende Marktrücknahmen auf Grund unerwarteter Nebenwirkungen von Präparaten bewirken oftmals ein intensives Informationsinteresse seitens der Patienten. Überlastete Hotlines, schleppende Bearbeitung von E-Mails und ungeschulte Mitarbeiter sind

---

1 Vgl. *Kahle/Hasler* (2001), S. 220; *Tiedtke* (2001), S. 129; *Jeschke* (1994), S. 238; *Hentschel* (1991), S. 28. Einschränkend muss angemerkt werden, dass datenbankgestützte IT-Systeme in der Lage sind, auch bei wechselnden Ansprechpartnern alle notwendigen Informationen zum Aufbau individualisierter Kommunikationsstrukturen und personalisierter Kommunikationsinhalte dem Kundenberater zur Verfügung zu stellen. Vgl. *Link* (2001), S. 15; *Gerd* (2001), S. 107. Auch wenn die Kommunikationseffizienz dadurch gesichert wird, eines können diese Systeme weiterhin nicht: die soziale und emotionale Bindung durch einen festen Ansprechpartner zu realisieren. Der Wechsel von Personal wird von Unternehmen als einer der häufigsten Ursachen für den Geschäftsbeziehungsabbruch genannt. Vgl. *Gemünden* (1990), S. 283.

2 Vgl. *Hippner/Wilde* (2003a), S. 20; *Otto/Surmont* (2003), S. 456; *Link* (2001), S. 15.

3 Zu den unterschiedlichen Ausprägungen des Call-Back-Button, wie Click-to-Call-Back, Click-to-Talk oder Click-to-Chat vgl. *Sattlegger* (2001), S. 74.

4 E-Mails stellen eine Herausforderung für das Management dar. Der Kunde erwartet in der Regel eine erheblich geringere Reaktionszeit als bei schriftlicher Kommunikation mittels Brief und duldet daher eine nur geringe zeitliche Verzögerung im Vergleich zur Wartezeit auf eine schriftliche Antwort in Briefform. Vgl. *Rapp* (2000), S. 226; *Zipser* (2001), S. 53; *Sattlegger* (2001), S. 76 f.; *Zapf* (2003), S. 364. Zu den systemtechnischen Voraussetzungen für eine prozessoptimierte Bearbeitung eingehender E-Mails durch eine Eingangsbestätigung, Automatic Mail Distribution etc. vgl. *Harms/Drüner* (2003d), S. 288 ff.

5 Vgl. *Hippner/Wilde* (2003a), S. 32; *Schmitt* (2003), S. 83; *Wirtz* (2003), S. 382.

6 Vgl. *Andrade/Andiel* (2003), S. 189; *Hippner/Wilde* (2003a), S. 30; *Bertsch* (2002), S. 301; *Rapp* (2000), S. 152; *Sattlegger* (2001), S. 73 f.

7 Vgl. *Hippner/Wilde* (2003a), S. 31; *Rapp* (2000), S. 158. Zur Weiterleitung von Anfragen, die der Ansprechpartner im CCC nicht lösen kann, vgl. auch *Zapf* (2003), S. 363.

in jedem Fall zu vermeiden, um die Abwanderung des Patienten zu verhindern. Krisensituationen sollten als Chance betrachtet werden, durch schnell übermittelte und zielgruppengerechte Informationen Vertrauen beim Endabnehmer aufzubauen oder zu verstärken, bzw. verloren gegangenes Vertrauen zurück zu gewinnen.[1]

Zur Wahrung der Glaubwürdigkeit, Medizinkompetenz, Beratungsqualität und Neutralität sind bei Fragen der Patienten zu unterschiedlichen Vorsorgeprogrammen, Erkrankungen, Diagnose- und Therapiemöglichkeiten, psychologische Themen, Lebensführung, Selbsthilfegruppen, krankheitsspezifischen Veranstaltungen und Leistungserbringern nach ausgewählten Indikationsgebieten **unabhängige Experten in das CCC mit einzubinden** (z. B. Ärzte und Gesundheitsberater). In Zusammenarbeit mit weiteren Marktpartnern kann beispielsweise über einen Zugriff auf die beim pharmazeutischen Unternehmen in einer Datenbank – z. B. per Online-Übertragung – hinterlegten Patientendaten durch eine Kontrolle der Körperwerte die Compliance des Patienten gesteigert und das Risiko einer mangelhaften Leistungserbringung durch ein Fehlverhalten des externen Faktors Patient reduziert werden.[2] Bei Über- oder Unterschreiten von kritischen Werten wird der Patient aufgefordert, den Arzt aufzusuchen. Des Weiteren können die Compliance des Patienten anhand der Historie erläutert und darauf aufbauend therapeutische Optionen übermittelt werden.

Ferner kann auch im Rahmen einer Outbound-Aktivität die Erinnerung an die Einnahme von Arzneimitteln erfolgen, um eine eventuelle Suche des Patienten nach Alternativangeboten und eventuelle Probleme in der Beziehung Patient-Pharmaunternehmen rechtzeitig zu identifizieren. Durch eine **kontinuierliche Erfassung, Pflege und Qualifizierung des Patientenkontakts** lassen sich zudem Aussagen über geeignete Marketingmaßnahmen, wie z. B. das Nutzen von Cross- und Up Selling-Potenziale, ableiten.[3] So kann die Kontaktierung des Patienten dazu genutzt werden, nicht nur an die Einnahme der Medikamente zu erinnern, sondern in diesem Zusammenhang auf Produkteinführungen höherwertigerer technischer Instrumente (z. B. Pens zur Injektion des Arzneimittels bei Diabetes oder MS) hinzuweisen. Weitere Einsatzmöglichkeiten sind z. B. die Durchführung von Umfragen oder die Ankündigung von

---

[1] Vgl. *Scheef/Birkenhäger* (2004).
[2] Vgl. *Badenhoop/Ryf* (2001), S. 21.
[3] Vgl. *Hippner/Wilde* (2003a), S. 26.

Informationen (z. B. Einladungen zu Events oder Messen, Hinweis auf Schulungen) per Post oder E-Mails zur Steigerung der Aufmerksamkeit des Patienten.[1]

Zusammenfassend ermöglicht das CCC durch den direkten Kontakt zwischen Unternehmen und Patient die Darstellung der Kernkompetenzen des Unternehmens, das Erbringen zusätzlicher Dienstleistungen, die Gewinnung von Patienteninformationen (Daten zur Leistungsinanspruchnahme, Patientenbedürfnisse etc.) und dadurch eine abgestimmte, zielgerichtete und **patientensegmentspezifische Umsetzung der Marketingaktivitäten.**[2] Durch das CCC ist das Unternehmen in der Lage, dem Patienten einen umfassenden Service anzubieten und interne und externe Schnittstellen in den Geschäftsprozess mit einzubinden.[3] Mittels Verknüpfung der Hersteller-Patienten-Interaktion mit einer Datenbank kann der Patient identifiziert und entsprechend der sofort zur Verfügung stehenden Patientendaten (z. B. Historie genutzter Unternehmensleistungen) prozessoptimal und in Abhängigkeit der Patientenwertigkeit sowie der Phase des PLZ betreut werden.[4] Präventiv wirksame Impulse können gesetzt, der Patient hinsichtlich seiner Erkrankung qualifiziert und das Versorgungssystem damit effektiver und effizienter genutzt werden.[5]

2.4.2.3. Direct-to-Consumer-Marketing für ethische Arzneimittel

2.4.2.3.1. Erfahrungen mit Direct-to-Consumer-Marketing im Pharmamarkt USA

Seit 1997 ist es den Herstellern pharmazeutischer Produkte in den USA gestattet, bei verschreibungspflichtigen Arzneimitteln mit den Patienten durch Direct-to-Consumer (DTC)-Marketing[6] in Kontakt zu treten.[1] Die Richtlinien der *FDA* gestatten:

---

1 Vgl. *Becker* (1992), S. 30 f.
2 Vgl. *Eggert* (2003), S. 145; *Schmitt* (2003), S. 84; *Bruhn* (2003b), S. 257; *Rapp* (2000), S. 152.
3 Vgl. *Schmitt* (2003), S. 82 f.
4 Vgl. *Eggert* (2003), S. 147; *Schmitt* (2003), S. 83; *Gramlich* (2001), S. 93; *Link* (2001), S. 5; *Sattlegger* (2001), S. 70; *Rapp* (2000), S. 159. Die ganzheitliche und aufeinander abgestimmte Gestaltung der Kundenkontakte zur Steuerung und Unterstützung der kundenbezogenen Geschäftsprozesse wird im Rahmen eines Kampagnenmanagement durchgeführt. Die Durchführung einer Kampagne wird in der Regel mehrstufig, d. h. in Abhängigkeit von der Patientenreaktion durch mehrere aufeinander aufbauende Aktionen, realisiert Vgl. *Hippner/Wilde* (2003a), S. 21; *Kahle/Hasler* (2001), S. 219. Zu Beispielkampagnen vgl. *Kirchner* (2003), S. 275 ff.; *Ilge/Brinkmann* (2001), S. 95 f.; *Hippner/Wilde* (2003a), S. 22. Zum Kampagnenmanagement vgl. auch *Harms/Drüner* (2003d), S. 269 f.
5 Vgl. *Sachverständigenrat für die Konzertierte Aktion im Gesundheitswesen* (2003), S. 265.
6 Direct-Marketing umfasst sämtliche Kommunikationsmaßahmen, „... die darauf ausgerichtet sind, durch eine gezielte Einzelansprache einen direkten Kontakt zum Adressaten herzustellen und einen unmittelbaren Dialog zu initiieren oder durch eine indirekte Ansprache die Grundlage des Dialoges in einer zweiten Stufe zu legen, um Kommunikations- und Vertriebsziele eines Unternehmens zu erreichen.“ *Bruhn* (2003a), S. 302. Den Definitionen zum Direct-Marketing ist gemeinsam, dass bei den Elementen die direkte, individuelle Kommunikation mit der Zielgruppe – hier dem Patienten – im Vordergrund steht. Vgl. *Dallmer* (2002), S. 11.

- Werbung zur Informationsübermittlung krankheitsbezogener Symptome („Help-Seeking" oder „Disease Education"), bei der die Erkrankung im Mittelpunkt steht und ein Medikamentenname nicht genannt wird;
- Werbung zur Bewusstseinsvertiefung („Reminder Ads"), bei der der Name des Medikaments genannt wird, ohne auf eine konkrete Indikation einzugehen;
- Medikamentenspezifische Werbung („Brand-Specific Ads"), bei der sowohl der Name des Medikaments als auch die Indikation beschrieben wird.[2]

Mittlerweile beläuft sich die Summe aller DTC-Maßnahmen in den USA auf ca. 2,8 Mrd. US-Dollar bei insgesamt 20 Mrd. US-Dollar Ausgaben für Werbemaßnahmen durch die pharmazeutische Industrie (im Jahr 2003).[3] Für das Jahr 2007 wird mit DTC-Ausgaben von ca. 3,2 Mrd. US-Dollar gerechnet.[4] Die patientenorientierten Marketingmaßnahmen konzentrieren sich auf den Bereich TV, gefolgt von den Printmedien (zusammen über 90 % der Ausgaben).[5] Internet und Radio kommt eine nur untergeordnete Rolle zu.[6]

Veränderungen der gesundheitspolitischen Rahmenbedingungen in den USA, die Betonung des Patienten bei medizinischen Entscheidungen und der zunehmende Vermarktungserfolg von Arzneimitteln durch patientengerichtete Marketing-Aktivitäten bestärken die pharmazeutische Industrie bei der Durchführung des Direct-to-Consumer-Marketing. **Intensivierte DTC-Aktivitäten** resultieren ferner aus der Zunahme des Wettbewerbs, der pharmazeutische Unternehmen dazu veranlasst, eine Vielzahl neuer Produkte zu vermarkten, um den Marktan-

---

1 Vgl. *Baur et al.* (2002), S. 46; *Hardt/Müller/Schüler* (2002), S. 73. Die US-amerikanische Pharmaindustrie versuchte bereits 1981 durch eine Anzeige für verschreibungspflichtige Medikamente von *Merck, Sharp & Dohme* im *Reader's Digest* den Verbraucher durch DTC-Maßnahmen neben den Ärzten als Zielgruppe ihrer Marketingmaßnahmen zu gewinnen (Grippeimpfung für *Medicare*-Patienten). Trotzdem äußerten sich die pharmazeutischen Unternehmen lange Zeit ablehnend gegenüber den DTC-Maßnahmen, um das Verhältnis zu den Ärzten und weiteren Institutionen des Gesundheitswesens nicht negativ zu beeinflussen. DTC-Maßnahmen gewannen erst 1992 nach der Ausstrahlung eines Werbespots von *Merrell Dow* über den Einsatz eines verschreibungspflichtigen Medikaments (Nikotinpflaster) innerhalb einer großen Fernsehveranstaltung an Bedeutung. Zu der Entwicklung des DTC-Marketing vgl. *Harms/Grosse-Wichtrup* (2000a), S. 153 f.

2 Vgl. *Harms/Drüner* (2003d), S. 220 f.; *Harms/Grosse-Wichtrup* (2000a), S. 152. Des Weiteren gilt für Print-, Radio- und TV-Werbung ein Verhaltenskodex. Alle Werbeaussagen müssen der Wahrheit entsprechen und ausgewogen dargestellt sein. In Anzeigen sind neben dem Nutzen und den möglichen Nebenwirkungen mögliche Kontaktpartner nennen, die zusätzliche Informationen über das Pharmakon übermitteln können (z. B. kostenlose Telefonnummer, Webseite, Ärzte und Apotheker). Die *FDA* greift – bis zum Verbot der Kampagne – regulierend ein, sofern die Verbraucherwerbung gegen die Rahmenbedingungen verstößt. Hierzu zählen vor allem nicht ausreichende oder untertriebene Risikoinformationen oder die übertriebene Darstellung der Wirksamkeit eines Produktes. Vgl. *Hillman* (2001), S. 23.

3 Vgl. *Harms* (2003), S. 212.

4 Vgl. *Harms/Drüner* (2003d), S. 222.

5 Vgl. *Capgemini Ernst & Young* (2003), S. 24 f.

6 Vgl. *Harms/Drüner* (2003b), http://www.medizin-2000.de/pharmaoekonomie/texte/profis/pt/2003/harms-2_mai03_01.html [01.09.2005].

teil halten zu können.[1] Zudem erfährt der Einfluss der Ärzte auf die Verschreibung durch Formularies[2], Utilization Reviews[3] und die Risikoübernahme der pharmazeutischen Industrie bei Disease Management-Programmen einen deutlichen Rückgang. Ein wichtiger Erfolgsfaktor der patientenorientierten Marketingaktivitäten ist in diesem Zusammenhang die Zusammenarbeit mit Meinungsbildnern (Ärzten, Apothekern und Patientengruppen) sowie die wissenschaftliche Fundierung und realistische Darstellung der Aussagen.[4]

Das DTC-Marketing ist nicht unumstritten. Befürworter führen vor allem die **Förderung des öffentlichen Bewusstseins in Bezug auf Krankheiten** und eine qualitativ hochwertigere Kommunikation zwischen Patienten und Krankenversicherungen sowie zwischen Patienten und Ärzten an.[5] Langfristig gesehen können frühzeitige Diagnosen und Eingriffe den Gesundheitszustand verbessern und Behandlungskosten reduzieren.[6] Zudem stärken die patientenorientierten Marketingmaßnahmen das Bewusstsein der Bevölkerung hinsichtlich des Gesundheitszustandes und verfügbarer Behandlungsalternativen.[7] Eine Vielzahl an Erkrankungen – vor allem Herz-Kreislauf-Erkrankungen, Rheuma oder Diabetes – gelangen über die öffentliche Diskussion, z. B. im Fernsehen, erst in das Bewusstsein der potentiellen Patienten. Hierdurch wird ein Meinungsaustausch vornehmlich zum Thema Prävention angeregt, der vorher – in dieser breiten Form – nicht existierte.[8] Zudem konnte nachgewiesen werden, dass die Compliance von Patienten bei aktiv angeführten Verschreibungswünschen auf Grund einer DTC-Kampagne höher ist, als bei Patienten, die ohne patientenorientierte Marketingmaßnahmen ein Medikament verschrieben bekommen.[9]

---

1 Vgl. *Terzian* (1999).

2 Positiv-, Negativ- und Empfehlungslisten für Arzneimittel werden unter dem Begriff Formularies subsumiert. Die Listen sollen die möglichst effiziente Auswahl eines Arzneimittels für ein bestimmtes Indikationsgebiet unter medizinischen und pharmaökonomischen Gesichtspunkten ermöglichen. Während in Positivlisten alle durch den Kostenträger erstatteten Arzneimittel aufgeführt sind, werden in Negativlisten alle die Arzneimittel gelistet, die der Kostenträger nicht ersetzt. Die unverbindliche Information über kostengünstige Präparatalternativen erfolgt in den Empfehlungslisten. Vgl. *Neuffer* (1997), S. 138.

3 Drug Utilization Reviews dienen dem Nachweisen fehlerhafter oder unwirtschaftlicher Verhaltensweisen des Leistungserbringers hinsichtlich des Verschreibungsverhaltens. Vgl. *Apermann* (2004), S. 226.

4 Vgl. *Harms/Drüner* (2003d), S. 225 ff.

5 Vgl. *Oetgen* (2003), http://www.afip.org/Departments/legalmed/legmed2003/Oetgen.pdf [01.09.2005]; *Hillman* (2001), S. 22; *Holmer* (1999); *Schweitzer* (1997), S. 57.

6 Vgl. *Oetgen* (2003), http://www.afip.org/Departments/legalmed/legmed2003/Oetgen.pdf [01.09.2005].

7 Vgl. *Capgemini Ernst & Young* (2003), S. 24.

8 Vgl. *Harms/Drüner* (2003a), http://www.medizin-2000.de/pharmaoekonomie/texte/profis/pt/2003/dtc1.html [01.09.2005]. 88 % der Patienten, die den Arzt auf ein bestimmtes Medikament ansprechen, leiden entweder an der Erkrankung oder sind noch nicht identifizierte Risikopatienten. Vgl. *Harms* (2003), S. 213.

9 Vgl. *PhRMA* (2003), S. 29.

Während Umfragen die Erinnerungswirkung von DTC-Kampagnen bestätigen, und diese aus Sicht der Konsumenten nützliche Informationen enthalten sowie die Compliance fördern, zeigen andere Untersuchungen, dass die patientenorientierten Marketingaktivitäten bei der Mehrzahl nicht zu einem höheren Wissensstand über den in der Kampagne beschriebenen Gesundheitszustand und das angeführte Pharmakon führen.[1] Gleichzeitig wird bemängelt, dass die Verbraucher nicht ausreichend über die Nebenwirkungen und weitere Informationsquellen aufgeklärt und Medikamente auf Grund der Werbung als wirkungsvoller, als diese tatsächlich sind, wahrgenommen werden.[2] Kritiker befürchten das **Ausnutzen von Wissenslücken der Bevölkerung**, um Produktrisiken und unerwünschte Nebenwirkungen zu verschleiern.[3] Ein weiterer Kritikpunkt ist, dass das DTC-Marketing nur in den wenigsten Fällen dazu führt, dass Patienten die nicht vom Arzneimittel abhängigen Elemente einer Therapie, wie z. B. Diät oder Stress-Management, im Rahmen ihres Lebensstil ändern.[4]

Zudem besteht die Gefahr der negativen Auswirkung auf das Verschreibungsverhalten der Ärzte.[5] Konsumenten mit aus den DTC-Maßnahmen bezogenen detaillierten Produktvorstellungen suchen den Arzt auf und verlangen eine Verschreibung des in der Regel neuartigen und unter Umständen auch kostenintensiveren Produktes, obwohl eine kostengünstigere gleich wirksame Alternative existiert.[6] Kommt der Arzt dem Patientenwunsch nicht nach, wandert der Patient zu einem anderen Arzt ab.[7] Auch wenn die Umwerbung eines Medikaments in den USA zu **mehr Arztbesuchen, Untersuchungen und Verschreibungen** führt, muss diese Tendenz allerdings nicht per se negativ sein, wenn durch die vermehrte Verschreibung des Arzneimittels kostenintensive Erkrankungen geheilt oder verhindert werden und die Mehrkosten für das Pharmakon unter den potenziellen Folgekosten der verhinderten Erkran-

---

1 Vgl. *Oetgen* (2003), http://www.afip.org/Departments/legalmed/legmed2003/Oetgen.pdf [01.09.2005]; *PhRMA* (2003), S. 14; *Kaiser Family Foundation* (2001), S. 7; *Morris et al.* (1986).

2 Vgl. *Hillman* (2001), S. 24; *Schweitzer* (1997), S. 57.

3 Vgl. *Hillman* (2001), S. 22.

4 Vgl. *Nikelly* (1999).

5 Vgl. *Spurgeon* (1999); *Schweitzer* (1997), S. 57.

6 Vgl. *Oetgen* (2003) http://www.afip.org/Departments/legalmed/legmed2003/Oetgen.pdf [01.09.2005]; *Wilkes/Bell/Kravitz* (2000). Zu den Handlungsoptionen der Ärzte bei Patientenanfragen hinsichtlich spezifischer Medikationen, die durch Werbung beeinflusst wurden vgl. *Kravitz* (2000), S. 2244. Zudem müssen die Ärzte mehr Zeit investieren, um die Patienten über die beworbenen Arzneimittel aufzuklären. Vgl. *Oetgen* (2003), http://www.afip.org/Departments/legalmed/legmed2003/Oetgen.pdf [01.09.2005].

7 Vgl. *Wilkes/Bell/Kravitz* (2000). In einer Untersuchung gaben 25 % der Befragten an, sie würden das Rezept von einem anderen Arzt holen, wenn sie das beworbene und von ihnen geforderte Präparat nicht verschrieben bekommen würden. 15 % würden den Arzt wechseln. Vgl. *Bell/Kravitz/Wilkes* (1999). In 50-80 % der Fälle ist davon auszugehen, dass der Arzt das vom Patienten gewünschte Medikament auch tatsächlich verschreibt. Vgl. *Harms/Drüner/Rohmann* (2002), S. 203; *Baur et al.* (2002), S. 46 f.

kung liegen.[1] Zudem geht die Mehrheit der Ärzte davon aus, dass DTC-Maßnahmen für den Patienten von Nutzen sind und das Verständnis zwischen Arzt und Patient bzw. Patient und Erkrankung positiv beeinflussen.[2]

Als problematisch erweisen sich DTC-Aktivitäten bei älteren Personen (60 Jahre und älter), bei Personen mit niedriger Bildung und bei einkommensschwachen Verbrauchern. Diese beziehen weniger Informationen aus den patientengerichteten Marketingmaßnahmen als jüngere Personengruppen und tendieren zudem zu einem geringeren Informationsaustausch über die medikamentöse Behandlung mit dem Arzt oder Apotheker. Hieraus resultiert die Gefahr einer Informationslücke hinsichtlich der medikamentösen Behandlung.[3] Vor allem ältere Personengruppen, die überdurchschnittlich viele verschreibungspflichtige Medikamente beziehen, können somit nicht von den DTC-Aktivitäten profitieren.[4]

Auch wenn bei diesen Patientengruppen die positiven Auswirkungen der DTC-Kampagnen fragwürdig erscheinen, bedeutet dies letztendlich aber keinen Nachteil für Personen mit einem geringen Bildungsniveau oder niedrigem Einkommen bzw. für ältere Personen. Im Gegensatz dazu müssen aber für jüngere Verbraucher die **positiven Effekte des DTC-Marketing** hervorgehoben werden, wie z. B. die vermehrte Suche nach Arzneimittelinformationen und Therapieoptionen und die intensivere Diskussionen über die medikamentöse Behandlung oder Therapien mit dem Arzt. Patienten werden durch die Werbung dazu angeregt, den Arzt auf ihre Beschwerden anzusprechen, nach arztunabhängigen gesundheitsbezogenen Informationen zu suchen und die Therapieentscheidung aktiv zu beeinflussen.[5] Insofern fördert das DTC-Marketing die Entwicklung des Verbrauchers zum mündigen Patienten und verdeutlicht

---

1 Vgl. *PhRMA* (2002); *Hillman* (2001), S. 24; *Schweitzer* (1997), S. 57. Zu der überdurchschnittlichen Zunahme der DTC-beworbenen verschreibungspflichtigen Medikamente vgl. ausführlich *Findlay* (2000), http://www.nihcm.org/DTCbrief.pdf [01.09.2005]. Eine Studie des *National Institute for Health Care Management Research and Education* (*NIHCM*) zeigt, dass die fünfzig am meisten beworbenen Arzneimittel mittels DTC-Marketing für 48 % der Ausgabensteigerungen für Arzneimittel verantwortlich zeichnen. Die ca. 9.850 weiteren verschreibungspflichtigen Medikamente in den USA waren für die restlichen 52 % des Anstiegs verantwortlich. Die „Top 50- Arzneimittel" verursachten 2000 ungefähr 31 % der gesamten Ausgaben für verschreibungspflichtige Medikamente. Vgl. *Macron* (2001), http://preventdisease.com/news/articles/drug_ads_linked_to_spending.shtml [01.09.2005].

2 Vgl. *Harms* (2003), S. 213; *PhRMA* (2002). Zur Akzeptanz des DTC aus Ärztesicht in den USA vgl. ausführlich *Duckwitz/Yuan* (2002), http://www.pharmexec.com/pharmexec/article/articleDetail.jsp?id=29973 [01.09.2005].

3 Vgl. *Dierks/Martin/Schienkiewitz* (2001), S. 95 f.

4 Vgl. *Foley/Gross* (2000), http://assets.aarp.org/rgcenter/health/2000_04_advertising.pdf [01.09.2005].

5 Vgl. *Hillman* (2001), S. 24.

damit die Bedeutung des Direct-to-Consumer-Marketing als kritischen Erfolgsfaktor des PRM.[1]

2.4.2.3.2. Werbung bei verschreibungspflichtigen Medikamenten

Werbung ist eines der ältesten Marketing-Instrumente überhaupt, dessen Ursprünge bis in das Mittelalter, teilweise bis zur Antike zurückreichen.[2] *Meffert* definiert Werbung als einen kommunikativen „... Beeinflussungsprozeß mit Hilfe von (Massen-) Kommunikationsmitteln in verschiedenen Medien, der das Ziel hat, beim Adressaten marktrelevante Einstellungen und Verhaltensweisen im Sinne der Unternehmensziele zu verändern."[3] Neben der Bekanntmachung eines Produktes soll die Werbung die Konsumenten von den Produktvorzügen überzeugen.[4] Ziel ist die Aufnahme des Produktes in das Evoked Set der Verbraucher und das Auslösen von Impulsen zur Leistungsinanspruchnahme.[5] Oftmals dient die Werbung auch dem Abbau kognitiver Dissonanzen bei problematischen Entscheidungen hinsichtlich der Leistungsinanspruchnahme.[6] Zudem hat die Werbung den Aufbau eines positiven Unternehmensimage zu unterstützen und sowohl bei potenziellen Erstverwendern als auch bei einer wiederholten Leistungsinanspruchnahme eine Bestätigungs- und Habitualisierungsfunktion zu erfüllen.[7]

Grundsätzlich wird die Freiheit der Werbung von Artikel 2 des Grundgesetzes geschützt.[8] Die Möglichkeiten zur Werbung sind aber auf dem Pharmamarkt durch Gesetze, Verordnungen und privatwirtschaftliche Selbstbeschränkungen begrenzt. Vor allem das Heilmittelwerbegesetz (HWG) findet hierbei Anwendung.[9] Auch wenn der Begriff „Werbung" im HWG nicht

---

1 Vgl. *Stock/Pfahlert* (2001), S. 190.

2 Vgl. *Becker* (2002), S. 565.

3 *Meffert* (2000), S. 712. Vgl. hierzu auch *Nieschlag/Dichtl/Hörschgen* (2002), S. 989; *Tscheulin/Helmig* (2000), S. 222. Zu den Zielen der Werbung, die in der Regel in ökonomische und außerökonomische Ziele klassifiziert werden vgl. *Nieschlag/Dichtl/Hörschgen* (2002), S. 1059 ff.; *Hüttner/Pingel/Schwarting* (1994), S. 220 f. Zu den verschiedenen Arten der Werbung vgl. *Behrens* (1976), S. 14.

4 Vgl. *Meffert/Schürmann* (1994), S. 991.

5 Vgl. *Meffert/Schürmann* (1994), S. 1000 ff.

6 Vgl. *Bruhn* (2003a), S. 280.

7 Vgl. *Meffert/Bruhn* (2003), S. 451.

8 Vgl. *Walter* (2002), S. 167.

9 Darüber hinaus kommen neben dem AMG auch die Selbstbeschränkungen der Wirtschaftsverbände zum Tragen: der Kodex des *BPI*, die Grundsätze des *VFA* bei der Zusammenarbeit mit Patienten-Selbsthilfegruppen und die Bestimmungen des auf Initiative des *VFA* gegründeten Vereins *Freiwillige Selbstkontrolle für die Arzneimittelindustrie e. V.* Zur freiwilligen Selbstkontrolle der pharmazeutischen Industrie vgl. auch *Grusa* (2004), S. 24. Zu den für die Hersteller-Patienten-Beziehung relevanten Paragrafen des AMG vgl. § 9 (Verantwortliche für das Inverkehrbringen), § 10 (Kennzeichnung der Fertigarzneimittel), § 11 (Packungsbeilage), § 11a (Fachinformation), § 12 (Ermächtigung für die Kennzeichnung und die Packungsbeilage), § 47 (Musterregelungen) und § 64 (Durchführung der Überwachung).

explizit definiert wird, lassen sich hierunter Maßnahmen zur Information, zur Marktuntersuchung und zur Schaffung von Anreizen subsumieren, die das Ziel haben, den Absatz von Arzneimitteln zu fördern.[1] **Patientengerichtete Werbung für verschreibungspflichtige Medikamente** ist nach den Regelungen des HWG – zum Schutze des Verbrauchers – **nicht gestattet** und nur bei Angehörigen bestimmter medizinischer Fachkreise[2] zulässig.[3] Hierzu zählen Ärzte, Zahnärzte, Tierärzte, Apotheker und Personen, die mit diesen Arzneimitteln Handel treiben.[4]

Lediglich die reine **Vertrauenswerbung** (die so genannte Image- oder Unternehmenswerbung) ohne den Bezug auf ein bestimmtes Produkt, **fällt nicht unter die Bestimmungen des HWG** und ist zulässig.[5] Imagewerbung liegt vor, wenn das Unternehmen mit seinem Unternehmensnamen um Vertrauen wirbt oder seine Erfolge darstellt, und das Produkt nicht selbst beworben wird, z. B. durch die Veröffentlichung von Forschungsergebnissen oder durch Hinweise auf Umweltschutzmaßnahmen.[6] Des Weiteren sind Kampagnen möglich, die die Öffentlichkeit über ein spezifisches Krankheitsbild, die Krankheitsursachen und den Krank-

---

1 Vgl. *Rolfes* (2003), S. 22; *Borowy* (2003), S. 66; *Walter* (2002), S. 170; *Harms/Langhein/Beske* (2000a), S. 36; *Engler/Geserich/Räpple/Rieger* (2000), S. 3; *Hohensohn* (1998), S. 131.

2 Zu den medizinischen Fachkreisen gehören Angehörige der Heilberufe, wie Ärzte, Zahnärzte, Tierärzte, Apotheker, Heilpraktiker, Angehörige von Heilhilfsberufen (Krankenschwestern, Masseure) und Angehörige von Einrichtungen, die der Gesundheit dienen (z. B. Krankenanstalten, Gesundheitsämter oder Veterinärämter). Außerdem sind diesem Begriff Personen zu subsumieren, die mit Arzneimitteln Handel betreiben (Apotheker, Großhändler, Drogisten und andere Einzelhändler, die Arzneimittel in Ausübung ihres Berufs anwenden (z. B. Optiker, Fußpfleger, Kosmetiker). Vgl. *Walter* (2002), S. 170.

3 Vgl. *Engler/Geserich/Räpple/Rieger* (2000), S. 6.

4 Vgl. *Borowy* (2003), S. 65; *Dieners* (2001), S. 119; *Doepner/Reese* (2001). Vgl. hierzu auch § 10 Abs. 1 HWG. Grundsätzlich muss bei Werbe- bzw. Kommunikationsmaßnahmen neben der Gewerbeordnung (GewO) und den Landespressegesetzen das Gesetz gegen unlauteren Wettbewerb (UWG) beachtet werden, d. h. die zivilrechtliche Beurteilung der Heilmittelwerbung erfolgt durch das UWG. Ein wesentliches Ziel des UWG ist es, werbliche Aktivitäten, die gegen die gute Sitten verstoßen und eventuell auch als sittenwidrig angesehen werden können, nach § 1 UWG zu unterbinden. Vgl. *Mayer* (1996), S. 58 f. Die Literatur und Rechtsprechung geht davon aus, dass bei einem Verstoß gegen das HWG zugleich einen Verstoß gegen § 1 UWG vorliegt. Vgl. *Becker* (1992), S. 11. Zum UWG vgl. ausführlich *Heil* (2002), S. 193 ff.; *Engler/Geserich/Räpple/Rieger* (2000), S. 57 ff.

5 Vgl. *Rolfes* (2003), S. 22; *Dieners* (2001), S. 121; *Engler/Geserich/Räpple/Rieger* (2000), S. 12; *Hohensohn* (1998), S. 131. Zu einem umfangreichen Verbotskatalog für die Publikumswerbung auf Grund mangelnder Sachkenntnis und emotionaler Beeinflussbarkeit der Patienten vgl. *Doepner/Reese* (2001); *Engler/Geserich/Räpple/Rieger* (2000), S. 45 f. Verboten sind u. a. Werbung mit Gutachten oder fachliche Veröffentlichungen, Aussagen die Angstgefühle hervorrufen und ausnutzen, Abgabe von Mustern und Proben, Nennung von Referenzverwendern, fremdsprachliche Bezeichnungen oder die Wiedergabe von Krankheitsgeschichten. Vgl. *Borowy* (2003), S. 65; *Walter* (2002), S. 181; *Dieners* (2001), S. 121; *Becker* (2000), S. 59; *Harms/Langhein/Beske* (2000a), S. 36 f. Vgl. hierzu auch § 11 HWG. Ferner ist die Werbung für Heilmittel bei bestimmten schwerwiegend erscheinenden und häufig auftretenden Krankheiten verboten. Vgl. *Walter* (2002), S. 182 f.; *Dieners* (2001), S. 119 f.; *Doepner/Reese* (2001). Vgl. hierzu auch § 12 HWG.

6 Schließt der Betrachter aber auf Grund der Nennung des Firmennamens auf ein bestimmtes Produkt, so gelten wieder die Vorschriften des HWG. Vgl. *Schnorbus* (1995).

heitsverlauf informieren.[1] Es ist den pharmazeutischen Unternehmen somit erlaubt, mit seinem Unternehmensnamen gezielt Indikationen zu bewerben, so lange diese unparteiisch und wissenschaftlich fundiert die Erkrankung reflektieren.[2]

Die gesetzlichen Vorgaben führen dazu, dass es sich bei der Werbung eines pharmazeutischen Unternehmens hinsichtlich der verschreibungspflichtigen Medikamente durch die Beschränkung auf die Imagewerbung letztendlich um eine Art Öffentlichkeitsarbeit handelt, da primär nicht mehr die Absatzorientierung, sondern die Vertrauensbildung und der Imageaufbau im Vordergrund stehen.[3] Nicht nur der Hersteller von Arzneimitteln wird dadurch eingeschränkt (Right of Commercial Speech), sondern auch das **Recht des Verbrauchers beschnitten**, sich aus allgemein zugänglichen Quellen ungehindert informieren zu können (Art. 5 Abs. 1 GG) sowie den Anspruch auf Aufklärung hinsichtlich Gesundheitsrisiken und Heilungschancen wahrnehmen zu können (Art. 2 Abs. 2 GG).[4] Das HWG setzt der Publikumswerbung enge Grenzen, da bestimmte Werbeinhalte per se als unzulässig gelten – unabhängig vom Wahrheitsgehalt und von konkreten Gesundheitsverfahren im Einzelfall. Bestimmte Aussagen werden auf Grund eines immanenten Gefährdungspotenzials untersagt. Weite Bereiche der produktspezifischen Informationen zu Arzneimitteln bleiben dem Verbraucher somit versperrt.[5]

Allerdings ist eine **imagebezogene Kommunikation** nicht wirkungslos. Sie erhöht den Bekanntheitsgrad von Leistungsprogramm und Unternehmen und den diesbezüglichen Aufmerksamkeitsgrad. Zudem lassen sich durch vertrauensbildende Maßnahmen Unterstützungspotenziale bei den Patienten aufbauen und die Beziehungsentwicklung fördern.[6] Ein positives Image bietet den Patienten einen Orientierungsrahmen in der Informationslandschaft, fördert

---

1 Vgl. *Hardt/Müller/Schüler* (2002), S. 77. Zu Beispielen vgl. *Becker* (1992), S. 90 ff.
2 Vgl. *Harms/Grosse-Wichtrup* (2000b), S. 206.
3 Vgl. *Bürger* (2003), S. 315; *Nieschlag/Dichtl/Hörschgen* (2002), S. 994 f. Zur Öffentlichkeitsarbeit siehe Kapitel 2.4.2.6.1.
4 Vgl. *Stoll* (2004), S. 101; *Engler/Geserich/Räpple/Rieger* (2000), S. 6 f.
5 Hinsichtlich der Verpackung und Packungsbeilage sind nur sachliche Produkt- und Gebrauchsinformationen einschließlich der vorgeschriebenen Pflichtangaben gestattet. Zusätzlich sind nur Angaben möglich, die mit der Verwendung des Arzneimittels im Zusammenhang stehen und die für die gesundheitliche Aufklärung wichtig sind. Eine Packungsbeilage hat allein Gebrauchsinformationen nach § 11 AMG zu enthalten. Zu gegensätzlichen Urteilen, ob eine der Packungsbeilage zusätzlich beigefügte Werbebroschüre gegen § 4a HWG (Unzulässigkeit, in der Packungsbeilage eines Arzneimittels für andere Arzneimittel oder andere Mittel zu werben) verstößt, vgl. *Meisterernst* (2002); *o. V.* (2000b), S. 323 ff. Obwohl der Verbraucher beispielsweise die Packungsbeilage erst nach Erwerb wahrnehmen kann, wird das Verbot von Werbung mit ihrer Eignung begründet, Nachkäufe oder die Empfehlung eines Arzneimittels gegenüber Dritten zu fördern. Vgl. *Doepner/Reese* (2001). Zu einem Überblick über das HWG vgl. *Borowy* (2003), S. 64 ff.; *Engler/ Geserich/Räpple/Rieger* (2000), S. 5 ff.
6 Vgl. *Wiedmann* (1992), S. 164.

den Aufbau von Vertrauen in die Unternehmung und reduziert entsprechend die Komplexität aus Sicht des Patienten.[1]

Durch die imagebezogenen Kommunikationsmaßnahmen auf Unternehmens- und Indikationsebene können somit durch eine **positive Wirkung auf die Einstellung der Patienten** hinsichtlich des Unternehmens, seinen Zielen, Leistungen und Verhaltensweisen eine Nähe zum Patienten und die Sicherung einer langfristigen Loyalität erzielt werden.[2] Des Weiteren ist bei einer Neukundenakquisition durch Aufklärungskampagnen mit Komponenten der Vertrauenswerbung zu erwarten, dass der Patient den Arzt auf die Erkrankung anspricht und bei vorliegender Indikation die Verschreibung des Präparats von der Unternehmung erreicht, von der die Aufklärungskampagne initiiert wurde. Die Kommunikation der Unternehmensmarke bei ethischen Präparaten als „Klammer" für das Produktportfolio kann somit wichtige Funktionen des Unternehmens vermitteln und dazu führen, dass sich Unternehmensmarke und Produktmarke gegenseitig aufladen.[3]

Da die Trennung zwischen objektiv und neutral gehaltenen Sachinformationen auf der einen und werblichen Anpreisungen klassischer Prägung auf der anderen Seite vom Gesetzgeber nicht explizit geregelt wird, eröffnen sich aber auch **Möglichkeiten patientenbezogener Kommunikationsmaßnahmen** bei verschreibungspflichtigen Medikamenten. Beispielsweise können Äußerungen Dritter über verschreibungspflichtige Arzneimittel auf einer Homepage des Pharmaunternehmens in einem Diskussionsforum strukturiert veröffentlicht werden. Eine produktspezifische Absatzwerbung – sofern keine Selektion der Teilnehmerbeiträge vorgenommen wird – würde in diesem Fall nicht vorliegen. Ebenso fällt das Veröffentlichen des

---

1 Vgl. *Raffée/Wiedmann* (1989), S. 672.
2 Zu Beispielen der imagebezogenen Kommunikation vgl. *Becker* (2000), S. 167 f.
3 Vgl. *Prill* (2004), S. 32. Zur Steigerung der Glaubwürdigkeit sollten die Werbemaßnahmen in Kooperation mit Non-Profit-Organisationen, wie z. B. Verbraucher- oder Ärzteorganisationen, durchgeführt werden. Darüber hinaus empfiehlt sich die Einrichtung semineutraler Kommunikationsplattformen, wie z. B. Informationsbüros oder Initiativen, die über der gesamten Kampagne stehen und auf Informationsaktionen, Hotlines und Services aufmerksam machen. Über diese Kommunikationsplattform lassen sich Anzeigen und/oder Werbespots in der Laienpresse schalten, ohne gegen das HWG zu verstoßen. Vgl. *Hardt/Müller/Schüler* (2002), S. 77. Eine Möglichkeit, indirekt einen produktspezifischen Bezug herzustellen, kann im Rahmen von OTC-Werbekampagnen realisiert werden. Hier ist eine patientengerichtete Werbung gestattet. Vgl. *Bletzer* (1998), S. 127. Verfügt das pharmazeutische Unternehmen über ein OTC-Präparat für dasselbe Indikationsgebiet wie das ethische Präparat (z. B. Schmerzbekämpfung), kann dieses mit dem Ziel beworben werden, über die von den Patienten wahrgenommene Kompetenz auf dem Indikationsgebiet einen Imagetransfer auf das ethische Produkt zu erzielen. Vgl. *Prill* (2004), S. 32; *Becker* (1992), S. 41. Imagekampagnen werden oftmals sowohl im TV oder in Printmedien als auch im Internet integriert durchgeführt. *Pfizer* nutzte beispielsweise für das verschreibungspflichtige Medikament *Viagra* gegen erektile Dysfunktion neben einer Imagekampagne im Fernsehen mit dem Fußballstar *Pelé* den Internetauftritt. In Publikumanzeigen, z. B. von *Knoll* zum verschreibungspflichtigen Präparat *Reductil* oder *Sortis* von *Pfizer*, wurde auf weitere Informationen im Internet hingewiesen. Vgl. *Homburg/Sieben/Dietz* (2002b), S. 128.

Beipackzettels im Internet ohne jegliche Kommentierung nicht unter die produktspezifische Absatzwerbung. Das Erwähnen des Produktnamens im allgemeinen Kontext einer Interaktion mit dem CCC – gegebenenfalls unter Nennung von Konkurrenzprodukten führt ebenfalls nicht automatisch zu einem Publikumswerbeverbot durch das HWG.[1]

Darüber hinaus gestattet das HWG die Beantwortung konkreter Anfragen zu einem verschreibungspflichtigen Medikament und ermöglicht das Bereitstellen von Informationen, die für Jedermann im Internet zugänglich sind, solange sichergestellt ist, dass nur **vorinformierte Kunden** an diese Information gelangen können.[2] Eine Möglichkeit wäre beispielsweise die Identifikation der Patienten mittels einer Chargennummer der Arzneimittelverpackung (z. B. *Xenical* von *Roche*). Der Zusammenschluss mehrerer Unternehmungen zum Zweck der Patienteninformierung – beispielsweise in Form eines Sponsorings neutraler Informationsstellen – könnte zudem die Informationsabsicht unterstützen und das Risiko verringern, dass die Informationen als werbliche Maßnahmen wahrgenommen werden.[3]

Die derzeitig gültigen rechtlichen Rahmenbedingungen verdeutlichen das in der Politik vorherrschende Bild vom passiven und in einem Abhängigkeitsverhältnis stehenden Patienten entsprechend der paternalistischen Arzt-Patient-Beziehung, der vor den werblichen Aktivitäten gewinnorientierter Pharmaunternehmen geschützt werden muss.[4] Dass dem nicht so ist, belegt beispielsweise eine Umfrage der *Health on the Net Foundation*, in der 78 % der Befragten angaben, Informationen aus dem Internet zu beziehen, die eigentlich für medizinische Experten hinterlegt sind, da ihnen die **angebotenen Informationen nicht detailliert** genug

---

[1] Vgl. *Hanika* (2004), S. 25 f. *Novartis* bietet den Patienten auf der Homepage die Möglichkeit, die Beipackzettel anzuschauen. Vgl. *Novartis* (2005), http://www.novartispharma.de/medikamente/wpd/index.shtml?highLight-Left=10 [01.09.2005]. Zur rechtlichen Begründung für die rechtmäßige Veröffentlichung des Beipackzettels im Internet vgl. auch *Stoll* (2004), S. 102 ff.; *Reese* (2004), S. 270.

[2] Vgl. *Scheef/Birkenhäger* (2004), S. 169.

[3] Ein Beispiel ist das Internetportal www.diabetes-world.de, bei dem *Roche* und *Aventis* die Trägerschaft übernehmen. Vgl. *Diabetes-World* (2005), http://www.diabetes-world.net/de/25811 [01.09.2005]. Zu Internetportalen siehe Kapitel 2.4.2.3.3. Allerdings bewegen sich die Unternehmen durch die Abgrenzungsproblematik zwischen Information und Werbung oft in einer rechtlichen Grauzone. Vgl. *Roth* (2002), S. 15. Beispiele für die Gratwanderung der pharmazeutischen Industrie sind die Vermarktung der verschreibungspflichtigen aber nicht erstattungsfähigen Produkte *Reductil* (Schlankmacher) und *Viagra*. Die Werbemaßnahme zu *Reductil* wurde auf Grund einer nahezu unmittelbaren Bewerbung des Präparats mit der Begründung der Abbildung der Firmenlogos *Knoll* und *BASF* untersagt. Hier wurden nach Aussage des Gesetzgebers erlaubte Imagewerbung und erlaubte mittelbare Bewerbung der Indikation kombiniert. Im Gegensatz dazu enthielt auch die *Viagra*-Kampagne das *Pfizer*-Logo und wurde nicht untersagt. Begründung war die in der Zielgruppe bis dahin nicht oder nur gering vorhandene konnotative Zuordnung von Produkt- und Unternehmensmarke. Zu weiteren Beispielen von DTC-Kampagnen in der EU vgl. *Harms/Drüner* (2003d), S. 231 f. Zu ausgewählten BGH-Urteilen seit 1970 und zu deren Kritik vgl. *Doepner/Reese* (2001).

[4] Vgl. *Harms/Langhein/Beske* (2000a), S. 35; *Hohensohn* (1998), S. 133.

erscheinen.[1] Auch der Europäische Gerichtshof legt in seinen Urteilen einen mündigen Verbraucher zu Grunde, der Informationen bewusst und eigenverantwortlich aufnehmen und bewerten kann. Diese Betrachtungsweise unterscheidet sich deutlich von dem bisherigen Bild des leichtgläubigen Durchschnittsverbrauchers.[2]

Es ist äußerst fraglich, inwieweit die althergebrachten Regelungen mit der in der Politik oftmals **propagierten Förderung der Selbstverantwortung** des Patienten in Einklang zu bringen sind. Auch wenn Entwicklungstendenzen zum mündigen Patienten nicht mehr zu verleugnen sind, führten die Diskussionen um eine Liberalisierung der rechtlichen Rahmenbedingungen auf europäischer und nationaler Ebene bislang zu keiner Lösung.[3] Ob die geltenden Regelungen noch zeitgemäß sind, wird aktuell weniger anhand objektiver Tatsachen, sondern eher auf Basis interessengeleiteter Argumentationen unterschiedlicher Anspruchsgruppen diskutiert, die die Liberalisierung als direkten Angriff auf ihren originären Aufgabenbereich ansehen und diese mit dem vorgeschobenen Argument „zum Schutze des Verbrauchers" verhindern wollen.

Die gestiegene Eigenverantwortung und Eigenbeteiligung sowie das erhöhte Informationsbedürfnis des Patienten und die daraus resultierende aktive Einbindung und Vorsorge, Behandlung und Therapie lassen derartige Aussagen zumindest zweifelhaft erscheinen. Der Patient hat ein **Recht auf Information und Markttransparenz** und damit auf informative Werbung, welche Behandlungsmethoden zu welchen Preisen auf dem Markt angeboten werden.[4] Darüber hinaus können die restriktiven gesetzlichen Rahmenbedingungen in der EU aktiv durch den Patienten umgangen werden, indem benötigte Informationen von ausländischen, z. B. von US-amerikanischen Internetseiten aufgerufen werden.[5] So wäre es für ein Unternehmen ein

---

1 Vgl. *Hautzinger* (2003), S. 157.

2 Vgl. *Kunz* (2001), S. 202.

3 Das EU-Parlament hat 2002 erweiterte Werbemöglichkeiten für die Hersteller rezeptpflichtiger Arzneimittel abgelehnt. In dem Richtlinienentwurf der EU-Kommission (Amtsblatt Nr. C 075 E vom 26/03/2002 S. 0216 - 0233) sollte Öffentlichkeitswerbung in einer fünfjährigen Testphase zunächst für die Indikationen Aids, Asthma und Diabetes zugelassen werden. Vgl. *DMSG* (2003), http://www.dmsg.de/index.php?kategorie=rechtsfragen&cnr=14&anr=514 [01.09.2005]. Die Europäische Kommission für pharmazeutische Angelegenheiten (*EC Commission's Pharmaceutical Committee*) gestattet es den Pharmaunternehmen lediglich, ausgewählte, inhaltlich korrekte und ausgewogene sowie mit den zugelassenen Gebrauchs- und Fachinformationen übereinstimmende Produktinformationen im Internet zu hinterlegen. Vgl. *Stoll* (2004), S. 102; *Harms/Drüner* (2003d), S. 234; *Schüler/Raming* (2002), S. 263; *Harms/Bruckscli/Drüner/Rohmann* (2001b), S. 86.

4 Vgl. *Harms/Langhein/Beske* (2000b), S. 70. Zudem wird der Berücksichtigung von Wahrheit, Klarheit und Sachlichkeit bei einer Werbung für medizinische Dienstleistungen mit dem Irreführungsverbot des HWG Rechnung getragen (§ 3 HWG). Vgl. *Walter* (2002), S. 172; *Harms/Langhein/Beske* (2000b), S. 71.

5 Vgl. *Stoll* (2004), S. 104; *Pfahlert/Fürst* (2003), S. 406; *Schüler/Raming* (2002), S. 262 f.; *Doepner/Reese* (2001); *Kunz* (2001), S. 205; *Harms/Grosse-Wichtrup* (2000b), S. 204; *Harms/Langhein/Beske* (2000b),

leichtes, über eine Eingangsseite („Intro-Site") eine so genannte „Doorpage" einzurichten, von der der Nutzer auf die speziell auf die einzelnen Länder ausgerichteten „Sub-Pages" gelangen kann. Ein Hinweis darauf, dass die jeweilige Seite nur dem Recht des jeweiligen nationalen Marktes genügt, reicht aus.[1] Es ist zu erwarten, dass durch die Informationsübermittlung und die Kommunikation über das Internet bestehende nationale Rahmenbedingungen zwangsläufig liberaler ausgelegt werden müssen, da sie langfristig durch das Internet ausgehebelt werden.[2]

2.4.2.3.3. Internetportale als neue Form des Beziehungsmanagement

Eine hohe Bedeutung weisen die Möglichkeiten der Multimediakommunikation für das PRM auf.[3] Vor allem dem **Internet** als eine Form der Multimediakommunikation, „... das zu *dem* Symbol der Informationsgesellschaft geworden ..."[4] ist, kommt im Rahmen des PRM eine wesentliche Bedeutung zu.[5] Mittlerweile (2004) nutzen 33,9 Millionen Deutsche das Internet.[6] Gesundheitsinformationen sind die am häufigsten nachgefragten Informationen im Internet, wobei sich ca. 30-40 % der Internetinhalte auf medizinische Sachverhalte beziehen.[7] 80 % der Patienten, die nach Gesundheitsinformationen suchen, interessieren sich auch für Informationen über Medikamente.[8] Vor allem chronisch Kranke nutzen das Internet zur Suche

---

S. 70; *Fink-Anthe* (2000), S. 227; *Teyke/Schopen* (1999), S. 199. Ein Beispiel ist die Werbekampagne für das verschreibungspflichtige Präparat *Zyban* (Raucherentwöhnung), die unter http://www.zyban.com auch in Staaten angesehen werden konnte, bei denen die Werbung für ethische Pharmazeutika verboten ist. Zu einem weiteren Beispiel (*Taxol*, Chemotherapie) vgl. auch *Unger* (2003), S. 234 f.

1 Vgl. *Weimer* (2003), S. 235. Hyperlinks unterliegen ebenfalls dem HWG. Bei Verwendung von Hyperlinks auf der unternehmenseigenen Homepage kann das Haftungsrisiko nach § 5 TDG durch einen entsprechenden Hinweis auf den Haftungsausschluss für Inhalte von Websites dritter Anbieter ausgeschlossen werden. Vgl. hierzu ausführlich *Weimer* (2003), S. 236.

2 Zum Werberecht im Internet, insbesondere zum Herkunftslandprinzip, bei dem die Werbemaßnahmen im Einklang mit dem Recht des Staates zu stehen haben, in dem das Unternehmens seinen Sitz hat, vgl. ausführlich *Rolfes* (2003), S. 16 ff.; *Heil* (2002), S. 189 ff.; *Kunz* (2001), S. 205. Zu einer Analyse des Reformbedarfs des Heilmittelwerbegesetzes aus Sicht der verschiedenen Anspruchsgruppen des Gesundheitswesens vgl. ausführlich *Harms/Langhein/Beske* (2000a); *Harms/Langhein/Beske* (2000b).

3 *Bruhn* subsumiert unter Multimediakommunikation „... die zielgerichtete, systematische Analyse, Planung, Organisation, Durchführung und Kontrolle sämtlicher Maßnahmen [...], die dazu dienen, durch die Absendung von Botschaften mittels elektronischer Medien mit dem Kunden entsprechend seinen individuellen Bedürfnissen in Interaktion zu treten und Kommunikationsziele des Unternehmens zu realisieren." *Bruhn* (2003a), S. 319. Zu den unterschiedlichen Formen der offline- und online-Multimediakommunikation vgl. ausführlich *Jehle* (2001), S. 241 ff.; *Riehm/Wingert* (1996), S. 9.

4 *Bickenbach/Maye* (1997), S. 80 (Hervorhebung im Original). Zur Entstehung und Entwicklung des Internet vgl. *Bauer/Leach/Grether* (1998), S. 21 f.

5 Vgl. *Belser* (2001), S. 139 f.

6 Vgl. *Hebenstreit/Schug/Güntert* (2002), S. 34.

7 Vgl. *Pfeiffer* (2002), S. 114; *Preuß* (2002), S. 59.

8 Vgl. *Mayer* (2004), S. 324.

nach Spezialisten, alternativen Therapien und Heilmitteln.[1] Der Anteil der chronisch Kranken an den Nutzern von Online-Gesundheitsangeboten beträgt ca. 35 %.[2]

Das Internet ermöglicht durch die Verknüpfung multimedialer, interaktiver[3] und problemorientierter Informationsangebote eine **neue Form des Beziehungsmanagement**.[4] Durch die von Patienten getätigten Abfragen werden die ständig aktualisierbaren und verfügbaren sowie kostengünstig beziehbaren Informationen unabhängig von der räumlichen und zeitlichen Distanz selektiert und bereitgestellt.[5] Die Reduktion der Übermittlungszeiten von Informationen durch das Internet führt zu einer Beschleunigung der Prozesse und trägt damit im Rahmen der Patientenkommunikation zur Effizienzsteigerung und Prozessoptimierung bei.[6] Zudem eröffnen sich durch die individuelle Informationsselektion und der daraus resultierenden Kombination aus den Elementen der Massenkommunikation (insbesondere Massenverfügbarkeit) und den Vorzügen der individuellen Direktkommunikation (Spezifiziertheit, Relevanz, Aktualität der Information) Möglichkeiten zur Massenindividualisierung des Leistungsangebots und damit zur Steigerung des Patientenwerts und der Loyalität des Patienten.[7] Auf Grund der Entwicklung des Internet als Medium für Informationsaustausch, Kommunikation, Handel und Werbung seit Mitte der 90er Jahre wird in der wissenschaftlichen Diskussion von einem Paradigmenwechsel vom Ausmaß der zweiten industriellen Revolution gesprochen.[8]

Internetportale stellen ein integratives Geschäftsmodell dar, „... das sämtliche Internetfunktionen auf einer Website bündelt und so eine Komplettlösung aus Transaktions-, Content- und Kommunikationsleistungen anbietet."[9] Wesentliche Merkmale eines Portals sind neben der Integration im Sinne einer ganzheitlichen Problemlösung die Einbeziehung von Leistungen anderer, fremder Anbieter sowie die Personalisierbarkeit, d. h. die Individualisierbarkeit der

---

1 Vgl. *Maienborn* (2001), S. 249.
2 Gesunde Personen sind zu ca. 60 %, Neu-Diagnostizierte zu ca. 5 % vertreten. Vgl *Hautzinger* (2003), S. 156.
3 Bezogen auf das Internet bedeutet Interaktivität, dass der Benutzer Informationen in Abhängigkeit seiner getätigten Eingabe erhält. Vgl. *Bauer/Leach/Grether* (1998), S. 24.
4 Vgl. *Hansen/Hennig* (1996), S. 166. Angebotene Dienste im Internet sind vor allem das World Wide Web (WWW) und E-Mails. Zu einer Beschreibung unterschiedlicher Internet-Dienste vgl. *Werner/Stephan* (1998), S. 124 f.; *Mathiesen* (1997), S. 5 ff. Im Folgenden werden auf Grund der elementaren Bedeutung des WWW für das Internet die Begriffe World Wide Web (WWW) und Internet synonym verwendet.
5 Vgl. *Otto/Surmont* (2003), S. 454; *Ebner* (2002), S. 162; *Lerch/Dierks* (2001), S. 136 f.; *Dierks/Schwartz/Walter* (2001), S. 74; *Bauer/Leach/Grether* (1998), S. 24 f. Zu personalisierten Websites, bei denen Inhalt und Struktur der Websites auf die individuellen Wünsche und Bedürfnisse des einzelnen Nachfragers angepasst werden vgl. *Kreyher/Harms* (2002a), S. 173; *Tiedtke* (2001), S. 125.
6 Vgl. *Schmitt* (2003), S. 85.
7 Vgl. *Meffert/Bruhn* (2003), S. 504; *Diller* (1996b), S. 22 f.
8 Vgl. *Bauer/Hammerschmidt/Elmas* (2003); *Bauer/Grether/Leach* (2002).
9 Vgl. *Bauer/Hammerschmidt/Elmas* (2003), S. 1.

Portalfunktionen entsprechend den Bedürfnissen der Internetnutzer.[1] Im Idealfall besteht für den Nutzer des Portals auf Grund des ganzheitlichen Problemlösungsangebots keine Notwendigkeit, andere Einzelseiten aufzusuchen.[2]

Es empfiehlt sich, im Rahmen eines Internetportals den Patienten Zugang zu **themenbezogenem Fachwissen** anzubieten, damit diese sich über ihre Krankheit umfassend informieren können.[3] Informationen zum Verlauf, zur Prognose und zu den therapeutischen Möglichkeiten einer Erkrankung können so vom Patienten über das Portal online bezogen werden.[4] Hierzu zählen neben den krankheitsbezogenen Informationen und Leistungen auch systematisch angelegte Verlinkungen wichtiger Einrichtungen und Angebote.[5]

Portale sollten zudem die Möglichkeit bieten, durch Chats[6] Nachrichten in Echtzeit auszutauschen, per SMS oder E-Mail zu kommunizieren oder die traditionellen Kontaktkanäle (z. B. Brief oder Fax) zu nutzen.[7] Durch die Implementierung von Newsgroups[8] oder Web-Konferenzen können weitere **Kommunikationsforen im Internet** angeboten werden. So genannte „virtuelle Communities"[9] von chronisch Kranken, die unter der gleichen Erkrankung leiden und im Internet existierende soziale Zusammenschlüsse darstellen, können hierdurch miteinander kommunizieren, Informationen austauschen und emotionale Unterstützung durch andere Betroffene erhalten.[10] Die persönlichen Kontakte und sozialen Netzwerke fördern den Aufbau von Wechselbarrieren, positiver Mund-zu-Mund-Kommunikation, Cross Selling- und Vertrauenspotenzialen in den Anbieter.[11]

---

1 Vgl. *Bauer/Hammerschmidt/Elmas* (2003), S. 3 f.
2 Vgl. *Bauer/Hammerschmidt* (2001).
3 Vgl. hierzu *Felser* (2003), S. 411 f.
4 Vgl. *Harms/Drüner* (2003d), S. 233; *July-Grolman* (2002), S. 157. Hierzu zählen z. B. allgemeine Informationen zur Krankheit, klinische Studien, innovative Neuentwicklungen, krankheitsbezogene Beiträge/Artikel, aktuelle Informationen, Literaturhinweise und FAQs.
5 Vgl. *Kreyher/Harms* (2002a), S. 173 f.
6 Zu Chats vgl. ausführlich *Hautzinger* (2003), S. 87 f.
7 Vgl. *Martin* (2003), S. 76 f.
8 Newsgroups sind themenspezifische Diskussionsforen. Vgl. *Hautzinger* (2003), S. 86. Zu Newsgroups vgl. ausführlich *Berres* (1997), S. 35 ff. Newsgroups und Diskussionsforen werden im Folgenden synonym verwendet.
9 Internetbasierte Communities stellen virtuelle Gemeinschaften dar, die sich auf Grund gemeinsamer Interessen, Probleme und/oder Aufgaben ortsunabhängig zusammenschließen, sich untereinander mittels verschiedener digitaler Kommunikationswege austauschen und voneinander profitieren wollen. Vgl. *Kitzinger/Hirsch/Blohm* (2004), S. 296. Zu virtuellen Communities vgl. *Felser* (2003), S. 412 f.
10 Vgl. *Lenz* (2004), S. 99; *Kirchgeorg/Haffner* (2004), S. 168; *Sachverständigenrat für die Konzertierte Aktion im Gesundheitswesen* (2003), S. 246.
11 Vgl. *Bauer/Hammerschmidt/Elmas* (2003), S. 4; *Wirtz* (2003), S. 380 f.

Vor allem im Internet, als ursprünglich internationale Non-Profit-Gemeinschaft, ist die Ablehnung gegenüber aktiven nachfragergerichteten Marketingmaßnahmen stark ausgeprägt.[1] Neben Organisationen, wie z. B. Selbsthilfegruppen, Gesundheitsorganisationen, Kliniken oder medizinischen Einrichtungen, zur Demonstration von Glaubwürdigkeit und Unabhängigkeit, sollten daher **Fachleute mit in die Portallösung eingebunden** werden.[2] Diese können die Patienten nicht nur mit statischen Informationen versorgen, sondern auch dynamisch informieren und Diskussionen im Internet moderieren.

Ferner können durch die Experteneinbindung auch die Einführung von internetbasierten Schulungen und Programmen zur Verhaltensänderung, Erinnerungs-E-Mails zur Motivation und Beeinflussung des Verhaltens, ein individuelles Feedback von Experten sowie die Hinterlegung von krankheitsbezogenen Verlaufsparametern zur Förderung des Selbstmanagement angeboten werden, die im Rahmen einer Portallösung **Möglichkeiten zur Steigerung der Patientenbindung** bieten.[3] Fachleute, die problemrelevant und gezielt Anfragen von Patienten beantworten, zählen zu den meist genutzten Quellen, um das Informationsbedürfnis des Patienten zu befriedigen und zu einem höheren Wissensstand beizutragen.[4] Auf der einen Seite können in das Portal eingebundene Experten dadurch die durch das Internet beschleunigte Verbreitung falscher Informationen und damit eine eventuell negative Mund-zu-Mund-Kommunikation auf Patientenebene verhindern[5], auf der anderen Seite können durch die Interaktion mit den Patienten Rückschlüsse auf die Präferenzen und Interessen dieser gezogen

---

1 Vgl. *Hansen* (1995), S. 33.

2 Vgl. *Seiter/Badenhoop/Zeiner* (2003), S. 733 f.; *Harms/Drüner* (2003d), S. 210; *Kreyher/Harms* (2002a), S. 173.

3 Vgl. *Kirchgeorg/Haffner* (2004), S. 171; *Sachverständigenrat für die Konzertierte Aktion im Gesundheitswesen* (2003), S. 246; *Rahner* (2002b), S. 69; *July-Grolman* (2002), S. 158; *Tiedtke* (2001), S. 123 f. Im Vergleich zur traditionellen Wirtschaft ist im Internet die Kundenbindung schwächer ausgeprägt. Dies kann neben der Verfügbarkeit attraktiver Alternativangebote durch die im Vergleich zur traditionellen Wirtschaft geringeren Markteintrittsbarrieren auch auf die gestiegene Markttransparenz zurückgeführt werden. Vgl. *Wirtz* (2001), S. 286 ff. Kostengünstige Such- und Vergleichsmöglichkeiten ermöglichen einen Zustand der nahezu perfekten Information der Internetnutzer und führen dadurch zu einer Reduktion der Wechselbarrieren. Vgl. *Tiedtke* (2001), S. 126.

4 Vgl. *Pfahlert/Emminger* (2002), S. 50. Allerdings gilt es, bei der Übermittlung von Online-Informationen die standesrechtlichen Restriktionen zu beachten. Eine individuelle ärztliche Online-Beratung ist in Deutschland nicht gestattet. Vgl. *Gramlich* (2001), S. 92. Die Abgrenzung der reinen Informationsversorgung von der Vergabe eines medizinischen Rates ist somit von besonderer Relevanz. Vgl. *Jähn/Mayer* (2001), S. 227. Derartige Restriktionen sind aber vor dem Hintergrund der weltweiten Verbreitung des Mediums Internet letztendlich nicht von Bedeutung. Deutschsprachige Beratungsdienste finden sich auch bei ausländischen Anbietern (z. B. www.atuline.com), die – ohne den Verstoß gegen das deutsche Recht – konkrete diagnostische und therapeutische Beratungsleistungen anbieten. Vgl. *Harms/Drüner* (2003d), S. 238.

5 Vgl. *Jähn* (2004), S. 305.

werden und zur zielgruppenspezifischen Ansprache und Verbesserung des Leistungsangebots Verwendung finden.[1]

Neben einer ebenfalls über das Portal anzubietenden Betreuung des Patienten, z. B. durch ein Online-Monitoring der Krankheitsdaten zur Optimierung der Compliance, bieten **Internetfunktionalitäten im mobilen Bereich** Möglichkeiten zur Kundenbindung (Mobile Commerce[2]). Durch die Omnipräsenz, Lokalisierbarkeit und Universalität entsteht zukünftig ein allgegenwärtiges Internet, das jedem Nutzer orts- und zeitunabhängig den Zugriff auf sein kundenindividuelles Angebot ermöglicht.[3] Mittels einer sicheren Standort- und Teilnehmeridentifikation[4] können mobile Geräte zukünftig auch zur Notfallhilfe eingesetzt werden.[5] Medizinische Daten können so am „Point of Care" – also direkt beim Patienten – erhoben und durch UMTS auch als größere Datenmenge schnell an zentrale Einheiten übermittelt werden. Die Diagnoseerstellung wird beschleunigt und die Therapie dadurch optimiert.[6] Das pharmazeutische Unternehmen kann diese Geräte dem Patienten zur Verfügung stellen und im Gegenzug die notwendigen Informationen zur individuellen Patientenbearbeitung erhalten.[7] Hierbei wäre z. B. an eine Messwerteüberwachung der Körperfunktionen und eine Lokalisierung im Notfall zu denken.[8] Der Informationsprozess kann aber auch in die entgegengesetzte Richtung durchgeführt werden: Standortinformationen, wie z. B. die Pollenflugdichte für Allergiker, können verglichen, ausgewertet und dem Kunden zur Verfügung gestellt werden.[9]

Während medizinisches Wissen, krankheitsbezogene Informationen und Suchfunktionen die Basis eines Gesundheitsportals darstellen (Content), nehmen die Möglichkeiten, sich von der Konkurrenz durch patientenindividuelle Value-Added-Services abzusetzen, mit jeder Stufe der in Abbildung 23 dargestellten Pyramide zu. In gleichem Umfang wird aber die **Kooperation mit weiteren Marktpartnern** notwendig. Sind z. B. bei Diskussionsforen, ärztlicher

---

1 Vgl. *Wirtz* (2003), S. 380 f.; *Felser* (2003), S. 416; *Badenhoop/Ryf* (2001), S. 19.

2 Mobile Commerce wird definiert als die elektronisch gestützte Abwicklung geschäftlicher und das gesamte Alltagsleben tangierender Kommunikations- und Transaktionsprozesse mittels mobiler Endgeräte. Vgl. ausführlich *Link* (2001), S. 23 f.

3 Vgl. *Schmidt* (2001), S. 237.

4 Zur sicheren Teilnehmeridentifikation vgl. *Fochler* (2000), S. 297 f.

5 Vgl. *Link* (2001), S. 24 ff.

6 Vgl. *Preuß/Gantner* (2004), S. 245 f.

7 Vgl. *Harms/Brucksch/Drüner/Rohmann* (2001b), S. 90.

8 Die Übertragung eines EKG erfolgt über ein Mobiltelefon an eine Notfallzentrale, bzw. Call-Center. Über GPS kann der Patient geortet und die notwendigen Maßnahmen können mit minimaler Zeitverzögerung eingeleitet werden. Vgl. *Badenhoop* (2001), S. 21. Zum so genannten Gesundheits-Handy vgl. auch *Hanika* (2003), S. 487 f.

9 Vgl. *Harms/Drüner* (2003d), S. 252. Zu bislang realisierten Beispielen für Anwendungen im mobilen Bereich vgl. *Preuß/Gantner* (2004), S. 246 ff.

Beratung sowie einer Lebens- und Diätberatung unter Leitung von Experten nur eine geringe Anzahl an weiteren Marktpartnern vonnöten (Community), erhöht sich die Kooperationsnotwendigkeit im Rahmen einer individuellen Betreuung und Therapieüberwachung (Care). Die Umsetzung von Disease Management-Programmen erfordert – wie bereits im Rahmen der strategischen Allianzen erwähnt – die Kooperation mit einer Vielzahl an Marktpartnern (Cycle). Im Gegenzug dazu ist das pharmazeutische Unternehmen aber in der Lage, dem Patienten ein Maximum an Individualität in der Austauschbeziehung anzubieten.[1]

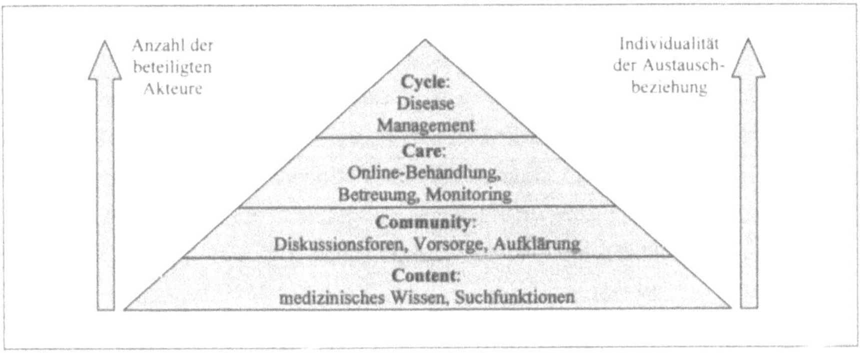

Abb. 23: Funktionspyramide Gesundheitsportal
Quelle: In Anlehnung an *Jäckel/Schwenk* (2004), S. 152.

Durch Portallösungen wird die **patientenindividuelle Ansprache** zur Befriedigung der individuellen Patientenbedürfnisse auch bei einem großen Kundenstamm möglich.[2] Vor allem der chronisch Kranke verlangt als Konsument von Gesundheitsleistungen ein umfassendes und individuell auf ihn angepasstes Leistungsspektrum.[3] Internetportale liefern einen klaren Mehrwert durch krankheitsbezogene Informationen, den Aufbau neuer Verbindungen zwischen Patienten, die ganzheitliche Betreuung des Patienten durch compliancefördernde Maßnahmen sowie die Umsetzung von Disease Management-Programmen in Zusammenarbeit mit weiteren Marktpartnern. Aus den Portalangeboten resultiert zudem eine indirekte Werbung durch attraktive Informationsinhalte und den offenen Umgang mit Fachwissen sowie eine Aktivierung von Kunden zur Teilnahme am Portal, aber auch die Akquisition von Patienten,

---

1 Vgl. *PWC* (2001), S. 18 f.
2 Vgl. *Rapp* (2000), S. 205.
3 Vgl. *Badenhoop/Ryf* (2001), S. 13.

die noch Konkurrenzprodukte in Anspruch nehmen.[1] Die zentrale Bereitstellung umfangreicher Informationen unterstützt ferner den Abbau der Komplexität und Unsicherheit beim Patienten, fördert den Aufbau von Wechselbarrieren und gewährleistet einheitliche Standards der Informationsqualität. Die Kompetenzsignale des Anbieters durch die Einbindung von Experten sowie das Anbieten von Begeisterungsleistungen in Form einer Online-Datenauswertung etc. führen auf Seiten des Nachfragers zu Vertrauen in die Qualität der Produkte und Dienstleistungen und damit zum Aufbau von Kundenloyalität.

Als Lieferant von Gesundheitsinformationen im Internet stellen Pharmaunternehmen mittlerweile eine große Anbietergruppe dar.[2] Obwohl sich dem pharmazeutischen Unternehmen durch das Internet verstärkt Möglichkeiten zur direkten Kommunikation mit dem Patienten eröffnen[3], haben viele pharmazeutische Unternehmen die Notwendigkeit der **Interaktion mit dem Verbraucher noch nicht erkannt** und beschränken sich hinsichtlich der Unternehmenshomepage im Wesentlichen auf allgemeine Informationen und den E-Mail-Kontakt als Standardinstrument. Eine dialogorientierte Kommunikation, z. B. durch Beratungsleistungen zu Krankheiten und Therapieoptionen sowie Online-Diskussionsforen, bieten nur wenige Unternehmen an.[4] Allerdings lässt sich ein Trend zu einer Beteiligung pharmazeutischer Unternehmen an indikationsbezogenen Portalen beobachten.[5] Oftmals sind die Seiten in Bereiche für Laien- und Fachpersonal unterteilt.[6] Auch wenn die Interaktionsmöglichkeiten bei den indikationsbezogenen Portallösungen stärker ausgeprägt sind als bei den unternehmensbezogenen Homepages (z. B. Diskussionsforum, Newsletter etc.), werden die sich bietenden Möglichkeiten zur individuellen Patientenansprache auch hier nicht genutzt. Die Erfassung patientenindividueller Daten als Voraussetzung einer kundenindividuellen Ansprache erfolgt i. d. R. nicht.

Es ist davon auszugehen, dass sich Internetportale als neue Vertriebswege und Interaktionsplätze für Informationen, Produkte und Dienstleistungen am Markt durchsetzen und zukünftig eine Kernkompetenz des Unternehmens darstellen werden. Neben den individuellen und

---

1 Vgl. *Felser* (2003), S. 415 f.
2 Vgl. *Pfeiffer* (2002), S. 119.
3 Vgl. *o. V.* (2000a), S. 214.
4 Vgl. *Hautzinger* (2003), S. 236 ff.; *Leppin/Holzhammer* (2002), S. 26.
5 Vgl. *Matheja* (2002).
6 Vgl. *o. V.* (2000a), S. 215. Da weder von der Markt- noch von der Technologieseite nennenswerte Markteintrittsbarrieren existieren sind auch Drittanbieter, wie z. B. *BertelsmannSpringer Medizin Online GmbH* (*BSMO*) mit einem Portal (http://www.lifeline.de), am Markt präsent. Vgl. *o. V.* (2000a), S. 215. Weitere deutsche Anbieter sind u. a. http://www.medizin-forum.de oder http://www.netdoktor.de. Vgl. hierzu sowie zu internationalen Internetadressen *Schüler/Raming* (2002), S. 264 f.

problemlösungsorientierten Informationsangeboten werden sich internetbasierte Value-Added Services in Form von Eigen-, Fern- und Compliance-Monitoringsysteme sowie langfristig in ein Portal integrierte Disease Management-Programme am Markt etablieren. Die Mehrheit der pharmazeutischen Unternehmen in Europa stellt sich diesem Wandel nur zeitverzögert. Die Bedeutung der internetbasierten Hersteller-Patienten-Interaktion wird zwar erkannt, Veränderungen werden aber hinausgezögert und das Internet bleibt weiterhin ein Instrument zur Übermittlung undifferenzierter Informationen.[1]

2.4.2.3.4. Kundenclubs für Patienten

Im Rahmen des Kundenbeziehungsmanagement gewinnen Kundenclubs zunehmend an Bedeutung.[2] Kundenclubs stellen eine vom Hersteller, Händler oder Dienstleister initiierte und organisierte Vereinigung von Menschen dar, „... denen die Mitgliedschaft angetragen wird, mit dem Ziel der regelmäßigen, direkten Kontaktierung und der Aktivierung derselben."[3] Durch Angebote spezieller materieller und immaterieller Leistungen soll der Nachfrager für sein dem Unternehmen bzw. der Unternehmensleistung entgegengebrachtes Vertrauen belohnt werden. Kundenclubs dienen vor allem der verstärkten Individualisierung der Kundenbeziehungen.[4] Durch die Clubleistungen können ökonomische Wechselbarrieren (z. B. Mitgliedsbeiträge) errichtet und durch Förderung des Selbstbewusstseins der Patienten und Aufbau des leistungs- bzw. unternehmensbezogenen Zusammengehörigkeitsgefühls mittels emotionaler Patientenbindung das Vertrauen und die Zufriedenheit der Patienten beeinflusst werden.[5] Für das PRM sind aus Patientensicht zwei Eintrittsmotive in einen Kundenclub von Bedeutung:

- Informationssuche: Der chronisch Kranke kann seinen Bedarf nach zusätzlichen – über sonstige Informationsquellen nicht zu beziehende – Produkt- oder Unternehmensinformationen über die Dialogmöglichkeiten des Kundenclubs decken. Krankheitsbezogene Informationen bieten dem Kunden den Nutzen, die Unternehmensleistungen effektiver und effizienter einzusetzen.

---

[1] Vgl. *Harms/Drüner* (2003d), S. 238.
[2] Vgl. *Bruhn* (2003b), S. 125.
[3] *Butscher* (1997), S. 9.
[4] Vgl. *Bernecker/Hüttl* (2003), S. 160.
[5] Vgl. *Bernecker/Hüttl* (2003), S. 161. Zu Kundenclubs als Kundenbindungsinstrument vgl. *Bernecker/Hüttl* (2003), S. 157; *Tomczak/Reinecke/Dittrich* (2003); *Holz* (1997).

- Kommunikations- und Kontaktbedarf: Der chronisch Kranke kann durch den Kundenclub Kontakt zum Unternehmen und zu Gleichgesinnten aufbauen.[1] Hierdurch werden die Kundenbedürfnisse nach sozialem Kontakt, Akzeptanz und Selbstverwirklichung angesprochen.[2]

Es wird deutlich, dass die Motive zum Eintritt in einen Kundenclub aus Patientensicht sowohl von rationalen Elementen (Informationssuche) als auch von rational und emotional gemischten Elementen (Kommunikations- und Kontaktbedarf) bestimmt werden[3], so dass sich auf Grund des hohen Informations- und Kommunikationsbedarfs – resultierend aus der Erklärungsbedürftigkeit des ethischen Arzneimittels und dem Umgang mit der Erkrankung – Kundenclubs für chronisch Kranke anbieten.[4] Somit hat sich das pharmazeutische Unternehmen auf zwei wesentliche kommunikationspolitische Aspekte zu konzentrieren: die **Vermittlung von exklusiven Informationen** und die **Förderung des Dialogs** im Rahmen von regelmäßigen Zusammentreffen einerseits zwischen Patienten auf horizontaler Kommunikationsebene, andererseits zwischen Patient und Pharmaunternehmen. Neben der Gewinnung von Patientendaten zum Ausbau patientenindividueller Leistungsangebote können im Rahmen einer dialogorientierten Kommunikation die Kunden informiert und involviert werden.[5] Es bietet sich an, den objektiven Gesundheitszustand und das subjektive Gesundheitsverhalten sowie persönliche Fähigkeiten und soziale Ressourcen zu ermitteln, um das Leistungsangebot optimal auf den Patienten abzustimmen, die Identifikation des Patienten mit dem Unternehmen und dessen Leistungsangebots zu optimieren und letztendlich die Loyalität des Patienten zu erhöhen.[6]

Insbesondere in Branchen, in denen restriktive Rahmenbedingungen die klassische Werbung bestimmen, stellen Kundenclubs ein interessantes Kommunikationsinstrument dar.[7] Als rela-

---

[1] Vgl. *Bernecker/Hüttl* (2003), S. 164 f.
[2] Vgl. *Bruhn* (2003b), S. 125.
[3] Zur Unterteilung der Eintrittsmotive in rationale, gemischte und emotionale Motive vgl. *Diller* (1996c), S. 33. Zudem muss im Rahmen der Patientensegmentierung abgewogen werden, welchen Patienten der Zugang zu einem Kundenclub gewährt wird. Hierbei können Einschränkungen hinsichtlich bestehender und potenzieller Patienten als auch eine Differenzierung bezüglich der Gesamt- oder einer Teilzielgruppe vorgenommen werden. Vgl. *Tomczak/Reinecke/Dittrich* (2003), S. 275 f.; *Holz/Tomczak* (1996), S. 33. Zu der Gestaltung der Eintrittsvoraussetzungen von Kundenclubs (offene und geschlossene Clubs sowie Mischformen) vgl. *Bernecker/Hüttl* (2003), S. 169 f.
[4] Zu den Zielgruppen eines Kundenclubs vgl. ausführlich *Tomczak/Reinecke/Dittrich* (2003), S. 274 ff.
[5] Vgl. *Bruhn* (2003b), S. 125; *Bernecker/Hüttl* (2003), S. 161; *Gummesson* (1997), S. 124.
[6] Vgl. *Sachverständigenrat für die Konzertierte Aktion im Gesundheitswesen* (2003), S. 223.
[7] Vgl. *Tomczak/Reinecke/Dittrich* (2003), S. 273. Auf Grund der rechtlichen Restriktionen im Pharmamarkt sind wichtige Instrumente eines Kundenclubs nicht realisierbar. Preispolitische Elemente, wie beispielsweise die Zahlungsfunktionen im Rahmen einer Clubkarte sind nicht möglich. Zur Zahlungsfunktion und den damit

tiv kostengünstige Umsetzung des Kundenclubs kann dieser in virtueller Form in ein Internetportal integriert werden. Da es das HWG gestattet, vorinformierten Patienten produktspezifische Informationen zu übermitteln, bietet sich eine **Trennung von Interessierten bzw. „Konkurrenz"-Patienten und den eigenen Kunden** des pharmazeutischen Unternehmens an. Dies impliziert eine Neueinteilung der bisherigen Homepage. Neben der Homepage für Interessierte bzw. Patienten und dem Portal für das Fachpersonal muss ein drittes Element – ein Kundenportal – integriert werden. Die Kunden des Unternehmens können sich beispielsweise mittels Chargennummer auf der Arzneimittelverpackung als vorinformierte Patienten identifizieren.

Patienten, die ihr Einverständnis zur Kontaktierung und Datenspeicherung durch das pharmazeutische Unternehmen abgegeben haben, können über einen gesonderten Bereich im Internet mit anderen Clubmitgliedern kommunizieren und detailliertere Informationen erhalten. Dem Pharmaunternehmen bietet sich die Möglichkeit, aktiver im direkten Patientenkontakt zu agieren und eventuelle **Konflikte mit dem HWG zu umgehen**. In Abhängigkeit der auf der Patientendatenbank gespeicherten individuellen Präferenzen lassen sich patientenspezifische Leistungsangebote übermitteln. Dem Patienten können z. B. regelmäßig E-Mails zugestellt werden, die Links zu unterschiedlichen Informationsebenen des Unternehmens enthalten (Homepage, Serviceabruf, Datenbanken, Bibliotheken, Fortbildungsportale etc.).[1]

2.4.2.3.5. Patientenschulungen als Events

Das Event-Marketing gilt als ein vergleichsweise neues Instrument im Rahmen der Kommunikationspolitik und hat zum Ziel, über eine erlebnisbezogene und positive Ansprache den Kunden emotional an ein Produkt oder eine Dienstleistung zu binden oder bereits bestehende Kundenbeziehungen zu intensivieren.[2] *Baum/Stalzer* definieren Event-Marketing als den gezielten Einsatz von Ereignissen und Veranstaltungen „... als absatzpolitisches Instrument oder als image- und meinungsbildende Maßnahme zur Durchsetzung von Unternehmenszielen im Rahmen der Marketing-Kommunikation."[3] Neben dem besonderen Erlebnispotenzial für die

---

verbundenen Zusatzleistungen vgl. *Rapp/Decker* (2003), S. 204 f. Zu den Funktionen der Kundenkarte vgl. *Tomczak/Reinecke/Dittrich* (2003), S. 283.

1 Vgl. *Barmsen/Nikolin* (2005), S. 34.

2 Vgl. *Rapp* (2000), S. 168.

3 *Baum/Stalzer* (1991), S. 113 f. Das Event-Marketing ist als zusätzliches Instrument der Kommunikationspolitik anzusehen und ersetzt weder Werbung, Verkaufsförderung noch Public Relations (PR), wobei die Grenzen zwischen Sponsoring, PR, Verkaufsförderung und Event-Marketing fließend sind. Vgl. *Becker* (2002), S. 628. Auf die Verkaufsförderung als flankierende Maßnahme der Werbung soll in dieser Arbeit nicht eingegangen werden, da ein wesentliches Merkmal dieses Instruments die Schaffung eines Kaufanreizes durch

Zielgruppen steht zudem der persönliche Kontakt zu diesen Gruppen im Vordergrund.[1] Die teilnehmenden Personen werden kommunikativ in die Inszenierung des Ereignisses miteinbezogen.[2] Vor allem bei Patientenschulungen bieten sich die grundlegenden Merkmale von Events an, um mit dem Patienten den Unternehmenszielen entsprechend in Kontakt zu treten. Nach *Nufer* (2002) lassen sich vier Faktoren als die wesentlichen Merkmale von Events identifizieren:

Die unternehmensseitigen Maßnahmen zeichnen sich durch eine projektbezogene Erzeugung der auf die anderen Kommunikationskanäle abgestimmten Ereignisse aus, um die Aufnahme und emotionale Umsetzung der symbolischen Markenwelten durch die Teilnehmer sicherzustellen (**Eigeninitiierung**). Dies impliziert eine Planung, Organisation und Durchführung der Schulung in Abstimmung mit dem Schulungspersonal.[3] Zudem sind das Nichtgreifbare der Markenbotschaft in durch die Live-Situation multisensitiv erlebbare Ereignisse umzusetzen und eine emotional erlebte Markenwelt zu erzeugen, um die Generierung einer emotionalen Bindung des Konsumenten an die Marke als eigentliches Ziel des Events zu erreichen (**Erlebnisorientierung**). Im Rahmen einer Schulung sind z. B. umfangreiche Testmöglichkeiten der Produkte und Services an einem attraktiven Ort anzubieten. Tangible Elemente, wie z. B. Blutzuckermessgeräte, können dabei eine Materialisierung und Visualisierung des Leistungscharakters der immateriellen Leistungen (Arzneimittel) bewirken.[4]

Durch eine zielgruppengerechte Interaktionsorientierung sind die Patienten zu aktivieren, um eine Steigerung der Kontaktintensität und Befriedigung der individuellen Bedürfnisse des Konsumenten zu erzielen sowie eine Reduktion der Streuverluste im Vergleich zur monologisch orientierten Kommunikation zu erreichen (**Interaktivität**). Hierzu ist im Rahmen der

---

ein besseres Preis-/Leistungsverhältnis der Unternehmensleistung ist. Hinsichtlich der Kernleistung bestehen aber auf Grund der rechtlichen Rahmenbedingungen nur sehr begrenzte Möglichkeiten, die Verkaufsförderung zu nutzen. Auf die Verkaufsförderung für Value-Added Services soll auf Grund des begrenzten Umfangs der Arbeit und des lediglich flankierenden und taktisch operativen Charakters dieser Maßnahme verzichtet werden. Zur Verkaufsförderung vgl. *Meffert/Bruhn* (2003), S. 463; *Becker* (2002), S. 587 ff.; *Nieschlag/Dichtl/Hörschgen* (2002), S. 991 ff.; *Bänsch* (1993). Zu den begrenzten Möglichkeiten der Verkaufsförderung durch die Abgabe geringwertiger Gegenstände bei ethischen Präparaten (z. B. Luftballons, Taschenkalender oder einfache Kugelschreiber) nach § 7 HWG vgl. Vgl. *Borowy* (2003), S. 67 f.; *Walter* (2002), S. 177. Zum § 7 HWG vgl. ausführlich *Engler/Geserich/Räpple/Rieger* (2000), S. 171 ff.

1 Vgl. *Bauer/Sauer/Wagner* (2003), S. 1.

2 Vgl. *Graf* (1998), S. 42.

3 Zur Sicherstellung von Glaubwürdigkeit, Unabhängigkeit und Vertrauen ist anzuraten, die Durchführung von Schulungsevents in Zusammenarbeit mit Selbsthilfegruppen oder anderen Institutionen, wie z. B. Krankenkassen oder Ärzteverbänden, zu organisieren. Vgl. *July-Grolman* (2002), S. 160; *Dierks/Siebeneick/Röseler/Schienkiewitz* (2001), S. 81; *Becker* (1992), S. 198.

4 Vgl. *Meffert/Bruhn* (2003), S. 489.

Schulung beispielsweise eine individuelle Anpassung der Schulungsinhalte an patientenspezifische Risikoparameter vorzunehmen. Um die Botschaften in erlebbare Ereignisse umzusetzen und eine von der Alltäglichkeit abweichende Darstellung des Events zur Aktivierung der Teilnehmer über Abwechslungspotenziale zu ermöglichen, kann zudem eine Demonstration der GPS-Ortung im Notfall erfolgen (**Inszenierung**).[1] Tabelle 7 zeigt zusammenfassend die wesentlichen Eigenschaften von Schulungsevents.

zentrale Faktoren von Schulungsevents			
Eigeninitiierung	Erlebnisorientierung	Interaktivität	Inszenierung
Planung, Organisation und Durchführung einer Schulung in Abstimmung mit dem Schulungspersonal	umfangreiche Testmöglichkeiten der Produkte und Services an attraktivem Ort	individuelle Anpassung der Schulungsinhalte an patientenspezifische Risikoparameter	Demonstration der GPS-Ortung im Notfall

Tab. 7: Zentrale Faktoren von Schulungsevents
Quelle: Eigene Darstellung.

Neben der Beeinflussung horizontaler Kommunikationsprozesse zwischen den Patienten dienen die Schulungsevents auch dem persönlichen Zusammentreffen von Patienten zum Erfahrungsaustausch, dem Aufbau eines Wir-Gefühls und sozialem Rückhalt sowie der Förderung der Moral und daraus resultierend einer höheren Compliance.[2] Die Schulung wird somit neben der Übermittlung von krankheitsbezogenem Wissen zu einer Kommunikationsplattform und dient der Aktivierung und Steuerung einer positiven Mund-zu-Mund-Kommunikation.[3] Das Unternehmen hat seinerseits die Möglichkeit, den persönlichen Kontakt zu den Patienten aufzubauen bzw. den Kundenkontakt zu pflegen und Erfahrungen von Patienten zu beziehen.[4] Zudem dienen die indikationsbezogenen Veranstaltungen der Reduktion von Hemmschwellen, dem Aufbau des Unternehmensimage und der Steigerung der Unternehmenskompetenz in einem spezifischen Indikationsgebiet.[5]

---

1 Vgl. *Bauer/Sauer/Wagner* (2003), S. 5 ff.
2 Vgl. *Fricker* (2001), S. 208; *Eckel* (1997), S. 130.
3 Vgl. *Rapp* (2000), S. 170; *Eckel* (1997), S. 130.
4 Vgl. *Rapp* (2000), S. 170.
5 Vgl. *Keller* (1995), S. 136. Des Weiteren ist auch die Durchführung klassischer Events – unabhängig von Patientenschulungen – denkbar. Hierzu zählen u. a. Vorträge oder ein Tag der offenen Tür, Einweihungen, Eröffnungen, Jahrestage, Mitwirkung an überregionalen Tätigkeiten und der Start von Spendenprogrammen. Diese Veranstaltungen können die Kommunikationsmaßnahmen dahingehend unterstützen, dass durch Surrogate, wie z. B. über die Darstellung von Gebäuden, Mitarbeitern oder der technischen Ausstattung, die Struktur-, Prozess- oder Ergebnisqualität für den Verbraucher sichtbar und leichter verständlich gemacht wird. Vgl. *Göbl* (2003), S. 17. Wichtig ist, dass die Veranstaltungen Maßnahmen der allgemeinen Image- und Vertrauenswerbung darstellen. Hierzu zählt u. a. eine Veranstaltung mit einer informativen Zielsetzung oder die De-

2.4.2.4. After Sales-Marketing

Das After Sales-Marketing bzw. Nachkaufmarketing beinhaltet sämtliche Marketingaktivitäten in der Phase nach der Entscheidung für ein Produkt bzw. eine Leistung zur dauerhaften Zufriedenstellung und langfristigen Bindung der Konsumenten an das Unternehmen.[1] Zwischen der Phase des Produkt- oder Dienstleistungsbezugs und der Nutzungs- und Entsorgungsphase besteht eine enge Beziehung hinsichtlich der Verhaltens- und Entscheidungsprozesse des Konsumenten. Das **Verhalten des Konsumenten nach der Leistungsinanspruchnahme** wird durch die psychischen (aktivierende und kognitive Prozesse[2]) und offenen Reaktionen (beobachtbare Kaufverhalten[3]) des Patienten determiniert. Diese Reaktionen stehen zugleich in enger Verbindung mit der Phase des Produkt- oder Dienstleistungsbezugs und bestimmen das zukünftige Verhalten des Patienten. Somit ist zur Erzielung langfristiger Austauschbeziehungen eine zielorientierte Gestaltung nachkaufbezogener Transaktionsprozesse zwischen Anbieter und Nachfrager vorzunehmen, um durch die Bereitstellung von Leistungsangeboten nach der Entscheidung für eine Therapie die Einleitung von Folgetransaktionen und damit die Loyalität des Patienten sicherzustellen.[4]

After Sales-Maßnahmen weisen im Rahmen eines PRM eine hohe Bedeutung auf und gelten als Schlüsselkriterium für die Erhaltung und Pflege einer Kundenbeziehung.[5] Dies resultiert aus der Tatsache, dass Nachkaufbemühungen vor allem **bei komplexen und über einen längeren Zeitraum bezogenen Produkten und Dienstleistungen** – wie bei Gesundheitsleistungen für chronisch Kranke – eine ausgeprägte Relevanz aufweisen.[6] Da Erfahrungseigenschaften (und den unter Umständen vorhandenen Vertrauenseigenschaften bei Neukunden) der konsumtiven Dienstleistung erst nach der Leistungsinanspruchnahme ein Urteil über die Un-

---

monstration des hohen wissenschaftlichen Standards eines Unternehmens. In einem solchen Fall sind die Vorschriften des HWG nicht anwendbar. Vgl. *Engler/Geserich/Räpple/Rieger* (2000), S. 170.

1 Vgl. *Hansen/Jeschke* (1995), Sp. 1923.

2 Hierzu zählen Dissonanzen nach dem Produktbezug, Bildung von Zufriedenheit über Produkt oder Service, Lernprozesse im Umgang mit der Dienstleistung oder dem Produkt und Einflussfaktoren der Markentreue und des Markenwechsels. Vgl. *Wicher* (2003a), S. 107.

3 Hierzu zählen das Produkt- und Servicenutzungsverhalten, das Weiterverwendungsverhalten, das Informations- und Kommunikationsverhalten, das Beschwerdeverhalten sowie das Verhalten der wiederholten Leistungsinanspruchnahme. Vgl. *Wicher* (2003a), S. 107.

4 Vgl. *Wicher* (2003a), S. 106 ff.; *Kunz* (2001), S. 95. Zu einer Übersicht über die Instrumente des Nachkaufmarketing vgl. *Hansen/Jeschke* (1995), Sp. 1927. Zum Nachkaufmarketing vgl. auch ausführlich *Jeschke* (1994), S. 223 ff.; *Hansen/Jeschke* (1992).

5 Vgl. *Crosby/Evans/Cowles* (1990), S. 71.

6 Vgl. *Wicher* (2003a), S. 105.

ternehmensleistungen ermöglichen, muss das Unternehmen dafür Sorge tragen, dass das Vertrauen des Patienten in das Unternehmen bis zur abschließenden Beurteilung fortbesteht.[1]

Zur Etablierung und **Stabilisierung der Patientenbeziehung** ist vom Unternehmen ein kontinuierlicher Dialog nach der Entscheidung zur Leistungsinanspruchnahme zu initiieren.[2] Für das pharmazeutische Unternehmen eignen sich vor allem die Maßnahmen der persönlichen und unpersönlichen Kommunikation, z. B. über das CCC oder durch Kundenclubs und Patientenschulungen, um wichtige Informationen an den Patienten zu übermitteln und ihn mit den Unternehmensleistungen vertraut zu machen. Hierdurch kann eine risikoreduzierte Leistungsnutzung erzielt werden. Die Entscheidung des Konsumenten kann zudem durch die Bereitstellung von positiven Expertenurteilen und unabhängigen Studien bestätigt werden, um durch die Einwirkung auf die Einstellung des Konsumenten potenzielle Dissonanzen nach der Leistungsinanspruchnahme gar nicht erst entstehen zu lassen und den Patienten zu einer wiederholten Leistungsinanspruchnahme zu bewegen sowie eine Habitualisierung der Entscheidung zur Leistungsinanspruchnahme einzuleiten.[3]

Neuartige Dienstleistungen, wie z. B. ein Compliance-Management bzw. eine Therapiebegleitung, können ebenfalls als PRM-Instrument der Beziehung zum Patienten förderlich sein.[4] Innovative und kostenintensive Behandlungen erfordern oftmals eine **ausführliche Instruktion des Patienten**, um Vorsorgemaßnahmen gegen häufig auftretende Nebenwirkungen zu vermeiden. Hier bieten sich dem pharmazeutischen Unternehmen Optionen, Dienstleistungen am Markt anzubieten und den Patienten in der täglichen Medikamentenapplikation zu unterstützen. Als Beispiel kann der bei der Krankheit Multiple Sklerose von Pharmaunternehmen geschaffene Berufszweig der so genannten MS-Nurses angeführt werden, die MS-Patienten im Umgang mit der Anwendung des Medikaments im Speziellen und der Krankheit im Allgemeinen instruieren und kontinuierlich betreuen.[5]

Vor dem Hintergrund der nicht durchgeführten After Sales-Maßnahmen des Leistungserbringers Arzt bietet es sich für pharmazeutische Unternehmen an, Value-Added Services in Form von Empfehlungen und Anweisungen im Rahmen einer aktiven Compliance-Unterstützung

---

1 Vgl. *Kaas* (2001), S. 110.
2 Vgl. *Wicher* (2003a), S. 108.
3 Vgl. *Bänsch* (2002), S. 70; *Müller* (1994), S. 207. *Becker* zeigte in seiner empirischen Untersuchung, dass die patientenorientierte Ansprache wichtige Impulse gibt, Dissonanzen nach der Verschreibung zu reduzieren und dem Patienten die Inanspruchnahme des Präparats zu bestätigen. Vgl. *Becker* (1992), S. 195.
4 Vgl. *Badenhoop/Ryf* (2001), S. 5; *Dullinger* (2001), S. 106 ff.
5 Vgl. *Güttinger/Haldner* (2001), S. 90 f.; *Fricker* (2001), S. 207 f.

am Markt zu offerieren.[1] Diese Zusatzleistungen eröffnen die Möglichkeit, den Wettbewerbsfaktor Nachkaufmarketing zu nutzen, die Kontrollfunktion des Leistungserbringers zu übernehmen, Effizienzpotentiale im Gesundheitswesen zu erschließen, respektive die Compliance zu verbessern und aus der daraus resultierenden höheren Zufriedenheit und dem gesteigerten Vertrauen des Patienten hinsichtlich der Leistungsinanspruchnahme eine langfristige Patientenbindung zu erzielen.[2]

2.4.2.5. Beschwerdemanagement

Zur zielgerichteten Gestaltung der Kundenbeziehung und zur Sicherstellung einer nachhaltigen Patientenzufriedenheit und -bindung stellen die systematische Bearbeitung, Sammlung, Auswertung und Nutzung von Beschwerden[3] vor allem in der Patientenbindungs- und der Patientenrückgewinnungsphase ein elementares Instrument des PRM dar. *Peppers/Rogers* bezeichnen ein aktives Beschwerdemanagement als „... one of the most powerful tools any marketer has for initiating long-lasting, productive relationships with individual customers."[4] Das Beschwerdemanagement des PRM umfasst „... sämtliche Maßnahmen der Analyse, Planung, Durchführung und Kontrolle [...], die ein Unternehmen in Zusammenhang mit Beschwerden von Kunden [...] ergreift."[5] Da Beschwerden ein Ausdruck von nicht erfüllten Erwartungen sind, ist es eine zentrale Aufgabe des Unternehmens, bei dem Patienten durch

---

1 Der Patient bleibt nach der Phase der eigentlichen Leistungserbringung oftmals auf sich allein gestellt, obwohl er vor allem hier das Ergebnis durch sein therapiegerechtes Verhalten in entscheidendem Maße beeinflusst. Eine Unterstützung und Betreuung durch den Leistungserbringer nach einer Konsultation findet nur selten statt und stellt auf Grund der Gefahr der Non-Compliance durch einen plötzlichen Rückgang der Kontaktintensität zum Leistungserbringer noch nicht genutzte Effizienzpotentiale dar. Vgl. *Dullinger* (2001), S. 108 f. Untersuchungen verdeutlichen die im After Sales-Bereich ungenutzten Potenziale durch einen Anstieg der Compliance als Vorbereitung auf einen Arztbesuch (Toothbrush Effect). Vgl. *Kruse* (1996), S. 91 f.

2 Vgl. *Dullinger* (2001), S. 109. Zur Intensivierung der angeführten Maßnahmen sind allerdings gesetzliche Änderungen bei den Anreizsystemen und hier vor allem die Einführung ergebnisorientierter Vergütungssysteme, wie z. B. bei Disease Management-Programmen, zu empfehlen. Vgl. *Harms/Bruckschl/Drüner/ Rohmann* (2001b), S. 89. Mit den aktuellen Elementen in der deutschen Regelversorgung (Einzelleistungsabrechnung) ist die Anreizwirkung zur Durchführung derartiger Maßnahmen nicht nur beim Arzt, sondern auch bei pharmazeutischen Unternehmen begrenzt. Ebenfalls könnten für den Patienten zugängliche Qualitätsvergleiche zwischen Behandlungsalternativen Anreize für das Unternehmen schaffen, die Qualität der Versorgung durch After Sales-Aktivitäten zu erhöhen und die Ergebnisse der Maßnahmen zu kommunizieren. Vgl. *Badura* (2001), S. 65.

3 Unter Beschwerden werden im Folgenden „... Artikulationen von Unzufriedenheit von Konsumenten, die gegenüber einem Unternehmen vorgebracht werden, wenn der Kunde die wahrgenommenen Probleme subjektiv als gravierend betrachtet [.]" verstanden. *Bruhn* (2003b), S. 158.

4 *Peppers/Rogers* (1993), S. 79.

5 *Bruhn* (2003b), S. 158; *Bruhn* (2001a), S. 173.

ein Übertreffen der Erwartungen hinsichtlich der Beschwerdebearbeitung die Patientenzufriedenheit wieder herzustellen und eine Steigerung der Patientenbindung zu erreichen.[1]

Das Wissen um ein institutionalisiertes Beschwerdemanagement stellt für den Patienten eine risikoreduzierende Funktion bei der Entscheidung zur Leistungsinanspruchnahme dar. Darüber hinaus bietet das Beschwerdemanagement dem Unternehmen die Möglichkeit, über die Wahrnehmung als kulanter Dienstleister das Dienstleistungsimage zu verbessern und durch eine Beeinflussung der persönlichen Kommunikation der Beschwerdeführer weitere **akquisitorische Potenziale** zu erschließen.[2] Die Zufriedenheit des Patienten mit der unternehmerischen Reaktion auf die Kundenbeschwerde (Beschwerdezufriedenheit[3]) erhöht die Wahrscheinlichkeit der positiven Mund-zu-Mund-Kommunikation[4] und der wiederholten Leistungsinanspruchnahme sowie das Erschließen von Cross- und Up Selling-Potenzialen.[5] Dabei ist eine wiederholte Inanspruchnahme selbst dann zu erwarten, wenn das Problem nicht zur Zufriedenheit der Kunden gelöst werden konnte.[6]

Patientenbeschwerden enthalten zudem wichtige **Informationen über das Leistungsangebot und über das Unternehmen aus Nachfragersicht.**[7] Die Verwendung dieser Informationen ermöglicht es dem Unternehmen, im Sinne eines strategischen Frühwarnsystems Modifikationen, Differenzierungen und Verbesserungen des Leistungsangebotes vorzunehmen.[8] Aus den einzuleitenden Korrekturmaßnahmen lassen sich künftige Kundenbeschwerden vermeiden, die unternehmensseitigen Abläufe optimieren und Kosten reduzieren.[9]

---

1 Vgl. *Hippner/Wilde* (2003a), S. 28; *Bruhn* (2001a), S. 173. Die Zuordnung des Beschwerdemanagement zur Kommunikationspolitik ist in der Literatur nicht eindeutig. Teilweise wird das Beschwerdemanagement auch der Produkt- und Programmpolitik zugeordnet. Vgl. *Meffert/Bruhn* (2003), S. 414 ff.

2 Vgl. *Hansen/Jeschke* (2000); *Stauss* (1989), S. 45 f.

3 *Stauss* definiert die Beschwerdezufriedenheit als Zufriedenheit des Kunden mit der unternehmerischen Reaktion auf die Kundenbeschwerde. Vgl. *Stauss* (2003), S. 315.

4 Vgl. *Staus/Seidel* (2002), S. 80. Beschwerdeführer übermitteln sowohl negative als auch positive Erfahrungen an andere Personen. Allerdings werden Erfahrungen, die zu einer Unzufriedenheit mit der Beschwerde führen, von den Beschwerdeführern deutlich häufiger kommuniziert als diesbezügliche positive Erfahrungen. Kunden, die positive Erfahrungen mit dem Unternehmen im Rahmen einer Beschwerdeabwicklung gesammelt haben, erzählen ca. fünf Personen von dem Ereignis. Kunden, die ein Problem mit dem Unternehmen gehabt haben, berichten durchschnittlich neun bis zehn Personen davon. Vgl. *Albrecht/Zemke* (1985), S. 6. Aus dem Multiplikatoreffekt einer Übermittlung negativer Erlebnisse können dem Unternehmen Opportunitätskosten, wie z. B. Umsatzeinbußen sowie Imageschäden, entstehen. Vgl. *Staus/Seidel* (2002), S. 80; *Günter/Platzek* (1992), S. 113.

5 Vgl. *Kirchner* (2003), S. 272; *Stauss* (2003), S. 326; *Pepels* (2003a), S. 121.

6 Vgl. *Schweppe* (1999), S. 168; *Albrecht/Zemke* (1985), S. 6.

7 Vgl. *Pepels* (2003a), S. 126; *Staus/Seidel* (2002), S. 80 f.

8 Vgl. *Meffert/Bruhn* (2003), S. 414; *Bruhn* (2003b), S. 163; *Rapp* (2000), S. 162; *Bauer/Leach/Grether* (1998), S. 59.

9 Vgl. *Staus/Seidel* (2002), S. 81.

Um die positiven Effekte einer Beschwerde nutzen zu können, ist deren Mitteilung an das Unternehmen zentrale Voraussetzung. Somit ist es für das Unternehmen von entscheidender Bedeutung, die **Patienten zur Beschwerde zu animieren**, da sich beschwerende Personen mit höherer Wahrscheinlichkeit mit dem betreffenden Unternehmen wieder Geschäfte tätigen als Personen, die sich nicht beschweren.[1] Da nur ein geringer Teil der unzufriedenen Kunden ihre Beschwerden direkt an das Unternehmen richtet, sind Maßnahmen notwendig, die es dem unzufriedenen Patienten ermöglichen, die Beschwerde so einfach wie möglich an das Unternehmen zu übermitteln.[2] Hierbei müssen einerseits die notwendigen Kommunikationswege zur Verfügung gestellt (z. B. Telefon, Fax, E-Mail, Internet), andererseits auch die direkte Aufforderung zur Beschwerde in unterschiedlichen Medien lanciert werden (z. B. Abdruck einer Info- und/oder Beschwerde-Hotline auf Broschüren, Packungsbeilagen etc.).[3]

Äußert der Patient die Beschwerde, ist deren Bearbeitung vom Beschwerdeführer als reaktionsschnell (z. B. Eingangsbestätigung, Zwischenbescheid und Nennung eines Endtermins der Beschwerdebearbeitung) und die Problemlösung als angemessen bzw. die Wiedergutmachung als fair wahrzunehmen.[4] Da nicht der tatsächliche Wert des finanziellen oder materiellen Angebots, sondern die Art und Weise der Beschwerdereaktion oft entscheidend für die Erzielung von Beschwerdezufriedenheit ist, nimmt das **Verhalten der Mitarbeiter** eine zentrale Rolle für den Grad der späteren Beschwerdezufriedenheit ein.[5] Die Qualität der Interaktion hat sich von Unternehmensseite unter Berücksichtigung einer verständlichen Übermittlung von Informationen und das Eingehen auf die Patientenbedürfnisse durch Professionalität, Freundlichkeit, Sozialkompetenz, Engagement und Flexibilität auszuzeichnen.[6]

---

1 Vgl. *Albrecht/Zemke* (1985), S. 6.

2 Vgl. *Staus/Seidel* (2002), S. 81. Je größer der erwartete Nettonutzen vom Kunden eingeschätzt wird, desto wahrscheinlicher ist die Beschwerde. Zur Abwägung zwischen den Erfolgschancen und dem entstehenden Aufwand bei einer Beschwerdeäußerung vgl. *Pepels* (2003a), S. 121.

3 Vgl. *Hippner/Wilde* (2003a), S. 28 f.; *Staus/Seidel* (2002), S. 83; *Schneider* (2000), S. 145. Zu unterschiedlichen Gruppen von Beschwerdeführern (Aktive Beschwerer, Querulanten, Nichtbeschwerer) vgl. ausführlich *Pepels* (2003a), S. 122 ff.

4 Vgl. *Pepels* (2003a), S. 125 f.; *Bruhn* (2003b), S. 160 f.; *Meyer/Dornach* (2001), S. 59 ff.

5 Vgl. *Bruhn* (2003b), S. 173 ff.

6 Die internen Bearbeitungsprozesse, die Bestimmung von Verantwortlichkeiten, die Festlegung von Bearbeitungsterminen und die Einführung von Kontrollmechanismen zur Termineinhaltung sind ebenfalls zu berücksichtigen. Vgl. *Pepels* (2003a), S. 126; *Homburg/Werner* (1998), S. 115. Zur Zuständigkeit der Beschwerdeannahme sowie zur Beschwerdebearbeitung und -reaktion vgl. ausführlich *Bruhn* (2003b), S. 172 ff.

2.4.2.6. Weitere Instrumente der Patientenkommunikation

2.4.2.6.1. Öffentlichkeitsarbeit

Ein weiteres Instrument der Kommunikationspolitik stellt die Öffentlichkeitsarbeit bzw. Public Relations (PR)[1] dar.[2] Öffentlichkeitsarbeit ist „... die Managementfunktion, die gegenseitig vorteilhafte Beziehungen zwischen einer Organisation und den verschiedenen Öffentlichkeiten, von welchen ihr Erfolg oder ihr Scheitern abhängt, identifiziert, aufbaut und pflegt."[3] Ziel der PR ist es, bei Teilöffentlichkeiten (wie z. B. aktuellen und potentiellen Patienten, niedergelassenen Ärzten, Krankenkassen und -versicherungen, Lieferanten, Krankenhausträgern, Staat, Arbeitnehmern) Vertrauen und Verständnis durch planmäßig zu gestaltende Beziehungen zwischen dem Unternehmen und diesen Teilöffentlichkeiten zu gewinnen bzw. auszubauen sowie das Image der Unternehmung oder der Branche in der Öffentlichkeit zu verbessern.[4]

Dem Image eines Pharmaunternehmens kommt bei der Leistungsbeurteilung durch den Kunden auf Grund der Immaterialität der Leistungserbringung eine wichtige Rolle zu, da es kaum möglich ist, sich mit objektiven Indikatoren wie bei Sachgütern dem Patienten gegenüber darzustellen.[5] Zudem verlassen sich Konsumenten nicht mehr allein auf profilierte Leistungen oder Marken, sondern machen ihre Entscheidung zur Leistungsinanspruchnahme auch vom Ruf und der Kompetenz des Unternehmens als Ganzes abhängig.[6] Da der Erhaltung der unternehmerischen Freiheit durch die **gesellschaftliche Akzeptanz eine hohe Bedeutung** zukommt und diese nur erreicht werden kann, wenn die Gesellschaft Vertrauen in das pharmazeutische Unternehmen hat, muss das Unternehmen mit glaubwürdigen Referenzen die Leistungsfähigkeit hervorheben, um das gewünschte Unternehmensimage aufzubauen.[7]

Dem Misstrauen in der Bevölkerung gegenüber der pharmazeutischen Industrie auf Grund von Gewinnorientierung, Komplexität der Funktionsweisen von Arzneimitteln und neuer Forschungsinitiativen wie z. B. der Gentechnik muss mit einer **aktiven und dialogorientierten**

---

1 Öffentlichkeitsarbeit und PR werden im Folgenden synonym verwendet. Zur geschichtlichen Entwicklung der Öffentlichkeitsarbeit bzw. PR vgl. *Oeckl* (1993), S. 15 ff.; *Hundhausen* (1967). Zu einer Übersicht über unterschiedliche Definitionen der Begriffe Öffentlichkeitsarbeit und PR vgl. *Hautzinger* (2003), S. 24 ff.

2 Vgl. *Trilling* (2003), S. 124.

3 *Cutlip/Center/Broom* (1985), S. 4.

4 Vgl. *Becker* (2002), S. 600; *Nieschlag/Dichtl/Hörschgen* (2002), S. 994 f.; *Tscheulin/Helmig* (2000), S. 223; *Gummesson* (1997), S. 197.

5 Vgl. *Meffert/Bruhn* (2003), S. 478.

6 Vgl. *Becker* (2002), S. 600.

7 Vgl. *Göbl* (2003), S. 17; *Röglin/Grebmer* (1988), S. 16.

Kommunikation begegnet werden.[1] Die Darstellung der gesellschaftlichen Kompetenz hinsichtlich der Verantwortung für politische, ökologische und soziale Fragen, z. B. durch Maßnahmen der Präventions- und Gesundheitsförderung sowie den Nachweis der Wirtschaftlichkeit eines Arzneimittels, können einen Einfluss auf die Entscheidungsträger ausüben (z. B. Erhalt der Erstattungsfähigkeit, Aufnahme einer innovativen Behandlungsstrategie) und das Vertrauen der Öffentlichkeit in die Aktivitäten pharmazeutischer Unternehmen steigern.[2] Durch die Teilnahme an gesellschaftlichen Meinungsbildungsprozessen sind Akzeptanz, Glaubwürdigkeit und Unterstützungspotenziale aufzubauen, um der Öffentlichkeit die Preisstellung der Arzneimittel und die mit dem medizinischen Fortschritt verbundenen zunehmenden Kosten verständlich zu machen, staatliche Eingriffe zu vermeiden und einen besseren Zugang zu der Zielgruppe Patient zu erreichen.[3]

Zumindest unternehmensübergreifend werden pharmazeutische Unternehmen diesbezüglich aktiv. So hat sich die deutsche Pharmabranche auf Grund eines Vorstoßes des Unternehmens *GlaxoSmithKline* dazu entschlossen, der Öffentlichkeit **mehr Einsicht in ihre Medikamentenstudien** zu ermöglichen. Ausgewählte Datenfelder der europäischen Datenbank für klinische Prüfungen (*Eudract*) sollen der Öffentlichkeit zugänglich gemacht werden. Das bisherige selektive Publizieren positiver Studien wird hierdurch unmöglich.[4] Abgesehen davon beschränken sich die Kommunikationsmaßnahmen einzelner pharmazeutischer Unternehmen allerdings bis auf wenige Ausnahmen auf die Darstellung der Erfolge in der F&E und ihrem Beitrag zur Gesunderhaltung, anstatt die sensiblen Themen, wie z. B. Gentechnik, Tierversu-

---

1 Vgl. *Oetgen* (2003), http://www.afip.org/Departments/legalmed/legmed2003/Oetgen.pdf [01.09.2005]; *Jehle* (2001), S. 138; *Kunz* (2001), S. 43; *Jansche* (1993), S. 234. Vorwürfe im Bereich der F&E (z. B. Tierversuche, Manipulation und Bestechung von Forschungseinrichtungen) und des Produktangebots (z. B. überhöhte Medikamentenpreise, Arzneimittelskandale durch *Contergan*, *Lipobay*, oder *Vioxx*) sowie die Geschäftspraktiken (z. B. irreführende Werbung) belasten das Ansehen der pharmazeutischen Industrie in der Öffentlichkeit. Vgl. *Fink-Anthe* (2001a), S. 202 f.; *Becker* (2000), S. 32.

2 Vgl. *Bauer/Roscher* (2000), S. 29 f.; *Dichtl/Thiess* (1989), S. 378.

3 Vgl. *Harms/Drüner* (2003c), http://www.medizin-2000.de/pharmaoekonomie/texte/profis/pt/2003/harms_-mai03_01.html [01.09.2005]; *Kreyher* (2002), S. 64; *Becker* (2000), S. 169 f.; *Becker* (2000), S. 171; *Dichtl/Thiess* (1989), S. 380. Umfrageergebnisse verdeutlichen, dass nicht die hohe Wertigkeit der Medikamente durch die Bevölkerung in Frage gestellt wird, sondern die Glaubwürdigkeit insbesondere als Ausdruck einer überzogenen Preisgestaltung der Hersteller. Hieraus resultiert eine Diskrepanz zwischen positivem Produkt- und negativem Unternehmens- und Branchenimage. Daher bietet es sich an, durch Image-Kampagnen auf Verbandsebene die Stärken der pharmazeutischen Industrie zu demonstrieren. Vgl. *May/Ries* (2005), S. 12 f.; *Becker* (1992), S. 41. Ferner hat die Pharmaindustrie Aufklärung zu betreiben. Die Einschätzung der Bevölkerung hinsichtlich des Anteils der Arzneimittelausgaben an den Gesundheitsausgaben ist stark verzerrt. Den geschätzten 35 % stehen nur tatsächliche 17 % gegenüber. Vgl. *May/Ries* (2005), S. 12.

4 Vgl. *Kuchenbruch* (2004), S. 27.

che oder Nebenwirkungen von Medikamenten, aktiv und offen anzusprechen oder den Nutzen innovativer Arzneimittel durch pharmaökonomische Studien[1] zu kommunizieren.[2]

Um einen Dialog mit der Öffentlichkeit anzuregen und Zielgruppen in den Meinungsbildungsprozess zu integrieren, können zu den aus der Wahrnehmung der Öffentlichkeit sensiblen Themen durch die **Bereitstellung einer Kommunikationsplattform** Ergebnisse der Interaktionen publiziert und damit der breiten Öffentlichkeit mitgeteilt werden. Das Pharmaunternehmen kann hierdurch von der Öffentlichkeit „... als gesellschaftlich relevanter Orientierungspunkt wahrgenommen werden."[3] Allerdings muss einschränkend darauf hingewiesen werden, dass auf Grund bewusster Fehlinformation der politischen Meinungsbildner und weiterer Akteure im Gesundheitswesen davon auszugehen ist, dass von der Pharmaindustrie initiierte Maßnahmen lediglich als Werbung oder Interessenpolitik wahrgenommen werden. Das Einbinden von glaubwürdigen Marktpartnern in Medien und Politik ist daher unbedingt notwendig, um den Meinungsbildungsprozess in der Bevölkerung positiv zu beeinflussen.[4]

Um über eine neutrale Quelle Vertrauen in der Öffentlichkeit zu generieren, eignen sich insbesondere **Pressekontakte**.[5] Beiträge im Rahmen eines redaktionellen Teils einer Zeitschrift weisen auf Grund der empfundenen Neutralität der Quelle meistens eine hohe Glaubwürdigkeit auf. Eine gezielte Pressearbeit über die Entwicklung neuer Apparaturen und therapeutischer Möglichkeiten kann zur Darstellung des technischen Fortschritts das Vertrauen der An-

---

1 In der Pharmaökonomie werden die Kosten einer medikamentösen Behandlung dem resultierenden Nutzen gegenübergestellt. Neben den direkten Kosten (z. B. Medikamenten-, Arzt-, Laborkosten und Kosten durch Krankenhausaufenthalt) und dem direkten Nutzen (z. B. vermiedene Kosten durch Behandlungsmaßnahmen) zählen hierzu auch indirekte Kosten (z. B. der Produktivitätsverlust) sowie der indirekte Nutzen (z. B. Wiederherstellung des Produktivitätspotenzials). Darüber hinaus sind intangible Kosten (z. B. Lebensqualitätsminderung durch Schmerz) und der intangible Nutzen (Lebensqualitätssteigerung durch Vermeidung von Schmerzen) zu berücksichtigen. Vgl. *Raming* (2002), S. 5 f.; *Dinkel/Schwicker* (1995), S. 297. Zu den unterschiedlichen Verfahren dieser Kosten-Nutzen-Analysen i. w. S. zählen u. a. Kosten-Wirksamkeits-Analysen (Cost-Effectiveness-Analysis) zur Bestimmung des physischen Outcome im Verhältnis zu den Kosten, Kosten-Nutzen-Analysen i. e. S. (Cost-Benefit-Analysis) zur Bestimmung des monetär bewerteten Outcome im Verhältnis zu den Kosten sowie Kosten-Nutzwert-Analysen (Cost-Utility-Analysis) zur Ermittlung des nutzenindexierten Outcome im Verhältnis zu den Kosten. Vgl. *Wille* (1997), S. 306. Zu einem Überblick über gesundheitsökonomische Evaluationsverfahren vgl. *Fricke/Schöffski* (2002), S. 103 ff.; *Raming* (2002), S. 7 ff.; *Bauer/Roscher* (2000), S. 14 ff.

2 Vgl. *Becker* (2000), S. 170. Aktuell sind allerdings auf Grund der sektoralen Gliederung und Finanzierung im deutschen Gesundheitswesen die Anreize der Entscheidungsträger zur Umsetzung der Erkenntnisse aus den Studien nur begrenzt vorhanden. Durch die gesetzlichen Rahmenbedingungen werden Maßnahmen, die sich kurzfristig auszahlen, gegenüber den langfristigen Verbesserungen bevorzugt. So ziehen die Ärzte beispielsweise Kostenvergleiche mit wirkungsgleichen Arzneimitteln zur kurzfristigen Ausgabenminimierung den Analysen vor, die langfristige Einsparpotenziale ermöglichen. Vgl. *Bauer/Roscher* (2000), S. 32 f.

3 *Becker* (2000), S. 170.

4 Vgl. *May/Ries* (2005), S. 14 f.

5 Zum Management der Beziehungen zu den Medien vgl. *Becker* (1992), S. 49.

spruchsgruppen in das Unternehmen fördern.[1] Auch das Kommunizieren der Förderung der Wissenschaft kann sinnvoll sein, da die wissenschaftliche Tätigkeit für das Ansehen eines Unternehmens in der Öffentlichkeit eine wichtige Rolle spielt. Des Weiteren sind Beiträge im Radio oder Fernsehen möglich. Zahlreiche Gesundheitssendungen bieten eine Plattform, Informationen über Indikationen, Prävention und Therapie zu übermitteln, sowie Experten- und Patienteninterviews oder Filmsequenzen zu platzieren.[2] Dabei ist von großer Bedeutung, dass Produktnamen von ethischen Präparaten im redaktionellen Teil von Zeitschriften, Zeitungen Radio- und Fernsehsendungen genannt werden dürfen, da die Verantwortung für die Nennung eines verschreibungspflichtigen Arzneimittels nach dem Presserecht bei der Redaktion liegt.[3] So können beispielsweise auch Selbsthilfegruppen und deren Fachbeirat die Fachinformationen redaktionell gefiltert den Patienten bzw. jedem Interessenten zur Verfügung stellen. Die Pressefreiheit überwiegt in Verbindung mit dem informationellen Selbstbestimmungsrecht des Patienten die Werberestriktionen des HWG für ethische Präparate.[4]

2.4.2.6.2. Sponsoring

Ein weiterer Bestandteil der Kommunikationspolitik ist das Sponsoring, das auf dem **Prinzip des gegenseitigen Leistungsaustausches** basiert. Das pharmazeutische Unternehmen erhält für die Bereitstellung von finanziellen Mitteln, Sachmitteln und/oder Dienstleistungen eine wirtschaftlich relevante oder ideelle Gegenleistung (z. B. Duldung von Werbemaßnahmen). Während das Sponsoring aus Sicht des Begünstigten ein Finanzierungsinstrument darstellt, ist es aus der Sicht des Sponsors eines der Kommunikation.[5] Somit verfolgen als Sponsoren auftretende Firmen auf Grund des für die meisten Unternehmen geltenden erwerbswirtschaftlichen Prinzips das Ziel der werblichen Verwertung ihres Engagements.

Durch unternehmensseitige Maßnahmen im Rahmen eines **Sport-Sponsoring** bestehen beispielsweise Möglichkeiten, Sportmannschaften durch finanzielle Zuwendungen oder medizi-

---

1 Alternativ können wichtige Studienergebnisse oder die Neueinführung von Produkten auch im Rahmen von Pressekonferenzen kommuniziert werden, um den Stellenwert der Information zu demonstrieren. Vgl. *Hardt/Müller/Schüler* (2002), S. 80.

2 Vgl. *Hardt/Müller/Schüler* (2002), S. 80.

3 Vgl. hierzu ausführlich *Hardt/Müller/Schüler* (2002), S. 78 ff. Zu den rechtlichen Rahmenbedingungen von redaktionellen Beiträgen vgl. auch *Engler/Geserich/Räpple/Rieger* (2000).

4 Vgl. *Schlegel* (2004), S. 280. Des Weiteren kann das Kundenvertrauen durch redaktionell aufbereitete und kompetente Artikel in Kundenzeitschriften oder Patientenbroschüren (z. B. Informationsbroschüren zu Sport, Ernährung und Krankheitsbildern) gesteigert werden. Darüber hinaus können die Unternehmen Literatur, wie z. B. Lexika zur Ernährung und Bewegung, aber auch Videos zur Therapieunterstützung sowie Therapiebegleitbücher anbieten. Vgl. *Hohensohn* (1998), S. 133 f.; *Eckel* (1997), S. 132.

5 Vgl. *Nieschlag/Dichtl/Hörschgen* (2002), S. 1116.

nische Dienstleistungen zu unterstützen und dadurch den Bekanntheitsgrad des Unternehmens zu erhöhen oder sein Leistungsspektrum an eine breite Öffentlichkeit zu kommunizieren.[1] Vor allem das Sponsoring von Personen(gruppen) kann beim pharmazeutischen Unternehmen unterstützend dazu beitragen, die Dienstleistungsimmaterialität und die daraus resultierenden Kommunikationsprobleme durch die Personalisierung der Dienstleistung zu mildern sowie aus Sicht der Öffentlichkeit die Anonymität des Unternehmen „abzustreifen" und das existierende Misstrauen gegenüber Pharmaunternehmen abzubauen.[2] Durch Markierung von Ausrüstungsgegenständen (z. B. Trikotwerbung) oder die Präsenz im Umfeld von Veranstaltungen (z. B. Freigetränke) können zudem in Form einer unpersönlichen Kommunikation Inhalte vermittelt werden.[3]

Insbesondere das **Sponsoring im sozialen Bereich** bietet sich für das pharmazeutische Unternehmen als Beitrag zur Lösung humanitärer Probleme im sozialen System Gesellschaft an. Die Möglichkeiten sind vielfältig: Einzelne Personen, Teams, Aktionen, Einrichtungen oder Organisationen, die ohne Gewinnorientierung humanitäre Probleme von Einzelpersonen, Gruppen und/oder der Gesellschaft aufgreifen, thematisieren und zu einer Lösung führen, sind mögliche Partner für das Unternehmen.[4] Pharmaunternehmen können beispielsweise den Aufbau von Rehabilitationseinrichtungen oder die Gründung von Selbsthilfeorganisationen unterstützen.[5] Neben der Auslobung eines Preises für vielversprechende Forschungsergebnisse können die Informationsangebote (z. B. Internetangebot[6], Zeitschrift) von unterschiedlichen Einrichtungen finanziell gefördert (z. B. Deutsche Gesellschaft für Rheumatologie) oder Events (z. B. Weltrheumatag) unterstützt werden.[7] Viele Pharmaunternehmen engagieren sich zudem durch Partnerschaftsinitiativen für Arzneimittel gegen die in Entwicklungsländern be-

---

1 Vgl. *Tscheulin/Helmig* (2000), S. 223.

2 Vgl. *May/Ries* (2005), S. 13.

3 Vgl. *Hermanns* (1993), S. 634 f.; *Schmalen* (1992), S. 237. Eine verbesserte zielgruppenspezifische Ansprache im Vergleich zum Sport-Sponsoring ist durch das Sponsoring im kulturellen Bereich möglich (u. a. das Sponsoring denkmalgeschützter Gegenstände und der Malerei), während die Möglichkeiten der Übermittlung eines positiven Firmenimages vergleichbar mit dem Sport-Sponsoring sind (finanzielle Unterstützung, Markierung von Gegenständen, Präsenz des Unternehmens). Vgl. *Bruhn* (2003a), S. 314 f.; *Hermanns* (1993), S. 637 f.

4 Vgl. *Hermanns* (1993), S. 638.

5 Vgl. *Herxheimer* (2003); *Bletzer* (1998), S. 197.

6 Die Förderung der Medien wird auch als Mediensponsoring bezeichnet. So bestehen neben TV und Hörfunk auch Möglichkeiten des Sponsoring im Bereich des Print-Sponsoring, Internet-Sponsoring (z. B. von Portalen) und Kinosponsoring. Im TV-Sponsoring kommen vor allem die Maßnahmen aus dem Programmsponsoring (Nennung des Firmennamens oder -logos), Programming (Bereitstellung von Produktionsmitteln, Inhalten, Ausstattungselementen und Personal) und Product Placement zum Einsatz. Vgl. hierzu *Bruhn* (2003a), S. 316 f.

7 Vgl. hierzu und zu weiteren Beispielen *Fricker* (2001), S. 208; *Dierks//Siebeneick/Röseler/Schienkiewitz* (2001), S. 81; *Mussler* (1993), S. 93; *Becker* (1992), S. 40.

stehenden Erkrankungen. Neben der Unterstützung bei F&E-Projekten erhalten diese Länder umfangreiche Arzneimittelspendenprogramme zur Bekämpfung bestimmter Krankheiten. Ferner offerieren die Pharmaunternehmen in den Entwicklungsländern Arzneimittel zu signifikant niedrigeren Preisen, um der Bevölkerung den Zugang zu bestimmten Präparaten zu ermöglichen.[1]

Das Pharmaunternehmen kann durch finanzielle und personelle Unterstützung, Markierung von Gegenständen und Präsenz des Unternehmens im sozialen Bereich die **Übernahme von sozialer Verantwortung** demonstrieren, um gegenüber der Öffentlichkeit Glaub- und Vertrauenswürdigkeit zu vermitteln, das gewünschte Unternehmensimage aufzubauen und eine positive Mund-zu-Mund-Kommunikation zu fördern sowie bei aktuellen und potenziellen Kunden eine Reduktion des subjektiv wahrgenommenen Risikos der Leistungsinanspruchnahme zu erreichen.[2] Das Sponsoring im sozialen Bereich bietet darüber hinaus einen gewichtigen Vorteil: Bei Verknüpfung dieser Sponsoringaktivitäten mit einer aktiven Pressearbeit lassen sich neben der Kommunikation von Verantwortung für das Wohl der Gesellschaft zudem gezielt Werbebeschränkungen des HWG umgehen.[3]

2.4.2.6.3. Messen

Eine weitere Möglichkeit, mit dem Patienten direkt in Kontakt zu treten, sind Messen, die zeitlich begrenzte und räumlich festgelegte Veranstaltungen darstellen und sich in der Regel auf bestimmte Indikationen beziehen.[4] Messen dienen neben einer allgemeinen Marktorientierung der Information und Motivation der Patienten sowie der **dialogorientierten Kommunikation mit Patienten** oder Patientenorganisationen.[5] Pharmazeutische Unternehmen können den direkten Kontakt zur Zielgruppe aufbauen und Neukunden akquirieren, den Kontakt bei bestehenden Kunden intensivieren oder abtrünnige Patienten zurückgewinnen.[6] Der persönliche Kontakt des Verbrauchers mit in die Unternehmensdarstellung eingebundenen unabhän-

---

[1] Beispiele sind das *Mectizan*-Programm von *Merck* gegen Flussblindheit, das Lepra-Programm von *Novartis*, die Trachoma-Initiative von *Pfizer* (Erblindung) und die *Aventis-WHO*-Partnerschaft gegen die Schlafkrankheit. Häufig werden durch diese Maßnahmen auch die Ausbildung des medizinischen Personals, der Aufbaus von Laboren und klinische Einrichtungen unterstützt. Vgl. *Fink-Anthe* (2003a), S. 23 f.

[2] Vgl. *Meffert/Bruhn* (2003), S. 485 ff.; *Arnold/Kultschytzky* (1995), S. 16. Vergleichbar mit dem sozialen Sponsoring ist das Umweltsponsoring. Auch hier verfolgt das Unternehmen das Ziel, durch die Vermittlung der Wahrung einer gesellschaftlichen Verpflichtung und Verantwortung eine entsprechende positive Imageausstrahlung in der Öffentlichkeit zu erreichen und Glaub- und Vertrauenswürdigkeit zu vermitteln. Vgl. hierzu *Mussler* (1993), S. 95 f.

[3] Vgl. *Nieschlag/Dichtl/Hörschgen* (2002), S. 1120.

[4] Vgl. *Bruhn* (2003a), S. 294.

[5] Vgl. *Bruhn* (2003a), S. 275.

[6] Vgl. *Rapp* (2000), S. 166.

gigen wissenschaftlichen Meinungsführern oder mit betrieblichen Forschungs- und Vertriebsleitern kann eine Vertrauensbasis zu den Unternehmensaktivitäten schaffen.[1]

Allerdings besteht bei Messen die im Rahmen des Kundenclubs angeführte Problematik, dass eine produktbezogene Informationsübermittlung hinsichtlich der Kernleistung Arzneimittel nur begrenzt möglich ist. Da auf Messen in der Regel nur zwischen Fachpersonal und Patienten differenziert wird, eine weitere Unterteilung der Nicht-Fachbesucher in Interessierte und vorinformierte Kunden aber nicht erfolgen kann, bestehen nur eingeschränkte Möglichkeiten, produktbezogene Informationen hinsichtlich der Kernleistung Arzneimittel zu übermitteln. Denkbar sind lediglich die Darstellung des Unternehmens zur Pflege des Unternehmensimage und eine **Präsentation der Zusatzleistungen** (Blutzuckermessgeräte, Online-Datenübertragung etc.), um Marktpotenziale aufzubauen und durch kommunizierte Zusatzwerte die Beziehung zum Patienten zu intensivieren.[2] So bestehen Möglichkeiten, über (neue) Produkte im Bereich der Zusatzleistungen zu informieren, oder kostenlos bzw. gegen einen geringen Kostenbeitrag beispielsweise bei MS-Patienten Blutwerte zur Bestimmung der Wahrscheinlichkeit des Krankheitsfortschritts zu ermitteln oder bei Diabetikern eine Augenhintergrund- sowie Fußuntersuchung (diabetischer Fuß) durchführen zu lassen. Über die patientenbezogenen Kommunikationsmaßnahmen sind darüber hinaus Maßnahmen der Öffentlichkeitsarbeit zu integrieren, da die Medien bei diesen Veranstaltungen oftmals anwesend sind und sich hierdurch die Restriktionen des HWG bei einer Berichterstattung durch die Presse umgehen lassen.[3]

2.4.3. Preispolitik

2.4.3.1. Preispolitik im Bereich der Kernleistung

Die Art und Höhe der Leistungsentgelte wird über die Preispolitik definiert. Hierbei erfolgt die Bestimmung der monetären Gegenleistung (Entgelt) für eine angebotene Produkt- oder Dienstleistung in bestimmter Menge und Qualität (Leistungsumfang).[4] Der Fokus der Preispolitik liegt somit auf der **ziel- und marktgerechten Gestaltung des Preis-/Leistungsverhältnisses**.[5] Im Rahmen des PRM wird die zeitpunktbezogene Betrachtung des zu entrich-

---

1 Vgl. *Becker* (1992), S. 26.
2 Vgl. *Meffert/Bruhn* (2003), S. 479; *Rapp* (2000), S. 166.
3 Vgl. *Becker* (1992), S. 27. Um z. B. Synergieeffekte nutzen können, führt *Bruhn* ergänzend sowohl vor, während und nach der Messe den flankierenden Einsatz des Direct-to-Consumer-Marketing sowie der Öffentlichkeitsarbeit an. Vgl. *Bruhn* (2003a), S. 300 f.
4 Vgl. *Diller* (2000), S. 23.
5 Vgl. *Nieschlag/Dichtl/Hörschgen* (2002), S. 734 f.

tenden Entgelts zu Gunsten einer gebrauchszyklusorientierten Betrachtung aufgegeben und alle mit der Leistungsinanspruchnahme vorherbestimmten Kosten berücksichtigt, die im Kontext des gesamten Leistungsbezuges stehen.[1]

Die **Absatzwirkung der Preispolitik**[2] ist aber für das PRM hinsichtlich der Kernleistung Arzneimittel nicht von Belang. Neben der Tatsache, dass der Abgabepreis für das Pharmakon durch das Arzneimittelgesetz (einheitliche Abgabepreise zur Verhinderung eines Preiswettbewerbs zwischen Apotheken) und die Arzneimittelpreisverordnung (prozentuale Handelsspannen) fest vorgegeben ist[3], werden die Kosten für die in dieser Arbeit relevanten ethischen erstattungsfähigen Arzneimittel von der Krankenkasse vergütet, so dass der Verbraucher durch die Zuzahlung nur einen geringen Teil des eigentlichen Abgabepreises selbst zu tragen hat. Bei den Patienten entwickelt sich durch die fast vollständige Trennung von Leistungsinanspruchnahme und finanzieller Haftung ein Freifahrerverhalten, da der Zusammenhang zwischen der eigenen Leistungsinanspruchnahme und den Krankenkassenbeiträgen für den Nachfrager kaum spürbar ist.

Geht man dennoch davon aus, dass eine von dem Arzneimittelabgabepreis abhängige Zuzahlung für ein Pharmakon bei Verfügbarkeit von vergleichbaren günstigeren Arzneimittelalternativen und entsprechend geringeren Zuzahlungen eine Steuerungswirkung entfaltet, so dass der Patient tendenziell das günstigere Präparat verschrieben bekommt bzw. verschrieben bekommen will, lässt sich hieraus eine Preis-Absatz-Funktion ableiten: Die Nachfrage nach Präparaten nimmt bei niedrigeren Abgabepreisen und damit bei geringeren Zuzahlungen des Patienten zu. Teure Arzneimittel werden hingegen seltener nachgefragt. Allerdings existiert eine **prozentuale Beteiligung des Patienten** nur bei Arzneimittelpreisen zwischen 50 und 100 €, bzw. unter 5 €. Bei von diesen Preiszonen divergierenden Arzneimittelpreisen findet durch die fixe Zuzahlung gar keine Steuerungswirkung statt.[4] Zudem zeigen die Daten des Arzneiverordnungsreports 2003, dass Arzneimittel mit einem neuartigen Wirkstoff oder Wirkprinzip im Durchschnitt rund 175 € je Verordnung und Wirkstoffe, die mit einer Verbes-

---

[1] Vgl. *Diller* (1997), S. 7 f.
[2] Zur Absatzwirkung der Preispolitik vgl. *Mauerer* (1995), S. 86.
[3] Vgl. § 1 AMPreisV; § 78 AMG.
[4] Zur Lenkungswirkung von Zuzahlungen vgl. auch *Hummels* (2001), S. 10; *o. V.* (2002d), S. 136. Zu einer kritischen Auseinandersetzung über die Möglichkeiten der Selbstbeteiligung des Patienten als Einflussfaktor zur Eindämmung von Ineffizienzen im Gesundheitswesen vgl. *Donges* et al. (2002), S. 84 ff. Ein messbarer Effekt, d. h. eine mögliche Substitution des Originalpräparats durch Generika wird aus Patientensicht nur erreichbar sein, wenn der Konsument selbst für sein Arzneimittel aufkommen muss. Vgl. *Kotzian* (2003), S. 83 f.

serung pharmakologischer Qualitäten bereits bekannter Wirkprinzipien verbunden sind, im Durchschnitt 114 € kosten (vgl. Abbildung 24).

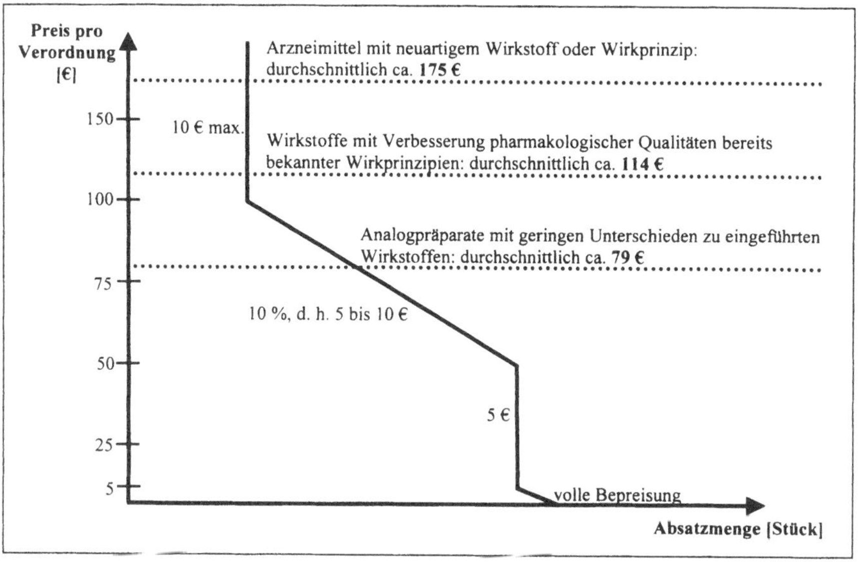

Abb. 24: Erwartete Preis-Absatz-Funktion des Arzneimittels durch Zuzahlung
Quelle: Eigene Darstellung.

Wie Abbildung 24 zeigt, greift die prozentuale Beteiligung bei diesen Medikamenten zumindest im Rahmen einer Durchschnittswertebetrachtung nicht. Die so genannte Proportionalzone findet in der Regel nur bei Analogpräparaten mit geringen Unterschieden zu eingeführten Wirkstoffen, d. h. Me-too-Präparaten/Pseudoinnovationen, Verwendung (durchschnittliche Kosten pro Verordnung ca. 79 €).[1] Somit lassen die Regelungen zur Zuzahlung hinsichtlich einer effizienten Leistungsinanspruchnahme **keine große Steuerungswirkung** erwarten.

Des Weiteren ist davon auszugehen, dass chronisch Kranke die Belastungsgrenze an Zuzahlungen, die bei 1 % ihrer jährlichen Bruttoeinnahmen liegt[2], durch den regelmäßigen Bezug von Medikamenten dauerhaft übertreffen und insofern der jährliche Zuzahlungsbetrag eher von der Einkommenshöhe als von der prozentualen Beteiligung an den Arzneimittelpreisen abhängig ist. Eine Steuerungswirkung der Arzneimittelpreise und/oder Zuzahlungen kann

[1] Vgl. *Verband Forschender Arzneimittelhersteller* (2004).
[2] Vgl. § 62 Abs. 1 S. 2 SGB V.

somit nahezu ausgeschlossen werden. Die Individualisierung von Kundenbeziehungen über preis- und konditionenpolitische Instrumente zur differenzierten Gestaltung der Beziehung in Abhängigkeit des Beziehungsniveaus bzw. der Patientensegmente ist demnach hinsichtlich der Kernleistung Arzneimittel nicht bzw. nur sehr eingeschränkt realisierbar.

2.4.3.2. Preispolitik im Bereich der Value-Added Services

Im Gegensatz zur Kernleistung bieten sich bei den Zusatzleistungen Möglichkeiten, Einfluss auf die Preisgestaltung zu nehmen. Allerdings ist die entgeltliche Abgabe von Value-Added Services im deutschen Pharmamarkt eher die Ausnahme. Damit verstößt der unentgeltliche Charakter der Zusatzleistungen gegen die Bedingung „**Leisten gegen Entgelt**".[1] Auch wenn in Deutschland die Vollkaskomentalität als Grund dafür angeführt wird, dass sich Value-Added Services nicht bepreisen lassen, ist zu beobachten, dass Patienten zunehmend bereit sind, für individuelle Informationen, z. B. für Ratschläge von medizinischen Experten ein Entgelt zu entrichten.[2] Vor allem chronisch Kranke tendieren zu einer größeren Nachfrage nach vertiefenden Informationen mit der Bereitschaft, Geld in die Informationsbeschaffung zu investieren, so dass sich beispielsweise die Befriedigung dieses Bedürfnisses vermarkten und bepreisen lässt.[3]

Bietet das Unternehmen die Value-Added Services als Imageträger weiterhin kostenlos oder nahezu kostenlos an, sind diese Angebote i. d. R. nicht oder nur teilweise kostendeckend und können langfristig nur mangelhaft erbracht werden. Dies lässt einen negativen Effekt auf die Kundenbeziehung erwarten, verringert das Akquisitionspotenzial und erschwert eine langfristige Positionierung des Unternehmens.[4] Allerdings ist auch mit **Reaktanzen der Patienten** zu rechnen, falls das Unternehmen nachträglich Zusatzleistungen bepreist, die bereits kostenlos angeboten wurden (z. B. ein nunmehr kostenpflichtiger Telefonanruf). Die Bepreisung ist somit vor allem dann anzuwenden, wenn die Zusatzleistung bislang nicht existierte (z. B. Kundenclub).

Hinsichtlich der Höhe des Preises besteht die Gefahr, dass der Patient keine Bereitschaft aufweist, für eine bestimmte Zusatzleistung zu bezahlen – d. h. der gesetzte Preis überschreitet für eine bestimmte Zusatzleistung eine vom Patienten festgelegte Budgetobergrenzegrenze.

---

1 Vgl. *Diller* (2000), S. 23; *Bletzer* (1998), S. 44.
2 Vgl. *Kirchgeorg/Haffner* (2004), S. 168; *Pfahlert/Emminger* (2002), S. 49; *Baur et al.* (2002), S. 45.
3 Vgl. *Homburg/Sieben/Dietz* (2002b), S. 130; *Poensgen/Larsson* (2001), S. 12.
4 Vgl. *Güttinger/Haldner* (2001), S. 84 f.

Allerdings kann auch ein bestimmtes Preisniveaus unterschritten werden, das dem Patienten die Gefahr nicht erfüllter Qualitätsansprüche vermittelt. Der Preis übernimmt beim Unterschreiten eines bestimmten Niveaus somit die **Funktion eines Qualitäts- bzw. Leistungsindikators** und kann auf Grund der die subjektive Wertschätzung der Anbieterleistung verstärkenden Immaterialität und Integration des externen Faktors auch als Anhaltspunkt für die Bewertung einer Dienstleistung (Information Chunks) dienen sowie zur Risikoreduzierung bei der Wahl des Anbieters beitragen (Prestigeeffekt).[1]

Um eine aus Patientensicht kreative und patientenorientierte Preispolitik erfolgreich bei den Value-Added Services zu implementieren, sind in den einzelnen Phasen des Kaufentscheidungsprozesses unterschiedliche und im Folgenden näher betrachtete Elemente zu berücksichtigen.[2] Bei der Suche des Patienten nach dem adäquaten Leistungsangebot in der Orientierungsphase ist von Unternehmensseite **Preistransparenz** anzustreben, d. h. es müssen klare und wahre Preisinformationen übermittelt und Möglichkeiten zum Preisvergleich angeboten werden, um Preisvertrauen beim Patienten zu erzielen. Für den Patienten impliziert die Preistransparenz einen geringeren Suchaufwand und eine höhere Effizienz beim Leistungsbezug. Hierzu zählen u. a. eine hohe Preiskontinuität, Festpreise und die rechtzeitige Ankündigung von Preisveränderungen. Vertraut der Patient dem pharmazeutischen Unternehmen, wird ein nicht-opportunistisches Verhalten des Anbieters erwartet, d. h. der Patient erwartet ein nicht gegen die Interessen des Nachfragers verstoßenden Handeln des Anbieters, so dass die Patientenbindung gefördert wird.

In der Bewertungsphase des Leistungsangebots hat sich dieses durch **Preisgünstigkeit**[3] auszuzeichnen, also durch optisch und tatsächlich niedrige Bezugspreise sowie Rabatte, Sonderpreisaktionen und andere Nachlässe, um eine höhere Preisleistung aus Patientensicht zu erzielen. Maßstab ist der Preisabstand zu identischen Wettbewerbsangeboten. Darüber hinaus kommt dem Preis-/Leistungsverhältnis, also der **Preiswürdigkeit**[4] als wahrgenommenes Verhältnis zwischen Produktnutzen und zu zahlendem Preis (Nettonutzen des Produktes) eine

---

[1] Vgl. Vgl. *Meffert/Bruhn* (2003), S. 518; *Bieberstein* (2001), S. 293 ff.; *Diller* (2000), S. 162 ff. Zur Kompensation einer erschwerten Beurteilungsmöglichkeit von Dienstleistungen durch preispolitische Instrumente vgl. auch *Bruhn* (2003b), S. 92 f.

[2] Zu den folgenden Ausführungen vgl. ausführlich *Diller* (1997), S. 19 ff. Zu den Preisfunktionen im Kaufentscheidungsprozess im Rahmen eines Phasenmodells vgl. *Diller* (1997), S. 12 ff.

[3] Die Preisgünstigkeit beschreibt ein Preisurteil ausschließlich auf Basis preislicher Aspekte, d. h. ohne den Einbezug einer Leistungs- bzw. Qualitätsbeurteilung. Vgl. *Meffert/Bruhn* (2003), S. 546.

[4] Bei der Preiswürdigkeit werden neben den preislichen Aspekten auch Leistungsaspekte in das Preisurteil mit einbezogen. Vgl. *Meffert/Bruhn* (2003), S. 546 f.

hohe Bedeutung zu. Eine Preis- und Qualitätsberatung zur individuellen und bedürfnisorientierten Produkt- bzw. Dienstleistungsermittlung oder individuelle Preise für spezifische Lösungen (Preisbaukasten) können beispielsweise bei der Förderung der Preiswürdigkeit dienlich sein. Sowohl Preisgünstigkeit als auch Preiswürdigkeit unterstützen das Erzielen einer Preiszufriedenheit, d. h. der Erfüllung der preisbezogenen Erwartungen hinsichtlich der Unternehmensleistungen, die letztendlich auch die Gesamtzufriedenheit des Patienten mit den Leistungen des pharmazeutischen Unternehmens beeinflusst.[1]

Für den Patienten besteht ein Preis-Leistungsrisiko, d. h. es existiert Unsicherheit darüber, ob die vom Patienten der Unternehmensleistung zugeordneten Qualitätsvorstellungen durch den Preis garantiert werden. In der Entscheidungsphase für oder gegen die Leistungsinanspruchnahme steht die **Preissicherheit** zur Steigerung des Preisvertrauens auf Basis einer unter subjektiven Gesichtspunkten des Patienten relativen Vorteilhaftigkeit des Angebotspreises im Vordergrund. Hierdurch wird die relative Preisgünstigkeit und Preiswürdigkeit des Angebots belegt. Bestätigende Elemente der Preissicherheit sind insbesondere Preis- und Qualitätsgarantien, um Preisveränderungen für den Patienten berechenbar zu machen.

In der Nutzungsphase sowie in der Phase der wiederholten Leistungsinanspruchnahme kommt der **Preiszuverlässigkeit** als Einhaltung der beim Kauf in Aussicht gestellten Preiserwartungen eine zentrale Bedeutung zu. Hierzu zählen u. a. umfassende Patienteninformation über mögliche Ausgaben in der Nutzungsphase und das Vermeiden von „Preisüberraschungen" (z. B. höhere als vorher angekündigte Wartungskosten für ein Blutzuckermessgerät) sowie kostenlose Sonderleistungen im Mängelfall. Die Preiszuverlässigkeit beeinflusst sowohl das Preisvertrauen als auch die Preiszufriedenheit beim Patienten durch die Einhaltung der in Aussicht gestellten Preiserwartungen des Patienten hinsichtlich der weiteren Leistungsinanspruchnahme positiv. Preisvertrauen und Preiszufriedenheit führen letztendlich durch eine ehrliche und langfristig orientierte Preispolitik zu einer Beeinflussung der zukünftigen Leistungsinanspruchnahme und somit zur Patientenbindung (vgl. Abbildung 25).[2]

Im Rahmen der Preispolitik bei Zusatzleistungen bieten sich dem pharmazeutischen Unternehmen Möglichkeiten, eine langfristige Geschäftsbeziehung zum Patienten aufzubauen. Es ist davon auszugehen, dass die Preisbereitschaft der Patienten hinsichtlich zusätzlicher Value-

---

[1] Vgl. *Meffert/Bruhn* (2003), S. 546.
[2] Vgl. ausführlich *Diller* (1997). Vgl. hierzu auch *Meffert/Bruhn* (2003), S. 546 ff.

Added Services positiv mit der Anpassung dieser Leistungen an den Gesundheitszustand des Patienten korreliert.

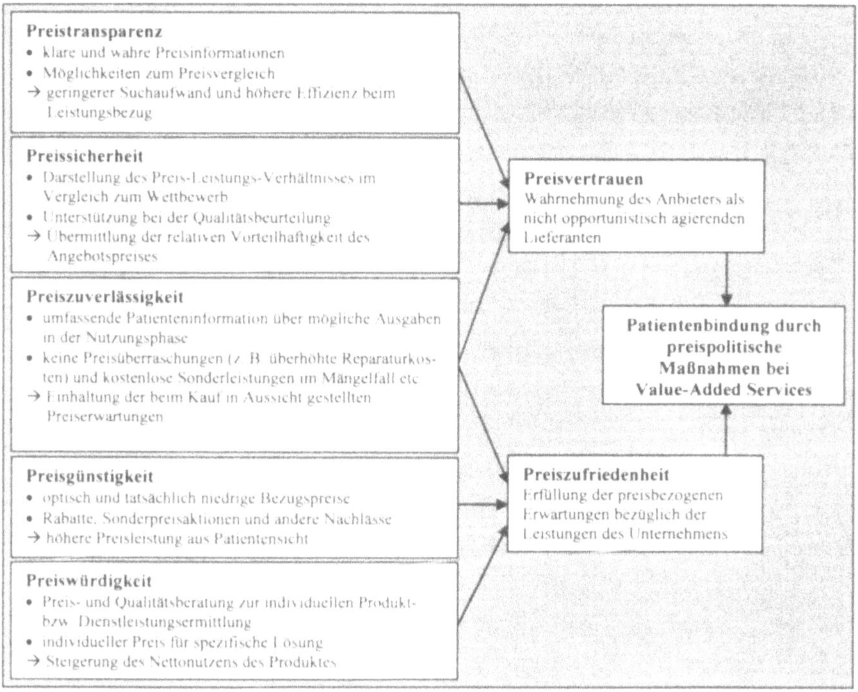

Abb. 25: Preispolitische Maßnahmen zur Patientenbindung bei Value-Added Services
Quelle: Eigene Darstellung.

Unter Berücksichtigung des PLZ zur Ableitung patientenindividueller Leistungsangebote in Abhängigkeit des Gesundheitszustandes sind die Value-Added Services zu bepreisen, um den individuellen Patientenwert zu optimieren und das Gewinnpotenzial zu steigern. Mögliche und für die Zukunft anzustrebende Elemente einer aktiven Preispolitik im Rahmen der Zusatzleistungen sind im Folgenden angeführt:

- Mengenabhängiges Pricing: Formen der nichtlinearen Preisbildung, wie z. B. Mengen- oder Umsatzrabatte unterstützen die Inanspruchnahme höherer Stückzahlen einer Unternehmensleistung bzw. den Bezug eines größeren Teils der Gesamtnachfrage bei einem Unternehmen und damit eine Steigerung der Kundendurchdringungsrate. Ein mögliches Beispiel ist eine Preissetzung für eine Online Risikoanalyse auf Basis individueller Patientendaten in Abhängigkeit der Häufigkeit der Leistungsinanspruchnahme während eines definierten Zeitraums.

- Zeit- und loyalitätsabhängiges Pricing: Die vom Patienten zu entrichtenden Preise für die Value Added-Service sinken mit zunehmender Dauer der Kundenbeziehung und erhöhen dadurch die Kundenbindung. Hierzu zählen z. B. Treuerabatte für ein Zeitschriftenabonnement oder eine Clubmitgliedschaft.
- Mehrprodukt-Pricing: Der Preis für den Kauf mehrerer Produkte in einem Paket (Preisbündelung) ist günstiger als der Kauf der einzelnen Produkte. Der Patient wird tendenziell mehr Unternehmensleistungen aus verschiedenen Produktbereichen des Unternehmens kaufen und seinen Bedarf auf das eine Unternehmen ausrichten. Die Kundenbindung wird, z. B. durch den Kauf eines Blutzuckermessgeräts in Kombination mit der Freischaltung der Online-Datenauswertung und dem Zugriff auf eine Informationsdatenbank, erhöht.
- Mehrpersonen-Pricing: Kaufen weitere Patienten dasselbe Produkt wie der Erstkäufer, werden Preisnachlässe gewährt. Hierdurch können weitere Patienten oder ganze (Selbsthilfe)Gruppen an das Unternehmen gebunden werden. Mögliche Umsetzungsmaßnahmen sind z. B. Gruppenrabatte für eine Clubmitgliedschaft.
- Verträge und Garantien: Über Preiszugeständnisse bei Abschluss eines Vertrages (z. B. Abonnement einer Zeitschrift) oder Garantien (z. B. kostenlose Wartung oder Reparatur von Blutzuckertestgeräten) können die Patienten an das Unternehmen gebunden werden.[1]

Voraussetzung für eine erfolgreiche Preisfestsetzung ohne Reaktanzen seitens der Patienten ist ein Verständnis der Patientenbedürfnisse. Die Preise der einzelnen Servicepakete sind daher im Hinblick auf die unterschiedlichen Segmente auf Basis des PEC zu konzipieren. Unter Berücksichtigung der Zahlungsbereitschaft und Kaufwahrscheinlichkeit oder Verbesserung der Kundenbindung sind die bepreisten Zusatzleistungen mit den internen Kriterien, wie z. B. Deckungsbeitrag der Value-Added Services, Qualifikation der Mitarbeiter und Anreizsysteme abzugleichen, um eine Maximierung der ökonomischen Erfolgsgrößen zu gewährleisten.[2]

---

[1] Vgl. hierzu ausführlich *Simon/Tacke/Buchwald* (2003). Zu den unterschiedlichen Formen von Rabatten vgl. *Steffenhagen* (2001), S. 1459 f.

[2] Vgl. *Beutin* (2003a), S. 302. Zur Kritik an preispolitischen Maßnahmen vgl. *Rapp/Decker* (2003), S. 204; *Hennig-Thurau/Hansen* (2000), S. 10. Zu den Erfolgsfaktoren von Value-Added Services vgl. ausführlich *Homburg/Günther/Faßnacht* (2000).

2.4.4. Distributionspolitik

Unter der Distributionspolitik wird im Allgemeinen die Überbrückung raum-zeitlicher Spannungen zwischen Produktion und Konsum einer Leistung verstanden.[1] Die Distributionspolitik „... bezieht sich auf die Gesamtheit der Entscheidungen und Handlungen, die mit der Übermittlung von Dienstleistungen zum Endabnehmer im Zusammenhang stehen."[2] Basisinstrument der Distributionspolitik ist somit die **optimale Gestaltung der Absatzwege zu dem Kunden.**[3] Dabei ist festzulegen, welche Vertriebskanäle für die entsprechenden Produkte und Dienstleistungen realisierbar und welche Kunden(segmente) über welchen Vertriebskanal zu bedienen sind.[4]

Derzeit weisen Apotheken die größte Bedeutung für die Abgabe von Arzneimitteln an den Verbraucher auf.[5] Alternative Vertriebskanäle haben bei verschreibungspflichtigen Arzneimitteln keine Bedeutung, da der Gesetzgeber weitere Vertriebskanäle für ethische damit apothekenpflichtige Pharmazeutika nicht gestattet. Nach §§ 43, 46 AMG gilt für ethische Präparate eine **gesetzliche Vertriebsbindung**, die den Apotheken eine Monopolstellung sichert.[6] Der Patient hat nur die Möglichkeit, das über den Arzt bezogene Rezept in einer Apotheke einzulösen. Dabei kommt dem Versandhandel mit der systembedingt zeitlichen Verzögerung zwischen Bestellung und Lieferung insbesondere bei chronisch Kranken, die einen planbaren Bedarf aufweisen, eine im Vergleich zur Patientengesamtheit hohe Bedeutung zu.

Die Vertriebswege für ethische Präparate sind somit weitestgehend festgelegt und Profilierungsmöglichkeiten im Rahmen der Logistik auf Grund des hohen Standards kaum mehr realisierbar.[7] Der indirekte Absatzweg über die Apotheke ist für das pharmazeutische Unternehmen gleichbedeutend mit einem **Kontrollverlust über marketingpolitische Aktivitäten.**[8] Zudem können im Bereich der verschreibungspflichtigen Medikamente der Erfolg einer Ver-

---

1 Vgl. *Ahlert* (1996), S. 18 ff.
2 *Meffert/Bruhn* (2003), S. 550.
3 Vgl. *Becker* (2002), S. 527 ff.
4 Vgl. *Rapp* (2000), 179.
5 Vgl. *Kunz* (2001), S. 51.
6 Vgl. *Dambacher/Schöffski* (2002), S. 246; *Jost* (1998), S. 14. Eine Ausnahme bildet die Abgabe von Musterpräparaten an den Patienten durch den Arzt. Vgl. *Hartmann* (2002b), S. 281; *Jost* (1998), S. 23.
7 Vgl. *Guminski/Rauland* (2002), S. 240; *Becker* (1992), S. 12.
8 Vgl. *Schneider* (1992), S. 739. In weniger restriktiv geregelten Branchen ist entsprechend zu beobachten, dass bei komplexen Leistungen, die eine hohe Bedeutung aus Nachfragersicht aufweisen, oftmals ein direkter Absatz Verwendung findet. Vgl. *Kleinaltenkamp* (1995), S. 767 f.

schreibung nicht direkt gemessen oder quantifiziert und Umsätze nur schwer einem einzelnen Verordner oder einem Patienten zugerechnet werden (Informationsmangel).[1]

Eine Möglichkeit, den aus dem Apothekenmonopol resultierenden Informationsmangel und Kontrollverlust zu reduzieren, ist für eine definierte Region eine **Kooperation mit einer Apotheke**, die auch Versandtätigkeiten übernimmt.[2] Den bei dem Pharmaunternehmen registrierten Patienten wird empfohlen, die Medikamente nur bei dieser Apotheke zu bestellen oder abzuholen. Die Zusammenarbeit weist sowohl für die Apotheke und das pharmazeutische Unternehmen als auch für die Patienten entscheidende Vorteile auf. Während die Apotheke einen gesicherten und erhöhten Arzneimittelmittelumsatz erzielen kann, bietet sich den Patienten im Rahmen der Kooperation zwischen Apotheke und Pharmaunternehmen die Möglichkeit, Einsicht in den Medikamentenverbrauch zu nehmen oder sich an die Arzneimitteleinnahme erinnern zu lassen. Das pharmazeutische Unternehmen profitiert von den Verschreibungsdaten der Patienten und kann hierdurch die tatsächliche Patientenbindung überprüfen sowie Patienten bei Auffälligkeiten kontaktieren, um diese zur Weiterführung der Therapie zu motivieren oder gegebenenfalls von einem Wechsel zur Konkurrenz abzuhalten bzw. wieder zurück zu gewinnen.[3]

Abgesehen von diesen Kooperationsaktivitäten existieren **erhebliche Einschränkungen** für die pharmazeutische Industrie, die für die identifizierten Patientensegmente optimalen Vertriebskanäle der jeweiligen Unternehmensleistungen in Anspruch zu nehmen. Zwar besteht die Möglichkeit, im Rahmen der Zusatzleistungen eine Erhöhung der Patientenbindung auf Grund permanenter Erreichbarkeit, verringerter Reaktionszeiten und optimierter Know-how-Verfügbarkeit durch die integrierte Schnittstelle des CCC zu realisieren, die gesetzlichen Restriktionen verhindern aber eine Optimierung der Vertriebskanäle durch Einschränkung auf den Distributionskanal Apotheke hinsichtlich der Kernleistung Arzneimittel.

---

1 Vgl. *Becker* (2003), S. 152; *Huber/Wandschneider* (2001), S. 46. Zu unterschiedlichen Datenquellen im deutschen Gesundheitswesen, die die Zuordnung der Verschreibung zum Arzt unterstützen vgl. *Bögel/Herrmann* (2003), S. 170 ff.

2 Apotheker und Ärzte zählen neben den Großhändlern zu den Absatzmittlern, die in der Regel durch Außendienstaktivitäten zu beeinflussen sind, um die geplanten Leistungsinanspruchnahmen realisieren zu können. Vgl. hierzu *Kesselhut* (2003), S. 56 f.; *Seemann* (1995), S. 45 ff.; *Gehrig* (1992), S. 124 ff. Da die Beeinflussung der Absatzmittler nur indirekt das PRM tangiert, wird von einer näheren Betrachtung dieses Themenkomplexes abgesehen.

3 Um die Patienten zur Bindung an die Apotheke zu motivieren, ist es möglich, dass die Apotheke dem Patienten bei erfolgter Abholung der Medikamente einen Warengutschein zum Bezug von OTC-Präparaten in Höhe der Zuzahlung im Sinne eines geldwerten Vorteils ausgibt. Ein weltweit agierendes Unternehmen verfährt entsprechend, um chronisch Kranke Patienten an die Apotheke zu binden und einen kontinuierlichen Datenfluss sicherzustellen.

Allerdings sind durch die rechtlichen Rahmenbedingungen Konflikte zwischen Distributionskanälen, z. B. durch Provisionskonflikte oder Margendifferenzen auf Grund der gesetzlichen Restriktionen quasi nicht existent. Die **Begrenztheit der Distributionskanäle** wirkt sich aus Patientensicht positiv aus: Eine zunehmende Komplexität durch eine wachsende Anzahl an Distributionskanälen und dem daraus resultierenden uneinheitlichen und unklaren Bild eines pharmazeutischen Unternehmens aus Patientensicht lässt der Gesetzgeber durch entsprechende rechtliche Einschränkungen hinsichtlich der Distributionsmöglichkeiten des Arzneimittels nicht zu. Zudem kann bei den Value-Added Services durch die Implementierung eines CCC einer aus Patientensicht erwünschten einheitlichen Beratungs- und Kommunikationskonsistenz durch unternehmensseitige Aktivitäten entsprochen werden.[1]

Trotzdem bleiben Effizienzpotentiale ungenutzt. Eine vertriebskanalübergreifende Lastverteilung zur Verbesserung der internen Kapazitätsauslastung und die Steuerung der Kanalwahl des Patienten, z. B. auch über differenzierte Preismodelle, sind durch die gesetzlichen Rahmenbedingungen nicht möglich. Wirtschaftliche Vorteile dieses „Multi Channel-Management"[2] können nicht realisiert werden.[3] Die Anforderung an ein erfolgreiches PRM, eine verstärkte Kooperation und Koordination zwischen den Bereichen Marketing, Service und Vertrieb anzustreben, erfährt daher wesentliche Einschränkungen. Entsprechend kommt der Distribution im PRM durch die rechtlichen Restriktionen eine nur untergeordnete Bedeutung zu.[4]

2.5. Überprüfung der Effizienz und Effektivität der Patientenbearbeitung

2.5.1. Die PRM-Scorecard

Um die Effektivität und die Effizienz des PRM zu steigern, sind systematische Controllingmaßnahmen auf Basis patientenbezogener Daten zur Planung, Steuerung und Kontrolle der PRM-Maßnahmen notwendig.[5] Das Controlling erfolgt anhand von monetären und verhaltensrelevanten **Messgrößen und Kennzahlen**.[6] Über die kurzfristigen ökonomischen Erfolgsgrößen (Umsatz oder Deckungsbeitrag[7]) sind darüber hinaus langfristige ökonomische

---

1 Zu den Kanalkonflikten vgl. *Thyen/Wolf* (2003), S. 102.
2 Vgl. hierzu *Rapp* (2000), S. 179.
3 Zu den Vorteilen des Multi Channel-Management vgl. *Rapp* (2000), S. 42.
4 Vgl. *Hippner/Wilde* (2003a), S. 6; *Kahle/Hasler* (2001), S. 214; *Frielitz et al.* (2000), S. 102.
5 Vgl. *Brunner* (2003), S. 95; *Homburg/Bruhn* (2003), S. 27; *Pfahlert/Fürst* (2003), S. 422; *Schmidt* (2001), S. 237. Zu den unterschiedlichen Begriffsauffassungen des Controlling vgl. *Weber* (2003a), S. 224 f.
6 Vgl. *Schmidt* (2001), S. 241.
7 Vgl. hierzu ausführlich *Homburg/Schnurr* (1998).

Erfolgsmaßstäbe (z. B. PLV) sowie die zur Optimierung der ökonomischen Größen zu berücksichtigenden vorökonomischen Größen mit einzubeziehen. Hierzu zählen u. a. die Beziehungsbeurteilung (z. B. Beziehungsqualität), psychologische Größen (z. B. Patientenzufriedenheit) sowie Verhaltenskonsequenzen in Form von Kundenloyalität bzw. Patientenbindung.[1] Vorökonomische und ökonomische Messgrößen sind miteinander zu verknüpfen, um die vorökonomischen Größen – als Ansatzpunkte für die Ableitung von Steuerungsmaßnahmen – für den ökonomischen Erfolg einer Beziehung zu identifizieren und Aussagen über die strategische Wertigkeit bzw. Stabilität der Kundenbeziehung treffen zu können.[2]

Im Folgenden wird eine – in Anlehnung an die Balanced Scorecard – auf das PRM abgestimmte PRM-Scorecard vorgestellt, die eine **Operationalisierung und Gewichtung patientenorientierter Erfolgsfaktoren** durch Kennzahlen ermöglicht.[3] Mit ihr sollen die Nachteile klassischer Kennzahlensysteme umgangen werden, da in die Bewertung neben monetären auch nicht-monetäre Kennzahlen einbezogen werden und die Patientensicht im Zentrum der Betrachtung steht.[4] Die PRM-Scorecard erhebt dabei keinen Anspruch auf Vollständigkeit hinsichtlich eines unternehmensweiten Kennzahlensystems zur Erfüllung aller unternehmensbezogenen Steuerungs- und Implementierungsaufgaben. Sie ist ein patientenorientiertes Instrument, das mit Fokus auf den Patienten eine Kommunikation und Verknüpfung von strategischem und operativem Patientenmanagement mit den übergeordneten PRM-Zielen ermöglicht. Ausgewählte ökonomische und vorökonomische Kennzahlen zum Ressourceneinsatz, zur Profitabilität und Stabilität der Patientenbeziehung sowie prozessbezogene Kennzahlen auf Basis der Patientenmanagementaktivitäten in Anlehnung an den PLZ sind in Tabelle 8 dargestellt.[5]

---

1 Vgl. *Bruhn* (2003b), S. 142; *Bruhn* (2001a), S. 201.

2 Vgl. *Brunner* (2003), S. 95; *Homburg/Sieben* (2000), S. 9.

3 Vgl. *Brunner* (2003), S. 87. Zur eigentlichen Ausgangsbasis der PRM-Scorecard, der Balanced Scorecard – bestehend aus den vier Kapitaltypen Finanz- und Kundenkapital, das Kapital des internen Geschäftsprozesses sowie das Kapital des Lernens und des Wachstums – als ganzheitlicher Ansatz der ausgewogenen Unternehmensbewertung vgl. insbesondere *Kaplan/Norton* (1996); *Kaplan/Norton* (2002).

4 Vgl. *Haller* (2002), S. 61 f. Zu den Ansätzen zur Integration ökonomischer und vorökonomischer Größen vgl. *Bruhn* (2001a), S. 228; *Meffert/Bruhn* (2003), S. 669 f.

5 Zur Ausrichtung der Erfolgs- und Kontrollgrößen am Kundenbeziehungslebenszyklus vgl. auch *Wirtz* (2003), S. 385.

PRM-Scorecard		
Akquisitionsphase	**Bindungsphase**	**Rückgewinnungsphase**
ökonomische Kennzahlen: • Kontaktkosten • Abschlusskosten • Aufwand für nicht in Rechnung gestellte Serviceleistungen	**ökonomische Kennzahlen:** • Kontaktkosten • Abschlusskosten • Patientendeckungsbeitrag • Patient Lifetime Value (PLV) • durchschnittlicher Auftragswert • Patientendurchdringungsrate	**ökonomische Kennzahlen:** • Wiederkontaktierungskosten • Wiederabschlusskosten • Patient Lifetime Value (PLV) • Patientendeckungsbeitrag • Patientendurchdringungsrate
vorökonomische Kennzahlen: • Verschreibungsanfragen beim Arzt • Anzahl der Neukunden pro Periode • Anteil der Neukunden am Patientenportfolio • Anzahl der Patientenkontakte • Anzahl Seitenaufrufe Website • Akquisitionserfolgsquote	**vorökonomische Kennzahlen:** • Patientenzufriedenheitsindex • Patientenbindungsrate • Beziehungsqualitätsindex • Responsequote auf Unternehmensaktionen • Häufigkeit der Servicenutzung • Anzahl der Patientenkontakte • Anzahl Patientenreklamationen • Wartezeit im CCC • Gesamtbearbeitungsdauer von Anfragen (z. B. per E-Mail)	**vorökonomische Kennzahlen:** • Anzahl Patientenreklamationen • Zeitdauer der Patientenbeziehung • Patientenabwanderungsquote • Patientenrückgewinnungsquote

Tab. 8: Ausgewählte Messgrößen und Kennzahlen der PRM-Scorecard
Quelle: Eigene Darstellung.

In der Akquisitionsphase sind profitabilitäts- und potenzialorientierte Größen vor allem durch vorökonomische Größen zu erheben, da ökonomische Kennzahlen i. d. R. auf Grund der erst jungen Beziehung nur rudimentär vorhanden sind. Zudem empfiehlt sich auf Grund des Mangels an ökonomischen Kennzahlen die Orientierung an typischen Werten bekannter Patientengruppen, die sich anhand verschiedener Merkmale klassifizieren lassen (z. B. auf Basis der Patientensegmentierung). Im Gegensatz zur Akquisitionsphase können in der Bindungs- und Rückgewinnungsphase auf Grund bereits getätigter Transaktionen **detaillierte Patientenerfolgs- und -potenzialrechnungen** erstellt werden.[1] Während die strategischen Kennzahlen, wie z. B. PLV und Patientenbindungsrate, zur Messung der Differenzierung am Markt dienen und einen langfristigen Charakter zur Überprüfung des Zielkurses aufweisen, d. h. einer Veränderung nur bei Strategieänderung oder Anzweifeln ihrer Qualität unterliegen sollten, sind die operativen Kennzahlen (z. B. Kontaktkosten, Wartezeit im CCC) an die Marktgegebenhei-

[1] Vgl. *Georgi* (2003), S. 239 f.

ten anzupassen und entsprechend flexibel zu gestalten und zu gewichten.[1] Operative, handlungsorientierte Kennzahlen weisen demnach einen kurzfristigen Charakter zur Kontrolle aktueller Marktentwicklungen auf und sind primär auf die Überprüfung von bestimmten PRM-Initiativen hinsichtlich Effizienz und Effektivität einzusetzen.[2]

Eine erfolgreiche Wirkungskontrolle sollte zudem unternehmensinterne Prozessabläufe (z. B. eine PRM-Aktivität bestehend aus Botschaft, Leistungsangebot, Patientensegment, Zeitpunkt und Vertriebskanal) mit der externen Bewertung aus Markt- bzw. Patientensicht (z. B. Patientenzufriedenheit) kombinieren. Durch eine Korrelationsanalyse von internen und externen Kennzahlen zur Messung der Effizienz als auch Effektivität lassen sich Aussagen über die Auswirkungen von unternehmensinternen Optimierungsmaßnahmen auf die externen Größen wie, z. B. die Patientenzufriedenheit, treffen.[3]

2.5.2. Bestimmung des optimalen PRM-Aktivitätsniveaus

Die Einführung eines PRM erfordert eine grundlegende Neuausrichtung unternehmerischer Aktivitäten. Diese führen – ausgehend vom wertorientierten Investitionsansatz – z. B. durch eine Ausweitung der Kommunikationsaktivitäten oder einen erweiterten Service zu höheren Kosten (negative Investitionskonsequenz). Nur wenn der Nutzen dieser Maßnahmen (positive Investitionskonsequenz) langfristig höher als deren Kosten ist, lässt sich der Einsatz eines PRM rechtfertigen. Zur **Optimierung der Effizienz und Effektivität** hinsichtlich der PRM-Aktivitäten sind daher Kosten-Nutzen-Analysen auf Basis der Messgrößen und Kennzahlen der PRM-Scorecard durchzuführen, um die Wirtschaftlichkeit beurteilen zu können.[4]

Der Nutzen des PRM repräsentiert das bewertete Maß der Zielerreichung durch die PRM-Aktivitäten und ermittelt sich insbesondere aus der Steigerung der Patientenbindung als entscheidende Zielgröße des PRM.[5] Hierzu zählen die direkten **Erlöswirkungen** des Cross- und Up Selling-Nutzens, der Nutzen der wiederholten Leistungsinanspruchnahme aber auch der Nutzen einer höheren Preisbereitschaft und Frequenz der Leistungsinanspruchnahme. Des

---

1 Vgl. *Brunner* (2003), S. 92 f.
2 Vgl. *Brunner* (2003), S. 93. Die PRM-Scorecard muss auch von den Mitarbeitern akzeptiert werden, d. h. die Mitarbeiter haben ihre Handlungen an den Vorgaben und Zielen der PRM-Scorecard auszurichten. Um die zielorientierte Aufgabenerledigung der Mitarbeiter sicherzustellen und zu fördern sind die Indikatoren der PRM-Scorecard daher mit Anreizstrukturen zu verknüpfen. Vgl. *Walz/Schneider* (2002), S. 90; *Link* (2001), S. 19.
3 Vgl. *Homburg/Sieben* (2000), S. 21.
4 Vgl. *Wirtz* (2003), S. 384; *Homburg/Bruhn* (2003), S. 28.
5 Vgl. *Homburg/Bruhn* (2003), S. 28.

Weiteren sind hierunter die indirekten Erlöswirkungen der Mund-zu-Mund-Kommunikation und der Kostensenkungen durch eine effizientere Gestaltung der Anbieter-Nachfrager-Beziehung zu berücksichtigen.[1] Die Summe der zu monetarisierenden relativen Nutzenwerte[2] bildet den Gesamtnutzen des PRM.[3] Die **Kostenfaktoren** entsprechen den für das PRM aufgewendeten Mitteln und stellen den aus den PRM-Aktivitäten resultierenden bewerteten Güterverzehr dar.[4]

Unter der Annahme, dass eine Intensivierung der PRM-Aktivitäten zu einer Erhöhung der Patientenzufriedenheit führt, lässt sich bei der Zufriedenheit als wesentliche Determinante der Kundenbindung und damit als zentrale Voraussetzung für den ökonomischen Erfolg des Unternehmens ein **Sättigungsniveau** nachweisen, bei dem Maßnahmen zur Erhöhung der Zufriedenheit keinen zusätzlichen positiven ökonomischen Beitrag für das Unternehmen leisten. Ab diesem Punkt nehmen die Kosten der Maßnahmen zur Steigerung der Zufriedenheit im Vergleich zum Nutzen dieser Maßnahmen überproportional zu, so dass eine Verbesserung der Zufriedenheit ab diesem Punkt auf Grund der überproportionalen Kostenzunahme zu einer negativen Entwicklung des Unternehmensgewinns führt.[5] Somit ist ein Bereich anzunehmen, bei dem ein effizientes Verhältnis zwischen Kosten und Nutzen der PRM-Aktivitäten existiert und eine Maximierung der PRM-Aktivitäten unter ökonomischen Gesichtspunkten nicht sinnvoll ist.[6]

Auch wenn eine Erhöhung der PRM-Aktivitäten zu einer Steigerung des PRM-Nutzens führt, resultiert aus der Ausweitung der PRM-Aktivitäten eine Reduktion des Gewinns auf Grund überproportional ansteigender Kosten bei unterstellter ertragsgesetzlicher Kostenfunktion und

---

1 Vgl. *Bruhn/Georgi* (2003), S. 586 ff.

2 Da sich die ermittelten Nutzenwerte nicht ausschließlich auf die Einführung und Umsetzung des PRM zurückführen lassen, sind relative Nutzenausprägungen von Patientenbindungsmaßnahmen durch einen Vergleich bei Abstinenz des PRM und bei Präsenz des PRM, also z. B. durch einen ex ante-/ex post-Vergleich der PRM-Aktivitäten, zu ermitteln. Zudem muss berücksichtigt werden, dass der Einfluss externer Faktoren, wie z. B. die Aktivitäten von Wettbewerbern, in dem vorgestellten Kennzahlensystem nicht berücksichtigt wird. Vgl. *Uebel* (2003), S. 347.

3 Vgl. *Bruhn/Georgi* (2003), S. 593 ff.

4 Vgl. *Homburg/Bruhn* (2003), S. 28. Hierzu zählen Einzel- und Gemeinkosten, wobei der Großteil der Kosten des PRM auf Grund der Nichtzurechenbarkeit auf ein bestimmtes Produkt oftmals Gemeinkosten darstellen. Vgl. *Bruhn/Georgi* (2003), S. 581 f. Aus dem grundsätzlichen Gemeinkostencharakter resultiert das Problem der verursachungsgerechten Zuordnung der Kosten des PRM. Da neben den primären Aktivitäten (z. B. ein Mitarbeiter der Marketingabteilung, der ausschließlich für das PRM zuständig ist) auch die sekundären Aktivitäten (z. B. anfallende Maßnahmen in der Personalabteilung, dem Qualitätsmanagement etc.) zu berücksichtigen sind, muss eine Prozesskostenrechnung zur Anwendung kommen. Vgl. *Bruhn/Georgi* (2003), S. 585 f. Zur Prozesskostenrechnung vgl. *Michel/Torspecken/Jandt* (2004); *Szymkowiak/Schulte/Martin* (2004); *Braun* (1999).

5 Vgl. *Fischer/Herrmann/Huber* (2000), S. 88 ff.

6 Vgl. *Blattberg/Deighton* (1997).

einem abnehmenden Grenznutzen der PRM-Aktivitäten.[1] Infolgedessen ist keine Maximierung, sondern eine **Optimierung der PRM-Aktivitäten** unter Berücksichtigung der Kosten- und Nutzengrößen vorzunehmen. Abbildung 26 zeigt Nutzen, Kosten und Gewinn des PRM sowie ein beispielhaftes ökonomisch sinnvolles Aktivitätsniveau des PRM.

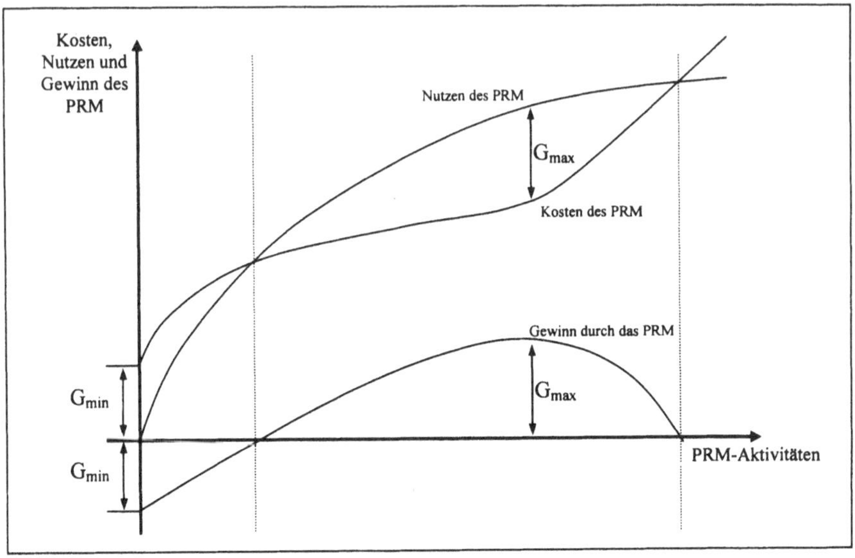

Abb. 26: Bestimmung des optimalen PRM-Aktivitätsniveaus
Quelle: In Anlehnung an *Bruhn/Georgi* (2000), S. 597.

Die Ermittlung des gewinnoptimalen Punktes kann zur Entscheidungsunterstützung hinsichtlich der absoluten Vorteilhaftigkeit (Gewinn größer oder kleiner null) sowie der relativen Vorteilhaftigkeit, d. h. zur Auswahl und Dimensionierung der PRM-Aktivitäten durch einen Vergleich verschiedener Maßnahmen dienen. Zudem kann eine Wirtschaftlichkeitskontrolle der PRM-Maßnahmen durch die Ermittlung des Gewinns im Rahmen eines Soll/Ist-Vergleichs oder Zeitvergleichs erfolgen.[2]

---

[1] Der Kostenverlauf resultiert aus kostensenkenden Effekten, wie z. B. Economies of Scale oder Economies of Scope, sowie kostentreibenden Faktoren, wie z. B. die segmentspezifische Kundenbearbeitung oder die Differenzierung des Leistungsangebots. Vgl. *Bruhn/Georgi* (2003), S. 583 ff.

[2] Vgl. hierzu sowie zu den Ansätzen der Kosten-Nutzen-Analyse des Kundenbindungsmanagement *Bruhn/Georgi* (2003), S. 598 ff.

2.5.3. Patienten- und unternehmensbezogene Perspektive der Wirtschaftlichkeitsuntersuchungen

PRM-Aktivitäten lassen sich in eine patientenbezogene und eine unternehmensbezogene Perspektive unterteilen. Die **patientenbezogene Perspektive** ermöglicht es, den einzelnen Patienten oder ein Patientensegment in das Zentrum der Wirtschaftlichkeitsuntersuchung zu stellen.[1] Vor allem der Zusammenhang zwischen Patientenzufriedenheit und -bindung liefert Informationen über die Leistungsfähigkeit des PRM.[2] Das Vermeiden der Patientenabwanderung weist positive Auswirkungen auf den Unternehmensgewinn auf und verdeutlich die hohe Bedeutung einer stabilen Geschäftsbeziehung.[3] Dabei ermöglicht die dynamische Betrachtung der Geschäftsbeziehungen im Zeitablauf eine transparente Darstellung der Entwicklung dieser Beziehungen und bildet die Basis eines effizienten Monitoring des Patientenstamms.[4] Durch eine dynamische Betrachtung können Veränderungen im Zeitablauf beobachtet werden, um Hinweise auf mögliche Defizite im Leistungsangebot zu identifizieren, die sich auf die Unzufriedenheit oder das Beschwerdeverhalten der Patienten auswirken und eine Aussage über die Entwicklung des bisherigen Status quo ermöglichen. Diese Frühwarnindikatoren können auf mögliche Gefahren hinweisen, die sich zukünftig auf eine Patientenabwanderung auswirken und damit für den wirtschaftlichen Erfolg der Unternehmung relevant sind (vgl. Abbildung 27).

Während nach der beispielhaften Abbildung das Patientensegment A im Zeitverlauf ein höheres Patientenbindungs- und -zufriedenheitsniveau sowie eine gestiegene Patientendurchdringungsrate aufweist, kommt es bei Patientensegment B zu einer nachlassenden Zufriedenheit und sinkenden Patientendurchdringungsrate. Obwohl sich Patienten dieses Segments dem Unternehmen gegenüber weiterhin loyal verhalten, deutet der Rückgang der Zufriedenheit und der Patientendurchdringungsrate auf Probleme in der Geschäftsbeziehung hin, die entsprechend analysiert und mit angemessenem Aufwand behoben werden müssen. Berücksichtigt das Unternehmen diese Frühwarnindikatoren nicht, droht nicht nur ein unzufriedener,

---

1 Vgl. *Homburg/Sieben* (2000), S. 21.
2 Vgl. *Stadelmann/Wolter* (2003), S. 63.
3 Vgl. *Homburg/Sieben* (2000), S. 11.
4 Vgl. *Ackermann/Nippe* (2003), S. 141 f.; *Homburg/Sieben* (2000), S. 21.

sondern auch ein unloyaler Patient, der sich von dem Unternehmen abwenden und zur Konkurrenz abwandern wird.[1]

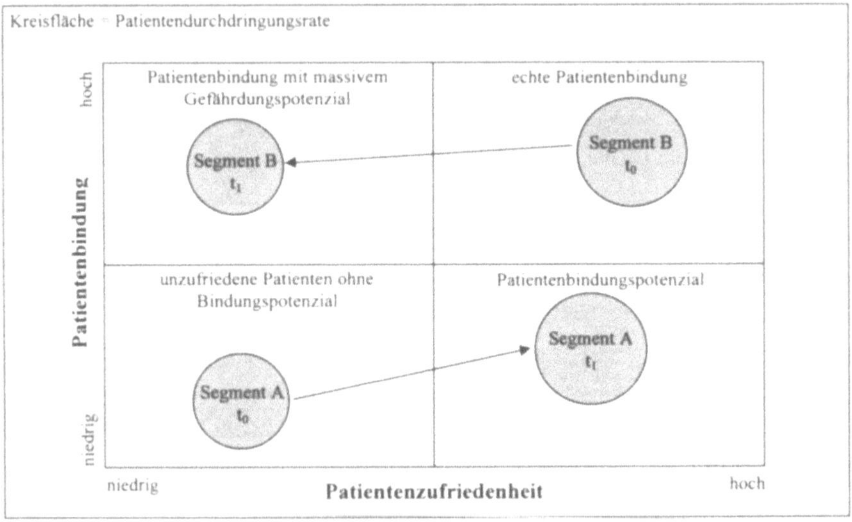

Abb. 27: Die Veränderung von Patientenloyalität und Patientenzufriedenheit im Zeitablauf
Quelle: Eigene Darstellung.

Im Gegensatz zur patientenbezogenen Perspektive ermöglicht die **unternehmensbezogene Perspektive**, die Rentabilität einer spezifischen PRM-Aktivität über die gesamte Geschäftsbeziehung zu kontrollieren.[2] Exemplarisch lässt sich die Nutzung einzelner Dienstleistungen oder Produkte durch vorab definierte Patientengruppen analysieren.[3] Die Analyse der Leistungsinanspruchnahme kann Hinweise auf ein nicht zufrieden stellendes Leistungsangebot liefern und Grundlage für Verbesserungen oder Erweiterungen der Produkt- bzw. Leistungspalette darstellen. Um das Leistungsangebot und damit die Patientenzufriedenheit und -bindung nachhaltig zu verbessern, bieten sich die Ermittlung der Zufriedenheit mit einzelnen Leistungskomponenten sowie die Bestimmung der Wichtigkeit dieser Leistungskomponenten aus Patientensicht an. Die Gegenüberstellung der Zufriedenheit mit den einzelnen Elementen

---

1 Alternativ lässt sich die patientenbezogene Perspektive auch über die Darstellung von Patientenloyalität und -profitabilität darstellen. Vgl. hierzu *Ackermann/Nippe* (2003), S. 139 ff. Weitere Elemente zur Beurteilung der Leistungsfähigkeit des PRM finden sich bei *Stadelmann/Wolter* (2003), S. 63.
2 Vgl. *Homburg/Sieben* (2000), S. 21.
3 Vgl. *Ackermann/Nippe* (2003), S. 141.

des Leistungsangebotes und der jeweiligen Wichtigkeit ermöglicht die Bestimmung des Patientenzufriedenheitsprofils (vgl. Abbildung 28).[1]

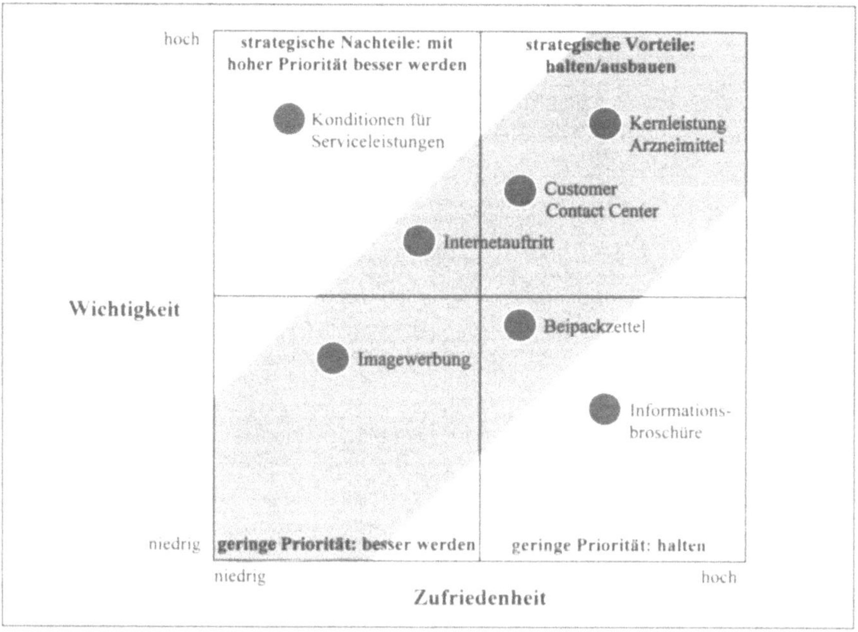

Abb. 28: Beispielhaftes Patientenzufriedenheitsprofil
Quelle: In Anlehnung an *Homburg/Schäfer/Schneider* (2003), S. 206.

Um bei Leistungskomponenten mit hoher Wichtigkeit auch entsprechend hohe Zufriedenheitswerte im Sinne strategischer Vorteile zu erzielen (Quadrant rechts oben), ist die Positionierung der einzelnen Leistungskomponenten im Idealbereich der in der Abbildung 28 dargestellten grauen Diagonale anzustreben. Weniger wichtige Elemente des Leistungsangebotes sind mit korrespondierender geringer Patientenzufriedenheit zu akzeptieren und mit geringer Priorität zu verbessern (Quadrant links unten). Der Quadrant rechts unten beinhaltet Leistungskomponenten, die eine hohe Zufriedenheit bei den Patienten erzielen, allerdings eine nur geringe Wichtigkeit aufweisen. Der Ressourcenaufwand sollte tendenziell reduziert und das Zufriedenheitsniveau mit geringer Priorität gehalten werden. Einen strategischen Nachteil stellen alle Leistungskomponenten im Quadrant links oben dar, die sich außerhalb des Ideal-

[1] Vgl. *Homburg/Sieben/Dietz* (2002a), S. 104.

bereichs befinden. Diese Elemente des Leistungsangebotes sind mit hoher Priorität und entsprechendem Ressourcenaufwand zu verbessern.[1]

Um ein erfolgreiches Controlling des PRM zu gewährleisten, sind weitere Faktoren zu berücksichtigen. Neben der kontinuierlichen Datenerfassung und Auswertung müssen auch Feedback-Prozesse definiert werden, die die beteiligten Mitarbeiter bzw. Funktionsbereiche mit einbeziehen, um Erfolge und Misserfolge von PRM-Maßnahmen zu identifizieren und einen kontinuierlichen Prozess der systematischen Informationsauswertung und Ergebnismessung zu ermöglichen.[2] Ziel muss ein **geschlossener Regelkreislauf** auf allen Ebenen sein, um Verbesserungen und Neudefinitionen zukünftiger Pläne und Aktivitäten zu ermöglichen.[3] Das PRM ist durch die Lernprozesse sukzessive weiterzuentwickeln (Closed Loop Architecture), d. h. die Patientenreaktionen sind gezielt zu nutzen, um eine optimale Abstimmung des Leistungsangebots auf die Bedürfnisse der Patienten vornehmen zu können.[4]

2.6. Abschließende Würdigung und Bewertung des PRM-Ansatzes

2.6.1. Vorteile des Patient Relationship Management

Die Einführung eines PRM lässt entscheidende Wettbewerbsvorteile erwarten, da der wirtschaftliche Erfolg eines Unternehmens in erheblichem Maße positiv mit der Ausgereiftheit und Qualität eines Kundenbeziehungsmanagement korreliert.[5] Die Ausprägungen des PRM weisen allerdings Unterschiede zum „klassischen“ CRM in anderen Branchen auf. Das liegt insbesondere an den rechtlichen Restriktionen, die die Möglichkeiten des Informationsbezugs über die Patienten erschweren und die zum Ziel haben, die unternehmensseitige Kontaktierung des Patienten auf Grund seiner potenziellen Beeinflussbarkeit – wenn möglich – auszuschließen. Trotzdem lassen sich die wesentlichen Elemente eines Kundenbeziehungsmanagement realisieren. Die Ergebnisse und Implikationen des PRM sind auch in der Praxis er-

---

[1] Vgl. *Homburg/Sieben/Dietz* (2002a), S. 105.

[2] Vgl. *Clark et al.* (2003a), S. 40; *Thyen/Wolf* (2003), S. 115; *Brunner* (2003), S. 88; *Homburg/Sieben* (2000), S. 21 f.

[3] Vgl. *Stadelmann/Wolter* (2003), S. 63; *Brunner* (2003), S. 92. Um den Erfolg des PRM zu sichern, müssen die Mitarbeiter auch das individuell angeeignete Wissen der Unternehmung zur Verfügung zu stellen. Vgl. *Rapp* (2000), S. 80 f.; *Homburg/Sieben* (2000), S. 22. Die systematische Informationsverwertung und -weitergabe gilt als wichtiger Erfolgsfaktor des PRM. Um die Verfügbarkeit individuellen Wissens sicherzustellen, bieten sich finanzielle Anreizsysteme an, die z. B. Datenzugriffe von Mitarbeitern im Zeitablauf dokumentieren. In Abhängigkeit der Abfragehäufigkeit und dem ermittelten Nutzen der Informationen für das Unternehmen lassen sich Vergütungselemente für den für die Information verantwortlichen Mitarbeiter ableiten. Vgl. *Thyen/Wolf* (2003), S. 115. Zur kontinuierlichen Überprüfung des Wissens auf Anwendbarkeit durch die Ermittlung des Zugriffs auf einzelne Datenbestände vgl. *Albach* (2003), S. 159 f.

[4] Vgl. *Thyen/Wolf* (2003), S. 115; *Hippner/Wilde* (2003a), S. 15; *Hippner/Wilde* (2003b), S. 214.

[5] Vgl. *Stadelmann/Wolter* (2003), S. 67.

folgreich umsetzbar. Aus den entwickelten Voraussetzungen und Ausprägungsformen lassen sich zentrale Faktoren ableiten, die bei erfolgreicher Einführung eines PRM den ökonomischen Erfolg des Unternehmens nachhaltig steigern.

Durch die Ansprache der Zielgruppe Patient eröffnen sich dem pharmazeutischen Unternehmen neue Marktpotenziale sowie Möglichkeiten zur Profilierung am Markt. Die Analyseinstrumente der Patientensegmentierung und Patientenwertanalyse gestatten eine Optimierung der Auswahl ertragreicher Patienten. Zusätzliche Erlöse durch bepreiste Value-Added Services, die nicht durch gesetzliche Rahmenbedingungen beeinflusst werden und bei denen eine freie Preisgestaltung möglich ist sowie die gezielte und am PEC orientierte Ansprache von Patienten, die diesbezüglich eine hohe Preisbereitschaft aufweisen, unterstützen die **Maximierung ökonomischer Erfolgsgrößen**. Die Optimierung der Beziehung Patient-Pharmaunternehmen wird dabei durch die Schnittstellenintegration des CCC im Rahmen eines Multikanal-Management im Vergleich zum ärztegerichteten Marketing relativ kostengünstig ermöglicht.

Durch die verbesserte Marktkenntnis mittels einer detaillierten und dadurch optimierten Zielgruppenansprache und durch den intensivierten Dialog mit den Verbrauchern lässt sich eine erhöhte Reaktionsgeschwindigkeit bei Marktveränderungen mit einem besseren Marktverständnis umsetzen. Den sich ändernden Präferenzparametern der Patienten kann durch das beschleunigte Anpassen der Unternehmensleistungen auf Grund der Interaktion mit den Patienten besser entsprochen werden. Die Befriedigung der Patientenbedürfnisse führt zu erhöhten **Beziehungsaustrittsbarrieren für Patienten** und gesteigerten Markt- und Beziehungseintrittsbarrieren für Konkurrenten. Aus den reduzierten Fluktuationsraten der Patienten und der Steigerung der Beziehungssicherheit in der Geschäftsbeziehung resultiert neben den erlössteigernden Effekten der Patientenbindung eine Reduktion der Transaktionskosten bei gesteigertem Vertrauen und Wissen voneinander durch Lerneffekte auf der Anbieterseite sowie durch einen vereinfachten Informationsaustausch.

Die Vorteile des PRM sind aber nicht nur aus Unternehmenssicht evident. Durch die Konzentration auf die Patientenbedürfnisse und die Durchführung von auf den Patienten abgestimmten **Maßnahmen zur Complianceförderung** lassen sich Therapien erfolgreicher durchführen. Aus der Bedürfnisorientierung der Unternehmensaktivitäten resultierten eine optimierte Compliance durch eine bessere Krankheitswahrnehmung, ein optimiertes Krankheitsmanagement, eine Verbesserung der Krankheitssymptomatik und die Vermeidung von

Komplikationen mit der Folge einer höheren Lebensqualität für den Patienten. Somit profitiert auch der Patient durch einen verbesserten Therapieerfolg und eine höhere Lebensqualität von den Maßnahmen des PRM.

Unter **volkswirtschaftlichen Gesichtspunkten** ist die Einführung eines PRM ebenfalls zu propagieren. Eine gesteigerte Compliance führt zu weniger kostenintensiven Nebenwirkungen und stellt somit einen wichtigen Einflussfaktor zur Nutzung der Effizienz- und Effektivitätsreserven im Gesundheitswesen sowie zur Verbesserung der Versorgungsqualität dar. Allerdings wird das PRM hierdurch nicht zum Selbstzweck. Aus einem optimierten therapiegerechten Verhalten des Patienten und einer daraus resultierenden höheren Lebensqualität lassen sich wiederum Kundenzufriedenheit, eine verbesserte Beziehung zwischen Pharmaunternehmen und Patienten sowie eine gesteigerte Loyalität des Patienten ableiten. Zudem ist davon auszugehen, dass die Maßnahmen der Complianceförderung den ökonomischen Erfolg des Unternehmens durch die optimierte Arzneimitteleinnahme auf Basis einer Übermittlung von krankheitsbezogenen Informationen zur Verbesserung des therapiegerechten Verhaltens positiv beeinflussen.

2.6.2. Schwierigkeiten bei der Anwendung des Patient Relationship Management

Die Ausführungen zum PRM haben gezeigt, dass neben den zu erwartenden positiven Effekten in vielen Bereichen Barrieren bestehen, die eine konsequente Umsetzung des PRM behindern. Zwar können wesentliche Elemente des PRM realisiert werden, die **rechtlichen Rahmenbedingungen** verhindern oder erschweren aber in vielen Bereichen eine vollständige und mit anderen Branchen vergleichbare Umsetzung. Hier sind insbesondere die problematische Erhebung der Patientendaten einschließlich der sensitiven Daten über die Gesundheit, die eingeschränkten Möglichkeiten der Patientenansprache – insbesondere durch Werbemaßnahmen – sowie Restriktionen im Rahmen der Preis- und Distributionspolitik hinsichtlich der Kernleistung Arzneimittel zu nennen. Abgesehen von dem Verbot der Werbung bei verschreibungspflichtigen Medikamenten ist nicht zu erwarten, dass sich in den anderen Problembereichen mittelfristig wesentliche Änderungen vollziehen werden und die Restriktionen daher auch zukünftig bestehen bleiben.

Zudem fallen bei der Entwicklung, Implementierung und Durchführung des PRM Informations-, Kommunikations-, Koordinations- und Kontrollkosten an. Die Ausrichtung der Organisationsabläufe und -strukturen an den kundenorientierten Prozessen machen **Struktur- und Systemanpassungen**, wie z. B. neue Geschäftsprozesse, und die Einführung einer Prozesskostenrechnung erforderlich. Neue bedürfnisorientierte Arzneimittel und Value-Added Services (z. B. Online-Datenauswertung) sowie kommunikationspolitische Maßnahmen (z. B. CCC) sind zu entwickeln, in die bisherigen Strukturen zu integrieren und erfordern die Zusammenarbeit mit weiteren Marktpartnern. Darüber hinaus sind die laufenden Kosten, wie die Ausgestaltung und Weiterentwicklung der einzelnen Marketinginstrumente zur Sicherstellung der optimalen Marktbearbeitung, die Neuausrichtung der IT-Infrastruktur, die kontinuierliche Überwachung des Erfolgs der PRM-Aktivitäten sowie die Kosten für die Qualifikation des eventuell zusätzlich benötigten Personals zu berücksichtigen. Die getätigten Investitionen lassen sich nur durch den langfristigen Einsatz des PRM und eine daraus resultierende verbesserte Patientenbindung auf Basis eines erhöhten Vertrauens und einer gesteigerten Zufriedenheit des Patienten überkompensieren.

Die erfolgreiche Umsetzung eines PRM hängt ferner von der Integration von **Anreizmechanismen im Gesundheitssystem** ab. Die aktuellen rechtlichen Rahmenbedingungen behindern eine effiziente Umsetzung des PRM. Die strukturellen Voraussetzungen im deutschen Gesundheitswesen eröffnen nicht den notwendigen Freiraum für pharmazeutische Unternehmen, die Verantwortung für die Patientenbetreuung durch eine Übernahme des vollständigen Morbiditätsrisikos einer Patientengruppe – wie in den USA bei Disease Management-Programmen realisiert – zu übernehmen. Während die Erkenntnis, durch eine Durchführung von Patientenbetreuungsmaßnahmen Patienten langfristig an das Unternehmen binden zu können, bei einzelnen Unternehmen hinsichtlich spezifischer Erkrankungen existiert (z. B. Multiple Sklerose), lässt die Kopplung der Ergebnisqualität an die Vergütung der pharmazeutischen Unternehmen durch entsprechende rechtliche Rahmenbedingungen weiter auf sich warten.

Zudem kann unter sozialen und ethischen Gesichtspunkten die Einführung eines PRM zu Widerständen führen. Aus wettbewerbspolitischer Sicht besteht die Gefahr, dass der Aufbau individueller und langfristiger Beziehungen die **Mobilität des Patienten erheblich einschränkt**. Patienten könnten entsprechend dazu neigen, trotz leistungsfähigerer und gleichzeitig kostengünstigerer Präparate der Konkurrenz dem bisherigen Unternehmen treu zu bleiben und selbst auf Anraten des Arztes einen Wechsel zu einem anderen Unternehmen nicht wahrzunehmen. Die Auswirkungen auf die volkswirtschaftlichen Größen und die individuelle Gesundheit des Patienten könnten den positiven Effekten eines PRM zuwiderlaufen. Unterstützung finden mögliche Gegner des PRM auch durch die Individualisierung der Leistungserstellung, die gleichbedeutend mit einer Ungleichbehandlung der Patienten ist. Obwohl im deutschen Gesundheitswesen durch die PKV und GKV mittlerweile nicht mehr zu leugnende Unterschiede bei der Leistungserbringung existieren, besteht die Gefahr, dass die Betreuung der Patienten hinsichtlich der Zusatzleistungen nach Wertigkeit unter Berücksichtigung der gesundheitspolitischen Zielsetzungen zu Widerständen seitens der Bevölkerung und Politik führt.

Neben Widerständen in der Öffentlichkeit sieht sich das pharmazeutische Unternehmen auch mit internen Widerständen konfrontiert, da die Förderung der Beziehung zum Patienten und der Einsatz eines PRM an anderen Stellen Einschnitte im Unternehmen erfordern. Der Arzt bleibt zwar ein entscheidender Ansprechpartner des pharmazeutischen Unternehmens. Je mehr mündige Patienten aber ihre eigenen Interessen beim Arzt durchzusetzen vermögen, desto mehr werden sich diese zum Mitentscheider bezüglich der Therapie und damit zu einer interessanten Zielgruppe für das pharmazeutische Unternehmen entwickeln. Der **traditionelle Außendienst** muss daher langfristig zu Gunsten der neuen Konzepte und Systeme zum Patientenbeziehungsmanagement an Bedeutung verlieren. Jahrzehntealte Strukturen werden dadurch aufgebrochen. Diese Veränderungen stellen das pharmazeutische Unternehmen vor die große Herausforderung, die Veränderungen mit der Unterstützung aller Mitarbeiter durchzusetzen.

2.6.3. Beurteilung der Leistungsfähigkeit des Patient Relationship Management

Die pharmazeutische Industrie wird von vielfältigen nationalen und internationalen Trends beeinflusst. Um unter den sich ändernden Rahmenbedingungen erfolgreich zu sein, müssen die Unternehmen neue Strategien adaptieren und einen Wandel vom Hersteller von Arzneimitteln zum Servicedienstleister komplexer, medizinisch-therapeutischer Leistungen vollführen. In der Industrie finden sich aber aktuell bestenfalls Ansätze eines PRM. In der Unternehmenspraxis bestehen vielfach **konzeptionelle Probleme**, wie z. B. die Ausrichtung der Unternehmensaktivitäten an Absatz- und Umsatzzahlen anstelle der Orientierung an den Patientenbedürfnissen. Einzelne Initiativen sind zumeist losgelöst von einer Gesamtkonzeption. Eine Integration aller Maßnahmen in ein geschlossenes Konzept erfolgt in den meisten Fällen nicht. Für die Literatur gilt selbiges. Auch hier fehlt ein umfassendes PRM-Konzept. Die Ausführungen befassen sich entweder mit einzelnen Instrumenten und Detailfragen des PRM, ohne diese in einen Gesamtkontext zu stellen, oder verlieren sich im praxisorientierten Management-Know-how.

Diese Lücke schließt der entwickelte PRM-Ansatz, der die inhaltlichen Anforderungen mit prozessualen Elementen kombiniert und die Ableitung der wesentlichen Erfolgsfaktoren eines PRM ermöglicht. Durch die Darstellung der Rahmenbedingungen für die Umsetzung eines PRM in Deutschland sowie die ausführliche Ausgestaltung des patientenorientierten Beziehungsmanagement lassen sich die beiden ersten eingangs dieser Arbeit formulierten Forschungsfragen nach den Möglichkeiten zur Umsetzung eines Patient Relationship Management in Deutschland sowie Darstellung der Ausprägungen eines erfolgreichen Patient Relationship Management beantworten.

Der PRM-Ansatz erhebt keinen Anspruch auf Vollständigkeit. Einzelne Bereiche wurden bewusst weniger intensiv behandelt (z. B. internes Marketing, Implementierung, Organisationsaufbau), um sich auf das Kernelement des Beziehungsmanagement – die **Beziehung zwischen Patient und pharmazeutischen Unternehmen** – konzentrieren zu können. Ferner zeigt der vorgestellte Ansatz ein grundlegendes Konzept zur effizienten und effektiven Patientenbearbeitung durch das pharmazeutische Unternehmen auf. Theoretische, methodische und empirische Untersuchungen sind notwendig, um einzelne Bestandteile des PRM detailliert weiterzuentwickeln.

Das PRM bietet dem pharmazeutischen Unternehmen signifikante Vorteile, sich zukünftig im Wettbewerb zu behaupten und wird sich zu einem zentralen Thema für die pharmazeutische Industrie vor allem mit **Fokus auf die chronischen Krankheiten** entwickeln. Dieser Patiententyp ist bestrebt, aktiv arztunabhängige Informationen zu beziehen, trifft eine selbstbestimmte Entscheidung für oder gegen eine Therapie und ist als mündiger Patient in der Lage, auf Grund der nicht lebensbedrohlichen Krankheit eine weitgehend rationale Entscheidung zu treffen. Somit ist der chronisch Kranke ein gleichberechtigter Partner in der Beziehung Patient-Pharmaunternehmen. Allerdings resultiert aus der Zielgruppe der chronisch Kranken eine wesentliche Restriktion. Diese Patienten benötigen als Kernleistung in der Regel verschreibungspflichtige Arzneimittel, deren Vermarktung weit strengeren rechtlichen Rahmenbedingungen unterliegt als nicht verschreibungspflichtige Medikamente. Für die skizzierten Restriktionen wurden jedoch mögliche Lösungswege aufgezeigt und dargelegt, dass trotzdem ein effektiver Einsatz der Instrumente erreicht werden kann.

Neben der Identifikation des chronisch Kranken als mündigen Patienten zeichnet auch die zunehmende Austauschbarkeit der Kernleistung Arzneimittel für die Notwendigkeit eines PRM bei chronisch Kranken verantwortlich. Vor allem bei dieser Patientengruppe sind auf

Grund der Krankheitscharakteristika ganzheitliche Problemlösungen erfolgversprechend und zur **Differenzierung von den Wettbewerbern** notwendig. In einem Markt mit hoher Wettbewerbsintensität kann das Unternehmen durch den Einsatz der am PEC ausgerichteten PRM-Maßnahmen einen Mehrwert für die Patienten generieren. Der geschaffene Zusatznutzen ist dabei nicht nur ein Differenzierungsmerkmal für die Unternehmung, sondern ein langfristig ausgerichtetes Instrument zum Aufbau einer erfolgreichen Patientenbindung.

Die Langfristigkeit der Behandlung, die Komplexität der Therapie auf Grund der zunehmenden Erklärungsbedürftigkeit von Produkten und daraus resultierend die erforderliche Patientenkompetenz verdeutlichen die Notwendigkeit der Einführung eines PRM. Systemlösungen über indikationsbezogene Behandlungsfelder hinweg – von der Prävention bis zur Nachsorge/Kontrolle – dienen nicht nur dem Patienten oder einer Effizienz- und Effektivitätssteigerung unter volkswirtschaftlichen Gesichtspunkten, sondern auch dem pharmazeutischen Unternehmen, dass sich als vertrauensvoller Dienstleister am Markt positionieren, Patientenzufriedenheit aufbauen und den Patienten langfristig an das Unternehmen binden kann.

Teil D: Patientenbindung durch Patient Relationship Management: Konzeption und empirische Überprüfung

1. Der theoretische Bezugsrahmen zur Ermittlung der Patientenbindung

1.1. Motivation und Zielsetzung

Die veränderten gesundheitspolitischen Rahmenbedingungen führen in Deutschland zu einer zunehmenden Wettbewerbsintensität zwischen den Anbietern pharmazeutischer Produkte. Die Bindung des Patienten an das Unternehmen ist nicht nur eine grundlegende Voraussetzung, sondern durch den veränderten Wettbewerb auch ein entscheidender Erfolgsfaktor für die pharmazeutische Industrie, um substantielle Teile des PLV abschöpfen und so die ökonomischen Zielgrößen maximieren zu können. Die **Determinanten erfolgreicher Beziehungen aus Patientensicht** sind auf Grund der zunehmenden Mündigkeit des Patienten sowie der aus der Mündigkeit resultierenden Beteiligung des Patienten an Therapieentscheidungen zu analysieren, um diese Vorteile in der praktischen Umsetzung des PRM nutzen und neue Erkenntnisse über die Steuerung der vorökonomischen Zielgröße Kundenbindung als empirisch bestätigte Einflussgröße auf den ökonomischen Erfolg einer Unternehmung gewinnen zu können.[1]

In den letzten Jahren haben als Ausdruck der **zunehmenden Patientenorientierung subjektive Messungen** vor allem auf dem Gebiet der Patientenzufriedenheit[2] an Bedeutung gewonnen und avancieren zu einem allgemein akzeptierten Grundsatz zur Bewertung von Gesundheitsleistungen.[3] Die Integration der subjektiven Wahrnehmung des Patienten entspricht dem modernen Verständnis des Patienten als Partner im Leistungserstellungsprozess und bietet entsprechend die Möglichkeit, die Erfolgsgrößen der Patientenbindung zu ermitteln und ne-

---

[1] Empirische Studien zum positiven Kausalzusammenhang zwischen Kundenbindung und dem monetären Unternehmenserfolg finden sich bei *Krafft* (2002); *Matzler/Stahl* (2000); *Homburg* (2000); *Stauss* (1999); *Anderson/Fornell/Lehmann* (1994).

[2] Vgl. hierzu beispielsweise *Bauer/Keller/Hahn* (2002); *Keller* (2002); *Hribek* (1999); *Olandt* (1998); *Ebner/Köck* (1996), S. 80 f.

[3] Vgl. *Harms/Drüner* (2003d), S. 211; *Kiewel* (2002), S. 111 ff.; *Baumberger* (2001), S. 78; *Isenberg* (1998), S. 204. Die Perspektive des Patienten wird unter dem Stichwort Kundenorientierung mittlerweile bei allen bekannten Qualitätsmanagementverfahren mit aufgegriffen Vgl. *Dierks/Siebeneick/Röseler* (2001), S. 21 f. Die Patientenperspektive stellt z. B. bei der Auflistung von Qualitätsaspekten in der Gesundheitsversorgung nach der Definition der *JCAHO* eines von neun Elementen dar. Vgl. *Schrappe* (2001), S. 270. Auch zum Nachweis der Wirtschaftlichkeit wird die subjektive Einschätzung von Patienten zur Therapiewirkung eines Medikaments von Zulassungsbehörden berücksichtigt. Vgl. *Gatter/Hassan* (1995), S. 201 f.

ben einer Objektivierung der Kommunikation mit den Ärzten sowie der Bewertung der Produktqualität aus Herstellersicht auch die Verbrauchersicht mit einzubeziehen.[1]

Zahlreiche empirische Befunde aus der Geschäftsbeziehungsforschung bestätigen die überragende **Bedeutung der Qualität der (Dienst)Leistungen für die Schaffung von Kundenzufriedenheit und Kundenbindung.**[2] Es liegt daher die Vermutung nahe, dass die Leistungsqualität eines pharmazeutischen Unternehmens maßgeblich die Entscheidung des Patienten bestimmt, einem pharmazeutischen Unternehmen langfristig treu zu bleiben. Da zudem davon auszugehen ist, dass die vom Kunden wahrgenommene Qualität der Unternehmensleistung den langfristig wichtigsten Einflussfaktor auf die Ertragsleistung des Unternehmens darstellt[3], ist es Ziel der empirischen Untersuchung, die vom Patienten wahrgenommene Leistungsqualität eines pharmazeutischen Unternehmens theoretisch zu konzeptualisieren, messbar zu machen und empirisch zu validieren und die eingangs dieser Arbeit formulierte Forschungsfrage nach dem Einfluss einzelner Teilleistungsqualitäten eines Patient Relationship Management auf die Patientenbindung zu ermitteln.

Von Interesse ist vor allem, ob der im Rahmen des PRM-Ansatzes ermittelten **Notwendigkeit von Zusatzleistungen** aus Patientensicht (siehe Teil C, Kapitel 2.4.1.1.) eine entscheidende Bedeutung für die Patientenbindung beigemessen wird. Für die Gestaltung und Verbesserung des Leistungsangebots pharmazeutischer Unternehmen ist die Identifizierung der qualitätsbestimmenden Leistungsdimensionen sowie die Richtung und Intensität des Zusammenhangs zwischen der Leistungsqualität und der Patientenbindung auf empirischer Basis zu quantifizieren. Aus den Erkenntnissen zur Messung der Leistungsqualität und deren Konsequenzen lassen sich Implikationen für ein effektives PRM ableiten.[4]

---

1 Vgl. *Gatter/Hassan* (1995), S. 201. Grundsätzlich ist zwischen zwei verschiedenen Betrachtungsweisen und Messansätzen der Qualität zu unterscheiden. Die objektive Qualitätsmessung stellt die Beurteilung der Qualität anhand sachlich formulierter und extern konkret nachvollziehbarer Kriterien und Beurteilungsstandards in den Mittelpunkt. Vgl. ausführlich *Henke/Paffrath/Wettke* (1995), S. 192 ff. Die subjektive Qualitätsmessung setzt dagegen an der persönlichen Wahrnehmung der Realität und der darauf beruhenden persönlichen Qualitätsbeurteilung von Personen an. Zur Abgrenzung von objektiver und subjektiver Qualitätsmessung vgl. ausführlich *Meffert/Bruhn* (2003), S. 217 f. Zur Erklärung der Ansatzpunkte der unterschiedlichen Messansätze eignet sich insbesondere das Gap-Model. Vgl. ausführlich dazu *Parasuraman/Zeithaml/Berry* (1984), S. 7 ff.

2 Vgl. u. a. *Bauer/Falk/Hammerschmidt* (2003); *Caruana* (2002); *Homburg/Kebbel* (2001); *Kelley/Davis* (1994); *Anderson/Sullivan* (1993).

3 Vgl. *Berry* (1996), S. 286. Vor allem die Ergebnisse der PIMS-Studie des *Strategic Planning Institute* haben unterstrichen, dass ein direkter Zusammenhang zwischen der vom Kunden wahrgenommenen Qualität und dem Return On Investment (ROI) existiert. Vgl. *Buzzell/Gale/Greif* (1989), S. 30 ff. Allerdings wurden in der PIMS-Datenbank nur zu etwa 10 % Dienstleistungsunternehmen erfasst. Vgl. *Büker* (1991), S. 4. Zur Systematisierung des Qualitätsbegriffs vgl. *Garvin* (1988), S. 39 ff.; *Garvin* (1984), S. 25 ff.

4 Vgl. *Bauer/Hammerschmidt* (2004b).

Aus Gründen der Praktikabilität umfasst das zu entwickelnde Patientenbindungsmodell nicht alle Facetten des in Teil C beschriebenen PRM-Ansatzes. Im deutschen Gesundheitswesen fand sich zur Durchführung der empirischen Untersuchung weder ein Unternehmen, dass alle Elemente des beschriebenen PRM-Ansatzes bereits erfolgreich anwendete, noch war eines der Unternehmen in der Lage, im Rahmen einer versuchsartigen Umsetzung alle Elemente zumindest kurzfristig einzusetzen. Daher beschränkt sich das Modell auf bereits **realisierte Elemente des entwickelten PRM-Ansatzes**, die von den Patienten entsprechend bewertet werden können. Kernelemente sind:

- die Qualität der Beziehung zwischen Patient und Pharmaunternehmen,
- die Qualität des Leistungsangebotes hinsichtlich der Kernleistung Arzneimittel und zusätzlicher Leistungsangebote der Information und Interaktion.

Durch die angeführte Einschränkung der Modellkonzeption trägt die zu erarbeitende Modellstruktur auch der **Anforderung an die Allgemeingültigkeit** Rechnung. Ein Einsatz des entsprechenden Messinstruments bei unterschiedlichen pharmazeutischen Unternehmen kann somit gewährleistet werden.

Die unter Berücksichtigung der Gesamtheit aller Patienten oftmals getroffene Annahme der eingeschränkten Beurteilbarkeit von Gesundheitsleistungen und der daraus resultierenden Beeinflussbarkeit und Gefahr eines opportunistischen Verhaltens kommerzieller Anbieter mag der Grund dafür sein, dass die unter ethischen Gesichtspunkten problematische Verbindung von Patient und Pharmaunternehmen bei verschreibungspflichtigen Medikamenten bislang kaum im Fokus wissenschaftlicher Forschungsprojekte und Publikationen stand. Wie in Teil B umfassend gezeigt wurde, gelten die Annahmen der beschränkten Beurteilungsfähigkeit von Gesundheitsleistungen nicht bei chronisch Kranken. Auf Grund des Bedeutungszuwachses des Patienten bei der Therapieentscheidung und der konzeptionellen Ausrichtung der Arbeit soll der Schwerpunkt der vorliegenden Untersuchung auf die Entwicklung eines Messinstruments für die **Patientenbindung bei chronisch Kranken** gelegt werden. Bei den befragten Patienten handelt es sich um Diabetiker, die – auch entsprechend den Überlegungen aus Teil C – als chronisch Kranke verschreibungspflichtige Medikamente in Anspruch nehmen.

Im Folgenden werden die in der Untersuchung relevanten hypothetischen Konstrukte[1] konzeptualisiert und Hypothesen über den Beziehungszusammenhang zwischen diesen Konstrukten aufgestellt. Da im Rahmen der differenzierten Betrachtung der Patientengesamtheit in Teil B ein marktorientiertes Kundenmodell und damit ein PRM bei chronisch Kranken als sinnvoll angesehen wird und die Ausführungen zeigen, dass chronisch Kranke wie Kunden in einem „klassischen" Konsumgütermarkt agieren, wird im Rahmen der Entwicklung des Messmodells der Begriff Kunde und Patient synonym verwendet.

1.2. Entwicklung eines Patientenbindungsmodells

1.2.1. Modellkomponenten der Beziehung Patient-Pharmaunternehmen

1.2.1.1. Konzeptualisierung der Patientenbindung, Patientenzufriedenheit und Beziehungsqualität

Die Übertragung des Kundenbindungskonzepts auf die Beziehung Patient-Pharmaunternehmen führt zur Konzeptualisierung des Konstrukts der Patientenbindung. Die **Patientenbindung** beschreibt sämtliche Maßnahmen eines Unternehmens, „... die darauf abzielen, sowohl die bisherigen Verhaltensweisen, als auch zukünftigen Verhaltenabsichten eines Kunden gegenüber einem Anbieter oder dessen Leistungen positiv zu gestalten, um die Beziehung zu diesem Kunden für die Zukunft zu stabilisieren beziehungsweise auszuweiten."[2] Diese Definition verdeutlicht, dass sich die Patientenbindung sowohl auf die in der Vergangenheit als auch auf die in der Zukunft liegenden Transaktionen bezieht.

Die aus dem Konstrukt der Kundenbindung bekannten Komponenten der **Verhaltensabsicht des Nachfragers** und sein tatsächliches Verhalten finden ebenfalls bei der Patientenbindung Berücksichtigung. Da der Patient aber das Arzneimittel nicht kauft, sondern – wie auch in Teil C angeführt – die Leistung des pharmazeutischen Unternehmens durch die Verschreibung in Anspruch nimmt, bilden die Komponenten der wiederholten Leistungsinanspruchnahme (Wiederkauf), des langfristig erhöhten Bedarfs (Cross-Buying) und der Weiterempfehlung in den folgenden Ausführungen seine Verhaltensabsicht ab. Die Verhaltensabsicht des Nachfragers repräsentiert dabei dessen positive Einstellung zu einer Geschäftsbeziehung, die sich in seiner Bereitschaft zu Folgetransaktionen widerspiegelt. Mit

---

[1] Zum Begriff des hypothetischen bzw. theoretischen Konstrukts vgl. *Bagozzi/Fornell* (1982), S. 24.
[2] *Homburg/Bruhn* (2003), S. 8; ähnlich *Meyer/Oevermann* (1995).

dieser Dimension kommt somit die Loyalität des Patienten zum Ausdruck.[1] Sein tatsächliches Verhalten wird durch die Komponenten der Weiterempfehlung und der wiederholten Leistungsinanspruchnahme (Wiederkauf) repräsentiert.[2]

In der Literatur wird Kundenbindung überwiegend auf Kundenzufriedenheit zurückgeführt.[3] Die Kundenzufriedenheit respektive Patientenzufriedenheit wird in dieser Arbeit als **Gesamtzufriedenheit mit einer transaktionsspezifischen Leistung** des pharmazeutischen Unternehmens und somit als "... a cumulative abstract construct that describes customers' total consumption experience with a product or service"[4] definiert. Die Auffassung der Patientenzufriedenheit als Gesamtzufriedenheit mit einer transaktionsspezifischen Leistung (d. h. im Rahmen eines episodenbezogenen Kontaktes) und somit hinsichtlich einer Einzeltransaktion zwischen Anbieter und Nachfrager wird auch durch die Ausführungen von *Parasuraman/ Zeithaml/Berry* gestützt, die betonen, dass „... satisfaction is related to a specific transaction."[5] Die Patientenzufriedenheit stellt das Ergebnis einer ex post-Beurteilung auf Basis eines komplexen psychischen Vergleichsprozesses[6] dar – d. h. der Nachfrager beurteilt das Produkt oder die Dienstleistung anhand zuvor gewonnener Erfahrungen – und setzt ein „... vorheriges, konkret erlebtes Konsumerlebnis voraus."[7] Ein Patient gelangt demnach über einen Abgleich seiner vor dem Kontakt bestehenden Erwartungen an die Leistungen eines pharmazeutischen Unternehmens mit dem Gesamteindruck der tatsächlich erhaltenen Leistung zu einem Zufriedenheitsurteil.[8]

Auch wenn Kundenzufriedenheit kein Garant für Kundenbindung darstellt, kann die **Kundenzufriedenheit als wichtigster Einflussfaktor der Kundenbindung** angesehen werden, da das Verhalten bzw. die Verhaltensabsicht eines Kunden in hohem Maße von dessen Zufriedenheit abhängig ist.[9] Die Zufriedenheit von Kunden beeinflusst deren Bindung an das

---

1 Vgl. *Bauer/Hammerschmidt* (2004b).
2 Vgl. *Homburg/Becker/Hentschel* (2003); *Gummesson* (1997), S. 267; *Diller* (1996a); *Zeithaml/Berry/ Parasuraman* (1996); *Meyer/Oevermann* (1995).
3 Vgl. *Homburg/Becker/Hentschel* (2003); *Bruhn* (2003b), S. 8 ff.; *Finsterwalder/Reinecke* (2003), S. 32 f. Zu empirischen Untersuchungen über das Vorzeichen des Zusammenhangs zwischen Kundenzufriedenheit und -loyalität, dem funktionalen Verlauf sowie moderierender Einflussgrößen vgl. ausführlich *Giering* (2000), S. 20 ff.; *Herrmann/Huber/Fischer* (2000), S. 16 f.
4 *Johnson/Fornell* (1991), S. 271.
5 *Parasuraman/Zeithaml/Berry* (1988), S. 16. Vgl. hierzu auch *Parasuraman/Zeithaml/Berry* (1984); *Oliver* (1980), S. 460 ff.
6 Vgl. *Homburg/Faßnacht* (2001); *Oliver* (1980).
7 *Hadwich* (2003), S. 69.
8 Vgl. *Keller* (2002); *Bitner* (1990); *Oliver* (1980).
9 Vgl. *Homburg/Becker/Hentschel* (2003); *Sauer* (2003); *Caruana* (2002); *Bletzer* (1998), S. 174. Zu den Konstrukten Streben nach Abwechslung (Variety Seeking), Attraktivität des Konkurrenzangebots und Wechsel-

Unternehmen signifikant positiv und gilt als zentrales Element stabiler Geschäftsbeziehungen.[1] Zufriedene Patienten werden im Gegensatz zu unzufriedenen weniger Informationen über Alternativangebote beziehen und auch Angeboten der Konkurrenz kritischer gegenüberstehen, so dass zufriedene Patienten mit hoher Wahrscheinlichkeit auch gebundene Patienten sind.[2] Aus diesen Ausführungen lässt sich die erste Hypothese ableiten:

H_1: Die Patientenzufriedenheit beeinflusst die Patientenbindung positiv.

Zunehmend Berücksichtigung findet neben der Zufriedenheit auch die **Beziehungsqualität als Steuerungsgröße der Kundenbindung** im Rahmen des Beziehungsmanagement.[3] Die Beziehungsqualität gilt mittlerweile als zentrales Konstrukt zur Messung der Stabilität und Intensität von Kundenbeziehungen.[4] Das Konstrukt der Beziehungsqualität setzt sich aus den beiden Faktoren „Vertrauen" und „Vertrautheit" zusammen und ist hierdurch sowohl vergangenheits- als auch zukunftsorientiert.[5]

Vertrautheit stellt die ex post-Perspektive der Beziehungsqualität dar und drückt die Erfahrung des Kunden mit dem Unternehmen und dessen Fähigkeit aus, die Erwartung des Kunden zu erfüllen. Vertrautheit steht somit für den Grad des Wissens der jeweiligen Beziehungspartner um dessen Einstellungen und Verhaltenweisen. **Vertrauen** hingegen übernimmt die Funktion der Komplexitätsreduktion in zwischenmenschlichen Beziehungen und repräsentiert

---

barrieren, die die Kundenbindung signifikant mit beeinflussen, auf die aber in dieser Arbeit auf Grund des begrenzten Umfangs nicht eingegangen werden soll, vgl. u. a. *Giering* (2000); *Peter* (1999).

1 Vgl. *Bruhn* (2003b), S. 106; *Giering* (2000), S. 191; *Homburg/Sieben* (2000), S. 7; *Jones/Sasser* (1995), S. 89. Zu weiteren Arbeiten über die hohe Bedeutung der Kundenzufriedenheit als Determinante der Kundenloyalität vgl. *Eggert* (2003), S. 142 f.; *Homburg/Becker/Hentschel* (2003), S. 93 ff.; *Giering* (2000); *Patterson/Johnson/Spreng* (1997); *Anderson/Fornell/Lehmann* (1994); *Bitner* (1990).

2 Vgl. *Bauer/Hammerschmidt* (2004b).

3 Vgl. *Hennig-Thurau* (2000), S. 135; *Diller* (1995).

4 Vgl. *Hadwich* (2003), S. 19.

5 Vgl. *Bruhn* (2003b); *Georgi* (2000). Zum Vertrauen als Dimension der Beziehungsqualität vgl. *Georgi* (2000); *Hennig-Thurau/Klee/Langer* (1999); *Dorsch/Swanson/Kelley* (1998); *Crosby/Evans/Coles* (1990); *Dwyer/Oh* (1987). Zur Vertrautheit als Dimension der Beziehungsqualität vgl. *Hadwich* (2003); *Georgi* (2000). Eine Definition der Beziehungsqualität erfolgt oftmals auch durch Verweis auf andere Konstrukte, wie z. B. Commitment. Vgl. *Dorsch/Swanson/Kelley* (1998); *Dwyer/Oh* (1987). In der Literatur wird ein gegenseitiges Commitment als Grundvoraussetzung lang andauernder Geschäftsbeziehungen angeführt. Vgl. *Anderson/Weitz* (1992); *Dwyer/Schurr/Oh* (1987); *Wilson/Mummalaneni* (1986). Commitment kann allgemein als eine Art „... sense of closeness one party feels towards the other." beschrieben werden. *Ross/Anderson/Weitz* (1997), S. 681. *Dwyer/Schurr/Oh* fassen Commitment als „... an implicit or explicit pledge of relational continuity between exchange partners ..." auf. *Dwyer/Schurr/Oh* (1987), S. 19. Vertrauen kann als die Hauptdeterminante von Commitment angesehen werden: „... relationships characterized by trust are so highly valued that parties will desire to commit themselves to such relationships." *Morgan/Hunt* (1994), S. 24. In dieser Arbeit wird auf Grund der dominierenden Größe „Vertrauen" im Commitment-Konstrukt in den folgenden Ausführungen das Vertrauen in den Vordergrund gestellt. Zur Konzeptualisierung von Commitment vgl. *Anderson/Weitz* (1992), S. 19; *Gundlach/Achrol/Mentzer* (1995). Zur Übersicht über die verschiedenen Konzeptualisierungen von Commitment vgl. auch *Young/Denize* (1995).

die zukunftsorientierte Komponente der Beziehungsqualität.[1] Vertrauen beschreibt dabei die Bereitschaft des Kunden, sich auf das Unternehmen im Hinblick auf dessen zukünftiges Verhalten ohne weitere Prüfung zu verlassen[2] „... und spiegelt damit das Kundenurteil über den Anbieter hinsichtlich seiner Fähigkeit wider, die zukünftigen Beziehungserwartungen des Kunden zu erfüllen."[3]

Im Gegensatz zur Beziehungsqualität, die ein relativ zeitstabiles und einstellungsähnliches Konstrukt und damit eine transaktionsübergreifende Größe darstellt, bei der der Patient eine Beurteilung der Gesamtbeziehung vornimmt[4], ist die Patientenzufriedenheit eine wenig zeitstabile Bewertungsgröße, die in unmittelbarem Zusammenhang mit einem speziellen Transaktionserlebnis steht.[5] Somit muss angenommen werden, dass die Bildung des Zufriedenheitsurteils hinsichtlich einer Transaktion auch die Beziehungsqualität als transaktionsübergreifende Größe positiv beeinflusst. Je öfter ein Patient mit einer Transaktion zufrieden war, desto höher wird die Vertrautheit mit einem Anbieter als ex post-Komponente der Beziehungsqualität ausfallen. Darüber hinaus wächst mit jeder Transaktion, die zur Zufriedenheit des Kunden durchgeführt wurde auch das Vertrauen als zukunftsorientierte Komponente der Beziehungsqualität in den Anbieter. Da zudem ein positiver Effekt der Kundenzufriedenheit auf das Vertrauen besteht[6] und Vertrauen ein wichtiges Element der Beziehungsqualität darstellt, lässt sich eine weitere Hypothese ableiten:

H_2: Die Patientenzufriedenheit beeinflusst die Beziehungsqualität positiv.

Wie in Teil C, Kapitel 1.4.1. angeführt, muss das pharmazeutische Unternehmen in der Geschäftsbeziehung zum Patienten Vertrauen aufbauen, um bei diesem das wahrgenommene Risiko zu reduzieren und eine wiederholte Leistungsinanspruchnahme des Individuums zu erleichtern.[7] Ebenso ist davon auszugehen, dass Vertrautheit mit einem Anbieter das Risiko zukünftiger Transaktionen auf Grund der Erfahrung aus früheren Transaktionen reduziert und hierdurch die wiederholte Leistungsinanspruchnahme für den Nachfrager wahrscheinlicher wird. Eine positive Ausprägung der Beziehungsqualität führt somit zu einer Reduktion des

---

1 Vgl. *Georgi* (2003), S. 228 f.; *Georgi* (2000).
2 Vgl. *Morgan/Hunt* (1994), S. 23.
3 *Hadwich* (2003), S. 59. Zum Vertrauensbegriffs vgl. u. a. *Bauer/Leach/Grether* (1998), S. 19; *Ripperger* (1998), S. 45; *Jap/Weitz* (1995), S. 2; *Plötner* (1995), S. 42; *Crosby/Evans/Cowles* (1990), S. 70. Zu einer Übersicht über unterschiedliche Definitionen von Vertrauen vgl. *Wesemeier* (2002), S. 72 ff.
4 Vgl. *Hadwich* (2003), S. 58; *Georgi* (2003), S. 228 f.
5 Vgl. *Anderson/Fornell/Lehmann* (1994), S. 53 ff.; *Hentschel* (1990), S. 234.
6 Vgl. *Klee* (2000).
7 Vgl. *Morgan/Hunt* (1994).

wahrgenommenen Risikos aus Patientensicht und stellt darüber hinaus durch höhere Transaktionskosten bei einem Anbieterwechsel – z. B. durch Informationsbezug über die Vertrauenswürdigkeit oder Maßnahmen gegen opportunistisches Verhalten – eine psychische Wechselbarriere dar.[1] Hieraus resultierend kann das Unternehmen mit einer erneuten Leistungsinanspruchnahme durch das Individuum und – bei vorliegenden positiven Deckungsbeiträgen der Transaktionen – einer Maximierung des ökonomischen Erfolgs rechnen.[2] Da davon auszugehen ist, dass das Vertrauen einen nachhaltigen Effekt auf die Einstellung gegenüber einem Produkt und der Absicht zur Leistungsinanspruchnahme ausübt und die Absicht zur Leistungsinanspruchnahme gleichzeitig einen signifikanten Zusammenhang zur tatsächlichen Leistungsinanspruchnahme aufweist, lässt sich folgende Hypothese formulieren:[3]

H_3: Die Beziehungsqualität beeinflusst die Patientenbindung positiv.

Neben den in diesem Kapitel konzeptualisierten Konstrukten der Patientenbindung, Patientenzufriedenheit und Beziehungsqualität und den entwickelten Hypothesen wird in einem zweiten Schritt der Zusammenhang zwischen diesen Konstrukten und der im folgenden Kapitel zu konzeptualisierenden Leistungsqualität als Determinante ermittelt.

1.2.1.2. Konzeptualisierung der Leistungsqualität

Wie eingangs in Teil D bereits angesprochen, kann die Qualität als die zentrale Determinante der Kundenbindung vermutet werden, so dass das Ziel dieses Kapitels die theoretische Ableitung der aus Sicht der Patienten für die Qualitätsbeurteilung potentiell relevanten Leistungsdimensionen ist, um die eingangs dieser Arbeit formulierte Forschungsfrage zu beantworten, welchen Beitrag einzelne Teilleistungsqualitäten eines Patient Relationship Management zur Erhöhung der Patientenbindung leisten. Wie in Teil C, Kapitel 2.4.1.1. ausführlich dargelegt, stellt das Leistungsangebot eines pharmazeutischen Unternehmens im PRM ein umfassendes Problemlösungsangebot und somit ein Bündel an Leistungen dar, das bei der Entwicklung des Qualitätskonstrukts zu berücksichtigen ist. Insbesondere die Elemente der Interaktion und der Informationsübermittlung sind hierbei neben dem Arzneimittel zu beachten. Es ist also zu vermuten, dass neben dem Arzneimittel auch weitergehende (Dienst)leistungen selbst Bezugsobjekte der Qualitätsbeurteilung durch die Patienten darstellen. Auf Grund der in Teil C, Kapitel 1.3.2. hergeleiteten Dominanz von Dienstleistungskomponenten hinsichtlich der Leis-

---

[1] Vgl. *Georgi* (2000); *Preß* (1997), S. 81; *Dwyer/Schurr/Oh* (1987).
[2] Vgl. *Kleinaltenkamp/Kühne* (2003), S. 22 f.; *Wesemeier* (2002), S. 78.
[3] Vgl. *Bauer/Neumann/Huber/Hölzing* (2004); *Georgi* (2000); *Hennig-Thurau/Klee* (1997).

tungserbringung bei verschreibungspflichtigen Medikamenten und der Einordnung des PRM in das Dienstleistungsmarketing erfolgt eine Orientierung an den Dienstleistungsqualitätsmodellen.

Dienstleistungsqualität bzw. die Leistungsqualität eines pharmazeutischen Unternehmens wird für die folgenden Ausführungen definiert als „... a form of attitude, related but not equivalent to satisfaction, that results from a comparison of expectations with perceptions of performance."[1] Die wahrgenommene **Dienstleistungsqualität** kann als allgemeine und langfristig orientierte Bewertungsgröße aufgefasst werden, die dem **Charakter einer Einstellung** entsprechend die subjektive Wahrnehmung der Leistung eines Anbieters beschreibt.[2] Die Leistungsqualität eines pharmazeutischen Unternehmens wird hierbei als die vom Patienten wahrgenommene Fähigkeit des Unternehmens aufgefasst, die Beschaffenheit einer Leistung auf Grund von Patientenerwartungen auf einem bestimmten Anforderungsniveau zu erstellen.[3]

Da Forschungsbemühungen zu Dimensionen und Indikatoren der Qualitätsbewertung der Leistungserbringung pharmazeutischer Unternehmen aus Patientensicht bei verschreibungspflichtigen Medikamenten nicht bekannt sind, gilt es vorab herauszufinden, ob **bestehende Ansätze zur Messung der Dienstleistungsqualität im Gesundheitswesen** geeignet sind, die Leistungsqualität eines pharmazeutischen Unternehmens zu erfassen. Die Orientierung an Dienstleistungsqualitätsmodellen erfolgt auf Grund der in Teil C, Kapitel 1.3.2. angeführten Ausprägungen des Leistungsangebots eines pharmazeutischen Unternehmens bei ethischen Präparaten. Die in dieser Arbeit relevanten verschreibungspflichtigen Arzneimittel weisen ein hohes Potenzial für Dienstleistungskomponenten auf. Hierzu zählen z. B. Verschreibung durch den Arzt, Beratung durch den Apotheker, detaillierte Informationen (über Anwendung, Nebenwirkungen etc.) sowie Schulungen im Umgang mit Präparaten oder Hilfsmitteln. Auch das Pharmakon als Sachleistung stellt nur das Hilfsmittel zur Erreichung des gewünschten Dienstleistungsergebnisses im Sinne einer Reduktion der Beschwerden oder eines Wiederherstellens des Gesundheitszustandes dar.[4]

Die Wirkung des Medikaments zur Reduktion von Beschwerden oder zum Wiederherstellen des Gesundheitszustandes kann dabei als zentrales Element der Leistungserbringung eines

---

1 *Parasuraman/Zeithaml/Berry* (1988), S. 15.
2 Vgl. *Keller* (2002), S. 140; *Cronin/Taylor* (1992); *Bitner* (1990); *Parasuraman/Zeithaml/Berry* (1988), S. 15.
3 Vgl. *Bruhn* (2001b), S. 31.
4 Vgl *Bruhn* (2003b), S. 96; *Hilke* (1989), S. 14 f.

pharmazeutischen Unternehmens angesehen werden. Dabei ist offensichtlich, dass diese Leistungserbringung eine **Dienstleistung ohne zwischenmenschliche Interaktion** darstellt. Auch wenn der zwischenmenschlichen Interaktion im PRM gemäß den Ausführungen in Teil C eine hohe Bedeutung im Rahmen der Leistungserbringung eines pharmazeutischen Unternehmens zuteil wird, zeichnen sich die Qualitätseigenschaften des Arzneimittels als zentraler Bestandteil der Leistungsqualität nicht durch interpersonelle Kontakte zwischen pharmazeutischem Unternehmen und Patient aus.

Im Gegensatz dazu kann konstatiert werden, dass bei den im Gesundheitswesen entwickelten Modellen zur Qualitätsbeurteilung aus Patientensicht die **Interaktion immanenter Bestandteil der Leistungsqualität** ist. Alle in Tabelle 9 angeführten Ansätze erfordern im Rahmen der medizinischen Leistungserstellung als Hauptelement der Leistungsqualität eines Anbieters im Gesundheitswesen – im Gegensatz zu den Qualitätseigenschaften eines Pharmakon als zentrales Leistungselement eines Pharmaunternehmens – eine Interaktion zwischen Leistungserbringer und Patient. Insofern erfüllen diese Modellansätze zur Erfassung der Dienstleistungsqualität im Gesundheitswesen die Anforderungen nur unzureichend, die Leistungsqualität eines pharmazeutischen Unternehmens bei verschreibungspflichtigen Arzneimitteln abzubilden.

Die Ausführungen zum PRM in Teil C zeigen, dass der Interaktion eine wichtige Bedeutung zukommt – allerdings nicht hinsichtlich der eigentlichen medizinischen Leistungserbringung durch das Pharmakon. Die **Interaktion** muss in der Beziehung zwischen Patient und Pharmaunternehmen als unterstützende Größe aufgefasst werden, die **unabhängig von der Leistungserstellung durch das Arzneimittel** erfolgen kann (aber nicht muss), d. h. nicht zwingend wie in den vorgestellten Ansätzen zur Erfassung der medizinischen Qualität als zentrales Element der Dienstleistungsqualität notwendig ist. Insofern erfordern diese Ausführungen eine Trennung der Elemente der Leistungsqualität eines pharmazeutischen Unternehmens in die zwei Komponenten der

- Leistungserbringung durch das Arzneimittel als zentrales Leistungselement eines pharmazeutischen Unternehmens und
- eine von der Leistungserbringung durch das Arzneimittel unabhängige unterstützende Leistungskomponente der Interaktion.

Diese Aufteilung lässt sich durch die Modelle zur Erfassung der Dienstleistungsqualität im Gesundheitswesen im Hinblick auf das Patientenbindungsmodell nicht abbilden.

Autor(en)	Modellkomponenten zur Erfassung der Dienstleistungsqualität
Donabedian (1980)	Referenzmodell zur Beschreibung und Operationalisierung der Qualität klinischer Dienstleistungen • Aufteilung der Dienstleistungsqualität in drei Dimensionen ○ Strukturqualität: strukturelle Gegebenheiten, innerhalb derer die Dienstleistung erbracht wird ○ Prozessqualität: qualitative Eigenschaftsausprägung der während der Leistungserstellung ergriffenen Maßnahmen ○ Ergebnisqualität: Grad der Erreichung der Leistungsziele • explizite Berücksichtigung der Interaktion im Rahmen der Prozessqualität als zentraler Bestandteil der medizinischen Leistungserbringung
Olandt (1998)	klinikspezifisches teilleistungsbezogenes Qualitätsmodell • Basis: Teilleistungsbezogenes Dienstleistungsqualitätsmodell von *Guthoff* (1995) • Unterteilung der Dienstleistungsqualität in ○ Hotelqualität ○ Pflegerische Qualität ○ medizinische Qualität • Interaktion als wesentlicher Bestandteil der medizinischen und pflegerischen Qualität
Hribek (1999)	PATSATK-Modell zur Messung der Patientenzufriedenheit (Patient Satisfaction Krankenhaus) • Aufgliederung des Kundenprozesses nach *Guthoff* (1995) • Unterteilung der Dienstleistungsqualität in neun Konstrukte ○ Aufnahme ○ Interaktionsqualität der Ärzte ○ Interaktionsqualität der Pflege ○ medizinische Aufklärung ○ Zimmer ○ Verpflegung ○ Sauberkeit ○ Organisation des Aufenthalts ○ Wahrung der Privatsphäre • Interaktion als wesentlicher Bestandteil der medizinischen und pflegerischen Qualität
Keller (2002)	Patientenbindungsmodell im Arzt-Patient-Verhältnis • Erweiterung des Modells von *Donabedian* (1980) um die Interaktionsqualität • Unterteilung der Dienstleistungsqualität in vier Konstrukte ○ Strukturqualität ○ Prozessqualität ○ Interaktionsqualität ○ Ergebnisqualität • Berücksichtigung der Interaktionsqualität auf Grund der hohen Bedeutung der Anbieter-Nachfrager-Interaktion im medizinischen Leistungserstellungsprozess als wesentlicher Bestandteil der medizinischen Qualität
Bauer/Keller/Hahn (2002)	Kausalmodell zur Erklärung der Patientenzufriedenheit • Basis: Teilleistungsbezogenes Dienstleistungsqualitätsmodell von *Guthoff* (1995) • Unterteilung der Dienstleistungsqualität in ○ medizinische Qualität ○ Hotelqualität • Interaktion als wesentlicher Bestandteil der medizinischen Qualität

Tab. 9: Modelle zur Erfassung der Dienstleistungsqualität im Gesundheitswesen

Quelle: Eigene Darstellung.

Deshalb erfolgt ein Rückgriff auf bestehende Ansätze zur **Messung der Qualität klassischer Dienstleistungen**, die eine derartige Unterteilung des Leistungsangebots gestatten.[1] Unter Bezugnahme auf die Produkt- und Programmpolitik des PRM-Ansatzes in Teil C kann das Leistungsangebot eines pharmazeutischen Unternehmens als ganzheitliche Problemlösung nach drei Qualitätsdimensionen strukturiert werden. Neben der Mindestleistung Arzneimittel (1) können die Komponenten des Leistungsangebots der „je-mehr-desto-besser"-Leistung (2) und der Begeisterungsleistung (3) zugeordnet werden.[2]

Wie eingangs in Teil D angeführt beschränkt sich die empirische Untersuchung auf bereits am Markt angebotene und von den Patienten bewertbare Leistungen. Im Wesentlichen handelt es sich hierbei neben dem Arzneimittel um die Elemente der Interaktion und Information, die nach dem Drei-Komponenten-Ansatz – wie in Teil C, Kapitel 2.4.1.1. gezeigt – vor allem der „je-mehr-desto-besser"-Leistung zugerechnet werden können. Begeisterungsleistungen, wie z. B. eine Online-Datenauswertung oder eine GPS-Ortung im Notfall, finden in der empirischen Untersuchung keine Berücksichtigung, da diese Komponenten (noch) nicht Bestandteil des Leistungsangebots pharmazeutischer Unternehmen sind.

Ähnlichkeiten mit dem Drei-Komponenten-Ansatz weisen die Modelle von *Berry* und *Brandt* auf, auch wenn sich diese Ansätze auf **zwei Komponenten zur Erfassung der Dienstleistungsqualität** beschränken. Sie unterscheiden in Leistungen, die der Anbieter zu erfüllen hat und die normalerweise zu einer Dienstleistung zu zählen sind (Minimum- bzw. Routine-Komponenten) und in Werterhöhungs-/Ausnahmeleistungen, die die Erwartung der Konsumenten übertreffen.[3] Auf Grund der Ähnlichkeit der beschriebenen Ansätze zur Messung der Qualität klassischer Dienstleistungen lassen sich die Ausführungen zur Produkt- und Programmpolitik eines pharmazeutischen Unternehmen aus Teil C auch auf die Ansätze von *Berry* und *Brandt* übertragen. Die medizinische Leistungserbringung durch das Arzneimittel kann als Minimum- bzw. Routine-Komponente und die Information und Interaktion sowie eine für die empirische Untersuchung nicht relevante Online-Datenauswertung oder eine GPS-Ortung im Notfall als Werterhöhungs-/Ausnahmeleistungen aufgefasst werden.

---

1 Zu einer Übersicht über die wichtigsten Dienstleistungsqualitätsmodelle vgl. *Bauer/Keller/Hahn* (2002), S. 7; *Keller* (2002), S. 120 ff.

2 Vgl. *Bauer/Hammerschmidt* (2005); *Bauer/Hammerschmidt* (2004a); *Bauer/Keller* (2000), S. 52; *Kano* (1984).

3 Vgl. *Berry* (1987); *Brandt* (1988).

Insofern lässt sich die empirisch überprüfbare Leistungsqualität des pharmazeutischen Unternehmens in Anlehnung an die oben angeführten Ansätze zur Messung der Qualität klassischer Dienstleistungen in zwei Komponenten aufteilen. Die **Qualität des Arzneimittels** in Form einer Mindestleistung/Minimum- bzw. Routine-Komponente als **Kernleistung** und die **Qualität der Information und Interaktion** in Form einer „je-mehr-desto-besser"-Leistung, Werterhöhungs- bzw. Ausnahmeleistung als **Zusatzleistungen** sind als die beiden Komponenten der Leistungsqualität in den Messansatz aufzunehmen. Diese Forderung deckt sich auch mit dem modernen Marketingverständnis, dass Absatzobjekte Bündel von Kernleistungen und zusätzlichen (Dienst)Leistungen um diese herum darstellen.[1] Die Qualität der Kernleistung und die der Zusatzleistungen dienen als Ausgangsmenge für die empirische Validierung der Modellstruktur für das Konstrukt „Leistungsqualität". Ein solches multiattributives Qualitätsverständnis wird – wenn auch reduziert auf zwei Konstrukte – von verschiedenen Autoren auch für andere Untersuchungsgegenstände empirisch bestätigt.[2]

Während das Konstrukt der „Qualität der Kernleistung" das subjektive Qualitätsurteil der Probanden hinsichtlich eines verschreibungspflichtigen Arzneimittels (Insulin) ermittelt, erfasst das Konstrukt „Qualität der Zusatzleistungen" das Leistungsangebot des pharmazeutischen Unternehmens in Bezug auf die Unterstützung des Patienten durch Information und Interaktion. Auf Grund dieser abstrahierten Struktur zur Erfassung der Dienstleistungsqualität wird eine Verallgemeinerung des Modells sichergestellt.[3] Die Unterteilung in Kern- und Zusatzleistungen ermöglicht es, den **Einfluss der beiden Leistungskomponenten auf die Zielgröße Patientenbindung** zu ermitteln und die eingangs dieser Arbeit formulierte Forschungsfrage zu beantworten, welchen Beitrag die in der empirischen Untersuchung überprüfbaren Teilleistungsqualitäten eines Patient Relationship Management zur Erhöhung der Patientenbindung liefern. Nach Abschluss der Konzeptualisierung der Leistungsqualität erfolgen auf dem Weg zu einem komplexen Kausalmodell die Einbindung der Qualität der Kernleistung und die der Zusatzleistungen in das Patientenbindungsmodell.

Hierzu ist eine **Abgrenzung von wahrgenommener Qualität und Patientenzufriedenheit** vorzunehmen. Die Zufriedenheit – als Abgleich der vor dem Kontakt bestehenden Erwartungen an die Leistungen mit dem Gesamteindruck der tatsächlich erhaltenen Leistung – stellt eine kognitive Größe dar, die zu einem erheblichen Maße auch affektiven Einflüssen ausge-

---

1 Vgl. *Bauer/Hammerschmidt* (2004a), S. 96 ff.
2 Vgl. *Bauer/Falk/Hammerschmidt* (2003); *Güthoff* (1995).
3 Vgl. *Helmig/Dietrich* (2001), S. 328; *Homburg/Garbe* (1999), S. 59.

setzt ist.[1] Im Gegensatz dazu ist die wahrgenommene Qualität eine allgemeine und langfristig orientierte Bewertungsgröße, die dem Charakter einer Einstellung entsprechend die subjektive Wahrnehmung der Leistung eines Anbieters beschreibt. Für diese hier angeführte Abgrenzung zeichnet insbesondere die Arbeit von *Parasuraman/Zeithaml/Berry* verantwortlich: „Consistent with the distinction between attitude and satisfaction, is a distinction between service quality and satisfaction: perceived service quality is a global judgement, or attitude, relating to the superiority of the service, whereas satisfaction is related to a specific transaction."[2]

Anhand des folgenden Beispiels soll der Zusammenhang verdeutlicht werden. Ein Patient, der eine Arztkonsultation für notwendig erachtet, aber in der Arztpraxis lange auf die Behandlung warten muss, wird diese eine Konsultation wegen der langen Wartezeit unter Umständen als qualitativ minderwertig beurteilen. Da die Leistungserbringung von dem Individuum bei eben diesem Arzt auf Grund vorheriger Erfahrungen als insgesamt hochwertig eingeschätzt wird, ist anzunehmen, dass auf Grund der transaktionsübergreifenden und für hoch eingeschätzten Qualität der Behandlung der Patient mit dieser einen Transaktion zufrieden sein wird.

Entsprechend der empirischen Befunde von *Cronin/Taylor* (1992), *Homburg/Kebbel* (2001) und *Caruana* (2002) stellt die Gesamtzufriedenheit eine Folge hoher Dienstleistungsqualität dar. „As a process in time, service quality takes place before, and leads to, overall customer satisfaction."[3] Somit zeigt sich, dass hinsichtlich des Zusammenhangs von Patientenzufriedenheit und wahrgenommener Qualität der Leistungen des pharmazeutischen Unternehmens eine positive Beeinflussung der Patientenzufriedenheit sowohl durch die Qualität der Kernleistung als auch die der Zusatzleistungen besteht.[4] Diese Überlegungen führen zu folgenden Hypothesen:

H_4: Die wahrgenommene Qualität der Kernleistung beeinflusst die Patientenzufriedenheit positiv.

H_5: Die wahrgenommene Qualität der Zusatzleistungen beeinflusst die Patientenzufriedenheit positiv.

---

1 Vgl. *Wirtz/Bateson* (1999); *Dubé/Morgan* (1998); *Oliver* (1997).
2 *Parasuraman/Zeithaml/Berry* (1988), S. 16. Vgl. hierzu auch *Cronin/Taylor* (1992); *Parasuraman/Zeithaml/Berry* (1984).
3 Vgl. *Caruana* 2002, S. 817.
4 Vgl. *Helmig/Dietrich* (2001); *Schütze* (1992), S. 225 f.; *Oliver* (1980).

Neben der nunmehr formulierten und – wie eingangs der empirischen Untersuchung angeführt – empirisch bestätigten Kausalkette der drei Größen der wahrgenommenen Leistungsqualität, Patientenzufriedenheit und Patientenbindung muss des Weiteren eine Überprüfung der Beziehungszusammenhänge zwischen der Leistungsqualität eines pharmazeutischen Unternehmens und der Beziehungsqualität erfolgen.

Eine Beziehung resultiert aus einzelnen Transaktionen zwischen Anbieter und Nachfrager. Von daher vollzieht sich der Aufbau einer Beziehung durch wiederholte Transaktionen. Bei der Entstehung der Beziehungsqualität kommt somit der Transaktionsqualität eine zentrale Rolle zu.[1] Die Mehrheit der Einflussfaktoren der Transaktionsqualität lässt sich dabei der Leistungsqualität eines Anbieters zuordnen. Da die Leistungsqualität wiederum als wesentliche Determinante des Vertrauens in einer Geschäftsbeziehung angesehen wird[2] und Vertrauen und Vertrautheit als Dimensionen der Beziehungsqualität erst durch den Anbieter-Kunden-Kontakt entstehen können[3], lassen sich folgende Hypothesen formulieren:

H_6: **Die wahrgenommene Qualität der Kernleistung beeinflusst die Beziehungsqualität positiv.**

H_7: **Die wahrgenommene Qualität der Zusatzleistungen beeinflusst die Beziehungsqualität positiv.**

Bei einer Analyse der aufgestellten Hypothesen zum Zusammenhang zwischen der Leistungsqualität eines pharmazeutischen Unternehmens und der Patientenbindung fällt auf, dass hier lediglich **indirekte Einflüsse** vermutet werden. Dies basiert auf der Annahme, dass die Qualität nicht direkt auf die Patientenbindung wirkt, sondern diese Beziehung durch die bereits beschriebenen Konstrukte „Patientenzufriedenheit" und „Beziehungsqualität" mediiert wird. Die Vermutung der indirekten, mehrstufigen Wirkungspfade wird dabei durch empirische Befunde gestützt.[4]

Ferner ist davon auszugehen, dass entsprechend der Hypothese H_2 die Qualität der Kernleistung und die der Zusatzleistungen die Beziehungsqualität nicht nur direkt, sondern auch indirekt über die Patientenzufriedenheit beeinflussen. Die Wahrnehmung der Leistungsqualität

---

[1] Vgl. *Georgi* (2000); *Hennig-Thurau/Klee/Langer* (1999).
[2] Vgl. *Hadwich* (2003), S. 33.
[3] Vgl. *Georgi* (2003), S. 228; *Georgi* (2000).
[4] Vgl. *Caruana* (2002); *Peter* (1999); *Cronin/Taylor* (1992).

wirkt sich nicht nur auf die Patientenzufriedenheit als Zufriedenheit mit einem spezifischen Transaktionserlebnis, sondern über den Mediator Patientenzufriedenheit auch auf die Beziehungsqualität als transaktionsübergreifendes Konstrukt aus. Es ist davon auszugehen, dass die Zufriedenheit mit einer Transaktion – determiniert durch die Qualität der Kernleistung und die der Zusatzleistungen – das Vertrauen und die Vertrautheit und somit die Beziehungsqualität positiv beeinflusst und daher die indirekte Beziehung zwischen der Leistungs- und der Beziehungsqualität in dem Modellansatz Berücksichtigung finden muss.

1.2.2. Identifikation geeigneter Kriterien zur Messung der Patientenbindung

Die vorgestellten Elemente des zu überprüfenden Kausalmodells stellen hypothetische Konstrukte bzw. latente Variablen dar, die sich einer direkten Beobachtung verschließen und die sich erst durch beobachtbare Indikatoren erfassen lassen. Hierzu sind, z. B. mittels Literaturauswertung oder Methoden der qualitativen Marktforschung (z. B. Expertengespräche), die Dimensionen und Merkmale der Konstrukte zu ermitteln.[1] Die Entwicklung der Messvariablen zu den Konstrukten „Qualität der Kernleistung" und „Qualität der Zusatzleistungen" erfolgt unter Berücksichtigung des für Gesundheitsgüter entwickelten Ansatzes von *Donabedian*[2], um analog zu Dienstleistungen allgemein auch im Zusammenhang mit der Leistungserbringung eines pharmazeutischen Unternehmens drei idealtypische Phasen unterscheiden zu können.[3]

Sowohl bei der Qualität der Kernleistung als auch bei der Qualität der Zusatzleistungen bilden die gewählten Indikatoren die Elemente der **Struktur-, Prozess- und Ergebnisqualität** ab. So hat das Pharmaunternehmen beispielsweise durch die medizinische Sicherheit seines Medikaments (Kernleistung) oder die ständige Erreichbarkeit der Ansprechpartner (Zusatzleistungen) die generelle Fähigkeit zur Erbringung seiner Unternehmensleistung sicherzustellen (Strukturqualität). Weiterhin müssen eine effiziente Wirkungsweise des Arzneimittels (Kernleistung) und die Freundlichkeit der Mitarbeiter im Kundenkontakt (Zusatzleistungen) in der Prozessphase garantiert werden. Zudem sind die zuverlässige Erfüllung des Leistungsversprechens, d. h. die Verbesserung des Gesundheitszustandes durch das Arzneimittel, aber auch die Wissensoptimierung und der Umgang mit der Erkrankung durch Informationen (Ergebnispha-

---

1 Vgl. *Keller* (2002), S. 150.
2 Zum Modell von *Donabedian* siehe Teil B, Kapitel 2.2.1.
3 Vgl. *Bauer/Falk/Hammerschmidt* (2004), S. 46 f.

se) zu gewährleisten.[1] Die Abbildung der drei Elemente der Struktur-, Prozess- und Ergebnisqualität durch das eindimensionale Konstrukt der „Qualität der Kernleistung“ und das eindimensionale Konstrukt der „Qualität der Zusatzleistungen“ lässt sich wie folgt begründen.

Während unter objektiven Gesichtspunkten der Unterteilung in Struktur-, Prozess- und Ergebnisqualität gefolgt werden kann, ermöglicht die Therapie unter subjektiven Gesichtspunkten, d. h. aus Sicht der chronisch Kranken, kein Ergebnis im Sinne einer Beseitigung der Krankheit. Folglich muss angenommen werden, dass die Therapie aus Patientensicht einen **kontinuierlichen Prozess ohne tatsächliches Ergebnis** darstellt. Insofern sind die Patienten nicht in der Lage, vor allem zwischen Prozess- und Ergebnisqualität zu unterscheiden.

Zudem ist bis heute die **Problematik der Beziehungen zwischen den drei Qualitätsdimensionen** nur unzureichend geklärt. Die meisten Autoren gehen von einer Überlappung der Einflüsse auf die Ergebnisqualität aus, wobei die Stärke und Reziprozität des Einflusses zwischen Struktur- und Prozessqualität bislang fast vollständig unerforscht blieb.[2] Vor dem Hintergrund der Problematik der ungeklärten Beziehungen und möglichen Überlappungen der einzelnen Teilbereiche der Struktur-, Prozess- und Ergebnisqualität[3] sowie der Evaluationsproblematik hinsichtlich der Prozess- und Ergebnisqualität bei der untersuchten Zielgruppe der chronisch Kranken wird die Zusammenfassung der drei Teilbereiche Struktur-, Prozess- und Ergebnisqualität unter Berücksichtigung der Faktoren „Qualität der Kernleistung“ und „Qualität der Zusatzleistungen“ als gerechtfertigt angesehen.

Die Entwicklung der Messvariablen zu den Konstrukten „Qualität der Kernleistung“ und „Qualität der Zusatzleistungen“ erfolgt in Anlehnung an das empirisch bestätigte Patientenbindungsmodell bei Arzt-Patient-Beziehungen von *Keller* (2002). Die Indikatoren werden an die Leistungen von pharmazeutischen Unternehmen angepasst. Des Weiteren wird in Anlehnung an das Modell von *Bauer/Keller/Hahn* (2002) eine Übertragung der empirisch überprüften Indikatoren zur Beurteilung der Interaktionsqualität des Krankenhauspersonals durch den Patienten auf die Beziehung Patient-Pharmaunternehmen vorgenommen.[4] Zusätzlich bestätigen Experten im Rahmen von Befragungen die ermittelten Indikatoren. Folgende Messvariablen werden für die exogenen Konstrukte in den Messansatz aufgenommen (vgl. Tabelle 10).

---

1 Vgl. *Bauer/Falk/Hammerschmidt* (2004), S. 47.
2 Vgl. u.a. *Haller* (1998); *Olandt* (1998); *Güthoff* (1995).
3 Vgl. *Keller* (2002), S. 133.
4 Vgl. *Bauer/Keller/Hahn* (2002), S. 26.

hypothetisches Konstrukt	Indikatoren
Qualität der Kernleistung	• medizinische Sicherheit des Pharmakon (K1) • Dauer der Behandlung bis zur Verbesserung des Gesundheitszustands (K2) • Nebenwirkungen durch das Arzneimittel (K3) • Verbesserung der langfristigen Krankheitssituation (K4) • Verbesserung der kurzfristigen Krankheitssituation (K5)
Qualität der Zusatzleistungen	• Qualifikation der Mitarbeiter (VAS1) • erhöhter Wissensstand des Patienten durch die Betreuung (VAS2) • Verständlichkeit der Informationsübermittlung durch die Mitarbeiter (VAS3) • Sozialkompetenz der Mitarbeiter (VAS4) • Engagement/Initiative der Mitarbeiter (VAS5) • Eingehen der Mitarbeiter auf Patientenbedürfnisse (VAS6) • Freundlichkeit der Mitarbeiter (VAS7) • Professionalität der Mitarbeiter (VAS8) • Flexibilität der Mitarbeiter (VAS9)

Tab. 10: Indikatoren der exogenen Konstrukte
Quelle: Eigene Darstellung.

Für das Konstrukt „Beziehungsqualität" – bestehend aus den beiden Elementen Vertrauen und Vertrautheit – finden die bei *Hadwich* (2003) empirisch validierten Messindikatoren Verwendung. Zusätzlich wird der empirisch bestätigte Indikator „Verlässlichkeit" als Messindikator für das Vertrauen in den Messansatz mit aufgenommen.[1] Im Einklang mit neueren Forschungsergebnissen[2] und auf Grund der Problematik der Bestimmung des tatsächlichen Verhaltens des Patienten auf Grund einer stichtagsbezogenen Messung[3] wird in dieser Untersuchung die Konzeptualisierung der Patientenbindung über die Verhaltensabsicht als zweckmäßig angesehen. Dies entspricht dem zukunftsbezogenen, einstellungsorientierten Verständnis der Kundenbindung im Sinne von Kundenloyalität.[4] Die Messung der Einstellungskomponente erfolgt dabei durch die Indikatoren „Absicht zur wiederholten Leistungsinanspruchnahme", „Absicht zur Deckung eines gleich bleibenden oder erhöhten Bedarfs" und „Absicht zur Weiterempfehlung".

Da die Messung eines komplexen Konstrukts anhand nur eines Indikators in Bezug auf Reliabilität und Validität als unzureichend angesehen wird, finden zur Operationalisierung der Pa-

[1] Vgl. *Crosby/Evans/Coles* (1990), S. 78 f.
[2] Vgl. *Bauer/Falk/Hammerschmidt* (2004); *Sauer* (2003), S. 239 ff.; *Giering* (2000).
[3] Vgl. *Keller* (2002).
[4] Vgl. *Bauer/Falk/Hammerschmidt* (2004), S. 50.

tientenzufriedenheit drei empirisch bestätigte Messindikatoren Verwendung.[1] Neben der Frage nach der Gesamtzufriedenheit wird darüber hinaus ein Idealvergleich („Wie nah kommt Ihr Pharmaunternehmen einem Pharmaunternehmen, das in jeder Hinsicht perfekt ist?") und ein Erwartungsvergleich („Wie gut erfüllt Ihr Pharmaunternehmen Ihre Erwartungen?") in den Messansatz mit aufgenommen.[2] Tabelle 11 stellt die für die Untersuchung relevanten Merkmale des endogenen Konstrukts „Patientenbindung" sowie der mediierenden Konstrukte „Beziehungsqualität" und „Patientenzufriedenheit" dar.

hypothetisches Konstrukt	**Indikatoren**
Beziehungsqualität	Vertrauen: • Verlässlichkeit (BQ1) • Fairness (BQ2) • Wohlbefinden (BQ3) • Vertrauenswürdigkeit (BQ4) Vertrautheit • Bekanntheit (BQ5) • Intimität (BQ6)
Patientenbindung	Verhaltensabsicht: • Absicht zur wiederholten Leistungsinanspruchnahme (B1) • Absicht zur Deckung eines gleich bleibenden oder erhöhten Bedarfs (B2) • Absicht zur Weiterempfehlung (B3)
Patientenzufriedenheit	• Gesamtzufriedenheit (Z1) • Idealvergleich (Z2) • Erwartungsvergleich (Z3)

Tab. 11: Indikatoren des endogenen Konstrukts und der mediierenden Konstrukte
Quelle: Eigene Darstellung.

Die in den Messansatz aufgenommenen Indikatorvariablen stellen nach *Jarvis/MacKenzie/ Podsakoff* (2003) vorgeschlagenen Kriterien (Richtung der Kausalität, Austauschbarkeit der Indikatoren, Kovariation unter den Indikatoren und nomologisches Netz der Indikatoren) **reflektive Indikatoren** dar. Von reflektiven Indikatoren spricht man, „... wenn ein Faktor die ihm zugeordneten beobachtbaren Variablen verursacht, d. h. die Indikatoren werden hier als (in der Regel fehlerbehaftete) Messungen des Faktors betrachtet."[3] Die vermutete Richtung der Kausalität geht dabei von dem Konstrukt auf die Indikatoren aus.[4] Die Indikatoren werden als Folge der einzelnen Faktoren bzw. das **Konstrukt als Ursache in der Kausalbeziehung**

---

[1] Vgl. *Beutin* (2003b).
[2] Vgl. *Keller* (2002), S. 171.
[3] *Homburg/Giering* (1996), S. 6.
[4] Im Gegensatz dazu stellen Indikatoren in einem formativen Modell das auslösende Element der Kausalbeziehung dar. Vgl. *Diamantopoulus/Winklhofer* (2001), S. 269.

aufgefasst. So stellt beispielsweise die qualitativ hochwertig ausgeprägte Kernleistung Arzneimittel eine langfristige Verbesserung der Krankheitssituation sicher.

Des Weiteren wird davon ausgegangen, dass aus einer Veränderung der Indikatorenmenge durch Elimination oder Hinzufügen von Indikatorvariablen keine Änderungen des dahinter stehenden Konstrukts resultieren. Durch den inhaltlichen Zusammenhang zwischen den Indikatoren stellen diese ähnliche inhaltliche Reflexionen des Konstrukts dar. Bei Wegfall eines Indikators wird somit angenommen, dass sich die Bedeutung des Konstrukts nicht signifikant verändert. Sichtbare Hinweise hierfür sind **starke Korrelationen unter den Messvariablen** bei Durchführung einer exploratorischen Faktorenanalyse.

Auch die Frage nach **gemeinsamen Determinanten und Konsequenzen der Indikatoren** lässt sich positiv beantworten (nomologisches Netz der Indikatoren). Ein freundlicher Mitarbeiter im Kundenkontakt kann beispielsweise als wesentlicher Bestimmungsfaktor für Wohlbefinden in der Beziehung zwischen Patient und Pharmaunternehmen angesehen werden. Fühlt sich der Patient bei dem Anbieter gut aufgehoben, führt dies tendenziell wiederum zu einer intensiveren und häufigeren Nutzung der Leistungsangebote des pharmazeutischen Unternehmens. Unter der noch zu überprüfenden Annahme, dass die Ergebnisse der exploratorischen Faktorenanalyse die hohen Korrelationen der Indikatoren bestätigen, wird die Verwendung reflektiver Indikatoren für die Operationalisierung des Patientenbindungsmodells als geeignet angesehen.[1]

Um eine simultane Prüfung des gesamten Beziehungsgefüges zu ermöglichen, sind die in Kapitel 1.2.1.1. und Kapitel 1.2.1.2. auf Grund theoretischer Überlegungen abgeleiteten Wirkungsrelationen zu einem Hypothesensystem zu verknüpfen. Die Hypothesen bilden in ihrer Gesamtheit ein **komplexes Kausalmodell**, das einer empirischen Überprüfung unterzogen wird. Die Operationalisierung der hypothetischen Konstrukte wurde in diesem Kapitel vorgenommen, so dass darauf aufbauend eine Überprüfung des vollständigen Patientenbindungsmodells durchgeführt werden kann. Abbildung 29 zeigt zusammenfassend die Modellstruktur des Patientenbindungsmodells.

---

[1] Vgl. *Bauer/Falk/Hammerschmidt* (2004), S. 50.

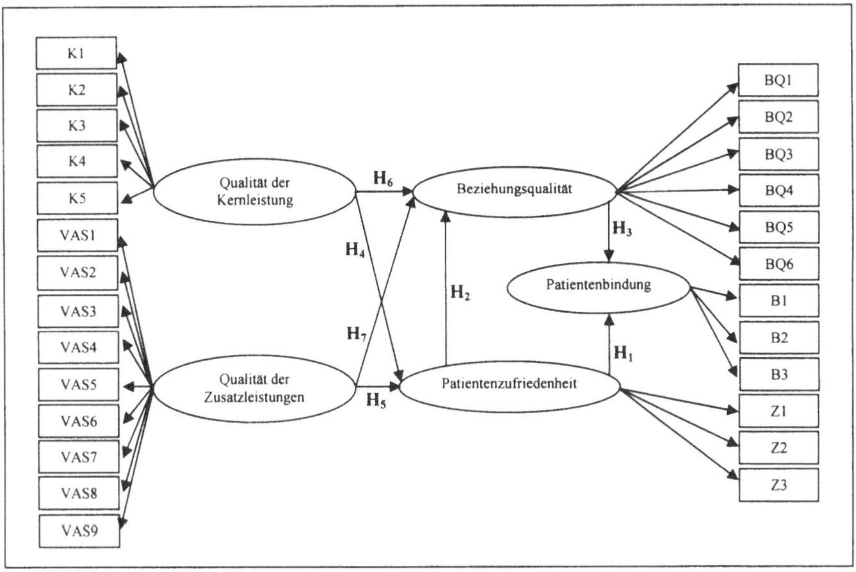

Abb. 29: Kausalmodell zur Erklärung der Patientenbindung
Quelle: Eigene Darstellung.

2. Die Konzeption einer empirischen Untersuchung zur Ermittlung der Patientenbindung

2.1. Diabetiker als eine Zielgruppe des PRM und Teilnehmer der Befragung

Weltweit gibt es über 143 Millionen Zuckerkranke. Für das Jahr 2025 rechnen Experten mit einem Anstieg auf bis zu 300 Millionen Diabetesfälle. Der höchste Anstieg wird in den Entwicklungsländern prognostiziert, die auf Grund ihrer wirtschaftlichen Situation nicht in der Lage sind, eine adäquate medizinische Versorgung zu gewährleisten. In Deutschland sind ca. sechs Millionen Menschen von der Zuckerkrankheit betroffen, wobei Experten annehmen, dass darüber hinaus ca. zwei Millionen Menschen von ihrer Zuckerkrankheit nichts wissen. Diabetes Mellitus ist eine der häufigsten und das Gesundheitssystem stark belastenden chronischen Krankheiten.[1]

Bei Diabetes Mellitus handelt es sich um eine **Glukose-Stoffwechselstörung**, die auf einen Insulinmangel zurückzuführen ist. Insulin ist ein blutzuckersenkendes und Glykogen aufbau-

[1] Vgl. *Stock/Pfahlert* (2001), S. 187.

endes Hormon, das in der Bauchspeicheldrüse (Pankreas) gebildet wird. Der menschliche Organismus nimmt über die Nahrung Kohlenhydrate (z. B. über Getreide, Kartoffeln, Reis) und das im Fleisch enthaltene Glykogen zu sich. Durch die Verdauung werden langkettige Kohlenhydratmoleküle in einfache Glukosebausteine aufgebrochen, die ins Blut gelangen und dort den Blutzuckerspiegel erhöhen. Diese Zucker werden entweder sofort zur Energiegewinnung verwendet oder in Form von Glykogen in den Muskelzellen, in der Leber und im Fettgewebe gespeichert.

Insulin ermöglicht die Aufnahme des Glykogens in die Körperzellen und senkt dadurch den Blutzuckerspiegel. Ist Insulin nicht in ausreichender Menge vorhanden, kann die Glukose nicht in die Zellen gelangen, die dadurch einen Glukosemangel – bei gleichzeitig hohem Blutzuckerspiegel – erleiden. Der **erhöhte Blutzuckerspiegel** führt zu Durchblutungsstörungen in den Blutgefäßen. Augen, Nerven, Nieren, Herz und Füße sind am meisten gefährdet. Spätkomplikationen der Diabetes durch verstopfte Blutgefäße, wie z. B. der diabetische Fuß, Herzinfarkt oder Schlaganfall, Erblindung, Nierenversagen und Sensibilitätsstörungen mit Beeinträchtigung des Bewegungssystems, können die Folge sein. Diese Folgeerkrankungen führen zu hohe Kosten und zu einer Verschlechterung der Lebensqualität der betroffenen Personen.

Im Wesentlichen unterscheidet man zwischen **zwei Formen der Diabetes**: Bei dem Typ I-Diabetes wird kein eigenes Insulin gebildet und muss zugeführt werden. Sowohl Vererbung kann zur Schädigung des für die Insulinproduktion verantwortlichen Pankreas verantwortlich sein als auch Virusinfektionen, die auf Grund einer Abwehrreaktion (Autoimmunreaktion) zur Zerstörung der insulinbildenden Zellen führen. Bei dem Typ II-Diabetes (Alters- oder Erwachsenendiabetes) wird das Insulin nicht ausreichend freigesetzt oder kommt nicht richtig zur Wirkung. Verantwortlich hierfür zeichnen erbliche Veranlagung, Übergewicht und Bewegungsmangel (vgl. Tabelle 12).[1]

Im Gegensatz zum Typ I-Diabetes, der in jungen Jahren auftritt und eine Insulinsubstitution bedingt (Insulininjektion), lässt sich dem Typ II-Diabetes mit Diät, zusätzlicher Bewegung und oralen Antidiabetika aber auch Insulin begegnen. Diabetes ist bis heute nicht heilbar. Allerdings bieten die heutigen medizinischen Kenntnisse die Möglichkeit, einen weitreichenden Schutz vor den Spätkomplikationen durch eine optimale Einstellung des Blutzuckerspiegels

---

[1] Vgl. *Hien* (1997), S. 15.

zu gewährleisten. Voraussetzung hierfür ist die **ständige und exakte Kontrolle der Stoffwechsellage** zur Bestimmung des Zuckergehalts im Schnelltestverfahren mittels Blutzuckermesssystemen oder Harnzuckerteststreifen.

	Typ I-Diabetes	Typ II-Diabetes
Synonyme	juveniler Diabetes Insulinabhängiger Diabetes IDDM (insulin dependent diabetes mellitus)	Alters- oder Erwachsenendiabetes nichtinsulinabhängiger Diabetes NIDDM (non-insulin dependent diabetes mellitus)
Krankheitsursachen	absoluter Insulinmangel	Insulinresistenz relativer Insulinmangel
Krankheitsentstehung	Autoimmunreaktion	genetische und alimentäre Insulinresistenz
Alter	unter dem 40. Lebensjahr, zweigipflig, meist um das 14. und 25. Lebensjahr	über dem 40. Lebensjahr
Symptome	rasch und dramatisch	asymptotisch bis schleichend
Erstsymptome	große Harnmengen, Durst, Leistungsknick, Gewichtsverlust, diabetisches Koma	Fettsucht, diabetische Spätkomplikationen, diabetisches Koma
Anteil an allen Diabetesfällen	ca. 10 %	ca. 90 %

Tab. 12: Formen des Diabetes
Quelle: In Anlehnung an *Hien* (1997).

Wie im Rahmen des PRM-Ansatzes in Teil C ausführlich dargelegt wurde, bietet sich der Einsatz eines PRM insbesondere bei Diabetikern an. Diese Patientengruppe muss umfangreiche **Eigenleistungen erbringen und neue Verhaltenweisen erlernen**, um eine optimale Therapie gewährleisten zu können. Zahlreiche Beispiele haben verdeutlicht, dass der Diabetiker neben einer Blutzuckermessung und Insulininjektion auch das Ernährungsverhalten umstellen und diese Elemente im Rahmen von Schulungen übermittelt bekommen muss. Das im Rahmen von Patientenschulungen übermittelte Wissen über die Stoffwechselabläufe hinsichtlich Bewegung, Ernährung und Therapie ermöglichen dem Patienten den Umgang mit seiner Krankheit.

Studien belegen, dass gut informierte Diabetiker niedrigere Blutzuckerwerte aufweisen und Unterzuckerung sowie Folge- und Begleiterkrankungen seltener auftreten. Dies zeigt sich auch an der Reduktion der Krankenhausaufenthalte.[1] In Zahlen bedeutet dies, dass ein Typ II-Diabetiker ohne Komplikationen lediglich 1,3-fach höhere Ausgaben erfordert als ein durchschnittlicher Versicherter. Treten Komplikationen auf, so steigen die Gesamtkosten auf das Vierfache der Kosten eines durchschnittlichen Versicherten an.[2] Somit wird für das Beispiel der Diabetiker deutlich, welch hohe Bedeutung die über das Arzneimittel hinausgehenden Leistungen in Form von **Informationen zur Complianceförderung** für den Patienten und unter Berücksichtigung einer effizienten und effektiven Nutzung der Gesundheitsleistungen für das Gesundheitssystem aufweisen. Interaktionsmaßnahmen zwischen Pharmaunternehmen und Patienten oder zwischen Betroffenen in Selbsthilfegruppen bzw. über Portale im Internet verdeutlichen die Möglichkeiten, die Bedürfnisse der Diabetiker durch über die Kernleistung Arzneimittel hinausgehende Zusatzleistungsangebote zu befriedigen. Diese Patientengruppe ist daher für die Überprüfung der aufgestellten Hypothesen und zur Bestätigung des entwickelten PRM-Ansatzes prädestiniert.

2.2. Zum Vorgehen im Rahmen der Untersuchung

2.2.1. Das Untersuchungsdesign und die Fragebogenkonzeption

Aus den ermittelten potentiellen Einflussfaktoren auf die Patientenbindung wurde ein **Fragebogen entwickelt**. Um inhaltliche sowie sprachliche Mängel bzw. Unklarheiten aufzudecken und herauszufinden, ob die auf Grund der Expertengespräche und der Literaturrecherche gewonnenen potentiellen Erfolgsfaktoren tatsächlich zur Erklärung der Patientenbindung herangezogen werden können oder ob eventuell andere Konstrukte für die Bildung der Patientenbindung verantwortlich sind, wurde der Erstentwurf des Fragebogens vorab ausführlichen **Pretests** unterzogen.[3] In Zusammenarbeit mit Patienten und Experten wurden einzelne Fragen überarbeitet und ergänzt. Der überarbeitete Fragebogen wurde in insgesamt drei Themenbereiche unterteilt – die erste einleitende Seite zur Erklärung inklusive eines Beispiels zur richtigen Beantwortung des Fragebogens nicht mit eingerechnet.[4]

Im ersten zentralen Block sollte der Proband die verschiedenen Leistungsmerkmale des pharmazeutischen Unternehmens bewerten. Dieser Frageblock beinhaltete die zur Operationa-

---

[1] Vgl. *Stock/Pfahlert* (2001), S. 188 f. Zur historischen Entwicklung der Diabetestherapie vgl. *Eichin* (1995), S. 63 f.
[2] Vgl. *Verband Forschender Arzneimittelhersteller* (2000), S. 43.
[3] Vgl. *Homburg/Rudolph* (1999). Um eventuelle Mängel zu erkennen sowie Formulierungen kritisch zu hinterfragen, wurde der Fragebogen zwanzig Patienten vorgelegt.
[4] Der Fragebogen befindet sich im Anhang, Anlage 2.

lisierung der Konstrukte notwendigen Indikatorvariablen des hergeleiteten Patientenbindungsmodells. Die Indikatorvariablen wurden einheitlich in Form von Aussagen formuliert, wobei die Probanden ihre Zustimmung oder Ablehnung anhand von *Likert*-Skalen[1] zum Ausdruck bringen konnten. Anstelle der sonst üblichen 5er-Rating-Skala kam in diesem Fragebogen eine **7er-Rating-Skala** zum Einsatz.[2] Der Grund hierfür ist die Vermutung, dass insbesondere im Gesundheitsbereich eine gewisse „Ehrfurcht" von Seiten der Patienten bezüglich der empfangenen Dienstleistungen vorliegt und die Urteile deswegen zu positiv ausfallen könnten. Durch die Erhöhung der Anzahl an Ausprägungen werden – bei Eintreten dieser Vermutung – trotz Häufungen positiver Antworten differenzierbare Ergebnisse erwartet.[3]

Während die Messung der Patientenzufriedenheit mittels einer direkten Abfrage des Ergebnisses des vom Patienten wahrgenommenen Soll-Ist-Vergleichsprozesses erfolgte[4], wurde die der Patientenbindung einstellungsorientiert vorgenommen. Die Messung der Beziehungsqualität, der Qualität der Kernleistung und die der Zusatzleistungen erfolgte performancebasiert. Dieser einstellungsorientierten, direkten Abfrage der Qualität wird in Studien eine höhere Validität im Vergleich zur klassischen SERVQUAL-Skala zugeschrieben, welche die Qualität als Differenz aus Wahrnehmung und Erwartung und damit indirekt ermittelt.[5] Das in dieser Untersuchung gewählte und weithin verbreitete einstellungsorientierte Qualitätsverständnis wird durch eine performance-orientierte Messskala besser repräsentiert.[6] Der zweite Abschnitt beinhaltete Angaben zu Soziodemographika der befragten Person. Im letzten Abschnitt wurde eine offene Frageform gewählt.[7] Hier hatte der Proband die Möglichkeit, völlig frei Lob oder Kritik zu äußern.

---

1 Vgl. ausführlich zu Fragen der Skalierung *Kallmann* (1979), S. 59 ff. Zu den gebräuchlichsten Skalen-Formen in der Marktforschungspraxis vgl. ausführlich *Salcher* (1995), S. 90 ff.

2 Skalentests haben gezeigt, dass mit einer größeren Anzahl von Antwortmöglichkeiten sowohl die Datenqualität als auch die Reliabilität der Ergebnisse signifikant verbessert werden können. Eine 5er-Skala gilt als Mindestanforderung an eine Skalierung. Signifikante Datenverbesserungen können durch die Verwendung einer feineren Skaleneinteilung erzielt werden. Vgl. *Drew/Bolton* (1991), S. 21 ff.; *Churchill/Peter* (1984), S. 360 ff.

3 Die Zwischenstufen der Skalen (2 bis 6) wurden nicht verbalisiert. Dieses Vorgehen steht in Übereinstimmung mit Skalentests von *Churchill/Peter*. Die Hypothese, dass Skalen, bei denen sämtliche Punkte verbalisiert sind, eine höhere Reliabilität aufweisen als Skalen, bei denen lediglich die Polaritäten ausformuliert sind, konnte nicht bestätigt werden. Vgl. *Churchill/Peter* (1984), S. 365 ff.

4 Vgl. *Bauer/Hammerschmidt* (2004b); *Sauer* (2003).

5 Vgl. *Cronin/Taylor* (1994). Zur Kritik am SERVQUAL-Ansatz vgl. *Bauer/Hammerschmidt* (2004b).

6 Vgl. *Bauer/Hammerschmidt* (2004b).

7 Vgl. ausführlich zur offenen Fragestellung *Berekoven/Eckert/Ellenrieder* (1999), S. 101.

2.2.2. Die Durchführung der Befragung

Die Befragung der Patienten erfolgte schriftlich.[1] In Zusammenarbeit mit mehreren niedergelassenen Ärzten und Krankenhäusern sowie Selbsthilfegruppen fand eine Auswahl an Patienten statt, die bereits **Kontakt zu einem Pharmaunternehmen hinsichtlich ihrer Insuline** aufgenommen hatten. Den Probanden wurde ausdrücklich die Wahrung ihrer Anonymität zugesichert. Den relevanten Patienten wurden die Fragebögen durch die entsprechenden Kooperationspartner (Ärzte, Leiter von Selbsthilfegruppen etc.) mit der Bitte, den Fragebogen auszufüllen, ausgehändigt und eine kurze Einweisung gegeben. Um bei den Probanden die Entstehung von Portokosten zu vermeiden und so die Auskunftsbereitschaft und Rücklaufquote zu erhöhen, wurde dem Fragebogen mit Anschreiben ein adressierter Rückumschlag beigelegt.

Die Wahl der Befragung fiel angesichts des begrenzten Umfangs der Studie auf eine Stichprobenerhebung.[2] Die Untersuchung umfasste einen Zeitraum von insgesamt zwölf Wochen.[3] Insgesamt wurden **1570 Fragebögen** ausgeteilt. Durch persönliche Gespräche zum eigentlichen Vorhaben mit potentiellen Probanden, leitenden Ärzten in Krankenhäusern, niedergelassenen Ärzten sowie Leitern von Selbsthilfegruppen konnte eine durchaus zufrieden stellende Anzahl an Probanden von insgesamt 283 (Rücklaufquote 18,0 %) für die Umfrage gewonnen werden, obwohl kein Anreiz (z. B. in Form eines Preisausschreibens) gesetzt wurde. Im Anschluss daran folgte die Selektion verwertbarer Fragebögen, wobei 21 Fragebögen zahlreiche unbeantwortete Fragen aufwiesen und daher eliminiert wurden. Somit fanden **262 Fälle** bei der folgenden Untersuchung Berücksichtigung. Dies entspricht einer bereinigten Rücklaufquote von 16,7 %.

2.3. Auswertung der Daten

Zur Überprüfung des Modells kommt in der vorliegenden Untersuchung das Programm *SPSS* in der Version 11.5 sowie der zu der Gruppe der linearen Strukturgleichungssysteme zählende

---

[1] Die schriftliche Erhebungsform bietet auf der einen Seite die Vorteile, den Befragten Anonymität zu gewährleisten, einen möglichen Einfluss des Interviewers auszuschließen und die Kosten niedrig zu halten. Auf der anderen Seite existieren durch die schriftliche Befragungsform Nachteile, z. B. weitgehend fehlende Plausibilitätsfragen. Vgl. ausführlich *Nieschlag/Dichtl/Hörschgen* (2002), S. 448 ff.

[2] Bei den Probanden handelt es sich lediglich um eine Beurteilungsstichprobe. Diese ist nicht notwendigerweise repräsentativ für die Patientenstruktur von Diabetikern. Vgl. ausführlich zur Auswahl von Merkmalsträgern *Nieschlag/Dichtl/Hörschgen* (2002), S. 430 ff.

[3] Die Untersuchung erfolgte vom 01.02.05 bis zum 31.04.05.

LISREL-**Ansatz der Kausalanalyse** zur Anwendung (Version 8.71).[1] Der *LISREL*-Ansatz dient einerseits als konfirmatorische Faktorenanalyse (multivariates Verfahren der zweiten Generation) und andererseits als Verfahren zur Untersuchung der Kausalitäten zwischen latenten Variablen bzw. hypothetischen Konstrukten, die nicht direkt, sondern über Indikatoren messbar sind. Die Kausalanalyse stellt dabei das leistungsfähigste multivariate Verfahren zur Untersuchung komplexer Abhängigkeitsverhältnisse dar.[2] Im Gegensatz zu Verfahren der ersten Generation bietet der *LISREL*-Ansatz zusätzliche Möglichkeiten der Modellierung, wie z. B. die explizite Berücksichtigung von Messfehlern.[3]

Die Vorgehensweise zur Überprüfung der Reliabilität (Zuverlässigkeit) und Validität (Gültigkeit) des Patientenbindungsmodells orientiert sich an der von *Churchill* und *Gerbing/ Anderson*, die einen **kombinierten Einsatz der exploratorischen und konfirmatorischen Faktorenanalyse** vorschlagen.[4] Zuerst werden im Rahmen dieses „two-step-approach" die Messmodelle der latenten Konstrukte mittels Reliabilitätsanalyse, exploratorischer Faktorenanalyse (EFA) und konfirmatorischer Faktorenanalyse (KFA) überprüft. Auf diese Weise sollen reliable und valide Konstruktmessungen gewährleistet werden. Im zweiten Schritt werden diese in ein Gesamtmodell integriert, um die Kausalzusammenhänge zwischen den Konstrukten zu überprüfen.

Die Wahl der Schätzfunktion verdient bei der Parameterschätzung mit *LISREL* besondere Aufmerksamkeit. Hierbei gilt es insbesondere, das Skalenniveau der Indikatorvariablen und Informationen zur Verteilung derselben sowie die verfügbare Stichprobengröße zu berücksichtigen. Auf Grund einer Vielzahl von nicht-normalverteilten Indikatorvariablen und einem relativ geringen Stichprobenumfang kommt im Rahmen dieser Untersuchung das **ULS-Verfahren** zum Einsatz. Dessen Anwendung ist unabhängig von der Verteilungsstruktur der

---

1 *LISREL* kann als das am weitesten verbreitete Softwarepaket zur Analyse von linearen Strukturgleichungssystemen angesehen werden. Durch die starke Orientierung an diesem Computerprogramm wird oft die Bezeichnung *LISREL* synonym für das kausalanalytische Konzept verwendet. Ein vollständiges *LISREL*-Modell setzt sich aus einem Strukturmodell und einem Messmodell zusammen. Vgl. *Homburg/Pflesser* (1999), S. 640 f.; *Backhaus et al.* (1996), S. 349. Zu einer ausführlichen Darstellung der *LISREL*-Modellstruktur vgl. *Homburg/Baumgartner* (1995), S. 163 ff. Das Strukturmodell formalisiert die zu prüfende Kausalstruktur und drückt die hypothetischen Beziehungen zwischen den latenten Variablen aus. Das Messmodell erfasst die faktoranalytischen Zusammenhänge. Vgl. *Backhaus et al.* (1996), S. 325.

2 Vgl. Peter (1999), S. 128 ff.

3 Vgl. *Homburg/Pflesser* (2000), S. 416.

4 Vgl. *Gerbing/Anderson* (1988); *Churchill* (1979).

Daten, besitzt einen vergleichsweise geringen Rechenaufwand und stellt im Vergleich zu den anderen Verfahren geringere Anforderungen an den Stichprobenumfang.[1]

3. Die empirischen Ergebnisse im Überblick

3.1. Zusammensetzung der Stichprobe und Auswertung der Ergebnisse der Befragung

Im Zuge der Befragung wurden allgemeine Patientendaten, insbesondere auch Daten bezüglich der **Soziodemographika** erhoben. Bei der Auswertung der Fragebögen ergeben sich ein Anteil an Männern von 48,1 % und ein entsprechender Anteil von Frauen von 51,9 %[2] mit einem Altersdurchschnitt von 54,9 Jahren. Auch wenn extreme Unterschiede aus den Bewertungen von jüngeren im Vergleich zu älteren Patienten resultieren können und demographische Merkmale der Stichprobe somit zu systematischen Verzerrungen führen[3], wird die Verteilung der Altersgruppe in dieser Untersuchung als ausgewogen angesehen.[4]

Hinsichtlich der Krankenversicherung geben 78,2 % der Probanden an, in einer gesetzlichen Krankenversicherung versichert zu sein. 9,6 % haben neben der gesetzlichen Krankenversicherung eine private Zusatzversicherung abgeschlossen. Insgesamt sind in der Stichprobe somit 87,8 % der befragten Patienten in der GKV und 11,1 % privat versichert. 1,1 % der Probanden geben an, entweder den Wehr- oder Zivildienst zu leisten bzw. die Leistungen des Sozialamts in Anspruch zu nehmen. Auch hinsichtlich dieser Größen kann damit angenommen werden, dass die Verteilung der Befragten in dieser Untersuchung ausgewogen ist.[5]

Bei der Betrachtung des Bildungsabschlusses fällt auf, dass eine Verzerrung der Stichprobe in Richtung hohe Bildung und berufliche Stellung nicht ersichtlich ist, obwohl grundsätzlich höher gebildete Menschen eine größere Bereitschaft zeigen, an wissenschaftlichen Untersuchungen teilzunehmen. 2,7 % der Befragten verfügen über keinen Abschluss, 29,8 % können einen Volks- oder Hauptschulabschluss vorweisen, 29,4 % haben die mittlere Reife, 5,3 % Abitur, 20,2 % eine Ausbildung und 11,8 % einen Universitäts- oder Fachhochschulab-

---

[1] Diese Schätzmethode zählt zu den iterativen Verfahren. Iterative Verfahren berechnen so lange neue Schätzwerte, bis sich die Funktionswerte nur noch unwesentlich verändern, die Fitfunktion demnach also minimiert ist. Dieses Schätzverfahren basiert auf der Methode der kleinsten Quadrate und verwendet nicht-iterative Schätzer als Startwerte für den Iterationsprozess. Vgl. *Homburg* (1989), S. 167 ff. Zu verschiedenen iterativen und nicht-iterativen Schätzverfahren vgl. *Jöreskog/Sörbom* (1989), S. 16 ff.

[2] Das tatsächliche Verhältnis von Männern und Frauen beläuft sich auf ca. 0,96, d. h. 49 % der deutschen Bevölkerung sind Männer und ca. 51 % Frauen.

[3] Vgl. *Groß-Engelmann* (1999), S. 244 ff.

[4] Eine detaillierte Darstellung der Zusammensetzung der Stichprobe findet sich im Anhang, Anlage 1.

[5] Ca. 88,5 % der Bundesbürger sind gesetzlich und 9 % privat versichert. 2,4 % haben einen anderweitigen Versicherungsschutz, 0,2 % verfügen über keine Versicherung. Vgl. *Schöffski* (2002), S. 6.

schluss. 0,8 % der Probanden machen zu dieser Frage keine Angabe. Die Verteilung der Bildungsabschlüsse zeigt, dass die sozialen Schichten in der Stichprobe ausreichend vertreten sind. Daher kann die Verallgemeinerung der folgenden Untersuchungsergebnisse auf die Grundgesamtheit der Diabetes-Patienten prinzipiell gewährleistet werden.

Bei der Frage nach der Kontaktaufnahme mit dem pharmazeutischen Unternehmen (Mehrfachantworten wurden zugelassen) dominieren Informationsveranstaltungen und Schulungen (vgl. Abbildung 30):

Abb. 30: Nutzung der Kontaktierungsmöglichkeiten eines Pharmaunternehmens
Quelle: Eigene Darstellung.

Die relativ geringe Bedeutung des Internet, des Telefons und des E-Mail-Kontakts ist auf der einen Seite erstaunlich, weist aber auf der anderen Seite auf eingeschränkte Möglichkeiten zur Kontaktierung des Unternehmens hin. Dies deckt sich auch mit Aussagen der Probanden, die mehrfach eine nur unzureichende Erreichbarkeit des Pharmaunternehmens betonen. Ebenfalls zeigt die relativ hohe Bedeutung der Informationsbroschüre die Vernachlässigung der neuen Medien im Patientenkontakt und die Konzentration auf die „klassische" – oder auch veraltete – Patientenansprache. Auffällig ist indes, dass die überwiegende Mehrheit der befragten Patienten einer Selbsthilfegruppe angehört (87,2 %). Hinsichtlich der Diabeteserkrankung beträgt die durchschnittliche Dauer der Erkrankung bei den befragten Patienten 17,8 Jahre, wobei die Probanden ihr jetziges Medikament seit durchschnittlich 8,4 Jahren nutzen und innerhalb der gesamten Dauer ihrer Erkrankung im Schnitt an 3,6 Schulungen in Bezug auf ihre Erkrankung teilgenommen haben.

Bei **Betrachtung der Mittelwerte** zeigt sich, dass die Probanden die einzelnen Konstrukte durchweg positiv bewerten. Das Konstrukt „Patientenbindung" kann den besten Wert vorweisen (2,3). Die Mittelwerte der Faktoren „Beziehungsqualität" und „Qualität der Kernleistung" (jeweils 2,7) sind mit dem Durchschnittsergebnis des Konstrukts „Qualität der Zusatzleistungen" (2,8) vergleichbar. Der Faktor „Patientenzufriedenheit" schneidet am schlechtesten ab (3,0). Folglich kann konstatiert werden, dass sich die Mittelwerte der Konstrukte allesamt in einem engen Rahmen bewegen, wobei die von den Patienten wahrgenommenen Qualitätsdimensionen nahezu identische Beurteilungen erhalten. Starke Ausreißer können auch hinsichtlich einzelner Messindikatoren nicht beobachtet werden. Die beiden schlechtesten Mittelwerte von jeweils 3,2 liefern der Idealvergleich im Rahmen des Zufriedenheitskonstrukts (Z2) und die Verbesserung des Wissensstandes hinsichtlich der Erkrankung durch die Informationen des Pharmaunternehmens (VAS2). Der beste Mittelwert (2,0) ist bei der Frage nach der Absicht zur wiederholten Leistungsinanspruchnahme des Arzneimittels (B2) zu verzeichnen.

Darüber hinaus beinhaltete der Fragebogen eine **offene Frage**, die positive bzw. negative Eindrücke ermittelte. Positive Eindrücke werden nicht genannt, sondern insbesondere die Gewinnorientierung des pharmazeutischen Unternehmens negativ angeführt (z. B. nicht benötigte Produktneuheiten, teure Seminare). Trotzdem fordern die Patienten eine Intensivierung des direkten Kontakts zwischen Pharmaunternehmen und Patienten und eine Intensivierung der Unterstützung von Selbsthilfegruppen. Darüber hinaus nennen Probanden den ausdrücklichen Wunsch nach ausführlicheren und wissenschaftlicheren Informationen.

3.2. Operationalisierung und Zusammenführung der Konstrukte des Patientenbindungsmodells

Vor dem Hintergrund des Ziels der bestmöglichen Schätzung des Gesamtmodells werden durch Anwendung einer KFA nach der Überprüfung der einzelnen Konstrukte sowohl durch die multivariaten Verfahren der ersten Generation (EFA und Reliabilitätsanalyse) als auch durch den *LISREL*-Ansatz zunächst optimale Messmodelle für die latenten endogenen und mediierenden sowie exogenen Modellkonstrukte identifiziert, die dann als Grundlage für die Schätzung des Gesamtmodells dienen. Im Rahmen der an die Parameterschätzung anschließenden Gütebeurteilung kommen neben Global- auch Partialkriterien zum Einsatz. Tabelle 13 gibt die für diese Arbeit relevanten Kriterien zur Beurteilung geschätzter Kausalmodelle wieder, die sich an verschiedenen Untersuchungen orientieren. Der vorgestellte Prüfkatalog[1] findet im Rahmen der zugrunde liegenden Untersuchung bei der Überprüfung einzelner Messmodelle und auch des gesamten *LISREL*-Modells mit Beziehungen zwischen mehreren latenten Variablen Anwendung.

Gütekriterien der multivariaten Verfahren der ersten Generation	
	Anspruchsniveau
*Cronbach*sches Alpha (Reliabilitätsanalyse)	≥ 0,700
Varianzerklärung (EFA)	≥ 50 %
konfirmatorische Faktorenanalyse	
globale Gütekriterien	**Anspruchsniveau**
GFI	≥ 0,900
AGFI	≥ 0,900
RMR (standardisiert)	≤ 0,050
χ^2/df	≤ 3,00
CFI	≥ 0,900
RMSEA	≤ 0,080
lokale Gütekriterien	
standardisierte Faktorladung	≥ 0,600
Faktorreliabilität	≥ 0,600
durchschnittlich erfasste Varianz (DEV)	≥ 0,500
Indikatorreliabilität	≥ 0,400
t-Werte	≥ 1,645 (2,326)[2]

Tab. 13: Gütekriterien zur Beurteilung geschätzter Kausalmodelle

Quelle: Eigene Darstellung.

Die Operationalisierung des **Konstrukts „Qualität der Kernleistung“** liefert bei der Überprüfung im Rahmen der multivariaten Verfahren der ersten Generation positive Resultate. Sowohl die Varianzerklärung als auch die Reliabilitätsanalyse zur Beurteilung der internen Konsistenz der Faktoren liegen über den Schwellenwerten. Entgegen der ursprünglichen Operationalisierung zeigt aber ein erstes Durchlaufen der KFA, dass das Item „Verbesserung der kurzfristigen Krankheitssituation“ (K5) zu schlechten globalen Gütekriterien führt. Insbesondere das Ergebnis des RMSEA lässt vermuten, dass das Modell die Realität nicht hinreichend gut approximiert. Der Indikator K5 wird daraufhin zu Gunsten einer Vier-Indikatorenlösung eliminiert. Für das korrigierte Inventar deutet die neuerliche EFA auf eine gute Operationalisierung des Konstrukts hin. Auch die Überprüfung durch die KFA liefert Ergebnisse, die alle Gütekriterien erfüllen. Sämtliche globale und lokale Fitwerte zeigen eine sehr gute Anpassung des Messansatzes an die empirischen Gegebenheiten (vgl. Tabelle 14).

---

[1] Vgl. hierzu vor allem *Homburg/Giering* (1996), S. 13; *Backhaus et al.* (1996); *Hoyle/Panter* (1995), S. 164 ff.; *Fritz* (1995), S. 121 ff.; *Homburg/Baumgartner* (1995), S. 172; *Nunnally* (1978), S. 245.

[2] Für Signifikanz der Schätzwerte auf dem 5 % (1 %)-Niveau.

Qualität der Kernleistung						
Gütemaß	*Cronbach*sches Alpha ≥ 0,700			Varianzerklärung ≥ 50 %		
Wert	0,888			75,61 %		
globale Gütekriterien der KFA						
Gütemaß	χ^2-Wert/df ≤ 3,00	RMSEA ≤ 0,080	standard. RMR ≤ 0,050	GFI ≥ 0,900	AGFI ≥ 0,900	CFI ≥ 0,900
Wert	1,56/2	0,000	0,008	1,000	0,999	1,000
lokale Gütekriterien der KFA						
Indikator	standard. Faktorladung ≥ 0,600	t-Werte der Faktorladung ≥ 2,326	Indikator-reliabilität ≥ 0,400	Faktorreliabilität ≥ 0,600	DEV ≥ 0,500	
K1	0,822	41,147	0,676	0,894	0,678	
K2	0,727	41,786	0,528			
K3	0,854	41,048	0,730			
K4	0,883	44,361	0,780			
Indikatoren						
K1	medizinische Sicherheit des Pharmakon					
K2	Dauer der Behandlung bis zur Verbesserung des Gesundheitszustands					
K3	Verbesserung der langfristigen Krankheitssituation					
K4	Nebenwirkungen durch das Arzneimittel					

Tab. 14: Ergebnisse der KFA für das Konstrukt „Qualität der Kernleistung"
Quelle: Eigene Darstellung.

Zur Erfassung des **Konstrukts „Qualität der Zusatzleistungen"** sind ursprünglich neun Indikatoren vorgesehen. Sowohl das *Cronbach*sche Alpha als auch die Varianzerklärung der EFA liefern bei einem ersten Durchlaufen gute Resultate. Wie bei der „Qualität der Kernleistung" liegt aber der RMSEA über dem Schwellenwert von 0,080. Auch hier muss angenommen werden, dass das Neun-Indikatoren-Konstrukt die Realität nicht hinreichend gut approximiert. Infolgedessen werden die drei Indikatoren „Freundlichkeit der Mitarbeiter", „Professionalität der Mitarbeiter" und „Flexibilität der Mitarbeiter" eliminiert, so dass eine Sechs-Indikatorenlösung einer erneuten Überprüfung unterzogen wird. Hierbei zeigt sich, dass sowohl bei den Verfahren der ersten Generation als auch bei der Überprüfung durch die KFA gute Ergebnisse erzielt werden. Sämtliche globale und lokale Gütekriterien weisen auf eine gute Anpassung des Messansatzes an die empirischen Gegebenheiten hin (vgl. Tabelle 15).

Qualität der Zusatzleistungen						
Gütemaß	*Cronbach*sches Alpha ≥ 0,700			Varianzerklärung ≥ 50 %		
Wert	0,943			78,68 %		
globale Gütekriterien der KFA						
Gütemaß	χ^2-Wert/df ≤ 3,00	RMSEA ≤ 0,080	standard. RMR ≤ 0,050	GFI ≥ 0,900	AGFI ≥ 0,900	CFI ≥ 0,900
Wert	12,3/9	0,037	0,012	0,998	0,996	1,000
lokale Gütekriterien der KFA						
Indikator	standard. Faktorladung ≥ 0,600	t-Werte der Faktorladung ≥ 2,326	Indikator-reliabilität ≥ 0,400	Faktorreliabilität ≥ 0,600	DEV ≥ 0,500	
VAS1	0,773	67,153	0,597	0,946	0,747	
VAS2	0,770	71,602	0,593			
VAS3	0,885	69,395	0,784			
VAS4	0,904	71,336	0,817			
VAS5	0,915	73,669	0,837			
VAS6	0,924	78,370	0,853			
Indikatoren						
VAS1	Qualifikation der Mitarbeiter					
VAS2	erhöhter Wissensstand des Patienten durch die Betreuung					
VAS3	Verständlichkeit der Informationsübermittlung durch die Mitarbeiter					
VAS4	Sozialkompetenz der Mitarbeiter					
VAS5	Engagement/Initiative der Mitarbeiter					
VAS6	Eingehen auf Patientenbedürfnisse der Mitarbeiter					

Tab. 15: Ergebnisse der KFA für das Konstrukt „Qualität der Zusatzleistungen"
Quelle: Eigene Darstellung.

Die in der Konzeptualisierung des Patientenbindungsmodells angestrebte Drei-Indikatorenlösung des **Konstrukts „Patientenzufriedenheit"** wird durch die positiven Ergebnisse bestätigt. Sowohl die Gütekriterien der multivariaten Verfahren der ersten Generation als auch die Überprüfung mittels der KFA deuten an, dass die Indikatorstruktur die Realität der Stichprobe sehr gut widerspiegelt. Aussagen über globale Gütekriterien sind im Rahmen der KFA allerdings nicht möglich, da es sich bei einem Drei-Indikatorenmodell um eine genau identifizierte Lösung handelt, deren Schätzung keine Freiheitsgrade enthält. Hinweise auf die Güte geben aber die lokalen Fitkriterien der Modellschätzung. Die Resultate sind zusammenfassend in Tabelle 16 dargestellt.

Patientenzufriedenheit					
Gütemaß	*Cronbach*sches Alpha ≥ 0,700			Varianzerklärung ≥ 50 %	
Wert	0,903			83,72 %	
lokale Gütekriterien der KFA					
Indikator	standard. Faktorladung ≥ 0,600	t-Werte der Faktorladung ≥ 2,326	Indikator-reliabilität ≥ 0,400	Faktorreliabilität ≥ 0,600	DEV ≥ 0,500
Z1	0,804	33,577	0,647	0,904	0,759
Z2	0,878	33,577	0,771		
Z3	0,927	33,577	0,860		
Indikatoren					
Z1	Gesamtzufriedenheit				
Z2	Idealvergleich				
Z3	Erwartungsvergleich				

Tab. 16: Ergebnisse der KFA für das Konstrukt „Patientenzufriedenheit“
Quelle: Eigene Darstellung.

Die wie bei der Patientenzufriedenheit in der Konzeptualisierung des Patientenbindungsmodells angestrebte Drei-Indikatorenlösung des **Konstrukts „Patientenbindung“** – mit Fokus auf die Einstellung der Probanden und unter Vernachlässigung ihres tatsächlichen Verhaltens – liefert positive Resultate. Sowohl die Gütekriterien der multivariaten Verfahren der ersten Generation als auch die Überprüfung mittels der KFA zeigen, dass die Indikatorstruktur die Realität der Stichprobe sehr gut widerspiegelt. Wie bei der Patientenzufriedenheit sind allerdings auch bei diesem Konstrukt keine Aussagen über globale Gütekriterien im Rahmen der KFA möglich, da es sich auch hier um ein Drei-Indikatorenmodell und somit um eine genau identifizierte Lösung handelt. Die Ergebnisse sind zusammenfassend in Tabelle 17 dargestellt.

Patientenbindung					
Gütemaß	*Cronbach*sches Alpha ≥ 0,700			Varianzerklärung ≥ 50 %	
Wert	0,843			76,95 %	
lokale Gütekriterien der KFA					
Indikator	standard. Faktorladung ≥ 0,600	t-Werte der Faktorladung ≥ 2,326	Indikator-reliabilität ≥ 0,400	Faktorreliabilität ≥ 0,600	DEV ≥ 0,500
B1	0,718	27,904	0,516	0,853	0,662
B2	0,905	27,904	0,820		
B3	0,806	27,904	0,650		
Indikatoren					
B1	Weiterempfehlungsabsicht				
B2	Absicht zur wiederholten Leistungsinanspruchnahme				
B3	Absicht zur Deckung eines gleichbleibenden oder erhöhten Bedafs				

Tab. 17: Ergebnisse der KFA für das Konstrukt „Patientenbindung“
Quelle: Eigene Darstellung.

Die Erfassung des **Konstrukts „Beziehungsqualität"** durch die ursprünglich sechs Indikatoren kann im Rahmen der EFA und bei der Überprüfung des *Cronbach*schen Alphas bestätigt werden. Der zweite Prüfschritt durch die KFA liefert allerdings Grund zur Beanstandung. Der RMSEA verfehlt die Mindestanforderung von 0,080. Erst durch die Elimination des Indikators „Intimität" lassen sich sowohl bei den Verfahren der ersten Generation als auch bei der Überprüfung durch die KFA gute Resultate erzielen. Alle in den Prüfkatalog aufgenommenen globalen und lokalen Gütekriterien deuten auf eine gute Anpassung des Messansatzes an die empirischen Gegebenheiten hin (vgl. Tabelle 18).

Beziehungsqualität						
Gütemaß	*Cronbach*sches Alpha ≥ 0,700			Varianzerklärung ≥ 50 %		
Wert	0,927			78,22 %		
globale Gütekriterien der KFA						
Gütemaß	χ^2-Wert/df ≤ 3,00	RMSEA ≤ 0,080	standard. RMR ≤ 0,050	GFI ≥ 0,900	AGFI ≥ 0,900	CFI ≥ 0,900
Wert	12,3/9	0,043	0,030	0,997	0,993	1,000
lokale Gütekriterien der KFA						
Indikator	standard. Faktorladung ≥ 0,600	t-Werte der Faktorladung ≥ 2,326	Indikator-reliabilität ≥ 0,400	Faktorreliabilität ≥ 0,600	DEV ≥ 0,500	
BQ1	0,902	51,994	0,813			
BQ2	0,807	50,297	0,652			
BQ3	0,912	53,327	0,832	0,931	0,730	
BQ4	0,773	53,625	0,598			
BQ5	0,869	53,745	0,756			
Indikatoren						
BQ1	Verlässlichkeit					
BQ2	Fairness					
BQ3	Wohlbefinden					
BQ4	Vertrauenswürdigkeit					
BQ5	Bekanntheit					

Tab. 18: Ergebnisse der KFA für das Konstrukt „Beziehungsqualität"
Quelle: Eigene Darstellung.

Eine vollständige Reliabilitäts- und Validitätsbetrachtung erfordert, neben der Konvergenzvalidität (Tabellen 14 bis 18) auch die **Diskriminanzvalidität der Faktoren** zu analysieren. Die Überprüfung des Messmodells der latenten endogenen und exogenen Variablen bezüglich der Korrelationen zwischen den einzelnen Messmodellen (Diskriminanzvalidität) ergibt zwischen den Konstrukten keine auffällig hohen Korrelationen (maximal 0,61), so dass nicht angenommen werden muss, dass die Konstrukte ähnliche Sachverhalte messen. Ein weiteres Kriterium zur Beurteilung der Modellgüte hinsichtlich der Diskriminanzvalidität ist das *Fornell-Larcker*-Kriterium, das besagt, dass die durchschnittlich erfassten Varianzen eines

Faktors größer sein sollen als die jeweiligen quadrierten Korrelationen mit anderen Faktoren.[1] Auch diese Voraussetzung wird erfüllt (vgl. Tabelle 19).

	Beziehungs-qualität	Bindung	Zufrieden-heit	Qualität der Kern-leistung	Qualität der Zusatz-leistung	DEV
Beziehungs-qualität	1,00					0,73
Bindung	0,37	1,00				0,66
Zufriedenheit	0,29	0,34	1,00			0,76
Qualität der Kernleistung	0,19	0,08	0,17	1,00		0,68
Qualität der Zusatzleistung	0,27	0,21	0,29	0,14	1,00	0,75

Tab. 19: Quadrierte Korrelationsmatrix und DEV der latenten Variablen
Quelle: Eigene Darstellung.

Die durchschnittlich erfassten Varianzen eines Faktors sind in jedem der Fälle größer (minimal 0,66) als die jeweiligen quadrierten Korrelationen mit anderen Faktoren (maximal 0,37). Insofern kann das Modell hinsichtlich der Diskriminanzvalidität als akzeptabel gelten, so dass die Unterschiedlichkeit der mit der Operationalisierung erfassten Konstrukte Patientenbindung, Patientenzufriedenheit, Beziehungsqualität, Qualität der Kernleistung und Qualität der Zusatzleistungen sichergestellt ist.

Hinsichtlich der bei der Operationalisierung des Patientenbindungsmodells aufgegriffenen **Problematik reflektiver Messindikatoren** zeigen die Ergebnisse der EFA, dass die Indikatorvariablen der einzelnen Konstrukte in hohem Maße korrelieren. Die Indikatoren der hypothetischen Konstrukte weisen Korrelationen von mindestens 0,700 auf. Lediglich in vier Fällen liegen die Werte knapp darunter. Insofern kann angenommen werden, dass die Indikatoren ähnliche inhaltliche Reflexionen des Konstrukts darstellen, so dass zwischen den Indikatoren substitutive Beziehungen angenommen werden können. In Konsequenz zu diesen Ergebnissen und den Überlegungen bei der Modelloperationalisierung wird die Verwendung reflektiver Indikatoren für die Operationalisierung der Patientenbindung als geeignet angesehen.

Nachdem die Validierung aller in der Untersuchung betrachteten Konstrukte abgeschlossen ist, erfolgt eine aggregierte Überprüfung der mediierenden Konstrukte „Beziehungsqualität" und „Patientenzufriedenheit" in Verbindung mit dem endogenen Konstrukt „Patientenbin-

---

[1] Vgl. *Fornell/Larcker* (1981), S. 39 ff.

dung“. Ferner wird eine Überprüfung des exogenen Messmodells vorgenommen. Im Rahmen der KFA müssen die globalen und lokalen Anpassungsmaße dieser beiden Messmodelle ebenfalls erfüllt sein.

Während die Überprüfung der Anpassung einzelner Modellelemente des aus den mediierenden Konstrukten und dem endogenen Konstrukt „Patientenbindung“ bestehenden Modells mittels lokaler Gütekriterien gute Resultate ergibt, deuten die globalen Gütemaße auf eine akzeptable Modellanpassung hin. Der RMSEA liegt mit einem Wert von 0,082 knapp über der Mindestanforderung von 0,080. Da die angegebenen Schwellenwerte aber nicht als Falsifikationskriterien im strengen Sinne gelten, sondern in der Forschungspraxis allgemein etablierte Faustregeln darstellen und das *LISREL*-Modell erst abgelehnt wird, falls mehr als die Hälfte der Kriterien des Prüfkatalogs nicht erfüllt ist[1], wird das endogene Messmodell als ausreichend valide und reliabel akzeptiert. Alle Komponenten tragen somit in zufrieden stellendem Maße zum Erklärungsgehalt der Modellgleichungen bei. Die KFA, bei der alle verfügbaren Indikatoren des endogenen Messmodells verwendet werden, liefert die folgenden globalen und lokalen Gütekriterien (vgl. Tabelle 20).

endogenes und mediierendes Messmodell

globale Gütekriterien der KFA

Gütemaß	χ^2-Wert/df ≤ 3,00	RMSEA ≤ 0,080	standard. RMR ≤ 0,050	GFI ≥ 0,900	AGFI ≥ 0,900	CFI ≥ 0,900
Wert	109,25/41	0,082	0,040	0,995	0,992	1,000

lokale Gütekriterien der KFA

Indikator	standard. Faktorladung ≥ 0,600	t-Werte der Faktorladung ≥ 2,326	Indikator-reliabilität ≥ 0,400	Faktorreliabilität ≥ 0,600	DEV ≥ 0,500
Z1	0,776	51,256	0,602	0,965	0,715
Z2	0,882	55,302	0,777		
Z3	0,951	56,882	0,904		
B1	0,943	55,207	0,889		
B2	0,736	43,672	0,541		
B3	0,698	46,830	0,488		
BQ1	0,919	65,523	0,845		
BQ2	0,833	63,399	0,693		
BQ3	0,894	65,002	0,798		
BQ4	0,743	64,816	0,552		
BQ5	0,879	67,803	0,773		

Tab. 20: Ergebnisse der KFA für das endogene und mediierende Messmodell
Quelle: Eigene Darstellung.

[1] Vgl. *Fritz* (1995), S. 141 ff.

Bei der Überprüfung des exogenen Messmodells werden durchweg positive Ergebnisse ermittelt. Neben der Erfüllung der globalen Gütekriterien ergibt die Überprüfung der Anpassung einzelner Modellelemente mittels lokaler Gütekriterien gute Resultate. Alle lokalen und globalen Gütekriterien liegen über bzw. unter den geforderten Schwellenwerten. Die Komponenten tragen in hohem Maße zum Erklärungsgehalt der Modellgleichungen bei, so dass auch das exogene Messmodell als ausreichend valide und reliabel akzeptiert wird. Die KFA, bei der alle verfügbaren Indikatoren des exogenen Messmodells verwendet werden, liefert die folgenden lokalen und globalen Gütekriterien (vgl. Tabelle 21).

exogenes Messmodell						
globale Gütekriterien der KFA						
Gütemaß	χ^2-Wert/df ≤ 3,00	RMSEA ≤ 0,080	standard. RMR ≤ 0,050	GFI ≥ 0,900	AGFI ≥ 0,900	CFI ≥ 0,900
Wert	49,81/34	0,042	0,041	0,994	0,990	1,000

lokale Gütekriterien der KFA					
Indikator	standard. Faktorladung ≥ 0,600	t-Werte der Faktorladung ≥ 2,326	Indikator-reliabilität ≥ 0,400	Faktorreliabilität ≥ 0,600	DEV ≥ 0,500
K1	0,810	48,061	0,655	0,961	0,714
K2	0,784	52,245	0,614		
K3	0,778	45,828	0,605		
K4	0,892	55,039	0,795		
VAS1	0,800	71,879	0,640		
VAS2	0,773	75,554	0,598		
VAS3	0,883	72,496	0,780		
VAS4	0,889	74,012	0,790		
VAS5	0,907	76,733	0,822		
VAS6	0,919	82,320	0,844		

Tab. 21: Ergebnisse der KFA für das exogene Messmodell
Quelle: Eigene Darstellung.

Fasst man die Ergebnisse der Überprüfung des aus den mediierenden Konstrukten und dem endogenen Konstrukt „Patientenbindung" bestehenden Modells sowie des exogenen Messmodells zusammen, sind beide als **ausreichend reliabel und valide** zu betrachten. Um zu ermitteln, in welchem Maße und auf welche Weise die herangezogenen Dimensionen der Qualität der Kernleistung und die der Zusatzleistungen die Patientenbindung bestimmen, erfolgt in einem letzten Schritt die Zusammenführung der einzelnen Konstrukte zu einem Strukturmodell.

3.3. Ergebnisse der empirischen Überprüfung des Patientenbindungsmodells

Die Validierung aller in dieser Studie betrachteten Konstrukte wurde ebenso wie die Validierung des endogenen und mediierenden Messmodells sowie des exogenen Messmodells erfolgreich abgeschlossen. Nunmehr erfolgt die Überprüfung der postulierten Beziehungsstrukturen mit Hilfe des *LISREL*-Ansatzes. Die globalen Gütekriterien weisen insgesamt akzeptable Werte auf, die bis auf einen innerhalb der in der Tabelle 13 vorgestellten Grenzen liegen. Lediglich der standardisierte RMR überschreitet den geforderten Schwellenwert von 0,050. Zusammenfassend wird in Anlehnung an die vorherigen Ausführungen das Modell nicht abgelehnt, da alle anderen Prüfgrößen erfüllt werden. Das entwickelte Patientenbindungsmodell beschreibt somit in gutem Maße die in den Daten vorgefundenen Strukturen (vgl. Tabelle 22).

globale Gütekriterien des Patientenbindungsmodells						
Gütemaß	χ^2-Wert/df ≤ 3,00	RMSEA ≤ 0,080	standard. RMR ≤ 0,050	GFI ≥ 0,900	AGFI ≥ 0,900	CFI ≥ 0,900
Wert	367,61/182	0,063	0,052	0,988	0,985	1,000

Tab. 22: Globale Gütekriterien des gesamten Patientenbindungsmodells

Quelle: Eigene Darstellung.

Die Resultate der Modellschätzung zeigen, dass alle **aufgestellten Hypothesen bestätigt werden** können. Die gewählte Modellstruktur liefert gute Anhaltspunkte im Hinblick auf die Entstehung der Patientenbindung. Die Pfadkoeffizienten im Strukturmodell weisen allesamt akzeptable Standardfehler (maximal 0,03) auf. Auch die t-Werte liegen für alle Verbindungen im Strukturmodell über dem Schwellenwert von 2,326 und sind somit signifikant auf dem 1 %-Niveau.[1]

Auf Basis der quadrierten multiplen Korrelation zeigt sich, dass das Konstrukt „Patientenbindung“ zu 46 % durch das Modell erklärt wird. Der Gesamteffekt der die Patientenbindung determinierenden Konstrukte ist dabei tendenziell als hoch einzustufen. Da das aufgestellte Modell nicht zum Ziel hatte, diese Variable vollständig zu erklären, sondern die Bedeutung einzelner Teilleistungsqualitäten hinsichtlich der Patientenbindung zu ermitteln, kann diesbezüglich kein Mindestwert gefordert werden.[2] Insgesamt deuten die Kriterien auf eine gute Erklärung der vorliegenden Kovarianzstruktur und ein hohes Maß an Validität und Reliabilität hin. Die vorliegende Lösung kann als plausibel erachtet werden und führt daher zur **Annahme des getesteten Modells**. Das Kausalmodell ist in standardisierter Form in Abbildung 31 wiedergegeben.

---

1 Die Interpretation von t-Werten als auch von Standardfehlern setzt eine Multinormalverteilung der Variablen voraus und ist unter dieser Prämisse für den vorliegenden Datensatz nicht zuverlässig. Diese Prüfgrößen sollten daher unter Vorbehalt betrachtet werden und nur zur Orientierung dienen. Vgl. *Bauer/Keller/Hahn* (2002), S. 34.

2 Vgl. *Homburg/Kebbel* 2001, S. 55.

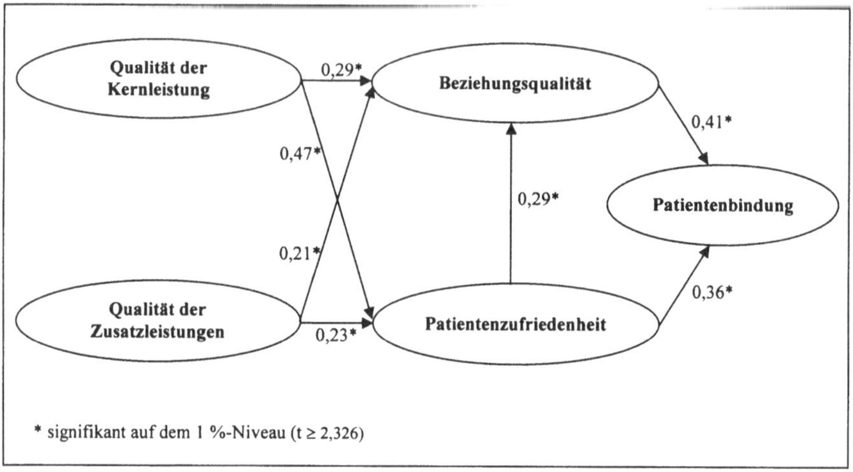

Abb. 31: Standardisierte Parameterschätzungen des Kausalmodells
Quelle: Eigene Darstellung.

Anhand der Ergebnisse wird bestätigt, dass die **Patientenzufriedenheit** mit dem gesamten Austauschprozess und die **hohe Beziehungsqualität** – beides resultierend aus einer positiven Qualitätswahrnehmung der Kernleistung und Zusatzleistungen – die Grundvoraussetzung für eine **lange Geschäftsbeziehung** darstellen. Interessant ist, dass die direkte Verbindung zwischen der Beziehungsqualität und der Patientenbindung (0,41) im Vergleich zur direkten Verbindung zwischen der Patientenzufriedenheit und der Patientenbindung (0,36) einen höheren Einfluss aufweist. Unter Berücksichtigung des indirekten Effekts über das Konstrukt der Beziehungsqualität beläuft sich der Einfluss der Patientenzufriedenheit auf die Patientenbindung auf 0,48.[1] Somit wird die Vermutung bestätigt, dass neben der Zufriedenheit als Einflussfaktor auf die Patientenbindung vor allem Komponenten des Vertrauens und der Vertrautheit mit einem Anbieter für eine langfristige Geschäftsbeziehung verantwortlich zeichnen. Die zentrale Forderung bei der Begründung für ein PRM in Teil C, Kapitel 1.4.1., sich als vertrauensvoller Anbieter am Markt zu positionieren, erfährt demnach eine eindeutige Unterstützung durch die Untersuchungsergebnisse.

---

1 Eine Verbesserung der Beziehungsqualität (Patientenzufriedenheit) um einen Skalenwert auf der Bewertungsskala führt zu einer Erhöhung der Patientenbindung um 0,41 (0,48).

Um die dritte Forschungsfrage nach dem **Einfluss der Teilleistungsqualitäten auf die Patientenbindung** zu beantworten, erfolgt eine Analyse des Einflusses der Faktoren „Qualität der Kernleistung" und „Qualität der Zusatzleistungen" auf die Patientenbindung. Der „Qualität der Kernleistung" wird dabei im Vergleich zu dem Faktor „Qualität der Zusatzleistungen" die wichtigere Rolle hinsichtlich des Einflusses auf die Patientenbindung zuteil. Sowohl über die Patientenzufriedenheit (0,47) als auch über die Beziehungsqualität (0,29) ist der Einfluss stärker ausgeprägt als der der Qualität der Zusatzleistungen (0,23 bzw. 0,21). Während der indirekte Effekt auf die Patientenbindung, der von der Qualität der Kernleistung ausgeht, 0,34 beträgt, beläuft sich der indirekte Effekt des Faktors „Qualität der Zusatzleistungen" auf die Patientenbindung auf 0,20.

Auch wenn die Qualität der Kernleistung einen höheren Einfluss auf die Patientenbindung als die Qualität der Zusatzleistungen hat, wird durch die Ergebnisse ein **wesentliches Element des entwickelten PRM-Ansatzes bestätigt**: Über die Kernleistung Arzneimittel hinaus weisen die Zusatzleistungen – und somit über das Arzneimittel hinausgehende Leistungsqualitäten – einen signifikanten Einfluss auf die Patientenbindung auf. Die im Rahmen des PRM-Ansatzes beschriebene konzeptionelle Ausrichtung der problemlösungsorientierten Leistungsangebote erfährt folglich durch die empirischen Ergebnisse eine eindeutige Unterstützung.

Auf Basis der in Abbildung 31 zum Ausdruck kommenden Effekte auf die Patientenbindung lässt sich als wesentliche Erkenntnis festhalten, dass die Qualität der Kernleistung im Vergleich zu der Qualität der Zusatzleistungen einen um ca. 70 % stärkeren Einfluss auf die Loyalität des Patienten hat. Obwohl dieses Ergebnis unter Berücksichtigung der hohen Bedeutung der Kernleistung Arzneimittel für die Gesundheit des Patienten nicht verwundern mag, wird hierdurch allerdings auch unterstrichen, dass Zusatzleistungen in Bezug auf die Investitionsentscheidungen pharmazeutischer Unternehmen zur **Förderung der Patientenbindung vermutlich deutlich unterrepräsentiert** sind. Auch wenn das bis zu zweifache der jährlichen F&E-Aufwendungen eines Pharmaunternehmens für Marketingmaßnahmen ausgegeben wird[1], werden Ärzte, Apotheker, Krankenhäuser und der Großhandel mit durchschnittlich ca. 90 % des Marketing-Budgets bedacht.[2] Entsprechend sind patientenorientierte Marketingaktivitäten und über das Arzneimittel hinausgehende Zusatzleistungen nicht in der Intensität am Markt vertreten, wie es die empirischen Untersuchungsergebnisse nahe legen. Der Patient

---

[1] Vgl. *Bauer/Fischer/Pfahlert* (2000), S. 12; *Schweitzer* (1997), S. 43 ff.
[2] Vgl. *Harms/Drüner* (2003d).

spielt hinsichtlich der Marktbearbeitungsaktivitäten pharmazeutischer Unternehmen weiterhin eine nur untergeordnete Rolle.

Zentrale Erkenntnis der vorliegenden Untersuchung ist entsprechend, dass pharmazeutische Unternehmen aufgefordert sind, im Rahmen der zunehmenden Patientenorientierung und vor dem Hintergrund der in Teil C angeführten Ausprägungen des PRM bei unternehmensseitigen Maßnahmen nicht nur die Vermarktung der Kernleistung ins Zentrum der Marketingmaßnahmen zu rücken, sondern auch umfangreiche **Kapazitäten im Bereich der Value-Added Services aufzubauen**, um über die Ausarbeitung von zusätzlichen Leistungsangeboten die Loyalität des Patienten langfristig sicherzustellen und die ökonomischen Erfolgsgrößen zu optimieren.

Teil E: Schlussbetrachtung

1. Implikationen für die Forschung

Ziel der vorliegenden Arbeit war die Entwicklung eines Patient Relationship Management und die Überprüfung der Einflussfaktoren auf die langfristige Bindung des Patienten an das pharmazeutische Unternehmen. Hierzu wurden die Umsetzungsmöglichkeiten und Restriktionen im deutschen Gesundheitssystem umfassend dargelegt und im Rahmen der empirischen Untersuchung die Determinanten der Patientenbindung ermittelt. Auch wenn die Ausprägungen des PRM-Ansatzes auf die Umsetzungsmöglichkeiten in Deutschland angepasst wurden, sind die konzeptionellen Überlegungen auf andere Länder mit anderen rechtlichen Rahmenbedingungen übertragbar. Während die Ergebnisse der Umsetzungsmöglichkeiten und Ausprägungsformen des PRM-Ansatzes in Teil C insbesondere für die Praxis von Bedeutung sind, bieten die Untersuchungsergebnisse zum Patientenbindungsmodell aus Teil D hinreichenden Erkenntnisgewinn und Implikationen für die Forschung.

Durch die empirische Untersuchung konnte der Einfluss der Teilqualitäten pharmazeutischer Unternehmensleistungen auf die Patientenbindung durch die Entwicklung eines Modells zur Patientenbindung bei ethischen Präparaten gemessen werden. Anhand einer Orientierung an den Teilleistungen innerhalb der Dienstleistungserstellung im Rahmen der Beziehung zwischen Patient und Pharmaunternehmen wird der Nachweis erbracht, dass sich die Qualitätswahrnehmung und -bewertung identifizierter Merkmale der Dienstleistung entscheidend auf die untersuchte Zielgröße der Patientenbindung auswirken. Zusammenfassend lassen sich folgende zentrale Erkenntnisse festhalten:

- Die **Qualität der Kernleistung** weist einen verhältnismäßig großen Effekt auf die Bewertungsebenen „Patientenzufriedenheit“ und „Beziehungsqualität“ auf. Hierdurch werden die Wichtigkeit und maßgebliche Bedeutung des Arzneimittels sichtbar, das letztlich die Patientenbindung entscheidend prägt und positiv beeinflusst. Die Sicherheit des Medikaments, die schnelle Wirkung des Präparats bei minimalen Nebenwirkungen sowie die langfristige Verbesserung der Krankheitssituation werden somit zu einem entscheidenden Qualitätsmerkmal des Dienstleistungsanbieters.
- Der Einfluss der **Qualität der Zusatzleistungen** auf die Patientenbindung zeigt, dass zukünftig nicht nur das Arzneimittel im Mittelpunkt der Aktivitäten eines pharmazeutischen Unternehmens stehen darf. Auch wenn die Qualität der Kernleistung im Vergleich zu der Qualität der Zusatzleistungen einen um ca. 70 % stärkeren Einfluss auf die Loyali-

tät des Patienten hat, verdeutlichen die Untersuchungsergebnisse den signifikanten Einfluss der Qualität der Zusatzleistungen, die bei der zukünftigen Ausgestaltung des Leistungsprogramms nicht vernachlässigt werden dürfen. Qualifizierte, engagierte und freundliche Mitarbeiter im Kundenkontakt, die bedürfnisorientiert durch umfangreiche Kenntnisse zu einer Verbesserung des Wissenstandes des Patienten beitragen und dadurch die Compliance optimieren, weisen einen wichtigen Einfluss auf die Patientenbindung auf.

- Bisher lagen noch keine empirischen Befunde des Einflusses der Qualität der Kernleistung und der Qualität der Zusatzleistungen auf die Patientenbindung bei chronisch Kranken vor. Für das PRM liefern die empirischen Ergebnisse die Bestätigung, dass die Qualität der Kernleistung und die der Zusatzleistungen einen signifikanten Einfluss auf die Patientenbindung und damit u. a. auf die Absicht zur wiederholten Leistungsinanspruchnahme aufweisen. Somit zeigt die Untersuchung eindrucksvoll, dass der Arzt bei verschreibungspflichtigen Arzneimitteln bei der untersuchten Zielgruppe der Diabetiker nicht mehr allein, sondern **mit dem Patienten zusammen über die Therapie respektive Verschreibung entscheidet**. Wie groß der tatsächliche Einfluss der beiden Marktteilnehmer Arzt und Patient auf die Verschreibung ist, lässt sich anhand der besonderen Marktkonstellation nicht ermitteln. Weitere Forschungsarbeiten können hier ansetzen, um auf Basis eines Kausalmodells den tatsächlichen Einfluss beider Marktpartner zu ermitteln und so differenzierte Aussagen über den Einfluss der Qualität der Kernleistung und den der Qualität der Zusatzleistungen auf die jeweilige Kundenbindung ableiten zu können. Insofern sind die vorliegenden Ergebnisse ein erster Beitrag zur Schließung der Forschungslücke der Patientenbindung bei verschreibungspflichtigen Arzneimitteln, der auch für die Praxis als viel versprechend einzustufen ist.
- Eine Betrachtung der Bewertungsebenen „**Patientenzufriedenheit**" und „**Beziehungsqualität**" zeigt neben der Patientenzufriedenheit als wenig zeitstabile Bewertung einer Transaktion den hohen Einfluss der Beziehungsqualität als relativ zeitstabiles und einstellungsähnliches Konstrukt auf die Patientenbindung. Eine alleinige Berücksichtigung der Zufriedenheit als Einflussgröße auf die Patientenbindung greift demnach zu kurz und muss durch die Beziehungsqualität als zusätzliche Größe ergänzt werden. Das Vertrauen und die Vertrautheit zu einem Anbieter und die Überzeugung, dass dieser die notwendige Leistungsbereitschaft und Leistungsfähigkeit zur Dienstleistungserbringung besitzt, stellen sich als eine wichtige Einflussgröße auf die Patientenbindung heraus. Dabei bestätigen die Ergebnisse nicht nur den vermuteten Zusammenhang, dass ein zufriedener Patient

und eine hohe Beziehungsqualität zwei der zentralen Ziele des Management von Patientenbeziehungen sind, sondern dass auch Bedarf für weitere Forschung besteht. Forschungsarbeiten könnten insbesondere auf die Veränderung der betrachteten Größen und ihrer Zusammenhänge im Zeitablauf abzielen und hierdurch den in der empirischen Untersuchung vernachlässigten dynamischen Aspekt der Beziehung Patient-Pharmaunternehmen untersuchen. Durch Ermittlung der Bedeutungen einzelner Zielgrößen im Zeitablauf ließen sich insbesondere für die langfristig ausgerichtete Beziehung zwischen Patient und Pharmaunternehmen wichtige Ausgestaltungsempfehlungen des PRM ableiten.

- Im vorliegenden Fall wurden Daten bei Patienten erhoben, die an Diabetes erkrankt sind. Der Sicherung ihrer Gesundheit gilt die höchste Priorität, so dass die Qualität der Kernleistung Arzneimittel einen entsprechend hohen Einfluss auf die Patientenbindung aufweist. Dass bei dem verwendeten Datensatz die Qualität der Zusatzleistungen einen schwächeren (aber signifikanten) und im Verhältnis zur Qualität der Kernleistung und den bislang realisierten Ausprägungen im deutschen Gesundheitswesen hohen Einfluss auf die Patientenbindung haben, erscheint unter den gegebenen Krankheitseigenschaften nachvollziehbar. In diesem Zusammenhang kann vermutet werden, dass die **Bedeutungsgewichtung der Qualität von Kernleistung und Zusatzleistungen** von dem eigenen Leidensdruck abhängig ist. Während Diabetes eine Krankheit darstellt, die anfänglich keine Schmerzen verursacht und die negativen Folgen erst im Laufe der Zeit auftreten (z. B. diabetischer Fuß), bewirken andere chronische Erkrankungen, wie z. B. Rheuma, direkt Schmerzen und beeinträchtigen sofort die Lebensqualität. Ein stärkerer Einfluss der Qualität der Kernleistung auf die endogenen Größen des Patientenbindungsmodells muss bei dieser Erkrankung angenommen werden. Die hohe Bedeutung der Krankheit und das daraus resultierende Verhalten des Patienten bieten Ansatzpunkte für eine weiterführende Forschung zur Ermittlung des Einflusses der Qualität der Kernleistung und der Qualität der Zusatzleistungen auf Beziehungsqualität, Patientenzufriedenheit und -bindung in Abhängigkeit der Erkrankung, um Vergleichsmöglichkeiten für das aufgestellte Patientenbindungsmodell zu generieren. Die abstrakte Form des Untersuchungsansatzes sollte die notwendige Kompatibilität der Modellstruktur gewährleisten.
- Das entwickelte Modell besteht ausschließlich aus **Basiskomponenten und ist daher allgemeingültig** für jede Beziehung zwischen Patient und Pharmaunternehmen bei verschreibungspflichtigen Medikamenten anwendbar. Bei Modifikationen, wie z. B. einer Erweiterung der in den Basiskomponenten abgebildeten Kernleistungen oder Ergänzun-

gen um individuelle Zusatzleistungen, empfiehlt sich eine erneute Überprüfung des Modells. Dabei ist zu bedenken, dass eine Erweiterung nicht nur zusätzlichen Aufwand bedeutet, sondern auch die Vergleichbarkeit mit anderen Untersuchungen und damit letztendlich die Interpretierbarkeit der eigenen Daten erschwert. Trotzdem bieten sich insbesondere hier Anknüpfungspunkte für weitere Forschungsbemühungen. Methodische Erweiterungen, wie etwa eine differenzierte Überprüfung des Einflusses der Qualität der Zusatzleistungen auf die Kundenbindung, sind denkbar, um weitere Erkenntnisse für die Ausgestaltung der Value-Added Services zu erlangen. Ferner bietet es sich an, durch eine Erweiterung des Kausalmodells zu ermitteln, ob und in welchem Ausmaß sich weitere Konstrukte, wie z. B. das wahrgenommene Risiko oder die Komplexität der Unternehmensleistungen, neben der Qualität der Kernleistung und der Qualität der Zusatzleistungen als Determinanten von Beziehungsqualität, Patientenzufriedenheit und -bindung erweisen.

Neben den angeführten Erkenntnissen und den Vorschlägen für weitergehende Forschungsbemühungen unterliegt die empirische Untersuchung auch gewissen Restriktionen. Obwohl die Mess- und Gütekriterien des entwickelten Modells die Modellkonzeption bestätigen, ist die durchgeführte empirische Untersuchung nicht frei von Schwachpunkten, da viele der verfügbaren und in dieser Untersuchung verwendeten Mess- und Gütekriterien zum Teil stark von Art und Umfang des Datenmaterials abhängen. Die Überprüfung des komplexen Hypothesensystems in dieser Untersuchung erfolgte zudem anhand einer relativ kleinen Stichprobe. Zusammenfassend kann konstatiert werden, dass die Untersuchungsergebnisse wertvolle Hinweise zur Erklärung der Patientenbindung bei verschreibungspflichtigen Medikamenten liefern. Aufbauend auf dem vorgestellten Modell sind aber weitere wissenschaftliche Arbeiten durchzuführen, um die Beziehung zwischen Patient und Pharmaunternehmen zukünftig besser durchleuchten und verstehen zu können.

2. Implikationen für die Praxis

Die Ergebnisse der vorliegenden Arbeit liefern vielfältige Anregungen für das patientenorientierte Pharmamarketing. Neben der Identifikation der Zielgruppe für ein erfolgreiches PRM und den angeführten zahlreichen Gestaltungselementen bestätigt die empirische Untersuchung durch eine teilweise Überprüfung der Ausprägungen des PRM, dass die über die Qualität des Arzneimittels hinausgehende Qualität der Zusatzleistungen die Loyalität des Patienten beeinflussen und ein derartiges Leistungsangebot von Pharmaunternehmen zur Optimierung der

Patientenbindung langfristig angestrebt werden sollte. Zusammenfassend lassen sich die folgenden Erkenntnisse ableiten:

- Konzeptionell liefert diese Arbeit einen **umfassenden Ansatz eines patientenorientierten Beziehungsmanagement**. Wesentliche Strukturelemente des PRM sowie deren Ausgestaltungsmöglichkeiten werden erfasst. Im Gegensatz zu bisherigen unstrukturierten Bekundungen, den Patienten in den Mittelpunkt der Marktbearbeitungsaktivitäten zu rücken, lassen sich aus den PRM-Elementen konkrete Maßnahmenpakete zur erfolgreichen Umsetzung ableiten. Die systematische Vorgehensweise bei der Entwicklung des PRM zur Ermittlung der strategischen Stoßrichtungen und Umsetzungsmaßnahmen bietet die notwendige Basis, die Patienten differenziert und bedürfnisgerecht und somit im Sinne eines Kundenbeziehungsmanagement zu bearbeiten. Der Forderung, den Patienten als wichtige Zielgruppe in die Marketingaktivitäten zu integrieren, kann nunmehr adäquat entsprochen werden.
- Sowohl die Ergebnisse der empirischen Untersuchung als auch die Vorschläge zur Ausgestaltung eines PRM deuten darauf hin, dass neben der primären Zielgruppe Arzt auch der Patient stärker in den Fokus der Marketingaktivitäten rücken muss. Während bei den Elementen des PRM-Ansatzes die Notwendigkeit der Konzentration auf die Ausgestaltung des Leistungsprogramms, die Patientenzufriedenheit und das Vertrauen zur Erzielung einer langfristigen Patientenbindung mehrfach ersichtlich wird, unterstreichen die empirischen Ergebnisse eindrucksvoll die Notwendigkeit, eine **Messung der subjektiven Patientenwahrnehmung** auch bei verschreibungspflichtigen Medikamenten durchzuführen, um eine Optimierung des Leistungsprogramms vornehmen zu können und die Loyalität der Patienten langfristig zu sichern. Das entwickelte Patientenbindungsmodell ermöglicht eine permanente, multiattributive Messung der Patientenbindung zur kontinuierlichen Überprüfung der eigenen Unternehmensleistungen und zur rechtzeitigen Identifikation von Änderungsnotwendigkeiten. Ausgehend von der Bedeutung der einzelnen Teileigenschaften können diese als Komponenten zur Ausgestaltung des PRM in die Konzeption eines patientenorientierten Beziehungsmanagement einfließen, um strategische Wettbewerbsvorteile zu erschließen.
- Die Beeinflussbarkeit der Zielgröße Patientenbindung durch die Beziehungsqualität und die Patientenzufriedenheit zeigt, dass die konsequente **Ausrichtung der Unternehmensaktivitäten an den Kundenbedürfnissen** den dauerhaften Unternehmenserfolg nachhaltig sichern kann. Ein im Unternehmen verankertes und durch das Top-Management ge-

fördertes Patient Relationship Management stellt hierfür die entscheidende Größe dar. Die Arbeit liefert umfangreiche Hinweise, wie die Facetten eines erfolgreichen PRM ausgestaltet werden sollten. Neben den Identifikationsmöglichkeiten profitabler Patienten und deren Ansprache werden Ausgestaltungsempfehlungen über alle Ebenen des Anbieter-Nachfrager-Kontakts erarbeitet.

- Bestätigung für ein in der Praxis zu implementierendes Patient Relationship Management liefern die **Ergebnisse der Einflussstärke der Qualität der Kernleistung und die der Zusatzleistungen** auf die Patientenbindung. Ein Patient Relationship Management kann demnach nur durch das Angebot von Zusatzleistungen langfristig seine Rechtfertigung finden. Um eine möglichst hohe Patientenbindung zu erzielen, kann ein nur auf die Kernleistung ausgerichtetes Leistungsprogramm auf Grund des Einflusses der Qualität der Zusatzleistungen auf die Patientenbindung nicht erfolgreich sein. Der Patient fordert krankheitsbezogene Informationen von seinem Arzneimittellieferanten. Die Kapazitäten hierfür müssen von den Entscheidungsträgern bewilligt werden, um die Patientenloyalität langfristig zu sichern. Dabei ist in diesem Zusammenhang insbesondere darauf zu achten, dass nicht einzelne und voneinander losgelöste PRM-Maßnahmen geplant und eingeführt werden, sondern der integrierte und in sich abgestimmte PRM-Ansatz implementiert wird, um den langfristigen Erfolg des pharmazeutischen Unternehmens zu sichern.
- Auf den vorliegenden Untersuchungsergebnissen aufbauend bietet es sich an, das PRM sukzessive weiterzuentwickeln. Dies gilt insbesondere für die **Ausgestaltung des PRM-Ansatzes hinsichtlich weiterer Anspruchsgruppen**. Letztlich ist das PRM in ein Beziehungsgeflecht aus Ärzten, Krankenkassen, Kliniken, Apotheken und Selbsthilfegruppen einzubinden. Auf Grund des begrenzten Umfangs der Arbeit konnten die Möglichkeiten der indirekten Beeinflussung des Patienten und einer daraus resultierenden Patientenbindung über die anderen Institutionen des Gesundheitswesens nicht eruiert werden. Da die Beziehungen zu den anderen Marktpartnern ebenfalls im Rahmen eines Relationship Management aktiv und bewusst zu gestalten sind, können hier zukünftige Forschungsarbeiten ansetzen. Darüber hinaus bieten sich Untersuchungen an, die Kosten und Nutzen eines PRM explizit berücksichtigen. Hierbei steht nicht nur die Kosten-Nutzen-Bilanz des pharmazeutischen Unternehmens im Mittelpunkt der Betrachtung, sondern insbesondere auch die Kosten-Nutzen-Bilanz der PRM-Aktivitäten unter volkswirtschaftlichen Gesichtspunkten. Der monetäre Nachweis der Vorteilhaftigkeit des PRM lässt eine entsprechende Unterstützung durch die politischen Entscheidungsträger erwarten.

Die pharmazeutische Industrie wird zukünftig ein gesteigertes Interesse an der Beziehung zu Patienten und insbesondere zu chronisch Kranken und den bei dieser Patientengruppe verschreibungspflichtigen Medikamenten entwickeln. Die sich ändernden gesetzlichen Rahmenbedingungen sowie die zunehmende Mündigkeit dieser Patientengruppe erfordert die Konzentration auf den Patienten als Mitentscheider über die Therapie. Der zunehmende Wettbewerb auf dem Pharmamarkt und die Austauschbarkeit der Kernleistung Arzneimittel wirken diesbezüglich beschleunigend. In Zukunft wird die Ertragssituation von Pharmaunternehmen daher verstärkt von der aktiven Bemühung um den Patienten abhängen, so dass patientenorientierte Führungskonzepte auf Grund der Bedeutungszunahme des Verbrauchers eine zwingende Notwendigkeit darstellen, um als pharmazeutisches Unternehmen die Wettbewerbsfähigkeit langfristig sicherzustellen. Unternehmen müssen den Patienten mit seinem individuellen Wert an den Ausgangspunkt aller Unternehmensprozesse stellen und in Abhängigkeit seiner Wertigkeit im Rahmen eines integrierten Patientenbeziehungsmanagement auf allen Ebenen und in allen Kanälen unterschiedlich behandeln, um den langfristigen Unternehmenserfolg zu sichern. Die Maßnahmen sind aufeinander abgestimmt und im Einklang mit den Unternehmenszielen und -strategien im Rahmen eines Patient Relationship Management (PRM) zu realisieren.

Anhang

Anlage 1: Der Fragebogen zur Messung der Patientenbindung

Befragung zur Beziehungsqualität zwischen Patient und Pharmaunternehmen bei verschreibungspflichtigen Medikamenten

durchgeführt von
Dipl.-Kfm. Olaf K. Hahn
in Zusammenarbeit mit dem
Lehrstuhl für Allgemeine Betriebswirtschaftslehre und Marketing II, Universität Mannheim
Univ.-Prof. Dr. Hans H. Bauer

Bitte helfen Sie mit der Beantwortung der nachstehenden Fragen, die Beziehung der Patienten zu den Pharmaunternehmen als Lieferant verschreibungspflichtiger Medikamente zu ermitteln und damit zukünftigen Patienten eine bessere Beziehung zu den pharmazeutischen Unternehmen zu gewährleisten.
Bitte beantworten Sie die folgenden Fragen in Bezug auf Ihr Pharmaunternehmen als Lieferant **des von Ihnen verwendeten Insulins**. Sollten Sie von mehreren Pharmaunternehmen Ihre Insuline erhalten, machen Sie bitte Angaben zu dem Unternehmen, zu dem Sie öfter Kontakt hatten.
Scheuen Sie sich dabei bitte nicht, bestehende Kritik zu äußern.

Beantworten Sie bitte nachstehende Fragen in folgender Weise:

Beispiel zur Beantwortung:

	sehr						gar nicht
	1	2	3	4	5	6	7
Wie zufrieden sind Sie mit der Verträglichkeit des Insulins?	☒	☐	☐	☐	☐	☐	☐

Wenn Sie der Meinung sind, dass die Verträglichkeit des Insulins sehr gut ist, kreuzen Sie bitte das vorgesehene Kästchen „1" an (wie oben im Beispiel). Sind Sie aber mit der Verträglichkeit des Insulins sehr unzufrieden, dann kreuzen Sie bitte das vorgesehene Kästchen „7" an, usw.
Bei Problemen irgendwelcher Art wenden Sie sich bitte an den Mitarbeiter, der Ihnen den Fragebogen ausgehändigt hat.

Alle Angaben werden streng vertraulich behandelt

Dieser Fragenblock bezieht sich auf Ihre Zufriedenheit mit Ihrem Pharmaunternehmen als Insulin-Lieferant für Ihre Diabetes-Erkrankung. Bitte beurteilen Sie diese auf einer 7 Punkte Skala (1 – sehr zufrieden bis 7 – sehr unzufrieden).							
	sehr						gar nicht
	1	2	3	4	5	6	7
1.1. Wie zufrieden sind Sie insgesamt mit den Leistungen Ihres Pharmaunternehmens?	❐	❐	❐	❐	❐	❐	❐
1.2. Wie nah kommt Ihr Pharmaunternehmen einem pharmazeutischen Unternehmen, das in jeder Hinsicht perfekt ist, d. h. so wie Sie sich ein optimales Pharmaunternehmen vorstellen?	❐	❐	❐	❐	❐	❐	❐
1.3. Wie gut erfüllt Ihr Pharmaunternehmen Ihre Erwartungen?	❐	❐	❐	❐	❐	❐	❐

Die folgenden Fragenblöcke beziehen sich auf Ihr Pharmaunternehmen als Insulin-Lieferant für Ihre Diabetes-Erkrankung. Bitte geben Sie Ihren Zustimmungsgrad ab (1 – stimme ich völlig zu bis 7 – stimme ich überhaupt nicht zu).							
	Stimme ich völlig zu						Stimme ich überhaupt nicht zu
	1	2	3	4	5	6	7
2.1. Ich werde mein bisheriges Pharmaunternehmen weiterempfehlen.	❐	❐	❐	❐	❐	❐	❐
2.2. Ich werde mir das Insulin meines bisherigen Pharmaunternehmens nochmals verschreiben lassen, wenn ich das Medikament nochmals verschrieben bekommen müsste.	❐	❐	❐	❐	❐	❐	❐
2.3. Ich werde langfristig einen gleich bleibenden oder steigenden Anteil meines Bedarfs bei meinem bisherigen Pharmaunternehmen decken.	❐	❐	❐	❐	❐	❐	❐
2.4. Ich lasse mir das Insulin meines bisherigen Pharmaunternehmens das nächste mal wieder verschreiben, wenn ich das Medikament das nächste Mal beziehe.	❐	❐	❐	❐	❐	❐	❐
2.5. Ich werde langfristig das Insulin bei meinem bisherigen Pharmaunternehmen beziehen.	❐	❐	❐	❐	❐	❐	❐
2.6. Ich werde auch bei der Verschreibung eines anderen Medikaments (z. B. zur Senkung des Bluthochdrucks) mein bisheriges Pharmaunternehmen in Erwägung ziehen (sofern Medikament vorhanden).	❐	❐	❐	❐	❐	❐	❐
2.7. Ich empfehle mein bisheriges Pharmaunternehmen weiter.	❐	❐	❐	❐	❐	❐	❐

	Stimme ich völlig zu						Stimme ich überhaupt nicht zu
	1	2	3	4	5	6	7
3.1. Ich kann mich auf mein Pharmaunternehmen verlassen.	❐	❐	❐	❐	❐	❐	❐
3.2. Mein Pharmaunternehmen ist ein fairer Anbieter von Gesundheitsleistungen.	❐	❐	❐	❐	❐	❐	❐
3.3. Ich fühle mich bei meinem Pharmaunternehmen gut aufgehoben.	❐	❐	❐	❐	❐	❐	❐
3.4. Die relevanten Möglichkeiten zur Kontaktierung meines Pharmaunternehmens sind mir bekannt.	❐	❐	❐	❐	❐	❐	❐
3.5. Die Informationsquellen meines Pharmaunternehmens sind mir vertraut.	❐	❐	❐	❐	❐	❐	❐
3.6. Mein Pharmaunternehmen ist ein vertrauenswürdiges Unternehmen.	❐	❐	❐	❐	❐	❐	❐

Die folgenden Fragenblöcke beziehen sich auf Ihr Pharmaunternehmen als Insulin-Lieferant für Ihre Diabetes-Erkrankung. Bitte geben Sie Ihren Zustimmungsgrad ab (1 – stimme ich völlig zu bis 7 – stimme ich überhaupt nicht zu).

	Stimme ich völlig zu						Stimme ich überhaupt nicht zu
	1	2	3	4	5	6	7
4.1. Die Qualität der Arzneimittelverpackung ist hochwertig.	☐	☐	☐	☐	☐	☐	☐
4.2. Die Qualität der Packungsbeilage ist hochwertig.	☐	☐	☐	☐	☐	☐	☐
4.3. Die Packungsbeilage ist verständlich.	☐	☐	☐	☐	☐	☐	☐
4.4. Die medizinische Sicherheit des Insulins ist hoch.	☐	☐	☐	☐	☐	☐	☐
4.5. Die Ansprechpartner meines Pharmaunternehmens sind stets erreichbar.	☐	☐	☐	☐	☐	☐	☐
4.6. Es existieren vielfältige Möglichkeiten, um mit meinem Pharmaunternehmen in Kontakt zu treten.	☐	☐	☐	☐	☐	☐	☐
4.7. Die Mitarbeiter meines Pharmaunternehmens besitzen umfangreiches Wissen hinsichtlich meiner Erkrankung.	☐	☐	☐	☐	☐	☐	☐

	Stimme ich völlig zu						Stimme ich überhaupt nicht zu
	1	2	3	4	5	6	7
5.1. Das Insulin wirkt zuverlässig.	☐	☐	☐	☐	☐	☐	☐
5.2. Das Insulin wirkt wie erwartet.	☐	☐	☐	☐	☐	☐	☐
5.3. Die regelmäßige Einnahme des Insulins ist unkompliziert.	☐	☐	☐	☐	☐	☐	☐
5.4. Die aus der Einnahme des Insulins resultierenden dauerhaften Nebenwirkungen sind niedrig.	☐	☐	☐	☐	☐	☐	☐
5.5. Mein Pharmaunternehmen trifft Maßnahmen zur Verbesserung meiner Krankheitssituation.	☐	☐	☐	☐	☐	☐	☐
5.6. Mein Pharmaunternehmen unterstützt mich während der Therapie.	☐	☐	☐	☐	☐	☐	☐
5.7. Mein Pharmaunternehmen informiert mich kontinuierlich über Neuigkeiten hinsichtlich meiner Erkrankung.	☐	☐	☐	☐	☐	☐	☐
5.8. Die unkomplizierte Einnahme des Insulins unterstützt mich bei der Vermeidung von Nebenwirkungen.	☐	☐	☐	☐	☐	☐	☐
5.9. Eine Verbesserung meines Gesundheitszustandes tritt schnell ein.	☐	☐	☐	☐	☐	☐	☐

	Stimme ich völlig zu						Stimme ich überhaupt nicht zu
	1	2	3	4	5	6	7
6.1. Das Insulin hat meine kurzfristige Krankheitssituation verbessert (z. B. erhöhte Konzentrationsfähigkeit, verminderter Harndrang, etc.).	☐	☐	☐	☐	☐	☐	☐
6.2. Das Insulin hat meine langfristige Krankheitssituation verbessert (z. B. Verbesserung der Lebensqualität).	☐	☐	☐	☐	☐	☐	☐
6.3. Das Insulin hat nur wenige Nebenwirkungen.	☐	☐	☐	☐	☐	☐	☐
6.4. Durch die Informationen meines Pharmaunternehmens hat sich meine Unsicherheit im Umgang mit meiner Krankheit reduziert.	☐	☐	☐	☐	☐	☐	☐
6.5. Durch die Informationen meines Pharmaunternehmens hat sich mein Wissensstand hinsichtlich meiner Erkrankung verbessert.	☐	☐	☐	☐	☐	☐	☐

15. Sind Sie Mitglied in einer Selbsthilfegruppe/Patientenorganisation?	
ja ☐	nein ☐

16. Wie ist der Kontakt mit Ihrem pharmazeutischen Unternehmen zustande gekommen (Packungsbeilage/Medikament ausgeschlossen)?	
Internet	☐
E-Mail	☐
Telefon	☐
Informationsveranstaltung	☐
Schulung	☐
Workshop, Seminar	☐
informative Werbung	☐
Informationsbroschüre	☐
redaktioneller Beitrag	☐
Tag der offenen Tür, Eröffnungen, etc.	☐
sonstiges	

17. Abschließend wollen wir Ihnen die Möglichkeit geben, völlig frei Kritik oder Lob zu äußern: • Gibt es Dinge, die Ihnen hinsichtlich Ihres Pharmaunternehmens positiv oder negativ auffallen? • Haben Sie eventuell Verbesserungsvorschläge oder Anregungen?

Vielen Dank für Ihre Mitarbeit!

Anlage 2: Zusammensetzung der Stichprobe

Alter	Stichprobe (in %)
bis 20 Jahre	0,4 %
20 bis 29 Jahre	1,5 %
30 bis 39 Jahre	9,5 %
40 bis 49 Jahre	20,2 %
50 bis 59 Jahre	26,0 %
60 bis 69 Jahre	31,3 %
70 bis 79 Jahre	10,3 %
über 79 Jahre	0,0 %
k. A.	0,8 %

Bildungsabschluss	Stichprobe (in %)
Kein Abschluss	2,7 %
Volks-/Hauptschulabschluss	29,8 %
Mittlere Reife	29,4 %
Abitur	5,3 %
Ausbildung	20,2 %
Universität/Fachhochschule	11,8 %
k. A.	0,8 %

Mitglied Selbsthilfegruppe	Stichprobe (in %)
ja	87,2 %
nein	12,8 %

Geschlecht	Stichprobe (in %)
männlich	48,1 %
weiblich	51,9 %

Kontakt zum Pharmaunternehmen	Stichprobe (in %)
Internet	15,3 %
E-Mail	5,7 %
Telefon	15,3 %
Informationsveranstaltung	54,2 %
Schulung	41,2 %
Workshop, Seminar	6,5 %
informative Werbung	12,2 %
Informationsbroschüre	28,6 %
redaktioneller Beitrag	6,1 %
Tag der offenen Tür etc.	19,5 %

Anzahl Schulungen	Stichprobe (in %)
0	4,6 %
1	22,1 %
2	23,7 %
3	14,1 %
4	11,4 %
5	5,0 %
6 bis 9	6,5 %
10 bis 19	9,2 %
≥ 20	0,4 %
k. A.	3,0 %

Diagnose Diabetes	Stichprobe (in %)
< ein Jahr	1,9 %
1 bis 2 Jahre	2,7 %
3 bis 4 Jahre	5,7 %
5 bis 9 Jahre	15,6 %
10 bis 14 Jahre	18,3 %
15 bis 19 Jahre	10,7 %
20 bis 24 Jahre	19,1 %
25 bis 29 Jahre	8,0 %
30 bis 34 Jahre	6,9 %
35 bis 39 Jahre	6,9 %
≥ 40 Jahre	3,8 %
k. A.	0,4 %

Arzneimittelnutzungsdauer	Stichprobe (in %)
< ein Jahr	1,9 %
1 bis 2 Jahre	15,3 %
3 bis 4 Jahre	15,7 %
5 bis 9 Jahre	28,6 %
10 bis 14 Jahre	19,9 %
15 bis 19 Jahre	5,3 %
20 bis 24 Jahre	8,8 %
25 bis 29 Jahre	1,5 %
30 bis 34 Jahre	0,4 %
≥ 35 Jahre	1,1 %
k. A.	1,5 %

Literaturverzeichnis

Ackermann, Thomas A./Nippe, Alex (2003): Intelligenz für das Kundenmanagement – Die Zusammenführung von Business-Analyse und CRM-Prozessen bei der Credit Suisse, in: Stadelmann, Martin/Wolter, Sven/Reinecke, Sven/Tomczak, Torsten (Hrsg.): Customer Relationship Management, Zürich 2003, S. 123-149.

Adler, Jost (1996): Informationsökonomische Fundierung von Austauschprozessen: Eine nachfrageorientierte Analyse, Wiesbaden 1996.

Ahlert, Dieter (1996): Distributionspolitik, 3. Aufl., Stuttgart u. a. 1996.

Akerlof, George A. (1970): The Market for 'Lemons': Quality Uncertainty and the Market Mechanism, in: The Quarterly Journal of Economics, Vol. 84 (1970), No. 3, S. 488-500.

Albach, Horst (1988): Kosten, Transaktionen und externe Effekte im betrieblichen Rechnungswesen, in: Zeitschrift für Betriebswirtschaft (ZfB), 58. Jg. (1988), Nr. 11, S. 1143-1170.

Albach, Horst (2003): Relationship Marketing und Wissensmanagement, in: Rese, Mario/Söllner, Albrecht/Utzig, Peter B. (Hrsg.): Relationship Marketing: Standortbestimmung und Perspektiven, Berlin u. a. 2003, S. 141-162.

Albrecht, Karl/Zemke, Ron (1985): Service America! Doing Business in the New Economy, Homewood 1985.

Aldrich, Howard E. (1976): Resource Dependence and Interorganizational Relations: Local Employment Service Offers and Social Services Sector Organizations, in: Administration and Society, Vol. 7 (1976), No. 4, S. 419-454.

Aldrich, Howard E./Pfeffer, Jeffrey (1976): Environments of Organizations, in: Inkeles, Alex/Coleman, James/Smelser, Neil (Hrsg.): Annual Review of Sociology, Palo Alto 1976, S. 79-105.

Algesheimer, René/Herrmann, Andreas/Dimpfel, Marcus (2004): Konsumenteninteraktionen – Relevanz und Implikationen, in: Bauer, Hans H./Rösger, Jürgen/Neumann, Marcus M. (Hrsg.): Konsumentenverhalten im Internet, München 2004, S. 173-188.

Alt, Rainer/Österle, Hubert/Puschmann, Thomas/Barak, Vladimir/Huber, Thomas (2003): Customer Relationship Management Architecture in the Pharmaceutical Industry, in: International Journal of Healthcare Technology and Management, Vol. 5 (2003), No. 3-5, S. 296-314.

Anderson, Erin/Weitz, Barton A. (1992): The Use of Pledges to Build and Sustain Commitment in Distribution Channels, in: Journal of Marketing Research, Vol. 29 (1992), No. 1, S. 18-34.

Anderson, Eugene W./Fornell, Claes/Lehmann, Donald (1994): Customer Satisfaction, Market Share, and Profitability: Findings from Sweden, in: Journal of Marketing, Vol. 58 (1994), No. 3, S. 53-66.

Anderson, Eugene W./Sullivan, Mary W. (1993): The Antecedents and Consequences of Customer Satisfaction for Firms, in: Marketing Science, Vol. 12 (1993), No. 2, S. 125-143.

Anderson, James C./Narus, James A. (1984): A Model of Distributor's Perspective of Distributor-Manufacturer Working Relationships, in: Journal of Marketing, Vol. 48 (1984), No. 4, S. 62-74.

Andrade, Steven/Andiel, Matthias (2003): Leveraging Customer Relationship Management Strategies to Deliver Greater Shareholder Value, in: Breuer, Robert/Becker, Werner/Fibig, Andreas (Hrsg.): Strategien für das Pharma-Management: Konzepte, Fallbeispiele, Entscheidungshilfen, 1. Aufl., Wiesbaden 2003, S. 183-196.

Apermann, Jens (2004): Online-Apotheken und e-Rezepte, in: Jähn, Karl/Nagel, Eckhard (Hrsg.): e-Health, Berlin u. a. 2004, S. 223-228.

Arenz, Thomas (1994): Strukturreform im Gesundheitswesen verändert die Anforderungen an das Pharma-Marketing, in: Blick durch die Wirtschaft, 37. Jg. (1994), Nr. 35, S. 7.

Arnold, Michael (1995): Solidarität 2000: Die medizinische Versorgung und ihre Finanzierung nach der Jahrtausendwende, 2., völlig überarb. Aufl., Stuttgart 1995.

Arnold, Ulli/Kultschytzky, Andreas (1995): Exploration der Kommunikationswirkungen von Sozio-Sponsoring, in: Marktforschung und Management, 39. Jg. (1995), Nr. 1, S. 15-20.

Arrow, Kenneth J. (1969): The Organization of Economic Activity: Issues Pertinent to the Choice of Market versus Non-market Allocation, in: The Analysis and Evolution of Public Expenditure: The PPB system, U.S. Joint Economic Committee, 91st Congress, Vol. 1 (1969), 1st Session, S. 59-73.

Arrow, Kenneth J. (1973): Information and Economic Behavior, Stockholm 1973.

Aydincioglu, Günay/Lauterbach, Karl W. (2001): Disease Management als Beteiligung und aktive Mitwirkung von Konsumenten und Patienten, in: Reibnitz, Christine von/Schnabel, Peter-Ernst/Hurrelmann Klaus (Hrsg.): Der mündige Patient: Konzepte zur Patientenberatung und Konsumentensouveränität im Gesundheitswesen, München u. a. 2001, S. 292-298.

Bach, Volker (2000): Customer-Relationship-Management in der Praxis: Erfolgreiche Wege zu kundenzentrierten Lösungen, Berlin u. a. 2000.

Backhaus, Klaus (1997): Relationship Marketing – Ein neues Paradigma im Marketing?, in: Bruhn, Manfred/Steffenhagen, Hartwig (Hrsg.): Marktorientierte Unternehmensführung: Reflexion – Denkanstöße – Perspektiven, Wiesbaden 1997, S. 19-36.

Backhaus, Klaus (1999): Industriegütermarketing, 6., überarb. Aufl., München 1999.

Backhaus, Klaus/Erichson, Bernd/Plinke, Wulff/Weiber, Rolf (1996): Multivariate Analysemethoden: Eine anwendungsorientierte Einführung, 8., verb. Aufl., Berlin 1996.

Badenhoop, Rolf (2001): Patientenbeziehungsmanagement: Ein Paradigmenwechsel kündigt sich an, in: Badenhoop, Rolf/Ryf, Balz (Hrsg.): Patient Relationship Management: CRM in der Life Sciences Industrie, 1. Aufl., Wiesbaden 2001, S. 13-25.

Badenhoop, Rolf/Ryf, Balz (2001): Patient Relationship Management: Die Rolle des Patienten in der Life-Sciences-Industrie, Studie Februar 2001, Cap Gemini Ernst & Young, Life Sciences, Bad Homburg 2001.

Badenhoop, Rolf/Sattlegger, Christian/Seiter, Simone (2003): Zwischen Disease Management und Patientenbindung, in: Pharma-Marketing Journal (PMJ), 28. Jg. (2003), Nr. 6, S. 208-211.

Badura, Bernhard (2001): Thesen zur Bürgerorientierung im Gesundheitswesen, in: Reibnitz, Christine von/Schnabel, Peter-Ernst/Hurrelmann Klaus (Hrsg.): Der mündige Patient: Konzepte zur Patientenberatung und Konsumentensouveränität im Gesundheitswesen, München u. a. 2001, S. 61-69.

Bagozzi, Richard P./Fornell, Claes (1982): Theoretical Concepts, Measurement, and Meaning, in: Fornell, Claes (Hrsg.): A Second Generation of Multivariate Analysis, New York 1982, S. 24-38.

Baier, Horst (1993): Das Arzneimittel im gesellschaftlichen Wertewandel, in: Ortwein, Ingeborg (Hrsg.): Mensch und Medikament: Die Pharmaindustrie im Spannungsfeld der Gesellschaft, München 1993, S. 290-300.

Balkrishnan, R./Norwood, G. J./Anderson, A. (1998): Outcomes and Cost Benefits Associated with the Introduction of Inhaled Corticosteroid Therapy in a Medicaid Population of Asthmatic Patients, in: Clinical Therapeutics, Vol. 20 (1998), No. 3, S. 567-580.

Bänsch, Axel (1993): Charakterisierung und Arten von Sales Promotion, in: Berndt, Ralph/Hermanns, Arnold (Hrsg.): Handbuch Marketing-Kommunikation: Strategien, Instrumente, Perspektiven; Werbung, Sales Promotions, Public Relations, Corporate Identity, Sponsoring, Product Placement, Messen, Persönlicher Verkauf, Wiesbaden 1993, S. 563-575.

Bänsch, Axel (1998): Verkaufspsychologie und Verkaufstechnik, 7., überarb. Aufl., München u. a. 1998.

Bänsch, Axel (2002): Käuferverhalten, 9., durchges. und erg. Aufl., München u. a. 2002.

Barmsen, Ingo/Nikolin, Helmut (2005): Wie die Deutschen ihre Ärzte schlauer machen wollen, in: Pharma-Marketing Journal (PMJ), 30. Jg. (2005), Nr. 1, S. 33-34.

Bartlett, Edward E. (1995): Cost Benefit Analysis of Patient Education, in: Patient Education and Counseling, Vol. 26 (1995), No. 2, S. 87-91.

Bauer, Hans H./Falk, Tomas/Hammerschmidt, Maik (2003): Kundenbindung durch Servicequalität im Internet, in: Bauer, Hans H./Rösger, Jürgen/Neumann, Marcus M. (Hrsg.): Konsumentenverhalten im Internet, München 2004, S. 415-434.

Bauer, Hans H./Falk, Tomas/Hammerschmidt, Maik (2004): Messung und Konsequenzen von Servicequalität im E-Commerce: Eine empirische Analyse am Beispiel des Internet-Banking, in: Marketing ZFP, 26. Jg. (2004), Spezialausgabe „Dienstleistungsmarketing“, S. 45-57.

Bauer, Hans H./Fischer, Marc/Pfahlert, Volker (2000): Wieviel Wert schaffen Late Mover Produkte in der Pharmaindustrie?, Management Arbeitspapier Nr. M 55, Institut für Marktorientierte Unternehmensführung, Universität Mannheim, Mannheim 2000.

Bauer, Hans H./Fischer, Marc/Verspagen, Robert (1999): Determinanten des „Line Extension"-Erfolges, Ergebnisse einer empirischen Studie, in: PharmInd, 61. Jg. (1999), Nr. 9, S. 796-803.

Bauer, Hans H./Grether, Mark/Leach, Mark (2002): Building Customer Relations over the Internet, in: Industrial Marketing Management, Vol. 31 (2002), No. 2, S. 155-163.

Bauer, Hans H./Hammerschmidt, Maik (2001): Finanzportale im Internet: Geschäftsmodell, Kundenbindungspotenziale und Qualitätsanforderungen, Management Arbeitspapier Nr. M 64, Institut für Marktorientierte Unternehmensführung, Universität Mannheim, Mannheim 2001.

Bauer, Hans H./Hammerschmidt, Maik (2004a): Beziehungsmarketing für elektronische Business-to-Business-Marktplätze, in: der markt, 43. Jg. (2004), Nr. 3-4, S. 91-105.

Bauer, Hans H./Hammerschmidt, Maik (2004b): Kundenzufriedenheit und Kundenbindung bei Internet-Portalen – Eine kausalanalytische Studie, in: Bauer, Hans H./Rösger, Jürgen/Neumann, Marcus M. (Hrsg.): Konsumentenverhalten im Internet, München 2004, S. 189-214.

Bauer, Hans H./Hammerschmidt, Maik (2005): Die Beurteilung der Qualität von Finanzportalen aus Nutzersicht - Eine empirische Analyse, in: Petzel, Erhard (Hrsg.): E-Finance: Strategien und Geschäftsmodelle nach dem Internet-Hype, Wiesbaden 2005, S. 709-733.

Bauer, Hans H./Hammerschmidt, Maik/Elmas, Özcan (2003): Messung und Steuerung der Kundenbindung bei Internet-Portalen, Wissenschaftliches Arbeitspapier Nr. W 65, Institut für Marktorientierte Unternehmensführung, Universität Mannheim, Mannheim 2003.

Bauer, Hans H./Huber, Frank (1997a): Das Management der Schnittstelle F&E/Marketing: Empirische Ergebnisse über die Erfolgsrelevanz des Einsatzes von Marketing-Analyse-Instrumenten, Institut für Marktorientierte Unternehmensführung, Universität Mannheim, Mannheim 1997.

Bauer, Hans H./Huber, Frank (1997b): Der Wert der Marke, Arbeitspapier Nr. 120, Institut für Marketing, Universität Mannheim, Mannheim 1997.

Bauer, Hans H./Huber, Frank (1998a): Warum die Markenpolitik auch über 2000 hinaus wirkt, 1. Teil, in: Markenartikel, 60 Jg. (1998), Nr. 1, S. 36-41.

Bauer, Hans H./Huber, Frank (1998b): Warum die Markenpolitik auch über 2000 hinaus wirkt, 2. Teil, in: Markenartikel, 60 Jg. (1998), Nr. 2, S. 40-44.

Bauer, Hans H./Keller, Thomas (2000): Arzneimittelversorgung in Gesundheitsnetzen: Das 3-Schalen-Modell konzeptionell nutzen, in: Pharma-Marketing Journal (PMJ), 25. Jg. (2000), Nr. 2, S. 49-53.

Bauer, Hans H./Keller, Thomas/Hahn, Olaf K. (2002): Die Messung der Patientenzufriedenheit, Wissenschaftliches Arbeitspapier Nr. W 59, Institut für Marktorientierte Unternehmensführung, Universität Mannheim, Mannheim 2002.

Bauer, Hans H./Leach, Mark/Grether, Mark (1998): Der Beitrag des Internet zum Relationship Marketing, Wissenschaftliches Arbeitspapier Nr. W 23, Institut für Marktorientierte Unternehmensführung, Universität Mannheim, Mannheim 1998.

Bauer, Hans H./Neumann, Marcus M./Hoffmann, Yasmin (2004): Internationale Kundensegmentierung im elektronischen Handel – Eine interkulturelle Untersuchung –, in: Bauer, Hans H./Rösger, Jürgen/Neumann, Marcus M. (Hrsg.): Konsumentenverhalten im Internet, München 2004, S. 59-79.

Bauer, Hans H./Neumann, Marcus M./Huber, Frank/Hölzing, Jörg A. (2004): Relevanz und Kausalitäten von Konsumentenvertrauen im Internet, in: Bauer, Hans H./Rösger, Jürgen/Neumann, Marcus M. (Hrsg.): Konsumentenverhalten im Internet, München 2004, S. 3-21.

Bauer, Hans H./Roscher, Roland (2000): Gesundheitsökonomische Evaluationen als Instrument des Pharmamarketing am Beispiel von Diagnostika, Arbeitspapier Management Know-how Nr. M 53, Institut für Marktorientierte Unternehmensführung, Universität Mannheim, Mannheim 2000.

Bauer, Hans H./Rösger, Jürgen/Valtin, Alexandra (2004): Nutzenorientierte Markenführung im Internet, in: Bauer, Hans H./Rösger, Jürgen/Neumann, Marcus M. (Hrsg.): Konsumentenverhalten im Internet, München 2004, S. 297-312.

Bauer, Hans H./Sauer, Nicola E./Wagner, Simone (2003): Event-Marketing: Handlungsempfehlungen zur erfolgreichen Gestaltung von Events auf Basis der Werthaltungen von Eventbesuchern, Management Arbeitspapier Nr. M 79, Institut für Marktorientierte Unternehmensführung, Universität Mannheim, Mannheim 2003.

Baum, Andreas/Stalzer, Helmar E. (1991): Event-Marketing liegt im Trend: Kommunikation zum Anfassen macht Information zum Ereignis, in: Marktforschung und Management, 35. Jg. (1991), Nr. 3, S. 113-116.

Baum, Erika/Donner-Banzhoff, Norbert/Spangenberg, Ellen/Platt, Barbara (1996): Erwartungen der Patienten und ärztliches Handeln in Allgemeinpraxen, in: Lang, Erich/Arnold, Klaus (Hrsg.): Die Arzt-Patient-Beziehung im Wandel, Stuttgart 1996, S. 137-150.

Baumberger, Jürg (2001): So funktioniert Managed Care: Anspruch und Wirklichkeit der integrierten Gesundheitsversorgung in Europa, Stuttgart 2001.

Baur, Axel/Frerker, Markus/Rohrwild, Markus/Saatkamp, Jörg (2002): Global Branding in der Pharma-Industrie, McKinsey Health 2002, Nr. 1, S. 44-54.

Bausch, Jürgen (2000): Arzneimittelinnovationen im Spannungsfeld zwischen Versorgung und Budgetierung, in: Klauber, Jürgen/Schröder, Helmut/Selke, Gisbert W. (Hrsg.): Innovation im Arzneimittelmarkt, Berlin u. a. 2000, S. 131-143.

Baxter, Leslie A. (1985): Accomplishing Relationship Disengagement, in: Duck, Steve/Perlman, Daniel (Hrsg.): Understanding Personal Relationships, London 1985, S. 243-265.

Beauchamp, Tom L./Childress, James F. (1994): Principles of Biomedical Ethics, New York 1994.

Becker, Helmut F. (1992): Kommunikations-Strategien im Pharma-Markt: Verhaltenswissenschaftliche Ansätze zur Ärzte- und Patienten-Ansprache im Markt für verschreibungspflichtige Präparate, Heidelberg 1992.

Becker, Jochen (2002): Marketing-Konzeption: Grundlagen des ziel-strategischen und operativen Marketing-Managements, 7., überarb. und erg. Aufl., München 2002.

Becker, Werner (2000): Innovative Pharmakommunikation im Internet-Zeitalter, Wiesbaden 2000.

Becker, Werner (2003): Effizientes Management der Kundenbeziehungen im verschreibungspflichtigen Markt, in: Breuer, Robert/Becker, Werner/Fibig, Andreas (Hrsg.): Strategien für das Pharma-Management: Konzepte, Fallbeispiele, Entscheidungshilfen, 1. Aufl., Wiesbaden 2003, S. 143-164.

Behrens, Karl C. (1976): Absatzwerbung, 2., überarb. u. erw. Aufl., Wiesbaden 1976.

Bell, Robert A./Kravitz Richard L/Wilkes, Michael S. (1999): Direct-to-Consumer Prescription Drug Advertising and the Public, in: Journal of General Internal Medicine, Vol. 14 (1999), No. 11, S. 651-657.

Belser, Urs (2001): Patient Relationship Management: Einige Gedanken aus Sicht des Datenschutzes, in: Badenhoop, Rolf/Ryf, Balz (Hrsg.): Patient Relationship Management: CRM in der Life Sciences Industrie, 1. Aufl., Wiesbaden 2001, S. 137-145.

Bensberg, Frank (2000): Web Log Mining als Instrument der Marketingforschung in internetbasierten Märkten: Ein systemgestaltender Ansatz, Westfälische Wilhelms-Universität Münster, Münster 2000.

Berekoven, Ludwig/Eckert, Werner/Ellenrieder, Peter (1999): Marktforschung: Methodische Grundlagen und praktische Anwendung, 8., überarb. Aufl., Wiesbaden 1999.

Berger, Michael/Mühlhauser, Ingrid/Jörgens, Viktor (2002): Evaluation der Versorgung bei Typ I Diabetes Patienten, in: Badura, Bernhard/Siegrist, Johannes (Hrsg.): Evaluation im Gesundheitswesen: Ansätze und Ergebnisse, 2. Aufl., München u. a. 2002, S. 295-302.

Bernard, Stan (1995): Disease Management – A Pharmaceutical Industry Perspective, in: Pharmaceutical Executive, 15. Jg. (1995), Nr. 3, S. 48-60.

Bernecker, Michael/Hüttl, Florian (2003): Kundenclubs, in: Helmke, Stefan/Uebel, Matthias F./Dangelmaier, Wilhelm (Hrsg.): Effektives Customer Relationship Management: Instrumente – Einführungskonzepte – Organisation, 3., überarb. und erw. Aufl., Wiesbaden 2003, S. 155-177.

Berres, Anita (1997): Marketing und Vertrieb mit dem Internet: Ein Leitfaden für mittelständische Unternehmen, Berlin u. a. 1997.

Berry, Leonard L. (1987): Big Ideas in Services Marketing, in: The Journal of Services Marketing, Vol. 1 (1987), No. 1, S. 5-9.

Berry, Leonard L. (1995): Relationship Marketing of Services – Growing Interest, Emerging Perspectives, in: Journal of the Academy of Marketing Science, Vol. 23 (1995), No. 4, S. 236-245.

Berry, Leonard L. (1996): Top-Service: Im Dienst am Kunden, Stuttgart 1996.

Berry, Leonard T. (1980): Service Marketing is Different, in: Business, Vol. 30 (1980), No. 5-6, S. 24-29.

Berry, Leonard T. (1983): Relationship Marketing, in: Berry, Leonard T./Shostak, Lynn G./Upah, Gregory D. (Hrsg.): Emerging Perspectives on Services Marketing, Chicago 1983, S. 25-28.

Bertalanffy, Karl-Ludwig von (1949): Zu einer allgemeinen Systemlehre, in: Biologia Generalis, Bd. 19, S. 114-129.

Bertsch, Klaus (2002): Die Rolle der medizinisch-wissenschaftlichen Abteilungen: Fachliche Betreuung im Lebenszyklus eines Medikaments, in: Schöffski, Oliver/Fricke, Frank-Ulrich/Guminski, Werner/Hartmann, Wolfgang (Hrsg.): Pharmabetriebslehre, Berlin u. a. 2002, S. 293-310.

Bertsche, Thilo/Schulz, Martin (2004): Pharmazeutische Betreuung verbessert die Compliance, in: Pharmazeutische Zeitung, 149. Jg. (2004), Nr. 29, S. 39-42.

Beutin, Nikolas (2003a): Kundenbindung durch Value-Added Services, in: Bruhn, Manfred/Homburg, Christian (Hrsg.): Handbuch Kundenbindungsmanagement: Grundlagen, Konzepte, Erfahrungen, 4., überarb. und erw. Aufl., Wiesbaden 2003, S. 293-307.

Beutin, Nikolas (2003b): Verfahren zur Messung der Kundenzufriedenheit, in: Homburg, Christian (Hrsg.): Kundenzufriedenheit: Konzepte – Methoden – Erfahrungen, 5., überarb. Aufl., Wiesbaden 2003, S. 115-151.

Bezold, Thomas (1996): Zur Messung der Dienstleistungsqualität: Eine theoretische und empirische Studie zur Methodenentwicklung unter besonderer Berücksichtigung des ereignisorientierten Ansatzes, Frankfurt a. M. u. a. 1996.

Bickenbach, Matthias/Maye, Harun (1997): Zwischen fest und flüssig: Das Medium Internet und die Entdeckung seiner Metaphern, in: Gräf, Lorenz/Krajewski, Markus (Hrsg.): Soziologie des Internet: Handeln im elektronischen Web-Werk, Frankfurt a. M. u. a. 1997, S. 80-98.

Bieberstein, Ingo (2001): Dienstleistungs-Marketing, 3. Aufl., Ludwigshafen (Rhein) u. a. 2001.

Bieger, Thomas (2000): Dienstleistungs-Management – Einführung in Strategien und Prozesse bei persönlichen Dienstleistungen, 2. Aufl., Bern 2000.

Biter, Horst (2004): Zulässigkeit und Inhalt von Kooperationsvereinbarungen zwischen pharmazeutischer Industrie und GKV, in: Pharma Recht, 26. Jg. (2001), Nr. 4, S. 141-145.

Bitner, Mary J. (1990): Evaluating Service Encounters: The Effects of Physical Surroundings and Employee Responses, in: Journal of Marketing, Vol. 54 (1990), No. 2, S. 69-82.

Bitner, Mary Jo/Faranda, William T./Hubbert, Amy R./Zeithaml, Valarie A. (1996): Quality and Productivity in Service Experiences: Customers' Roles, in: Edvardsson, Bo/Brown, Stephen W./Johnston, Robert/Scheuing, Eberhard E. (Hrsg.): Advancing Service Quality: A Global Perspective, New York 1996, S. 289-298.

Blattberg, Robert C./Deighton, John (1997): Aus rentablen Kunden vollen Nutzen ziehen, in: Harvard Business Manager, 19. Jg. (1997), Nr. 1, S. 24-32.

Blechschmidt, Jutta (2003): Der Arzneimittelmarkt in Deutschland: Handlungsbedarf aus Herstellerperspektive, in: Breuer, Robert/Becker, Werner/Fibig, Andreas (Hrsg.): Strategien für das Pharma-Management: Konzepte, Fallbeispiele, Entscheidungshilfen, 1. Aufl., Wiesbaden 2003, S. 13-21.

Bletzer, Silke (1998): Pharma-Unternehmen und Gesundheitsmanagement: Strategische Diversifizierung durch Dienstleistungen, Wiesbaden 1998.

Bliemel, Friedhelm W./Eggert, Andreas (1998): Kundenbindung – Die neue Sollstrategie?, in: Marketing ZFP, 20. Jg. (1998), Nr. 1, S. 37-48.

Blohm, Hans/Lüder, Klaus (1995): Investition, 8., aktualisierte u. erg. Aufl., München 1995.

Bogaschewsky, Ronald (1995): Vertikale Kooperationen, Erklärungsansätze der Transaktionskostentheorie und des Beziehungsmarketing, in: Kaas, Klaus P. (Hrsg.): Kontrakte, Geschäftsbeziehungen, Netzwerke – Marketing und neue Institutionenökonomik, Düsseldorf 1995, S. 159-177.

Bögel, Gerd/Herrmann, Manfred (2003): Selektions- und Targetingkonzepte als Ausgangspunkt für effiziente Marketingstrategien, in: Breuer, Robert/Becker, Werner/Fibig, Andreas (Hrsg.): Strategien für das Pharma-Management: Konzepte, Fallbeispiele, Entscheidungshilfen, 1. Aufl., Wiesbaden 2003, S. 165-181.

Boger, Horst W. (1986): Der empirische Gehalt der Austauschtheorie von Georg Casper Homans, Berlin 1986.

Bonnemann, Carla/Reibnitz, Christine von (2001): Patientenschulung in der Rheumatologie, in: Reibnitz, Christine von/Schnabel, Peter-Ernst/Hurrelmann Klaus (Hrsg.): Der mündige Patient: Konzepte zur Patientenberatung und Konsumentensouveränität im Gesundheitswesen, München u. a. 2001, S. 201-212.

Booms, Bernhard H./Bitner, Mary J. (1982): Marketing Strategies and Organization Structures for Service Firms, in: Donnelly, James/George, William R. (Hrsg.): Marketing of Services, Chicago 1982, S. 47-51.

Borden, Neil H. (1964): The Concept of the Marketing Mix, in: Journal of Advertising Research, Vol. 4 (1964), No. 6, S. 2-7.

Bornewasser, Manfred (1986): Einführung in die Sozialpsychologie, 3. Aufl., Heidelberg u. a. 1986.

Borowy, Oliver (2003): Juristisches Umfeld für den Produktmanager – Wichtige Aspekte, gefährliche Fallstricke, in: Trilling, Thomas (Hrsg.): Pharmamarketing: Ein Leitfaden für die tägliche Praxis, Berlin u. a. 2003, S. 63-87.

Bowen, David E./Lawler, Edward E. (2003): Empowerment von Mitarbeitern in Dienstleistungsunternehmen, in: Payne, Adrian/Rapp, Reinhold (Hrsg.): Handbuch Relationship Marketing: Konzeption und erfolgreiche Umsetzung, 2., völlig überarb. u. erw. Aufl., München 2003, S. 273-291.

Bradach, Jeffrey L./Eccles, Robert G. (1989): Price, Authority, and Trust: From Ideal Types to Plural Forms, in: Annual Review of Sociology, Vol. 15 (1989), S. 97-118.

Brandt, Randall D. (1988): How Service Marketers Can Identify Value-Enhancing Service Elements, in: The Journal of Services Marketing, Vol. 2 (1988), No. 3, S. 35-41.

Braun, Stephan (1999): Die Prozeßkostenrechnung: Ein fortschrittliches Kostenrechnungssystem?, 3., überarb. Aufl., Sternenfels 1999.

Brenner, Gerhard/Kerek-Bodden, Hedwig E. (1993): Die schichtenspezifische Inanspruchnahme von Medikamenten, in: Ortwein, Ingeborg (Hrsg.): Mensch und Medikament: Die Pharmaindustrie im Spannungsfeld der Gesellschaft, München 1993, S. 94-130.

Brey, Roland (2004): Public e-Health, in: Jähn, Karl/Nagel, Eckhard (Hrsg.): e-Health, Berlin u. a. 2004, S. 198-205.

Breyer, Friedrich/Zweifel, Peter/Kifmann, Mathias (2003): Gesundheitsökonomie, 4., neubearb. u. erw. Aufl. Berlin u. a. 2003.

Brockhoff, Klaus (1995): Der Innovationsaufwand in Unternehmen der forschenden Pharma-Industrie, in: Herzog, Richard (Hrsg.): F-&-E-Management in der Pharma-Industrie, Aulendorf 1995, S. 287-300.

Brucksch, Michael M. (2004): e-Business Optionen für die Life-Science Industrie, in: Jähn, Karl/Nagel, Eckhard (Hrsg.): e-Health, Berlin u. a. 2004, S. 263-268.

Bruhn, Manfred (1995): Integrierte Unternehmenskommunikation: Ansatzpunkte für eine strategische und operative Umsetzung integrierter Kommunikationsarbeit, 2., überarb. u. erw. Aufl., Stuttgart 1995.

Bruhn, Manfred (1999): Internes Marketing: Integration der Kunden- und Mitarbeiterorientierung: Grundlagen – Implementierung – Praxisbeispiele, 2., überarb. u. erw. Aufl. Wiesbaden 1999.

Bruhn, Manfred (2001a): Relationship Marketing: das Management von Kundenbeziehungen, München 2001.

Bruhn, Manfred (2001b): Qualitätsmanagement für Dienstleistungen: Grundlagen – Konzepte – Methoden, 3. Aufl., Berlin u. a. 2001.

Bruhn, Manfred (2002): Customer Relationship Management – Die personellen und organisatorischen Anforderungen, in: Zeitschrift für Führung und Organisation (ZFO), 71. Jg. (2002), Nr. 3, S. 132-140.

Bruhn, Manfred (2003a): Kommunikationspolitik: systematischer Einsatz der Kommunikation für Unternehmen, 2., völlig überarb. Aufl., München 2003.

Bruhn, Manfred (2003b): Kundenorientierung: Bausteine eines exzellenten Unternehmens, 2., völlig überarb. Aufl., München 2003.

Bruhn, Manfred/Bunge, Bettina (1994): Beziehungsmarketing – Neuorientierung für Marketingwissenschaft und -praxis?, Arbeitspapier des Instituts für Marketing an der European Business School, Nr. 15, Rheingau 1994.

Bruhn, Manfred/Georgi, Dominik (2003): Wirtschaftlichkeit des Kundenbindungsmanagement, in: Bruhn, Manfred/Homburg, Christian (Hrsg.): Handbuch Kundenbindungsmanagement: Grundlagen, Konzepte, Erfahrungen, 4., überarb. und erw. Aufl., Wiesbaden 2003, S. 577-609.

Brunner, Jürgen (2003): CRM als Bestandteil einer wertorientierten Unternehmensführung, in: Stadelmann, Martin/Wolter, Sven/Reinecke, Sven/Tomczak, Torsten (Hrsg.): Customer Relationship Management, Zürich 2003, S. 81-96.

Büker, Bernd (1991): Qualitätsbeurteilung investiver Dienstleistungen, in: Meffert, Heribert (Hrsg.): Schriften zu Marketing und Management, Bd. 17, Frankfurt a. M. 1991.

Bundesverband der Pharmazeutischen Industrie (1995): Pharma-Daten 1995, 25., überarbeitete Auflage, Berlin 1995.

Bundesverband der Pharmazeutischen Industrie (2004): Pharma-Daten 2004, 34., überarbeitete Auflage, Berlin 2004.

Bürger, Claudia (2003): Patientenorientierte Information und Kommunikation im Gesundheitswesen, München 2003.

Burkard, Ingrid (2002): Globales Marketing, in: Burkard, Ingrid (Hrsg.): Praxis des Pharmamarketing, Weinheim 2002, S. 243-260.

Burri, Markus (2003): Neues Geschäftsmodell zur Zukunftssicherung: Bis 2010 Wachstumsrate von lediglich 5,3 %, in: Pharma-Marketing Journal (PMJ), 28. Jg. (2003), Nr. 1, S. 25-28.

Burton, Stephan L./Randel, Lauren/Titlow, Karen/Ezekiel, Emanuel J. (2001): The Ethics of Pharmaceutical Benefit Management, in: Health Affairs, Vol. 20 (2001), No. 5, S. 150-163.

Butscher, Stephan (1997): Kundenclubs als modernes Marketinginstrument: Kritische Analyse und Einsatzmöglichkeiten, 3. Aufl., Ettlingen 1997.

Buzzell, Robert D./Gale, Bradley T./Greif, Hans-Herbert (1989): Das PIMS-Programm: Strategien und Unternehmenserfolg, Wiesbaden 1989.

Capgemini (2004a): Patient Relationship Management – Programme für Pharmaunternehmen in Deutschland, o. O. 2004.

Capgemini (2004b): Patientenbindung in der Pharmaindustrie, Unterlagen zum Vortrag vom 25. Oktober in Mainz 2004.

Capgemini Ernst & Young (2003): Vision & Reality Survey 2003: Prescriptions for the Smart & Lean Pharmaceutical Company, o. O. 2003.

Caruana, Albert (2002): Service Loyalty – The Effects of Service Quality and the Mediating Role of Customer Satisfaction, in: European Journal of Marketing, Vol. 36 (2002), No. 7-8, S. 811-828.

Charnock, Deborah (2000): Das Discern-Handbuch, Qualitätskriterien für Patienteninformationen über Behandlungsalternativen, Nutzerleitfaden und Schulungsmittel, Berlin u. a. 2000.

Churchill, Gilbert A. (1979): A Paradigm of Developing Better Measures of Marketing Constructs, in: Journal of Marketing Research, Vol. 16 (1979), No. 2, S. 64-73.

Churchill, Gilbert A./Peter, Paul J. (1984): Research Design Effects on the Reliability of Rating Scales: A Meta-Analysis, in: Journal of Marketing Research, Vol. 21 (1984), No. 4, S. 360-375.

Ciocarelli, Martin/Anderegg, Roland (2003): Kundenorientiertes Kontaktmanagement bei der Züricher Kantonalbank, in: Stadelmann, Martin/Wolter, Sven/Reinecke, Sven/Tomczak, Torsten (Hrsg.): Customer Relationship Management, Zürich 2003, S. 247-258.

Claes, Christa/Mahlfeld, Yvonne (1999): Disease Management und Pharmaindustrie, Diskussionspapier Nr. 21, Forschungsstelle für Gesundheitsökonomie und Gesundheitssystemforschung, Universität Hannover, Hannover 1999.

Clark, Moira/Peck, Helen/Christopher, Martin/Payne, Adrian (2003a): Vom funktionsorientierten Marketing zur prozessorientierten Marketingkette, in: Payne, Adrian/Rapp, Reinhold (Hrsg.): Handbuch Relationship Marketing: Konzeption und erfolgreiche Umsetzung, 2., völlig überarb. u. erw. Aufl., München 2003, S. 29-44.

Clark, Moira/Peck, Helen/Christopher, Martin/Payne, Adrian (2003b): Personalbeschaffung und interne Märkte, in: Payne, Adrian/Rapp, Reinhold (Hrsg.): Handbuch Relationship Marketing: Konzeption und erfolgreiche Umsetzung, 2., völlig überarb. u. erw. Aufl., München 2003, S. 231-251.

Clifford, Donald K./Cavanagh, Richard E. (1985): The Winning Performance: How America's High-growth Midsize Companies Succeed, New York u. a. 1985.

Coase, Ronald H. (1937): The Nature of the Firm, in: Economica, Vol. 4 (1937), No. 16, S. 386-405.

Codd, Edgar F./Codd, Sharon B./Salley, Clynch T. (1993): Providing OLAP (On-Line Analytical Processing) to User-Analysts: An IT Mandate, White Paper, E.F. Codd and Associates, Sunnyvale 1993.

Collins, Brett/Payne, Adrian (2003): Internes Marketing: Eine neue Perspektive für das Human Resource Management, in: Payne, Adrian/Rapp, Reinhold (Hrsg.): Handbuch Relationship Marketing: Konzeption und erfolgreiche Umsetzung, 2., völlig überarb. u. erw. Aufl., München 2003, S. 252-271.

Commons, John R. (1931): Institutional Economics, in: The American Economic Review, Vol. 21 (1931), No. 4, S. 648-657.

Cornelsen, Jens (1998): Kundenbewertung mit Referenzwerten: Theorie und Ergebnisse des Kooperationsprojektes 'Kundenwert' in Zusammenarbeit mit der GfK AG, Nürnberg, Arbeitspapier Nr. 64 der Universität Erlangen-Nürnberg, Betriebswirtschaftliches Institut, Lehrstuhl für Marketing, Nürnberg 1998.

Cornelsen, Jens (2000): Kundenwertanalysen im Beziehungsmarketing: Theoretische Grundlegung und Ergebnisse einer empirischen Studie im Automobilbereich, Nürnberg 2000.

Cornelsen, Jens (2001): Finden Sie heraus, welche Kundenwerte wirklich wachsen, in: absatzwirtschaft, 44. Jg. (2001), Nr. 11, S. 56-59.

Correll, Werner (1990): Menschen durchschauen und richtig behandeln, Psychologie für Beruf und Familie, 10. Aufl., München 1990.

Correll, Werner (1991): Motivation und Überzeugung in Führung und Verkauf, 6. Aufl., Landsberg am Lech 1991.

Corsten, Hans (1988): Dienstleistungen in produktionstheoretischer Interpretation, in: Das Wirtschaftsstudium (WISU), 17. Jg. (1988), Nr. 2, S. 16-41.

Corsten, Hans (1990): Betriebswirtschaftslehre der Dienstleistungsunternehmungen: Einführung, 2., durchges. Aufl.. München u. a. 1990.

Corsten, Hans (2000): Der Integrationsgrad des externen Faktors als Gestaltungsparameter in Dienstleistungsunternehmen – Voraussetzungen und Möglichkeiten der Externalisierung und Internalisierung, in: Bruhn, Manfred/Stauss, Bernd (Hrsg.): Dienstleistungsqualität – Konzepte, Methoden, Erfahrungen, 3., vollständig überarb. u. erw. Aufl., Wiesbaden 2000, S. 145-168.

Crisand, Marcel (1996): Pharma-Trends und innovatives Pharma-Marketingmanagement – Strategische Neuausrichtung einer ärztegerichteten Marketingkonzeption, Wiesbaden 1996.

Cronin Joseph J./Taylor, Steven A. (1994): SERVPERF Versus SERVQUAL: Reconciling Performance-Based and Perceptions-Minus-Expectations Measurement of Service Quality, in: Journal of Marketing, Vol. 58 (1994), No. 1, S. 125-131.

Cronin, Joseph J./Taylor, Steven A. (1992): Measuring Service Quality: A Re-Examination and Extension, in: Journal of Marketing, Vol. 56 (1992), No.3, S. 55-69.

Crosby, Lawrence A./Evans, Kenneth R./Cowles, Deborah. (1990): Relationship Quality in Services Selling: An Interpersonal Influence Perspective, in: Journal of Marketing, Vol. 54 (1990), No. 3, S. 68-81.

Cueni, Thomas B. (2001): Der informierte Patient, in: Badenhoop, Rolf/Ryf, Balz (Hrsg.): Patient Relationship Management: CRM in der Life Sciences Industrie, 1. Aufl., Wiesbaden 2001, S. 147-153.

Cutlip, Scott M./Center, Allen H./Broom, Glen M. (1985): Effective Public Relations, 6. Aufl., Englewood Cliffs, NJ 1985.

Dagi, T. Forcht/Mayes, Jay (1998): Mergers and Acquisitions, in: Isenberg, Steven F. (Hrsg.): Managed Care, Outcomes, and Quality: A Practical Guide, New York 1998, S. 295-314.

Dallmer, Heinz (2002): Das Handbuch Direct Marketing & More, 8., völlig überarb. Aufl., Wiesbaden 2002, S. 3-32.

Dambacher, Erich/Schöffski, Oliver (2002): Vertriebswege und Vertriebswegeentscheidungen, in: Schöffski, Oliver/Fricke, Frank-Ulrich/Guminski, Werner/ Hartmann, Wolfgang (Hrsg.): Pharmabetriebslehre, Berlin u. a. 2002, S. 243-255.

Darby, Michael R./Karni, Edi (1973): Free Competition and the Optimal Amount of Fraud, in: Journal of Law and Economics, Vol. 16 (1973), No. 1, S. 67-88.

Dastani, Parsis (2001): Auswahl und Bedeutung von Hard- und Softwarekomponenten im Customer Relationship Management, in: Link, Jörg (Hrsg.): Customer Relationship Management: Erfolgreiche Kundenbeziehungen durch integrierte Informationssysteme, Berlin u. a. 2001, S. 171-212.

De Alessi, Luis (1983): Property Rights, Transaction Costs, and X-Efficiency: An Essay in Economic Theory, in: The American Economic Review, Vol. 73 (1983), No. 1, S. 64-81.

De Goijer (2001): Krankenhausmanagement im Dritten Jahrtausend: Rückblick und Vorausschau aus europäischer Sicht, in: Pharma-Marketing Journal (PMJ), 26. Jg. (2001), Nr. 2, S. 68-69.

Delamothe, Tony (2000): Quality of Websites: Kitemarking the West Wind, in: British Medical Journal (BMJ), Vol. 321 (2000), No. 7265, S. 843-844.

Denz, M. D. (2001): "Neue Technologien": Mit E-health von High-tech zu High-touch, in: Schweizerische Ärztezeitung, 82. Jg. (2001), Nr. 42, S. 2251-2256.

Deutz, Wolfgang (1999): Marketing als Erfolgsfaktor im Krankenhausmanagement, Frankfurt a. M. u. a. 1999.

Dézsy, Josef/Schwanzer, Hans (1993): Einführung in das Krankenanstaltenmanagement: Der Betrieb Krankenhaus und seine Stellung im Gesundheitswesen, New York u. a. 1993.

Diamantopoulos, Adamantios/Winklhofer, Heidi M. (2001): Index Construction with Formative Indicators: An Alternative to Scale Development, in: Journal of Marketing Research, Vol. 38 (2001), No. 2, S. 269–278.

Dichtl, Erwin (1992): Grundidee, Varianten und Funktionen der Markierung von Waren und Dienstleistungen, in: Dichtl, Erwin/Eggers, Walter (Hrsg.): Marke und Markenartikel als Instrumente des Wettbewerbs, München 1992, S. 1-24.

Dichtl, Erwin/Schneider, Willy (1994): Kundenzufriedenheit im Zeitalter des Beziehungsmanagement, in: Belz, Christian/Schögel, Marcus/Kramer, Markus (Hrsg.): Lean Management und Lean Marketing, St. Gallen 1994, S. 6-12.

Dichtl, Erwin/Thiess, (1989): Die Kommunikationspolitik pharmazeutischer Unternehmen – Bestandsaufnahme und Gestaltungsempfehlungen, in: Dichtl, Erwin/Thiess, Michael/Raffée, Hans (Hrsg.): Innovatives Pharma-Marketing: Marktorientierung als Erfolgsstrategie der 90er Jahre, Wiesbaden 1989, S. 373-395.

Dieners, Peter (2001): Werbung und PRM am Beispiel Deutschland, in: Badenhoop, Rolf/Ryf, Balz (Hrsg.): Patient Relationship Management: CRM in der Life Sciences Industrie, 1. Aufl., Wiesbaden 2001, S. 117-125.

Dierks, Marie-Luise/Martin, Sabine/Schienkiewitz, Anja (2001): Der informierte Patient in den Institutionen des Gesundheitswesens – Partner oder Störfaktor, in: Dierks, Marie-Luise et al. (Hrsg.): Patientensouveränität: Der autonome Patient im Mittelpunkt, Arbeitsbericht Nr. 195, Akademie für Technikfolgenabschätzung in Baden-Württemberg, Stuttgart 2001, S. 89-118.

Dierks, Marie-Luise/Schwartz, Friedrich W./Walter, Ulla (2001): Konsumenteninformation und Patientensouveränität, in: Reibnitz, Christine von/Schnabel, Peter-Ernst/Hurrelmann Klaus (Hrsg.): Der mündige Patient: Konzepte zur Patientenberatung und Konsumentensouveränität im Gesundheitswesen, München u. a. 2001, S. 71-79.

Dierks, Marie-Luise/Siebeneick, Stefanie/Röseler, Sabine (2001): Patienten, Versicherte, Kunden – eine neue Definition des Patienten?, in: Dierks, Marie-Luise et al. (Hrsg.): Patientensouveränität: Der autonome Patient im Mittelpunkt, Arbeitsbericht Nr. 195, Akademie für Technikfolgenabschätzung in Baden-Württemberg, Stuttgart 2001, S. 4-26.

Dierks, Marie-Luise/Siebeneick, Stefanie/Röseler, Sabine/Schienkiewitz, Anja (2001): Empowerment und die Einflussmöglichkeiten des Nutzers im Gesundheitswesen, in: Dierks, Marie-Luise et al. (Hrsg.): Patientensouveränität: Der autonome Patient im Mittelpunkt, Arbeitsbericht Nr. 195, Akademie für Technikfolgenabschätzung in Baden-Württemberg, Stuttgart 2001, S. 58-88.

Dietz, Beatrix (2004): Die Konsumerisierung: Mythos oder Realität, in: Pharma-Marketing Journal (PMJ), 29. Jg. (2004), Nr. 1, S. 25-28.

Diller, Hermann (1994): State of the Art: Beziehungsmanagement, Arbeitspapier Nr. 31 der Universität Erlangen-Nürnberg, Betriebswirtschaftliches Institut, Lehrstuhl für Marketing, Nürnberg 1994.

Diller, Hermann (1995): Beziehungs-Marketing, in: Wirtschaftswissenschaftliches Studium (WiSt), 24. Jg. (1995), Nr. 9, S. 442-447.

Diller, Hermann (1996a): Kundenbindung als Marketingziel, in: Marketing ZFP, 18. Jg. (1996), Nr. 2, S. 81-94.

Diller, Hermann (1996b): Marketing im Zeitalter der Online-Medien, Arbeitspapier, Universität Erlangen-Nürnberg, Nürnberg 1996.

Diller, Hermann (1996c): Fallbeispiel Kundenclub, Ettlingen 1996.

Diller, Hermann (1997): Preis-Management im Zeichen des Beziehungs-Marketing, Arbeitspapier Nr. 52 der Universität Erlangen-Nürnberg, Betriebswirtschaftliches Institut, Lehrstuhl für Marketing, Nürnberg 1997.

Diller, Hermann (2000): Preispolitik, 3., überarb. Aufl., Stuttgart 2000.

Diller, Hermann/Kusterer, Marion (1988): Beziehungsmanagement. Theoretische Grundlagen und explorative Befunde, in: Marketing ZFP, 10. Jg. (1988), Nr. 3, S. 211-220.

DiMasi, Joseph A./Hansen, Ronald W./Grabowski, Henry G. (2003): The Price of Innovation: New Estimates of Drug Development Costs, in: Journal of Health Economics, Vol. 22 (2003), No. 2, S. 151–185.

Dinkel, Rolf/Schwicker, David (1995): Pharmaökonomie im Marketing – Ein Schlüsselfaktor des Erfolgs, in: Lonsert, Michael/Preuß, Klaus-Jürgen/Kucher, Eckhard (Hrsg.): Handbuch Pharma-Management, Bd. 1, Wiesbaden 1995, S. 293-310.

Dobmeyer, Jürgen (2002): Marktforschung im Gesundheitswesen, in: Burkard, Ingrid (Hrsg.): Praxis des Pharmamarketing, Weinheim 2002, S. 17-35.

Dobson, Roger (2002): Infertility Websites Fail to Meet Quality Standards, in: British Medical Journal (BMJ), Vol. 325 (2000), No. 7361, S. 408.

Doepner, Ulf/Reese, Ulrich (2001): Produktbezogene Patienteninformationen im Internet-Zeitalter: Eine kritische Bestandsaufnahme nach deutschem und europäischem Heilmittelwerbrecht, in: Pharma-Recht, 24. Jg. (2001), Sonderdruck.

Dommann, Dieter (1933): Erfolgreicher Persönlicher Verkauf, in: Berndt, Ralph/Hermanns, Arnold (Hrsg.): Handbuch Marketing-Kommunikation: Strategien, Instrumente, Perspektiven; Werbung, Sales Promotions, Public Relations, Corporate Identity, Sponsoring, Product Placement, Messen, Persönlicher Verkauf, Wiesbaden 1993, S. 749-765.

Donabedian, Avedis (1980): Explorations in Quality Assessment and Monitoring: The Definition of Quality and Approaches to Its Assessment, Bd. 1, Ann Arbor 1980.

Donges, Juergen B./Eekhoff, Johann/Franz, Wolfgang/Möschel, Wernhard/Neumann, Manfred J./Sievert, Olaf (2002): Mehr Eigenverantwortung und Wettbewerb im Gesundheitswesen, Schriftenreihe der Stiftung Marktwirtschaft, Bd. 39, Berlin 2002.

Doppler, Klaus/Lauterburg, Christoph (1995): Change Management: den Unternehmenswandel gestalten, 4., erw. u. überarb. Aufl., Frankfurt a. M. u. a. 1995.

Dorsch, Michael J./Swanson, Scott R./Kelley, Scott W. (1998): The Role of Relationship Quality in the Stratification of Vendors as Perceived by Customers, in: Journal of Academy of Marketing Science, Vol. 26 (1998), No. 2, S. 128-142.

Dowling, Graham R./Uncles, Mark (1997): Do Customer Loyalty Programs Really Work?, in: Sloan Management Review, Vol. 38 (1997), No. 4, S. 71-82.

Dreger, Christian (2000): Strategisches Pharma-Management: Konsequente Wertoptimierung des Total-Life-Cycle, Wiesbaden 2000.

Drew, James H./Bolton, Ruth N. (1991): The Structure of Customer Satisfaction: Effects of Survey Measurement, in: Journal of Consumer Satisfaction and Complaining Behavior, Vol. 4 (1991), S. 21-31.

Drews, Jürgen (1995): Kosteneinsparung und Risikomanagement bei der Arzneimittelentwicklung, in: Herzog, Richard (Hrsg.): F-&-E-Management in der Pharma-Industrie, Aulendorf 1995, S. 308-311.

Dubé, Laurette/Morgan, Michael S. (1998): Capturing the Dynamics of In-Process Consumption: Emotions and Satisfaction in Extended Service Transactions, in: International Journal of Research in Marketing, Vol. 15 (1998), No. 4, S. 309-320.

Dubois, Gerhard/Haeger, Christoph (2001): Effektive Marketing-Planung: Lokale Vermarktung von strategischen Produkten, in: Pharma-Marketing Journal (PMJ), 26. Jg. (2001), Nr. 5, S. 151-156.

Dullinger, Florian (2001): Compliance-abhängige Dienstleistungen: Konzeption und Anwendung am Beispiel der Gesundheitsleistung, München 2001.

Dwyer, Robert F. (1989): Customer Lifetime Valuation to Support Marketing Decision Making, in: Journal of Direct Marketing, Vol. 3 (1989), No. 4, S. 8-15.

Dwyer, Robert F./Oh, Sejo (1987): Output Sector Munificence Effects on the Internal Political Economy of Marketing Channels, in: Journal of Marketing Research, Vol. 24 (1987), No. 4, S. 347-358.

Dwyer, Robert F./Schurr, Paul/Oh, Sejo (1987): Developing Buyer-Seller Relationships, in: Journal of Marketing, Vol. 51 (1987), No. 2, S. 11-27.

Ebers, Mark/Gotsch Wilfried (1993): Institutionenökonomische Theorien der Organisation, in: Kieser, Alfred (Hrsg.): Organisationstheorien, Stuttgart u. a. 1993, S. 193-242.

Ebner, Heinz (2002): Macht Wissen gesund? Über die Bedeutung und Funktion der Patienteninformation im Zeitalter der Informationsgesellschaft, in: Meggeneder, Oskar/Hengl, Walter (Hrsg.): Der informierte Patient – Anspruch und Wirklichkeit, Linz 2002, S. 153-169.

Ebner, Heinz/Köck, Christian M. (1996): Qualität als Wettbewerbsfaktor von Gesundheitsorganisationen, in: Heimerl-Wagner, Peter/Köck, Christian M. (Hrsg.): Management in Gesundheitsorganisationen, Wien 1996, S. 72-101.

Eckel, Heike (1997): Beziehungsmarketing in Dienstleistungsunternehmen, Göttingen 1997.

Eggert, Axel (2003): Kundencenter als Instrument der Kundenbindung, in: Helmke, Stefan/Uebel, Matthias F./Dangelmaier, Wilhelm (Hrsg.): Effektives Customer Relationship Management: Instrumente – Einführungskonzepte – Organisation, 3., überarb. und erw. Aufl., Wiesbaden 2003, S. 133-153.

Eichhorn, Siegfried (1996): Krankenhausmanagement im Spannungsfeld zwischen Kundenorientierung und Mitarbeiterorientierung – Perspektiven für die Krankenhauspraxis, in: Arbeitsgruppe „Betriebswirtschaft in Einrichtungen des Gesundheitswesens (BIG)“ (Hrsg.): Krankenhausmanagement im Spannungsfeld zwischen Kundenorientierung und Mitarbeiterorientierung – Führungsaspekte des TQM, Osnabrück 1996, S. 103-129.

Eichin, Karl-Heinz (1995): Internationale Perspektiven der Pharma-Industrie, in: Herzog, Richard (Hrsg.): F-&-E-Management in der Pharma-Industrie, Aulendorf 1995, S. 54-79.

Eickermann, Diethelm (1995): Die deutsche Pharmaindustrie unter dem „Eindruck“ des Gesundheitsstrukturgesetzes 1993-1994, in: PharmInd, 57. Jg. (1995), Nr. 12, S. 979-983.

Engelhardt, Dietrich von (1996): Die Arzt-Patient-Beziehung – Gestern, heute, morgen, in: Lang, Erich/Arnold, Klaus (Hrsg.): Die Arzt-Patient-Beziehung im Wandel, Stuttgart 1996, S. 19-48.

Englbrecht, Andreas/Hippner, Hajo/Wilde, Klaus D. (2004): Aufzeichnung und Analyse des Konsumentenverhaltens im Internet – Einsatzpotenziale des Web Mining, in: Bauer, Hans H./Rösger, Jürgen/Neumann, Marcus M. (Hrsg.): Konsumentenverhalten im Internet, München 2004, S. 353-370.

Engler, Cornelia/Geserich, Stephan/Räpple, Thilo/Rieger, Hans-Jürgen (2000): Werben und Zuwenden im Gesundheitswesen: Eine Einführung in vier Teilen, 2., erw. u. neu bearb. Aufl., Heidelberg 2000.

Erbsland, Manfred/Ulrich, Volker/Wille, Eberhard (2000): Ökonomische Bewertung von Arzneimittelinnovationen, in: Klauber, Jürgen/Schröder, Helmut/Selke, Gisbert W. (Hrsg.): Innovation im Arzneimittelmarkt, Berlin u. a. 2000, S. 169-191.

Falk-Ytter, Yngve/Lang, Britta/Antes, Gerd (2004): Evidenzbasierte Medizin, in: Jähn, Karl/Nagel, Eckhard (Hrsg.): e-Health, Berlin u. a. 2004, S. 140-146.

Feick, Lawrence F./Price, Linda L. (1987): The Market Maven: A Diffuser of Marketplace Information, in: Journal of Marketing, Vol. 51 (1987), No. 1, S. 83-97.

Felser, Winfried (2003): Virtuelle Competence Center: Neue Formen der unternehmensübergreifenden Kundenakquisition und -bindung im Internet, in: Helmke, Stefan/Uebel, Matthias F./Dangelmaier, Wilhelm (Hrsg.): Effektives Customer Relationship Management: Instrumente – Einführungskonzepte – Organisation, 3., überarb. und erw. Aufl., Wiesbaden 2003, S. 409-421.

Fibig, Andreas/Hutt, Hans J. (2003): Nischenstrategie versus Generalistentum: Wo liegt die Zukunft für die Pharma-Industrie, in: Breuer, Robert/Becker, Werner/Fibig, Andreas (Hrsg.): Strategien für das Pharma-Management: Konzepte, Fallbeispiele, Entscheidungshilfen, 1. Aufl., Wiesbaden 2003, S. 197-210.

Fink-Anthe, Carola (2000): Internet auf allen Ebenen – Auf dem Weg zu e-Health, in: PharmInd, 62. Jg. (2000), Nr. 11, S. 224-227.

Fink-Anthe, Carola (2001a): Der schlechte Ruf der Pharmaindustrie, in: PharmInd, 63. Jg. (2001), Nr. 10, S. 202-204.

Fink-Anthe, Carola (2001b): Globale Wettbewerbfähigkeit der europäischen Pharmaindustrie, in: PharmInd, 63. Jg. (2001), Nr. 2, S. 42-44.

Fink-Anthe, Carola (2002a): Aufwendungen für Innovationen, in: PharmInd, 64. Jg. (2002), Nr. 1, S. 23-24.

Fink-Anthe, Carola (2002b): Aufwand für klinische Studien, Rahmenbedingungen und Wettbewerb, in: PharmInd, 64. Jg. (2002), Nr. 10, S. 182-184.

Fink-Anthe, Carola (2002c): Neuartigkeit von Arzneimitteln auf dem Prüfstand, in: PharmInd, 64. Jg. (2002), Nr. 8, S. 146-149.

Fink-Anthe, Carola (2002d): Chronisch Krank, in: PharmInd, 64. Jg. (2002), Nr. 9, S. 164-166.

Fink-Anthe, Carola (2003a): Soziale Verantwortung in der Pharmaindustrie, in: PharmInd, 65. Jg. (2003), Nr. 1, S. 22-25.

Fink-Anthe, Carola (2003b): Wohin steuert die pharmazeutische Industrie, in: PharmInd, 65. Jg. (2003), Nr. 6, S. 98-100.

Finsterwalder, Jörg/Reinecke, Sven (2003): Ist Customer Relationship Management "besseres" Marketing?, in: Stadelmann, Martin/Wolter, Sven/Reinecke, Sven/Tomczak, Torsten (Hrsg.): Customer Relationship Management, Zürich 2003, S. 29-43.

Finsterwalder, Jörg/Reinecke, Sven/Tomczak, Torsten/Stadelmann, Martin (2003): Erschließen und Ausschöpfen von Kundenpotenzialen durch Customer Relationship Management (CRM) – Managementkonzept und Ergebnisse einer Studie bei Schweizer Dienstleistern, in: Payne, Adrian/Rapp, Reinhold (Hrsg.): Handbuch Relationship Marketing: Konzeption und erfolgreiche Umsetzung, 2., völlig überarb. u. erw. Aufl., München 2003, S. 361-383.

Fischer, Marc/Herrmann, Andreas/Huber, Frank (2000): Lohnen sich zufriedene Kunden? Lösungen für ein wertorientiertes Management, in: absatzwirtschaft, 44. Jg. (2001), Nr. 10, S. 88-91.

Fisk, Raymond P./Brown, Stephen W./Bitner, Mary J. (1993): Tracking the Evolution of the Service Marketing Literature, in: Journal of Retailing, Vol. 69 (1993), No. 1, S. 61-103.

Fochler, Klaus (2000): Wettbewerbsvorteile durch Online Marketing, in: Link, Jörg (Hrsg.): Wettbewerbsvorteile durch Online Marketing, 2., überarb. und erw. Aufl., Berlin u. a. 2000, S. 279-314.

Fochler, Klaus (2001): Die DV-technologische Integration der Kundenschnittstelle im Unternehmen, in: Link, Jörg (Hrsg.): Customer Relationship Management: Erfolgreiche Kundenbeziehungen durch integrierte Informationssysteme, Berlin u. a. 2001, S. 138-169.

Folkman, Susan/Lazarus, Richard S. (1980): An Analysis of Coping in a Middle-Aged Community Sample, in: Journal of Health and Social Behavior, Vol. 21 (1980), No. 3, S. 219-239.

Ford, David (2003), Managing Business Relationships, 2. Aufl., Chichester 2003.

Fornell, Claes/Larcker, David F. (1981): Evaluating Structural Equation Models with Unobservable Variables and Measurement Error, in: Journal of Marketing Research, Vol. 18 (1981), No. 1, S. 39-.50.

Francke, Robert/Hart, Dieter (1987): Ärztliche Verantwortung und Patienteninformation: Eine Untersuchung zum privaten und öffentlichen Recht der Arzt-Patient-Beziehung, Stuttgart 1987.

Francke, Robert/Hart, Dieter (1999): Beschluß der 70. Konferenz der für das Gesundheitswesen zuständigen Ministerinnen und Minister, Senatorinnen und Senatoren am 20. und 21. November 1997 in Saarbrücken für die Länder Freie Hansestadt Bremen – Senator für Frauen, Gesundheit, Jugend, Soziales und Umweltschutz, Freie und Hansestadt Hamburg, Behörde für Arbeit, Gesundheit und Soziales, Nordrhein-Westfalen – Ministerium für Frauen, Jugend, Familie und Gesundheit, Baden-Baden 1999.

Freter, Hermann (1983): Marktsegmentierung, Stuttgart 1983.

Freter, Hermann (2001): Marktsegmentierung im Dienstleistungsbereich, in: Bruhn, Manfred/Meffert, Heribert (Hrsg.): Handbuch Dienstleistungsmanagement – Von der strategischen Konzeption zur praktischen Umsetzung, 2., überarb. u. erw. Aufl., Wiesbaden 2001, S. 279-314.

Fricke, Frank-Ulrich/Schöffski, Oliver (2002): Evaluationsforschung, in: Schöffski, Oliver/Fricke, Frank-Ulrich/Guminski, Werner/Hartmann, Wolfgang (Hrsg.): Pharmabetriebslehre, Berlin u. a. 2002, S. 101-115.

Fricker, Hans-Peter (2001): Entscheidend ist nicht das Ob, sondern das Wie: PRM bei chronisch Kranken am Beispiel der Multiplen Sklerose (MS), in: Badenhoop, Rolf/Ryf, Balz (Hrsg.): Patient Relationship Management: CRM in der Life Sciences Industrie, 1. Aufl., Wiesbaden 2001, S. 205-212.

Frielitz, Claudia/Martin, Stephan/Wilde, Klaus D./Hippner Hajo (2000): CRM – 2000: Aufklärung tut Not, in: absatzwirtschaft, 43. Jg. (2000), Nr. 7, S. 100-104.

Friesewinkel, Harald (1992): Pharma-Business, Berlin 1992.

Fritz, Wolfgang (1995): Marketing Management und Unternehmenserfolg – Grundlagen und Ergebnisse einer empirischen Untersuchung, 2. Aufl., Stuttgart 1995.

Fritz, Wolfgang/Oelsnitz, Dietrich von der (2001): Marketing: Elemente marktorientierter Unternehmensführung, 3., überarb. u. erw. Aufl., Stuttgart u. a. 2001.

Fröhlich, Annette/Peper, Jürgen (2002): Business Development, in: Burkard, Ingrid (Hrsg.): Praxis des Pharmamarketing, Weinheim 2002, S. 131-148.

Garvin, David A. (1984): What does „Product Quality“ Really Mean?, in: Sloan Management Review, Vol. 26 (1984), No. 1, S. 25-43.

Garvin, David A. (1988): Managing Quality: The Strategic and Competitive Edge, 5. Aufl., New York 1988.

Gatter, Hans J./Hassan, Ali (1995): Instrumente und Methoden zur Unterstützung des Innovationsmanagements in der pharmazeutischen Industrie, in: Herzog, Richard (Hrsg.): F-&-E-Management in der Pharma-Industrie, Aulendorf 1995, S. 186-206.

Gedenk, Gerlind (1987): Einflussfaktoren auf den Imitationswettbewerb im Arzneimittelmarkt der Bundesrepublik Deutschland – Eine theoretische und empirische Untersuchung, Frankfurt a. M. 1987.

Gehrig, Walter (1992): Pharma-Marketing: Instrumente, Organisation und Methoden – National und international, 2., völlig überarbeitete Auflage, Zürich 1992.

Geisler, Linus (2002): Arzt und Patient – Begegnung im Gespräch, Wirklichkeit und Wege, 4., erw. Aufl., Frankfurt a. M. 2002.

Gemünden, Hans G. (1990): Innovationen in Geschäftsbeziehungen und Netzwerken, Arbeitspapier der Universität Karlsruhe, Institut für Angewandte Betriebswirtschaftslehre und Unternehmensführung, Karlsruhe 1990

Georgi, Dominik (2000): Entwicklung von Kundenbeziehungen: Theoretische und empirische Analyse unter dynamischen Aspekten, Wiesbaden 2000.

Georgi, Dominik (2003): Kundenbindungsmanagement im Kundenbeziehungslebenszyklus, in: Bruhn, Manfred/Homburg, Christian (Hrsg.): Handbuch Kundenbindungsmanagement: Grundlagen, Konzepte, Erfahrungen, 4. überarb. und erw. Aufl., Wiesbaden 2003, S. 223-243.

Gerbing, David W./Anderson, James C. (1988): An Updated Paradigm for Scale Development Incorporating Unidimensionality and Its Assessment, in: Journal of Marketing Research, Vol. 25 (1988), No. 2,S. 186-192.

Gerd, Norbert (2001): Zur Bedeutung eines neuen Informationsmanagements für den CRM-Erfolg, in: Link, Jörg (Hrsg.): Customer Relationship Management: Erfolgreiche Kundenbeziehungen durch integrierte Informationssysteme, Berlin u. a. 2001, S. 103-116.

Geursen, Robert G. (1997): Globale Konzentration in der Pharmaindustrie, in: PharmInd, 59. Jg. (1997), Nr. 1, S. 1-6.

Giering, Annette (2000): Der Zusammenhang zwischen Kundenzufriedenheit und Kundenloyalität: eine Untersuchung moderierender Effekte, Wiesbaden 2000.

Gierl, Heribert/Kurbel, Thomas M. (1997): Möglichkeiten zur Ermittlung des Kundenwertes, in Link, Jörg/Brändli, Dieter/Schleuning, Christian/Kehl, Roger E. (Hrsg.): Handbuch Database Marketing, Ettlingen 1997, S. 176-189.

Glaeske, Gerd (2002): Integrierte Versorgung in Deutschland – Rahmenbedingungen für mehr Effektivität und Effizienz?, in: Preuß, Klaus-Jürgen/Räbiger, Jutta/Sommer, Jürg H. (Hrsg.): Managed Care: Evaluation und Performance-Measurement integrierter Versorgungsmodelle; Stand der Entwicklung in der EU, der Schweiz und den USA, Stuttgart u. a. 2002, S. 3-19.

Glaeske, Gerd/Klauber, Jürgen/Lankers, Christoph/Selke, Gisbert (2003): Stärkung des Wettbewerbs in der Arzneimittelversorgung zur Steigerung von Konsumentennutzen, Effizienz und Qualität, Gutachten im Auftrag des Bundesministeriums für Gesundheit und Soziale Sicherung (BMGS), Bonn 2003.

Göbl, Martin (2003): Die Beurteilung von Dienstleistungen: Grundlage für ein erfolgreiches Marketing am Beispiel Freier Berufe, 1. Aufl., Wiesbaden 2003.

Godin, Seth (2001): Permission Marketing: Kunden wollen wählen können, München 2001.

Gohr, Steffanie (2005): Vom Pillenproduzenten zum Servicedienstleister, in: Direkt Marketing, 41. Jg. (2005), Nr. 2, S. 62-65.

Golücke, Thomas (2001): Einordnung von PRM in OTC-Vermarktungsstrategien, in: Badenhoop, Rolf/Ryf, Balz (Hrsg.): Patient Relationship Management: CRM in der Life Sciences Industrie, 1. Aufl., Wiesbaden 2001, S. 101-108.

Göthel, Dietrich (2002): Grundlagen der Marketing-Terminologie, in: Burkard, Ingrid (Hrsg.): Praxis des Pharmamarketing, Weinheim 2002, S. 37-55.

Grabowski, Henry G./Vernon, John/DiMasi, Joseph A. (2002): Returns on Research and Development for 1990s New Drug Introductions, in: Pharmacoeconomics, Vol. 20 (2002), Suppl. 3, S. 11–29.

Graf, Christof (1998): Event-Marketing: Konzeption und Organisation in der Pop-Musik, Wiesbaden 1998.

Gramlich, Hartmut (2001): Fachärzte leisten Hilfe als Gesundheitslotsen am Telefon: Wie die Experten-Helpline der DBV-Winterthur arbeitet, in: Pharma-Marketing Journal (PMJ), 26. Jg. (2001), Nr. 3, S. 92-93.

Grausgruber, Alfred (2002): Patientinnenunterstützung: Zur Notwendigkeit und den Möglichkeiten, in: Meggeneder, Oskar/Hengl, Walter (Hrsg.): Der informierte Patient – Anspruch und Wirklichkeit, Linz 2002, S. 9-29.

Gretchen K. et al. (2001): Health Information on the Internet: Accessibility, Quality, and Readability in English and Spanish, in: Journal of the American Medical Association (JAMA), Vol. 285 (2001), No. 20, S. 2612-2621.

Griese, Joachim (1993): Computergestützte Informationssysteme, in: Handwörterbuch der Betriebswirtschaftslehre, Bd. 2, 5. Aufl., Stuttgart 1993, Sp. 1767-1778.

Griffin, Jil (1997): Customer Loyalty: How to Earn It, How to Keep It, San Francisco 1997.

Grönroos, Christian (1990a): Relationship Approach to Marketing in Service Contexts: The Marketing and Organizational Behavior Interface, in: Journal of Business Research, Vol. 20 (1990), No. 2, S. 3-11.

Grönroos, Christian (1990b): Service Management and Marketing, Lexington 1990.

Grönroos, Christian (1994): From Marketing Mix to Relationship Marketing: Towards a Paradigm Shift in Marketing, in: Management Decision, Vol. 32 (1994), No. 2, S. 4-20.

Grootenhuis, Reiner (2003): CRM in der Energieversorgung – Wirkungsorientiertes CRM-Controlling bei der E.ON Bayern, in: Stadelmann, Martin/Wolter, Sven/Reinecke, Sven/Tomczak, Torsten (Hrsg.): Customer Relationship Management, Zürich 2003, S. 259-276.

Groß-Engelmann, Markus (1999): Kundenzufriedenheit als psychologisches Konstrukt: Bestandsaufnahme und emotionstheoretische Erweiterung bestehender Erklärungs- und Meßmodelle, Lohmar 1999.

Grusa, Michael (2004): Freiwillige Selbstkontrolle, in: Marketing-Journal, 37. Jg. (2004), Nr. 5, S. 24.

Guminksi, Werner/Rauland, Marco (2002): Produktlebenszyklus und die Möglichkeiten seiner Gestaltung, in: Schöffski, Oliver/Fricke, Frank-Ulrich/Guminski, Werner/Hartmann, Wolfgang (Hrsg.): Pharmabetriebslehre, Berlin u. a. 2002, S. 229-242.

Gummesson, Evert (1987): The New Marketing-Developing Long-Term Interactive Relationships, in: Long Range Planning, Vol. 20 (1987), No. 4, S. 10-20.

Gummesson, Evert (1994): Making Relationship Marketing Operational, in: International Journal of Service Industry Management, Vol. 5 (1994), No. 5, S. 5-20.

Gummesson, Evert (1997): Relationship Marketing: Von 4 P zu 30 R; wie Sie von den 4 Marketingprinzipien zu den 30 Erfolgsbeziehungen gelangen, Landsberg/Lech 1997.

Gundlach, Gregory T./Achrol, Ravi S./Mentzer, John T. (1995): The Structure of Commitment in Exchange, in: Journal of Marketing, Vol. 59 (1995), No. 1, S. 78-92.

Günter, Bernd/Helm, Sabine (2003): Die Beendigung von Geschäftsbeziehungen aus Anbietersicht, in: Rese, Mario/Söllner, Albrecht/Utzig, Peter B. (Hrsg.): Relationship Marketing: Standortbestimmung und Perspektiven, Berlin u. a. 2003, S. 45-70.

Günter, Bernd/Platzek, Thomas (1992): Management von Kundenzufriedenheit: Zur Gestaltung des After-Sales-Netzwerkes, in: Marktforschung und Management, 36. Jg. (1992), Nr. 3, S. 109-114.

Güthoff, Judith (1995): Qualität komplexer Dienstleistungen – Konzeption und empirische Analyse der Wahrnehmungsdimensionen, Wiesbaden 1995.

Güttinger, Jörg/Haldner, Carmen (2001): Dienstleistungen als Differenzierungsstrategien für die Life-Sciences-Industrie, in: Badenhoop, Rolf/Ryf, Balz (Hrsg.): Patient Relationship Management: CRM in der Life Sciences Industrie, 1. Aufl., Wiesbaden 2001, S. 79-92.

Haag, Jürgen (1992): Kundendeckungsbeitragsrechungen – Ein Prüfstein des Key-Account-Management, in: Die Betriebswirtschaft (DBW), 52. Jg. (1992), Nr. 1, S. 25-39.

Haase, Ingo/Schwefel, Detlef (1995): Bedarfs- und Bedürfnisorientierung im Gesundheitswesen, in: Schwartz, Friedrich W./Badura, Bernhard/Blanke, Bernhard/Henke, Klaus-Dirk/Koch, Uwe/Müller, Rainer (Hrsg.): Gesundheitssystemforschung in Deutschland, Weinheim 1995, S. 37-42.

Hadwich, Karsten (2003): Beziehungsqualität im Relationship Marketing: Konzeption und empirische Analyse eines Wirkungsmodells, 1. Aufl., Wiesbaden 2003.

Haedrich, Günther/Tomczak, Torsten (1996): Produktpolitik, Stuttgart 1996.

Hakansson, Hakan/Wootz, Bjorn (1979): A Framework of Industrial Buying and Selling, in: Industrial Marketing Management, Vol. 8 (1979), No. 2, S. 28-39.

Hall, Calvin S./Lindzey, Gardner (1978): Theorien der Persönlichkeit, Bd. 1, München 1978.

Haller, Sabine (1998): Beurteilung von Dienstleistungsqualität: Dynamische Betrachtung des Qualitätsurteils im Weiterbildungsbereich, 2., aktual. Aufl., Wiesbaden 1998.

Haller, Sabine (2002): Dienstleistungsmanagement: Grundlagen, Konzepte, Instrumente, Wiesbaden 2002.

Han, Sang-Lin (1992): Antecedents of Buyer-Seller Long-Term Relationships: An Exploratory Model of Structural Bonding and Social Bonding, Working Paper, Institute for the Study of Business Markets (ISBM), Report 6, Pennsylvania State University, Pennsylvania 1992.

Hanika, Heinrich (2003): Telepflege: Informations- und Kommunikationstechnologien in der Pflege, in: PflegeR, 7. Jg. (2003), Nr. 12, S. 483-494.

Hanika, Heinrich (2004): Möglichkeiten und Grenzen der Heilmittelwerbung unter dem Vorzeichen europäischer Entwicklungen, unveröffentlichtes Manuskript, Deidesheim 2004.

Hannig, Uwe (1996): Data Warehouse und Managementinformationssysteme, Stuttgart 1996.

Hansen, Hans R. (1995): Marketing über den Information Superhighway – Das Internet, in: Werbeforschung & Praxis, 40. Jg. (1995), Nr. 1, S. 32-36.

Hansen, Ursula (1990): Absatz- und Beschaffungsmarketing des Einzelhandels: Eine Aktionsanalyse, Göttingen 1990.

Hansen, Ursula/Hennig, Thorsten (1996): Wie kompetent sind Ihre Kunden, in: absatzwirtschaft, 38. Jg. (1996), Sondernummer Oktober 1996, S. 160-166.

Hansen, Ursula/Jcschke, Kurt (1992): Nachkaufmarketing: Ein neuer Trend im Konsumgütermarketing?, in: Markcting ZFP, 14., Jg. (1992), Nr. 2, S. 88-97.

Hansen, Ursula/Jeschke, Kurt (1995): Nachkaufmarketing, in: Tietz, Bruno/Köhler, Richard/Zentes, Joachim (Hrsg.): Handwörterbuch des Marketing, 2., völlig neu gest. Aufl., Stuttgart 1995, Sp. 1919-1929.

Hansen, Ursula/Jeschke, Kurt (2000): Beschwerdemanagement für Dienstleistungsunternehmen: Beispiel des KfZ-Handels, in: Bruhn, Manfred (Hrsg.): Dienstleistungsqualität: Konzepte, Methoden, Erfahrungen, 3., vollständig überarb. u. erw. Aufl., Wiesbaden 2000, S. 433-459.

Hardock, Petra (2004): Market Segmentation in the Pharmaceutical Industry (I): How to do – and why Eli Lilly's Evista was Unsuccessful, in: Pharma-Marketing Journal (PMJ), 29. Jg. (2004), Nr. 3, S. 101-102.

Hardt, Barbara/Müller, Michael/Schüler, Peter (2002): Patient oder Konsument? – Chancen und Möglichkeiten von DTC im Deutschen Markt, in: Burkard, Ingrid (Hrsg.): Praxis des Pharmamarketing, Weinheim 2002, S. 73-84.

Harms, Fred (2003): DTC in den USA: Zukunftsaussichten DTC: Status Quo 2003, in: Pharma-Marketing Journal (PMJ), 28. Jg. (2003), Nr. 6, S. 212-213.

Harms, Fred/Brucksch, Michael/Drüner, Marc/Rohmann, Sven (2001a): Visionäre Konzepte für die nächste Generation im Gesundheitswesen (Teil I), in: Pharma-Marketing Journal (PMJ), 26. Jg. (2001), Nr. 2, S. 42-47.

Harms, Fred/Brucksch, Michael/Drüner, Marc/Rohmann, Sven (2001b): Visionäre Konzepte für die nächste Generation im Gesundheitswesen (Teil II), in: Pharma-Marketing Journal (PMJ), 26. Jg. (2001), Nr. 3, S. 84-90.

Harms, Fred/Brucksch, Michael/Drüner, Marc/Rohmann, Sven (2001c): Visionäre Konzepte für die nächste Generation im Gesundheitswesen (Teil III), in: Pharma-Marketing Journal (PMJ), 26. Jg. (2001), Nr. 4, S. 123-124.

Harms, Fred/Drüner, Marc (2003d): Pharmamarketing: Innovationsmanagement im 21. Jahrhundert, Stuttgart 2003.

Harms, Fred/Drüner, Marc/Rohmann, Sven (2002): Zwischen Ablehnung und Erfolg: Direct-to-Consumer, in: Pharma-Marketing Journal (PMJ), 27. Jg. (2002), Nr. 6, S. 200-205.

Harms, Fred/Grosse-Wichtrup, Ludger (2000a): Direct-to-Comsumer (DTC): Möglichkeiten und Grenzen in Europa, Teil I, in: Pharma-Marketing Journal (PMJ), 25. Jg. (2000), Nr. 5, S. 150-154.

Harms, Fred/Grosse-Wichtrup, Ludger (2000b): Direct-to-Comsumer (DTC): Möglichkeiten und Grenzen in Europa, Teil II, in: Pharma-Marketing Journal (PMJ), 25. Jg. (2000), Nr. 6, S. 204-206.

Harms, Fred/Rittinghaus, Frank/Baukmann, Magnus/Drüner, Marc (2002): Telefon-Marketing: Von der Strategie zur Implementierung, in: Pharma-Marketing Journal (PMJ), 27. Jg. (2002), Nr. 3, S. 97-102.

Harms, Günter/Langhein, Steve/Beske, Fritz (2000a): Heilmittelwerbegesetz – Analyse des Reformbedarfs, Gutachten des Instituts für Gesundheits-System-Forschung (IGSF), Kiel, Teil 1, in: Pharma Recht, 22. Jg. (2000), Nr. 2, S. 34-39.

Harms, Günter/Langhein, Steve/Beske, Fritz (2000b): Heilmittelwerbegesetz – Analyse des Reformbedarfs, Gutachten des Instituts für Gesundheits-System-Forschung (IGSF), Kiel, Teil 2, in: Pharma Recht, 22. Jg. (2000), Nr. 3, S. 66-74.

Hartmann, Wolfgang (2002a): Aufgaben und Ziele der quantitativen Marktforschung, in: Schöffski, Oliver/Fricke, Frank-Ulrich/Guminski, Werner/Hartmann, Wolfgang (Hrsg.): Pharmabetriebslehre, Berlin u. a. 2002, S. 211-227.

Hartmann, Wolfgang (2002b): Produktmanagement und seine Aufgaben, in: Schöffski, Oliver/Fricke, Frank-Ulrich/Guminski, Werner/Hartmann, Wolfgang (Hrsg.): Pharmabetriebslehre, Berlin u. a. 2002, S. 271-291.

Haubrock, Manfred/Meiners, Norbert/Albers, Frank (1998): Krankenhaus-Marketing: Analysen – Methoden – Konzepte, 1. Aufl., Stuttgart u. a. 1998.

Haubrock, Manfred/Peters, Sönke H. F./Schär, Walter (1997): Gesundheit, Gesellschaft und Ökonomie, in: Haubrock, Manfred/Peters, Sönke H. F./Schär, Walter (Hrsg.): Betriebswirtschaft und Management im Krankenhaus, Berlin 1997, S. 13-40.

Hauschildt, Jürgen (2004): Innovationsmanagement, 3., völlig überarb. u. erw. Aufl., München 2004.

Hautzinger, Nina (2003): Pharmakommunikation im Internetzeitalter: Theorie und Praxis eines patientenorientierten Kommunikationsmanagements am Beispiel der Pharmabranche Schweiz, München 2003.

Hax, Herbert (1991): Theorie der Unternehmung – Information, Anreize und Vertragsgestaltung, in: Ordelheide, Dieter/Rudolph, Bernd/Büsselmann, Elke (Hrsg.): Betriebswirtschaftliche Lehre und Ökonomische Theorie, Stuttgart 1991, S. 51-72.

Haynes, Brian R. (1986): Determinanten der Compliance: Die Krankheit und die Mechanismen der Behandlung, in: Haynes, Brian R./Taylor, Wayne D./Sacket, David L. (Hrsg.): Compliance-Handbuch, 2. Aufl., München 1986, S. 61-76.

Hebenstreit Stefan/Schug, Stephan H./Güntert Bernhard J. (2002): Qualitätsmanagement in der Online-Gesundheitskommunikation. Ansätze und Orientierung, in: Forum DKG, 17. Jg. (2002), Nr. 5, S. 34-43.

Hebenstreit, Stefan/Güntert, Bernhard J. (2001): Qualitätsaspekte der Online-Gesundheitskommunikation, in: Hurrelmann, Klaus/Leppin, Anja (Hrsg.): Moderne Gesundheitskommunikation, Bern 2001, S. 277-289.

Hebenstreit, Stefan/Prümel-Philippsen, Uwe (2004): Qualitätssicherung im WWW, in: Jähn, Karl/Nagel, Eckhard (Hrsg.): e-Health, Berlin u. a. 2004, S. 91-98.

Heger, Günther (2003): Aspekte der Kundenbindung bei Energieversorgungsunternehmen, in: Rese, Mario/Söllner, Albrecht/Utzig, Peter B. (Hrsg.): Relationship Marketing: Standortbestimmung und Perspektiven, Berlin u. a. 2003, S. 242-271.

Heil, Ulf (2002): Werberecht im Internet, in: Dallmer, Heinz (Hrsg.): Das Handbuch Direct Marketing & More, 8., völlig überarb. Aufl., Wiesbaden 2002, S. 187-205.

Heilmann, Klaus (1988): Arzneimittelsicherheit, Köln 1988.

Heinen, Edmund (1976): Grundlagen betriebswirtschaftlicher Entscheidungen: Das Zielsystem der Unternehmung, 3. Aufl., Wiesbaden 1976.

Heinen, Edmund/Dill, Herbert (1990): Unternehmenskultur aus betriebswirtschaftlicher Sicht, in: Simon, Hermann (Hrsg.): Herausforderung Unternehmenskultur, Stuttgart 1990, S. 12-24.

Helmig, Bernd/Dietrich, Martin (2001): Qualität von Krankenhausleistungen und Kundenbeziehungen, in: Die Betriebswirtschaft (DBW), 61. Jg. (2001), Nr. 3, S. 319-334.

Helmke, Stefan (2000): CRM-Systeme Quo vadis? – Mehr meßbare Vertriebserfolge, in: CRM-Report, 2. Jg. (2000), Sonderheft des Salesprofi, S. 36-39.

Helmke, Stefan/Brinker, Dörte/Wessoly, Helge (2003): Change Management – Ein kritischer Erfolgsfaktor bei der Einführung von CRM, in: Helmke, Stefan/Uebel, Matthias F./Dangelmaier, Wilhelm (Hrsg.): Effektives Customer Relationship Management: Instrumente – Einführungskonzepte – Organisation, 3., überarb. und erw. Aufl., Wiesbaden 2003, S. 307-316.

Henke, Norbert/Paffrath, Dieter/Wettke, Jürgen (1995): Benchmarking im Krankenhaus, in: Arnold, Michael/Paffrath, Dieter (Hrsg.): Krankenhausreport´95, Stuttgart u. a. 1995, S. 192-217.

Hennig-Thurau, Thorsten (1999): Die Klassifikation von Geschäftsbeziehungen mittels Kundenportfolios, in: Rapp, Reinhold/Payne, Adrian (Hrsg.): Handbuch Relationship Marketing: Konzeption und erfolgreiche Umsetzung, München 1999, S. 91-110.

Hennig-Thurau, Thorsten (2000): Die Qualität von Geschäftsbeziehungen auf Dienstleistungsmärkten: Konzeptualisierung, empirische Messung, Gestaltungshinweise, in: Bruhn, Manfred/Stauss, Bernd (Hrsg.): Dienstleistungsmanagement – Jahrbuch 2000: Interaktionen im Dienstleistungsbereich, Wiesbaden 2000, S. 133-157.

Hennig-Thurau, Thorsten/Hansen, Ursula (2000): Relationship-Marketing – Some Reflections on the State-of-the-Art of the Relational Concept, in: Hennig-Thurau, Thorsten/Hansen, Ursula (Hrsg.): Relationship-Marketing: Gaining Competitive Advantage through Customer Satisfaction and Customer Retention, Berlin u. a., S. 3-27.

Hennig-Thurau, Thorsten/Klee, Alexander (1997): The Impact of Customer Satisfaction and Relationship Quality on Customer Retention: A Critical Assessment and Model Development, in: Psychology and Marketing, Vol. 14 (1997), No. 8, S. 737-764.

Hennig-Thurau, Thorsten/Klee, Alexander/Langer, Markus F. (1999): Das Relationship Quality-Modell zur Erklärung von Kundenbindung: Einordnung und empirische Überprüfung, in: Zeitschrift für Betriebswirtschaft (ZfB), 69. Jg. (1999), Ergänzungsheft Nr. 2, S. 111-132.

Hentschel, Bert (1990): Die Messung wahrgenommener Dienstleistungsqualität mit Servqual: Eine kritische Auseinandersetzung, in: Marketing ZFP, 12. Jg. (1990), Nr. 4, S. 230-240.

Hentschel, Bert (1991): Beziehungsmarketing, in: Das Wirtschaftsstudium (WISU), 20. Jg. (1991), Nr. 1, S. 25-28.

Hentschel, Bert (1992): Dienstleistungsqualität aus Kundensicht: Vom merkmals- zum ereignisorientierten Ansatz, Wiesbaden 1992.

Herder-Dorneich, Philipp (1980): Gesundheitsökonomik, Stuttgart 1980.

Hermann, Ulrich (2004): Pharma-Marketing ist messbar, in: Marketing-Journal, 37. Jg. (2004), Nr. 5, S. 38-42.

Hermanns, Arnold (1993): Charakterisierung und Arten des Sponsoring, in: Berndt, Ralph/Hermanns, Arnold (Hrsg.): Handbuch Marketing-Kommunikation: Strategien, Instrumente, Perspektiven; Werbung, Sales Promotions, Public Relations, Corporate Identity, Sponsoring, Product Placement, Messen, Persönlicher Verkauf, Wiesbaden 1993, S. 627-648.

Herrmann, Andreas/Huber, Frank/Fischer, Marc (2000): Kundenzufriedenheit, Kundenbindung und Unternehmenserfolg: Wie prägnant ist dieser Zusammenhang tatsächlich, in: Kostenrechnungspraxis (krp), 44. Jg. (2000), Sonderheft Nr. 3, S. 15-21.

Herstatt, Cornelius/Lüthje, Christian/Lettl, Christopher (2002): Lead User helfen bei Innovationen, in: Pharma-Marketing Journal (PMJ), 27. Jg. (2002), Nr. 2, S. 54-57.

Herxheimer, Andrew (2003): Relationships Between the Pharmaceutical Industry and Patients' Organisations, in: British Medical Journal (BMJ), Vol. 326 (2003), No. 7400, S. 1208-1210.

Herzhoff, Sabine (1991): Innovations-Management: Gestaltung von Prozessen und Systemen zur Entwicklung und Verbesserung der Innovationsfähigkeit von Unternehmungen, Köln u. a. 1991.

Heßhaus, Matthias/Pannenbecker, Arnd (2001): Zur Bezeichnung von Arzneimitteln, in: Pharma Recht, 23. Jg. (2001), Nr. 12, S. 382-389.

Heuer, Hubert O./Heuer, Sabine H. (1999): Ursachen der Non-Compliance, in: Heuer, Hubert O./Heuer, Sabine H./Lennecke, Kirsten (Hrsg.): Compliance in der Arzneimitteltherapie – Von der Non-Compliance zu pharmazeutischer und medizinischer Kooperation, Stuttgart 1999, S. 53-75.

Hien, Peter (1997): Diabetes Handbuch – Eine Anleitung für Praxis und Klinik, 2. Aufl., Heidelberg 1997.

Hildebrandt, Lutz (1995): Kausalanalyse, in: Tietz, Bruno/Köhler, Richard/Zentes, Joachim (Hrsg.): Handwörterbuch des Marketing, 2., völlig neu gest. Aufl., Stuttgart 1995, Sp. 1125-1135.

Hilke, Wolfgang (1989): Grundprobleme und Entwicklungstendenzen des Dienstleistungs-Marketing, in: Hilke, Wolfgang (Hrsg.): Dienstleistungs-Marketing, Wiesbaden 1989, S. 5-44.

Hilleke-Daniel, Klaus (1989): Wettbewerbsdynamik und Marketing im Pharmamarkt, Wiesbaden 1989.

Hillman, Diane (2001): The Direct-to-Consumer Advertising Dilemma, in: Patient Care, Vol. 35 (2001), No. 6, S. 22-33.

Hippel, Eric von (1984): Novel Product Concepts from Lead Users: Segmenting Users by Experience, Report 84-109, Marketing Science Institute, Cambridge 1984.

Hippner, Hajo/Wilde, Klaus D. (2003a): CRM – Ein Überblick, in: Helmke, Stefan/Uebel, Matthias F./Dangelmaier, Wilhelm (Hrsg.): Effektives Customer Relationship Management: Instrumente – Einführungskonzepte – Organisation, 3., überarb. und erw. Aufl., Wiesbaden 2003, S. 3-37.

Hippner, Hajo/Wilde, Klaus D. (2003b): Data Mining im CRM, in: Helmke, Stefan/Uebel, Matthias F./Dangelmaier, Wilhelm (Hrsg.): Effektives Customer Relationship Management: Instrumente – Einführungskonzepte – Organisation, 3., überarb. und erw. Aufl., Wiesbaden 2003, S. 211-231.

Hippner, Hajo/Wilde, Klaus D. (2003c): Informationstechnische Grundlagen der Kundenbindung, in: Bruhn, Manfred/Homburg, Christian (Hrsg.): Handbuch Kundenbindungsmanagement: Grundlagen, Konzepte, Erfahrungen, 4., überarb. und erw. Aufl., Wiesbaden 2003, S. 451-481.

Hirrlinger, Walter (2004): Zu viel alte Patienten? – Zu viel neue Medizin?, in: Pharma-Marketing Journal (PMJ), 29. Jg. (2004), Nr. 5, S. 164 166.

Hochreiter, Ralf (1976): Erklärung von Konsumentenverhalten in verschiedenen wissenschaftlichen Theorien, in: Jahrbuch der Absatz- und Verbrauchsforschung, 22. Jg. (1976), Nr. 1, S. 45-57.

Hohensohn, Heidi (1998): Patientenorientiertes Pharmamarketing: Kommunikation und Entscheidungsverhalten am Markt für verschreibungspflichtige Medikamente, Wiesbaden 1998.

Holmer Alan F. (1999): Direct-to-Consumer Prescription Drug Advertising Builds Bridges between Physicians and Patients, in: Journal of the American Medical Association (JAMA), Vol. 281 (1999), No. 4, S. 380-382.

Holtz, Richard Freiherr vom (1997): Der Zusammenhang zwischen Mitarbeiterzufriedenheit und Kundenzufriedenheit, München 1997.

Holz, Stefan (1997): Kundenclubs als Kundenbindungsinstrument: Generelle und situationsbezogene Gestaltungsempfehlungen für ein erfolgreiches Kundenclub-Marketing, St. Gallen 1997.

Holz, Stefan/Tomczak, Torsten (1996): Kundenclubs – Marktuntersuchung der deutschen Clubs, Ettlingen 1996

Holzem, Christoph (1998): Patientenautonomie: Bioethische Erkundungen über einen funktionalen Begriff der Autonomie im medizinischen Kontext, Münster 1998.

Homans, George C. (1950): The Human Group, New York 1950.

Homans, George C. (1972a): Elementarformen sozialen Verhaltens, 2. Aufl., Opladen 1972.

Homans, George C. (1972b): Grundfragen soziologischer Theorien, Opladen 1972.

Homans, George C. (1972c): Grundlegende soziale Prozesse, in: Homans, George C./Liedtke, Bernd/Vanberg Viktor (Hrsg.): Grundfragen soziologischer Theorie, Köln 1972, S. 59-105.

Homburg, Christian (1989): Exploratorische Ansätze der Kausalanalyse als Instrument der Marketingplanung, Frankfurt a. M. 1989.

Homburg, Christian (2000): Kundenähe von Industriegüterunternehmen: Konzeption – Erfolgsauswirkungen – Determinanten, 3., aktualisierte Aufl., Wiesbaden 2000.

Homburg, Christian/Baumgartner, Hans (1995): Beurteilung von Kausalmodellen, Bestandsaufnahme und Anwendungsempfehlungen, in: Marketing ZFP, 17. Jg. (1995), Nr. 3, S. 162-176.

Homburg, Christian/Becker, Annette/Hentschel, Friederike (2003): Der Zusammenhang zwischen Kundenzufriedenheit und Kundenbindung, in: Bruhn, Manfred/Homburg, Christian (Hrsg.): Handbuch Kundenbindungsmanagement: Grundlagen, Konzepte, Erfahrungen, 4., überarb. und erw. Aufl., Wiesbaden 2003, S. 91-121.

Homburg, Christian/Bruhn, Manfred (2003): Kundenbindungsmanagement: Eine Einführung in die theoretischen und praktischen Problemstellungen, in: Bruhn, Manfred/Homburg, Christian (Hrsg.): Handbuch Kundenbindungsmanagement: Grundlagen, Konzepte, Erfahrungen, 4. überarb. und erw. Aufl., Wiesbaden 2003, S. 3-37.

Homburg, Christian/Dietz, Beatrix (2005): „Patientenmündigkeit": Erste empirische Studie zum Stand der Patientenmündigkeit in Deutschland: Einflussgrößen, Auswirkungen, Typologie, Arbeitspapier Nr. RB 102, Institut für Marktorientierte Unternehmensführung, Universität Mannheim, Mannheim 2005.

Homburg, Christian/Faßnacht, Martin (2001): Kundennähe, Kundenzufriedenheit und Kundenbindung bei Dienstleistungsunternehmen, in: Bruhn, Manfred/Meffert, Heribert (Hrsg.): Handbuch Dienstleistungsmanagement – Von der strategischen Konzeption zur praktischen Umsetzung, 2., überarb. u. erw. Aufl., Wiesbaden 2001, S.441-463.

Homburg, Christian/Garbe (1999): Industrielle Dienstleistungen: Auswirkungen auf die Geschäftsbeziehungen und Faktoren für ein erfolgreiches Management, in: Zeitschrift für Betriebswirtschaft (ZfB), 69. Jg. (1999), Nr. 8, S. 847-865.

Homburg, Christian/Giering, Annette (1996): Konzeptualisierung und Operationalisierung komplexer Konstrukte – Ein Leitfaden für die Marketingforschung, in: Marketing ZFP, 18. Jg. (1996), Nr. 1, S. 5-22.

Homburg, Christian/Günther, Christof/Faßnacht, Martin (2000): Wenn Industrieunternehmen zu Dienstleistern werden – Lernen von den Besten, Arbeitspapier Management Know-how Nr. M 50, Institut für Marktorientierte Unternehmensführung, Universität Mannheim, Mannheim 2000.

Homburg, Christian/Kebbel, Phoebe (2001): Involvement als Determinante der Qualitätswahrnehmung von Dienstleistungen, in: Die Betriebswirtschaft (DBW), 61. Jg. (2001), Nr. 1, S. 42–59.

Homburg, Christian/Pflesser, Christian (2000): Strukturgleichungsmodelle mit latenten Variablen: Kausalanalyse, in: Herrmann, Andreas/Homburg, Christian (Hrsg.): Marktforschung: Methoden – Anwendungen – Praxisbeispiele, 2. Aufl., Wiesbaden 2000, S. 633-660.

Homburg, Christian/Rudolph, Bettina (1999): Messung und Management von Kundenzufriedenheit: Der Schlüssel zum langfristigen Erfolg, Institut für Marktorientierte Unternehmensführung, Universität Mannheim, Mannheim 1999.

Homburg, Christian/Schäfer, Heiko (1999): Customer Recovery: Profitabilität durch systematische Rückgewinnung von Kunden, Arbeitspapier Management Know-how Nr. M 39, Institut für Marktorientierte Unternehmensführung, Universität Mannheim, Mannheim 1999.

Homburg, Christian/Schneider, Janna/Schäfer, Heiko (2003): Sales Excellence: Vertriebsmanagement mit System, 3., überarb. Aufl., Wiesbaden 2003.

Homburg, Christian/Schnurr, Phoebe (1998): Kundenwert als Instrument der Wertorientierten Unternehmensführung, in: Bruhn, Manfred/Lusti, Markus/Müller, Werner R./Schierenbeck, Henner/Studer, Tobias (Hrsg.): Wertorientierte Unternehmensführung: Perspektiven und Handlungsfelder für die Wertsteigerung, Wiesbaden 1998, S. 169-189.

Homburg, Christian/Sieben, Frank G. (2000): Customer Relationship Management – Strategische Ausrichtung statt IT-getriebenem Aktivismus, Arbeitspapier Management Know-how Nr. M 52, Institut für Marktorientierte Unternehmensführung, Universität Mannheim, Mannheim 2000.

Homburg, Christian/Sieben, Frank/Dietz, Beatrix (2002a): Zehn Thesen zu Marketing und Vertrieb: Die Zukunft bestimmt nur der Markt (Teil I), in: Pharma-Marketing Journal (PMJ), 27. Jg. (2002), Nr. 3, S. 103-105.

Homburg, Christian/Sieben, Frank/Dietz, Beatrix (2002b): Zehn Thesen zu Marketing und Vertrieb: Die Zukunft bestimmt nur der Markt (Teil II), in: Pharma-Marketing Journal (PMJ), 27. Jg. (2002), Nr. 4, S. 126-130.

Homburg, Christian/Werner, Harald (1998): Kundenorientierung mit System: Mit Customer Orientation Management zu profitablem Wachstum, Frankfurt a. M. u. a. 1998.

Hopp, Frank-Peter (2000): Qualitätscontrolling im Krankenhaus: die Gewinnung von Qualitätsindikatoren durch Befragungen zur Patientenzufriedenheit, Bayreuth 2000.

Hoy, Elizabeth W./Wicks, Elliot K./Forland, Rolfe A. (1996): A Guide to Facilitating Consumer Choice, in: Health Affairs, Vol. 15 (1996), No. 4, S. 9-30.

Hoyle, Rick H./Panter, Abigail T. (1995): Writing About Structural Equation Models, in: Hoyle, Rick H. (Hrsg.): Structural Equation Modeling: Concepts, Issues and Applications, Thousands Oaks 1995, S. 158-176.

Hribek, Günther (1999): Messung der Patientenzufriedenheit mit stationärer Versorgung: Entwicklung multiattributiver Messinstrumente für Krankenhäuser und Rehabilitationseinrichtungen, Passau 1999.

Huber, Astrid/Wandschneider, Ulrich (2001): „Der Erfolg liegt in der Bereitschaft des Managements“: Wer morgen den Einstieg ins e-Business nicht versäumen möchte, muss heute schon dafür gewappnet sein, in: Pharma-Marketing Journal (PMJ), 25. Jg. (2000), Nr. 2, S. 45-48.

Hummels, Thomas (2001): Anreize statt Dirigismus: Deutschland braucht im neuen Jahrtausend einen Paradigmenwechsel in der Arzneimittelpolitik, in: PharmInd, 63. Jg. (2001), Nr. 1, S. 9-13.

Hundhausen, Carl (1967): Public relations: Eine Lehrstunde für den Nachwuchs in Werbung, Publizistik und Management, Essen 1967.

Hurrelmann, Klaus (2001): Wie lässt sich die Rolle der Patienten stärken?, in: Reibnitz, Christine von/Schnabel, Peter-Ernst/Hurrelmann Klaus (Hrsg.): Der mündige Patient: Konzepte zur Patientenberatung und Konsumentensouveränität im Gesundheitswesen, München u. a. 2001, S. 35-47.

Husslein, P. (2003): „Behandlungsalternative" – Ein Begriff, mit dem wir uns auseinandersetzen werden müssen, in: Speculum, 21. Jg. (2003), Nr. 3, S. 4-5.

Hüttner, Manfred/Pingel, Annette/Schwarting, Ulf (1994): Marketing-Management: Allgemein – sektoral – international, München 1994.

Ilge, Dieter/Brinkmann, Stefan (2001): Dialog-Marketing für Arzneimittel beim Verordner: Ein Praxis-Beispiel bringt Aufklärung über Techniken und Effektivität, in: Pharma-Marketing Journal (PMJ), 26. Jg. (2001), Nr. 3, S. 94-96.

Irrgang, Bernhard (1995): Grundriß der medizinischen Ethik, München 1995.

Isenberg, Steven F. (1998): Surviving and Thriving as an Independent Practitioner: The Search for Continuous Quality Improvement, in: Isenberg, Steven F. (Hrsg.): Managed Care, Outcomes, and Quality: A Practical Guide, New York 1998, S. 203-231.

Jäckel, A./Schollmayer, A./Dudeck, J. (1999): Einführung in die Chancen und Voraussetzungen von Telematikanwendungen im Gesundheitswesen, in: Jäckel, Achim (Hrsg.): Telemedizinführer Deutschland, Ausgabe 2000, Bad Nauheim 1999, S. 2-5.

Jäckel, Achim/Schwenk, Uwe (2004): Projekt zur integrierten Pflegeversicherung, in: Jähn, Karl/Nagel, Eckhard (Hrsg.): e-Health, Berlin u. a. 2004, S. 152-156.

Jackson, Barbara, B. (1985): Winning and Keeping Industrial Customers – The Dynamics of Customer Relationships, Toronto1985.

Jackson, Donald R. (1992): In Quest of the Grail: Breaking the Barriers to Customer Valuation, in: Direct Marketing, Vol. 54 (1992), No. 11, S. 44-47.

Jähn, Karl (2004): Ärztlich moderierte Diskussionsforen, in: Jähn, Karl/Nagel, Eckhard (Hrsg.): e-Health, Berlin u. a. 2004, S. 303-307.

Jähn, Karl/Mayer, Julika (2001): e-Patient Relations: Eine Online-Umfrage zu "sexualmedizin.de", in: Badenhoop, Rolf/Ryf, Balz (Hrsg.): Patient Relationship Management: CRM in der Life Sciences Industrie, 1. Aufl., Wiesbaden 2001, S. 225-242.

Jansche, Rudolf (1993): Das Geschäft mit der Krankheit: Der Arzneimittelhersteller als Unternehmer, in: Ortwein, Ingeborg (Hrsg.): Mensch und Medikament: Die Pharmaindustrie im Spannungsfeld der Gesellschaft, München 1993, S. 232-246.

Janson, Philipp/Heller, Tobias (2003): Modernes Kundenmanagement im Private Banking – Die CRM-Arbeitsumgebung „Front Net" in der Credit Suisse, in: Stadelmann, Martin/Wolter, Sven/Reinecke, Sven/Tomczak, Torsten (Hrsg.): Customer Relationship Management, Zürich 2003, S. 277-294.

Janßen, Volker (2001): Patientengerichtete Kommunikation: Strategischer Wettbewerbsvorteil pharmazeutischer Unternehmen, in: Pharma-Marketing Journal (PMJ), 26. Jg. (2001), Nr. 4, S. 117-122.

Jap, Sandy/Weitz, Barton A. (1995): Achieving Synergistic Outcomes in Long-term Buyer-Supplier Relationships: A Longitudinal Investigation, Working Paper, Pennsylvania State University, Pennsylvania 1995.

Jarvis, Cheryl B./Mackenzie, Scott B./Podsakoff, Philip M. (2003): A Critical Review of Construct Indicators and Measurement Model Misspecification in Marketing and Consumer Research, in: Journal of Consumer Research, Vol. 30 (2003), No. 9, S. 199-218.

Jehle, Robert (2001): Aufbau und Absicherung von Vertrauenspotentialen durch Kommunikationspolitik, Frankfurt a. M. 2001.

Jeschke, Kurt (1994): Nachkaufmarketing: Kundenzufriedenheit und Kundenbindung auf Konsumgütermärkten, Frankfurt a. M. u. a., 1994.

Jobelius, Hans-Joachim/Lichte, Ute (1998): Innovationskraft: Forschende Arzneimittelhersteller am Standort Deutschland, in: PharmInd, 60. Jg. (1998), Nr. 10, S. 817-824.

Johnson, Eugene M./Scheuing, Eberhard E./Gaida, Kathleen A. (1986): Profitable Service Marketing, Homewood 1986.

Johnson, Michael D./Fornell, Claes (1991): A Framework for Comparing Customer Satisfaction across Individuals and Product Categories, in: Journal of Economic Psychology, Vol. 12 (1991), No. 6, S. 267–286.

Jones, Thomas O./Sasser, Earl W. (1995): Why Satisfied Customers Defect, in: Harvard Business Review, Vol. 73 (1995), No. 6, S. 88-99.

Jöreskog, Karl G./Sörbom, Dag (1993): LISREL 8: Structural Equation Modeling with the SIMPLIS Command, Chicago 1993.

Jost, Arnim (1998): Computer Aided Selling im Pharma-Kundenmanagement: Prozeßorientierte Analyse und Gestaltung eines integrierten CAS-Systems, Wiesbaden 1998.

Jud, Ursula (1990): Kundenbindung – die zentrale Herausforderung der 90er Jahre, in: VM International, 18. Jg. (1990), Nr. 11, S. 37-41.

July-Grolman, Maike (2002): Strategische Planung im pharmazeutischen Unternehmen, in: Schöffski, Oliver/Fricke, Frank-Ulrich/Guminski, Werner/Hartmann, Wolfgang (Hrsg.): Pharmabetriebslehre, Berlin u. a. 2002, S. 153-163.

Kaas, Klaus P. (1992): Kontraktgütermarketing als Kooperation zwischen Prinzipalen und Agenten, in: Zeitschrift für betriebswirtschaftliche Forschung (zfbf), 44. Jg. (1992), Nr. 10, S. 884-901.

Kaas, Klaus P. (1995a): Marketing und neue Institutionenökonomik, in: Kaas, Klaus P. (Hrsg.): Kontrakte, Geschäftsbeziehungen, Netzwerke – Marketing und neue Institutionenökonomik, Düsseldorf 1995, S. 1-17.

Kaas, Klaus P. (1995b): Marketing zwischen Markt und Hierarchie, in: Kaas, Klaus P. (Hrsg.): Kontrakte, Geschäftsbeziehungen, Netzwerke – Marketing und neue Institutionenökonomik, Düsseldorf 1995, S. 19-42.

Kaas, Klaus P. (2001): Zur „Theorie des Dienstleistungsmanagements", in: Bruhn, Manfred/Meffert, Heribert (Hrsg.): Handbuch Dienstleistungsmanagement – Von der strategischen Konzeption zur praktischen Umsetzung, 2., überarb. u. erw. Aufl., Wiesbaden 2001, S. 103-121.

Kaas, Klaus P./Uhlmann, Bernd (1989): Pharma-Marketing: Möglichkeiten und Grenzen nach der Strukturreform im Gesundheitswesen, Zeitschrift für Betriebswirtschaft (ZfB), 59. Jg. (1989), Nr. 6, S. 620-636.

Kaesbach, Wolfgang/Schleert, Norbert (2000): Finanzierbarkeit von Innovationen im GKV-Markt, in: Klauber, Jürgen/Schröder, Helmut/Selke, Gisbert W. (Hrsg.): Innovation im Arzneimittelmarkt, Berlin u. a. 2000, S. 193-202.

Kahle, Ulrich/Hasler, Werner (2001): Informationsbedarf und Informationsbereitstellung im Rahmen von CRM-Projekten, in: Link, Jörg (Hrsg.): Customer Relationship Management: Erfolgreiche Kundenbeziehungen durch integrierte Informationssysteme, Berlin u. a. 2001, S. 213-234.

Kaiser Family Foundation (2001): Understanding the Effects of Direct-to-Consumer Prescription Drug Advertising, Studie, Menlo Park 2001.

Kaiser, Roland H. (2004): Chancen und Grenzen in der Regelversorgung, in: Jähn, Karl/Nagel, Eckhard (Hrsg.): e-Health, Berlin u. a. 2004, S. 186-191.

Kallmann, Andreas (1979): Skalierung in der empirischen Forschung: das Problem ordinaler Daten, München 1979.

Kano, Noriaki (1984): Attractive quality and must-be quality, in: The Journal of the Japanese Society for Quality Control, Vol. 14 (1984), No.2, S. 39-48.

Kaplan, Robert S./Norton, David P. (1996): Using the Balanced Scorecard as a Strategic Management System, in: Harvard Business Review, Vol. 74 (1996), No. 1, S. 75-85.

Kaplan, Robert S./Norton, David P. (2002): The Balanced Scorecard: Translating Strategy into Action, Boston 2002.

Kast, Fremont E./Rosenzweig, James E. (1972): General Systems Theory: Applications for Organization and Management, in: Academy of Management Journal, Vol. 15 (1972), No. 4, S. 447-465.

Kehl, Roger E./Rudolph, Bernd J. (2001): Warum CRM-Projekte scheitern, in: Link, Jörg (Hrsg.): Customer Relationship Management: Erfolgreiche Kundenbeziehungen durch integrierte Informationssysteme, Berlin u. a. 2001, S. 253-273.

Keller, Christian (1995): Marketing-Controlling in der pharmazeutischen Industrie: Anwendungsmöglichkeiten ausgewählter Marketing-Controllinginstrumente vor dem Hintergrund der Besonderheiten des pharmazeutischen Marketing, St. Gallen 1995.

Keller, Hans U. (1994): Retention-Marketing, in: Tomczak, Torsten/Belz, Christian (Hrsg.): Kundennähe realisieren, St. Gallen 1994, S. 329-342.

Keller, Thomas (2002): Beziehungsmanagement im Arzt-Patient-Verhältnis: Der Einfluss der Qualität ärztlicher Dienstleistung auf die Patientenbindung, 1. Aufl., Wiesbaden 2002.

Kelley, Scott W/Davis, Mark A. (1994): Antecedents to Customer Expectations for Service Recovery, in: Journal of the Academy of Marketing Science, Vol. 22 (1994), No. 1, S. 52-61.

Kern, Axel O./Pfaff, Anita B./Pfaff, Martin/Freund, Florian/Langer, Bernhard/Mamberer, Florian (2003): Zuzahlungen nach dem GKV-Modernisierungsgesetz (GMG) unter Berücksichtigung von Härtefallregelungen, Volkswirtschaftliche Diskussionsreihe, Beitrag Nr. 253, Institut für Volkswirtschaftslehre, Universität Augsburg, Augsburg 2003.

Kern, Axel Olaf/Troche, Clemens J./Beske, Fritz (1999): Beteiligungsrechte – Der Patient im Mittelpunkt?, Tagungsbericht Eltville III, 13./14. August 1999, Institut für Gesundheits-System-Forschung, Kiel 1999.

Kern, Egbert (1990): Der Interaktionsansatz im Investitionsgütermarketing: Eine konfirmatorische Analyse, Berlin 1990.

Kesselhut, Jan-Frederic (2003): Besonderheiten des Marketings in der Pharmaindustrie, in: Trilling, Thomas (Hrsg.): Pharmamarketing: Ein Leitfaden für die tägliche Praxis, Berlin u. a. 2003, S. 41-61.

Kessler, Elke (2002): Marketing-Mix in der Anwendung, in: Burkard, Ingrid (Hrsg.): Praxis des Pharmamarketing, Weinheim 2002, S. 201-223.

Kiewel, Angelika (2002): Nehmen Sie Ihre Medikamente selbst? Neue Wege der Patientenbeteiligung und Qualitätssicherung im Gesundheitswesen, München u. a. 2002.

Kiewel, Angelika/Rostalski, Birger (2000): Deutschland, in: Klauber, Jürgen/Schröder, Helmut/Selke, Gisbert W. (Hrsg.): Innovation im Arzneimittelmarkt, Berlin u. a. 2000, S. 67-83.

Kirchgeorg, Markus/Haffner, Silke (2004): Communities und Monitoring-Werkzeuge, in: Jähn, Karl/Nagel, Eckhard (Hrsg.): e-Health, Berlin u. a. 2004, S. 167-174.

Kirchner, Jens (2003): Wertorientierte Ausrichtung der Neukundengewinnung, in: Helmke, Stefan/Uebel, Matthias F./Dangelmaier, Wilhelm (Hrsg.): Effektives Customer Relationship Management: Instrumente – Einführungskonzepte – Organisation, 3., überarb. und erw. Aufl., Wiesbaden 2003, S. 269-289.

Kitzinger, Hugo/Hirsch, Robert/Blohm, Silke (2004): e-Patient-Communities, in: Jähn, Karl/Nagel, Eckhard (Hrsg.): e-Health, Berlin u. a. 2004, S. 296-302.

Klee, Alexander (2000): Strategisches Beziehungsmanagement: Ein integrativer Ansatz zur strategischen Planung und Implementierung des Beziehungsmanagement, Aachen 2000.

Klein, Benjamin/Crawford, Robert G./Alchian, Armen A. (1978): Vertical Integration, Appropriable Rents, and the Competitive Contracting Process, in: Journal of Law and Economics, Vol. 21 (1978), No. 2, S. 297-326.

Kleinaltenkamp, Michael (1995): Gestaltung der Distributionsleistung, in: Kleinaltenkamp, Michael/Plinke, Wulff (Hrsg.): Technischer Vertrieb: Grundlagen, Berlin u. a. 1995, S. 745-783.

Kleinaltenkamp, Michael (1996): Customer Integration: Von der Kundenorientierung zur Kundenintegration, Wiesbaden 1996.

Kleinaltenkamp, Michael (2001): Begriffsabgrenzung und Erscheinungsformen von Dienstleistungen, in: Bruhn, Manfred/Meffert, Heribert (Hrsg.): Handbuch Dienstleistungsmanagement: Von der strategischen Konzeption zur strategischen Umsetzung, 2., überarb. und erw. Aufl., Wiesbaden 2001, S. 27-50.

Kleinaltenkamp, Michael (2003): Kundenbindung durch Kundenintegration, in: Bruhn, Manfred/Homburg, Christian (Hrsg.): Handbuch Kundenbindungsmanagement: Grundlagen, Konzepte, Erfahrungen, 4., überarb. und erw. Aufl., Wiesbaden 2003, S. 353-370.

Kleinaltenkamp, Michael/Kühne, Bettina (2003): Asymmetrische Bindungen in Geschäftsbeziehungen des Business-to-Business-Bereichs, in: Rese, Mario/Söllner, Albrecht/Utzig, Peter B. (Hrsg.): Relationship Marketing: Standortbestimmung und Perspektiven, Berlin u. a. 2003, S. 11-44.

Kleinaltenkamp, Michael/Staudt, Meike (1991): Kooperation zwischen Investitionsgüter-Herstellern und führenden Anwendern („Lead User") in: Hilbert, Josef/Kleinaltenkamp, Michael/Nordhause-Janz, Jürgen/Widmaier, Brigitta (Hrsg.): Neue Kooperationsformen in der Wirtschaft – Können Konkurrenten Partner werden?, Opladen 1991, S. 59-70.

Kleinke, J. D. (2001): The Price of Progress: Prescription Drugs in the Health Care Market, in: Health Affairs, Vol. 20 (2001), No. 5, S. 43-60.

Knoke, Christoph (2003): Marketing aus betriebswirtschaftlicher Sicht – wichtige Aspekte, in: Trilling, Thomas (Hrsg.): Pharmamarketing: Ein Leitfaden für die tägliche Praxis, Berlin u. a. 2003, S. 1-36.

Koch, Jörg (1999): Marketing: Einführung in die marktorientierte Unternehmensführung, 1. Aufl., München u. a. 1999.

Köhler, Richard (2003): Kundenorientiertes Rechnungswesen als Voraussetzung des Kundenbindungsmanagements, in: Bruhn, Manfred/Homburg, Christian (Hrsg.): Handbuch Kundenbindungsmanagement: Grundlagen, Konzepte, Erfahrungen, 4. überarb. und erw. Aufl., Wiesbaden 2003, S. 391-421.

Kohout, Susanne (2002): Das Beste aus beiden Welten: OTC-Management als Gratwanderung zwischen Markt und Medizin, in: Burkard, Ingrid (Hrsg.): Praxis des Pharmamarketing, Weinheim 2002, S. 85-90.

Komischke, Björn (2001): IT und Management Tools zur Optimierung des CRM, in: Badenhoop, Rolf/Ryf, Balz (Hrsg.): Patient Relationship Management: CRM in der Life Sciences Industrie, 1. Aufl., Wiesbaden 2001, S. 93-100.

Königer, Paul/Reithmayer, Walter (1998): Management unstrukturierter Informationen: Wie Unternehmen die Informationsflut beherrschen können, Frankfurt a. M. 1998.

Konrad, Thomas/Vetter, Gert (2002): Pharmamarketing und evidenzbasierte Medizin: Qualitätssicherungsmaßnahmen und Disease-Management-Programme, in: Burkhard, Ingrid (Hrsg.): Praxis des Pharmamarketing, Weinheim 2002, S. 187-199.

Kotler, Philip (1986): Megamarketing, in: Harvard Business Review, Vol. 64 (1986), No. 2, S. 117-124.

Kotler, Philip/Bliemel, Friedhelm (1999): Marketing-Management: Analyse, Planung, Umsetzung und Steuerung, 9. Aufl., Stuttgart 1999.

Kotzian, Peter (2003): Verhandlungen im europäischen Arzneimittelsektor: Initiierung – Institutionalisierung – Ergebnisse, Baden-Baden 2003.

Krafft, Manfred (2002): Kundenbindung und Kundenwert, Heidelberg 2002.

Krahl, Daniela/Windheuser, Ulrich/Zick, Friedrich-Karl (1998): Data Mining: Einsatz in der Praxis, Bonn 1998.

Kranich, Christoph (2001): Der Patient im Spannungsfeld zwischen Gesundheit und Kosten, in: Michaelis, Wolfgang (Hrsg.): Der Preis der Gesundheit: Wissenschaftliche Analysen, politische Konzepte; Perspektiven der Gesundheitspolitik, Landsberg/Lech 2001, S. 279-287.

Kravitz, Richard L. (2000): Direct-to-Consumer Advertising of Prescription Drugs: Implications for the Patient-Physician Relationship, in: Journal of the American Medical Association (JAMA), Vol. 284 (2000), No. 17, S. 2244.

Kreutzer, Ralf/Jugel, Stefan/Wiedmann, Klaus-Peter (1986): Unternehmensphilosophie und Corporate Identity: Empirische Bestandsaufnahme und Leitfaden zur Implementierung einer Corporate Identity-Strategie, Arbeitspapier Nr. 40, Institut für Marketing, Universität Mannheim, Mannheim 1986.

Kreyher, Volker J. (2002): Ökonomie und Humanität verbinden: PR in der Gesundheitswirtschaft, in: Public Relations Forum für Wissenschaft und Praxis, 8. Jg. (2002), Nr. 2, S. 62-65.

Kreyher, Volker J./Harms, Fred (2002a): Kooperation als Strategie: Auf dem Weg in die Netze, in: Pharma-Marketing Journal (PMJ), 27. Jg. (2002), Nr. 5, S. 172-175.

Kreyher, Volker J./Harms, Fred (2002b): Pharmamarketing, in: der markt, 41. Jg. (2002), Nr. 161-162, S. 64-80.

Kroeber-Riel, Werner (1991): Kommunikationspolitik: Forschungsgegenstand und Forschungsperspektive, in: Marketing ZFP, 13. Jg. (1991), Nr. 3, S. 164-171.

Kroeber-Riel, Werner/Esch, Franz-Rudolf (2004): Strategie und Technik der Werbung: verhaltenswissenschaftliche Ansätze, 6., überarb. und erw. Aufl., Stuttgart 2004.

Kroeber-Riel, Werner/Meyer-Hentschel, Gundolf (1982): Werbung: Steuerung des Konsumentenverhaltens, Würzburg 1982.

Kroeber-Riel, Werner/Weinberg, Peter (2003): Konsumentenverhalten, 8., aktual. u. erg. Aufl., München 2003.

Kruse, Wolfgang, H.-H. (1996): Patient und Medikament – Neue Aspekte zur Verbesserung der Compliance, in: Lang, Erich/Arnold, Klaus (Hrsg.): Die Arzt-Patient-Beziehung im Wandel, Stuttgart 1996, S. 91-96.

Kuchenbruch, Peter (2004): Pharmabranche beugt sich Druck zu mehr Publizität, in: Financial Times Deutschland, 5. Jg. (2004), Nr. 177/37, S. 27.

Kuhlmann, Eberhard (2001): Besonderheiten des Nachfrageverhaltens bei Dienstleistungen, in: Bruhn, Manfred/Meffert, Heribert (Hrsg.): Handbuch Dienstleistungsmanagement: Von der strategischen Konzeption zur praktischen Umsetzung, 2., überarb. und erw. Aufl., Wiesbaden 2001, S. 213-242.

Kunz, Angelika R. (2001): Alternative Distributionswege für pharmazeutische Produkte: Eine empirische Analyse nachfragerelevanter Entscheidungskriterien, 1. Aufl., Wiesbaden 2001.

Kurcz, Claudia (2002): Die Begrenzung der ärztlichen Aufklärungspflicht unter Einschränkung des Selbstbestimmungsrechts des Patienten, Tübingen 2002.

Kuß, Alfred (1993): Das Konsumentenverhalten, in: Berndt, Ralph/Hermanns, Arnold (Hrsg.): Handbuch Marketing-Kommunikation: Strategien, Instrumente, Perspektiven, Wiesbaden 1993.

Kuß, Alfred/Tomczak, Torsten (2002): Marketingplanung: Einführung in die marktorientierte Unternehmens- und Geschäftsfeldplanung, 3., überarb. Aufl., Wiesbaden 2002.

Labbé, Marcus (2002): Neuordnung und Konsolidierung in der ‚Pharma-Bioteconomy', in: Schöffski, Oliver/Fricke, Frank-Ulrich/Guminski, Werner/Hartmann, Wolfgang (Hrsg.): Pharmabetriebslehre, Berlin u. a. 2002, S. 365-374.

Lang, Erich/Kupfer, Peter (1996): Einführung, in: Lang, Erich/Arnold, Klaus (Hrsg.): Die Arzt-Patient-Beziehung im Wandel, Stuttgart 1996, S. 11-15.

Lankers, Christoph H. (1997): Erfolgsfaktoren von Managed Care auf europäischen Märkten, 1. Aufl., Bonn 1997.

Lasswell, Harold D. (1960): The Structure and Function of Communication in Society, in: Schramm, Wilbur (Hrsg.): Mass Communications, 2. Aufl., Urbana 1960, S. 117-130.

Lauterbach, Karl W. (1997): Zum Verhältnis von Disease Management und Managed Care, in: Arnold, Michael/Lauterbach Karl, W./Preuß, Klaus-Jürgen (Hrsg.): Managed Care, Ursachen, Prinzipien, Formen und Effekte, Stuttgart 1997, S. 169-179.

Lauterbach, Karl W./Stock, Stephanie (2001): Zwei Dogmen der Gesundheitspolitik – Unbeherrschbare Kostensteigerungen durch Innovation und demographischen Wandel?, Gutachten für den Gesprächskreis Arbeit und Soziales der Friedrich-Ebert-Stiftung, Bonn 2001.

Lehmann (1992): Systemtheoretisch-kybernetisch orientierte Organisationstheorie, in: Frese, Erich (Hrsg.): Handwörterbuch der Organisation, 3. Aufl., Stuttgart 1992, Sp. 1838-1853.

Lennecke, Kirsten (1999): Complianceförderung für spezielle Indikationen und Patientengruppen, in: Heuer, Hubert O./Heuer, Sabine H./Lennecke, Kirsten (Hrsg.): Compliance in der Arzneimitteltherapie – Von der Non-Compliance zu pharmazeutischer und medizinischer Kooperation, Stuttgart 1999, S. 147-200.

Lenz, Christian (2004): Cancerfacts.com, in: Jähn, Karl/Nagel, Eckhard (Hrsg.): e-Health, Berlin u. a. 2004, S. 99-103.

Leppin, Udo (2000): Auf dem Weg zum individualisierten Gesundheitsmanagement: Trends aus einer Studie, in: Pharma-Marketing Journal (PMJ), 25. Jg. (2000), Nr. 2, S. 62.

Leppin, Udo/Holzhammer, Silke (2002): Customer-Relationship-Management: Ergebnisse einer aktuellen Umfrage, in: Pharma-Marketing Journal (PMJ), 27. Jg. (2002), Nr. 1, S. 24-27.

Lepping, Melanie (1996): Disease Management versus Diabetes Management, in: Braun, Waldemar/Schaltenbrand, Ralf (Hrsg.): Qualitätssicherung, Pharmaökonomie und Disease Management, Witten/Herdecke 1996, S. 141-148.

Lerch, Magnus/Dierks, Marie-Luise (2001): Gesundheitsinformation und -kommunikation als Basis für Patientensouveränität, in: Dierks, Marie-Luise et al. (Hrsg.): Patientensouveränität: Der autonome Patient im Mittelpunkt, Arbeitsbericht Nr. 195, Akademie für Technikfolgenabschätzung in Baden-Württemberg, Stuttgart 2001, S. 119-147.

Lichtenberg, Frank R. (1996): Do (More and Better) Drugs Keep People Out of Hospitals, in: The American Economic Review, Vol. 86 (1996), No. 2, S. 384-388.

Lichtenberg, Frank R. (2002): Benefits and Costs of Newer Drugs: An Update, National Bureau of Economic Research, Working Paper No. w8996, Cambridge 2002.

Liljander, Veronica/Strandvik, Tore (1995): The Nature of Customer Relationships in Services, in: Swartz, Teresa A/Bowen, David E./Brown, Stephen W. (Hrsg.): Advances in Services Marketing and Management, Vol. 4 (1995), Greenwich 1995, S. 141-167.

Limmroth, Volker (2002): Die Zukunft des pharmazeutischen Marktes: Marketingaktivitäten aus Sicht einer Zielperson, in: Burkard, Ingrid (Hrsg.): Praxis des Pharmamarketing, Weinheim 2002, S. 225-240.

Link, Jörg (1995): Welche Kunden rechnen sich?, in: absatzwirtschaft, 38. Jg. (1995), Nr. 10, S. 108-110.

Link, Jörg (2001): Grundlagen und Perspektiven des Customer Relationship Management, in: Link, Jörg (Hrsg.): Customer Relationship Management: Erfolgreiche Kundenbeziehungen durch integrierte Informationssysteme, Berlin u. a. 2001, S. 1-34.

Link, Jörg/Hildebrandt, Volker (1993): Database Marketing und Computer Aided Selling: Strategische Wettbewerbsvorteile durch neue informationstechnologische Systemkonzeptionen, München 1993.

Lisi, René F. (2003): Systematisches CRM-Prozessmanagement – Das Customer Interaction Program der Winterthur Insurance, in: Stadelmann, Martin/Wolter, Sven/Reinecke, Sven/Tomczak, Torsten (Hrsg.): Customer Relationship Management, Zürich 2003, S. 215-235.

Longchamp, Claude/Leuenberger, Petra (2001): Qualitäts- und Kostenorientierung, Trendstudie zum Gesundheitsmonitor, Basel 2001.

Lonsert, Michael (1995): Direct-to-Consumer-Marketing in der pharmazeutischen Industrie – Möglichkeiten und Grenzen eines Relationship-Marketing mit Arzneimittel-Konsumenten, in: Lonsert, Michael/Preuß, Klaus-Jürgen/Kucher, Eckhardt (Hrsg.): Handbuch Pharma-Management, Wiesbaden 1995, S. 337-359.

Lonsert, Michael/Harms, Fred (2004): Das Neue Business-Modell: Große Umbrüche in den nächsten 10 bis 15 Jahren, in: Pharma-Marketing Journal (PMJ), 29. Jg. (2004), Nr. 3, S. 78-86.

Lorenz, Alexander M. (2001): Meinungsforschung als integraler Bestandteil des PRM, in: Badenhoop, Rolf/Ryf, Balz (Hrsg.): Patient Relationship Management: CRM in der Life Sciences Industrie, 1. Aufl., Wiesbaden 2001, S. 109-114.

Lovelock, Christopher H. (2001): Services Marketing: People, Technology, Strategy, 4. Aufl., Upper Saddle River 2001.

Ludwig, Marc A. (2000): Beziehungsmanagement im Internet: Eine Analyse der Informationsbedürfnisse auf Konsumgütermärkten und der Möglichkeit ihrer Befriedigung durch Beziehungsmanagement unter Nutzung des Internet, Lohmar u. a. 2000.

Maag, Gisela (2000): Netzwerke, Gesundheitsmanagement und die Pharma-Industrie: Sinn und Zweck neuer Kooperationen, in: Pharma-Marketing Journal (PMJ), 25. Jg. (2000), Nr. 3, S. 101-106.

Maienborn, Angela (2001): Neue Modelle der Patienteninformation über das Internet, in: Reibnitz, Christine von/Schnabel, Peter-Ernst/Hurrelmann Klaus (Hrsg.): Der mündige Patient: Konzepte zur Patientenberatung und Konsumentensouveränität im Gesundheitswesen, München u. a. 2001, S. 249-262.

Mak, Otmar/Hörrmann, Gerold/Tiby, Claus (1995): Projektmanagement in der Arzneimittelentwicklung – Ein langer Weg zum Weltniveau, in: Herzog, Richard (Hrsg.): F-&-E-Management in der Pharma-Industrie, Aulendorf 1995, S. 132-146.

Maleri, Rudolf (1994): Grundlagen der Dienstleistungsproduktion, 3. Aufl., Berlin u. a. 1994.

Manz, Charles C./Sims, Henry P. (1980): Self-Management as a Substitute for Leadership: A Social Learning Theory Perspective, in: Academy of Management Review, Vol. 5 (1980), No. 3, S. 361-367.

Marona, Heidemarie C. (2001): Alle reden über den Patienten, keiner mit ihm: Gedanken zu einer neuen Art der Zusammenarbeit: Beispiel Janssen-Cilag, in: Pharma-Marketing Journal (PMJ), 26. Jg. (2001), Nr. 5, S. 169-171.

Martin, Wolfgang (2003): Der Einfluss von CRM auf die Business-Architektur, in: Stadelmann, Martin/Wolter, Sven/Reinecke, Sven/Tomczak, Torsten (Hrsg.): Customer Relationship Management, Zürich 2003, S. 69-79.

Matheja, Ewald (2002): Websites auf dem Prüfstand, in: Pharmazeutische Zeitung, 147. Jg. (2002), Nr. 27, S. 54-55.

Mathiesen, Michael (1997): Marketing on the Internet: A Proven 12-Step Plan for Promoting, Selling, and Delivering Your Products and Services to Millions over the Information Superhighway, 2. Aufl., Gulf Breeze 1997.

Matzler, Kurt/Bailom, Franz (1999): Messung von Kundenzufriedenheit, in: Hinterhuber, Hans H./Matzler, Kurt (Hrsg.): Kundenorientierte Unternehmensführung: Kundenorientierung, Kundenzufriedenheit, Kundenbindung, Wiesbaden 1999, S. 151-183.

Matzler, Kurt/Stahl, Heinz K. (2000): Kundenzufriedenheit und Unternehmenswertsteigerung, in: Die Betriebswirtschaft (DBW), 60. Jg. (2000), Nr. 5, S. 626-641.

Mauerer, Nikolaus (1995): Die Wirkung absatzpolitischer Instrumente: Metaanalyse empirischer Forschungsarbeiten, Wiesbaden 1995.

May, Uwe/Ries, Marion (2005): Öffentlichkeitsarbeit: Marketing-Instrument im Spannungsfeld zwischen Produkt-, Unternehmens- und Branchenimage, in: Pharma-Marketing Journal (PMJ), 30. Jg. (2005), Nr. 1, S. 12-15.

Mayer, Alexander (1996): Implementierung von Marketing im Krankenhaus, Regensburg 1996.

Mayer, Gerhard (1982): Individuelle Bedürfnisse und Gesundheitspolitik, Augsburg 1982.

Mayer, Julika (2004): Arzt-Patienten-Beziehung im Wandel, in: Jähn, Karl/Nagel, Eckhard (Hrsg.): e-Health, Berlin u. a. 2004, S. 320-325.

Mayer, Robert C./Davis, James H./Schoormann, David F. (1995), An Integrative Model of Organizational Trust, in: Academy of Management Review, Vol. 20 (1995), No. 3, S. 709-734.

McCarthy, Edmund J. (1975): Basic Marketing: A Managerial Approach, 5. Aufl., Homewood 1975.

Meffert, Heribert (1984): Thesen zur marktorientierten Führung in stagnierenden und gesättigten Märkten, in: Marketing ZFP, 6. Jg. (1984), Nr. 3, S. 215-220.

Meffert, Heribert (1994): Marktorientierte Führung von Dienstleistungsunternehmen – Neuere Entwicklungen in Theorie und Praxis, in: Die Betriebswirtschaft (DBW), 54. Jg. (1994), Nr. 4, S. 519-541.

Meffert, Heribert (2000): Marketing: Grundlagen marktorientierter Unternehmensführung: Konzepte, Instrumente, Praxisbeispiele; mit neuer Fallstudie VW Golf, 9., überarb. u. erw. Aufl., Wiesbaden 2000.

Meffert, Heribert (2003): Kundenbindung als Element moderner Wettbewerbsstrategien, in: Bruhn, Manfred/Homburg, Christian (Hrsg.): Handbuch Kundenbindungsmanagement: Grundlagen, Konzepte, Erfahrungen, 4., überarb. und erw. Aufl., Wiesbaden 2003, S. 125-145.

Meffert, Heribert/Bruhn, Manfred (2003): Dienstleistungsmarketing: Grundlagen – Konzepte – Methoden; mit Fallbeispielen, 4., vollst. überarb. u. erw. Aufl., Wiesbaden 2003.

Meffert, Heribert/Schürmann, Uwe (1994): Erfolgsfaktoren der Markenkommunikation im Produktlebenszyklus, in: Bruhn, Manfred (Hrsg.): Handbuch Markenartikel, Bd. 3, Stuttgart 1994, S. 985-1008.

Mehlan, Robert (2001): Content zur Stärkung des Patient Relationship Management (PRM) im Internet, in: Badenhoop, Rolf/Ryf, Balz (Hrsg.): Patient Relationship Management: CRM in der Life Sciences Industrie, 1. Aufl., Wiesbaden 2001, S. 59-65.

Mehnert, Angelika (1998): Regulierungen auf europäischen Arzneimittelmärkten, Bern 1998.

Meissner, Sabine (2004): Bewertung pharmazeutischer Marken, in: Marketing-Journal, 37. Jg. (2004), Nr. 5, S. 34-36.

Meisterernst, Andreas (2002): Zum Begriff der Packungsbeilage im Sinne von § 4 a HWG, in: Pharma Recht, 24. Jg. (2002), Nr. 5, S. 171.

Mennicken, Catherine S./Grebe, Marcus/Jereb, Klaus W. (2003): Im Spannungsfeld von Kostenoptimierung und Kundenzufriedenheit: Das Siemens ICN-Service Center im Praxistest, in: Helmke, Stefan/Uebel, Matthias F./Dangelmaier, Wilhelm (Hrsg.): Effektives Customer Relationship Management: Instrumente – Einführungskonzepte – Organisation, 3., überarb. und erw. Aufl., Wiesbaden 2003, S. 373-390.

Merten, Klaus (1977): Kommunikation: Eine Begriffs- und Prozeßanalyse, Opladen 1977.

Meyer, Anton/Blümelhuber, Christian (1994): Interdependenzen zwischen Absatz und Produktion in Dienstleistungsunternehmen und ihre Auswirkungen auf konzeptionelle Fragen des Absatzmarketing, in: Corsten, Hans/Hilke, Wolfgang (Hrsg.): Dienstleistungsproduktion: Absatzmarketing – Produktivität – Haftungsrisiken – Serviceintensität – Outsourcing, Wiesbaden 1994, S. 5-41.

Meyer, Anton/Dornach, Frank (2000): Kundenmonitor Deutschland – Qualität und Kundenorientierung – Jahrbuch der Kundenorientierung in Deutschland 2000, München 2000.

Meyer, Anton/Mattmüller, Roland (1987): Qualität von Dienstleistungen – Entwurf eines praxisorientierten Qualitätsmodells, in: Marketing ZFP, 9. Jg. (1987), Nr. 3, S. 187-195.

Meyer, Anton/Oevermann, Dirk (1995): Kundenbindung, in: Tietz, Bruno/Köhler, Richard/Zentes, Joachim (Hrsg.): Handwörterbuch des Marketing, 2., völlig neu gest. Aufl., Stuttgart 1995, Sp. 1340-1351.

Meyer, Margit/Bartelt, Andreas (1999): Ökonomische Analyse von Vertrauen in Zulieferernetzwerken der Automobilindustrie, Arbeitspapier Nr. 5 der Reihe Marketingtheorie und -management, Lehrstuhl für BWL und Marketing, Universität Würzburg, Würzburg 1999.

Meyer-Lutterloh, Klaus (2004): Managed Health Care, in: Jähn, Karl/Nagel, Eckhard (Hrsg.): e-Health, Berlin u. a. 2004, S. 175-181.

Michel, Rudolf/Torspecken, Hans-Dieter/Jandt, Jürgen (2004): Neuere Formen der Kostenrechnung mit Prozesskostenrechnung, 5., überarb. und erw. Aufl., München u. a. 2004.

Mikula, Gerold (1985): Psychologische Theorie des sozialen Austausches, in Frey, Dieter/Irle, Martin (Hrsg.): Theorien zur Sozialpsychologie: Gruppen und Lerntheorien, Bd. 2, Bern u. a., S. 273-305.

Mills, Peter K./Morris, James H. (1986): Clients as "Partial" Employees of Service Organizations: Role Development in Client Participation, in: Academy of Management Review, Vol. 11 (1986), No. 4, S. 726-735.

Mills, Peter K./Chase, Richard B./Margulies, Newton (1983): Motivating the Client/Employee System as a Service Production Strategy, in: Academy of Management Review, Vol. 8 (1983), No. 2, S. 301-310.

Mohn, Brigitte (2001): Gegen den Schlaganfall – für das Leben: Die Stiftung Deutsche Schlaganfall-Hilfe, in: Badenhoop, Rolf/Ryf, Balz (Hrsg.): Patient Relationship Management: CRM in der Life Sciences Industrie, 1. Aufl., Wiesbaden 2001, S. 213-223.

Morgan, Rob M./Hunt, Shelby D. (1994): The Commitment-Trust Theory of Relationship Marketing, in: Journal of Marketing, Vol. 58 (1994), No. 3, S. 20-38.

Morra, Francesco (1996): Wirkungsorientiertes Krankenhausmanagement: ein Führungshandbuch, Bern u. a. 1996.

Morris, Louis A./Brinberg, David/Klimberg, Ron/Rivera, Carole/Millstein, Lloyd G. (1986): The Attitudes of Consumers Toward Direct Advertising of Prescription Drugs, in: Public Health Reports, Vol. 101 (1986), No. 1, S. 82-89.

Moser, Melanie (1999): "Dialog-Marketing" für Kontakte und Umsatz: Ein konzeptionelles Instrumentarium birgt Chancen, in: Pharma-Marketing Journal (PMJ), 24. Jg. (1999), Nr. 3, S. 88-90.

Mühlbacher, Axel (2002): Integrierte Versorgung: Management und Organisation: Eine wirtschaftswissenschaftliche Analyse von Unternehmensnetzwerken der Gesundheitsversorgung, 1. Aufl., Berlin 2002.

Müller, Michael (2002): Vom Medikament zur Marke, in: Burkard, Ingrid (Hrsg.): Praxis des Pharmamarketing, Weinheim 2002, S. 59-72.

Müller, Wolfgang (1994): Kundenbindungs-Management, in: Müller, Wolfgang/Bauer, Hans H. (Hrsg.): Wettbewerbsvorteile erkennen und sichern: Erfahrungsberichte aus der Marketing-Praxis, Neuwied u. a. 1994, S. 187-208.

Müller, Wolfgang/Riesenbeck, Hans-Joachim (1991): Wie aus zufriedenen auch anhängliche Kunden werden, in: Harvard Manager, 13. Jg. (1991), Nr. 3, S. 67-79.

Müller-Mundt, Gabriele/Schaeffer, Doris (2001): Patientenschulung in der Pflege, in: Reibnitz, Christine von/Schnabel, Peter-Ernst/Hurrelmann Klaus (Hrsg.): Der mündige Patient: Konzepte zur Patientenberatung und Konsumentensouveränität im Gesundheitswesen, München u. a. 2001, S. 225-235.

Münnich, Frank W. (2000): Innovatorischer Wettbewerb auf dem Arzneimittelmarkt, in: Klauber, Jürgen/Schröder, Helmut/Selke, Gisbert W. (Hrsg.): Innovation im Arzneimittelmarkt, Berlin u. a. 2000, S. 107-129.

Musil, Antje (2003): Stärkere Eigenverantwortung in der Gesetzlichen Krankenversicherung: Eine agency-theoretische Betrachtung, Wiesbaden 2003.

Mussler, Dieter (1993): Sponsoring, in: Kalt, Gero (Hrsg.): Öffentlichkeitsarbeit und Werbung: Instrumente, Strategien, Perspektiven, 4., erw. u. akt. Aufl., Frankfurt a. M. 1993, S. 83-100.

Nelson, Phillip (1970): Information and Consumer Behavior, in: Journal of Political Economy, Vol. 18 (1970), No. 4, S. 311-329.

Neuffer, Andreas B. (1997): Managed Care – Umsetzbarkeit des Konzeptes im deutschen Gesundheitssystem, St. Gallen 1997.

Newzella, Christoph (2003): Der Handel mit Arzneimitteln – Erfolgsfaktoren im Apotheken-einzelhandel, Frankfurt a. M. 2003.

Nieschlag, Robert/Dichtl, Erwin/Hörschgen, Hans (2002): Marketing, 19., überarb. und erg. Aufl., Berlin 2002.

Nikelly Arthur G. (1999): Drug Advertisements and the Medicalization of Unipolar Depression in Women, in: Health Care for Women International, Vol.16 (1999), No. 3, S. 229-242.

Nufer, Gerd (2002): Wirkungen von Event-Marketing: Theoretische Fundierung und empirische Analyse, Wiesbaden 2002.

Nunnally, Jum C. (1978): Psychometric Theory, 2. Aufl., New York 1978.

o. V. (2002d): Prozentuale Selbstbeteiligung der Patienten zur Entschärfung der Probleme des Arzneimittelmarktes, in: PharmInd, 64. Jg. (2002), Nr. 7, S. 136.

o. V. (2000a): Ergebnisse einer Studie von Gemini Consulting: Gesundheitsrelevante Informationen im Internet immer populärer, in: PharmInd, 62. Jg. (2000), Nr. 10, S. 214-215.

o. V. (2000b): Entscheidungen, in: Pharma Recht, 22. Jg. (2000), Nr. 10, S. 323-326.

o. V. (2002a): Fusions- und Übernahmeaktivitäten in der Pharmaindustrie, in: PharmInd, 64. Jg. (2002), Nr. 12, S. 231.

o. V. (2002b): Wende in der Forschungspolitik erforderlich, in: PharmInd, 64. Jg. (2002), Nr. 5, S. 94-95.

o. V. (2002c): Bedeutung von Arzneimittelinnovationen für Patienten und Gesundheitssystem, in: PharmInd, 64. Jg. (2002), Nr. 7, S. 135-136.

o. V. (2003): Klinische Arzneimittelprüfungen mit hohem Ansehen bei Patienten, in: PharmInd, 65. Jg. (2003), Nr. 5, S. 91.

O'Neal, Charles R. (1989): JIT Procurement and Relationship Marketing, in: Industrial Marketing Management, Vol. 18 (1989), No. 1, S. 55-63.

Oberender, Peter O./Hebborn, Ansgar/Zerth, Jürgen (2002): Wachstumsmarkt Gesundheit, Stuttgart 2002.

Oeckl, Albert (1993): Anfänge und Entwicklung der Öffentlichkeitsarbeit, in: Fischer, Heinz-Dietrich/Wahl, Ulrike (Hrsg.): Public Relations: Geschichte, Grundlagen, Grenzziehungen = Öffentlichkeitsarbeit, Frankfurt a. M. 1993, S. 15-31.

Olandt, Henrik (1998): Dienstleistungsqualität in Krankenhäusern: Operationalisierung und Messung der Patientenwahrnehmung, Wiesbaden 1998.

Olfert, Klaus (2003): Investition, 9., durchges. u. aktualisierte Aufl., Ludwigshafen (Rhein) 2003.

Oliver, Richard L. (1980): A Cognitive Model of the Antecedents and Consequences of Satisfaction Decisions, in: Journal of Marketing Research, Vol. 17 (1980), No. 11, S. 460-469.

Oliver, Richard L. (1997): Satisfaction – A Behavioral Perspective on the Consumer, New York u. a. 1997.

Ortwein, Ingeborg (1993): Arzneimittel gut! Pharmaindustrie schlecht?, in: Ortwein, Ingeborg (Hrsg.): Mensch und Medikament – Die Pharmaindustrie im Spannungsfeld der Gesellschaft, München 1993, S. 301-314.

Otto, Frank/Surmont, Jeanne G. (2003): Customer Service: Verbesserte Kommunikation und vertieftes Wissen über den Kunden führen zu einer langfristigen Geschäftspartnerschaft, in: Helmke, Stefan/Uebel, Matthias F./Dangelmaier, Wilhelm (Hrsg.): Effektives Customer Relationship Management: Instrumente – Einführungskonzepte – Organisation, 3., überarb. und erw. Aufl., Wiesbaden 2003, S. 451-463.

Palmer, Adrian/Bejou, David (1994): Buyer-Seller Relationships: A Conceptual Model and Empirical Investigation, in: Journal of Marketing Management, Vol. 10 (1994), No. 6, S. 495-512.

Parasuraman, Anathanrayanan/Zeithaml, Valarie A./Berry Leonard L. (1984): A Conceptual Model of Service Quality and Its Implications for Future Research, Working Paper, Nr. 84-106, Marketing Science Institute Cambridge, Cambridge 1984.

Parasuraman, Anathanrayanan/Zeithaml, Valarie A./Berry Leonard L. (1988): SERVQUAL: A Multiple-Item Scale for Measuring Consumer Perceptions of Service Quality, in: Journal of Retailing, Vol. 64 (1988), No. 1, S. 12-40.

Parasuraman, Anathanrayanan/Zeithaml, Valarie A./Berry, Leonard L. (1985): Problems and Strategies in Services Marketing, in: Journal of Marketing, Vol. 49 (1985), No. 2, S. 33-46.

Parvatiyar, Atul/Sheth, Jagdish N. (1994): Paradigm Shift in Marketing Theory and Approach: The Emergence of Relationship Marketing, in: Sheth, Jagdish N./Parvatiyar, Atul (Hrsg.): Relationship Marketing: Theory, Methods and Applications, Atlanta 1994, S. 23-30.

Patterson, Paul G./Johnson, Lester W./Spreng, Richard A. (1997): Modeling the Determinants of Customer Satisfaction for Business-to-Business Professional Services, in: Journal of the Academy of Marketing Science, Vol. 25 (1997), No. 1, S. 4-17.

Payne, Adrian/Rapp, Reinhold (2003): Relationship Marketing: Ein ganzheitliches Verständnis vom Marketing, in: Payne, Adrian/Rapp, Reinhold (Hrsg.): Handbuch Relationship Marketing: Konzeption und erfolgreiche Umsetzung, 2. völlig überarb. und erw. Aufl., München 2003, S. 3-16.

Pepels, Werner (2000): Marketing: Lehr- und Handbuch, 3., völlig überarb. Aufl., München u. a. 2000.

Pepels, Werner (2003a): Grundzüge des Beschwerdemanagement, in: Helmke, Stefan/Uebel, Matthias F./Dangelmaier, Wilhelm (Hrsg.): Effektives Customer Relationship Management: Instrumente – Einführungskonzepte – Organisation, 3., überarb. und erw. Aufl., Wiesbaden 2003, S. 117-131.

Pepels, Werner (2003b): Darstellung und Bedeutung des Kundenlebenszeitwerts im Business to Business-Marketing, in: Helmke, Stefan/Uebel, Matthias F./Dangelmaier, Wilhelm (Hrsg.): Effektives Customer Relationship Management: Instrumente – Einführungskonzepte – Organisation, 3., überarb. und erw. Aufl., Wiesbaden 2003, S. 233-268.

Peppers, Don/Rogers, Martha (1993): The One to One Future: Building Relationships One Customer at a Time, New York 1993.

Peter, Sybille I. (1999): Kundenbindung als Marketingziel: Identifikation und Analyse zentraler Determinanten, 2. Aufl. Wiesbaden 1999.

Petermann, Franz/Mühlig, Stephan (1998): Grundlagen und Möglichkeiten der Compliance-Verbesserung, in: Petermann, Franz (Hrsg.): Compliance und Selbstmanagement, Göttingen 1998, S. 9-20.

Petermann, Franz/Warschburger, Petra (1997): Compliance, in: Weitkunat, Rolf/Haisch, Jochen/Kessler, Manfred (Hrsg.): Public health und Gesundheitspsychologie, Bern 1997, S. 371-383.

Petermann, Franz/Wendt, Almuth (1997): Selbstmanagement in der Sekundärprävention von Diabetes, in: Weitkunat, Rolf/Haisch, Jochen/Kessler, Manfred (Hrsg.): Public health und Gesundheitspsychologie, Bern 1997, S. 295-302.

Pfaff, Anita B./Busch, Susanne/Rindsfüßer, Christian (1994): Kostendämpfung in der gesetzlichen Krankenversicherung – Auswirkungen der Reformgesetzgebung 1989 und 1993 auf die Versicherten, Frankfurt a. M. 1994.

Pfahlert, Volker (2001): Veränderungsprozesse im Unternehmen erfolgreich durchführen: Steuerung/Coaching von Veränderungsprozessen, in: Badenhoop, Rolf/Ryf, Balz (Hrsg.): Patient Relationship Management: CRM in der Life Sciences Industrie, 1. Aufl., Wiesbaden 2001, S. 157-173.

Pfahlert, Volker/Emminger, Hamid A. (2002): Zukunftsszenarien für das deutsche Gesundheitswesen durch neue Informations- und Kommunikationstechnologien, in: Pharma-Marketing Journal (PMJ), 27. Jg. (2002), Nr. 2, S. 48-52.

Pfahlert, Volker/Emminger, Hamid A. (2003): Zukünftige Perspektiven der medizinischen Diagnostik: Auf dem Weg in „automatische" Bewertungen, in: Pharma-Marketing Journal (PMJ), 28. Jg. (2003), Nr. 2, S. 50-54.

Pfahlert, Volker/Fürst, Andreas (2003): Management von Kundenzufriedenheit im pharmazeutisch-diagnostischen Markt: Das Beispiel Roche Diagnostics, in: Homburg, Christian (Hrsg.): Kundenzufriedenheit: Konzepte – Methoden – Erfahrungen, 5., überarb. Aufl., Wiesbaden 2003, S. 403-432.

Pfeffer, Jeffrey (1972): Mergers as a Response to Organizational Interdepence, in: Administrative Science Quarterly, Vol. 17 (1972), No. 3, S. 382-394.

Pfeffer, Jeffrey/Salancik, Gerald R. (1978): The External Control of Organizations: A Resource Dependence Perspective, New York 1978.

Pfeiffer, Heinz (2002): Gesundheitsinformationen im Internet, in: Meggeneder, Oskar/Hengl, Walter (Hrsg.): Der informierte Patient – Anspruch und Wirklichkeit, Linz 2002, S. 113-121.

PhRMA (2002): Direct-to-Consumer Advertising of Prescription Medicines: Myth and Facts, Washington 2002.

PhRMA (2003): Pharmaceutical Industry Profile 2003, Washington 2003.

Picot, Arnold (1982): Transaktionskostenansatz in der Organisationstheorie – Stand der Diskussion und Aussagewert, in: Die Betriebswirtschaft (DBW), 42. Jg. (1982), Nr. 2, S. 267-284.

Picot, Arnold (1991): Ökonomische Theorien der Organisation, in: Ordelheide, Dieter/ Rudolph, Bernd/Büsselmann, Elke (Hrsg.): Betriebswirtschaftliche Lehre und Ökonomische Theorie, Stuttgart 1991, S. 143-170.

Picot, Arnold/Dietl Helmut (1990): Transaktionskostentheorie, in: Wirtschaftswissenschaftliches Studium (WiSt), 19. Jg. (1990), Nr. 4, S. 178-184.

Pine, B. Joseph (1993): Mass Customization: The New Frontier in Business Competition, Boston 1993.

Plinke, Wulff (1989): Die Geschäftsbeziehung als Investition, in: Specht, Günter/Silberer, Günter/Engelhardt, Werner H. (Hrsg.): Marketing-Schnittstellen: Herausforderungen für das Management, Stuttgart 1989, S. 305-325.

Plinke, Wulff (1992): Ausprägungen der Marktorientierung im Investitionsgütermarketing, in: Zeitschrift für betriebswirtschaftliche Forschung (zfbf), 44. Jg. (1992), Nr. 2, S. 830-846.

Plinke, Wulff (1997): Bedeutende Kunden, in: Kleinaltenkamp, Michael/Plinke, Wulff (Hrsg.): Geschäftsbeziehungsmanagement, Berlin u. a. 1997, S. 113-158.

Plinke, Wulff (2000): Grundlagen des Marktprozesses, in Kleinaltenkamp, Michael/Plinke Wulff (Hrsg.): Technischer Vertrieb: Grundlagen des Business-to-Business Marketing, 2. neubearb. und erw. Aufl., Berlin u. a. 2000, S. 3-99.

Plinke, Wulff/Söllner, Albrecht (2003): Kundenbindung und Abhängigkeitsbeziehungen, in: Homburg, Christian/Bruhn, Manfred (Hrsg.): Handbuch Kundenbindungsmanagement: Grundlagen, Konzepte, Erfahrungen, 4., überarb. und erw. Aufl., Wiesbaden 2003, S. 65-88.

Plötner, Olaf (1995): Das Vertrauen des Kunden: Relevanz, Aufbau und Steuerung auf industriellen Märkten, Wiesbaden 1995.

Poensgen, Andreas/Larsson, Stefan (2001): Patients, Physicians and the Internet – Myth, Reality and Implications, The Boston Consulting Group, o. O. 2001.

Porsche, Rolf (1996): Disease Management als Herausforderung und Chance für innovative Unternehmen, in: Pharmazeutische Industrie, 58. Jg. (1996), Nr. 6, S. 465-472.

Porter, Michael E. (1999): Wettbewerbsstrategie: Methoden zur Analyse von Branchen und Konkurrenten, 10., durchges. u. erw. Aufl., Frankfurt a. M. 1999.

Preß, Bettina (1997): Kaufverhalten in Geschäftsbeziehungen, in: Kleinaltenkamp, Michael/Plinke, Wulff (Hrsg.): Geschäftsbeziehungsmanagement, Berlin u. a. 1997, S. 63-111.

Preuß, Klaus-Jürgen (2001): Gesundheitsökonomie und Managed Care, in: Lauterbach, Karl W./Schrappe, Matthias (Hrsg.): Gesundheitsökonomie, Qualitätsmanagement und Evidence-based Medicine: Eine systematische Einführung, Stuttgart 2001, S. 220-238.

Preuß, Klaus-Jürgen (2002): Die Perspektive der Kostenträger (GKV und PKV) bei der praktischen Anwendung von Benchmarking, Evaluation und Zertifizierung, in: Preuß, Klaus-Jürgen/Räbiger, Jutta/Sommer, Jürg H. (Hrsg.): Managed Care: Evaluation und Performance-Measurement integrierter Versorgungsmodelle; Stand der Entwicklung in der EU, der Schweiz und den USA, Stuttgart u. a. 2002, S. 43-64.

Preuß, Klaus-Jürgen/Gantner, Tobias D. (2004): Mobile Health, in: Jähn, Karl/Nagel, Eckhard (Hrsg.): e-Health, Berlin u. a. 2004, S. 245-250.

Prill, Christian (2004): Modelle der Markenführung, in: Marketing-Journal, 37. Jg. (2004), Nr. 5, S. 30-33.

Puschmann, Thomas/Alt, Rainer (2001): Customer Relationship Management in the Pharmaceutical Industry, Institute of Information Management, University of St. Gallen, St. Gallen 2001.

PWC (2001): Gesundheitsportale 2001: Eine empirische Studie der PricewaterhouseCoopers Unternehmensberatung GmbH, Industriestudie, Frankfurt a. M. 2001.

PWC Deutsche Revision (2000): Konturen: Gesundheit 2010: Die Zukunft des Gesundheitswesens, Industriestudie, Frankfurt a. M. 2000.

Raffée, Hans (1979): Marketing und Umwelt, Stuttgart 1979.

Raffée, Hans (1984): Strategisches Marketing, in: Gaugler, Eduard/Jacobs, Otto H./Kieser, Alfred (Hrsg.): Strategische Unternehmensführung und Rechnungslegung, Stuttgart 1984, S. 61-81.

Raffée, Hans/Fritz, Wolfgang/Wiedmann, Klaus-Peter (1994): Marketing für öffentliche Betriebe, Stuttgart 1994.

Raffée, Hans/Wiedmann, Klaus-Peter (1989): Corporate Communications als Aktionsinstrumentarium des strategischen Marketing, in: Raffée, Hans/Wiedmann, Klaus-Peter: Strategisches Marketing, 2. Aufl., Stuttgart 1989, S. 662-691.

Raffée, Hans/Wiedmann, Klaus-Peter (1993): Corporate Identity als strategische Basis der Marketingkommunikation, in: Berndt, Ralph/Hermanns, Arnold (Hrsg.): Handbuch Marketing-Kommunikation: Strategien, Instrumente, Perspektiven; Werbung, Sales Promotions, Public Relations, Corporate Identity, Sponsoring, Product Placement, Messen, Persönlicher Verkauf, Wiesbaden 1993, S. 43-67.

Rahner, Erwin (2000): Wann wird die Selbsthilfe die neue Macht im Gesundheitswesen, in: PharmInd, 62. Jg. (2000), Nr. 10, S. 205-207.

Rahner, Erwin (2002a): Deutschland liegt als Pharmaforschungsstandort nur noch im Mittelfeld, in: PharmInd, 64. Jg. (2002), Nr. 1, S. 20-22.

Rahner, Erwin (2002b): Steigendes Gesundheitsbewusstsein und intensive Einsparungen der Gesundheitspolitiker verstärken das Wachstum des Selbstmedikationsmarktes, in: PharmInd, 64. Jg. (2002), Nr. 4, S. 67-69.

Raming, Burkhard (2002): Bedeutung der Pharmako-Ökonomie für das Pharmamarketing, in: Burkard, Ingrid (Hrsg.): Praxis des Pharmamarketing, Weinheim 2002, S. 3-16.

Rapp, Reinhold (2000): Customer Relationship Management: Das neue Konzept zur Revolutionierung der Kundenbeziehungen, Frankfurt 2000.

Rapp, Reinhold (2003): Relationship Marketing und Customer Relationship Management, in: Payne, Adrian/Rapp, Reinhold (Hrsg.): Handbuch Relationship Marketing: Konzeption und erfolgreiche Umsetzung, 2., völlig überarb. u. erw. Aufl., München 2003, S. 59-72.

Rapp, Reinhold/Decker, Alexander (2003): Loyalitätsprogramme – Bestandsaufnahme und kritische Wertung, in: Payne, Adrian/Rapp, Reinhold (Hrsg.): Handbuch Relationship Marketing: Konzeption und erfolgreiche Umsetzung, 2., völlig überarb. u. erw. Aufl., München 2003, S. 197-218.

Rapp, Reinhold/Guth, Sebastian (2003): Data Mining Anwendungen im Relationship Marketing, in: Payne, Adrian/Rapp, Reinhold (Hrsg.): Handbuch Relationship Marketing: Konzeption und erfolgreiche Umsetzung, 2., völlig überarb. u. erw. Aufl., München 2003, S. 165-179.

Rappaport, Julian (1985): The Power of Empowerment Language, in: Social Policy, Vol. 17 (1985), No. 2, S. 15-21.

Reese, Ulrich (2004): Jüngere Entwicklungen im Heilmittelwerbe- und Wettbewerbsrecht, in: Pharma Recht, 26. Jg. (2004), Nr. 8, S. 269-275.

Reibnitz, Christine von (2001): Die Rolle des Konsumenten auf dem Gesundheitsmarkt, in: Reibnitz, Christine von/Schnabel, Peter-Ernst/Hurrelmann Klaus (Hrsg.): Der mündige Patient: Konzepte zur Patientenberatung und Konsumentensouveränität im Gesundheitswesen, München u. a. 2001, S. 265-273.

Reicheld, Frederick F. (2003): Loyalität und die Renaissance des Marketing, in: Payne, Adrian/Rapp, Reinhold (Hrsg.): Handbuch Relationship Marketing: Konzeption und erfolgreiche Umsetzung, 2., völlig überarb. u. erw. Aufl., München 2003, S. 75-92.

Reichheld, Frederick F./Sasser, Earl W. (1990): Zero-Defections: Quality Comes to Services, in: Harvard Business Review, Vol. 68 (1990), No. 5, S. 105-111.

Reichheld, Frederick F./Sasser, Earl W. (2003): Zero Migration, Dienstleistungen im Sog der Qualitätsrevolution, in: Homburg, Christian/Bruhn, Manfred (Hrsg.): Handbuch Kundenbindungsmanagement: Grundlagen, Konzepte, Erfahrungen, 4., überarb. und erw. Aufl., Wiesbaden 2003, S. 147-161.

Reinhard, Uwe E. (1988): HMO's in den Vereinigten Staaten, in: Hauser, Heinz et al. (Hrsg.): Health maintenance organizations – Eine Reformkonzeption für die gesetzliche Krankenversicherung in der Bundesrepublik, Gerlingen 1988, S. 147-194.

Reinhardt, Uwe E. (2001): Perspectives on The Pharmaceutical Industry, in: Health Affairs, Vol. 20 (2001), No. 5, S. 136-149.

Reschke, Konrad (1990): Gestaltung gesundheitsrelevanter Informationen, in: Schwarzer, Ralf (Hrsg.): Gesundheitspsychologie – Ein Lehrbuch, Göttingen 1990, S. 461-474.

Reymann, Sönke/Dastyari, Soheil (2003): Vertrauen gewinnt: Eine brandneue FCB-Studie zeigt Richtungen, in: Pharma-Marketing Journal (PMJ), 28. Jg. (2003), Nr. 4, S. 122-123.

Richter, Rudolf (1990): Sichtweise und Fragestellung der Neuen Institutionenökonomik, in: Zeitschrift für Wirtschafts- und Sozialwissenschaften (ZWS), Bd. 110, S. 571-591.

Ried, Heinz (1993): Die forschende pharmazeutische Industrie und ihr gesellschaftlicher Auftrag, in: Ortwein, Ingeborg (Hrsg.): Mensch und Medikament: Die Pharmaindustrie im Spannungsfeld der Gesellschaft, München 1993, S. 223-231.

Riehm, Ulrich/Wingert, Bernd (1996): Multimedia: Mythen, Chancen und Herausforderungen, Mannheim 1996.

Riekeberg, Markus (1995): Migrationsbedingte Kundenabwanderung bei Sparkassen, Wiesbaden 1995.

Rieker, Stephen A. (1995): Bedeutende Kunden: Analyse und Gestaltung von langfristigen Anbieter-Nachfrager-Beziehungen auf industriellen Märkten, Wiesbaden 1995.

Riezler, Stephan (1996): Lebenszyklusrechnung: Instrument des Controlling strategischer Projekte, Wiesbaden 1996.

Rindfleisch, Aric/Heide, Jan B. (1997): Transaction Cost Analysis and Future Applications, in: Journal of Marketing, Vol. 61 (1997), No. 4, S. 30-54.

Rippberger, Tanja (1998): Ökonomik des Vertrauens: Analyse eines Organisationsprinzips, Tübingen 1998.

Ritter, Uwe (2003): Multi-Channel-Management als Differenziator am Markt, in: Helmke, Stefan/Uebel, Matthias F./Dangelmaier, Wilhelm (Hrsg.): Effektives Customer Relationship Management: Instrumente – Einführungskonzepte – Organisation, 3., überarb. und erw. Aufl., Wiesbaden 2003, S. 195-210.

Rittweger, Roman/Daugs, Anja (2004): Patientenorientiertes Disease Management, in: Jähn, Karl/Nagel, Eckhard (Hrsg.): e-Health, Berlin u. a. 2004, S. 162-166.

Roberts, Edward R. (1997): Auswirkungen der Gesundheitsreformen auf die pharmazeutische Industrie, in: PharmInd, 59. Jg. (1997), Nr. 5, S. 374-380.

Röglin, Hans-Christian/Grebmer, Klaus von (1988): Pharma-Industrie und Öffentlichkeit – Ansätze zu einem neuen Kommunikationskonzept, Basel 1988.

Rolfes, Bernd (1992): Moderne Investitionsrechnung: Einführung in die klassische Investitionstheorie und Grundlagen marktorientierter Investitionsentscheidungen, München u. a. 1992.

Rolfes, Marcus (2003): Internetapotheken: Rechtlich Probleme der Heilmittelwerbung im Internet und die Zulässigkeit des E-Commerce mit Arzneimitteln, München 2003.

Roos, Birgit (1990): Die Funktionsfähigkeit des Wettbewerbs auf den Arzneimittelmärkten der Bundesrepublik Deutschland – Eine Analyse auf der Basis des Koordinationsmängelkonzeptes, Münster 1990.

Rosenbrock, Rolf (2001): Verbraucher, Versicherte und Patienten als handelnde Subjekte, in: Reibnitz, Christine von/Schnabel, Peter-Ernst/Hurrelmann Klaus (Hrsg.): Der mündige Patient: Konzepte zur Patientenberatung und Konsumentensouveränität im Gesundheitswesen, München u. a. 2001, S. 25-33.

Ross, William T./Anderson, Erin/Weitz, Barton A.(1997): Performance in Principal-Agent Dyads: The Causes and Consequences of Perceived Asymmetry of Commitment to the Relationship, in: Management Science, Vol. 43 (1997), No. 5, S. 680-703.

Roter, Debra L. et al. (1998): Effectiveness of Interventions to Improve Patient Compliance: A Meta-Analysis, in: Medical Care, Vol. 36 (1998), No. 8, S. 1138-1161.

Roth, Denise (2002): Welche Wege geht die Pharmakommunikation?, in: Managed Care, o. Jg. (2002), Nr. 6, S. 14-16.

Rotter, Julian B. (1966): Generalized Expectancies for Internal versus External Control of Reinforcement, in: Psychological Monographs, Vol. 80 (1966), No. 1, 1966, S. 1-28.

Rudolf-Sipötz, Elisabeth/Tomczak, Torsten (2001): Kundenwert in Forschung und Praxis, Fachbericht für Marketing Nr. 2, Institut für Marketing und Handel an der Universität St. Gallen, St. Gallen 2001.

Rudolph, Alfred/Rudolph, Miriam (2000): Customer Relationship Marketing: Individuelle Kundenbeziehungen, 1. Aufl., Berlin 2000.

Rust, Roland T./Zeithaml, Valarie A./Lemon, Katherine N. (2000): Driving Customer Equity: How Customer Lifetime Value is Reshaping Corporate Strategy, New York 2000.

Ryf, Balz (2001): Studie „Patient Relationship Management (PRM)“: Resultate und Herausforderungen für die Zukunft, in: Badenhoop, Rolf/Ryf, Balz (Hrsg.): Patient Relationship Management: CRM in der Life Sciences Industrie, 1. Aufl., Wiesbaden 2001, S. 29-47.

Ryf, Balz/Badenhoop, Rolf/Sattlegger, Christian (2000): Endverbraucher-Marketing, Studie: Lernen von anderen Branchen, von Telekommunikations- und Finanzdienstleistungs-Unternehmen, in: Pharma-Marketing Journal (PMJ), 25. Jg. (2000), Nr. 4, S. 126-129.

Sachverständigenrat für die Konzertierte Aktion im Gesundheitswesen (2003): Finanzierung, Nutzerorientierung und Qualität, Gutachten 2003, Bonn 2003.

Sackett, David L./Kunz, Regina (1999): Evidenzbasierte Medizin: EBM-Umsetzung und -Vermittlung, München u. a. 1999.

Salcher, Ernst F. (1995): Psychologische Marktforschung, 2., neu bearb. Aufl., Berlin u. a. 1995.

Sattlegger, Christian (2001): Technology-enabled Customer Contact Center als Wettbewerbsvorteil im Pharma- und Diagnostika-Marketing, in: Badenhoop, Rolf/Ryf, Balz (Hrsg.): Patient Relationship Management: CRM in der Life Sciences Industrie, 1. Aufl., Wiesbaden 2001, S. 67-78.

Sauer, Nicola (2003): Consumer Sophistication: Messung, Determinanten und Wirkungen auf Kundenzufriedenheit und Kundenloyalität, Wiesbaden 2003.

Sauerbrey, Christa/Henning, Rolf (2000): Kunden-Rückgewinnung: Erfolgreiches Management für Dienstleister, München 2000.

Scheef, Gaby/Birkenhäger, Jochen (2004): TOP Kundenkontakt 5/2004: Patientenanfragen zu „Sexpillen": PDE-5 Hemmer, in: Pharma-Marketing Journal (PMJ), 29. Jg. (2004), Nr. 5, S. 168-173.

Schell, Hieronyma/Lauterbach, Karl W. (2002): Evaluation, Benchmarking, Qualitätsmanagement und Zertifizierung als Instrumente für eine evidenzbasierte Gesundheitspolitik, in: Preuß, Klaus-Jürgen/Räbiger, Jutta/Sommer, Jürg H. (Hrsg.): Managed Care: Evaluation und Performance-Measurement integrierter Versorgungsmodelle; Stand der Entwicklung in der EU, der Schweiz und den USA, Stuttgart u. a. 2002, S. 37-42.

Scheuch, Fritz (1996): Marketing, 5., verb. u. erg. Aufl., München 1996.

Schlagenhaufer, Renate (1996): Der mündige Patient nur eine Fiktion der deutschen Rechtsprechung?, Aachen 1996.

Schlegel, Thomas (2004): Rechtsfragen im Überblick, in: Jähn, Karl/Nagel, Eckhard (Hrsg.): e-Health, Berlin u. a. 2004, S. 280-284.

Schmalen, Helmut (1992): Kommunikationspolitik, 2., überarb. u. erw. Aufl., Stuttgart 1992.

Schmalensee, Richard (1982): Product Differentiation Advantages of Pioneering Brands, in: The American Economic Review, Vol. 72 (1982), S. 349-365.

Schmid, Bernd H./Däppen, Remo (2004): Kundenpotenzial in der Elektrizitätswirtschaft, in: Swiss Engineering, 101. Jg. (2004), Nr. 5, S. 40-42.

Schmidt, Sascha L. (2000): Megamerger in der pharmazeutischen Industrie: Ein Beitrag zur Strategieprozessforschung, Bern u. a. 2000.

Schmidt, Sebastian (2001): Möglichkeiten der Erfolgskontrolle im eCRM, in: Link, Jörg (Hrsg.): Customer Relationship Management: Erfolgreiche Kundenbeziehungen durch integrierte Informationssysteme, S. 235-252.

Schmitt, Christina (2003): Chancen für Loyalitätsprogramme durch das Internet: Das Beispiel Lufthansa Miles & More, in: Helmke, Stefan/Uebel, Matthias F./Dangelmaier, Wilhelm (Hrsg.): Effektives Customer Relationship Management: Instrumente – Einführungskonzepte – Organisation, 3., überarb. und erw. Aufl., Wiesbaden 2003, S. 71-85.

Schmitt, Raimund (2001): Vom Produktanbieter zum Versorgungsdienstleister, in: Badenhoop, Rolf/Ryf, Balz (Hrsg.): Patient Relationship Management: CRM in der Life Sciences Industrie, 1. Aufl., Wiesbaden 2001, S. 51-58.

Schmöller, Petra (2001): Kunden-Controlling: Theoretische Fundierung und empirische Erkenntnisse, Wiesbaden 2001.

Schmutte, Andre M. (1998): Total Quality Management im Krankenhaus, Wiesbaden 1998.

Schneider, Dieter (1985): Die Unhaltbarkeit des Transaktionskostenansatzes für die „Markt- oder Unternehmung"-Diskussion, in: Zeitschrift für Betriebswirtschaft (ZfB), 55. Jg. (1985), Nr. 12, S. 1237-1254.

Schneider, Dieter J. (1992): Distributionspolitik und Vertriebswege bei internationaler Unternehmenstätigkeit, in: Kumar, Brij N./Haussmann, Helmut (Hrsg): Handbuch der internationalen Unternehmenstätigkeit: Erfolgs- und Risikofaktoren, Märkte, Export-, Kooperations- und Niederlassungs-Management, München 1992, S. 735-755.

Schneider, Markus/Hofmann, Uwe/Späth, Brigitta/Grzeschik, Claudia/Köse, Aynur (2000): Die Regulierung von Arzneimittelmärkten im internationalen Vergleich – Auswirkungen von Positivlisten, Festbeträgen, Zuzahlungen und Arzneimittelbudgets; Studie im Auftrag des BAH, Augsburg 2000.

Schneider, Udo (2002): Theorie und Empirie der Arzt-Patient-Beziehung: Zur Anwendung der Principal-Agent-Theorie auf die Gesundheitsnachfrage, Frankfurt a. M. 2002.

Schneider, Willy (2000): Kundenzufriedenheit: Strategie, Messung, Management, Landsberg/Lech 2000.

Schnorbus, York (1995): Die Erinnerungswerbung für frei verkäufliche Arzneimittel vermeidet Pflichtangaben, in: Blick durch die Wirtschaft, 38. Jg. (1995), Nr. 228, S. 7.

Schöffski, Oliver (2002): System der Krankenversicherung, in: Schöffski, Oliver/Fricke, Frank-Ulrich/Guminski, Werner/Hartmann, Wolfgang (Hrsg.): Pharmabetriebslehre, Berlin u. a. 2002, S. 3-21.

Schönbach, Karl-Heinz (1993): Die Steuerung des Arzneimittelbudgets – Die unternehmenspolitische Aufgabe der Kassenärztlichen Vereinigungen, in: Ortwein, Ingeborg (Hrsg.): Mensch und Medikament – Die Pharmaindustrie im Spannungsfeld der Gesellschaft, München 1993, S. 204-222.

Schotthöfer, Peter (2001): Rechtliche Aspekte des „Customer Relationship Management", in: Link, Jörg (Hrsg.): Customer Relationship Management: Erfolgreiche Kundenbeziehungen durch integrierte Informationssysteme, Berlin u. a. 2001, S. 275-303.

Schrappe, Matthias (2001): Qualität in der Gesundheitsversorgung, in: Lauterbach, Karl W./Schrappe Matthias (Hrsg.): Gesundheitsökonomie, Qualitätsmanagement und Evidence-Based Medicine, Stuttgart 2001, S. 263-272.

Schrappe, Matthias/Lauterbach, Karl W. (2001): Medizinische Entscheidungsprozesse und Evidence-based Medicine, in: Lauterbach, Karl W./Schrappe, Matthias (Hrsg.): Gesundheitsökonomie, Qualitätsmanagement und Evidence-based Medicine: Eine systematische Einführung, Stuttgart 2001, S. 57-65.

Schreyögg, Georg (2000): Neuere Entwicklungen im Bereich des organisatorischen Wandels, in: Busch, Rolf (Hrsg.): Change Management und Unternehmenskultur: Konzepte in der Praxis, München u. a. 2000, S. 26-44.

Schröder, Helmut/Selke, Gisbert W. (2000): Lebenszyklen von Arzneimittelinnovationen, in: Klauber, Jürgen/Schröder, Helmut/Selke, Gisbert W. (Hrsg.): Innovation im Arzneimittelmarkt, Berlin u. a. 2000, S. 219-237.

Schulenburg, J.-Matthias Graf v. d./Kulp, Werner/Greiner, Wolfgang (2003): Gesundheitsreformen in Deutschland: Aktuelle Entwicklungen und Vierte Hürde, in: Breuer, Robert/Becker, Werner/Fibig, Andreas (Hrsg.): Strategien für das Pharma-Management: Konzepte, Fallbeispiele, Entscheidungshilfen, 1. Aufl., Wiesbaden 2003, S. 23-52.

Schuler, Christian (2004): Der Generika-Konkurrenz mit „next generation"-Präparaten die Zähne zeigen, in: Pharma-Marketing Journal (PMJ), 29. Jg. (2004), Nr. 2, S. 64-67.

Schüler, Peter/Raming, Burkhard (2002): e-Business: Chance und Herausforderung für die pharmazeutische Industrie, in: Burkard, Ingrid (Hrsg.): Praxis des Pharmamarketing, Weinheim 2002, S. 261-269.

Schulz, Bernhard (1995): Kundenpotentialanalyse im Kundenstamm von Unternehmen, Frankfurt a. M. u. a. 1995.

Schulz, Martin et al. (2001): Pharmazeutische Betreuung des Asthmapatienten, in: Reibnitz, Christine von/Schnabel, Peter-Ernst/Hurrelmann Klaus (Hrsg.): Der mündige Patient: Konzepte zur Patientenberatung und Konsumentensouveränität im Gesundheitswesen, München u. a. 2001, S. 189-199.

Schulz, Udo E./Tiby, Claus (1995): Vom Pharmaproduzenten zur Health Care Company – Irrweg oder Ausweg?, in: Lonsert, Michael/Preuß, Klaus-Jürgen/Kucher, Eckhardt (Hrsg.): Handbuch Pharma-Management, Wiesbaden 1995, S. 477-505.

Schulze, Gerhard (2003): Unterwegs zu einem neuen Gesundheitsmarkt, in: Pharma-Marketing Journal (PMJ), 28. Jg. (2003), Nr. 4, S. 114-120.

Schumpeter, Joseph A. (1987): Theorie der wirtschaftlichen Entwicklung, 7. Aufl., Berlin 1987.

Schüpbach, Sylvia (2001): Patient Relationship Management aus der Sicht der Arzneimittel-Kontrollbehörde, in: Badenhoop, Rolf/Ryf, Balz (Hrsg.): Patient Relationship Management: CRM in der Life Sciences Industrie, 1. Aufl., Wiesbaden 2001, S. 127-136.

Schütze, Roland (1992): Kundenzufriedenheit: After-Sales-Marketing auf industriellen Märkten, Wiesbaden 1992.

Schwartz, Andrea (1997): Informations- und Anreizprobleme im Krankenhaussektor: Eine institutionenökonomische Analyse, Wiesbaden 1997.

Schweitzer, Stuart O. (1997): Pharmaceutical Economics and Policy, New York u. a. 1997.

Schweppe, Ulrich (1999): Die Strategie des defensiven Marketing: Wenn Treue das Ergebnis von Zufriedenheit ist, dass dürfte es (fast) keine Scheidungen geben, in: Pharma-Marketing Journal (PMJ), 24. Jg. (1999), Nr. 5, S. 165-169.

Schweppe, Ulrich/Ziegenhagen, Dieter J. (2003): Digitale Entscheidungsunterstützung im Entscheidungsmanagement, in: Pharma-Marketing Journal (PMJ), 28. Jg. (2003), Nr. 5, S. 177-179.

Schwetz, Wolfgang (2000): Customer Relationship Management: Mit dem richtigen CAS/CRM-System Kundenbeziehungen erfolgreich gestalten, Wiesbaden 2000.

Scott, Richard W. (1992): Organizations: Rational, Natural, and Open Systems, 3. Aufl., Englewood Cliffs 1992.

Seemann, Nikolaus von (1995): Planung des persönlichen Vertriebs im Pharmamarketing, Bern u. a. 1995.

Segal, Leonie (1998): The Importance of Patient Empowerment in Health System Reform, in: Health Policy, Vol. 44. (1998), No. 1, S. 31-44.

Seidl, Günther (1995): Trend in Pharmaforschung und -entwicklung, in: Herzog, Richard (Hrsg.): F-&-E-Management in der Pharma-Industrie, Aulendorf 1995, S. 155-162.

Seidman, Joshua J. (2002): Improving the Methodology of Health Care Evaluation: Models for Assessing the Quality of Health Care Services and Health Information, in: Preuß, Klaus-Jürgen/Räbiger, Jutta/Sommer, Jürg H. (Hrsg.): Managed Care: Evaluation und Performance-Measurement integrierter Versorgungsmodelle; Stand der Entwicklung in der EU, der Schweiz und den USA, Stuttgart u. a. 2002, S. 224-232.

Seiter, Simone/Badenhoop, Rolf/Zeiner, Ralf (2003): Connected Healthcare – Management eines vernetzten Gesundheitswesens als wichtigste Herausforderung für die Pharmaindustrie, in: PharmInd, 65. Jg. (2003), Nr. 8, S. 729-736.

Seliger, Günther (2003): Unternehmenswerte durch Produktionstechnische Forschung, in: Rese, Mario/Söllner, Albrecht/Utzig, Peter B. (Hrsg.): Relationship Marketing: Standortbestimmung und Perspektiven, Berlin u. a. 2003, S. 189-199.

Sexauer, Hagen J. (2002): Entwicklungslinien des Customer Relationship Management (CRM), in: Wirtschaftswissenschaftliches Studium (WiSt), 31. Jg. (2002), Nr. 4, S. 218-221.

Shani, David/Chalasani, Sujana (1992): Exploiting Niches Using Relationship Marketing, in: The Journal of Consumer Marketing, Vol. 9 (1992), No. 3, S. 33-42.

Shannon, Claude E./Weaver, Warren (1969): The Mathematical Theory of Communication, 4. Aufl., Urbana 1969.

Shapiro, Benson P./Posner, Ronald S. (1979): Making the Major Sale, in: Harvard Business Review, Vol. 57 (1979), No. 2, S. 68-79.

Sharma, Arun/Sheth, Jagdish N. (1997): Supplier Relationships: Emerging Issues and Challenges, in: Industrial Marketing Management, Vol. 26 (1997), No. 2, S. 91-100.

Sheikh, Sohail (2004): Evidenzbasierte Ansätze: Pharma-Industrie wird zum Umdenken gezwungen, in: Pharma-Marketing Journal (PMJ), 29. Jg. (2004), Nr. 2, S. 55-58.

Sheth, Jagdish N./Parvatiyar, Atul (1995a). The Evolution of Relationship Marketing, in: International Business Review, Vol. 4 (1995), No. 4, S. 397-418.

Sheth, Jagdish N./Parvatiyar, Atul (1995b). Relationship Marketing in Consumer Markets: Antecedents and Consequences, in: Journal of the Academy of Marketing Science, Vol. 23 (1995), No. 4, S. 255-271.

Sheth, Jagdish/Sisodia, Rajendra (2003): Das Prinzip der Dreierherrschaft: Was es bedeutet, wie es wirkt, in: Pharma-Marketing Journal (PMJ), 28. Jg. (2003), Nr. 4, S. 134-138.

Sieben, Frank G. (2003): Customer Relationship Management als Schlüssel zur Kundenzufriedenheit, in: Homburg, Christian (Hrsg.): Kundenzufriedenheit, 5., überarb. Aufl., Wiesbaden 2003. S. 327-346.

Sieben, Frank G./Zäh, Mirjam/Scholl, Michael (2001): Trends und Entwicklungen: Eine empirische Untersuchung aktueller Entwicklungen zeigt sieben Schalthebel, in: Pharma-Marketing Journal (PMJ), 26. Jg. (2001), Nr. 3, S. 78-81.

Sieben, Frank/Scholl, Michael/Vanselow, Ute (2001): Neue Segmentierungsansätze: Diabetiker: Systematisches Kundenverständnis im Zeitalter der Konsumerisierung: Beispiel Roche Diagnostics, in: Pharma-Marketing Journal (PMJ), 26. Jg. (2001), Nr. 5, S. 172-174.

Siebert, Carsten D. (2004): Risiko-Check mit CAVE, in: Pharmazeutische Zeitung, 149. Jg. (2004), Nr. 16, S. 28-31.

Siegert, Michael (1997): Zivilrechtliche Aspekte des Direct Marketing, in: Dallmer, Heinz (Hrsg.): Handbuch Direct Marketing, 7., völlig überarb. Aufl., Wiesbaden 2002, S. 82-92.

Siegrist, Johannes (1995): Medizinische Soziologie, 5., neu bearb. Aufl., München u. a. 1995.

Simon, Hermann/Tacke, Georg/Buchwald, Gregor (2003): Kundenbindung durch Preispolitik, in: Bruhn, Manfred/Homburg, Christian (Hrsg.): Handbuch Kundenbindungsmanagement: Grundlagen, Konzepte, Erfahrungen, 4. überarb. und erw. Aufl., Wiesbaden 2003, S. 337-352.

Smigielski, Edwin (1997): Sektorübergreifende Versorgungsformen und Chancen für die pharmazeutische Industrie, in PharmInd, 59. Jg. (1997), Nr. 5, S. 369-373.

Söllner, Albrecht (1993): Commitment in Geschäftsbeziehungen: Das Beispiel Lean Production, Wiesbaden 1993.

Söllner, Albrecht (2003): Die neue internationale Arbeitsteilung, in: Rese, Mario/Söllner, Albrecht/Utzig, Peter B. (Hrsg.): Relationship Marketing: Standortbestimmung und Perspektiven, Berlin u. a. 2003, S. 173-188.

Sonnenberg, Frank/Beck, Robert (1993): Markov Models in Medical Decision Making: A Practical Guide, in: Medical Decision Making, Vol. 13 (1993), No. 4, S. 322-338.

Specht, Günter (1998): Distributionsmanagement, 3., überarb. u. erw. Aufl., Stuttgart u. a. 1998.

Specht, Uwe (1996): Relationship Marketing, in: absatzwirtschaft, 38. Jg. (1996), Sondernummer Oktober 1996, S. 10-12.

Specke, Helmut K. (2000): Gesundheitsmarkt, Starnberg 2000.

Spickschen, Jan/Crisand, Marcel (1999): Disease Management: Eine Chance für die Pharma-Industrie: „Everyone is talking about it ...", in: Pharma-Marketing Journal (PMJ), 24. Jg. (1999), Nr. 3, S. 82-87.

Spremann, Klaus (1987): Agent und Prinzipal, in: Bamberg, Günter/Spremann, Klaus (Hrsg.): Agency Theory, Information and Incentives, Berlin u. a. 1987, S. 3-37.

Spurgeon, David (1999): Doctors Feel Pressurised by Direct to Consumer Advertising, in: British Medical Journal (BMJ), Vol. 319 (1999), No. 7221, S. 1321.

Stadelmann, Martin/Wolter, Sven (2003): Kundenorientierte Unternehmensgestaltung – CRM als integrierendes Führungs- und Organisationsprinzip, in: Stadelmann, Martin/Wolter, Sven/Reinecke, Sven/Tomczak, Torsten (Hrsg.): Customer Relationship Management, Zürich 2003, S. 53-68.

Staehle, Wolfgang H. (1991): Management: Eine verhaltenswissenschaftliche Perspektive, 6., überarb. Aufl., München 1991.

Staffelbach, Bruno (1994): Strategisches Marketing von Dienstleistungen, in: Corsten, Hans (Hrsg.): Integratives Dienstleistungsmanagement: Grundlagen, Beschaffung, Produktion, Marketing, Qualität, Wiesbaden 1994, S. 287-301.

Stahl, Heinz K. (2000): Modernes Kundenmanagement – Wenn der Kunde im Mittelpunkt steht: ein Weiterbildungsbuch als Brücke zwischen Wissenschaft und Praxis, 2., völlig neu bearb. Aufl., Renningen-Malmsheim 2000.

Stauss, Bernd (1989): Beschwerdepolitik als Instrument des Dienstleistungsmarketing, in: Jahrbuch der Absatz- und Verbrauchsforschung, 35. Jg. (1989), Nr. 1, S. 41-62.

Stauss, Bernd (1999): Kundenzufriedenheit, in: Marketing ZFP, 21. Jg. (1999), Nr. 1, S. 5-23.

Stauss, Bernd (2000): Perspektivenwandel: Vom Produkt-Lebenszyklus zum Kundenbeziehungs-Lebenszyklus, in: Thexis, 17. Vol. (2000), No. 2, S. 15-18.

Stauss, Bernd (2003): Kundenbindung durch Beschwerdemanagement, in: Bruhn, Manfred/Homburg, Christian (Hrsg.): Handbuch Kundenbindungsmanagement: Grundlagen, Konzepte, Erfahrungen, 4. überarb. und erw. Aufl., Wiesbaden 2003, S. 309-336.

Stauss, Bernd/Seidel, Wolfgang (2002): Beschwerdemanagement, in: Stauss, Bernd (Hrsg.): Kundenbeziehungen erfolgreich managen durch Customer Care, 3., vollst. überarb. und erw. Aufl., München u. a. 2002.

Steffenhagen, Hartwig (2001): Stichwort Rabatte, in: Diller, Hermann (Hrsg.): Vahlens Großes Marketinglexikon, 2., völlig überarb. u. erw. Aufl., München 2001, S. 1459-1460.

Steidle, Markus (2000): Vom Call-Center zur Customer-Relationship-Management-Lösung: Voraussetzungen, Möglichkeiten und praktische Anwendungen, Aachen 2000.

Stengl, Britta/Sommer, Renate/Ematinger, Reinhard (2001): CRM mit Methode – Intelligente Kundenbindung in Theorie und Praxis mit iCRM, Bonn 2001.

Stevenson (1980): Classifying a Customer as a National Account, in: Industrial Marketing Management, Vol. 9 (1980), No. 2, S. 133-136.

Stock, Harald/Pfahlert, Volker (2001): Diabetikerschulung als potenzielles PRM-Instrument: Fallstudie „Diabetes Dorf Dreschwitz" (Konzept), in: Badenhoop, Rolf/Ryf, Balz (Hrsg.): Patient Relationship Management: CRM in der Life Sciences Industrie, 1. Aufl., Wiesbaden 2001, S. 185-194.

Stoll, Veit (2004): Das Publikumswerbeverbot für verschreibungspflichtige Arzneimittel – erste Anzeichen einer Auflockerung, in: Pharma Recht, 26. Jg. (2004), Nr. 3, S. 100-106.

Storbacka, Kaj (2003): Kundenprofitabilität: Analyse und Design, in: Payne, Adrian/Rapp, Reinhold (Hrsg.): Handbuch Relationship Marketing: Konzeption und erfolgreiche Umsetzung, 2., völlig überarb. u. erw. Aufl., München 2003, S. 93-110.

Stosberg, Manfred (1996): Medizinsoziologische Ansätze zur Verbesserung des Arzt-Patient-Verhältnisses, in: Lang, Erich/Arnold, Klaus (Hrsg.): Die Arzt-Patient-Beziehung im Wandel, Stuttgart 1996, S. 66-75.

Strauss, Abselm/Corbin, Juliet M. (1988): Shaping a New Health Care System: The Explosion of Chronic Illness as a Catalyst for Change, London u. a. 1988.

Strüngmann, Thomas (2002): Die Rolle des Generikums im Pharmazeutischen Markt der Zukunft, in: Burkard, Ingrid (Hrsg.): Praxis des Pharmamarketing, Weinheim 2002, S. 91-106.

Suchy, Herbert (1995): Patentrestlaufzeit neuerer pharmazeutischer Wirkstoffe, in: Herzog, Richard (Hrsg.): F-&-E-Management in der Pharma-Industrie, Aulendorf 1995, S. 240-251.

Sydow, Jörg (1993): Strategische Netzwerke – Evolution und Organisation, Wiesbaden 1993.

Szathmary, Balazs (1999): Neue Versorgungskonzepte im deutschen Gesundheitswesen: Disease-und-Case-Management, Neuwied u. a. 1999.

Szymkowiak, Thorsten/Schulte Terhart, Martin (2004): Prozesskostenrechnung – Schluss mit dem Gießkannenprinzip, Bergisch Gladbach 2004.

Terzian, Tamara V. (1999). Direct-to-Consumer Prescription Drug Advertising, in: American Journal of Law and Medicine, Vol. 25 (1999), No. 1, S. 149-168.

Teyke, Thomas/Schopen, Arndt (1999): Pharma-Marketing in Zeiten des Internet, in: Pharma-Marketing Journal (PMJ), 24. Jg. (1999), Nr. 6, S. 198-200.

Thibaut, John W./Kelley, Harold H. (1959): The Social Psychology of Groups, New York u. a. 1959.

Thierolf, Christoph (2002): Kosten und Finanzierung pharmazeutischer Forschung und Entwicklung, in: Schöffski, Oliver/Fricke, Frank-Ulrich/Guminski, Werner/Hartmann, Wolfgang (Hrsg.): Pharmabetriebslehre, Berlin u. a. 2002, S. 349-363.

Thiess, Michael (1988): Ansatzpunkte für eine wirksame Pharma-Kommunikation unter veränderten Rahmenbedingungen, in: Die Pharmazeutische Industrie, 50. Jg. (1988), S. 424-430.

Thomas, Alexander (1991): Grundriß der Sozialpsychologie, Göttingen 1991.

Thomaschewski, Dieter (2003): Value-Added Services als Schlüssel zur Kundenzufriedenheit, in: Homburg, Christian (Hrsg.): Kundenzufriedenheit: Konzepte – Methoden - Erfahrungen, 5., überarb. Aufl., Wiesbaden 2003, S. 369-384.

Thyen, Andreas E./Wolf, Enno E. (2003): Erfolgsfaktoren für die Einführung von Customer Relationship Management (CRM), in: Stadelmann, Martin/Wolter, Sven/Reinecke, Sven/Tomczak, Torsten (Hrsg.): Customer Relationship Management, Zürich 2003, S. 97-119.

Tiedtke, Daniela (2001): Databased Online Marketing – personalisierte Kundenansprache über elektronische Netzwerke, in: Link, Jörg (Hrsg.): Customer Relationship Management: Erfolgreiche Kundenbeziehungen durch integrierte Informationssysteme, Berlin u. a. 2001, S. 117-138.

Tobisch-Kohlbecker, Ulrike (1995): Kundenzeitschrift – Ein Dialog, in: Baier, Daniel/Decker, Reinhold (Hrsg.): Marketingprobleme: Innovative Lösungsansätze aus Forschung und Praxis Regensburg 1995, S. 209-218.

Toepffer, Johannes (1997): Krankenversicherung im Spannungsfeld von Markt und Staat – Das Beispiel der USA und seine Implikationen für Funktion und Gestaltung eines marktwirtschaftlich orientierten Krankenversicherungssystems, Bayreuth 1997.

Tomczak, Torsten (1994): Relationship Marketing – Grundzüge eines Modells zum Management von Kundenbeziehungen, in: Tomczak, Torsten/Belz, Chrsitian (Hrsg.): Kundennähe realisieren: Ideen – Konzepte – Methoden – Erfahrungen, St. Gallen 1994, S. 193-215.

Tomczak, Torsten/Reinecke, Sven/Dittrich, Sabine (2003): Kundenclubs als Kundenbindungsinstrument, in: Bruhn, Manfred/Homburg, Christian (Hrsg.): Handbuch Kundenbindungsmanagement: Grundlagen, Konzepte, Erfahrungen, 4. überarb. und erw. Aufl., Wiesbaden 2003, S. 271-291.

Tomczak, Torsten/Reinecke, Sven/Finsterwalder, Jörg (2000): Kundenausgrenzung: Umgang mit unerwünschten Dienstleistungskunden, in: Bruhn, Manfred/Stauss, Bernd (Hrsg.): Dienstleistungsmanagement – Jahrbuch 2000: Kundenbeziehungen im Dienstleistungsbereich, Wiesbaden 2000, S. 399-421.

Tosteson, Anna (1998): Decision Analysis in Diagnosis and Treatment Choice, in: Armitage, Peter/Colton, Theodore (Hrsg.): Encyclopaedia of Biostatistics, Bd. 2, Chichester u. a. 1998, S. 1098-1108.

Trilling, Thomas (2003): Tools für erfolgreiches Pharmamarketing: Anleitungen zur praktischen Durchführung, Checklisten für die tägliche Praxis, in: Trilling, Thomas (Hrsg.): Pharmamarketing: Ein Leitfaden für die tägliche Praxis, Berlin u. a. 2003, S. 89-153.

Trommsdorf, Volker (2004): Konsumentenverhalten, 6., vollst. überarb. und erw. Aufl., Stuttgart 2004.

Tscheulin, Dieter K./Helmig, Bernd (2000): Krankenhausmarketing – Dienstleistungsmarketing, in: Eichhorn, Peter/Seelos, Hans-Jürgen/Schulenburg, J.-Matthias Graf v. d. (Hrsg.): Krankenhausmanagement, 1. Aufl., München u. a. 2000, S. 206-235.

Uebel, Matthias, F. (2003): Wirtschaftlichkeitsbetrachtungen für CRM-Lösungen, in: Helmke, Stefan/Uebel, Matthias F./Dangelmaier, Wilhelm (Hrsg.): Effektives Customer Relationship Management: Instrumente – Einführungskonzepte – Organisation, 3., überarb. und erw. Aufl., Wiesbaden 2003, S. 341-356.

Uhlmann, Bernd (1989): Marketing für ethische Pharmazeutika im Gesundheitsmarkt der 90er Jahre, Frankfurt a. M. 1989.

Ulrich, Volker (2002): Nachfragestruktur und Nachfrageverhalten, in: Schöffski, Oliver/Fricke, Frank-Ulrich/Guminski, Werner/Hartmann, Wolfgang (Hrsg.): Pharmabetriebslehre, Berlin u. a. 2002, S. 67-82.

Unger, Andreas (2003): Pharma-Industrie setzt auf Branding: Aus ethischen Produkten starke Marken machen, in: Breuer, Robert/Becker, Werner/Fibig, Andreas (Hrsg.): Strategien für das Pharma-Management: Konzepte, Fallbeispiele, Entscheidungshilfen, 1. Aufl., Wiesbaden 2003, S. 223-235.

Varey, Richard J. (1995): Internal Marketing: A Review and Some Interdisciplinary Research Challenges, in: International Journal of Service Industry Management, Vol. 6 (1995), No. 1, S. 40-63.

Verband Forschender Arzneimittelhersteller (2000): Statistics 2000 – Die Arzneimittelindustrie in Deutschland, Berlin 2000.

Verband Forschender Arzneimittelhersteller (2003): Forschung für das Leben – Entwicklungsprojekte für innovative Arzneimittel, Berlin 2003.

Verband Forschender Arzneimittelhersteller (2004): Statistics 2004, Berlin 2004.

Vogelbruch, Birgit (1992): Festbeträge für Arzneimittel – Ein Instrument zur Kostendämpfung im Gesundheitswesen und sein Einfluss auf das Wettbewerbsverhalten auf dem Arzneimittelmarkt, Hamburg 1992.

Volk, Wilhelm (2002): Rechtliche Aspekte des gemeinsamen Marketing, in: Schöffski, Oliver/Fricke, Frank-Ulrich/Guminski, Werner/Hartmann, Wolfgang (Hrsg.): Pharmabetriebslehre, Berlin u. a. 2002, S. 339-347.

Vos, Alexander (2001): Mit PRM zu Geschäftserfolg und geringeren Gesundheitskosten, in: Badenhoop, Rolf/Ryf, Balz (Hrsg.): Patient Relationship Management: CRM in der Life Sciences Industrie, 1. Aufl., Wiesbaden 2001, S. 195-205.

Vrettos, Nikolas/Steiner, Michael (1998): Quantifizierung des finanziellen Wertes eines F&E-Projekts, in: PharmInd, 60. Jg. (1998), Nr. 12, S. 1025-1030.

Wähling, Susanne (1996): Krankenversicherung und Arzneimittelmarkt – Ein Simulationsmodell zur Analyse der Regulierungswirkungen, Karlsruhe 1996.

Walsh, Gianfranco (1999): Der Market Maven in Deutschland: Ein Diffusionsagent für Marktinformationen, in: Jahrbuch der Absatz- und Verbrauchsforschung, 45. Jg. (1999), Nr. 4, S. 418-434.

Walsh, Gianfranco (2002): Konsumentenverwirrtheit als Marketingherausforderung, Wiesbaden 2002.

Walter, Karl M. (2002): Grundzüge des Gesetzes über die Werbung auf dem Gebiete des Heilwesens, in: Burkard, Ingrid (Hrsg.): Praxis des Pharmamarketing, Weinheim 2002, S. 167-186.

Walther, Hans-Peter (1995): Möglichkeiten und Probleme einer Anwendung der Portfolio-Methode im Rahmen eines strategischen Marketing kleiner und mittelgroßer Pharma-Unternehmen, in: Herzog, Richard (Hrsg.): F-&-E-Management in der Pharma-Industrie, Aulendorf 1995, S. 172-185.

Waltz, Millard/Hazard, Barbara P. (2002): Die Rehabilitation und Langzeitversorgung chronisch Kranker und der „Self-Efficacy" Ansatz – Überlegungen aufgrund eigener empirischer Untersuchungen, in: Badura, Bernhard/Siegrist, Johannes (Hrsg.): Evaluation im Gesundheitswesen: Ansätze und Ergebnisse, 2. Aufl., München u. a. 2002, S. 259-275.

Waltz, Millard/Kriegel, Walter/Bosch, Paul van't Pad (2002): Eine vergleichende versorgungsepidemiologische Studie zum Arztkonsultationsverhalten von Patienten mit chronischen Gelenkskrankheiten, in: Badura, Bernhard/Siegrist, Johannes (Hrsg.): Evaluation im Gesundheitswesen: Ansätze und Ergebnisse, 2. Aufl., München u. a. 2002, S. 303-322.

Walz, Michael/Schneider, Thomas (2002): Balanced Scorecards zur erfolgreichen Strategieumsetzung, in: Pharma-Marketing Journal (PMJ), 27. Jg. (2002), Nr. 3, S. 90-92.

Weber, Jürgen (2003a): Controlling als Schlüssel zur Kundenzufriedenheit, in: Homburg, Christian (Hrsg.): Kundenzufriedenheit – Konzepte, Methoden, Erfahrungen, 5., überarb. Aufl., Wiesbaden 2003, S. 221-240.

Weber, Torsten (2003b): Dialogbilder als Element der Mitarbeiterkommunikation, in: Payne, Adrian/Rapp, Reinhold (Hrsg.): Handbuch Relationship Marketing: Konzeption und erfolgreiche Umsetzung, 2., völlig überarb. u. erw. Aufl., München 2003, S. 293-307.

Wehrmeister, Dierk (2001): Customer Relationship Management: Kunden gewinnen und an das Unternehmen binden, Köln 2001.

Weiber, Rolf/Adler, Jost (1995): Informationsökonomisch begründete Typologisierung von Kaufprozessen, in: Zeitschrift für betriebswirtschaftliche Forschung (zfbf), 47. Jg. (1995), Nr. 1, S. 43-65.

Weimer, Tobias (2003): Das HWG und das Internet: Der Internetauftritt eines Pharmaunternehmens, in: Pharma Recht, 25. Jg. (2003), Nr. 7, S. 231-237.

Weinberg, Peter/Gröppel, Andrea (1988): Formen und Wirkungen erlebnisorientierter Kommunikation, in: Marketing ZFP, 10. Jg. (1988), Nr. 3, S. 190-197.

Weinberg, Peter/Terlutter, Ralf (2003): Verhaltenswissenschaftliche Aspekte der Kundenbindung, in: Bruhn, Manfred/Homburg, Christian (Hrsg.): Handbuch Kundenbindungsmanagement, 4., überarb. und erw. Aufl., Wiesbaden 2003, S. 41-64.

Weise, Harald T. (1987): Marketing in der Pharma-Industrie, in: Die Pharmazeutische Industrie, 49. Jg. (1987), S. 353-360.

Weißenberger, Barbara E. (1998): Zur Bedeutung von Vertrauensstrategien für den Aufbau und Erhalt von Kundenbindung im Konsumgüterbereich, in: Zeitschrift für betriebswirtschaftliche Forschung (zfbf), 50. Jg. (1998), Nr. 7-8, S. 614-640.

Weller, Dirk (2004): Pharma-Branche und Patient, in: Marketing-Journal, 37. Jg. (2004), Nr. 5, S. 26-29.

Werner, Andreas/Stephan, Ronald (1998): Marketing-Instrument Internet, 2., aktual. Aufl., Heidelberg 1998.

Werner, Harald/Beutin, Nikolas (2000): Effektives Kundencontrolling durch Kundenportfolio und Customer Lifetime Value, in: Kostenrechnungspraxis (krp), 44. Jg. (2000), Sonderheft Nr. 3, S. 23-28.

Wernet, Carola (2001): Konzertiertes Direktmarketing: Das Zusammenspiel der Instrumente mach die Musik, in: Pharma-Marketing Journal (PMJ), 26. Jg. (2001), Nr. 2, S. 48-49.

Wesemeier, Jochen (2002): Vertrauen als Strategie der Kundenbindung: eine Operationalisierung und empirische Überprüfung im Dienstleistungssektor, Hamburg 2002.

Wicher, Hans (2003a): Nachkaufmarketing, in: Helmke, Stefan/Uebel, Matthias F./Dangelmaier, Wilhelm (Hrsg.): Effektives Customer Relationship Management: Instrumente – Einführungskonzepte – Organisation, 3., überarb. und erw. Aufl., Wiesbaden 2003, S. 103-115.

Wicher, Hans (2003b): Kundenorientierte Organisationsformen, in: Helmke, Stefan/Uebel, Matthias F./Dangelmaier, Wilhelm (Hrsg.): Effektives Customer Relationship Management: Instrumente – Einführungskonzepte – Organisation, 3., überarb. und erw. Aufl., Wiesbaden 2003, S. 317-328.

Wiechmann, Jan (1995): Kundenbindungssysteme im Investitionsgüterbereich: eine Untersuchung am Beispiel der Werkzeugmaschinenbranche, St. Gallen 1995.

Wiechmann, Michael (2003): Managed Care: Grundlagen, internationale Erfahrungen und Umsetzung im deutschen Gesundheitswesen, 1. Aufl., Wiesbaden 2003.

Wiedeler, Stephanie (2002): Der deutsche Pharmamarkt im Umbruch, Regensburg 2002.

Wiedmann, Klaus-Peter (1992): Grundkonzept und Gestaltungsperspektiven der Corporate Identity-Strategie, Arbeitspapier Nr. 95, Institut für Marketing, Universität Mannheim, Mannheim 1992.

Wiedmann, Klaus-Peter/Küpper, Jörn/Becker, Werner (1997): Der deutsche Pharmamarkt – Ein Überblick, Schriftenreihe Marketing Management, Lehrstuhl Marketing II, Universität Hannover, Hannover 1997.

Wiener, Norbert (1948): Cybernetics of Control and Communication in the Animal and the Machine, New York 1948.

Wilkes, Michael S./Bell, Robert A./Kravitz, Richard L. (2000): Direct-to-Consumer Prescription Drug Advertising: Trends, Impact, and Implications, in: Health Affairs, Vol. 19 (2000), No. 2, S. 110-128.

Wille, Eberhard (1997): Die Kosten-Nutzen-Analyse als Hilfsmittel zur Verbesserung von Effizienz und Effektivität im Gesundheitswesen, in: Arnold, Michael/Lauterbach Karl, W./Preuß, Klaus-Jürgen (Hrsg.): Managed Care, Ursachen, Prinzipien, Formen und Effekte, Stuttgart 1997, S. 301-316.

Wille, Eberhard/Erbsland, Manfred (1993): Die Arzneimittelausgaben unter besonderer Berücksichtigung der demographischen Entwicklung – Empirischer Befund der beiden letzten Jahrzehnte, in: Ortwein, Ingeborg (Hrsg.): Mensch und Medikament – Die Pharmaindustrie im Spannungsfeld der Gesellschaft, München 1993, S. 176-203.

Wille, Eberhard/Ulrich, Volker (1991): Bestimmungsfaktoren der Ausgabenentwicklung in der gesetzlichen Krankenversicherung (GKV), in: Hansmeyer, Karl-Heinrich (Hrsg.): Finanzierungsprobleme der sozialen Sicherung II, Schriften des Vereins für Socialpolitik, N.F. Bd. 194/II, Berlin 1991, S. 9-115.

Williamson, Oliver E. (1975): Markets and Hierarchies: Analysis and Antitrust Implications: A Study in the Economics of Internal Organization, New York u. a. 1975.

Williamson, Oliver E. (1979): Transaction-Cost Economics: The Governance of Contractual Relations, in: The Journal of Law and Economics, Vol. 22 (1979), No. 2, S. 233-261.

Williamson, Oliver E. (1981a): The Economics of Organization: The Transaction Cost Approach, in: American Journal of Sociology, Vol. 87 (1981), No. 3, S. 545-577.

Williamson, Oliver E. (1981b): The Modern Corporation: Origins, Evolution, Attributes, in: Journal of Economic Literature, Vol. 19 (1981), No. 4, S. 1537-1568.

Williamson, Oliver E. (1984): The Economics of Governance: Framework and Implications, in: Journal of Institutional and Theoretical Economics, Vol. 140 (1984), No. 1, S. 195-223.

Williamson, Oliver E. (1985): The Economic Institutions of Capitalism: Firms, Markets, Relational Contracting, New York 1985.

Williamson, Oliver E. (1990): A Comparison of Alternative Approaches to Economic Organizations, in: Journal of Institutional and Theoretical Economics, Vol. 146 (1990), No. 1, S. 61-71.

Williamson, Oliver E. (1991): Comparative Economic Organization: The Analysis of Discrete Structural Alternatives, in: Administrative Science Quarterly, Vol. 36, No. 2, S. 269-296.

Williamson, Oliver E. (1996): The Mechanisms of Governance, New York 1996.

Wilson, David T./Mummalaneni, Venkatapparao (1986): Bonding and Commitment in Buyer-Seller Relationships: A Preliminary Conceptualization, in: Industrial Marketing and Purchasing, Vol. 1 (1986), No. 3, S. 44-58.

Windeck, Peter/Peters, Ralf (1996): Die Organisation als Wettbewerbsfaktor, in: Pharma Marketing-Journal (PMJ), 21. Jg. (1996), Nr. 2, S. 56-59.

Wink, K. (2003): Anwendungsbeobachtungen in der ärztlichen Praxis, Ergänzte Fassung, Köln 2003.

Winkelmann (2002): Kundenbindung – richtig dosiert, in: Marketing Journal, 45. Jg. (2002), Nr. 5, S. 40-45.

Winter, Karl-Heinz (2001): OTC-Marketing im Mass-Market: Spielregeln, die man kennen sollte (Teil 1), in: Pharma Marketing-Journal (PMJ), 26 Jg. (2001), Nr. 1, S. 11-18

Wirtz, Bernd W. (2001): Electronic Business, 2. Aufl., Wiesbaden 2001.

Wirtz, Bernd W. (2003): Kundenbindung durch E-Customer Relationship Management, in: Bruhn, Manfred/Homburg, Christian (Hrsg.): Handbuch Kundenbindungsmanagement: Grundlagen, Konzepte, Erfahrungen, 4., überarb. und erw. Aufl., Wiesbaden 2003, S. 371-387.

Wirtz, Jochen/Bateson, John E. (1999): Consumer Satisfaction with Services: Integrating the Environment Perspective in Services Marketing into the Traditional Disconfirmation Paradigm, in: Journal of Business Research, Vol. 44 (1999), No. 1, S. 55-66

Wolf, Susanne (1996): Kundenbindung durch Qualitätsmanagement in Einzelhandelsbetrieben, Göttingen 1996.

Wolf, Thomas/Diane, Mothes (2002): Auf die Überholspur wechseln: CRM in der Pharma-Industrie voll ausschöpfen, in: Pharma-Marketing Journal (PMJ), 27. Jg. (2002), Nr. 4, S. 119-123.

Wolfrum, Bernd (1994): Schnittstellenprobleme zwischen F&E und Marketing im Innovationsmanagement, in: Das Wirtschaftsstudium (WISU), 20. Jg. (1994), Nr. 12, S. 1016-1022.

Wolter, Friedrich-Holger (1985): Großkundenmanagement: Durch kundenspezifische Verkaufsorganisation zu mehr Umsatz, Landsberg/Lech 1985.

Wronka, Georg (2002): Neuere Entwicklungen des Datenschutzrechts: Auswirkungen auf das Direct Marketing, in: Dallmer, Heinz (Hrsg.): Das Handbuch Direct Marketing & More, 8., völlig überarb. Aufl., Wiesbaden 2002, S. 147-170.

Young, Lousie C./Denize, Sara (1995): A Concept of Commitment: Alternative Views of Relational Continuity in Business Service Relationships, in: Journal of Business and Industrial Marketing, Vol. 10 (1995), No. 5, S. 22-37.

Zahn, Erich (1991): Innovation und Wettbewerb, in: Müller-Böling, Detlef/Seibt, Dietrich/ Winand, Udo (Hrsg.): Innovations- und Technologiemanagement, Stuttgart 1991, S. 115-133.

Zapf, Michael (2003): Prozeßgestaltung im Communication Center, in: Helmke, Stefan/Uebel, Matthias F./Dangelmaier, Wilhelm (Hrsg.): Effektives Customer Relationship Management: Instrumente – Einführungskonzepte – Organisation, 3., überarb. und erw. Aufl., Wiesbaden 2003, S. 357-372.

Zeithaml, Valarie A. (1984): How Consumer Evaluation Processes Differ between Goods and Services, in: Lovelock, Christopher H. (Hrsg.): Services Marketing: Text, Cases, & Readings, Englewood Cliffs 1984, S. 191-199.

Zeithaml, Valarie A./Berry, Leonard L./Parasuraman, Anathanrayanan (1996): The Behavioral Consequences of Service Quality, in: Journal of Marketing, Vol. 60 (1996), No. 2, S. 31-46.

Zeithaml, Valarie A./Bitner, Mary J. (2000): Services Marketing, 2. Aufl., New York u. a. 2000.

Ziff, Ruth (1971): Psychographics for Market Segmentation, in: Journal of Advertising Research, Vol. 11 (1971), No. 2, S. 3-9.

Zipser, Andreas (2001): Business Intelligence im CRM: Die Relevanz von Daten und deren Analyse für profitable Kundenbeziehungen, in: Link, Jörg (Hrsg.): Customer Relationship Management: Erfolgreiche Kundenbeziehungen durch integrierte Informationssysteme, Berlin u. a. 2001, S. 35-57.

Verzeichnis zitierter Internetquellen

Aktionsforum Gesundheitsinformationssystem (2005): http://www.afgis.de [01.09.2005].

American Accreditation HealthCare Commission (2005): http://www.urac.org [01.09.2005].

American Medical Association (2005): http://www.ama-assn.org [01.09.2005].

Ärztliche Zentralstelle für Qualitätssicherung (2005): http://www.patienten-information.de [01.09.2005].

cancerfacts.com (2005): http://www.cancerfacts.com [01.09.2005].

Diabetes-World (2005): Diabetes-World Impressum, http://www.diabetes-world.net/de/25811 [01.09.2005].

DISCERN (2005a): http://www.discern.de [01.09.2005].

DISCERN (2005b): Das DISCERN-Instrument, http://www.discern.de/instrument.htm [01.09.2005].

DMSG (2003): Leben mit MS, Rechtsfragen, http://www.dmsg.de/index.php?kategorie =rechtsfragen&cnr=14&anr=514 [01.09.2005].

Duckwitz, Nancy/Yuan, Yilian (2002): Doctors & DTC, in: Pharmaceutical Executive, August 2002, http://www.pharmexec.com/pharmexec/article/articleDetail.jsp?id=29973 [01.09.2005].

Findlay, Steven (2000): Prescription Drugs and Mass Media Advertising, National Institute for Health Care Management (NIHCM-Foundation), Research Brief, September 2000, http://www.nihcm.org/DTCbrief.pdf [01.09.2005].

Foley, Lisa A./Gross, David J. (2000): Are Consumers Well Informed About Prescription Drugs? The Impact of Printed Direct-to-Consumer Advertising – Executive Summary, http://assets.aarp.org/rgcenter/health/2000_04_advertising.pdf [01.09.2005].

Harms, Fred/Drüner Marc (2003a): Direct-to-Consumer: Neue Konzepte für innovatives Pharmamarketing http://www.medizin-2000.de/pharmaoekonomie/texte/profis/pt/2003/dtc1.html [01.09.2005].

Harms, Fred/Drüner, Marc (2003b): Direct-to-Consumer: Eine Herausforderung für innovatives Pharmamarketing, http://www.medizin-2000.de/pharmaoekonomie/texte/profis/-pt/2003/harms2_mai03_01.html [01.09.2005].

Harms, Fred/Drüner, Marc (2003c): Vermehrter Druck auf das Innovationsmarketing, http://www.medizin-2000.de/pharmaoekonomie/texte/profis/pt/2003/harms_mai03_01.html [01.09.2005].

Harms, Fred/Rohmann, Sven/Drüner, Marc (2003): Innovationsmanagement in der pharmazeutischen Industrie – Märkte im Wandel, http://www.medizin-2000.de/pharma-oekonomie/texte/profis/pt/2003/maerktewandel1.html [01.09.2005].

Health Internet Ethics (2005): http://www.hiethics.com [01.09.2005].

Health On the Net Foundation (2005): HON Code of Conduct (HONcode) for Medical and Health Web sites, http://www.hon.ch/HONcode/Conduct.html [01.09.2005].

Healthfinder (2005): http://www.healthfinder.gov [01.09.2005].

Internet Content Rating Association (2005): http://www.icra.org [01.09.2005].

Internet Healthcare-Coalition (2005): E-Health Code of Ethics, http://www.ihealthcoalition.org/ethics/ethics.html [01.09.2005].

Macron, Doug (2001): Report Links Consumer Drug Ads to Jump in Spending, http://preventdisease.com/news/articles/drug_ads_linked_to_spending.shtml [01.09.2005].

MedCertain (2005): http://www.medcertain.org [01.09.2005].

MedCircle (2005): http://www.medcircle.org [01.09.2005].

MS-Life (2005): http://www.ms-life.de [01.09.2005].

Novartis (2005): Mediamente A-Z, http://www.novartispharma.de/medikamente/wpd/index.shtml?highLightLeft=10 [01.09.2005].

Oetgen, Sarah (2003): DTC Advertising of Prescription Drugs: How Does it Impact Patient Behavior?, http://www.afip.org/Departments/legalmed/legmed2003/Oetgen.pdf [01.09.2005].

OMNI (2005): http://www.omni.ac.uk [01.09.2005].

Phagro (2005): Bundesverband des pharmazeutischen Großhandels, Statistik 2003, http://www.phagro.de [01.09.2005].

MIX
Papier | Fördert
gute Waldnutzung
FSC® C083411

Kolibri 360 GmbH
Ferdinand-Jühlke-Straße 7
99095 Erfurt, Deutschland
produktsicherheit@kolibri360.de